Die Mumie!

Eine Geschichte des 22. Jahrhunderts

Frau Loudon

Writat

Diese Ausgabe erschien im Jahr 2024

ISBN: 9789359943466

Herausgegeben von
Writat
E-Mail: info@writat.com

Inhalt

EINFÜHRUNG.

Ich hatte schon lange den Wunsch, einen Roman zu schreiben, konnte aber nicht sagen, worum es gehen sollte. Ich konnte nichts Alltägliches ertragen und wusste nicht, was ich für einen Helden tun sollte. Helden sind sich im Allgemeinen so ähnlich, so eintönig, so furchtbar langweilig – so völlig Brüder einer Rasse, mit einer so erstaunlich starken Familienähnlichkeit – „Das reicht mir nicht", dachte ich, als ich lustlos durch eine schattige Gasse schlenderte, eine schöner Abend im Juni; „Ich muss etwas Neues haben, etwas ganz Abseits der ausgetretenen Pfade: – aber was?" – ja, das war die Frage. Vergebens zerbrach ich mir den Kopf, vergeblich suchte ich im Speicher meiner Erinnerung: Mir fiel nichts ein, woran ich nicht schon vorher gedacht hatte.

"Es ist sehr seltsam!" sagte ich, während ich schneller ging, als hoffte ich, dass die Schnelligkeit meiner Bewegung die Trägheit meiner Fantasie abschütteln würde. Es war alles umsonst! Ich schlug mir an die Stirn und rief den Witz zu meiner Hilfe, aber die bösartige Gottheit war gegenüber meinem Flehen taub. „Sicherlich", dachte ich, „kann die tiefe Grube der Erfindung nicht erschlossen werden; es müssen noch einige neue Ideen übrig sein, wenn ich sie nur finden könnte." Sie zu finden war jedoch die Schwierigkeit.

So in Meditation versunken ging ich weiter, bis ich die Kuppe eines Hügels erreichte, und eine herrliche Aussicht eröffnete sich mir. Ein fruchtbares Tal, reich bewaldet, übersät mit prächtigen Villen und romantischen Cottages und bewässert von einem edlen Fluss, der sich langsam seinen trägen Lauf entlang schlängelte, breitete sich unter meinen Füßen aus; und hohe Hügel, die in den Himmel ragten und deren Gipfel in Wolken verschwanden, begrenzten den Horizont. Die Sonne ging in all ihrer Pracht unter, und ihre verbleibenden Strahlen verliehen der Landschaft jene leuchtenden Farbtöne und tiefen Schattenmassen, die manchmal eine so magische Wirkung haben. Es war eine ziemliche Claude-Lorraine-Szene; Und um es noch mehr zu genießen, betrat ich ein Heufeld und setzte mich auf eine grasbewachsene Bank. Der Tag war schwül gewesen; und die Abendbrise, die durch das Laub rauschte, fühlte sich kühl und erfrischend an. „Es ist eine schöne Welt", dachte ich, „trotz allem, was Zyniker dagegen sagen können. Unsere eigenen Leidenschaften bringen uns Elend auf den Kopf, und dann schimpfen wir über die Welt, obwohl wir nur die Schuld tragen. Warum sollte ich das versuchen? Wandern Sie in den Regionen der Fiktion? Warum nicht in Ruhe die Segnungen genießen, die mir der Himmel geschenkt hat?"

Ich fühlte mich zu träge, um meine eigene Frage zu beantworten; Eine köstliche Stille breitete sich über meine Sinne aus und das wogende Chaos meiner Ideen wurde zur Ruhe gebracht. Eine majestätische Eiche streckte ihre knorrigen Arme in mürrischer Würde über meinem Kopf aus; Unzählige fleißige Insekten umschwirrten mich; und an jeder Hecke hingen Weinreben und wilde Rosen und vermischten ihren Duft mit dem des frisch gemähten Heus. Ich lehnte mich träge auf meinem grasbewachsenen Sofa zurück, lauschte dem undeutlichen Summen des fernen Dorfes und verspürte das entzückende Gefühl der Befreiung von der Sorge, das ein leises Gemurmel der Geschäftigkeit in der Ferne dem müden Geist vermittelt, als plötzlich die Glocken ein fröhliches Lied erklangen Glockengeläut – die fröhlichen Töne schwellen jetzt laut am Ohr an, verklingen dann sanft mit der zurückweichenden Brise und kehren dann mit zusätzlicher Süße wieder zurück. Mit Freude lauschte ich ihrer Melodie, bis ihre Sanftheit zuzunehmen schien; die Geräusche wurden allmählich immer schwächer; die Landschaft verschwand aus meinem Blickfeld; eine sanfte Trägheit beschlich mich, kurz gesagt, ich schlief.

Es hätte keinen Zweck, ohne Träume einzuschlafen; und dementsprechend hatte ich kaum die Augen geschlossen, als mir vorkam, als stünde ein Geist vor mir. Sein Haupt war mit Blumen gekrönt; Seine azurblauen Flügel flatterten im Wind, und ein leichter Vorhang, wie der flauschige Dampf, der auf dem Gipfel eines Berges hängt, umschwebte ihn. In seiner Hand hielt er eine Schriftrolle und seine Stimme klang sanft und süß wie die flüssige Melodie der Nachtigall.

„Nimm das", sagte er und lächelte gütig; „Es ist die Chronik eines zukünftigen Zeitalters. Verweben Sie es in eine Geschichte. Es wird Ihre Wünsche soweit erfüllen, dass es Ihnen einen Helden beschert, der völlig anders ist als alle Helden, die jemals zuvor erschienen sind. Sie zögern", fuhr er fort und lächelte erneut. und mich ernst betrachtend: „Ich habe Ihre Gedanken gelesen und sehe, dass Sie Angst haben, die Szenen zu skizzieren, über die Sie schreiben sollen, weil Sie glauben, sie müssten sich von denen unterscheiden, die Sie kennen. Das ist ein natürliches Misstrauen: Die Szenen werden es tun." in der Tat anders sein als die, die Sie jetzt sehen; das ganze Gesicht der Gesellschaft wird sich verändern: Es werden neue Regierungen entstehen und seltsamere Lebensweisen angenommen werden Lüften Sie den Schleier von vielem, was (zumindest für ihn) derzeit ein Rätsel ist, und seine Kräfte (sowohl in Bezug auf die mechanische Handlungsfähigkeit als auch in Bezug auf das intellektuelle Wissen) werden erheblich erweitert. Aber selbst dann wird er in seiner Fülle an Kenntnissen geschaffen Er ist sich der Schwäche seiner Natur bewusst und wird sich vieler Absurditäten schuldig machen, für deren Begehung er sich in seinem weniger *aufgeklärten* Zustand schämen würde.

„Diese Vision wurde niemandem außer Ihnen selbst offenbart: fürchten Sie sich nicht, sie zu sehen. Obwohl sie seltsam ist, kann sie doch vollständig verstanden werden, denn es wird noch viel übrig bleiben, um dieses zukünftige Zeitalter mit der Gegenwart zu verbinden. Die Impulse und Gefühle menschlicher Geschöpfe müssen in allen Zeitaltern größtenteils gleich sein: Gewohnheiten ändern sich, aber die Natur bleibt bestehen; und Aristophanes, Plautus und Terenz haben dieselben Leidenschaften beschrieben, dieselben Schwächen verspottet, wie sie später von Shakespeare und Moliere beschrieben wurden; und wie sie in der Zeit, über die Sie schreiben werden, sein werden – von noch unbekannten Autoren.

„Aber Sie zögern noch immer; Sie wenden ein, dass die Neuheit der Anspielungen Sie verwirrt. Dies ist eine ganz neue Art von Delikatesse; denn Autoren machen sich selten die Mühe, sich mit einem Thema vertraut zu machen, bevor sie anfangen, darüber zu schreiben. Da Sie jedoch so gewissenhaft sind, werde ich mich bemühen, Ihnen, wenn möglich, zu helfen. Sehen Sie sich um.“

Ich tat dies und sah wie in einem Zauberspiegel die Szenen und Charaktere, die ich nun dem Leser vor Augen führen möchte.

KAPITEL I.

Im Jahr 2126 genoss England Frieden und Ruhe unter der absoluten Herrschaft einer weiblichen Herrscherin. Im Laufe einiger Jahrhunderte hatten zahlreiche Veränderungen in der politischen Lage des Landes stattgefunden, und mehrere Regierungsformen waren nacheinander eingeführt und zerstört worden, bis sie, wie es nach gewaltsamen Revolutionen allgemein der Fall ist, alle zu einer absoluten Monarchie führten. In der Zwischenzeit war die Religion des Landes ebenso veränderlich wie seine Regierung; und am Ende schien man durch die Übernahme des Katholizismus fast zum gleichen Ergebnis gekommen zu sein: Despotismus im Staat erzeugt tatsächlich natürlich Despotismus in der Religion; Der implizite Glaube und der passive Gehorsam, die im einen Fall erforderlich sind, sind die beste aller möglichen Vorbereitungen für die absolute Unterwerfung von Geist und Körper, die im anderen Fall erforderlich sind.

In früheren Zeiten war England mit einer gemischten Regierung und einer toleranten Religion gesegnet, unter der das Volk so viel Freiheit wie möglich genossen hatte, verbunden mit Wohlstand und Glück. Es liegt jedoch nicht in der Natur des menschlichen Geistes, zufrieden zu sein: Wir müssen immer entweder hoffen oder fürchten; und die Dinge erscheinen aus der Ferne so viel schöner, als wenn wir uns ihnen nähern, dass wir uns immer das vorstellen, was wir nicht haben, unendlich viel besser als alles, was wir haben; und vernachlässigen die Freuden, die in unserer Reichweite liegen, um anderen nachzujagen, die sich wie *„ignes fatui* “ unserem Zugriff in dem Moment entziehen, in dem wir hoffen, sie erreicht zu haben.

So war es mit den Menschen in England: Sie gaben sich nicht damit zufrieden, reich und wohlhabend zu sein, sondern sehnten sich nach etwas mehr. Überfluss an Reichtum löste wilde Pläne und gigantische Spekulationen aus; Und obwohl viele scheiterten, regte die enorme Summe, die die Projektoren erzielten, andere dazu an, die gleiche Karriere zu verfolgen, da einige erfolgreich waren. Neue Länder wurden entdeckt und zivilisiert; die ganze Erde wurde auf die höchste Stufe der Kultivierung gebracht; jede Ecke davon wurde erkundet; Berge wurden eingeebnet, Minen ausgehoben und der Globus bis ins Innerste zertrümmert. Ja, die Luft und das Meer konnten nicht entkommen, und die gesamte Natur war gezwungen, sich der überwältigenden Vormachtstellung des Menschen zu unterwerfen.

Dennoch waren die Engländer nicht zufrieden: Obwohl sie sich jeden Wunsch erfüllen konnten, bis die Sättigung auf die Nachsicht folgte, waren sie dennoch unglücklich; vielleicht gerade weil sie keine Schwierigkeiten mehr zu bewältigen hatten. Inzwischen war Bildung allgemein verbreitet und die Fachbegriffe der abstrusen Wissenschaften waren den einfachsten Handwerkern geläufig; während Fragen der Religion, Politik und Metaphysik, die sie täglich beschäftigten, den Anreiz lieferten, nach dem ihre durch Überbildung entnervten Geister ständig verlangten. Die Folgen sind leicht zu erraten. Es war unmöglich für diejenigen, die für ihr tägliches Brot arbeiten mussten, gründlich zu studieren; und da sie keine Zeit hatten, sich ein bestimmtes Fach anzueignen, lernten sie von allem nur so viel, dass sie streitsüchtig und unzufrieden wurden. Ihre Köpfe waren voller Worte, denen sie keine festen Vorstellungen beifügten, und der wenige Verstand, mit dem der Himmel sie gesegnet hatte, ging unter einer Masse unverdauten und falsch angewandten Wissens verloren.

Eitelkeit führt unweigerlich zur Rebellion. Die natürliche Folge davon, dass der Pöbel sich für ebenso weise wie seine Herrscher hielt, war, dass er die erste sich bietende Gelegenheit ergriff, um diese Herrscher von ihren Sitzen zu stoßen. Eine Aristokratie wurde errichtet und später eine Demokratie; aber beide teilten das gleiche Schicksal; denn die Führer beider Länder stellten nacheinander fest, dass die Instrumente, die sie für ihren Aufstieg eingesetzt hatten, bald unkontrollierbar wurden. Das Volk hatte die Süßigkeiten der Macht gekostet, es hatte seine eigene Stärke kennengelernt, es war aufgeklärt; und da es sich einbildete, die Kunst des Regierens ebenso gut zu verstehen wie seine ehemaligen Herrscher, sah es keinen Grund, warum es, nachdem es die Kontrolle eines Herrn abgeschüttelt hatte, sich später der Herrschaft vieler unterwerfen sollte. „Wir sind frei", sagten sie; "Wir erkennen keine Gesetze an außer denen der Natur, und über diese können wir ebenso urteilen wie unsere angehenden Herren. In welcher Hinsicht sind sie uns überlegen? Die Natur war uns gegenüber ebenso großzügig wie ihnen gegenüber, und wir haben die gleichen Vorteile der Bildung genossen. Warum sollten wir uns also abmühen, um es ihnen leicht zu machen? Wir sind alle in der Lage, uns selbst zu regieren. Warum sollten wir sie dann dafür bezahlen, dass sie uns regieren? Warum sollten wir von geistigen Genüssen ausgeschlossen und zu Handarbeit verdammt werden? Sind unsere Geschmäcker nicht ebenso verfeinert wie ihre und unsere Geister nicht ebenso hoch entwickelt? Wir werden unsere Unabhängigkeit behaupten und das Joch abwerfen. Wenn sich jemand Luxus wünscht, soll er sich bemühen, ihn sich selbst zu verschaffen. Wir werden keine Sklaven mehr sein; wir werden alle Herren sein."

So dachten sie und so handelten sie, bis eine Regierung nach der anderen gestürzt wurde und völlige Anarchie herrschte. Die Menschen begannen zu erkennen, wenn auch leider zu spät, dass es wenig Freude bereitete, Herr zu sein, wenn es keine Untertanen gab, und dass es unmöglich war, geistige Freuden zu genießen, solange jeder gezwungen war, für sein tägliches Brot zu arbeiten. Dies war jedoch unvermeidlich, denn da vollkommene

Gleichheit erklärt worden war, ließ sich natürlich niemand herab, für seinen Nächsten zu arbeiten, und alles wurde schlecht gemacht: Wie geschickt jemand auch in einer bestimmten Kunst oder einem bestimmten Beruf sein mag, es ist völlig unmöglich, dass er in allem hervorragen kann.

In der Zwischenzeit stellten die Menschen, die, obwohl sie kaum wussten warum, der Idee der Gleichheit und der Befreiung von der Arbeit anhingen, zu ihrer unendlichen Überraschung fest, dass sich ihre Lasten verzehnfacht hatten, während ihre Bequemlichkeiten unerklärlicherweise im gleichen Verhältnis abgenommen hatten . Die Segnungen der Zivilisation entglitten ihnen tatsächlich schnell. Jedermann hatte Angst davor, dass ihm die hart erkämpfte Existenzgrundlage entrissen werden könnte; Denn da alle Gesetze abgeschafft waren, tyrannisierten die Starken die Schwachen, und die aufgeklärteste Nation der Welt war in unmittelbarer Gefahr, zu einer Horde raubgieriger Barbaren zu verkommen.

Dieser Zustand konnte nicht so weitergehen; und das Volk, das aus Erfahrung wusste, dass vollkommene Gleichheit nicht unbedingt die beneidenswerteste Regierungsform war, begann zu vermuten, dass Arbeitsteilung und Rangunterschiede für die Zivilisation absolut notwendig waren; und suchte seinen alten Adel auf, um zu versuchen, so etwas wie Ordnung in die Gesellschaft zurückzubringen. Diese berühmten Persönlichkeiten waren bald gefunden: Diejenigen, die nicht ausgewandert waren, hatten sich auf ihre Landsitze zurückgezogen, wo sie, umgeben von ihren Angehörigen und den wenigen Freunden, die ihnen treu geblieben waren, das *Otium cum dignitate genossen* und sich über den Verlust ihrer früheren Größe hinwegtrösteten, indem sie diejenigen, die sie dieser Größe beraubt hatten, aufs Männlichste beschimpften.

Zu dieser Zahl gehörte der direkte Nachkomme der verstorbenen königlichen Familie, und ihm beschloss das Volk nun demütig und bedingungslos, die Krone anzubieten; Sie stellten sich mit der üblichen Heftigkeit und Widersprüchlichkeit der Volksaufstände vor, dass eine willkürliche Regierung das Beste für sie sein müsse, da sie das genaue Gegenteil dessen sei, dessen Übel sie gerade so gewaltsam erlebt hatten.

Der Prinz jedoch, dem eine Volksdeputation dieses Angebot machte, war nicht ehrgeizig. Wie ein anderer Cincinnatus setzte er sein ganzes Glück in die Bewirtschaftung eines kleinen Bauernhofs und war klug genug, eine Größe abzulehnen, die er mit dem Opfer seines Friedens erkaufen musste. Die Abgeordneten waren verzweifelt über seine Ablehnung und bekräftigten ihre Klage mit allen Argumenten, die die Not ihrer Lage einflößen konnte. Sie malten in leuchtenden Farben die Schrecken der herrschenden Anarchie, das Elend des Königreichs und die Verzweiflung des Volkes und beendeten ihre Argumente schließlich mit einem feierlichen Appell an den Himmel, dass, wenn er auf seiner Ablehnung beharrte, das zukünftige Elend des Volkes auf sein Haupt fallen könnte. Der Prinz blieb jedoch unerbittlich und die Abgeordneten bereiteten sich auf den Rückzug vor, als die Tochter des Prinzen, die während des gesamten Gesprächs anwesend gewesen war, vorstürmte und ihren Rückzug verhinderte: „Bleibt! Ich werde eure Königin sein", rief sie energisch; „Ich werde mein Land retten oder bei dem Versuch umkommen!"

Die Prinzessin war eine wunderschöne Frau von etwa sechsundzwanzig Jahren. In diesem Augenblick, mit ihren vor Begeisterung funkelnden Augen, den glühenden Wangen und ihrem ganzen Gesicht und ihrer Gestalt, die von der erhabenen Entschlossenheit ihrer Seele geprägt waren, erschien sie den Abgeordneten beinahe wie ein übernatürliches Wesen. Sie betrachteten ihr Angebot als direkte Eingebung des Himmels und trugen sie im Triumph zu der versammelten Menge, die ihre Rückkehr erwartete. Das Volk hingegen, immer fasziniert von Neuem und nach jeder Veränderung verlangend, die es von dem Elend befreien würde, das es erduldete, begrüßte ihr Erscheinen mit Entzücken und proklamierte sie einstimmig zur Königin.

Die neue Herrscherin fand die Aufgabe, die sie übernommen hatte, bald schwierig; aber da sie glücklicherweise über gesunden Menschenverstand und Besonnenheit, gepaart mit einer festen und aktiven Gesinnung verfügte, gelang es ihr rechtzeitig, die Ordnung wiederherzustellen und ihre eigene Macht zu festigen, während sie zum Glück ihres Volkes beitrug. Das Gesicht des Königreichs veränderte sich rasch – Sicherheit brachte Verbesserungen – und die verbannten Adligen der früheren Dynastie drängten sich um die neue Königin, und sie wählte aus ihrer Mitte die weisesten und erfahrensten zu ihren Beratern aus und stellte mit ihrer Hilfe ein ausgezeichnetes Gesetzbuch zusammen. Dieses Buch stand dem ganzen Königreich offen; und da Fälle nach Grundsätzen und nicht nach Präzedenzfällen entschieden wurden, waren Rechtsstreitigkeiten fast unbekannt: denn da die Gesetze vollständig und klar erklärt waren, sodass sie von jedermann verstanden wurden, wagten nur wenige, sie offen zu verletzen, da auf Entdeckung eine Strafe folgte; und alle qualvollen Freuden eines Rechtsstreits waren vollständig zerstört, da jedermann wusste, wie er unweigerlich enden würde, sobald die Fakten dargelegt waren. Diese Erneuerung des Goldenen Zeitalters dauerte mehrere Jahre ohne Unterbrechung an. Die Menschen waren zu sehr von den persönlichen Annehmlichkeiten begeistert, die sie genossen, als dass sie sich über die Fehler beklagten, die untrennbar mit allen menschlichen Einrichtungen verbunden sind. Die Erinnerung an das, was sie während der Herrschaft der Anarchie erlitten hatten, ließ sie vor einer Veränderung zittern und sie geduldig geringfügige Unannehmlichkeiten in Kauf nehmen, um das Risiko wirklichen Übels zu vermeiden.

Diese Generation verstarb jedoch, und mit ihr starb nicht nur die Erinnerung an die vergangenen Unglücke des Königreichs, sondern auch der Geist der Zufriedenheit, den sie hervorgebracht hatte. Es entstand eine neue Rasse, die mit der Unwissenheit und der Anmaßung der Unerfahrenheit alles bemängelte, was sie nicht verstand, und die Königin und ihre Minister der Dummheit bezichtigte, nur weil sie das Unmögliche nicht vollbrachten. Die Regierung war jedoch zu fest etabliert, um leicht erschüttert zu werden. Die umsichtige Wirtschaft der Königin hatte ihre Schatzkammer mit Reichtümern gefüllt; Ihre umsichtigen Vorschriften hatten den Handel ihrer Untertanen in einem fast unglaublichen Ausmaß ausgedehnt; und ihr festes und entschlossenes Wesen verschaffte ihr im In- und Ausland allgemeine Anerkennung. Die Unzufriedenen gerieten daher aus Ehrfurcht in die Unterwerfung und mussten sich gegen ihren Willen damit begnügen, die Regierung anzuknurren, sie sei nicht stark genug, um sie zu stürzen. Zu diesem Zeitpunkt starb jedoch die Königin und die Lage erfuhr eine wichtige Wende.

Es wurde bereits erwähnt, dass sich die Religion des Landes mit seiner Regierung verändert hatte. Atheismus, vernünftige Freiheit und Fanatismus folgten in regelmäßiger Abfolge aufeinander, und die Menschen fanden durch verhängnisvolle Erfahrung heraus, dass Verfolgung und Bigotterie ebenso natürlich mit Unglauben einhergingen wie Aberglaube. Eine feste Regierung schien jedoch eine etablierte Religion zu erfordern, und die Menge, die immer in Extremen schwankte, stürzte sich von übermäßiger Freiheit in Unduldsamkeit. Der katholische Glaube wurde wiederhergestellt, neue Heilige wurden heiliggesprochen und Beichtväter in den Familien jeder angesehenen Person ernannt. Diese Priester hatten jedoch weit davon entfernt, die Macht zu haben, die sie in früheren Zeiten besessen hatten. Die Augen der Menschen waren zu lange geöffnet, um sie leicht wieder schließen zu können. Die Bildung wurde in den unteren Klassen weiterhin gepflegt, und obwohl sie zu Beginn dieser Geschichte bei Personen von Rang aus der Mode kam, war ihr Einfluss sogar bei denen spürbar, die am meisten gegen sie eingestellt waren. Während der Herrschaft der verstorbenen Königin waren die Gedanken der Bevölkerung, die sich nicht mit Staatsangelegenheiten beschäftigten, auf die Förderung der Künste und Wissenschaften gerichtet. So viele neue Erfindungen wurden gemacht, so viele wunderbare Entdeckungen gemacht und so viele raffinierte Vorrichtungen in die Tat umgesetzt, dass die arme Natur von ihrem Thron verdrängt schien und der Mensch ihren Platz einnahm.

Bevor die Königin starb, wählte sie ihre Nichte Claudia zu ihrer Nachfolgerin. Und da sie verfügte, dass keine ihrer Nachfolgerinnen heiraten sollte, ordnete sie an, dass alle zukünftigen Königinnen vom Volk aus den weiblichen Mitgliedern ihrer Familie gewählt werden sollten, die zum

Zeitpunkt der Thronbesetzung zwischen zwanzig und fünfundzwanzig Jahre alt sein könnten. Jeder Mann im ganzen Königreich, der das Alter von einundzwanzig Jahren erreicht hatte, sollte bei dieser Wahl eine Stimme haben. Da man jedoch annahm, dass es unpraktisch sein könnte, diese zahlreichen Wähler an einem Ort zusammenzurufen, wurde vereinbart, dass jeweils zehntausend einen Stellvertreter wählen sollten, der nach London reiste, um sie zu vertreten, und dass eine Mehrheit dieser Stellvertreter die Königin wählen sollte. Dieser Plan schien jedoch, obwohl theoretisch durchführbar, bei der praktischen Umsetzung einige Schwierigkeiten aufwerfen zu müssen. Über diese machte sich die alte Königin jedoch nie Gedanken. Sie hatte gegen unmittelbare Störungen vorgesorgt, indem sie ihren Nachfolger selbst wählte, und überließ es der Nachwelt, für sich selbst zu sorgen.

Königin Claudia war eine jener *schwachen* Herrscherinnen, deren Geschichte man nur schwer beschreiben kann, aus dem einfachen, aber unwiderlegbaren Grund, dass sie nie etwas tun, das es wert wäre, erwähnt zu werden. Obwohl sie nicht viel Gutes tat, richtete sie selten Böses an: So gelang es ihr, heftiger Kritik oder Beifall zu entgehen und, kurz gesagt, sehr anständig durchs Leben zu gehen, ohne viel Aufhebens darum zu machen. Sie behielt dieselben Berater bei, die schon ihre Vorgängerin eingesetzt hatte, und ernannte die Söhne, wenn die Väter starben, um Ärger zu vermeiden. Aus demselben Grund ließ sie die Gesetze so, wie sie sie vorgefunden hatte, und, kurz gesagt, sie ließ die Regierungsgeschäfte so ruhig und genau in derselben Routine weiterlaufen wie zuvor, dass das Volk zwei oder drei Jahre nach ihrer Thronbesteigung kaum bemerkte, dass eine Veränderung stattgefunden hatte.

Der Beginn des Jahres 2126 war jedoch von Turbulenzen geprägt. Die Unzufriedenen, die von Roderick, dem König von Irland, heimlich ermutigt wurden und unter der leichten Herrschaft von Claudia an Stärke gewinnen mussten, erhoben sich in verschiedenen Teilen des Königreichs zu den Waffen. und als er nach London marschierte, versuchte er, die Person der Königin zu ergreifen. Im Moment schienen die regulären Streitkräfte des Königreichs gelähmt zu sein, und den Aufständischen wäre ihr gewagter Versuch gelungen, wenn nicht die Geistesgegenwart und Tapferkeit von Edmund Montagu gewesen wäre, einem jungen Offizier aus einer alten Familie, einem Kapitän im Körper der Königin. Wächter, der das Glück hatte, seinen Herrscher zu retten.

Dieser Umstand war ausschlaggebend. Die Rebellen, deren Hoffnungen enttäuscht waren und die nicht perfekt organisiert waren, mussten überall den regulären Truppen weichen, die sich inzwischen von ihrer Benommenheit erholt hatten. Die Königin hingegen war für die rechtzeitige Hilfe, die ihr Edmund Montagu gewährte, grenzenlos dankbar und machte

ihn zum Befehlshaber ihrer Streitkräfte in Deutschland. Der junge Held
verließ daraufhin England, um seinen Posten einzunehmen.

KAPITEL II.

So hoch und angesehen die Gunst war, die Edmund Montagu entgegengebracht wurde, so war sie doch keineswegs größer, als er verdiente. Sein Gesicht und seine Gestalt waren so, dass die Vorstellungskraft sich ihn als Helden der Antike vorstellte, und sein Charakter passte gut zu den majestätischen Anmutungen seiner Person. Er war hochmütig und gebieterisch in seinem Wesen – Ehrgeiz war sein Gott und die Liebe zum Ruhm seine stärkste Leidenschaft; doch selbst sein Stolz hatte etwas Edles in sich, und seine Soldaten liebten ihn, obwohl sie ihn fürchteten.

Ganz anders war der Charakter seines jüngeren Bruders Edric, dessen romantische Veranlagung und kontemplative Geisteshaltung oft den Spott seiner Freunde hervorrief. Wie jedoch in ähnlichen Fällen üblich, fesselten ihn die Verfolgungen, die er in dieser Angelegenheit erduldete, nur noch fester an seine eigenen, besonderen Ansichten; was er tatsächlich mit der Beharrlichkeit eines Märtyrers durchzuhalten schien; während er jedes Mal, wenn sie von Scherzen oder Spötteleien angegriffen wurden, eine solche Entschlossenheit und Großmut zeigte, wie man es sich für einen sterbenden Indianer auf dem Scheiterhaufen hätte vorstellen können. Leider haben seine Freunde dieses würdevolle Schweigen nicht immer richtig eingeschätzt; und ihr wiederholtes Gelächter klang so hart in den Ohren des jungen Diogenes, dass er sich allmählich vor der Menschheit verabscheute. Er isolierte sich von der Gesellschaft; verachtete die Meinung der Welt, weil er feststellte, dass sie gegen ihn war; und hielt sich für fähig, jeder Art von Versuchung zu widerstehen, einfach weil ihm bisher nichts begegnet war, was geeignet war, ihn in Versuchung zu führen. Ältere und erfahrenere Personen haben den gleichen Fehler gemacht.

Die Erziehung dieser beiden jungen Männer war Lehrern anvertraut worden, deren Charaktere sich ebenso grundlegend unterschieden wie die ihrer Schüler. Pater Morris, der sich um den Älteren gekümmert hatte, war ein intelligenter katholischer Priester und Beichtvater der Familie. Doktor Entwerfen hingegen, der sich um den Jüngeren kümmerte, war ein würdiger, harmloser Mann, dessen Leidenschaft für Experimente seine größte Schwäche war, dessen Gutmütigkeit ihn jedoch selbst bei jenen beliebt machte, denen er wegen seiner Torheiten lächerlich erschien.

Sir Ambrose Montagu, der Vater von Edmund und Edric, war Witwer, und diese beiden Söhne bildeten seine ganze Familie. Der würdige Baronet war kein schlechter Vertreter dessen, was ein alter englischer Landedelmann immer war und was er auch in diesem Zeitalter der Vornehmheit noch fortsetzte. Er war ebenso warmherzig in seinen Gefühlen, ebenso hastig in seinem Temperament und ebenso heftig in seinen Vorurteilen wie jeder seiner Vorgänger. Tatsächlich müssen dieselben Ursachen immer zu denselben Ergebnissen führen; und es gibt etwas in einem Landleben, das immer gewisse besondere Wirkungen auf den Geist hervorruft.

Sir Ambrose war jedoch der Masse seiner Klasse weit überlegen und neben unzähligen anderen guten Eigenschaften war er ein nachsichtiger Herr und ein liebevoller Vater. Seine Schwäche jedoch – leider! Wo finden wir einen Charakter ohne einen? – war der Wunsch, gelegentlich zu zeigen, wie bedingungslos ihm gehorcht werden konnte. Im Allgemeinen war er leicht zu bemängeln; und erst als er durch Widerstand geweckt wurde, zeigte sich die natürliche Hartnäckigkeit seiner Gesinnung. Edmund war sein Lieblingssohn; Der frühe militärische Ruhm des jugendlichen Helden schmeichelte seinem elterlichen Stolz, und seine Augen glänzten vor Freude, wenn der Name seines Liebsten nur erwähnt wurde.

Es war eines schönen Abends im Sommer des Jahres 2126, als Sir Ambrose Montagu, wie wir ihn beschrieben haben, in seiner Bibliothek saß und sehnsüchtig auf Informationen von der Armee wartete. Um seine Ungeduld abzulenken, hatte er die Anwesenheit seines Verwalters Mr. Davis angeordnet und versuchte sich zu unterhalten, indem er sich einen Bericht über die Angelegenheiten seiner Farm anhörte. während Abaelard, ein alter Butler, der seit mehr als vierzig Jahren in den Diensten des Baronets stand, hinter dem Stuhl seines Herrn stand und ein kleines Tablett in der Hand hielt, auf dem ein elegantes Räuchergerät und ein prächtiges, zusammenklappbares Service aus formbarem Glas standen Bis zu einer Taschengröße, die bei Nichtgebrauch die abendliche Erfrischung des Baronets enthält.

Sir Ambrose war über siebzig, und sein langes weißes Haar fiel ihm in welligen Locken über die Schultern, als er nun in seinem bequemen elastischen Sessel saß und einen Ellbogen auf den Tisch vor ihm stützte. Seine Gesichtszüge waren sehr schön gewesen, und sein Teint zeigte noch immer jenen Ausdruck von Gesundheit und Sauberkeit, der in einem jungen Alter ein sicheres Zeichen für ein gut verbrachtes Leben ist. Sein Gesicht war zwar intelligent, aber frei von den Spuren stürmischer Leidenschaften; die Sorgen und Nöte des Lebens schienen sanft über ihn hinweggegangen zu sein, und Zufriedenheit hatte die Falten geglättet, die das Alter auf seine Stirn getrieben haben mochte; während die große, dünne Gestalt von Mr. Davis, der ehrfürchtig nach vorne gebeugt dastand, den Hut in der Hand, und dessen ganzes Benehmen eine merkwürdige Mischung aus Genauigkeit und gewohntem Respekt ausdrückte, einen starken Kontrast zu der würdevollen Erscheinung seines Herrn bildete.

Die Fenster der Bibliothek öffneten sich bis zum Boden und blickten auf eine schöne Terrasse, die von einer Veranda beschattet wurde, die von einem Gitterwerk gestützt wurde, um das sich Rosen und Weinreben wanden.

Unter ihnen erstreckte sich ein lächelndes Tal, wunderschön bewaldet und von einem majestätischen Fluss bewässert, der sich langsam dahinschlängelte; mal verlor er sich im sich ausbreitenden Laub der Bäume, die über seine Ufer hingen, mal leuchtete er in der Sonne wie ein See aus flüssigem Silber. Dahinter ragten Rosenhügel majestätisch in den Himmel, ihre klaren Umrisse wurden jetzt deutlich von der untergehenden Sonne markiert, die langsam hinter ihnen versank und ihre leuchtenden Purpur- und Goldtöne auf ihre Heideseiten warf; während einige ihrer strahlenden Strahlen sogar durch den Laubschatten der Veranda drangen und wie Sommerblitze auf der Oberfläche eines Spiegels aus poliertem Stahl tanzten, der direkt vor Sir Ambrose hing.

„Was für ein schöner Abend!" rief der würdige Baronet und blickte mit entzücktem Blick auf die reiche Landschaft vor ihm; „So oft ich mir diese Szene angeschaut habe, kommt es mir vor, jedes Mal, wenn ich sie sehe, eine neue Schönheit zu entdecken. Wie fein der goldene Farbton, den die Sonne auf die Wipfel dieser Bäume wirft, durch die tiefen Schattenmassen darunter aufgehellt wird!"

„Es ist ein schöner Abend", sagte Davis und verneigte sich tief, „und wenn es Euer Ehren gefällt, denke ich, dass wir morgen besser den patentierten Dampfmähapparat in Betrieb nehmen sollten. Wenn die Sonne morgen so heiß sein sollte wie …" Es war heute, ich bin sicher, dass das Heu ohne den Einsatz des Brennglases gelingen wird.

„Tu, was du willst, Davis", erwiderte sein Herr und nahm seine Pfeife, „du weißt, dass ich diese Angelegenheiten ganz dir überlasse."

"Und meint Ihr Ehren nicht, ich sollte der Gerste ein wenig Regen geben? Sie wird ganz verbrennen, wenn dieses Wetter anhält; und wenn Ihr Ehren einverstanden ist, kann es sofort geschehen, denn ich habe gerade eine schöne, schwarze, schwer aussehende Wolke vorbeiziehen sehen, und wenn Ihr Ehren es für richtig hält, kann ich die elektrische Maschine in fünf Minuten rausholen, um sie herunterzuziehen."

„Ich habe Ihnen bereits gesagt, dass ich diese Dinge ganz Ihnen überlasse, Davis", erwiderte der Baronet und blies Unmengen von Rauch aus seiner Wasserpfeife. „Überschwemmen Sie die Felder, wenn Sie wollen; Sie haben meine volle Erlaubnis, damit zu tun, was Sie wollen, sodass Sie mich in dieser Angelegenheit nicht weiter belästigen."

„Aber ich möchte nicht ohne die volle Überzeugung Ihrer Ehren handeln", fuhr der beharrliche Verwalter fort. „Euer Ehren müssen sich der Dürre des Bodens und der Unmöglichkeit einer ordnungsgemäßen Entwicklung der jungen Köpfe bewusst sein, es sei denn, sie werden mit einer ausreichenden Menge Feuchtigkeit versorgt."

„Sie sind sehr unvernünftig, Davis“, sagt Sir Ambrose. „Die meisten Ihrer Bruderschaft wären zufrieden damit, ihren eigenen Weg gehen zu dürfen; aber Sie –“

„Entschuldigen Sie, dass ich Ihre Ehre unterbreche“, rief Davis und verneigte sich tief; „Aber ich kann den Gedanken nicht ertragen, dass ich in der Lage war, Euer Ehren zu irgendwelchen Schritten zu überreden, die Euer Ehren vielleicht nicht völlig billigen würden. Was nun das Keimen und Reifen betrifft –“

"Mein guter Kerl!", rief Sir Ambrose und lächelte über die Energie, mit der Davis sprach – seine dünne Gestalt wiegte sich im Sonnenschein hin und her und sein aufrichtiger Wunsch, seinen Herrn zu überzeugen, nahm seiner Stimme beinahe ihren üblichen feierlichen und sentimentalen Ton. "Wie ich schon sagte, gebe ich Ihnen die volle und uneingeschränkte Freiheit, meine Felder zu verbrennen, zu trocknen oder zu ertränken, wie Sie es für richtig halten; ich ermächtige Sie, alle Schritte zu unternehmen, die Sie für richtig halten, um Getreide auf irgendeinem Teil meines Anwesens keimen oder reifen zu lassen, vorausgesetzt, dass Sie mich in Zukunft nie wieder mit diesem Thema belästigen; also gute Nacht."

Davis wagte es nicht, ihm zu widersprechen, und zog sich langsam zurück. Offenbar war er ebenso verärgert darüber, seinen Willen durchzusetzen, wie manche Leute es sind, wenn man ihnen widerspricht. Plötzlich schimmerte ein heller Lichtblitz auf dem polierten Spiegel des Baronets. „Ah! Was war das?“, rief Sir Ambrose, sprang auf und warf seine Pfeife auf den Boden.

Er starrte ein paar Sekunden lang in atemloser Angst gespannt in den Spiegel, beugte sich nach vorne, lauschte und wagte nicht, sich zu rühren, als fürchtete er, die kleinste Bewegung könnte die angenehme Illusion zerstören. Das Aufblitzen wiederholte sich in schneller Folge immer wieder, während ein Läuten silberner Glocken in flüssiger Melodie ihren Kreis zu läuten begann. „Gott sei Dank! Gott sei Dank!“, rief der alte Baronet, sank auf die Knie und faltete die Hände, während ihm die dicken Tränen rasch übers Gesicht kullerten. „Mein Edmund hat gesiegt! Mein Edmund ist in Sicherheit!“

Die treuen Diener von Sir Ambrose folgten dem Beispiel ihres Herrn, und einige Minuten lang schien die ganze Gesellschaft in stille Danksagung versunken zu sein; Die silbernen Glocken setzten ihre harmonische Süße fort, wenn auch in immer sanfteren Tönen, bis sie schließlich allmählich am Ohr verklangen. Als die Melodie verstummte, erhob sich Sir Ambrose von seinen Knien, und da er Abaelard wünschte, er möge Edric und Pater Morris herbeirufen, eilte er, gefolgt von Davis, auf die Terrasse, um einen Telegraphen zu untersuchen, der in geringer Entfernung auf einem Berg montiert war, so dass er von dort aus gesehen werden konnte Ende davon:

das gerade erwähnte Licht und die Musik, die immer ein Signal sind, wenn wichtige Informationen übermittelt werden sollen.

Die Sonne war inzwischen hinter den Hügeln versunken, und die Abendschatten näherten sich rasch, während der Baronet mit tränenden Augen die verschiedenen Bewegungen der Maschine beobachtete. „Eins, zwei und sechs!" sagte er; „Ja, das bedeutet, dass er die Schlacht gewonnen hat und in Sicherheit ist. Mein Herz sagte es mir, als ich das Signal aufblitzen sah. Mein geliebter Edmund! – zwei, vier und acht – er hat die Deutschen überwältigt und das Ganze eingenommen Sechs, sechs und vier – leider sind meine Augen zu schwach, um es deutlich zu sehen! Es ist zu spät! Leider habe ich vergessen, dass deine Augen so schwach sind wie meine eigenen. Warum ist er nicht hier, um seinem armen alten Vater zu helfen?

In der Zwischenzeit beschäftigte sich Edric wie üblich mit Dr. Entwerfen mit den abstrakten Spekulationen, die nun das einzige Vergnügen seines Daseins bildeten und denen er mit einem Eifer nachging, der alle gewöhnlichen Angelegenheiten des Lebens geschmacklos und fade erscheinen ließ. Seine Fantasie war durch das lange Verweilen bei demselben Thema angeheizt worden ; und ein seltsames, wildes, undefinierbares Verlangen, sich mit einem körperlosen Geist zu unterhalten, verfolgte ihn unaufhörlich. Er hatte diese fieberhafte Angst schon lange in seiner eigenen Brust vergraben und vergeblich versucht, sie zu unterdrücken; aber es schien an seinen Schritten zu hängen, sich vor ihm zu präsentieren, wohin er auch ging, und kurz gesagt, ihn mit der Bösartigkeit eines Dämons zu verfolgen.

„Was ist los mit dir, Edric?" sagte Dr. Entwerfen zu seinem Schüler, an dem Tag, den wir bereits erwähnt haben. „Du bist so verändert, ich kenne dich kaum und deine Augen haben einen wilden Ausdruck, absolut großartig."

„Ich bin tatsächlich halb verrückt", erwiderte Edric mit einem melancholischen Lächeln; „Und doch werden Sie vielleicht lachen, wenn ich Ihnen den Grund meines Unbehagens erzähle. Ich werde von dem ernsthaften Wunsch gequält, mit jemandem zu kommunizieren, der ein Bewohner des Grabes war. Ich würde gerne die Geheimnisse des Grabes erfahren, und Stellen Sie fest, ob der Geist nach dem Tod an seine irdische Hülle aus Lehm gefesselt ist und bis zum Tag der endgültigen Auferstehung dazu verdammt ist, über der verrottenden Masse der Verderbnis zu schweben, die ihn einst enthielt, oder ob die letzten Todesqualen ihn von seinen sterblichen Bindungen befreien Lassen Sie es frei wie Luft in den hellen Regionen des ätherischen Raums schweben?

„Sie kennen meine Meinung", sagte der Arzt.

„Das tue ich", antwortete der Schüler; „Aber verzeihen Sie mir, wenn ich hinzufüge – ich bin damit nicht zufrieden: Tatsächlich ist mein Charakter nicht der Typ, der sich damit zufrieden gibt, meinen Glauben auf dem eines anderen Mannes aufzubauen. Ich würde es selbst sehen und urteilen."

„Ich mache Ihnen keinen Vorwurf", fuhr der Doktor fort. „Ein vernünftiger Mensch sollte nichts glauben, was er nicht beweisen kann. Um Ihre Zweifel jedoch zu beseitigen, bin ich überzeugt, dass wir nur Gelegenheit haben, auf den angrenzenden Friedhof zu gehen und meine galvanische Batterie mit 50 Chirurgenstärken (die, wie Sie zugeben müssen, sicherlich ausreicht, um Tote wiederzubeleben) an einem Körper auszuprobieren und dann –"

„Halt! Halt!", rief Edric schaudernd. „Mir gefriert das Blut in den Adern, wenn ich an einen Friedhof denke. Deine Worte erinnern mich an einen schrecklichen Traum, den ich letzte Nacht hatte und der mir selbst jetzt noch im Gedächtnis haften bleibt und allen Anstrengungen, die ich unternehmen kann, um ihn abzuschütteln, widersteht."

„Dann erzählen Sie es mir", fuhr der Doktor fort. „Denn wenn die Vorstellungskraft von schrecklichen Phantasien besessen ist, wird sie oft dadurch erleichtert, dass man mit einer anderen Person darüber spricht."

„Ich dachte", sagte Edric, „ich wanderte durch einen dichten, düsteren Wald, durch den ich nur mit größter Mühe meinen Weg finden konnte. Die schwarzen Bäume, die in schrecklicher Majestät über meinem Kopf finster blickten, waren in Massen zusammengeflochten, so dass sie mir fast den Weg versperrten. Plötzlich blitzte ein furchterregendes Licht auf und ich sah zu meinen Füßen ein schreckliches Leichenhaus, wo die Sterbenden sich schrecklich unter die Toten mischten. Die elenden lebenden Wesen drehten sich um und krümmten sich vor Schmerzen, während sie vergeblich versuchten, der Masse der Verwesung zu entkommen, die auf ihnen aufgehäuft war. Ich sah, wie ihre Augäpfel vor Qual rollten – ich beobachtete die Verzerrung ihrer Gesichtszüge und unternahm einen heftigen Versuch, einen zu befreien, der fast auf meine Füße gekrochen war, aber ich wich vor Entsetzen zurück, als ich merkte, wie der Arm, den ich ergriffen hatte, meiner Berührung nachgab und eine ekelhafte Masse der Verwesung unter meinen Fingern zerbröckelte! – Schaudernd erwachte ich – kalter Schweiß hing mir über die Stirn und jeder Nerv zuckte vor Kälte. krampfhafte Qualen."

„Nur visionäre Schrecken", sagte der Arzt. „Sie haben Ihre Fantasie so lange bei einem Thema verweilen lassen, bis es krankhaft geworden ist. – Obwohl ich jedoch keinen Grund sehe, warum Ihr Traum Sie dazu veranlassen sollte, mein Angebot abzulehnen, werde ich es nicht drängen, wenn es Ihnen Schmerzen bereitet."

„Ist es nicht seltsam", fuhr Edric fort und verfolgte offenbar seinen eigenen Gedankengang, „dass der Geist sich so sehr nach dem sehnt, wovor der Körper erschaudert; und doch, wie kann eine Masse bloßer Materie erschauern, die, wie wir sehen, in Verwesung versinkt, sobald der Geist ihr entzogen wird? Wie kann sie überhaupt fühlen? Ich kann meine eigenen Empfindungen kaum analysieren; aber es scheint mir, dass zwei getrennte und unterschiedliche Geister die Lehmmasse beleben, aus der der menschliche Körper besteht. Der eine ist der bloße Lebensfunke, der ihm Leben und Bewegung verleiht und den wir mit Tieren und sogar Pflanzen gemeinsam haben; und der andere ist der göttliche ätherische Geist, den wir richtigerweise als Seele bezeichnen können und der eine direkte Emanation von Gott selbst ist und nur dem Menschen verliehen wurde."

„Sie kennen meine Meinung zu diesem Thema", antwortete der Arzt, „deshalb brauche ich sie nicht zu wiederholen."

„Ich weiß", fuhr Edric fort, „Sie glauben, die Organe des Denkens, der Reflexion, der Vorstellungskraft, der Vernunft und, kurz gesagt, all diese geheimnisvolle Fähigkeit, die wir Geist nennen, seien materiell; und solange der Körper unversehrt bleibt, können sie wiederhergestellt werden, vorausgesetzt, der Kreislauf kann erneuert werden. Dies ist Ihrer Ansicht nach das einzige Prinzip, das notwendig ist, um die tierische Maschine in Bewegung zu setzen."

"Kann etwas klarer sein?", fragte der Arzt. "Wir alle wissen, dass Kreislauf und Lungentätigkeit untrennbar miteinander verbunden sind und dass, wenn letztere zum Stillstand kommen, der Tod eintreten muss. Wie oft werden scheinbar tote Körper durch Reibung geborgen, die den Kreislauf in Gang setzt, und durch Aufblasen der Lungen mit Luft, wodurch ihre Tätigkeit wiederhergestellt wird. Wenn Ihre Vorstellung richtig ist, dass die Seele den Körper in dem Moment verlässt, in dem das, was wir Tod nennen, eintritt, wie erklären Sie dann diese Fälle von Wiederbelebung? Glauben Sie, dass die Seele in den Körper zurückgerufen werden kann, nachdem sie ihn einmal verlassen hat? Oder dass sie in der Luft über ihm schwebt, durch unsichtbare Fesseln mit ihm verbunden, bereit, in ihre vorherige Position zurückgezogen zu werden, wenn der Körper seine Lebensfunktionen wieder aufnimmt? Sie können doch nicht sicher annehmen, dass sie in einem ruhenden Zustand bleibt und mit dem Körper wieder erwacht, denn das wäre mit der Vorstellung eines körperlosen Geistes unvereinbar."

„Sicherlich", fuhr Edric fort, „muss der Geist in der Lage sein, vollkommen getrennt vom Körper zu existieren. Wie, das gebe ich jedoch zu, kann ich aufgrund meines unvollkommenen Verstandes nicht begreifen."

„Ich wünschte, Sie würden Ihre kindische Abneigung überwinden, ein Experiment an einer Leiche durchzuführen, denn das müsste Ihre Zweifel ausräumen. Denn wenn es uns gelingen könnte, einen toten Körper, der lange Zeit begraben war, wiederzubeleben, so dass er seine Denkfähigkeiten oder, wie Sie es nennen, seine Seele in voller Vollkommenheit genießen könnte, wäre meine Meinung völlig bestätigt."

„Aber wo sollen wir einen perfekten Körper finden, der lange genug tot war, um die Möglichkeit auszuschließen, dass er nur in Trance ist? – Denn selbst wenn ich den Ekel überwinden könnte, den ich bei dem Gedanken verspüre, eine solche Kältemasse zu berühren Sterblichkeit, wie sie sich letzte Nacht in meinem Traum darstellte, nach Ihrer eigenen Theorie müssen die Organe perfekt sein, sonst wird das Experiment nicht abgeschlossen sein.

„Was halten Sie von dem Versuch, eine Mumie zu operieren? Sie wissen, dass kürzlich in der großen Pyramide eine Kammer entdeckt wurde, die das eigentliche Grab von Cheops sein soll; und wo angeblich die Mumien dieses großen Königs und … liegen Die Hauptpersonen seines Haushalts wurden in einem wunderbar erhaltenen Zustand gefunden."

„Aber Mumien sind so eingehüllt."

„Nicht die von Königen und Prinzen. Sie wissen, dass alle Reisenden, sowohl alte als auch moderne, die sie gesehen haben, darin übereinstimmen, dass sie lediglich in Falten roten und weißen Leinens gehüllt sind, jeder Finger und sogar jeder Zeh deutlich erkennbar ist. Wenn es uns also gelingen sollte, Cheops wiederzubeleben, brauchen wir den Körper nicht einmal zu berühren, da die Kleidung, in die er gehüllt ist, seine Bewegungen in keiner Weise behindert."

„Die Idee ist durchführbar, und wie Sie richtig sagen, wenn sie in die Tat umgesetzt werden kann, wird sie die Angelegenheit für immer klären. Ich möchte auch die Pyramiden besuchen, diese berühmten Monumente der Antike, deren Ursprung im Dunkel dunklerer Zeiten verloren gegangen ist und die von der zerstörerischen Hand der Zeit verschont geblieben zu sein scheinen, um die Gelehrten zu verwirren."

„Sie haben recht", rief der Doktor begeistert. „Und wer weiß, vielleicht sind wir die glücklichen Sterblichen, denen es bestimmt ist, den mystischen Schleier zu lüften, der sie so lange bedeckt hat? Vielleicht ist es uns bestimmt, diese wunderbaren Monumente zu erforschen – ihre Mumien wiederzubeleben und sie zu zwingen, die Geheimnisse ihres Gefängnisses preiszugeben. Cheops soll die große Pyramide gebaut haben, und wir werden versuchen, Cheops wiederzubeleben! Was könnte also greifbarer sein, als dass er es ist, dem es bestimmt ist, das Geheimnis schließlich zu enthüllen."

„Jedes Wort, das Sie sagen, Doktor, verstärkt mein brennendes Verlangen, unseren Plan sofort in die Tat umzusetzen. Aber wie können wir ihn verwirklichen? Wie erhalten wir die Zustimmung meines Vaters? Sie wissen, dass es schon lange seine Absicht ist, mich mit der Nichte seines Freundes,

des Herzogs von Cornwall, zu verheiraten, und Sie wissen, wie hartnäckig er und der Herzog sind."

„Wenn Sie also in England bleiben, ist es Ihre Absicht, Rosabella zu heiraten?"

"Ich würde zuerst umkommen."

„Wenn das der Fall ist, muss ich gestehen, dass ich den Sinn Ihres Einwands nicht erkenne."

„Stimmt. Solange ich mich weigere, sie zu heiraten, wird ihr Zorn derselbe sein, ob ich nun reise oder in England bleibe. Tatsächlich werde ich in der Ferne glücklicher sein als hier, wo es mich ärgern wird, wenn das Thema ständig wieder aufgegriffen wird. Dennoch schmerzt es mich, mit meinem Vater darüber zu sprechen. Er hat den Gedanken an meine Heirat so lange gehegt und so liebevoll darüber nachgedacht –"

„Dann wäre es besser, wenn Sie bleiben würden. Geben Sie alle Gedanken an wissenschaftliche Entdeckungen auf und lassen Sie sich zufrieden auf einem Landgut nieder. Verbringen Sie Ihre Zeit damit, Ihren Hof in Ordnung zu bringen, die Streitigkeiten Ihrer Nachbarn zu schlichten und Ihre Kinder großzuziehen, falls Sie welche haben sollten."

„Wie kannst du mich so quälen? – Wenn du dir den Kampf in meinem Busen vorstellen könntest, zwischen Neigung und Pflicht, würdest du Mitleid mit mir haben."

„Glauben Sie, dass Ihre Anwesenheit für das Glück Ihres Vaters notwendig ist?"

„Nein – wenn Edmund bei ihm wäre, würde er nie an mich denken."

„Und glauben Sie nicht – nein, sind Sie nicht sicher, dass eine Verbindung mit Rosabella Sie unglücklich machen würde?"

„Es ist unmöglich, daran zu zweifeln. Ihr heftiges Temperament und das Geheimnis, das über dem Schicksal ihres Vaters schwebt und das sie nicht ertragen kann, auch nur anzudeuten, verbieten den Gedanken an Glück, das mit ihr verbunden ist."

„Es ist seltsam, so wenig sollte über ihren Vater bekannt sein. Ich habe nie die Einzelheiten seiner Geschichte gehört."

„Kein Mensch weiß das Ganze, glaube ich, außer dem Herzog und meinem Vater. Ich erinnere mich jedoch, dass ich als Kind das Gerücht gehört habe, dass er ein schreckliches Verbrechen begangen habe und dass er entweder hingerichtet wurde oder hingerichtet wurde hat sich selbst zerstört.

„Dann ist es nicht verwunderlich, dass es Rosabella schmerzt, wenn von ihm gesprochen wird. Aber um auf unser Thema zurückzukommen: Ihre Antworten haben die einzigen Zweifel beseitigt, die aufkommen können; und nach dem, was Sie selbst gestanden haben, kann ich mir nicht vorstellen, was für ein weiteres Zögern Sie noch befürchten kann fühlen –"

In diesem Moment erschraken sie beide; und die Worte wurden auf den Lippen des Arztes durch ein sanftes Klopfen an der Tür festgehalten. Es war der alte Butler Abaelard. Halb beschämt über den unphilosophischen Schrecken, den er an den Tag gelegt hatte, war der Arzt froh, seine Gefühle unter dem Anschein von Zorn verbergen zu können, und fragte verdrießlich, was los sei. „Habe ich Ihnen nicht hundertmal gesagt", fuhr er fort, „dass ich es nicht mag, bei meinen Studien unterbrochen zu werden! Und dass nichts unangenehmer ist, als wenn die Aufmerksamkeit abgelenkt wird, wenn sie auf eine wichtige Angelegenheit gerichtet ist." !"

„Ich versuche nicht, das Axiom zu widerlegen, das Sie gerade aufgestellt haben", erwiderte Abaelard und sprach langsam und präzise, als würde er jede Silbe abwägen, bevor er sie hervorbrachte: „Denn unbestreitbare Tatsachen lassen keinen Widerspruch zu. Wie auch immer Die Botschaft, mit der ich im Augenblick beauftragt bin, bezieht sich auf Meister Edric. Ich bin in aller Bescheidenheit der Meinung, dass mir keine Schuld zufallen kann, und nicht Ihnen selbst, wegen der unvorhergesehenen Unterbrechung, für die Sie mich verantwortlich machen.

„Und was hast du mir zu sagen?" forderte Edric.

„Der würdige Herr, Ihr ehrenwerter Vorfahre, bittet Sie, unverzüglich Ihre Bewegungsfähigkeiten einzusetzen und sich ihm auf der Terrasse anzuschließen, damit dort Ihre überlegenen visuellen Fähigkeiten die geistige Angst lindern können, *unter* der er gegenwärtig leidet, indem Sie ihm helfen, die Informationen zu entwickeln, die ihm das Telegrafengerät übermittelt."

„Was!", rief Edric eifrig, und dann, ohne eine Antwort abzuwarten, stürzte er nach vorne und war in wenigen Sekunden an der Seite seines Vaters.

Abaelard blickte ihm erstaunt nach: „Es ist etwas sehr Erstaunliches", sagte er zu Dr. Entwerfen, „an der Übersprudelung der Lebensgeister in der Jugend. Ich leide bei diesem Thema unter völliger Starre; ich glaube, es kommt von der übermäßigen Elastizität der Nerven. Ideen schlagen zu –" Doch als er hier unglücklicherweise aufblickte, war auch er erstaunt, dass Dr. Entwerfen mit seinem Schüler verschwunden war, und da er seine Beredsamkeit nicht in der leeren Luft verschwenden wollte, ging auch er fort; langsam und feierlich jedoch, seiner Gewohnheit entsprechend, um sich der auf der Terrasse versammelten Gesellschaft anzuschließen.

KAPITEL III.

Als Edric und Dr. Entwerfen Sir Ambrose erreichten, fanden sie Pater Morris an seiner Seite, der ihm mit seiner üblichen Schnelligkeit und Klarheit die Bedeutung der verschiedenen Zeichen des Telegraphen erklärte.

„Mein lieber Edric", rief Sir Ambrose und warf sich in die Arme seines Sohnes, „mein lieber, lieber Edric! Dein Bruder hat die Schlacht gewonnen! Die Deutschen sind vollständig besiegt. Er hat ihren König und mehrere ihrer Prinzen gefangen genommen und die schöne Provinz Frankreich ist vollständig an uns abgetreten!"

„Ich freue mich, das zu hören", rief Edric und erwiderte die Umarmung seines Vaters gerührt, „und ich hoffe, er ist in Sicherheit?"

"Das hoffe ich auch", antwortete Sir Ambrose, "obwohl er nichts von sich selbst sagt. Aber Sie kennen Edmund: 'Unsere Truppen haben dies gewonnen', 'Unsere Armee hat das errungen!' - 'Die Soldaten haben tapfer gekämpft!' - er spricht nie von sich selbst. Wenn man ihn von einer Schlacht erzählen hört, würde niemand glauben, dass er jemals etwas damit zu tun hatte."

„Es ist zu dunkel, um noch mehr zu sehen", sagte Pater Morris, der seit einiger Zeit auf den Telegraphen geschaut hatte und sich nun verzweifelt von ihm abwandte; „Die Maschine ist noch in Bewegung, aber es ist zu dunkel, als dass ich entschlüsseln könnte, was sie bedeutet."

Während er sprach, richtete sich die Aufmerksamkeit aller Anwesenden auf den Himmel. Es war tatsächlich pechschwarz geworden, eine allgemeine Düsterkeit schien über dem Gesicht der Natur zu liegen; Die Vögel flogen zwitschernd nach Schutz, ein schwacher Wind heulte durch die Bäume, und kurz gesagt, alles schien auf einen Sturm hinzudeuten.

„Müssen wir nicht besser ins Haus zurückkehren?" sagte Dr. Entwerfen und sah sich angesichts dieser alarmierenden Anzeichen mit etwas wie Angst um, denn seine erhitzte Fantasie hatte die Wirkung der schrecklichen Spekulationen, denen er sich in letzter Zeit hingegeben hatte, noch nicht ganz wiedererlangt. „Was ist das für ein schwarzer Fleck da? Ich erkläre es." bewegt sich! Mein Gott, was kann das sein?"

„Wirklich, Doktor!", erwiderte Abaelard, „Sie reizen meine lächerlichen Sinne. Der undurchsichtige Körper, den Sie aus geringer Entfernung wahrnehmen und der eine so furchtbare Erregung Ihres Nervensystems hervorgerufen zu haben scheint, ist nur ein lebendes Exemplar der Gattung Corvus, das wahrscheinlich auf die Erde herabgestiegen ist, um nach seiner wurmartigen Mahlzeit zu suchen."

„Ich bitte um Verzeihung, Mr. Abaelard", entgegnete Mr. Davis mit seiner gewohnten Präzision, „aber meiner bescheidenen Vermutung nach begehen Sie in dieser Hinsicht einen kleinen Irrtum. Der gefiederte Zweibeiner, der so gewaltsam angezogen hat." Ihre Aufmerksamkeit, es scheint mir, dass es sich nicht um eine der Corvi handelt, sondern eher um eine der in dieser Gegend äußerst selten vorkommenden Arten, die manchmal Incendiæ Aves genannt werden, weil sie unglücklicherweise dazu neigen, Wohnungen durch Pflücken in Brand zu setzen Sie hoben kleine Stücke phlogistisierten Kohlenstoffs auf und trugen sie in ihren Schnäbeln zu einer Kombination aus Stroh und anderen Materialien, die manchmal auf der Spitze eines Hauses aufgetürmt wurde, um es vor dem Eindringen von Regen zu schützen.

„Es nützt nichts", seufzte Sir Ambrose und strengte seine Augen noch immer an, um die Bewegungen des Telegraphen zu entziffern, dessen Umrisse erst jetzt auftauchten, eingeprägt wie in Jet, und deutlich hervorgehoben durch den dunkelgrauen Himmel dahinter.

„Es nützt nichts", wiederholte Pater Morris, und die ganze Gruppe wollte sich gerade zurückziehen, als plötzlich vom Hügel aus ein helles Licht auf sie aufblitzte und augenblicklich eine lange Reihe von Fackeln am Horizont entlangzuströmen schien. „Er kommt nach Hause, wird aber morgen mehr schreiben", rief die ganze Gruppe gleichzeitig; denn alle wussten aus Erfahrung gut, was dieses Signal bedeutete. „Er kommt nach Hause, Gott sei Dank!" wiederholte Sir Ambrose, seine blassen Lippen zitterten und jedes Glied zitterte vor Aufregung.

„Schau auf meinen Vater", rief Edric, „er wird ohnmächtig werden."

„Oh nein, nein!", wiederholte Sir Ambrose: „Gott sei Dank! Gott sei Dank!"

„Stützen Sie sich wenigstens auf mich", sagte Edric liebevoll.

Sir Ambrose gehorchte und starrte, von seinem Sohn gestützt, noch immer besorgt auf die Fackeln, deren rotes Licht sie in ein unnatürliches Licht tauchte und die umgebende Dunkelheit nur noch intensiver erscheinen ließ. In der Ferne grollte jetzt Donner und es begann in großen Tropfen zu regnen; doch Sir Ambrose starrte noch immer auf die Fackeln und konnte nicht dazu überredet werden, die Terrasse zu verlassen. Diese wilden, furchterregend aussehenden Lichter, die durch den Sturm schimmerten, schienen ein Bindeglied zwischen ihm und seinem geliebten Sohn zu sein; und erst als sie vom dichten, schweren Regen verdeckt wurden und sogar die Umrisse des Telegrafen in den sich zusammenziehenden Wolken verschwanden, konnte er dazu bewegt werden, Schutz zu suchen.

Sir Ambrose schlief in dieser Nacht kaum: Der Altersschlaf wird leicht unterbrochen, und vielleicht hatte die freudige Erregung seines Gemüts einen leichten Fieberanfall verursacht. Er stand mit der Morgendämmerung auf und rief, lange bevor der Rest seiner Familie eintraf, Abelard herbei, um ihn loszuschicken, um seinem engsten Freund, dem Herzog von Cornwall, die Neuigkeiten mitzuteilen.

„Gehen Sie", sagte er, sobald der schläfrige Butler erschien. „Ich bin sicher, der Herzog hat fast ebenso großes Interesse an Edmunds Erfolg wie ich und wird nicht ungehalten sein, wenn er bei einer solchen Gelegenheit etwas früher als gewöhnlich gestört wird."

„Ich gehorche", antwortete Abaelard. „Ich werde meine schläfrigen Neigungen abschütteln und mit der Geschwindigkeit des elektrischen Fluidums zum Schloss des edlen Häuptlings eilen."

„Passen Sie auf, dass Sie Ihre Nachricht nicht unterwegs vergessen", wiederholte Sir Ambrose lächelnd.

„Nicht alle Wasser des Lethe könnten solch einschläfernde Nachrichten aus meinem Gedächtnis waschen", antwortete der Butler. „Die Worte Eurer Ehren haben sich in das Gedächtnisorgan meines Gehirns eingeprägt, und mein Sensorium muss von meinem Kleinhirn getrennt werden, bevor sie ausgelöscht werden können."

Der Herzog von Cornwall war fast von Kindheit an ein enger Freund von Sir Ambrose gewesen. Sie waren Schulkameraden und Collegekameraden gewesen; außerdem hatten besondere Umstände in ihrer Jugend sie unauflöslich miteinander verbunden. Was diese Umstände waren, wusste jedoch niemand genau, außer den Beteiligten, und sie vermieden es stets, darauf anzuspielen. Alles, was man zu diesem Thema allgemein begriff, war, dass Sir Ambrose in gewisser Weise dazu beigetragen hatte, das Leben des Herzogs zu retten; aber wie, wann oder wo, wurde nie klar erklärt.

Der Herzog von Cornwall entstammte der englischen Königsfamilie und war eng mit dem Thron verbunden. Sein Vater war der Bruder jenes Prinzen, der die Krone so standhaft abgelehnt hatte, als sie ihm von den Gesandten des Volkes angeboten wurde; und da dieser Prinz keine männlichen Nachkommen hinterlassen hatte, konnte der Herzog als rechtmäßig berechtigt angesehen werden, zu regieren. Der Gedanke, durch seine Ansprüche die nun etablierte weibliche Dynastie zu stören, war dem Herzog jedoch nie in den Sinn gekommen; er besaß zwar nur halb so viel Verstand wie sein Freund Sir Ambrose, aber mindestens zehnmal so viel Hartnäckigkeit; und nachdem er sich in den Kopf gesetzt hatte, seine Tochter Elvira mit Edmund Montagu und seine Nichte Rosabella mit Edric zu verheiraten, richtete er all seine Gedanken, Pläne und Wünsche auf die Verwirklichung dieses Ziels und ließ keinen anderen Gedanken zu, der ihm im Wege stand.

Diejenigen jedoch, die mit dem Charakter der jungen Leute vertraut waren, dachten, der Herzog habe mit dieser Regelung die natürliche Ordnung der Dinge völlig auf den Kopf gestellt und Rosabellas starker Geist und hochmütige Seele hätten besser zu dem ehrgeizigen Edmund gepasst, während Elviras sanfte, nachgiebige Art und weibliche Anmut genau mit dem Geschmack des philosophischen Edric zu harmonieren schienen. Keine Überredungskunst konnte den Herzog jedoch dazu bewegen, auch nur im geringsten von seinem Plan abzuweichen. Wie viele aus den höheren Gesellschaftsklassen in jenen Tagen der allgemeinen Bildung, legte er Wert auf eine übermäßige Schlichtheit und Einfachheit in seiner Sprache, so sehr sogar, dass sie manchmal fast in Grobheit ausartete, damit sie sich klar von den ausgefeilten und wissenschaftlichen Ausdrücken des gemeinen Volkes abhob. und wenn man ihn auf das Thema dieser Heiratsabsichten ansprach, sagte er barsch: „Reden Sie nicht mit mir; es gibt nichts Besseres als ein bisschen Widerspruch im Eheleben. Wenn zwei Menschen, die immer derselben Meinung sind, sich darauf einigen würden, zusammenzuleben, würden sie innerhalb von sechs Monaten vor Langeweile sterben. Nein, nein, ich habe Recht, und so werden sie es am Ende auch finden."

Dann schüttelte er den Kopf und setzte einen so entschlossenen Gesichtsausdruck auf, dass seine Freunde sich normalerweise schweigend zurückzogen, da sie das Gefühl hatten, es sei vollkommen vergeblich, zu versuchen, seinen Entschluss zu ändern. Die Neigungen der jungen Leute selbst zu berücksichtigen, kam ihm nie in den Sinn. „Kinder wissen nicht, was gut für sie ist", antwortete er scharf, wenn jemand es wagte, einen solchen Gedanken vorzubringen, „und es ist die Pflicht der Eltern und Erziehungsberechtigten, in solchen Angelegenheiten zu entscheiden."

Sir Ambrose, der die Verbindung für seine Söhne wünschte und sogar die Launen seines Freundes respektierte, hatte sich bisher nie eingemischt, und auch die jungen Leute hatten scheinbar stillschweigend nachgegeben. Unter dieser scheinbaren Ruhe verbargen sich jedoch rebellische Geister; und der Herzog sollte bald aus Erfahrung lernen, dass Menschen weitaus schwieriger zu führen waren als eine Herde Truthähne oder eine Herde Schafe; eine Tatsache, von der er vorher nicht die geringste Ahnung zu haben schien.

Der Herzog war bereits aufgestanden und befand sich in seinem Garten, als der Bote von Sir Ambrose nach Luft schnappend eintraf und völlig erschöpft war von der Geschwindigkeit, mit der er, wie er es ausdrückte, versucht hatte, das angedeutete mit äußerster Schnelligkeit auszuführen Wünsche seines Meisters. Der Herzog war überrascht, ihn zu sehen. „Was bringt dich so früh raus, Abaelard?" forderte er.

„Oh, Euer Gnaden", antwortete der Butler und schnappte nach einem Wort, „die Eile, die ich gemacht habe, hat meine Atmung behindert; und das Blut, das die Lungenarterie frei findet, strömt mit solcher Kraft durch den Arterienkanal zur Aorta, dass – dass – ich bin in unmittelbarer Gefahr, zu ersticken."

"Pah!" sagte der Herzog.

„Außerdem", fuhr Abaelard fort, „destilliert aus jeder Pore meiner Haut ein salzhaltiges Sekret in Form einer serösen Flüssigkeit, verursacht durch die übermäßigen Anstrengungen, die ich unternommen habe."

„Und was hat diese gewalttätigen Anstrengungen verursacht?"

„Der ernsthafte Wunsch, den Sir Ambrose verspürte, Ihnen mit aller Kraft die Nachricht zu übermitteln, die er gerade über den Sieg von Meister Edmund im feindlichen Gebiet Deutschlands erhalten hat."

„Sieg!", rief der Herzog. „Sieg – Rosabella! Elvira! Wo seid ihr, Mädchen? Hier sind Neuigkeiten, die euch aus eurem Schlaf wecken. – Und wie geht es ihm, Abaelard? Ist der tapfere Junge selbst in Sicherheit? Gott segne ihn! Der Sieg wird uns nichts bedeuten, wenn wir ihn verlieren."

"Es bereitet mir außerordentlichen Kummer", erwiderte Abaelard, "dass ich diese Frage absolut nicht zur vollsten Zufriedenheit Eurer Gnaden beantworten kann. Schweigsamkeit in manchen Fragen wird jedoch, glaube ich, allgemein als Synonym für Wohlstand angesehen; und da Master Edmund meines Wissens in der Mitteilung an seinen väterlichen Vorfahren keinerlei Informationen über seinen Geisteszustand preisgab, bin ich der bescheidenen Meinung, dass es keinen vernünftigen Grund für die Annahme gibt, dass dieser infolge der jüngsten blutigen Begegnung, in die er verwickelt war, eine wesentliche Verschlechterung erlitten hat."

Der Herzog hatte nicht die Geduld, das Ende dieser Rede abzuwarten; aber er humpelte davon, so schnell es seine Gebrechen zuließen, und rief lautstark nach Elvira und Rosabella, mit einer Stimme, die Stentor hätte zum Schweigen bringen können; und Abaelard, der allein war, war bereit, seinem Beispiel zu folgen, wunderte sich jedoch im Vorbeigehen über die übermäßige Ungeduld der feurigen Geister der Zeit, die es den Menschen nicht erlaubte, still zu bleiben und nicht einmal zu hören, was er rief , eine ausführliche Wiedergabe genau der Fragen, die sie selbst gestellt hatten.

Welche Fehler auch immer dem Herzog von Cornwall zustoßen mochten, der eines kalten Herzens gehörte sicherlich nicht dazu, und die Freude, die er empfand, als er von Edmunds Triumph hörte, hätte nicht größer sein können, wenn der jugendliche Held sein eigener Sohn gewesen wäre. Seine Augen funkelten tatsächlich vor Entzücken, als er seiner Nichte und seiner Tochter die Nachricht mitteilte; und seine Nachricht gelangte nicht an unempfindliche Ohren, denn die Brüste seiner beiden jugendlichen Zuhörer pochten vor Freude über die Nachricht, obwohl die Ursachen ihrer Gefühle unterschiedlich waren. Elvira war seit ihrer Kindheit das Idol von Edmunds Hommage gewesen; und sie bildete sich ein, sie erwiderte seine Leidenschaft mit gleicher Inbrunst; aber sie täuschte sich selbst, und die Liebe war ihrem Herzen noch fremd. Ausgestattet mit großer Schönheit und überlegenen Talenten; Von frühester Kindheit an daran gewöhnt, von allen um sie herum angebetet zu werden; Umgeben von Schmeichlern, bis selbst die Schmeichelei ihren Reiz verloren hatte, war Elvira noch unempfindlich gegenüber Liebe; Warum sie so war, überlassen wir den Philosophen zu erklären; Wir geben lediglich Fakten an und überlassen es anderen, Schlussfolgerungen zu ziehen.

Rosabellas Charakter unterschied sich wesentlich von dem ihrer Cousine. Leidenschaft war die Essenz ihres Daseins, und ihre dunklen Augen sprühten vor Feuer, das die Intensität ihrer Gefühle verriet. Sie liebte Edmund, aber obwohl sie ihn mit all jener überwältigenden Heftigkeit liebte, die nur eine Seele wie die ihre empfinden konnte, hätte sie doch keine Skrupel gehabt, ihn ihrer Rache zu opfern, wenn sie geglaubt hätte, er behandle sie mit Nachlässigkeit oder Verachtung. Sie verachtete die Meinung der Welt und betrachtete die Menschheit im Allgemeinen nur als Sklaven, denen sie Ehre erweisen sollte, indem sie sie mit Füßen trat. Ehrgeiz war jedoch ihre größte Leidenschaft, und selbst ihre Liebe zu Edmund kämpfte vergeblich darum, sie zu besiegen. Dieses Gefühl wurde nun durch die Nachricht von Edmunds Sieg sehr befriedigt. Sie triumphierte in seiner Herrlichkeit, und ein tieferes Glühen brannte auf ihren Wangen, aus dem stolzen Bewusstsein, dass sie ihre Zuneigung nicht auf ein unwürdiges Objekt gerichtet hatte.

„Wir haben keine Zeit zu verlieren, Mädchen", sagte der Herzog. „Ich würde es nicht verpassen, bei Sir Ambrose zu sein, wenn er seinen Brief erhält, und das um kein Königreich. Hier, Hyppolite! Augustus! Mach einen Ballon fertig, und lass uns sofort losfahren. Wie langweilig diese Kerle sind! Sie hätten in der Zeit, die sie mit dem Ballon verschwendet haben, einen Kirchturm abtragen können."

„Wenn Euer Gnaden einen Moment Geduld hätten", sagte Hyppolite und hielt die Schnüre des Ballons fest. Aber Seine Gnaden hatten keine Geduld; es war eine Zutat, die die Natur völlig vergessen hatte, in seine Komposition einzubauen; und ohne darauf zu warten, dass die Aufstiegsleiter herabgelassen wurde, sprang er in dem Moment, in dem der Ballon an die Tür gebracht wurde, so hastig in den Wagen, dass er in unmittelbarer Gefahr war, ihn umzukippen. „So! so!" sagte er, „sehr gut! Das wird genügen – und nun, Mädels, wenn ihr sicher eingeschifft seid, werden wir losfahren. Hyppolite! Ihr werdet uns steuern: – und, Abaelard, geh in die Butter und lass meine Kameraden geben Du wirst etwas zu essen haben, nachdem du müde geworden bist. und der Rest seiner Rede ging in der Luft verloren, während der Ballon majestätisch davonschwebte.

„Es ist mir oft sehr erstaunlich vorgekommen", sagte Abaelard, nachdem er den Ballon beobachtet hatte, bis er außer Sichtweite war, „zu beobachten, wie sehr große Menschen im Allgemeinen eine Vorliebe für die Art des Reisens in der Luft haben; ich für meinen Teil glaube, dass es sich um die Art des Gehens handelt." unendlich angenehmer."

„ *De gustibus non est disputandum* ", antwortete Augustus, der Diener des Herzogs, an den diese Bemerkung gerichtet war: „Aber ich glaube, ich beobachte Anzeichen von Müdigkeit an Ihnen, Herr Abaelard. Wollen Sie sich nicht in die Wohnung von Frau Russel begeben?", unsere Haushälterin, um die übermäßige Erschöpfung, die Sie im Laufe der morgendlichen Anstrengungen erlitten haben, durch eine Erfrischung auszugleichen?"

„Gerne, Mr. Augustus. – Ich gestehe offen, dass ich ein wenig gesunde Nahrung vermisse. Außerdem werde ich sehr glücklich sein, die Gelegenheit zu nutzen, die mir das Schicksal so gütigerweise bietet, um Mrs. Russel, die ich seit drei Tagen nicht gesehen habe, meine Aufwartung zu machen."

Die würdige Haushälterin freute sich ebenso wie Abaelard über diesen Moment der Güte des Schicksals; seit dreißig Jahren bestand zwischen ihnen eine Art sentimentaler Flirt. Sie strich ihre schneeweiße Schürze glatt, rückte ihre Haube zurecht und strich sich mit größter Sorgfalt die grauen Haare glatt, die auf ihrer Stirn geteilt waren, bevor sie auf sie zuging, um ihre Besucher zu begrüßen. „Was möchten Sie mitnehmen, mein lieber Herr Abaelard?", fragte sie, sobald er in Hörweite war; „was können Sie sich vorstellen? Ich habe eine köstliche Ecke einer kalten Wildpastete in meiner Speisekammer."

„Worte sind zu schwach, um die Begeisterung meiner Dankbarkeit auszudrücken, die ich empfinde, wenn ich eine so freundliche Auszeichnung erhalte, schöne Eloisa", antwortete der romantische Butler; denn so pflegte er sie in Anspielung auf seinen eigenen Namen zu nennen. „Aber selbst wenn Sie mich nur zu den strengen Geboten des Parakleten einladen könnten, statt zu den Annehmlichkeiten Ihrer gut gefüllten Speisekammer, würden mir dennoch Worte fehlen, um das Gefühl meiner Brust auszudrücken, wenn ich Sie so wiedersehe."

"Schonen Sie meine Schamröte!", sagte Mrs. Russel, senkte den Blick zu Boden und spielte mit einer Ecke ihrer Schürze. "Ich fühle eine rosige Glut auf meinen Wangen, wenn Ihre schmeichelnden Worte das Trommelfell meiner Ohrmuscheln berühren."

„Oh, Frau Russel!" seufzte Abaelard und blickte sie zärtlich an; dann, nach einer kurzen Pause, fuhr er fort: „Was die Nahrungsmittel betrifft, mit denen

Ihre vorsorgliche Güte meinen Appetit stillen würde – obwohl Wild ein gesundes Nahrungsmittel ist und von den Alten als wirksam zur Vorbeugung angesehen wurde." Fieber, und obwohl schon die Erwähnung der herzhaften Pastete dazu führt, dass sich die Eryptäen, die normalerweise zum Absondern des Schleims meiner Zunge eingesetzt werden, aufrichten und dadurch einen Speichelüberfluss verursachen, werde ich mir dennoch den Genuss verweigern und mich einfach mit a begnügen gekochtes Ei, da es eher mit dem gegenwärtigen geschwächten Zustand der Verdauungsorgane meines Magens übereinstimmt.

„Sie sollen es sofort haben", rief Frau Russel.

„Und wären Sie so freundlich, die kulinarische Zubereitung selbst zu beaufsichtigen?", erwiderte Abaelard. „Ich mag das Eiweiß nicht zu stark geronnen und bevorzuge es ohne Buttersäureöl, nur mit einer kleinen Menge gewöhnlicher Natriumchloridlösung gewürzt."

Das Ei war bald zubereitet und verschlungen. „Danke, danke, liebe Frau Russel", sagte Abelard, „diese Mahlzeit war sehr angenehm. Ich hatte schon seit einiger Zeit gespürt, wie der Magensaft die Magenschleimhäute zersetzte, und obwohl ich ihm jetzt eine feste Substanz zum Einwirken gegeben habe, glaube ich, dass es nicht verkehrt wäre, seine Giftigkeit durch die Zugabe von etwas Flüssigkeit zu verdünnen. Haben Sie etwas Kühles und Erfrischendes?"

„Ich habe Flaschenbier", antwortete Mrs. Russel. „Aber ich fürchte, das Kohlensäuregas ist während der Gärung des Weins nicht ausreichend freigesetzt worden, um das Bier bekömmlich zu machen. Außerdem ist in der ganzen Mischung kaum Alkohol enthalten."

„Das ist genau, was ich will", sagte Abaelard, „denn meine Ärzte haben Stimulanzien ausdrücklich verboten. Vorausgesetzt, das Gluten, das den Keim bildet, wurde bei der Herstellung des Malzes richtig abgetrennt und der Samen keimte ausreichend, um den Kot in Zucker umzuwandeln, bin ich vollkommen zufrieden."

„Ich kann die Genauigkeit der Zubereitung sowohl hinsichtlich des Malzes als auch des Bieres garantieren", wiederholte Frau Russel; und die schäumende Flüssigkeit glitzerte bald in einem Kelch, zur unendlichen Zufriedenheit des durstigen Butlers, der nach einem kräftigen Schluck schwor, dass Nektar selbst noch nie so köstlich gewesen sei; und dass alle Götter auf dem Olymp ihn beneiden würden, wenn sie nur seine Kost probieren und die blühende Hebe sehen könnten, die sein Mundschenk war.

KAPITEL IV.

Als sich der Ballon des Herzogs der Wohnung von Sir Ambrose näherte, sahen seine Besatzer den würdigen Baronet mit hastigen Schritten auf den Telegraphenberg zugehen, der einen weiten Blick auf das umliegende Land bot, gefolgt von Edric und Dr. Entwerfen, die erschienen vergeblich bemühte er sich, ihn dazu zu überreden, ein Tempo zu lockern, das seinen fortgeschrittenen Jahren so wenig entsprach.

„Reden Sie mir nicht davon, langsam zu gehen, wenn ich Nachrichten von meinem geliebten Edmund erwarte!", rief Sir Ambrose und setzte sein schnelles Tempo fort – sein Herz klopfte vor väterlichem Stolz und sein Gesicht strahlte vor Jubel.

„Ich bin auch gespannt, von meinem Bruder zu hören", sagte Edric, „aber nach den Informationen, die wir bereits per Telegramm erhalten haben, scheint es mir, dass wir nicht mehr viel Wichtiges zu erfahren haben."

„Edric, Sie sind kein Vater und können sich die Sorgen eines Vaters nicht vorstellen", erwiderte Sir Ambrose und eilte zum Berg, als hoffte er, die Schnelligkeit seiner Bewegung würde seine Ungeduld etwas lindern; während die Gruppe des Herzogs sah, wohin er eilte, die Ventile ihres Ballons öffnete und Vorbereitungen traf, an derselben Stelle niederzusteigen.

Der Herzog und Sir Ambrose freuten sich immer, sich zu treffen, aber da der gegenwärtige Anlass von überdurchschnittlichem Interesse war, begrüßten sie einander jetzt mit überdurchschnittlicher Freude. Der Herzog war Edmund immer herzlich verbunden gewesen, und seine Stimme zitterte tatsächlich vor Aufregung, als er ausrief:

„Nun, mein alter Freund, du siehst, dein tapferer Junge ist entschlossen, uns am Leben zu erhalten. Unser Blut würde in unseren Adern stagnieren, wenn er uns nicht ab und zu einen Anstoß geben würde, um uns aufzuwecken. Aber was sagt der junge Schurke? von sich selbst? Ich hoffe, er ist nicht verwundet?

„Er erwähnt sich selbst nie", antwortete Sir Ambrose mit Tränen in seinen Augen, als er die Hand seines Freundes warm in seine drückte; „Edmund liebt sein Land zu sehr, als dass er an Gefahr oder Belohnung in seinem Dienst denken könnte."

„Aber er soll eine Belohnung bekommen!", rief der Herzog lachend. „Ja, und zwar eine angemessene! Was sagst du dazu, Elvira?"

Elvira errötete, lächelte und blickte hinunter, wie es junge Damen bei solchen Gelegenheiten gewöhnlich tun, während Sir Ambrose, der inzwischen den

Gipfel des Berges erreicht hatte, sich zu eifrig in alle Richtungen umsah, um die Bemerkung seines Freundes zu hören.

Da sich damals die alte Methode der Postbeförderung für ein so aufgeklärtes Volk als viel zu langsam erwies, wurde ein genialer Plan ersonnen, bei dem die Briefe in Kugeln gepackt und mit Dampfkanonen von Ort zu Ort abgefeuert wurden; Jede Stadt und jeder Bezirk verfügt über ein Stück *toile metallique* oder geflochtenen Draht, das in der Luft hängt, um eine Art Netz zu bilden, um den Vormarsch des Balls aufzuhalten, und über eine Kanone, um ihn wieder abzufeuern, wenn der … Briefe, die zu dieser Gegend gehörten, hätten herausgezogen werden müssen: Um Unfälle zu verhindern, wurde den Briefbällen der Post immer ein ähnlicher Brief vorangestellt, der aus dünnem Holz bestand und an der Seite ein Loch hatte, das den Wind auffing Während es vorbeizog, machte es eine Art zischendes Geräusch, um die Leute zu ermahnen, ihnen aus dem Weg zu gehen.

Der Berg, auf dem Sir Ambrose jetzt stand, bot eine weite Aussicht, und die Szenerie, die er bot, war überaus schön. Auf der einen Seite erschienen unzählige, üppig bewaldete Grasfelder, die nur durch unsichtbare Eisenzäune voneinander getrennt waren, wie ein einziger riesiger Park; während auf der anderen Seite das wogende Korn, dessen volle Ähren in der Sonne zu bräunen begannen, der Landschaft einen leuchtenden Farbton verlieh. Aber Sir Ambrose dachte nicht an die Aussicht, er sah nicht einmal die murmelnden Bäche und schattigen Haine, die lächelnden Täler und anschwellenden Hügel, die ihre Schönheit ausmachten; nein, seine Aufmerksamkeit war ganz und gar von einem kleinen schwarzen Fleck in Anspruch genommen, den er gerade am Rande des Horizonts entdeckt hatte. In atemloser Angst, die Augen fast aus den Höhlen tretend, beugte er sich eifrig nach vorne und starrte auf diesen kleinen und zunächst kaum wahrnehmbaren Fleck. Er wurde allmählich immer größer – er kam schnell näher! und nach wenigen Sekunden schwirrte ein leises Geräusch durch die Luft, als die lang erwarteten Bälle an ihm vorbeisausten.

Sir Ambrose war außer sich vor Aufregung; mit zitternden Gliedern und blutigen Lippen eilte er zur nächsten Station, die glücklicherweise ganz in der Nähe war und um die sich mehrere seiner Hausgenossen versammelt hatten, die ungeduldig auf die Neuigkeiten warteten. Sir Ambrose konnte nicht sprechen, aber die Person, die für das Sortieren der Briefe zuständig war, erriet seinen Auftrag und öffnete die Tasche, aus der der sehnsüchtig erwartete Schatz herauskam. Nach Luft schnappend versuchte Sir Ambrose eifrig, ihn zu ergreifen, aber seine Hände waren der Aufgabe nicht gewachsen, die Heftigkeit seiner Erregung überwältigte ihn und nach einem kurzen, aber fruchtlosen Kampf fiel er bewusstlos zu Boden.

Die Verwirrung, die dieser unerwartete Vorfall verursachte, war unbeschreiblich. Der alte Herzog ging auf und ab, rang die Hände und rief: „Was sollen wir tun? Was wird aus uns?", während der Rest der Gruppe versuchte, Sir Ambrose zu helfen.

„Elterliche Zuneigung", sagte Davis, der unglücklicherweise dazu neigte, lange Reden zu halten, genau in dem Moment, in dem sich wahrscheinlich niemand um ihn kümmern würde, „elterliche Zuneigung wurde von allen Schriftstellern, sowohl alten als auch modernen, allgemein als eine davon anerkannt." Die stärksten Leidenschaften der Seele und die erhabensten Beispiele könnten von der überraschenden Energie dieses universellen Gefühls hervorgebracht werden.

„Um Himmels willen hilf mir, meinen Vater großzuziehen", rief Edric: „Gib ihm Luft, sonst stirbt er!"

„Geduld", fuhr Davis fort, „ist in allen Dingen notwendig und vielleicht eine der nützlichsten und wertvollsten Eigenschaften des Lebens. Sie ermöglicht es uns, die bittersten Übel, die uns treffen können, ohne Angst zu ertragen. Ohne Geduld würde die Philosophie es tun." Ich habe noch nie diese wunderbaren Entdeckungen gemacht, die die Natur unserem Joch unterwerfen.

„Hol mir etwas Wasser", rief Edric, „sonst wird er vor deinen Augen sterben."

„Mir kommt es so vor", sagte ein Arbeiter, der auf einem benachbarten Feld eine Dampf-Grabmaschine repariert hatte und jetzt dastand, auf seine Arbeit gestützt, und ernst auf alles blickte, was vor sich ging, ohne den Versuch zu machen, auch nur die geringste Hilfe zu leisten ;-„Es scheint mir, dass es unter den gegebenen Umständen höchst unangemessen wäre, die wässrige Flüssigkeit in ihrem natürlichen Zustand der Kälte zu verabreichen. Die gegenwärtige Unterbrechung der Lebendigkeit, unter der Sir Ambrose leidet, ist offensichtlich auf einen Mangel an Zirkulation zurückzuführen. Nun." Da es die Eigenschaft von heißen Spirituosen und nicht von kalten ist, das für die Wiederherstellung des Kreislaufs notwendige Stimulans zu liefern, bin ich der Meinung, dass heißes Wasser diesen Zweck besser erfüllen würde als kaltes."

In der Zwischenzeit hatte Pater Morris etwas Wasser aus einem benachbarten Brunnen geholt und es dem Patienten ins Gesicht geschüttet. Sir Ambrose öffnete die Augen: Einige Augenblicke lang starrte er wild um sich, doch sobald er begann, sich an das Geschehene zu erinnern , flehte er Pater Morris an, ihm seinen sehnlichst ersehnten Brief zu geben.

„Sie sind noch nicht in der Lage, es zu lesen", sagte Pater Morris mitfühlend; „Ich fürchte, die Anstrengung wird zu viel für dich sein."

„Oh, gib es mir! Gib es mir", rief der arme alte Mann; „Wenn ein Funke Barmherzigkeit in deiner Seele verbleibt, halte mich nicht in dieser Qual!"

Es war unmöglich, dem Ton echter Angst zu widerstehen, der diese Worte begleitete, als Pater Morris den Brief in seine Hände legte. – Sir Ambrose nahm ihn eifrig entgegen; obwohl er so zitterte, dass er das Siegel kaum brechen konnte. Schließlich riss er es auf und betrachtete den Inhalt, konnte aber kein Wort lesen; er wischte seine Tränen weg und rieb sich ungeduldig die Augen – alles war umsonst – die Schrift war immer noch unleserlich – „Lies! lies!" rief er mit vor Aufregung zitternder Stimme: „Um Himmels willen, lesen Sie! – wird niemand Mitleid mit mir haben?"

Pater Morris nahm den Brief und las ihn laut vor, während Sir Ambrose dasaß – seine Augen zum Himmel erhoben, die Hände ineinander verschränkt, und die Tränen liefen über seine alten Wangen, während er seinen Worten lauschte und jede Silbe in sich aufnahm. Nachdem Edmund einen ausführlichen Bericht über die Schlacht gegeben und seinem Vater versichert hatte, dass er nicht verwundet worden sei, fuhr er folgendermaßen fort. „Die Königin hat mir eigenhändig ein Anerkennungsschreiben geschrieben und hat mir gnädigerweise ihre Absicht bekundet, mich mit einem triumphalen Einzug in London zu ehren; sie hat mir ebenfalls Adelsbriefe verliehen. Die Güte meines Herrschers macht es." ein tiefer Eindruck auf meiner Brust; aber im Übrigen versichere ich Ihnen, dass weder der Applaus der Menge noch das Privileg, vor meinem Namen „Herr" zu schreiben, einem Herzen, das nur nach dem Vergnügen des Wiedersehens seufzt, auch nur einen Moment der Befriedigung verschaffen kann diejenigen, die mir am liebsten sind; und ich werde meinen Triumph nicht genießen, wenn nicht diejenigen, die ich liebe, anwesend sind, um ihm Schwung zu verleihen.

„Ich gratuliere Ihnen, mein lieber Gönner!" rief Pater Morris, sobald er fertig war; „Ich gratuliere Dir aus tiefstem Herzen!"

„Geh zu seinem Triumph!" rief der Herzog aus und rieb sich vor Ekstase die Hände; „Ja, ja, das werden wir, nicht wahr, mein alter Freund? Gott segne ihn! Ich bin jedoch froh, dass er nicht verletzt ist. Und so, sehen Sie, trotz all seiner Herrlichkeit kann er es nicht." Sei glücklich ohne uns. Wie schön sagt er das! – „Nicht die ganze Zustimmung meines Souveräns, das Lob des Volkes" – noch – noch – was ist das? Ich erinnere mich nicht an die genauen Worte, aber ich kenne den Sinn war, dass er ohne uns nicht glücklich sein könnte, und, Gott segne ihn! Ich bin mir sicher, dass ich bei dem Gedanken, ihn zu sehen, so glücklich wie möglich bin.

Sir Ambrose konnte nicht antworten, aber die Tränen liefen wie Regen über seine alten Wangen, während sein Herz eine stille Danksagung an das allmächtige Wesen atmete, das seinem Sohn so den Sieg beschert hatte; und

seine Lippen murmelten einige unartikulierte Transportgeräusche; während
Elvira und Rosabella ihre Tränen mit seinen vermischten, denn Freude wird
oft schmerzhaft und sucht nach Erleichterung wie Trauer.

Die Gesellschaft kehrte nun langsam in die Villa von Sir Ambrose zurück, so
sehr damit beschäftigt, Edmunds Brief zu besprechen, dass sie überhaupt
nicht bemerkte, dass Edric sie nicht begleitet hatte; doch das war der Fall.
Das Herz des jungen Philosophen war fast bis zum Bersten geschwollen, als
er der Lektüre des Briefes seines Bruders zugehört hatte, und er stürzte nun
in einen dichten Wald, der an einen romantischen Bach abfiel, der einen Teil
der Vergnügungsparks von Sir Ambrose bildete.

Fast ohne zu wissen, wohin er ging, stürzte sich Edric zwischen die Bäume
und warf sich auf eine grasbewachsene Böschung in ihrem Schatten am Ufer
des Baches. Das sanfte Murmeln des Wassers vermittelte ein herrliches
Gefühl erfrischender Kühle, das besonders nach der brennenden Hitze des
Tages angenehm war. Und Edric lag da, die Augen auf die glitzernden Wellen
gerichtet, die in den Sonnenstrahlen tanzten, beide Hände fest auf seine
pochenden Schläfen gedrückt, und versuchte vergeblich, die neuen und
seltsamen Gefühle zu analysieren, die in seiner Brust um die Oberhand
kämpften. Allmählich wurde er ruhiger, und obwohl sein Herz noch immer
vor Gefühlen schlug, die er nicht ganz erklären konnte, fühlte er sich durch
das sanft dahingleitende Bächlein besänftigt, und die stürmischen
Leidenschaften in seiner Brust schienen zur Ruhe zu wiegen, als eine Hand
achtlos an seiner Seite herabfiel und die andere nur den Kopf stützte, den sie
nicht länger festhielt.

Es war nicht Neid, der Edrics Gefühle antrieb, sondern Scham und
Empörung brannten in seiner Brust, als ihm bewusst wurde, dass er seine
Tage in relativer Unbekanntheit vergeudete, während sein Bruder, der nur
wenige Jahre älter war als er, den Namen, den ihm seine Vorfahren vermacht
hatten, adelte.

„Und ich kann nicht auch berühmt werden?" dachte er, und sein Herz
schwoll vor Nachahmung an. „Obwohl ich den Beruf eines Soldaten
verabscheue, stehen mir nicht andere Wege offen, um Ansehen zu erlangen?
Warum sollte ich mich nicht anstrengen? Ich werde nicht länger in Trägheit
verharren. Auch ich werde mich meiner Vorfahren als würdig erweisen und
zeigen." die Welt, dass das erhabene Blut des Montagus nicht in meinen
Adern degeneriert ist!" Seine Augen funkelten bei dem Gedanken, und er
richtete sich halb auf, als wolle er ihn sofort in die Tat umsetzen. Doch ein
kurzer Moment des Nachdenkens brachte ihn wieder zu sich selbst, und er
konnte sich ein Lächeln über seine eigene Torheit nicht verkneifen. „Und
doch nenne ich mich einen Philosophen", dachte er, „Ach! Ach! Wie wenig
kennen wir uns selbst; und schließlich ist das Streben nach Wissen die einzige

Beschäftigung, die eines Mannes mit Verstand würdig ist: der vorübergehende Beifall der Menge.", es ist unter ihm, die Göttin zu akzeptieren, und wenn es mir gewährt wird, ihre Geheimnisse zu erforschen, werde ich die glücklichste der Menschheit sein. Aber warum sollte ich mein Leben in ängstlichen Gelüsten verbringen? erkannt? Die heutigen Ereignisse haben nur noch deutlicher gezeigt, wie wenig Wert meine Gesellschaft für meinen Vater hat. Wäre ich abwesend, würde ich bald vergessen werden Ich bin nicht dazu geboren, mich mit der langweiligen Routine des häuslichen Lebens zufrieden zu geben, und ich verabscheue Heuchelei: Ich werde meinen Vater aufsuchen, diese verhasste Ehe abbrechen und sofort nach Ägypten aufbrechen ."

Zufrieden mit diesem Entschluss erhob sich Edric und ging eilig zum Haus seines Vaters, mit all der inneren Kraft, die das Bewusstsein, einen Entschluss gefasst zu haben, mit Sicherheit verleiht; und das ist vielleicht eines der angenehmsten Empfindungen, die der menschliche Geist erleben kann, da die Spannung oder Unentschlossenheit zweifellos eines der unangenehmsten ist.

Edric fand seinen Vater und den Herzog damit beschäftigt, sich über ihre geplante Reise zu beraten, die ein Ereignis in ihrem beider Leben darstellte; Denn seit der allgemeinen Einführung von Ballons konnten Reisen ohne Probleme und Kosten durchgeführt werden, so dass die Reichen jeden Anreiz verloren hatten, sie zu unternehmen, und es war selten, dass ein Mann von Rang sein Familienanwesen verließ, es sei denn, er hatte einen Posten am Hof .

„Ich habe einen Palast in London", sagte der Herzog, „den Sie hoffentlich zu Ihrem Zuhause machen werden; allerdings steht er schon so lange nicht mehr, dass ich bezweifle, ob er für Ihren Empfang geeignet ist."

„Machen Sie sich keine Sorgen, Vorkehrungen für meine Familie zu treffen", antwortete Sir Ambrose. „Denn Sie wissen, dass ich einen Bruder habe, der in London lebt, und obwohl wir uns seit Jahren nicht gesehen haben, denke ich, dass ich bei einer Gelegenheit wie dieser alle Feindseligkeit vergessen und ihn besuchen sollte, wenn er mich empfangen will."

„Stimmt", erwiderte der Herzog. „Daran habe ich nie gedacht. Aber Sie haben ganz recht. Obwohl er eine törichte Ehe eingegangen ist, sind die Blutsbande zu stark, um sie einfach abzuschütteln, und dies ist eine ausgezeichnete Gelegenheit für eine Versöhnung."

„Noch etwas belastet mich", fuhr Sir Ambrose fort: „Sie wissen, dass seine Heirat mich zwar sehr verletzt hat, aber in gewissem Maße auch ich selbst die Ursache dafür war."

„Sind Sie die Ursache dafür?", rief der Herzog höchst erstaunt.

„Wissen Sie", fuhr Sir Ambrose fort, „mein Bruder war schon immer ein Bücherwurm. Als ich ihn das letzte Mal besuchte, fand ich ihn so unbehaglich und seine häuslichen Angelegenheiten so schrecklich vernachlässigt vor, dass ich ihm riet, eine fleißige Haushälterin einzustellen. Das tat er, und innerhalb von zwölf Monaten wurde sie zu Mrs. Montagu."

„Ich dachte immer, Ihr Bruder sei zu gebildet, um irgendetwas Nützliches zu wissen, und zu klug, um für sich selbst sorgen zu können. Aber ich gestehe, ich habe ihn nie für so dumm gehalten, zu heiraten."

„Vielleicht habe ich sein Verhalten mehr übelgenommen als er selbst, denn ich glaube, die beiden kommen sehr gut miteinander aus. Mrs. Montagu fehlt es nicht an Vernunft."

„Ich zweifle nicht an ihren Fähigkeiten, oder daran, dass sie für ihre ursprüngliche Stellung bestens geeignet war; aber von der Frau Mr. Montagus werden ganz andere Eigenschaften verlangt als von seiner Haushälterin."

„Ich weiß es; und auch, dass es für eine Person in ihrer Lage vielleicht nichts Schwierigeres gibt, als die Mitte zwischen Affektiertheit und Vulgarität zu wahren. Allerdings wurde mir gesagt, dass Mrs. Montagu zwar die Pedanterie, die sie sich in ihrer Jugend in einer Barmherzigkeitsschule angeeignet hat, nicht ganz ablegen kann und dass sie immer noch so gelehrt spricht, als hätte sie sich nie über die Grenzen der Küche hinausgewagt; dass sie jedoch für meinen Bruder eine gute Ehefrau ist, und dass ihre Tochter Clara ein bezauberndes Mädchen sein soll."

„Ich kann mir vorstellen, dass einer solchen Quelle nichts Gutes entspringt."

„Vorurteil! Mein lieber Herzog, pures Vorurteil!"

„Nun, nun, ich werde nicht mehr dazu sagen; denn, wie Sie mit Recht sagen, wenn Frau Montagu Ihren Bruder zu einer guten Frau macht und er mit ihr glücklich ist, sehe ich kein Recht darauf, dass irgendjemand sonst ein Recht darauf hätte Ich bemühe mich um die Sache: Und da ich keine Streitereien in der Familie mag, denke ich, dass du mit deinem Wunsch, deinen Bruder zu sehen, vollkommen richtig bist. Wenn sie dir jedoch keine Freude bereiten, hoffe ich, dass du dich daran erinnerst ein weiterer Freund, und so wünschen wir euch jetzt einen guten Tag: Kommt, Mädels!"

Und der alte Herzog trabte davon, gefolgt von seinen schönen Gefährten. Edrics Herz pochte heftig, als er mit seinem Vater allein war; Der Moment war gekommen, den er sich so sehnlichst gewünscht hatte, und doch schwieg er. Er hatte kaum die Geduld gehabt, das Ende der Unterredung seines Vaters mit dem Herzog abzuwarten; und während es gedauert hatte, hatte er in seinem Kopf tausendmal die Phrasen, die er verwenden wollte, neu geordnet und neu geordnet; doch jetzt schien es, als wären sie alle aus seinem

Gedächtnis verschwunden, und er stand da und blickte durch das offene Fenster, in seinem Kopf herrschte völliges Chaos, und er war nicht in der Lage, sich an ein einziges Wort von dem zu erinnern, was er sagen wollte. Sir Ambrose fühlte sich inzwischen vollkommen glücklich und klopfte seinem Sohn in seiner guten Stimmung auf die Schulter.

"Was für ein Amort! Herr Ritter mit der traurigen Gestalt", sagte er. "Kommt, kommt! Ich will heute keine düsteren Blicke haben. Aber, meine Güte! Was ist los mit dir, Edric? Du lächelst nicht – bist du unglücklich? Du siehst aus, als ob dir etwas auf dem Herzen läge."

„Mir liegt etwas auf dem Herzen, mein lieber Vater“, sagte Edric feierlich, „und ich möchte Ihnen etwas mitteilen.“ Er hielt inne, als er das gesagt hatte, aber Sir Ambrose antwortete nicht, und einige Minuten lang sprach keiner von beiden. Schließlich unterbrach Edric die Pause, die für ihn eine Qual gewesen war, und rief, sehr schnell sprechend, aus: „Aber ich weiß nicht, warum ich zögern sollte. Es ist so, dass ich Rosabella nicht liebe – dass ich sie nie heiraten kann – dass ich völlig unglücklich wäre, wenn ich nur daran denken würde – und dass dies mein fester und unabänderlicher Entschluss ist.“

„Hey, hey!“, rief Sir Ambrose. „Was soll das? Rosabella nicht heiraten!“

„Niemals; keine Folter sollte mich dazu bringen! Ich bin überzeugt, sie würde mich unglücklich machen“, fuhr Edric fort und beeilte sich, das zu sagen, was er sagen wollte. „Unsere Gemüter passen nicht zusammen. Wir wären beide unglücklich. Es würde mir sehr leid tun, Ihnen oder dem Herzog auch nur einen Moment lang Unbehagen zu bereiten – es würde mir sehr leid tun – ich würde lieber sterben! Aber Rosabella zu heiraten wäre schlimmer, als tausend Tode zu sterben – wir wären die elendesten aller Menschen, und Sie wären unglücklich, mich so zu sehen.“

„Gnade über mich!“, rief Sir Ambrose, stieß einen tiefen Seufzer aus und war angesichts der Redseligkeit seines Sohnes fast außer Atem. „Ich dachte gerade, Sie wären stumm, aber ich sehe, dass Sie Ihre Zunge schnell genug gebrauchen können, wenn Ihnen das Thema gefällt. Rosabella nicht heiraten! Ist der Junge verrückt? Ist sie nicht jung, schön und hochgebildet? Ich frage mich, was Sie wollen? Sie müssen ganz sicher verrückt sein, wenn Sie eine solche Frau abweisen; und noch dazu eine, die Ihnen in Rang und Vermögen so weit überlegen ist.“

„Ich räume ihr zwar eine höhere Stellung ein, aber ich glaube, das Geheimnis, das mit dem Namen ihres Vaters verbunden ist, gleicht jeden Rangunterschied mehr als aus.“

„Sprich nicht über Dinge, die du nicht verstehst. Herzog Edgar ist tot, und seine Fehler sollten mit ihm begraben werden; außerdem ist es hart, dass das Mädchen für die Sünden ihres Vaters leiden muss.“

„Was waren das für Sünden, mein lieber Herr? Ich habe oft dunkle Andeutungen darüber gehört, als wären sie fast zu schrecklich, um sie auszusprechen; aber die Einzelheiten habe ich nie erfahren.“

„Edric“, sagte Sir Ambrose feierlich, „wenn Sie auch nur die geringste Rücksicht auf meine Gefühle nehmen oder mir gegenüber als Sohn eine Verpflichtung haben, dann sprechen Sie dieses Thema nie wieder an. Es gibt damit zusammenhängende Umstände tiefer, furchtbarer und geheimnisvoller Natur, die mir wohlbekannt sind, die ich aber feierlich geschworen habe, niemals zu offenbaren. Sprechen Sie nie wieder davon; die bloße Erinnerung daran lässt mich schaudern – oh! Wollte der Himmel, ich könnte sie vergessen!“

„Es tut mir sehr leid, Sir, dass meine Frage Ihnen wehgetan hat. Aber seien Sie versichert, dass meine Neugier Sie nie wieder belästigen wird.“

„Ich bin nicht böse auf dich, Edric. Du konntest nicht ahnen, welche Gefühle deine Frage in meiner Brust hervorrufen würde, und es war natürlich, dass du etwas über den Vater deiner zukünftigen Frau wissen wolltest. Denke jedoch nicht mehr an ihn.“ Betrachten Sie den jetzigen Herzog als Ihren zukünftigen Schwiegervater und vergessen Sie, wenn möglich, dass es jemals eine Person wie Herzog Edgar gab.

„Sie vergessen, Sir“, sagte Edric fest, aber respektvoll, „dass ich zuvor meine Entschlossenheit erklärt habe, Rosabella niemals zu heiraten.“

"Unsinn!" entgegnete sein Vater, „Sie wissen nicht, wovon Sie reden. Die Welt würde mich genauso verrückt nennen wie Sie selbst, wenn ich zulassen würde, dass Sie sich so töricht verhalten; außerdem, was würde der Herzog sagen?“

„Offen gesagt, Sir, das ist es, was mich am meisten ärgert; denn ich vertraue darauf, dass Ihr gesunder Menschenverstand und Ihre liebevolle Art es *Ihnen bald ermöglichen werden* , die Angelegenheit im richtigen Licht zu sehen.“

„Das heißt, du denkst, ich sei ein alter Narr und dass du mich zu allem überreden kannst, was du willst. Aber du wirst deinen Fehler finden. Du wirst lernen, dass ich mich nicht überreden lasse; man wird mir gehorchen. Du sollst heiraten.“ Rosabella, oder du wirst mein Haus verlassen.

„Mein lieber Vater!“ sagte Edric und versuchte, Sir Ambroses Hand zu ergreifen.

„Weg, Sir!" rief sein Vater und schüttelte ihn ab, „Gehorsam überwiegt bei weitem die Worte. Wenn ich dein lieber Vater bin, wirst du in Übereinstimmung mit meinen Wünschen handeln; und wenn du es nicht tust, ist es eine Verhöhnung, mich ‚Lieber' zu nennen."

„Ich kann Rosabella nicht heiraten."

„So eine Sturheit gab es noch nie! So eine Torheit! Die Welt wird denken, Sie seien verrückt."

„Die Welt ist mir egal!", rief Edric ungeduldig.

"Jugendlich!", erwiderte sein Vater. "Es ist sehr merkwürdig, dass niemand damit zufrieden ist, Erfahrungen aus zweiter Hand zu sammeln. Sie müssen sie sich selbst kaufen und manchmal sehr teuer dafür bezahlen, bevor sie von ihren Lektionen profitieren. Du redest wie ein Kind, Edric: Wenn du etwas älter wirst, wirst du feststellen, dass Praxis und Theorie sehr unterschiedliche Dinge sind. Du sagst, du verachtest die Welt: aber du liegst falsch, die Welt darf nicht verachtet werden; mehr noch, sie sollte nicht einmal geringgeschätzt werden. Solange du in ihr lebst, musst du dich ihren Meinungen anpassen: Es ist lächerlich, etwas anderes zu denken. Ich höre nicht gerne, wenn Leute sagen, sie kümmern sich nicht um die Welt; die Welt muss gepflegt werden; und wenn Leute so tun, als würden sie sie verachten, dann liegt das im Allgemeinen daran, dass sie wissen, dass sie etwas getan haben, was sie dazu gebracht hat, sie zu verachten."

„Aber, mein lieber Vater! Sie würden doch nicht wollen, dass ich meinem Gewissen unterliege."

„Und bitte, Herr, was hat Ihr Gewissen mit der betreffenden Angelegenheit zu tun?"

„Sollte ich es nicht opfern, indem ich eine Frau heirate, von der ich das Gefühl habe, dass ich sie niemals lieben könnte? Meiner Meinung nach kann nichts heiliger sein als das Eheversprechen; und mit welchen Gefühlen könnte ich diese feierliche Verlobung in der Gegenwart des allmächtigen Gottes eingehen, der Berufung." Wenn ich wusste, dass mein Herz mit meinen Worten nicht einverstanden war, würde meine Seele vor Entsetzen vor solcher Gotteslästerung zurückschrecken.

„Du sprichst von deinem Gewissen, Edric, aber solltest du nicht lieber deine Neigungen sagen? Die Person von Rosabella gefällt dir nicht, nehme ich an; und um eine launische Laune zu befriedigen, würdest du das Glück deines Vaters zerstören und ruinieren Ihre eigenen Aussichten für immer.

„Es ist nicht die Person von Rosabella, über die ich mich beschwere, mein lieber Vater; – ich erlaube ihr, so schön wie eine Venus zu sein, und dass ihre Talente sogar ihre persönlichen Reize übertreffen: aber wenn ich sehe, wie ihre großen schwarzen Augen vor Wut blitzen, und Ihre rosigen Lippen verzogen sich zu einem Ausdruck empörter Verachtung, ich vergesse ihre Schönheit und denke nur an die schrecklichen Leidenschaften ihrer Seele.

„Deine Einwände sind zwecklos, Edric; auf jeden Fall sind sie nutzlos. Du musst sie heiraten – es tut mir leid, dass es gegen deine Neigung ist, aber ich werde meine Autorität nicht bestreiten lassen – außerdem wäre das eine Enttäuschung für den Herzog." wäre schrecklich. Erst heute Morgen hat er mir vorgeschlagen, dass ich, sobald du und Edmund heiraten würdest, mein Anwesen an dich und er an deinen Bruder abgeben solle, während wir zwei alten Leute uns in die Hütte am … zurückziehen sollten Hügel und verbringen den Rest unseres Lebens damit, mit Verzückung über das Glück unserer Kinder nachzudenken.

„Ich gebe zu, der Herzog ist so stur –"

„Das haben Sie also herausgefunden, nicht wahr? Nun, da haben Sie recht; denn wenn er sich einmal etwas einfallen lässt, können ihn keine Argumente von seinem Standpunkt abbringen. Aber es gibt einen Unterschied zwischen Sturheit und Entschlossenheit. Obwohl ich nicht so stur bin wie der Herzog, werden Sie feststellen, dass ich entschlossen sein kann, Edric. Da ich jedoch immer ein nachsichtiger Vater war, möchte ich jetzt keine voreilige Entscheidung treffen und gebe Ihnen eine Woche Zeit, sich zu entscheiden. Nach Ablauf dieser Zeit werden Sie Rosabella heiraten oder mein Haus für immer verlassen. Keine Antwort, junger Mann, ich werde kein Wort hören. Gehen Sie, verlassen Sie mich jetzt und teilen Sie mir in einer Woche Ihre Entscheidung mit."

Der Versuch einer Antwort war vergeblich, und Edric verließ die Gegenwart seines Vaters, bedrückt von jener seltsamen, geheimnisvollen Ahnung des Bösen, die wie eine furchterregende Wolke, dunkel, düster und undurchdringlich, manchmal über unseren Gedanken schwebt und Schrecken vorhersagt; wenn auch so schwach und undeutlich, dass, wie bei all den gigantischen Phantomen, die wir uns manchmal im Nebel der Dämmerung vorstellen, ihre Schrecken durch die Ungewissheit, die sie halb vor unseren Augen verhüllt, zehnfach verstärkt scheinen. Mit diesen Gefühlen vermischte sich jedoch eines von wilder, überirdischer Freude. Aus dem Haus seines Vaters vertrieben, würde er frei sein zu reisen – seine Zweifel könnten befriedigt werden – er könnte endlich in die Geheimnisse des Grabes eindringen und ohne Hemmungen von der so heiß ersehnten Frucht des Baumes der Erkenntnis essen. Nichts würde ihm dann verborgen bleiben. Die Natur würde gezwungen sein, ihre Schätze seinem Blick preiszugeben – ihre Geheimnisse würden enthüllt werden und er würde groß, allwissend und gottähnlich werden. Sein Kopf war erfüllt von einem Chaos ähnlicher Gedanken, die er vergeblich zu ordnen versuchte und die sein

Gehirn fast bis zum Bersten anschwellen ließen. Unwillkürlich schlenderte Edric zurück in den Wald, den er erst vor kurzem verlassen hatte, warf sich wieder ans Ufer des murmelnden Baches und verlor sich bald in seinen Träumen.

KAPITEL V.

In der Zwischenzeit erregten verschiedene Gefühle heftig die Brust der beiden schönen Erbinnen des Herzogs. Als sie das Schloss erreichten, zog sich jede von ihnen in ihre eigene Wohnung zurück, um über das Geschehene nachzudenken. Zwischen ihnen herrschte kein Vertrauen, denn Vertrauen erfordert Geistesverwandtschaft, und die der schönen Cousinen waren wesentlich anders. Jede Prinzessin hatte jedoch einen Lieblingsdiener oder vielmehr einen Gefährten, an dessen Busen sie ihre Gedanken zu richten pflegte; und als sie im Schloss ankamen, trennten sie sich sofort, ebenso begierig darauf, ihre jeweiligen Vertrauten zu finden und sie über alles zu informieren, was geschehen war. Marianne war seit ihrer Kindheit die Dienerin von Rosabella; und so hochmütig die Prinzessin von Natur aus war, so war sie, wie viele andere hochmütige Menschen, völlig die Sklavin ihres Dieners. Marianne war sich ihrer Macht vollkommen bewusst und nutzte sie gelegentlich tyrannisch; bei dieser Gelegenheit war sie jedoch wirklich beunruhigt über die leuchtenden Wangen, die funkelnden Augen und den aufgeregten Körper von Rosabella, und fragte mit einem Anschein von tiefem Interesse: wenn sie krank wäre.

„Im Kopf, aber nicht im Körper", antwortete Rosabella, warf sich auf ein Sofa und verbarg ihr Gesicht in beiden Händen. „Oh, Marianne! Was bin ich doch für ein Elend!"

"Was ist los?" fragte der *Nachfolger*.

„Er liebt sie! Er vergöttert sie!" rief Rosabella, sprang von ihrer Couch auf und durchquerte schnell den Raum. „Verflucht sei ihre Schönheit! Oh, dass ein Blick von mir sie verwelken könnte! Oder dass sie das brennende Feuer spüren könnte, das hier wütet!" Dann blieb sie plötzlich stehen, blickte ihre Dienerin mit der Wildheit einer Wahnsinnigen an, drückte ihre Hand fest an ihre Seite, warf sich wieder auf ihr Sofa und rief: „Oh, Marianne! Warum werde ich nicht so geliebt wie Elvira?"

„Und bist du sicher, dass sie geliebt wird?"

"Bestimmt!" wiederholte Rosabella und rang die Hände; „Leider! ach! wäre ich mir nicht so sicher; aber kann ich an den Beweisen meiner Sinne zweifeln? Heute – genau heute! Ich sah, wie Pater Morris ihr einen Brief in die Hände legte, der dem an Sir Ambrose adressierten Brief beigefügt war. Ich sah eine Röte vor bewusster Freude auf ihren Wangen aufleuchten, als sie es las, und ich hätte ihr ins Herz stechen können – ja, und in ihrem Stöhnen triumphieren können. Oh, Marianne, ist das nicht außergewöhnlich? Kann jemand, der so groß, so edel und erhaben ist wie Edmund, ein so armes, schwaches, schwaches Wesen lieben? Aber sie liebt ihn nicht, zumindest nicht so, wie er geliebt werden sollte.

„Ich frage mich, ob Pater Morris ihr den Brief gegeben hat."

„Er konnte nichts dagegen tun, Marianne. Es fiel aus seiner Umhüllung, als Sir Ambrose es aufriss; aber sie sah es fallen. Ich sah sogar, wie ihr Blick auf der Adresse ruhte; Pater Morris hob es einfach vom Boden auf und legte es hinein ihre Hände."

„Ich dachte, er hätte es ihr nicht freiwillig gegeben."

„Nein, ich denke nicht. Ich glaube, der Vater ist mein Freund, obwohl ich zugeben muss, dass es mir manchmal seltsam vorkommt, Marianne, dass er mein Interesse dem aller anderen vorzuziehen scheint, wenn ihn so viele Bindungen an Sir binden Ambroses' Familie, und für mich so wenige; ja, obwohl ich ihm gegenüber oft verärgert und unvernünftig bin, ist er nie beleidigt und scheint immer noch so herzlich an mir hängen zu bleiben wie zuvor: – Ich kann mir das nicht erklären."

„Er hat Bindungen, die ihn an dich binden, von denen du nichts weißt", sagte Marianne mit leiser, gedämpfter Stimme; „Er war der Freund deines Vaters."

„War er das?", rief Rosabella eifrig. „Dann kann er mir vielleicht helfen, den Schatten zu vertreiben, der so lange auf dem Namen meines Vaters gehangen hat. Beim Himmel! Weder die Befriedigung meiner Liebe noch die meiner Rache würden mir auch nur halb so viel Freude bereiten."

„Du fragst ihn lieber nicht", sagte Marianne in demselben leisen, geheimnisvollen Tonfall. „Du kannst zu diesem Thema nichts erfahren, was dir Freude machen würde." Dann änderte sie ihre Stimme und fügte hinzu: „Aber was sagte Edric zu der Nachricht vom Ruhm seines Bruders?"

„Ich weiß es nicht – es ist mir egal! Selbst Eis kann nicht kälter sein als Edric. Als wir uns trafen und er mir zur Begrüßung die Hand reichte, schien seine Berührung meine Adern zu gefrieren. Kalt, besonnen, berechnend und vorsichtig, hat er alle Laster des Alters ohne Entschuldigungen: – Ich hasse ihn!"

„Sie sehnen sich dann wohl nicht nach dem Moment, in dem Sie seine Braut werden?" fragte der Begleiter mit einem sarkastischen Lächeln.

„Sehnst du dich danach, Marianne?" rief Rosabella, sprang von ihrem Sofa auf und faltete energisch die Hände – „Sehne dich danach! Nein, wenn alle anderen Ressourcen versagen, wird der Tod mich befreien, bevor der verhasste Moment kommt." Und während sie sprach, ging Rosabella in einem Zustand heftiger Aufregung im Zimmer auf und ab.

„Aber dein Onkel?" fuhr Marianne fort.

"Mein Onkel!" wiederholte Rosabella und hielt inne: „Ja, ja; mein Onkel ist sicher – und ich – ein armer Abhängiger und in seiner Macht. Aber selbst das wird meinen Willen nicht kontrollieren. So arm und abhängig ich auch bin – ich bin frei; und zwar früher." Würde ich für mein Brot arbeiten, würde ich eher auf der Straße umkommen oder unerhörte Qualen ertragen, als in einem Palast zu leben, umgeben von Scharen anbetender Sklaven, wenn der Preis dafür wäre, dass ich Edric meinen Ehemann nennen müsste."

Marianne, zufrieden mit der Leichtigkeit, mit der sie die Gefühle ihrer Herrin ausnutzen konnte, berührte nun einen Nerv, der sanftere Gefühle erregte.

„Ich kann nie glauben", sagte sie, „dass ein so edler Geist wie der von Edmund lange in der Knechtschaft von Elvira bleiben kann. Wenn er sie besser kennenlernt und die Schwäche ihrer Seele spürt, muss er sie verachten." ihr."

„Ah! Glaubst du?" rief Rosabella eifrig. „Aber du betrügst dich selbst, Marianne; Edmund ist so geblendet, dass er ihre Fehler als vollkommen einschätzt."

„Aber diese Blindheit kann nicht ewig anhalten, und wenn sie nachlässt, muss Abscheu entstehen."

„Oh, Marianne, wenn es so wäre!" rief Rosabella aus; und als sie sich setzte, stützte sie ihre Ellbogen auf ihre Knie und drückte ihre Hände gegen ihre schlagende Stirn, wobei sie ihr Gesicht verbarg und scheinbar in Meditation versunken blieb. Marianne störte sie nicht. Sie war sich bewusst, dass sie ihrer aktiven Fantasie ein Thema gegeben hatte, an dem sie arbeiten konnte, und sie überließ es ihr, sich daran zu erfreuen; Sie nahm ruhig ihre üblichen Beschäftigungen wieder auf, ohne ihre Zerstreutheit zu bemerken.

Während sich diese Szene in Rosabellas Wohnung abspielte, erzählte Elvira ihrer Vertrauten Emma, die ihre Gouvernante gewesen war und bis heute ihre Gefährtin blieb, von der Freude, die sie empfunden hatte, als sie von Edmunds Erfolg hörte und von der Zärtlichkeit seines Briefes. „Wie sehr wünschte ich, ich könnte ihn so lieben, wie er es verdient", sagte sie, „aber leider fürchte ich, dass das nicht in meiner Natur liegt. Ich kann kaum begreifen, was er denkt, was ich fühlen sollte, und die Heftigkeit seines Benehmens erschreckt mich unsagbar. Ist es nicht außergewöhnlich, Emma, dass diese Leidenschaft, die sich so universell durch die ganze Natur erstreckt, nur mir fremd ist – dass ich allein davon ausgeschlossen bin, ihren Einfluss zu spüren? Edmund beklagt sich über meine Kälte, und ich fühle, dass er Grund dazu hat. Ich fühle, dass seine Liebe anders ist als meine: Ich schätze und respektiere ihn; ich empfinde sogar eine aufrichtige Freundschaft mit ihm, und niemand schätzt seinen Wert mehr als ich; es würde mir auch sehr leid tun, wenn ihm irgendein Unglück zustoßen sollte;

aber das ist alles, und ich glaube nicht, dass ich imstande bin, mehr für irgendjemanden zu empfinden."

„In der Tat betrügst du dich selbst", antwortete Emma; „Ich bin sicher, dass ein so freundliches und liebevolles Herz wie Ihres zur Liebe fähig ist. Heiraten Sie nicht Lord Edmund; ich bin sicher, Sie lieben ihn nicht so, wie Sie ihn eines Tages lieben werden: und wenn ein Tag kommen sollte, an dem Sie sich wirklich fühlen Leidenschaft, was wird Ihr Entsetzen bei der Erinnerung an die heiligen Bindungen sein, die Sie an jemanden binden, der Ihnen gegenüber gleichgültig ist?"

„Das sollte ich auch tun, Emma; aber dass es unmöglich ist, dass so etwas passieren kann. Wenn ich mit Edmund verheiratet wäre, könnte ich niemals einen anderen lieben, selbst wenn meine Natur für diese Leidenschaft empfänglich wäre: eine Tatsache, die ich sehr bezweifle."

Emma schüttelte ungläubig den Kopf. "Oh!" seufzte sie; „Wie wenig weißt du von Liebe!"

„Ich weiß mehr darüber, als Sie glauben. Meiner Meinung nach würden sich die Leute nie verlieben, wenn sie eine Fülle anderer Gedanken hätten, die ihren Geist beschäftigen. Sie würden natürlich heiraten, aber das ist, wie jeder weiß, eine ganz andere Sache."

„Dann glauben Sie überhaupt nicht an die Liebe?"

„Nicht ganz; aber ich glaube, dass das, was man allgemein Liebe nennt, ein Produkt des Müßiggangs ist. Wenn die Menschen nichts zu tun haben, besonders wenn sie eine lebhafte Vorstellungskraft haben, vergnügen sie sich damit, sich ein Götzenbild der Vollkommenheit vorzustellen. Dieses verleihen sie allerlei von Tugend, wahrscheinlich und unwahrscheinlich; und sie sind von der Fantasie verzaubert, weil es ihre eigene Schöpfung ist. Sie finden bald ein Gesicht oder eine Figur, die ihnen gefällt, und damit verbinden sie die Reize, die sie zuvor ihrem imaginären Idol verliehen hatten – egal ob Ob sie sich verlieben oder nicht, sie sind wie Menschen mit grünen Brillen, sie sehen alles in einer Farbe, die nicht wirklich dazu gehört. Die Ehe lüftet jedoch den magischen Schleier und zeigt das Die wirklichen Fehler und Unvollkommenheiten jedes Einzelnen erkennen dann ihren Fehler, wenn auch zu spät, und schrecken vor dem schrecklichen Gespenst zurück, das sich ihnen entgegenstellt, während sie es in Wirklichkeit nur waren sich selbst betrügen.

„Sie argumentieren bewundernswert; aber sie kommen nur aus dem Kopf, nicht aus dem Herzen. Wenn Sie jemals gefühlt hätten, würden Sie den Irrtum Ihrer Argumente erkennen."

„Ich denke nicht, denn ich bin überzeugt, dass die Erfahrung von neunundneunzig von hundert Personen meine Aussage bestätigen würde, wenn sie nur dazu überredet werden könnten, ihre wahren Gefühle zu bekennen. Dies sind sie jedoch in solchen Fällen immer. Ich tue das nur sehr ungern, da sich niemand gerne getäuscht sehen möchte.

„Und denkst du, dass alle Liebe so ist, wie du gesprochen hast?"

„Gott behüte! – Nein – nein, Emma, glaube nicht, dass ich so ein Ketzer bin, die Existenz wahrer Liebe zu leugnen Es gibt nur wenige, sehr wenige Brüste, die in der Lage sind, es zu spüren.

„Jetzt stimme ich dir vollkommen zu. Ich dachte, du könntest nicht alles meinen, was du zuvor behauptet hast."

„Entschuldigung, Emma, ich habe es wirklich ernst gemeint. Aber ich habe damals nicht von echter Liebe gesprochen; ich habe nur von der Leidenschaft oder vielmehr von der Fantasie gesprochen, die ihren Namen an sich reißt. Echte, reine, unbefleckte Liebe ist die fesselnde Zuneigung, die zieht das Glück eines anderen dem eigenen vor; diese Hingabe, die nicht auf die eigene Befriedigung abzielt, sondern alles opfert, was die Welt geben kann, um das Wohlergehen eines anderen zu fördern; Freude und Freude gibt es nicht, es sei denn, der geliebte Gegenstand hat Freude daran, mehr als an seiner eigenen. Das ist es, was ich Liebe nenne. Ich kann mir eine solche Leidenschaft vorstellen, obwohl ich sie nie empfinden werde . Allerdings bin ich fest davon überzeugt, dass man es spüren *kann* : Auch wenn selbst Sie zugeben müssen, dass es selten vorkommt."

„Ach, meine liebe Herrin!", sagte Emma und seufzte schwer. „Jedes Wort, das Sie aussprechen, überzeugt mich davon, dass Sie sich selbst täuschen. Um Gottes Willen, heiraten Sie Lord Edmund nicht. Sie könnten sich die romantischen Gefühle, die Sie beschreiben, nicht vorstellen, wenn Ihr Herz nicht offen dafür wäre. Lord Edmund tut das nicht –"

"Psst! Psst, Emma!", unterbrach Elvira sie scherzhaft. "Es hat keinen Zweck. Wir können sagen, was wir wollen, wie die meisten Leute, die argumentieren, wir werden am Ende sicher derselben Meinung bleiben. Ich glaube nicht, dass jemals jemand durch Worte überzeugt wurde; wir müssen auf Tatsachen warten und uns dann *überlegen* , welches Kleid uns bei der bevorstehenden Zeremonie am besten steht."

Emma willigte gern ein, und schon bald waren die Prinzessin und ihre Begleiterin in einem Labyrinth aus Bändern, Krepp, Gaze, Seide und Satin verwickelt, aus dem jeder Versuch, sie zu befreien, für mich völlig vergeblich gewesen wäre.

Als Edric seinen Vater nach der teilweisen Erklärung, die zwischen ihnen stattgefunden hatte, das nächste Mal sah, war er überaus überrascht, dass er sich genau wie immer verhielt. Der junge Philosoph war ziemlich beunruhigt über dieses Verhalten, das all seine Spekulationen völlig durcheinander brachte. Während seiner Meditationen im Wäldchen hatte er großmütig beschlossen, jede Art von Verfolgung zu ertragen, anstatt sich auch nur im Geringsten einer Änderung seiner Ansichten zu unterwerfen; und so seltsam und wunderlich ist die Inkonsequenz des menschlichen Geistes, dass er tatsächlich enttäuscht war, als er feststellte, dass es kaum Aussichten darauf gab, dass seine heroischen Entschlüsse in die Tat umgesetzt würden.

Es mag denjenigen, die von den wesentlichen Annehmlichkeiten eines gastfreundlichen Hauses und eines gut gedeckten Tisches überzeugt sind, seltsam erscheinen, dass jemand so weltfremd ist, dass er bedauert, dass er die Chance verpasst hat, davon beraubt zu werden; aber Edric war im Zeitalter der Romantik. Sein Leben war bisher in einem einzigen langweiligen, eintönigen Kreislauf verlaufen, und die Aussicht auf Geschäftigkeit und Abenteuer hat in solchen Fällen einen unwiderstehlichen Reiz. Er wusste auch nichts von der Welt und war fast so unwissend über die wahren Übel des Lebens wie die französische Prinzessin, die, als sie hörte, dass einige Menschen verhungert waren, sich über ihre Torheit wunderte und sagte, dass sie ihrerseits lieber Brot und Käse essen würde, als zu verhungern. So war Edric, wie wir bereits sagten, eher betrübt als erfreut, als sein Vater ihn am Morgen nach ihrer Unterredung so liebevoll begrüßte wie zuvor und sehr freundlich vorschlug, dass sie, sobald das Frühstück beendet sei, gemeinsam einen Spaziergang zum Schloss des Herzogs machen sollten.

Da er seinen Vater nicht unnötig durch eine Ablehnung verärgern wollte, und da er auch fürchtete, seine Festigkeit zu kompromittieren, indem er den Anschein erweckte, er würde dem möglichen Verrat seiner Gegner nachgeben, stimmte unser junger Philosoph diesem Vorschlag eher unfreundlich zu und blieb während des ganzen Spaziergangs anscheinend in Gedanken versunken. Sie fanden den Herzog äußerst beschäftigt vor. Wie viele andere Leute, die kaum wirkliche Beschäftigungen haben, war er ganz entzückt über alles, was ein wenig Geschäftigkeit zu versprechen schien, und war fest entschlossen, das Beste daraus zu machen. Er befahl gerade eine Illumination und ein öffentliches Abendessen für seine Pächter; Glockenläuten, Reden halten und eine Reihe anderer Dinge, die aufzuzählen uns wirklich weder Zeit noch Geduld fehlt. So beschäftigt er auch war, freute er sich, unsere Freunde zu sehen, und begrüßte sie sehr herzlich.

„Sie sind gerade noch rechtzeitig gekommen", sagte er. „Ich wollte gerade nach Ihnen schicken. Wissen Sie, Sir Ambrose, es ist mir aufgefallen, dass dieser Triumph von Edmund eine bewundernswerte Gelegenheit für ihn sein wird." Ja, und auch für Ihre, Edric. Was sagen Sie, Sir Ambrose?

„Oh! Natürlich kann ich nichts dagegen haben.“

„Und natürlich“, fuhr der Herzog fort, „glaube ich nicht, dass die jungen Männer welche haben können. Was sagen Sie, Edric?“

Aber Edric sagte nichts, denn um die Wahrheit zu sagen, wusste er nicht genau, was er sagen sollte.

„Edric ist so entzückt, dass es ihm die Fähigkeit zum Sprechen genommen hat“, bemerkte der Baronet ziemlich böswillig, als er bemerkte, dass der Herzog ungeduldig wurde.

„Ich vertraue darauf, dass Ihre Gnade mich entschuldigen wird“, sagte Edric und erholte sich schließlich; "aber aber--"

"Aber was?" sagte der Herzog ungeduldig.

„Ich dachte“, fuhr Edric mit beträchtlichem Zögern fort, „dass Euer Gnaden nicht die Absicht hatten, dass die Prinzessinnen heiraten sollten – bis – bis sie das Alter erreicht hatten, das sie zu geeigneten Kandidaten für die Hochzeit machen würde.“ Thron.-"

Edric drückte sich nicht sehr klar aus; da er nicht ganz sicher war, was er sagte. Der Herzog hörte jedoch genug, um ihn in Leidenschaft zu versetzen.

„Das habe ich getan“, rief er aus, „das weiß ich genau; aber ich habe meine Meinung geändert, ich sage Ihnen: Claudia ist nicht älter als dreißig, und sie wird wahrscheinlich noch diese fünfzig Jahre leben – also hat es keinen Sinn zu warten.“ für ihren Tod würde ich meine Kinder gerne heiraten, bevor ich sterbe, und die Angst in dieser Hinsicht nimmt mit zunehmendem Alter zu.

„Dann sollte meine Sorge größer sein als Ihre, Herzog, denn ich bin der Älteste“, sagte Sir Ambrose.

„Um mindestens ein paar Jahre“, erwiderte der Herzog lachend, „denn ich nehme an, das ist ungefähr der Altersunterschied zwischen uns. Aber du antwortest mir nicht, Edric. Glaubst du, du bist eloquent genug, um deine Herrin davon zu überzeugen, die Aussicht auf einen Thron in deinem Namen aufzugeben?“

„Ich möchte nicht, dass sie meinetwegen irgendein Opfer bringt“, antwortete Edric.

„Verdammt, diese Kälte! Als junger Mann hätte mein Herz bei einem solchen Vorschlag wie ein Pendel in ständiger Bewegung geschlagen. Geh zu ihr, Mann! Und versuche dein Glück. –

„Sie ist eine Frau, daher muss sie umworben werden.
Sie ist eine Frau, daher muss sie gewonnen werden.“

oder besser gesagt, was vielleicht besser ist, ich werde sie hierher schicken und ihr meinen Willen mitteilen. Gott sei Dank! Ich habe vor, Edmund zu überraschen und Sie seinen Triumph als Braut und Bräutigam würdigen zu lassen.

„Rosabella würde einem solchen Vorschlag niemals zustimmen“, rief Edric aus, bereit, die gefürchtete Erklärung so lange wie möglich aufzuschieben.

„Ich glaube nicht“, fuhr der Herzog fort, „wenn Sie ihr mit diesem Gesicht den Hof machen. Sie brauchen sich jedoch keine Sorgen zu machen, da Sie nichts zu sagen haben, bis Sie vor dem Altar stehen. Den Rest übernehme ich selbst und ich habe das Gefühl, dass ich mich als der bessere Bewerber erweisen werde. Ich kenne Frauen gut und weiß, wie man mit ihnen umgeht. Ich fordere jede Frau auf der Welt heraus, einen eigenen Willen zu haben, während sie in meiner Obhut ist. Ich weiß, wie man sie beruhigt und umstimmt. Sie werden sehen, wie ich mit Rosabella umgehen werde. Sie wird kein Wort für sich selbst sagen. Hier, Augustus, sagen Sie Prinzessin Rosabella, dass ich mit ihr sprechen möchte.“

„Halt!“, rief Edric. „Ich kann nicht zulassen, dass du nach der Prinzessin schickst, bis ich ihr meine wahren Gefühle erklärt habe –“

„Unsinn!“ sagte der Herzog. „Ich sehe jedoch, dass es keinen Anlass gibt, nach ihr zu schicken; denn sie kommt dort. Ich werde sie treffen und ihr meine Gefühle erklären, und dann wird es Zeit genug sein, über die Ihrigen zu sprechen.“

Mit diesen Worten löste er sich von Edric, der ihn zurückhalten wollte, und ging auf Rosabella zu.

„Guter Gott!“, rief Edric, „was soll aus mir werden? Dieser sture alte Mann wird ihr sagen: Ich wünsche unsere Vereinigung, und um alles in der Welt würde ich Rosabellas stolzen Geist nicht dadurch beschämen, dass ich ihre Hand öffentlich ausschlage. Was soll ich tun? Ich muss um ein privates Gespräch bitten und mich ihrer Gnade ausliefern und sie überreden, mich abzuweisen.“

„Dann beharren Sie noch immer auf Ihrem Entschluss“, sagte Sir Ambrose. „Ich hatte gehofft, dass meine Freundlichkeit, die darin besteht, zu vergessen, was gestern passiert ist, Sie dazu veranlasst hätte, meinen Wünschen nachzukommen. Da Sie jedoch geneigt zu sein scheinen, an Ihrem Entschluss festzuhalten, kann es Sie nicht überraschen, dass ich Ihrem Beispiel folge, und ich kann nur wiederholen, dass Sie die Alternative kennen, wenn Sie Rosabella nicht heiraten.“

„Das tue ich“, sagte Edric bestimmt. „Und ich bin bereit, mich dieser Herausforderung zu stellen.“

In der Zwischenzeit hatte der Herzog Rosabella kennengelernt und offensichtlich begonnen, ihr seine Wünsche mitzuteilen, denn die Farbe war aus ihren Wangen gewichen und ihre Augen waren zu Boden gerichtet, während ihre fest zusammengepressten Lippen, als sie schweigend neben ihm herging, zeigten, dass es ihr unendlich schwer fiel, ihre Gefühle ausreichend zu beherrschen, um ihm geduldig zuzuhören.

„Kurz gesagt", sagte der Herzog, als sie sich Sir Ambrose und seinem Sohn näherten, „ich habe übermorgen als Termin für Ihre Hochzeit festgelegt, und obwohl ich zugeben muss, dass die Zeit für die Vorbereitungen etwas knapp ist, müssen Sie sich damit zufrieden geben, Ihre Hochzeitskleidung nach der Hochzeit zu haben und nicht vorher, was, wie ich glaube, keinen großen Unterschied macht. Jetzt brauchen Sie also nur noch Ihrem Cousin Bescheid zu sagen, und übermorgen werden Sie Montagu heißen."

„Und wissen Sie, wen Sie so ohne Umstände beseitigen?", fragte Rosabella, hob ihre glänzenden Augen vom Boden und heftete sie mit einem Blick stolzer Verachtung auf ihn. Der Herzog wich unwillkürlich vor dem vernichtenden Blick zurück, der mit der sagenhaften Kraft des Basilisken auf ihn zu fallen schien.

„Wen veräußere ich?", stammelte er und wiederholte unbewusst ihre Worte. „Wen veräußere ich? Natürlich meine Nichte", fuhr er fort und ordnete mühsam seine wirren Gedanken. „Sie sind meine Nichte, nicht wahr?"

„Ja", erwiderte Rosabella, „leider *bin ich* Ihre Nichte; und ich schäme mich für einen Onkel, der keine Skrupel hat, das letzte Erbe, das ihm ein unglücklicher Bruder hinterlassen hat, so barbarisch zu missbrauchen. Ja, mein Herr Herzog, ich bin Ihre Nichte – Ihre Protegée – Ihre Angehörige. Ich schäme mich nicht zuzugeben, dass ich mein tägliches Brot Ihrer Großzügigkeit verdanke; aber trotz alledem bin ich mir nicht bewusst, dass ich Ihre Sklavin bin, noch glaube ich, dass die finanziellen Verpflichtungen, die ich Ihnen gegenüber habe, ausreichen, um Ihnen das Recht zu geben, über mich wie über ein Möbelstück oder ein Lasttier zu verfügen."

„Sie verstehen die Sache völlig falsch, Rosabella", sagte der Herzog. „Ich möchte Ihre Gefühle nicht verletzen."

„Denken Sie also, dass ich aus Stein oder Eisen geformt bin und dass man mir sagen kann, wann und wo Sie heiraten sollen, ohne dass meine Neigungen befragt oder meine Zuneigung gewonnen werden? Sehen Sie sich den Bräutigam an, für den Sie mich bestimmt haben. Ich muss sicherlich die Gefühllosigkeit selbst sein, um solch überwältigender Leidenschaft zu widerstehen."

„Sie haben Recht, Rosabella", antwortete der Herzog. „Er ist so stark, dass er einen Stein provozieren könnte. Ich bewundere Ihren Mut. Eine Frau sollte man nicht ungewollt gewinnen, und er sieht, das gebe ich zu, aus, als ob er erwartet hätte, dass Sie auf die Knie fallen und ihn anflehen, Ihre Hand anzunehmen.“

„Sie irren sich“, entgegnete Edric, der nun trotz seiner früheren Vorsätze von der Notwendigkeit geplagt wurde, sich zu bekennen; „Es ist nicht nur Kälte, die mein Verhalten diktiert. Ich hätte mich früher erklären sollen, wenn Sie es zugelassen hätten, obwohl ich der Prinzessin diese öffentliche Erklärung gerne erspart hätte. Da ich jedoch jetzt gezwungen bin, meine wahren Gefühle zu bekennen, sage ich dies offen und feierlich protestieren, dass mich keine Qualen jemals dazu zwingen werden, der Ehemann von Rosabella zu werden –“

„Ersparen Sie Ihr Mitleid, Herr“, sagte die Prinzessin hochmütig und unterbrach ihn, „zumindest ich habe keinen Anlass dazu; denn wissen Sie, dass auch ich lieber tausend Tode erleben würde, als Ihre Frau zu werden. Nichts als das Der Respekt, den ich meinem Onkel schulde, hat mich daran gehindert, meine Gefühle früher zu äußern.

„Und nur meine Zuneigung zu meinem Vater hielt mich zum Schweigen.“

„Was für ein rücksichtsvolles Paar! Und wie sehr sollten wir uns ihnen verpflichtet fühlen!“, sagte der Herzog ironisch. „Und bitte, wenn Ihr Respekt und Ihre Zuneigung es Ihnen erlauben, die Frage zu beantworten, was ist Ihr hoher Wille und Ihre Freude, jetzt zu tun?“

„Wie Sie wollen“, antworteten Edric und Rosabella fast gleichzeitig.

„Du meine Güte! Wie unglaublich herablassend! Solange Sie Ihren Willen durchsetzen können, können wir die Ehre haben, Ihnen Pläne vorzuschlagen, die wir billigen können, wann immer es uns beliebt. Wie erstaunlich freundlich! Ich fürchte, wir werden nie in der Lage sein, uns angemessen dankbar zu zeigen, Sir Ambrose.“

„Diese Ironie, Mylord“, sagte Edric bestimmt, „ist sowohl Ihr als auch unser Unwürdiger. Ich gebe zu, dass sowohl Sie als auch mein Vater Grund haben, mit unserem Verhalten unzufrieden zu sein, da es Hoffnungen enttäuscht hat, die Sie schon lange gehegt haben.“ Aber gestatten Sie mir zu sagen, dass es Ihrem hohen Rang und der Bedeutung des Themas viel angemessener gewesen wäre, wenn Sie Ihren Unmut so ernst, männlich und offen zum Ausdruck gebracht hätten, als Sie gedacht haben angemessen zu nutzen.“

„Auch geschult! Von St. Wellington!“ rief der Herzog aus. „Auf mein Wort, das sind schöne Zeiten, wenn ein Mann meines Alters und Ranges von einem bartlosen Jüngling belehrt werden muss!“

„Ich wollte Euer Gnaden nicht beleidigen“, sagte Edric; „Und es tut mir leid, dass die Heftigkeit meiner Gefühle mich dazu gezwungen hat, eine Sprache zu verwenden, die meiner Jugend nicht angemessen und respektlos gegenüber einem alten und geschätzten Freund meines Vaters ist."

„Sagen Sie nichts weiter, junger Mann", antwortete der Herzog, „Entschuldigungen sind nur eine doppelte Beleidigung. Wenn das Ihre Gefühle sind, wäre es mir lieber, Sie würden sie offen aussprechen als verbergen, da ich denke, dass sogar Unverschämtheit der Heuchelei vorzuziehen ist. Nach dem, was geschehen ist, kann ich Ihnen jedoch nie wieder freundlich begegnen und werde es sogar vermeiden, das Haus meines Freundes Sir Ambrose zu betreten, solange Sie darin bleiben." Dies wurde mit Würde und majestätischer Festigkeit des Tons gesagt. Die Stimme des Herzogs zitterte jedoch ein wenig, als er fortfuhr: „Es wird mir leid tun, die Gesellschaft meines alten Freundes zu verlieren, und es würde mir ebenso leid tun, ihn dazu zu bringen, Sie zu verlassen, aber ich kann mich nicht freiwillig einer Beleidigung aussetzen und muss daher jeden weiteren Umgang mit Ihrer Familie ablehnen."

„Lehnt jeden weiteren Umgang mit unserer Familie ab!", rief Sir Ambrose. „Das von Euch, Herzog! Und Edmund! Mein geliebter Edmund! Soll er für die Fehler seines Bruders büßen?"

„Woher weißt du, dass der Verlust meiner Tochter ihn leiden würde?" fragte der Herzog höhnisch. „Wenn für mich der Moment kam, sie ihm zu übergeben, würde er sich vielleicht auch verneigen und mich demütig um Verzeihung bitten und um Erlaubnis bitten, die Ehre ablehnen zu dürfen. Oh! Verfluche diese Höflichkeit!"

„Mein lieber Herzog, ich würde für Edmund mit meinem Leben einstehen. Er verehrt Elvira und liebt Sie wie einen Vater. Auch Sie haben immer *erklärt*, ihn zu lieben –"

„Und das tue ich auch. Habe ich mich nicht wie ein alter Narr über seinen Triumph gefreut? Habe ich nicht beschlossen, meine Tochter wegzugeben und ihm mein Vermögen zu schenken? Und waren das nicht Liebesbeweise?"

„Das waren sie, das waren sie! Mein lieber Freund! Und da er nie etwas getan hat, was Sie beleidigt hat, warum sollten Ihre wohlwollenden Absichten nicht bestehen bleiben? Warum sollten Sie ihn wegen dieses undankbaren Idioten bestrafen, dem ich für immer entsagt habe." "

„Oh, mein Vater! Mein lieber Vater!" rief Edric. „Sag nicht für immer!"

"Ja, für immer! Ich wiederhole", fuhr Sir Ambrose fort. "Geh und lass mich dich nie wieder sehen. Ich habe dir gestern meinen Entschluss mitgeteilt, und da du dich entschieden hast, die Strafe auf dich zu nehmen, musst du auch die Konsequenzen tragen. Komm, mein Freund", fuhr er fort und nahm den

Arm des Herzogs, "überlassen wir ihn seinen eigenen Überlegungen. Gott sei Dank! Wir sind keiner von uns für die Fehler unserer Kinder verantwortlich; und es wäre in der Tat traurig, wenn du und ich eine Freundschaft , die ein halbes Jahrhundert gedauert hat, wegen der kindischen Torheit eines rücksichtslosen Jungen auflösen würden!"

„Das wäre es in der Tat", erwiderte der Herzog. „Und es hätte mir das Herz gebrochen, mich mit meinem geliebten Edmund zu streiten. Doch ist es in meinem Alter hart, in seinen kühnsten Hoffnungen enttäuscht zu werden."

Und als er mit Sir Ambrose davonging, strömten ihm tatsächlich Tränen über die Wangen. Sowohl Edric als auch Rosabella waren gerührt, aber sie waren klugerweise der Ansicht, dass sie nichts sagen konnten, um den Sturm zu besänftigen, und blieben daher still, bis die alten Männer allmählich verschwunden waren.

KAPITEL VI.

Als Sir Ambrose und der Herzog sich zurückzogen, blieben Edric und Rosabella allein zurück und verharrten einige Augenblicke in vollkommenem Schweigen, denn beide waren sich der Peinlichkeit ihrer Lage sehr bewusst. Nachdem sie eine Zeit lang so albern dagestanden hatten, wie es sich ihre Feinde nur wünschen konnten, verbeugte sich Edric und wollte sich zurückziehen, aber Rosabella hielt ihn davon ab.

„Lass uns Freunde sein, Edric", sagte sie lächelnd und streckte ihre Hand aus, „obwohl wir kein Liebespaar mehr sind."

Edric nahm die angebotene Hand und drückte sie unwillkürlich an seine Lippen. „Auf mein Wort, du verbesserst dich!" fuhr Rosabella fröhlich fort; „Ich erkläre, dass ich während der gesamten Dauer unseres Werbens noch nie zuvor ein solches Beispiel von Galanterie von Ihnen gesehen habe!"

Edric lächelte, als er antwortete: „Wenn Sie wüssten, welche Last mir durch die Erklärung von heute Morgen genommen wurde …"

„Still! Still!" rief Rosabella lachend, „Jetzt hast du wieder alles verdorben. Ich fürchtete, deine Tapferkeit wäre zu groß, um von Dauer zu sein."

„Ich gebe zu", antwortete Edric und stimmte in ihre Heiterkeit ein, „dass es von mir nicht sehr höflich ist, mich über die Befreiung von deinen Ketten zu freuen: aber ich bin kein Schmeichler, und – und –"

„Ein Waffenstillstand mit Entschuldigungen", rief Rosabella; „Wie mein Onkel gerade ganz richtig bemerkte, machen sie die Sache nur noch schlimmer. Der Fall ist einfach so: Du und ich passten nicht zueinander; wir haben es herausgefunden und sind beide froh, von den Bindungen befreit zu sein, die wir hatten." entdeckten, waren mit unserem Glück unvereinbar. „Kann es irgendetwas klarer sagen?" wie Dr. Entwerfen sagt, ich gehe davon aus, dass Sie reisen werden, um Ihrer natürlichen Liebe zur Abwechslung nachzukommen und sich Informationen anzueignen, während ich, das arme, unglückliche Fräulein, das ich bin, zu Hause bleiben und die Weide tragen muss Ich habe das Glück, einen Mann zu treffen, der die nötige Scharfsinnigkeit besitzt, um meine Reize zu entdecken.

„Und ich hoffe inständig, dass es bald so weit sein wird!", sagte Edric, erstaunt über ihre Freundlichkeit und ihr gegenüber freundlicher gesinnt als je zuvor. „Sie haben recht, wenn Sie annehmen, dass ich reisen möchte, aber leider habe ich jetzt nicht die Kraft dazu. Mein Vater ist zu sehr beleidigt, um mir die Mittel dazu zu geben, und ohne Geld –"

„Reisen ist alles andere als angenehm", unterbrach Rosabella lächelnd. „Das würden Sie doch sagen. Warum wenden Sie sich dann nicht an Pater Morris?

Er kann Ihnen helfen, und ich bin sicher, er wird es auch tun. Ich persönlich bin machtlos, außer wenn es darum geht, Ratschläge zu geben."

„Ihr Rat ist jedoch ausgezeichnet", erwiderte Edric und betrachtete sie mit noch zunehmendem Erstaunen. „Und ich versichere Ihnen, dass ich ihn buchstabengetreu befolgen werde. Ich habe nie daran gedacht, mich an den ehrwürdigen Vater zu wenden, obwohl ich jetzt das Gefühl habe, dass es das Beste ist, was ich tun kann."

„Warum sehen Sie mich dann so ungläubig an?", fuhr Rosabella fort. „Ich kann keinen Grund haben, Sie zu täuschen, und doch sehen Sie so misstrauisch aus, als ob Sie dachten, ich hätte einen. Ich gebe zu, mein Verhalten Ihnen gegenüber hat sich geändert, aber denken Sie an die anderen Umstände, in denen ich mich jetzt befinde. Früher fürchtete ich mich sogar, mit Ihnen zu sprechen, weil ich befürchtete, meine Worte könnten als Ermutigung der Ansprüche aufgefasst werden, die Sie meiner Meinung nach auf mich hegen. Jetzt, da wir beide frei sind, besteht dieser Grund nicht mehr, und außerdem bin ich Ihnen dankbar, dass Sie Ihre Gefühle so offen erklärt und mich so vor dem Missfallen meines Onkels bewahrt haben. ,Kann etwas einfacher sein?', wie Ihr Freund Dr. Entwerfen sagen würde."

Trotz Rosabellas scheinbarer Offenheit und der plausiblen Gründe, die sie für ihr Verhalten angab, konnte Edric sich jedoch nicht von dem Gedanken lösen, dass sie ihn so schnell wie möglich aus dem Königreich schaffen wollte, und zwar aus anderen Motiven, als sie es für angebracht hielt. Es schien auch ein gewisses Geheimnis darin zu liegen, dass sie so zuversichtlich von der Hilfe von Pater Morris sprach; denn da die Familie des Herzogs einen regelmäßigen Beichtvater hatte, Pater Murphy, schien es seltsam, dass Rosabella über das von den üblichen Gesellschaftsformen geforderte Maß hinaus mit einem anderen Priester verkehrte; und eine so geringe Vertrautheit konnte die positive Behauptung, die sie vorgebracht hatte, kaum rechtfertigen. Edric war jedoch zu sehr darauf erpicht, jede sich bietende Gelegenheit zu nutzen, nach Ägypten zu reisen, als dass er sich mit langen Nachforschungen zu diesem Thema befassen wollte; und als er Rosabella verließ, machte er sich wie selbstverständlich und fast ohne eigenen Willen auf die Suche nach Pater Morris.

Die Zimmerreihe, die Pater Morris im Herrenhaus von Sir Ambrose zugeteilt wurde, befand sich in einem Flügel, der teilweise vom Haupthaus abgetrennt war; und dorthin lenkte Edric seine Schritte. Als er jedoch näher kam, hörte er zu seiner großen Überraschung ein Geräusch von Schlägen, gefolgt von einem tiefen Stöhnen. Da er wusste, dass es die Stunde des Abendessens für die Dienerschaft war und dass außer dem Mönch und ihm keiner der anderen Bewohner des Herrenhauses zu Hause war, konnte er sich diesen seltsamen und furchteinflößenden Lärm zunächst nicht erklären; Als er aber beim

Vorwärtsgehen feststellte, dass die Geräusche aus dem inneren Raum des Priesters kamen, wohin sich niemand außer ihm selbst jemals wagte, kam er bald zu der Überzeugung, dass Pater Morris eine Buße der Selbstgeißelung durchführte; und da es als gottlos galt, eine Buße zu unterbrechen, setzte er sich ruhig in die äußere Kammer und wartete auf die Muße des Priesters; Er fragte sich jedoch bei sich selbst, welches Verbrechen ein so heiliger Mann möglicherweise begangen haben könnte, das eine so schwere Sühne erfordern könnte.

Als Pater Morris erschien, hatte er wie immer die Augen gesenkt und einen gelassenen Blick. Er drückte sein Erstaunen darüber aus, Edric zu sehen, erwähnte aber nicht die Buße, die er gerade getan hatte, sondern hörte Edrics Mitteilung mit kalter, ungerührter Miene zu.

„Dann muss ich verstehen“, sagte er, als er fertig war, „dass Sie wie der Prinz sind, von dem wir neulich in einem Buch gelesen haben, das wir in der Bibliothek Ihres Lehrers gefunden haben. Sie können nicht glücklich sein, weil Sie nie unglücklich waren; und Sie werden sich in alle Sorgen und Probleme der Welt stürzen, nur um zu lernen, wie man seinen Ruhestand genießt.“

„Nicht ganz, Vater“, erwiderte Edric. „Ich habe zwei andere Motive – den Zorn meines Vaters und den ernsten, quälenden Wunsch, in die Geheimnisse des Grabes einzutauchen, wie ich Ihnen zuvor gestand.“

„Und wie soll das erreicht werden, wenn Sie England verlassen?“

„Ich möchte versuchen, eine Mumie wiederzubeleben.“

„Der Plan ist wild, vage und undurchführbar.“

„Nicht, wenn die Hypothese von Dr Ich habe bereits einige wunderbare Beispiele für die belebende Kraft der Maschine gesehen, und da die Ägypter darauf bedacht waren, die Körper ihrer Toten ganz zu erhalten, beruhte dies wahrscheinlich auf der Idee, auf die ich gerade angespielt habe. „Ich denke, die Mumien sind die besten Versuchsobjekte, die wir für unsere Experimente finden können.“

„Die alten Ägypter stellten sich nicht vor, dass die Seelen ihrer Toten in den Körpern verblieben, sondern dass sie nach Ablauf einer bestimmten Anzahl von Jahren zu ihnen zurückkehren würden; so dass Ihre Hypothese, soweit sie auf ihrer Meinung beruht, zutrifft der Boden."

„Nennen Sie es nicht meine Hypothese“, erwiderte Edric, „es ist die von Dr. Entwerfen; meine eigene Meinung ist entschieden anders – denn ich kann mir keine Vorstellung vom Tod vorstellen, die nicht eine Trennung zwischen Körper und Seele impliziert. Das Thema.“ Es ist jedoch merkwürdig; für mich ist es äußerst interessant, und ich gebe ehrlich zu, dass damit viele

Geheimnisse verbunden sind, deren Erklärung für mich die größte Genugtuung wäre."

„Und Sie glauben, dass Ihre Reise nach Ägypten Ihnen helfen wird, diese Geheimnisse zu enträtseln, die seit Anbeginn der Welt vergeblich die Spekulationen der Gelehrten angeregt haben", sagte Pater Morris mit sarkastischem Grinsen. Edric war über sein Verhalten verärgert und antwortete herzlich:

„Ich bin nicht anmaßend, Vater; aber selbst Sie müssen zugeben, dass der Mensch oft nur ein blindes Werkzeug in den Händen des Schicksals ist. Es ist möglich, dass mein quälender Wunsch, diese Geheimnisse zu erforschen, ein Impuls einer höheren Macht ist und ein Beweis dafür, dass ich dazu bestimmt bin, der sterbliche Vermittler ihrer Offenbarung an den Menschen zu sein. Ägypten ist ein Land, das reich an Denkmälern der Antike ist; und alle Historiker sind sich einig, dass seine alten Bewohner über Kenntnisse und Wissenschaft verfügten, die sogar die gepriesenen Errungenschaften der Neuzeit bei weitem übertrafen. Könnten wir zum Beispiel versuchen, gewaltige Gebäude wie die Pyramiden zu errichten, wo enorme Massen mit geometrischer Genauigkeit angeordnet sind und die Arbeit des Menschen die ewige Beständigkeit der Natur nachgeahmt hat? Sind wir überhaupt in der Lage, uns so majestätische Werke vorzustellen wie die, die sie in die Tat umgesetzt haben? Nein, ganz sicher nicht. In jedem Punkt haben sie uns übertroffen."

„Sogar in ihrer Religion?" fragte Pater Morris sarkastisch.

„Nein", erwiderte Edric; „Jeder Religionsplan liegt unendlich unter der göttlichen Vollkommenheit des Christentums; aber da das Christentum in der Zeit, von der wir sprechen, nicht offenbart wurde, kann nicht geleugnet werden, dass die Ägypter sogar in ihren Andachten einen gewissen Ansatz zur Weisheit verfolgten. Sie verehrten die Natur, obwohl sie sie unter den Symbolen ihrer Eigenschaften verkleideten und den vulgären Geschmack befriedigten, indem sie ihnen greifbare Objekte gaben, um Ideen darzustellen, die für ihr unaufgeklärtes Verständnis zu erhaben waren. Sie hegten die göttliche Idee einer Auferstehung und von Belohnungen und Strafen in einem zukünftigen Leben , ist nicht nur aus ihrer Lieblingsfabel vom Phönix und der Verwendung des mittlerweile abgedroschenen Bildes des Schmetterlings ersichtlich, sondern auch aus der Sorgfalt, die sie der Erhaltung des Körpers widmeten; der Jubel, als er gefunden wurde; und die Art von Prozess, dem sie den menschlichen Leichnam nach seinem Tod unterwarfen, als ihm, wenn ihm schwere Verbrechen vorgeworfen und bewiesen wurden, die Bestattungsriten verweigert und er unbeklagt verrotten gelassen wurde. Können dann moderne Institutionen die Weisheit der von den Pharaonen erlassenen Gesetze übertreffen? Oder kann irgendein moderner Glanz mit dem in den Städten Memphis und Theben vergleichbar sein? Und da dies kaum bestritten werden kann, welches Land könnte passender als das einst so hochgeschätzte Land als Schauplatz der bedeutendsten Entdeckung sein, die der Mensch je gemacht hat? Verspotten Sie mich, wenn Sie so wollen; Ich habe das Gefühl, dass eine überlegene Macht meine Wünsche inspiriert. Ich fühle mich unwiderstehlich vorangetrieben. Ich fühle mich aufgefordert, von einer Macht zu handeln, die meiner eigenen weit überlegen ist, und ich werde ihren Befehlen gehorchen. Du lächelst und verspottest heimlich meine Projekte; Aber denken Sie daran, dass übermäßige Ungläubigkeit manchmal genauso stark nach Torheit riecht wie Leichtgläubigkeit selbst, und dass beide gleichermaßen schädlich für den Fortschritt der Wissenschaft sind."

"Das bezweifle ich nicht", sagte Pater Morris mit provozierender Kälte, "obwohl man zugeben muss, dass es nicht die vorherrschende Schwäche der heutigen Zeit ist. Ohne jedoch jetzt hier zu verweilen und diesen Punkt zu diskutieren, möchte ich in aller Bescheidenheit vorschlagen, dass ich mich, da ich leider unter Zeitdruck stehe, herablassen und ein paar Minuten der besten menschlichen Möglichkeit widmen kann, Ihnen die Erfüllung der hohen Ziele zu ermöglichen, die Sie in Ägypten erwarten. Denn ungeachtet der gebieterischen Natur des Impulses, der Sie dorthin lockt, nehme ich an, dass Sie sich darüber im Klaren sind, dass das vulgäre Mittel des Geldes ebenso notwendig sein wird wie das wissenschaftliche des Galvanismus."

Edrics Gefühle waren zu stark ausgeprägt, um diese Ironie zu ertragen; Er schnappte sich seinen Hut, stürzte aus dem Zimmer und warf einen empörten Blick auf den Priester, der vergeblich versuchte, ihn aufzuhalten. Wahnsinnig von den widersprüchlichen Gefühlen, die in seiner Brust kämpften, und gleichermaßen angewidert von sich selbst, Pater Morris und der ganzen Welt, eilte Edric weiter, völlig ahnungslos, in welche Richtung er ging, bis seine Karriere durch eine plötzliche und heftige Berührung unterbrochen wurde mit einer anderen Person, die genauso rücksichtslos mit sich selbst lief, aber in die entgegengesetzte Richtung. Beide wichen vor dem Schock ein paar Schritte zurück, und zu seiner Überraschung stellte Edric fest, dass es Abaelard war, den er so unsanft begrüßt hatte. Die Neugier, zu wissen, was die Abwesenheit des würdigen Butlers verursacht haben könnte (er zeichnete sich im Allgemeinen durch seine besondere Aufmerksamkeit für Zeremonien aus), lenkte Edrics Gedanken von sich selbst ab, und er vergaß für einen Moment seine eigenen Sorgen er erkundigte sich nach denen von Abaelard.

"Weh! Weh!", sagte der alte Mann und schüttelte sein graues Haupt, während die Tränen in Strömen über seine runzligen Wangen strömten, "dass ich diesen Tag jemals erleben sollte! Oh, Meister Edric! Wie konnten Sie Ihren ehrwürdigen Vorfahren reizen? Weh! Weh! Ich fühle, wie meine Tränendrüse fast bis zum Überlaufen durchströmt, wann immer die Erinnerung an das, was geschehen ist, durch mein Gesicht schießt."

„Um Himmels Willen! Sagen Sie mir, was los ist!"

„O je! O je!", schluchzte der unglückliche Butler. „Mir wurde ein so langes Leben nur deshalb vergönnt, damit ich zusehen konnte, wie ein so vielversprechender junger Herr vor die Tür gesetzt wird."

„Erzähl mir das Schlimmste; obwohl ich jetzt tatsächlich fürchte, dass ich deine Bedeutung nur zu gut verstehe."

„Sir Ambrose befiehlt Ihnen, sofort abzureisen und das Anwesen Ihrer väterlichen Vorfahren nie wieder zu betreten."

„Was wird aus mir werden?", rief Edric, faltete die Hände und hob die Augen zum Himmel. Nach einer kurzen Pause fügte er gelassener hinzu: „Nun, komme, was wolle, ich habe mich damit abgefunden. Das Schicksal treibt mich mit unwiderstehlicher Gewalt vorwärts, und ich fühle, dass es vergeblich wäre, zu versuchen, gegen seine Gebote anzukämpfen. Ich bin zumindest bereit, seinen Willen auszuführen."

„Aber wohin willst du gehen?", schluchzte Abaelard. „Du wirst Geld und Freunde brauchen. Ach, ach, dass ich den Sohn meines alten Herrn jemals in finanzieller Not sehen muss!"

„Er wiederholt nur die Worte von Pater Morris", sagte Edric, „und doch wirken seine Zweifel ganz anders auf mich. Die Ironie des Priesters trieb mich zur Verzweiflung, aber der Kummer dieses alten Mannes beruhigt meine verwundete Seele. Er liebt mich ganz gewiss."

Diese Worte wurden in so leiser Tonlage ausgesprochen, dass nur Abaelard den Namen von Pater Morris vernahm, und er antwortete:

„Ich mag Pater Morris nicht, und das habe ich nie gemocht. Obwohl es nun zwanzig Jahre her ist, dass er in die Familie eintrat, und obwohl ich während dieser ganzen langen Zeit nie etwas an ihm gesehen habe, das ich besonders tadeln könnte, ist meine Abneigung dennoch ungebrochen. Ich nehme an, es muss eine natürliche Abneigung sein und die Poren meines Körpers passen nicht in ihrer Form zu den Atomen, die von ihm ausgehen."

„Er hat mich fast in den Wahnsinn getrieben", sagte Edric.

„Das überrascht mich nicht", entgegnete Abaelard; „Denn ich weiß, dass er eine teuflische Freude daran haben kann, zu quälen. Er kann die herausforderndsten, verlockendsten Ausdrücke verwenden und dennoch die gleiche sanfte, sanfte Stimme bewahren, seine Paläbra halb geschlossen halten und seine Sehorgane auf den Boden gerichtet halten." Tatsächlich habe ich noch nie in meinem Leben gesehen, wie sich die Iris seiner Augen erweitert hat, und dann hat er die Art, seine Augenbrauen zu heben, seine Nase zu krümmen und seinen Depressor anguli oris nach unten zu ziehen, wenn er jemandem zuhört oder ihnen antwortet. um seinem finsteren Gesicht den Ausdruck eines ständigen Hohnlächelns zu verleihen.

Edrics eigene jüngste persönliche Erfahrung war nur ein eindringlicher Beweis für die Richtigkeit dieser Bemerkungen; und wie der verwundete Mann vor der geringsten Berührung zurückschreckt, so gingen Edric die Worte von Abaelard Jar auf die Nerven; Als er sich von ihm abwandte, um seine Gefühle zu verbergen, begegnete er dem ernsten Blick von Pater Morris selbst.

„Warum wirken Sie erstaunt?" sagte der Priester lächelnd. „Du bist ein Kleinkind, Edric. Du streitest dich mit deinen besten Freunden und scheinst dann überrascht zu sein, dass du sie nicht so launisch findest wie dich selbst. Du bildest dir zum Beispiel ein, dass du sehr wütend auf mich bist, und doch bin ich mir dessen nicht bewusst." War es ein Verbrechen, einen Enthusiasmus zu zügeln, von dem ich befürchtete, dass er Sie vor den Gefahren einer Welt warnen könnte, von der Sie noch so wenig wissen? Ich bin zuversichtlich, dass deine eigene Vernunft und dein ausgezeichneter gesunder Menschenverstand mich freisprechen werden, wenn du nur zulässt, dass sie handeln, Edric; sie schwemmt alles weg, wenn du die Dinge ruhig betrachten würdest würde deine Torheit erkennen. Gehe dann, erlebe persönliche Entbehrungen und Übel jeglicher Art, damit du lernst, die Freuden zu genießen, die schon jetzt in deiner Reichweite liegen, die du aber mit Verachtung ablehnst . So wahr ist es, dass wir den wahren Wert eines Segens erst erkennen, wenn wir das Elend erlebt haben, das mit seiner Entbehrung einhergeht."

„Wenn dies der Fall ist", antwortete Edric, der sich unwillkürlich durch die einschmeichelnde Art des Mönchs beruhigte, „warum sollten meine Gefühle eine Ausnahme von der allgemeinen Regel sein? Und da alle unsere Freuden durch die Gewalt einen neuen Schwung bekommen." Ist es nicht klug, die Wirkung von Veränderungen auszuprobieren?"

„Und doch scheint es eine Torheit zu sein", sagte Pater Morris mit seiner sanften, glaubwürdigen, heuchlerischen Stimme, den Blick wieder auf den Boden gerichtet, „ein gewisses Übel auf sich zu nehmen in der Hoffnung, ein ungewisses Gutes zu erreichen."

Edric erschrak und heftete seine Augen auf ihn, mit einem Ausdruck, den der Mönch gut verstand. Und da er ihn nicht noch einmal über seine Grenzen hinaus provozieren wollte, fuhr er in einem anderen Ton fort: „Aber es ist sinnlos, wenn das Alter der Jugend Lektionen der Klugheit erteilt, und wie dein Vater sagt, muss jeder seine eigene Erfahrung erwerben. Deshalb wollen wir jetzt, wenn es dir recht ist, das Thema wechseln und über die Vorbereitungen für deine Reise sprechen. Du bist immer noch entschlossen, Ägypten zu besuchen, nehme ich an?"

„Das ist mein sehnlichster Wunsch."

„Kehren Sie dann in Ihr eigenes Zimmer zurück. Morgen wird alles für Ihre Abreise bereit sein."

»Er darf das Haus nicht betreten!« sagte Abaelard. »Wehe, wehe, dass ich es noch erleben sollte, es zu sagen! Sir Ambrose hat ihm sogar verboten, die Schwelle zu überschreiten.«

„Können Sie sich nicht in der Wohnung von Dr. Entwerfen verstecken?" fragte Pater Morris nach einer kurzen Pause; „Niemand außer ihm selbst tritt dort ein; und eines der Fenster blickt auf diese Terrasse, sodass Sie sie unbeobachtet erreichen können. Ich bin zuversichtlich, dass Abaelard Sie nicht verraten wird, und ich werde Sie begleiten, wie ich es mit dem besprechen möchte Arzt, der Ihre geplante Reise respektiert.

Edric stimmte hastig zu und verabschiedete sich liebevoll von Abaelard. Er und Pater Morris kletterten mühelos durch das Fenster, das zum Adytum von Dr. Entwerfen führte, während Abaelard, die Hände gefaltet, beim Rückzug ausrief: „Gott segne ihn! Es wird ihm auf jeden Fall nicht an finanzieller Unterstützung mangeln, wenn Mr. Davis und ich helfen können, ist das ein Trost.

Als Edric und Pater Morris das Arbeitszimmer von Dr. Entwerfen betraten, fanden sie ihn bei einer, in Anbetracht seines Alters und seines Standes, höchst ungewöhnlichen Unterhaltung. Er tanzte offenbar einen Hornpipe, zog die Fersen zusammen und hob und senkte sich abwechselnd wie ein Clown in einer Pantomime, wobei er sein Gesicht zu den scheußlichsten Grimassen verzog.

„Was ist los?", riefen Edric und Pater Morris gleichzeitig und starrten ihn überrascht an.

„Ich – ich – ich bin wie galvanisiert", rief der Doktor in kläglichem Tonfall, nickte mit einem plötzlichen Ruck mit dem Kopf, der jeden Augenblick zu drohen schien, ihn aus der Pfanne zu werfen, und dann fuhr er plötzlich hoch, streckte ein Bein waagerecht aus und wirbelte auf dem anderen herum wie ein Operntänzer.

"Wie ist es passiert?" rief Edric, übermäßig schockiert über den unnatürlichen Kontrast zwischen dem ernsten Gesichtsausdruck des Arztes und seinen unfreiwilligen Possen.

„Das kann ich nicht genau sagen", erwiderte der Arzt, wobei er mühsam seine Worte hervorbrachte und zum unaussprechlichen Entsetzen seiner

Gefährten immer noch schwamm, grinste und hüpfte, bis seine Grimassen nach und nach nachließen und er in die Lage versetzt wurde endlich einigermaßen stabil stehen. Nun teilte er seinen Freunden mit, dass er sich bei einigen Experimenten mit seiner galvanischen Batterie leider selbst operiert habe; und lauschte seinerseits ihrem Bericht darüber, was zwischen Edric und Sir Ambrose vorgefallen war. Als er jedoch feststellte, dass sein Schüler mit seinem Vater gestritten hatte, strahlten die Augen des Arztes statt seiner Trauer vor Freude: „Dann müssen Sie unweigerlich reisen", rief er. „Wir werden die Pyramiden besuchen, wir werden die Mumien zum Leben erwecken und wir werden Unsterblichkeit erlangen."

Es lag etwas in diesem heftigen Ausdruck der Verzückung des Arztes, das nicht ganz mit Edrics Gefühlen harmonierte, besonders da er ein satirisches Lächeln auf den Lippen von Pater Morris zu erkennen glaubte.

„Wann sind Sie zur Abfahrt bereit?" fragte er abrupt.

„Morgen, wenn Sie so wollen", antwortete der Arzt. „Ich habe dieses Ergebnis schon seit einiger Zeit vorhergesehen und alles entsprechend vorbereitet. Ich habe noch nie in meinem Leben einen jungen Engländer gekannt, Pater Morris, der nicht gerne reiste. Die Bewohner anderer Länder reisen für das, was sie bekommen können, oder was sie zu lernen hoffen; aber ein Engländer reist, weil er nicht weiß, was er mit sich anfangen soll Wie damals, als er sich auf den Weg machte. Nicht, dass ich der Neugier die Schuld gebe – nein, ich bewundere sie über alles! – es ist das, was zu all den großen Entdeckungen geführt hat, die seit der Erschaffung der Welt gemacht wurden, und es ist das, was auch heute noch geschieht treibt uns an, die Pyramiden zu erkunden."

Edric wirkte überaus verärgert über das Ende dieser Rede, und um das Thema zu wechseln, fragte er den Arzt hastig, ob er glaube, dass seine galvanische Batterie stark genug für das Experiment sei, das sie damit versuchen wollten.

„Kraftvoll!" rief der Arzt aus; „Warum spüre ich, wie es jetzt noch an meinen Fingerspitzen kribbelt? Ich sollte denken, Sir, dass die Wirkung, die es auf mich hatte, ein ausreichender Beweis für die Kraft der Maschine ist."

"Zweifellos!" antwortete Pater Morris; „Nein, wenn wir danach urteilen, zittere ich nur davor, dass Sie sowohl die Pyramiden als auch die Mumien zum Leben erwecken, und Sie müssen zugeben, dass es ein unangenehmer Anblick wäre, sie über die Ebene stürzen und rutschen zu sehen."

"Herr!" sagte der Arzt und starrte ihn an.

„Beabsichtigen Sie, ein anderes Land als Ägypten zu besuchen?" fragte Pater Morris, aus Angst, er sei zu weit gegangen, und aus Gründen, die er nicht offen zugab, wünschte er, seine Gefährten nicht zu beleidigen.

„Ich möchte Indien sehen", sagte der Arzt; „Einige Broschüren mit schwarzen Buchstaben in meinem Besitz weisen darauf hin, dass es einst von einer alten Frau regiert wurde; und da die regulären Historiker diese Tatsache nicht erwähnen, würde ich gerne sehen, welche Überlieferungen ich vor Ort darüber sammeln könnte." Man sagt, dass die Religion der alten Hindus, bevor sie zum Christentum konvertierten, der der alten Ägypter ähnelte. Wenn ich die Denkmäler beider vergleiche, möchte ich auch, dass das eine das andere veranschaulicht, bevor wir Afrika verlassen , um den berühmten Hof von Timbuctoo zu sehen. Ich stehe dort seit langem in Briefwechsel mit einem gelehrten Experten, der mir einige der erhabensten Entdeckungen mitgeteilt hat.

„Das gesamte Innere Afrikas muss interessant sein", bemerkte Pater Morris, „insbesondere die aufstrebenden Staaten an den Ufern des Niger. Es ist im Allgemeinen lehrreich und unterhaltsam, die Geburt und die Kämpfe junger Republiken zu beobachten und zu beobachten, wie schnell zuerst die Menschen und dann die Gouverneure vordringen. Solange die Herrscher schwach sind, sind sie immer liberal; aber ihre erhabenen Gefühle nehmen im Allgemeinen genau im Verhältnis ab, wenn sie mächtig werden."

„Kurz gesagt", fuhr der Doktor fort, „ich würde gern die ganze Welt bereisen; ich kenne nur ein Land, das ich ungern besuchen würde."

„Und welches ist das?", fragte Edric.

„Amerika", antwortete der Arzt. „Ich möchte nicht, dass mir die Kehle durchgeschnitten wird oder dass mir die Luft von einer Bogensehne genommen wird. Ich habe eine regelrechte Abscheu vor despotischen Regierungen."

„Wie ertragen Sie dann das, unter dem wir leben?", fragte Pater Morris.

"Der Fall ist ganz anders", erwiderte der Doktor. "Bei uns ist der Ansporn des Despotismus kaum spürbar; und da das Volk gelegentlich selbst denken und handeln darf, wird es nicht erniedrigt und brutalisiert, wie es im Allgemeinen den Sklaven der absoluten Macht ergeht. Der Despotismus ist bei uns wie eine Rute, die der Schulmeister in Sichtweite seiner Schüler aufhängt, die er aber nur selten zu gebrauchen hat. Vor einem Despotismus wie dem der Amerikaner jedoch schütze uns der Himmel!"

„Amen!", sagte Edric. „Denn da wir jetzt glücklich sind, wären wir Idioten, wenn wir uns eine Veränderung wünschten."

"Was für eine unphilosophische Meinung!", rief der Doktor aus. "Ich bin wirklich schockiert, dass Sie, Edric, eine solche Rede halten. Was für eine abscheuliche Doktrin! Denken Sie daran, dass Sie, wenn Sie einmal zulassen, dass Neuerungen gefährlich werden, sofort alle Verbesserungen stoppen - Sie verschließen und verriegeln Ihre Türen vor ihnen. Oh! Es ist entsetzlich, dass eine solche Doktrin in einem zivilisierten Land überhaupt zur Sprache kommt. Sie konnten sich doch nicht dessen bewusst sein, was Sie da sagten?"

„Morgen", sagte Pater Morris zu Edric, ohne die Empörung des gelehrten Arztes zu bemerken, „müssen Sie in die Stadt weiterfahren, wo Sie im Haus eines meiner Freunde bleiben können, bis Sie für Ihre Reise bereit sind Ich würde Ihnen jedoch nicht raten, lange zu bleiben, bevor Sie dorthin gehen, denn da Ihr Vater in ein oder zwei Tagen einen Besuch in London plant, könnte dies unangenehme Folgen haben -Taube, um meinen Freund, Lord Gustavus De Montfort, über Ihre Ankunft zu informieren; ich bin sicher, er wird Sie herzlich willkommen heißen und Ihnen nicht nur den Schutz seines Hauses gewähren, sondern Ihnen jede Hilfe leisten, die in seiner Macht steht. um Ihnen die Vorbereitungen für Ihre Reise zu ermöglichen; auch zu diesem Zweck werde ich dafür sorgen, dass Sie mit Geld versorgt werden", fuhr er fort und unterbrach Edric, der gerade etwas sagen wollte Fühlen Sie sich mir gegenüber verpflichtet, Sie werden es beweisen, indem Sie schweigen. Ich muss Sie jetzt verlassen, da meine längere Abwesenheit Verdacht erregen könnte. Adieu! Gott schütze dich! Morgen früh wird an der Ecke des Waldes ein Ballon auf Sie warten. Der Arzt begleitet Sie selbstverständlich. Ich denke, dass Sie bis dahin ruhig hier im Verborgenen bleiben können. Noch einmal, adieu!"

„Da Pater Morris nun fort ist", sagte Doktor Entwerfen zu seinem Schüler, „habe ich eine Überraschung für Sie. Ich werde Ihnen eine merkwürdige Sammlung von Balladen zeigen, die alle mindestens dreihundert Jahre alt sind. Ein Freund von mir hat sie neulich in London für mich abgeholt und mir heute Morgen mit dem Bühnenballon dorthin geschickt. Sie sind alle aus echtem Hadernpapier, ein sicherer Beweis ihres Alters; denn, wissen Sie, das Asbestpapier, das wir heute verwenden, ist erst seit über zweihundert Jahren erfunden. Aber Sie werden sie sehen: folgen Sie mir."

Mit diesen Worten trottete der Arzt zu seiner Bibliothek, diesem Paradies halb vergessener Bände, von denen die meisten versehentlich vor ihrem wohlverdienten Zweck gerettet worden waren, Butter zu bedecken und Käse einzupacken, um dem Staub und der Dunkelheit entrissen zu werden in dem sie jahrhundertelang gelegen hatten, um die Regale von Doktor Entwerfen zu schmücken; und deren Autoren, wenn sie einen Blick auf die Erde geworfen und sie gesehen hätten, ganz erstaunt gewesen wären, unsterblich zu sein. Als der Arzt dieses Zentrum vernachlässigter Gelehrsamkeit betrat, ging er hastig zu einem Tisch, auf dem seine neu erworbenen Schätze lagen, hielt sie hoch und rief: „Schau, Edric, wie schön schmutzig das Papier ist; keine Kunst könnte diesen schmutzigen Farbton nachahmen." Dieser rußige Farbton ist der echte Farbton der Antike. Wissen Sie, Edric, in der Antike wurde die für kulinarische Zwecke und in der Tat für alle gewöhnlichen Lebenszwecke verwendete Wärme durch die Verbrennung von Holz und einer schwarzen bituminösen Substanz erzeugt oder Amphilite, die aus den Eingeweiden der Erde gewonnen werden und Kohle genannt werden, von denen Sie möglicherweise noch Exemplare in den Schränken der Neugierigen sehen. Als diese Substanzen durch die Kraft der Hitze zersetzt oder vielmehr expandiert wurden, wurde die Anziehungskraft des Zusammenhalts aufgehoben , und die Bestandteile flogen in Form von Rauch oder Ruß davon. Dieser Rauch stieg in die Luft und wurde von ihm zerstreut, und die winzigen Partikel oder Atome, aus denen er bestand, fielen herunter und blieben auf allem, was zufällig war ihnen im Weg zu stehen, erzeugte jenen unvergleichlichen düsteren Farbton, den die Modernen so oft, wenn auch vergeblich, zu imitieren versucht haben. Ich bitte um Verzeihung, Edric, dass ich eine so vulgäre Sprache verwendet habe, um auszudrücken, was ich sagen wollte, aber ich wusste wirklich nicht, wie ich mich bei der Behandlung eines solchen Themas elegant erklären sollte.

"Oh! Ich habe Sie sehr gut verstanden, Sir. Schließlich besteht der einzige wahre Zweck der Sprache darin, die Ideen einer Person einer anderen verständlich zu machen. Und vorausgesetzt, dieses Ziel wird erreicht, sehe ich wirklich nicht ein, dass es irgendeine Bedeutung hat, welche Wörter wir verwenden."

„Stimmt, Edric, mein Lieber! Du machst manchmal sehr berechtigte Beobachtungen. Nun, aber die Balladen; ich wollte dir meine Schätze zeigen – meine Juwelen! wie die römische Dame von ihren Kindern sagte. Schau, was für schöne Exemplare das sind! Ein bisschen Hier und da eingerissen und einige Zeilen unleserlich – aber ich behaupte, dass es sich um echtes Leinenpapier handelt Sehen Sie sich die Schreibweise an, sehen Sie, wie viele Buchstaben sie in ihre Worte gesteckt haben, die keinen Nutzen hatten. Schauen Sie sich die Titel an: „Das tragische Ende der armen Miss Bailey" – und hier „Cherry Ripe" – und „Ich". „Ich bin umhergewandert." Hier ist „Die Lieben von Captain Wattle und Miss Roe" – und hier sind „Jessy, die Blume von Dumblane" und „Dunois, der Tapfere". Aber das ist mein Phœnix – hier ist der Neid aller Sammler. Das ist mein unschätzbarer Schatz, und ich bin so gesegnet, dass ich das einzige erhaltene Exemplar besitze. aber die Manieren, die darin beschrieben werden, sind so unpoliert, dass ich fast meinen könnte, sie könnten auf die Zeit der britischen Ureinwohner zurückgeführt werden. – So beginnt es: –

„In Wednesbury gab es einen Wettkampf,
ein Match zwischen Newton und Scroggins; die Nagler und Kohlenarbeiter
verließen die Arbeit, und zu Spittle gingen sie alle joggen. Toll de rol lol.“

Früher war ich sehr verwirrt über diese Last, die in alten Liedern immer
wieder auftaucht. Zuerst dachte ich, es sei ein Relikt einer Sprache, die heute
unwiederbringlich verloren ist. Dann kam mir der Gedanke, es könnte eine
Anrufung der Götter der Ureinwohner sein. Kurz gesagt, ich war völlig
verwirrt und wusste nicht, was ich denken sollte, als ein gelehrter Freund von
mir neulich auf eine Idee kam, die das Problem völlig zu lösen scheint. Er
schlägt vor, es sei eine alte Art gewesen, die Tonleiter auf und ab zu laufen,
und dass „Tol de rol lol“ dieselbe Bedeutung hatte wie „Do re mi fa“ – eine
Lösung, die so einfach und genial zugleich ist, dass ich sicher bin, dass Sie
ebenso wie ich davon beeindruckt sein müssen. Ich lasse hier einige Strophen
aus, in denen der Autor seine Helden genau in homerischer Weise aufzählt.
Die Namen sind so barbarisch, dass ich Angst habe, mir beim Aussprechen
die Zähne zu verlieren:

„Beim Abendessen gab es reichlich Rindfleisch
von einem Bullen, der zu Tode geködert worden war. Bunny Hyde bekam
einen Kloß im Hals, der ihm fast den Atem geraubt hätte.“

Welch schöne Einfachheit liegt in dieser letzten Zeile,

„Das hätte ihm fast den Atem geraubt.“

Oh, wir Modernen haben nichts, was dem gleichkommt!—

„Die Gesellschaft geriet in Verwirrung,
als sie sah, wie der arme Bunny Hyde erstickte. Also eilten sie mit ihm in
die Küche und hielten seinen Kopf über den Rauch.“

„Dies entwickelt eine merkwürdige Praxis der Antike. Weißt du, Edric, ich
habe dir gerade erklärt, wie die Verbrennung früher durchgeführt wurde und
welche Ursachen für die Entstehung dessen, was man Rauch nannte,
verantwortlich waren. Ich gebe jedoch zu, dass es mir seltsam vorkommt
Eine Möglichkeit, einen halb erstickten Menschen wiederzubeleben, besteht
darin, seinen Kopf über Rauch zu halten, der, wie ich bereits sagte, mit
unzähligen Atomen aller Art und Größe beladen ist, man könnte meinen,
dass er die Atmung eher behindern als wiederherstellen würde. Die Tatsache
ist jedoch unbestritten; sie bietet nicht nur eine merkwürdige
Veranschaulichung der Art und Weise der Alten, sondern ist an sich auch ein
starker Beweis für die Authentizität der Ballade, denn eine solche Idee hätte
einem modernen Menschen nie in den Sinn kommen können . Um zum
armen Hyde zurückzukehren –

„Einer versetzte ihm einen Tritt in den Bauch
und ein anderer einen Schlag gegen die Stirn. Seine Frau schrie: Wirf ihn in
den Stall. Und jetzt wird es ihm besser gehen."

Dieses gefühllose Verhalten seiner Frau sagt nicht viel über die Anerkennung
der damaligen Damen aus. Hier folgt eine Pause von mehreren Strophen: Ich
finde jedoch, dass sie hier und da mit ein oder zwei Worten die Heldentaten
zweier gallischer Helden feierten:

„Das Beste, was das Land gezüchtet hat;
Der eine war schwarz mit messingfarbenen Flügeln, der andere rot mit
düsteren Flügeln.

Diese unglücklichen Opfer der Grausamkeit des Menschen scheinen beide
umgekommen zu sein. Allerdings gibt es vor dieser Katastrophe eine
Strophe, die einen Bezug zum Kampf zu haben scheint.

„Der Konflikt war hart für jeden,
bis Glossy-Wing's Blacky erstickt wurde, die Bergleute landesweit verärgert
waren und die Nagler alle provoziert wurden."

Diese Stelle scheint sehr dunkel: „National" ist offensichtlich ein
Vergleichszeichen, aber ich kann nicht sagen, dass ich es jemals zuvor
verwendet gesehen habe. Es ist jedoch ein weiterer Beweis für das
erstaunliche Alter der Ballade. Danach stürmten die Leute anscheinend den
Ring und beide Hähne wurden zu Atomen zerquetscht. Ich weiß nicht, ob
Sie mit der Art und Weise vertraut sind, wie diese gallischen Kämpfe
abgehalten wurden, Edric. Es wurde eine Art Amphitheater gebildet, auf dem
die Vögel gegeneinander antreten mussten, daher der Name „Cockpit". Die
Kämpfer waren mit großen Eisensporen bewaffnet und der Sieger ließ seinen
Rivalen im Allgemeinen tot auf dem Feld zurück. Die Ballade geht weiter:

„Die Kanzel war in der Nähe der Kirche,
als Zierde der Stadt. Auf der einen Seite befand sich eine alte Kohlengrube,
und auf der anderen Seite war alles gut mit Dornen bedeckt."

Ginster war eine Art Heidekraut oder Stechginster.

„Peter Hadley guckte durch den Ginster,
um die Hähne kämpfen zu sehen. Speichel stach ihm mit einer Gabel das
Auge aus und sagte: ‚Zum Teufel, es geschieht dir recht.'"

Dies ist sehr schwungvoll und ausdrucksstark, die falschen Mengenangaben
erschweren jedoch die Lesbarkeit.

„Manche Leute, die Wednesbury nie kannte, finden das vielleicht seltsam,
aber diejenigen, die jemals dort waren, werden nicht den geringsten Zweifel
haben, dass es wahr ist.

Denn sie sind alle von Natur aus wild und schuldig an Taten, die
schockierend sind.
Jack Baker schlug sich selbst auf die Feder
und so endete die Wednesbury-Prügelei."

„Es ist sicherlich sehr schön", sagte Edric, der schon halb schlief.

„Auf mein Wort", erwiderte der Doktor, „ich glaube nicht, dass Sie auch nur
ein einziges Wort von dem gehört haben, was ich gesagt habe."

„Oh! Ja, das habe ich", antwortete Edric, „jede Silbe. Es ging um einen Mann,
der seinen eigenen Vater tötete und ihm mit einer Gabel die Augen
ausstach."

„Äh?" rief der Arzt, etwas verärgert über diesen eindeutigen Beweis, dass
seine Worte zwar die Ohrmuscheln seines Schülers berührt hatten, sein
Gehirn jedoch nicht erreicht hatten. Der Ausruf des Arztes brachte Edric
wieder zur Besinnung und er begann sich zu entschuldigen.

„Es tut mir wirklich sehr leid", sagte er, „aber Sie müssen meine
Unaufmerksamkeit entschuldigen. Manchmal, wissen Sie, ist der Geist nicht
in der Stimmung für literarische Diskussionen, selbst wenn sie von den
beredtesten Lippen ausgehen. Dies ist derzeit mein Fall." Ich bin im Moment
so sehr mit der wichtigen Veränderung beschäftigt, die gerade in meinen
Angelegenheiten stattgefunden hat, dass ich, wie ich zugeben muss, sogar
Ihre Gelehrsamkeit und Beredsamkeit aufgegeben habe.

„Wenn das Ihre Gemütsverfassung ist", erwiderte der Doktor betrübt, „so
hat es keinen Sinn, Ihnen noch mehr von meinen literarischen Schätzen zu
zeigen; sonst habe ich einige von unvergleichlicher Vortrefflichkeit. Hier ist
ein Brief an Sheridan, einen geistreichen Komödienautor aus dem 18.
Jahrhundert, der nie geöffnet wurde – und hier ist eine Schneiderrechnung
des unsterblichen Byron, die möglicherweise nie angeschaut wurde. Aber
hier ist die unschätzbarste meiner Reliquien. Sehen Sie sich wenigstens dies
an. Dieses Stück Papier, nachlässig mit unregelmäßigen Strichen und Linien
bedeckt, war einst im Besitz jenes bezaubernden, jenes unnachahmlichen
Romanautors des 19. Jahrhunderts, der in den Werken zeitgenössischer
Schriftsteller allgemein durch den mysteriösen Titel ‚Der große Unbekannte'
gekennzeichnet wird!' Sehen Sie, hier ist die Hälfte des Wortes „Waverley"
darauf geschrieben, und zweifellos stammen all diese anderen
unregelmäßigen Markierungen und Kratzer direkt aus seiner Feder. Ich
gestehe, Edric, ich betrachte dieses Relikt des Genies nie ohne ein Gefühl
der Ehrfurcht und beinahe der Scheu. „Vielleicht", sage ich mir, wenn ich es
ansehe, „war die erste Idee gerade erst im Kopf des Autors jener
unsterblichen Werke entstanden, die später dazu bestimmt waren, die

Menschheit zu verbessern und zu erfreuen, als diese Buchstaben entstanden. Vielleicht rasten in diesem Moment gigantische Gedanken durch sein Gehirn und eine Vielzahl neuer Ideen öffneten ihre Schätze seiner Vorstellungskraft." Oh, es liegt etwas in dem bloßen zufälligen Federstrich einer berühmten Persönlichkeit, das den Geist unaussprechlich berührt; es versetzt einen zurück in die Zeit, in der er lebte – es scheint einen mit ihm bekannt zu machen und uns in die Geheimnisse seiner innersten Gedanken einzuweihen. Aber ich sehe, Sie hören mir nicht zu, Edric!"

„Es tut mir sehr leid – ein anderes Mal würde ich glücklich sein – aber jetzt – kann ich nicht. Wenn wir jedoch zurückkommen, vielleicht –"

„Dann ist es vielleicht zu spät", sagte der Doktor feierlich, schloss sein Kabinett ab und ging höchst verärgert zurück in sein Wohnzimmer.

KAPITEL VII.

Am Morgen nach den eben beschriebenen Ereignissen saß Mr. Montagu, der Bruder von Sir Ambrose, mit seiner Frau und seiner Tochter am Frühstückstisch und alle waren überrascht, als unerwartet ein Brief von Sir Ambrose eintraf. „Du meine Güte!", rief Mr. Montagu, der ausnahmsweise einmal seine übliche Gleichgültigkeit vergaß – „Ich glaube wirklich, es ist ein Brief von meinem Bruder."

"Dein Bruder!" schrie Frau Montagu, als sie aufstand, um es zu untersuchen, und in ihrer Aufregung warf sie eine patentierte Dampfkaffeemaschine um, in der Kaffee geröstet, gemahlen, zubereitet und mit einer *Zugabe* von kochender Milch und Zucker nach Belieben ausgegossen wurde, und das alles kurz gesagt Zeitspanne von fünf Minuten. "Oh!" fuhr sie fort: „Ich bin zu Tode verbrüht!"

„Das hoffe ich nicht, meine Liebe", sagte Herr Montagu, indem er ruhig seinen Brief aufnahm und ihn sorgfältig von allen Seiten untersuchte, ohne ihn zu öffnen. „Ja", fuhr er fort, „es ist tatsächlich von meinem Bruder, und ich hoffe, es enthält keine schlechten Nachrichten, denn ich sehe keine Anzeichen von Trauer darüber." Mit diesen Worten legte er ganz ruhig seinen Brief wieder auf den Tisch und begann wieder an seinem Kaffee zu nippen.

„La! Papa, solltest du nicht besser deinen Brief öffnen und ihn lesen?" fragte Clara, die eifrig damit beschäftigt war, ihrer Mutter zu helfen.

„Ah!", fuhr Mr. Montagu fort. „Stimmt! Daran habe ich nie gedacht – ich glaube, das habe ich." Dann nahm er den Brief wieder in die Hand, brach das Siegel und gab ihn Clara zum Lesen.

„Und glauben Sie, meine Tochter soll mich in diesem erbärmlichen Zustand allein lassen, Mr. Montagu, um Briefe von Ihrem Bruder zu lesen, Mr. Montagu – einem Mann, der mich immer mit solcher Respektlosigkeit behandelt hat, Mr. Montagu – und mich fast zu Tode verbrüht hat?"

„Es tut mir wirklich sehr leid, meine Liebe", begann Mr. Montagu.

„Oh, verschone deinen Kummer", rief seine Frau aus, „denn ich bin sicher, du kümmerst dich überhaupt nicht um mich. Du bist ein grausamer Mensch –"

„Sollte ich den Brief nicht besser lesen?", fragte Clara und zitterte beim Gedanken an die häuslichen Auseinandersetzungen, die sich ihr anbahnten.

„Ja, ja! Lies, meine Liebe", sagte ihr Vater, froh über jeden Vorwand, um den kommenden Sturm abzuwenden. Denn obwohl er sich selten um irgendetwas kümmerte, vorausgesetzt, sein Arbeitszimmer wurde nicht öfter als einmal im Monat gefegt und er war nicht gezwungen, sich der unerträglichen Anstrengung zu unterziehen, seine Gedanken in die für eine Unterhaltung nötige gespannte Form zu bringen, empfand er doch eine unbegreifliche Abscheu vor der Redegewandtheit seiner Frau, die damit einen schlagenden Beweis für die Undankbarkeit der Sterblichen lieferte, die oft ungnädig an den Dingen herumnörgeln, für die sie am meisten Anlass hätten, dankbar zu sein. Man muss zugeben, dass nichts für einen Mann von schweigsamer Natur wirklich angenehmer sein könnte, als eine Frau zu haben, die es schaffte, gleichzeitig für ihn und auch für sich selbst zu sprechen.

Ungeachtet der Ermutigung ihres Vaters hielt Clara jedoch immer noch inne und blickte mit schüchternem Blick zu ihrer Mutter, um deren Erlaubnis zum Beginnen einzuholen. Einige Minuten lang kämpfte in Mrs. Montagus Brust heftig die Neugier mit der Wut; aber am Ende setzte sich Ersteres durch, und mit einem Nicken erlaubte sie Clara zu lesen. Sie begann sofort wie folgt:

" MEIN LIEBER BRUDER ."

„Humph", bemerkte Frau Montagu, „sein letzter Brief begann – *Sir*. Er wird wunderbar höflich, denke ich."

"Pah!" rief ihr Mann aus.

Clara fuhr fort: „Ich freue mich, Ihnen mitteilen zu können, dass mein lieber Edmund einen glorreichen Sieg errungen hat."

„Und was geht uns das an, möchte ich wissen?" sagte Mrs. Montagu. „Ich für meinen Teil bin zu stolz, um mich um Leute zu kümmern, die sich nicht um mich kümmern."

Clara fuhr fort: „Wir kommen alle nach London, um bei einem großen Triumph dabei zu sein, den die Königin ihm geben wird, und da wir es schade finden, dass es zu einem Missverständnis kommt –"

„Ah! Was ist das, Kind?", rief Mr. Montagu und legte ein Problem dar, das er studiert hatte, seit sie angefangen hatte. – „Lies das noch einmal, Clara."

„Und da ich es schade finde, dass zwischen Ihnen und mir noch immer ein Missverständnis besteht, da wir beide dem Grabe nahe sind, beabsichtige ich, mit Ihrer und Mrs. Montagus Erlaubnis –"

„Mrs. Montagus Erlaubnis!" rief die erfreute Frau Montagu; „Bist du ganz sicher, dass er das sagt, Clara?" und sie drückte ihrer Tochter über die Schulter, um sich von der freudigen Tatsache zu überzeugen. „Nun, nun, ich erkläre, dass er es wirklich sagt. Schauen Sie, meine Liebe, da ist es: ‚Mrs. Montagus Erlaubnis.' Er hat mich noch nie „Frau Montagu" genannt. Ich bin mir sicher, dass ich mich sehr freuen werde, ihn und seinen tapferen Sohn zu sehen Held in der Familie! Lesen Sie weiter, Clara; ich bin sehr daran interessiert, alle Einzelheiten des Sieges meines Neffen zu erfahren, Mr. Montagu, und er ist es auch der Sohn deines eigenen Bruders; also lies weiter, Clara, und erzähl uns alles über ihn."

Clara gehorchte, sobald ihre Mutter ihr die Gelegenheit dazu gab. „Ich beabsichtige, mit Ihrer und Mrs. Montagus Erlaubnis die Gelegenheit zu nutzen, Sie zu besuchen. Ich verbleibe mit freundlichen Erinnerungen an Mrs. Montagu und meine Nichte, die ich gerne kennenlernen würde, Ihr liebevoller Bruder,

„ AMBROSE MONTAGU ."

„Also gut", sagte Mr. Montagu, „ich werde mich sehr freuen, ihn zu sehen. Ich habe meinen Bruder immer geliebt und es hat mir sehr leidgetan, als wir keine Freunde mehr waren."

„Hier ist ein Nachtrag", fuhr Clara fort und las:

„Ich habe ganz vergessen, Ihnen mitzuteilen, dass die Königin meinem Sohn einen Titel verliehen hat und dass ich ihn Ihnen als Lord Edmund vorstellen muss."

„Das freut mich sehr zu hören", rief der zufriedene Onkel.

„Und ich auch", wiederholte seine Frau. „Mein Neffe, Lord Edmund Montagu. Ich frage mich, wann sie hier sein werden: Ich muss mich sofort daran machen, die Vorbereitungen für sie zu treffen. Schlage den Küchenautomaten an, Clara, um alle Haushaltsgehilfen zusammenzurufen, damit ich meine Befehle erteilen kann. Mein Lieber ! Was für ein Trubel ich bin.

In einer Ecke des Zimmers stand eine Art Orgel, auf der durch das Spielen bestimmter Töne in den tieferen Regionen angedeutet wurde, was im Salon benötigt wurde; Die Orgel verfügte über lange Röhren, die mit der Küche kommunizierten und durch die der Klang übertragen wurde. Clara setzte sich also hin und versammelte durch das Anschlagen einiger Akkorde bald alle Dienerschaft ihres Vaters.

„Ich erwarte Gesellschaft", sagte Frau Montagu mit einer Miene übermäßiger Konsequenz. „Mein Schwager, Sir Ambrose Montagu, und mein Neffe, Lord Edmund Montagu, kommen, um während eines Triumphzuges bei uns zu übernachten, mit dem Ihre gnädigste Majestät die Königin Lord Edmund, meinen Neffen, ehren will. Wann hat mein Schwager, Sir Ambrose, sagen Sie, dass er und mein Neffe, Lord Edmund, vorhatten, zu kommen, Mr. Montagu? Sehen Sie sich Sir Ambroses Brief an, sagt er und wendet sich an Mr. Montagu und Frau Montagus Erlaubnis, an einem solchen Tag bei Ihnen zu sein', aber ich habe vergessen, welchen Tag er erwähnt."

„Er sagt nicht, an welchem Tag", antwortete Clara und las den Brief durch.

„Nun, auf jeden Fall wird es sehr bald sein", fuhr Frau Montagu fort; „Und wir müssen uns entsprechend vorbereiten. Wissen Sie, die Beziehungen meines Schwagers, Sir Ambrose, sind sehr gut, und ich zweifle nicht, dass sein enger Freund, der Herzog von Cornwall, ihn besuchen wird – nein, Vielleicht speist er mit den beiden Prinzessinnen, seiner Tochter und seiner Nichte an meinem Tisch, aber vielleicht wird sich sogar Ihre gnädige Majestät, die Königin, dazu herablassen, meine bescheidenen Türen zu betreten. – Ihr müsst alle aufmerksam sein, Angelina, als Köchin werdet ihr das meiste auf der Hand haben – denkt daran, nichts kann zu schlicht sein, damit große Leute nur von der *Canaille verschlungen werden* .

„Darüber wurde ich informiert, Ma'am", antwortete Angelina, eine großartige, dicke, hübsch aussehende Köchin, „aber ich schmeichele mir selbst, dass ich weiß, wie man Gerichte zubereitet –"

„Das ist genau das, was ich vermeiden möchte", unterbrach ihre Herrin. „Heutzutage ist es Mode für große Leute, nur ein Gericht zu essen, und das so einfach wie möglich zubereitet. Ein Freund von mir hat es mir erzählt, der einen Blick auf das großartige Abendessen erhaschte, das die Königin neulich den Ausländern gab Botschafter, dass nichts auf der Welt auf dem Tisch stand außer einer riesigen Runde gekochtem Rindfleisch und einer großen Schüssel rauchender Kartoffeln mit ihren Jacken."

„Nun, Ma'am", erwiderte Angelina, „ich werde meine körperlichen und geistigen Kräfte zusammennehmen, um Ihnen alle in meiner Macht stehende Befriedigung zu verschaffen; ungeachtet dessen kann ich gestehen, dass meiner Meinung nach die gastronomische Wissenschaft heutzutage grausam vernachlässigt wird und dass ich nicht glaube, dass die Verdauungskräfte des Magens durch so wenig anregende Nahrung, wie Sie sie nennen, richtig aus ihrem Ruhezustand geweckt werden können. Außerdem muss die Muskelkraft des Magens beansprucht werden, um so feste Nahrung zu zersetzen, und ich glaube, das Zwerchfell würde ernsthaft verletzt werden – "

„Sie, Alphonso", fuhr Frau Montagu fort, wandte sich an den Lakaien und unterbrach grausam die gelehrte Rede des Kochs, „müssen eine neue Livree haben. Richten Sie in der Zwischenzeit den besten Salon ordnungsgemäß ein und reinigen Sie ihn." Über der Tür hängt ein schönes großes Gemälde eines alten englischen Künstlers, dessen Farben leider ziemlich verblasst sind.

„In der Tat, Madam", erwiderte Alphonso, „ich denke, der Fehler liegt im Bild selbst. Es trocknete ursprünglich nicht gut; ich glaube nicht, dass das Öl, das für seine Zusammensetzung verwendet wurde, Kohlenstoff und Wasserstoff im richtigen Verhältnis vermischt hatte." Sie wissen, meine

Dame, dass Öl im Allgemeinen eine erstaunliche Affinität zu Sauerstoff hat und ihn jetzt schnell absorbiert, obwohl das Öl auf diesem Bild jahrelang der Einwirkung der gewöhnlichen atmosphärischen Luft ausgesetzt war, ist es jedoch nie richtig eingedickt ein konkreter Zustand.

„Eustace! Als Butler müssen Sie darauf achten, keine verschiedenen Weine auf den Tisch zu bringen. Heutzutage wird nichts anderes als Portwein und Sherry getrunken, und selbst die kommen aus der Mode. Halten Sie jedoch reichlich starkes Ale und Porter bereit, denn diese gelten heute als die elegantesten Spirituosen für die Damen.“

„Ich werde mein Möglichstes tun, Ihren Anweisungen Folge zu leisten, Madam“, sagte Eustace und verbeugte sich respektvoll, „aber ich kann mir nicht vorstellen, dass irgendeine Getreidesorte, selbst wenn sie die Weingärung durchlaufen hat, eine Flüssigkeit hervorbringen kann, die so angenehm für den Gaumen und so förderlich für die geistige Gesundheit des Körpers ist wie der Saft der Traube.“

„Und Sie, Evelina und Cecilia“, fuhr Frau Montagu fort und wandte sich an ihre Hausmädchen, „müssen die Einrichtung der Schlafsäle überwachen: Lassen Sie die Luft aus den Betten und blasen Sie sie wieder auf – untersuchen Sie die elastischen Federkernmatratzen – reparieren Sie die hauchdünnen Vorhänge.“ – fegen Sie die Samtteppiche und achten Sie darauf, dass die Rohre zum Abführen der zersetzten Luft und zum Einlassen frischer Luft in Ordnung sind; – reinigen Sie außerdem die an jede Kammer angeschlossenen Bäder und sorgen Sie dafür, dass reichlich Wasser vorhanden ist.“

„Mir wurde gesagt, dass die Waschung in der gewöhnlichen wässrigen Flüssigkeit immer beliebter wird als alle medizinischen Bäder“, sagte Evelina, „und dass einige hochrangige Leute tatsächlich eine Zusammensetzung aus Alkali und Öl verwenden, um die pulverförmigen Partikel zu entfernen, die sich möglicherweise auf ihren Körpern festgesetzt haben.“ Epidermis im Laufe des Tages.“

„Ich fürchte, aufgrund der Befehle, die Sie erteilt haben, Madam“, entgegnete Cecilia, „dass Sie die Veränderung, die im oberen Schlafsaal vorgenommen wurde, nicht bemerkt haben. Die Luft wird dort nicht mehr durch Schläuche verändert – aber es gibt einen Ventilator.“ - In der Decke befestigter Federventilator, der durch seine sanften Wellen eine freie Zirkulation der Luftflüssigkeit bewirkt, glaube jedoch nicht, dass er völlig ausreichend ist, um die Stelle der Röhren zu versorgen, wie sie neulich morgens den Raum betrat; Ich verspürte ein starkes Azote-Gefühl und bin zuversichtlich, dass der Anteil an Stickstoff den Anteil an Sauerstoff in der Luft in der gesamten Wohnung mehr als verdreifacht hat.“

„Das tut mir leid“, sagte Mrs. Montagu, „denn es ist das beste Schlafzimmer. Da es jedoch zu spät ist, das zu ändern, müssen wir unser Bestes tun. Gehen Sie also alle und befolgen Sie meine Anweisungen. Es würde mir sehr leid tun, wenn meinem Schwager Sir Ambrose und meinem Neffen Lord Edmund während ihres Aufenthalts in meinem Haus irgendwelche Unannehmlichkeiten zugefügt würden. Ganz zu schweigen von den großen und edlen Gästen, die dem Haus möglicherweise ebenfalls mit ihrer Anwesenheit Ehre erweisen.“

Während sich im Hause von Mr. Montagu so viel Trubel abspielte, waren Edric und sein Lehrer auf dem Weg nach London. Es war jedoch sehr schwierig, den Doktor zu überreden, aufzubrechen, ohne die Familie zu beunruhigen; denn immer wieder kehrte er zurück, um die Schätze zu begutachten, die er zurückließ, und sobald Edric glaubte, er hätte sie in Sicherheit, fiel ihm ein unverzichtbares Reiseutensil ein und er eilte zurück, um es zu finden. Endlich waren sie aufgebrochen und ein günstiger Wind trug sie schnell nach London. Edric hatte diese riesige Metropole noch nie gesehen, und sein Erstaunen und seine Freude, als er ihre prächtigen Paläste, ihre prächtigen Straßen, ihre öffentlichen Gebäude, ihre Theater und ihre Kirchen sah, waren unbeschreiblich. Seine Verzückungen und Ausrufe wurden schließlich so heftig, dass sie den gelehrten Doktor völlig verärgerten.

„Wenn Sie beim Anblick Londons so entzückt sind“, sagte er verdrießlich, „dann werden Sie wahrscheinlich nicht aufgeben wollen; und ich wage zu behaupten, dass Sie bereits bereuen, dass Sie eine Reise geplant haben.“

„Oh! was ist das?“ rief Edric, ohne sich um ihn zu kümmern, als er voller Staunen sah, wie ein Haus in der Vorstadt sanft von seinem Platz glitt und majestätisch die Straße entlang glitt, während eine Dame an einem der Fenster jemandem in einem anderen die Hand küsste Haus, als sie vorbeikam. „Täuschen mich meine Augen, oder zieht das Haus um?“

„Gewiß“, antwortete der Arzt. „Haben Sie noch nie einen Umzug gesehen? Sie müssen auf jeden Fall davon gehört haben, denn es gibt nichts Gewöhnlicheres. Es ist sicherlich praktisch, wenn man für ein paar Wochen aufs Land gehen möchte, dies mitnehmen zu können.“ Man kann sein Haus damit verstauen: Es erspart einem viel Ärger beim Packen und ermöglicht es einem, alle seine kleinen Annehmlichkeiten bei sich zu haben. Sie sehen, es gibt Rillen im Boden der Häuser, die gerade noch auf die Eisenschienen passen Von Dampf angetrieben, gleiten sie jedoch ohne große Probleme weiter, denn große können nicht kompakt genug gebaut werden. Allerdings müssen Sie Ihre Bewunderung dafür aufschieben Die anderen Wunder Londons, denn hier stehen wir vor der Tür von Lord Gustavus, nicht wahr?

Diese Straße heißt „Strand" und ist die angesagteste in London Somerset haus."

„Ist das der Palast?" sagte Edric. „Es scheint ein edler Gebäudehaufen zu sein."

„Die Gärten sind in Ordnung", antwortete der Arzt; „Aber da sie der Öffentlichkeit zugänglich sind und für den Eintritt nichts bezahlt wird, gilt es als vulgär, darin herumzulaufen. Ihr Engländer mag nichts, wofür ihr nicht bezahlt; aber mehr davon im Folgenden. Wir müssen uns jetzt vorbereiten." um unserem edlen Gastgeber unseren Respekt zu erweisen.

Lord Gustavus de Montfort empfing sie sehr freundlich, aber Edric fand etwas in seiner Stimme und seinen Manieren übermäßig abweisend. Er hatte eine aufgeblasene, unangenehme Art zu sprechen, mit einem so starken nasalen Akzent, dass es für Edric, dessen Gehör ungewöhnlich gut war, eine absolute Qual war, ihm zuzuhören. Außerdem hatte er eine eingebildete, diktatorische Art, seine Meinung zu äußern, was Edric äußerst unangenehm fand. Er begann seine Reden im Allgemeinen mit den Worten: „Ich denke so, wie ich denke, und da ich mir sicher bin, muss jeder, der mich hört, denken oder sollte zumindest denken." und dieses Exordium war ein Inbegriff seines Charakters; denn er war fest davon überzeugt, dass jeder, der auch nur im geringsten von seiner Meinung abwich, entschieden falsch lag, während die Möglichkeit, dass er sich selbst jemals irren würde, ihm nie in den Sinn kam. Sein Vater war einer der Berater der verstorbenen Königin gewesen, und da sein ältester Bruder es abgelehnt hatte, nach seinem Tod den Platz des Vaters einzunehmen, war Lord Gustavus zu diesem ernannt worden. Somit war er wirklich eine Person von einiger Bedeutung im Staat; und obwohl es sich dabei um eine reine Zufallssache handelte, die auf die oben genannten Umstände und die Trägheit der Königin zurückzuführen war, gab er vor, es als eine Frage persönlicher Gunst für sich selbst zu betrachten, und bemühte sich, seine Zuhörer davon zu überzeugen, dass die Angelegenheiten von Die Regierung könnte ohne ihn unmöglich weitermachen. Einige der unzufriedenen Geister des Königreichs waren sich seiner Schwäche bewusst, im Reich als wichtig gelten zu wollen, und verspürten den Mangel an einem Anführer von Rang. Sie hatten versucht, ihn für ihre Partei zu gewinnen. und obwohl Lord Gustavus streng loyal war und sogar besonders gerne von Ihrer gnädigen Majestät der Königin sprach und sich des Vertrauens rühmte, das sie in ihn setzte, konnte seine Eitelkeit den geschickten Angriffen der Rebellen nicht ganz widerstehen. Er schwankte, er fing an, von Reformen zu reden und die Prahlereien über seine Beliebtheit beim Volk mit jenen zu vermischen, denen er zuvor frönte und die Gunst seines Souveräns genoss. So hing er an der Waage und war bereit, sich nach beiden Seiten zu neigen, je nach den Umständen, die die Zeit oder der Zufall hervorbringen mochten.

„Ich freue mich außerordentlich“, sagte er, als er auf seine Gäste zuging, „dass mein würdiger und respektierter Freund Pater Morris mir die Ehre solch illustrer Besucher beschert hat. Der heilige Vater hat mich über das erhabene Ziel informiert, das Sie beseelt.“ Busen und führt dich in die Welt der Luft, um die bisher unentdeckten Geheimnisse des Grabes zu erforschen. Seine Vorliebe für mich hat ihn auch zu der Vorstellung gebracht, dass meine bescheidenen Mittel vielleicht einem so großen Ziel förderlich sein könnten, und er hat mich darum gebeten Ich gebe Ihnen jede Hilfe, die in meiner Macht steht, um die gigantischen Ziele, die Sie im Auge haben, zu fördern. Sie können also sicher sein, dass es mir an keiner Anstrengung mangeln wird, seine Wünsche zu erfüllen, und obwohl ich selbst unbedeutend bin, bin ich so glücklich darüber durch den Schutz und die Gunst Ihrer Majestät der Königin geehrt zu werden, und da meine schwachen Versuche, das Gemeinwohl zu fördern, durch die Dankbarkeit des Volkes belohnt wurden, liegt es vielleicht in meiner Macht, Ihnen zu dienen ; und in der Zwischenzeit hoffe ich, dass Sie mir die Ehre erweisen werden, an der Gastfreundschaft teilzuhaben, die sich mein bescheidenes Anwesen leisten kann.“ Mit diesen Worten führte Lord Gustavus ihn durch eine prächtige Suite von Räumen zu einem Raum, in dem eine elegante kalte Zusammenstellung serviert wurde, zu der er seine Gäste einlud. Nichts könnte prächtiger sein als die Möbel und Verzierungen dieser Wohnung. Die Räume waren mit purpurroter Seide behängt und mit Gold besetzt; wertvolle Gemälde schmückten die Wände; Statuen von unschätzbarem Wert füllten jede Ecke, und prächtige Spiegel verstärkten den Zauber der Szene um das Zehnfache. Lord Gustavus genoss insgeheim das Erstaunen und die Bewunderung, die sich auf den Gesichtern seiner Gäste spiegelten; und während er offen vorgab, von seinem „armen Haus“ und seinen „bescheidenen Versuchen, sie zu unterhalten“ usw. zu sprechen. Sein Herz jubelte heimlich über die Erhabenheit um ihn herum, und seine Augen funkelten vor Freude über die Wirkung, die er auf die Fremden hervorrief. Nichts macht einen so geneigt, mit der Welt in guter Laune zu sein, als in guter Laune mit sich selbst zu sein; Und nichts ist so sicher, dieses entzückende Gefühl hervorzurufen, als zu sehen, was wir besitzen, was die Bewunderung anderer erregt. Da die Schmeichelei, die durch Blicke zum Ausdruck kommt, die durch Worte ausgedrückte bei weitem überwiegt, und da die Blicke von Edric und dem Arzt ihre Gefühle unmissverständlich zum Ausdruck brachten, war Lord Gustav ganz entzückt von seinen Besuchern und scheute keine Mühen, um sie ebenso glücklich zu machen wie ihn selbst. Er befahl, für den Arzt eine große Wohnung herzurichten, damit er seine Vorbereitungen für die geplante ägyptische Expedition in aller Ruhe treffen konnte; Er befahl seinen Dienern, seinen Anweisungen bedingungslos zu gehorchen, und er wies die Handwerker an, alles, was sie brauchten, auf eigene Kosten zu liefern.

Nachdem er dem Arzt auf diese Weise *einen Freibrief gegeben* hatte, wandte er seine Aufmerksamkeit als nächstes Edric zu, und da er feststellte, dass es sein erster Besuch in London war, meldete er sich freiwillig, ihm alle Wunder dieser riesigen Metropole zu zeigen, die ihm damals, als er sich in alle Richtungen enorm ausdehnte, so vorkam das sagenumwobene Monster der Indianer, das seine riesigen Arme nach allen Seiten ausstreckte und alle unglücklichen Dörfer verschlang, die so unglücklich waren, dass es in seine Reichweite fiel.

In der Zwischenzeit hatte Sir Ambrose begonnen, die ungerechtfertigte Strenge, mit der er seinen Sohn behandelt hatte, insgeheim zu bereuen. Es ist eine banale, aber unbestreitbare Beobachtung, dass wir den wahren Wert eines Besitzes erst dann kennen, wenn wir ihn verloren haben; und so spürte Sir Ambrose, obwohl er nichts von den respektvollen und pflichtbewussten Aufmerksamkeiten seines Sohnes gehalten hatte, während er sie ständig zu empfangen pflegte, nun ihren Mangel und bedauerte bitterlich die unzeitige Härte, die ihn ihrer beraubt hatte für immer. Dennoch war er zu hartnäckig, um zuzugeben, dass er sich geirrt hatte; und obwohl er wusste, dass er durch die Rückrufung seines Sohnes sein verlorenes Glück wiederherstellen sollte, beschloss er, wie viele andere Menschen in ähnlichen Situationen, großmütig, weiterhin unglücklich zu sein.

Der Herzog von Cornwall war ziemlich erstaunt und sogar empört über die Widersprüchlichkeit seines Freundes, wie er es nannte. „Wie kannst du so schwach sein, den Verlust dieses mürrischen Jungen immer noch zu bereuen?" sagte er, als er am zweiten Morgen nach Edrics Abreise die Bibliothek von Sir Ambrose betrat, begleitet von seinem Beichtvater, Pater Murphy. „Verlassen Sie sich darauf, es ist eine schlechte Politik; denn Geduld nimmt der Pflege ihren bittersten Stachel, wie dieser heilige Vater sagt. Sie predigen mir diese Lehre oft, nicht wahr, Pater Murphy?" Pater Murphy war ein Ire und besaß einen prächtigen Akzent, der zusammen mit seiner hübschen Figur, seinem runden, rosigen Gesicht und seinen kleinen, lachenden schwarzen Augen jedem, was er sagte, eine eigentümliche Anmut verlieh. Er hatte das Amt, das er damals innehatte, noch nicht lange inne, und obwohl er nach dem Tod des verstorbenen Beichtvaters des Herzogs von Pater Morris dazu empfohlen worden war, könnten doch keine zwei Menschen unterschiedlicher sein als er und diese ehrwürdige Persönlichkeit. Pater Murphy war in der Tat ein allgemeiner Favorit, und der gesamte Haushalt des Herzogs war sich darin einig, dass er ein Priester war, der seinesgleichen sucht; denn da er selbst keine große Freude daran hatte, Buße zu tun, war er auch nicht sehr streng darin, sie anderen aufzuzwingen, und folglich waren er und seine Büßer immer auf dem besten Stand, den man sich vorstellen kann. Kurz gesagt, er schien von der Natur speziell dafür geschaffen zu sein, mit der ganzen Welt gut befreundet zu sein; und seinerseits tat er sein Möglichstes, um die guten Absichten der gütigen alten Dame nicht zu vereiteln.

Er lächelte nun gut gelaunt über die Frage des Herzogs und antwortete: „Ach! Und zitieren Sie da aus mir, Euer Gnaden? Und was nützt das, bitte? Wenn Sie wissen, dass ich gerade hier bin und bereit bin, selbst zu zitieren."

„Wenn alle Ihre Beobachtungen so gut sind wie die, die der Herzog gerade wiederholt hat", sagte Sir Ambrose, „kenne ich niemanden, aus dem man vorteilhafter zitieren könnte."

"Sicher! Und sagen Sie das von mir selbst?", fragte Pater Murphy, "denn wenn ja, dann haben Sie in Ihrem ganzen Leben noch nie einen besseren Spruch gemacht; es ist nur ein kleiner Irrtum, wenn Sie meinen, die Bemerkung, von der Sie sprechen, käme aus meinem eigenen Kopf, denn das war nicht der Fall."

„Seien Sie nicht beunruhigt", sagte Pater Morris, der nun näher kam und mit seinem üblichen satirischen Grinsen sprach: „Niemand, der Sie kennt, wird Sie jemals einer so grausamen Tat verdächtigen."

„Gutmütigkeit und Integrität sind manchmal mehr als gleichwertig mit brillanten Talenten", sagte Sir Ambrose bitter.

„Stimmt", erwiderte Pater Morris in einem seiner sanftesten, einschmeichelndsten Töne, „aber sie werden unschätzbar, wenn sie vereint werden, wie in dem Beispiel vor uns." Dabei verneigte er sich vor Pater Murphy. Sir Ambrose drehte sich um und blickte ernst auf die große, dünne Gestalt des Mönchs, der vor ihm stand, die Arme vor der Brust verschränkt und den Kopf wie üblich zum Boden geneigt, aber er sprach nicht. Es folgte eine kurze Pause, die durch den plötzlichen Ausruf des Herzogs unterbrochen wurde: „Haben Sie nicht gesagt, Dr. Entwerfen sei mit Edric weggegangen?"

„Natürlich habe ich das."

„Dann, darauf können Sie sich verlassen, das Ganze war geplant. Sie haben sich irgendeinen verrückten Plan in den Kopf gesetzt und sind losgezogen, ihn auszuführen."

„Unmöglich!", rief Sir Ambrose.

„Ich sehe in dieser Angelegenheit keine Unmöglichkeit", fuhr der Herzog fort. „Ich denke, der Fall ist klar. Sie wussten nicht, wie sie anständig davonkommen sollten, und so tat Edric so, als ob er mit dir und mir streite, um der Sache ein Gesicht zu geben."

„Ich kann mir nicht vorstellen, dass Edric sich einer solchen Gemeinheit schuldig gemacht hat", rief Sir Ambrose leidenschaftlich.

„Ich glaube nicht, dass in dieser Angelegenheit auch nur der geringste Zweifel besteht. Aber was denken Sie darüber, Pater Morris?“

„Männer wie ich, die sich einem strengen Beruf widmen“, antwortete der Priester, ohne den Blick vom Boden zu erheben, „wissen nur wenig über das, was in der Welt vor sich geht. Und obwohl mein Körper nicht mehr in die Dunkelheit eines Klosters gehüllt ist, ist mein Geist noch immer zu sehr von den geschäftigen Szenen um mich herum abgelenkt, als dass ich ein kompetenter Richter über die Wirkung menschlicher Leidenschaften sein könnte.“

„Ach, dann haben Sie völlig recht, wenn Sie nichts über sie sagen“, rief Pater Murphy; „Denn obwohl ich jeden Tag meines Lebens in einer Leidenschaft stecke, weiß ich nie, was ich sagen soll, wenn ich anfange, darüber zu sprechen. Und deshalb denke ich einfach, dass es die klügste Art ist, den Mund zu halten.“

Weder Sir Ambrose noch der Herzog antworteten; und nachdem sie vereinbart hatten, dass sie ihre Reise am nächsten Morgen beginnen sollten, trennten sie sich.

KAPITEL VIII.

Die Reise des Herzogs und Sir Ambrosius nach London unterschied sich in nichts von Hunderten anderen Reisen, und sie erlebten kein einziges Abenteuer, das es wert wäre, aufgezeichnet zu werden.

Durch einen jener merkwürdigen Zufälle im wirklichen Leben, die man in einem Roman als unwahrscheinlich bezeichnen würde, kam es, dass Mr. Montagus Haus an das des Herzogs angrenzte, da Mrs. Montagu, wie die meisten *Emporkömmlinge* , eine heftige *Vorliebe* für die Nachbarschaft der Großen hatte; vielleicht in der Hoffnung, dass Vornehmheit ansteckend sein könnte und dass sie sich durch ihre Nähe ein wenig davon anstecken könnte. Beide Häuser lagen in The Strand, das, wie wir bereits erwähnt haben, damals der vornehmste Teil Londons war, und beide hatten wunderschöne Gärten, die sich bis zur Themse erstreckten.

Mrs. Montagu empfing ihren Schwager mit all der unbeholfenen, überspannten Höflichkeit, mit der Personen, die über ihren ursprünglichen Rang in der Gesellschaft hinausgewachsen sind, im Allgemeinen danach streben, ihren Respekt gegenüber denen zu zeigen, die sie für ihre Vorgesetzten halten; während Herr Montagu ihn mit herzlicher Zuneigung begrüßte und seine Tochter Clara ihrem Onkel mit der ganzen Zärtlichkeit eines Elternteils vorstellte.

Clara Montagu hatte seine Vorliebe durchaus verdient, denn sie war ein bezauberndes Mädchen; und ihre leichte Feenform und ihre lebhaften Gesichtszüge schienen alles zu verwirklichen, was Dichter von Hebe vorspiegeln. Sir Ambrose war entzückt von ihr, und die Hälfte seiner Abneigung gegen die Mutter verschwand, als er über den aufkeimenden Charme der Tochter nachdachte. Es war gut, dass er über ein solches Gegenmittel verfügte, denn die arme Frau Montagu war in ihrem übertriebenen Bemühen, sich angenehm zu machen, so bestrebt, ihn überaus lästig zu machen. Vielleicht gibt es in der Tat kaum etwas Ärgerlicheres als diesen vulgären Versuch der Höflichkeit, und die gute Laune des Baronets war fast erschöpft, bevor er sich für die Nacht zurückzog.

Abelard, der seinen Herrn in die Stadt begleitet hatte und oft als Kammerdiener fungierte, half ihm beim Ausziehen und nahm sich, wie es bei Dienern in jenen Tagen üblich war, die Freiheit, seine Meinung über die Gastgeberin freimütig zu äußern. Sir Ambrose fand seine Bemerkungen nicht interessant, aber er hielt sie nicht zurück, da er hoffte, dass er, nachdem er dieses Thema erschöpft hatte, das Gespräch auf Edric lenken könnte. Der Baronet war in der Tat übermäßig begierig, Neuigkeiten über seinen Sohn zu erfahren, obwohl er viel zu stolz war, um irgendwelche Fragen über ihn zu stellen.

„Sie finden Mrs. Montagu also wirklich unsympathisch, Abelard", sagte Sir Ambrose.

"Sie ist eine wahre Plage für die gesamte zivilisierte Gesellschaft, Euer Ehren. Ich habe sie den ganzen Tag beobachtet und bin fest davon überzeugt, dass sie Euer Ehren nie auch nur für zehn Minuten verlassen hat und nie länger als eine halbe Stunde damit aufgehört hat, Euer Ehren zum Essen zu drängen."

„Stimmt", sagte Sir Ambrose lachend, „man könnte meinen, sie hielt mich für einen Sklaven und wollte mich mit Fett füttern, bevor sie mich zum Verkauf auf den Markt schickte."

„Dann ist sie so neugierig und neugierig", resümierte Abaelard. „Als sie sah, wie ich mich gerade vor Meister Edric verneigte, wollte sie unbedingt wissen, wer er war; aber ich wollte sie nicht befriedigen."

„Meister Edric!" rief der Baronet aus. „Was denn! Hast du meinen Sohn gesehen?"

„Ja, Euer Ehren, und es erschreckte mich so sehr, dass es mich veranlasste, die Adnaten meiner Sehorgane zu heben, wie eine der Anas-Gattungen, wenn die Wolken mit elektrischer Flüssigkeit aufgeladen sind; und mein Herz sprang aus seiner Querposition auf meinem Zwerchfell, und schien wie ein großer Knochen quer über meiner Speiseröhre zu stecken."

„Wie sah er aus?" fragte Sir Ambrose. „Nicht, dass ich die geringste Sorge vor ihm verspüre. Nein – nein, sein eigenes Verhalten hat das völlig ausgeschlossen."

„Er war in einem Ballon, und als er mich sah, schrieb er mit einem Bleistift etwas auf ein Blatt Papier und warf es hin, mit der Bitte, ich solle es Ihnen zu Ehren geben."

"Wo ist es?" rief Sir Ambrose und bemühte sich, seine Besorgnis zu verbergen.

Abaelard durchsuchte seine Taschen und öffnete eine große Brieftasche, die er sorgfältig untersuchte, aber vergeblich. „Ich fürchte, ich habe es verloren, Euer Ehren. Nein; hier – hier ist es. Ja, – nein. Dies sind einige meiner eigenen Verse im akromonogrammatischen Stil, nur beginnt jede Zeile mit demselben *Wort* wie die letzte." endete, soll ich sie Ihnen zu Ehren vorlesen?"

Sir Ambrose stöhnte im Geiste, und der unbarmherzige Abaelard, der das als Zeichen seiner Zustimmung betrachtete, faltete das Papier absichtlich auseinander und las Folgendes:

„ÜBER DIE LIEBE.

„Von allen Mächten im Himmel über allen anderen triumphiert die Liebe: Liebe regiert die Seele – das Herz dringt ein, dringt in die Städte und Schatten ein. Schatten bieten keinen Schutz vor seiner Macht, die Macht zittert in seiner höfischen Laube .Schmuck der Schönheit – bist du frei? Frei bist du nicht – und kannst es auch nicht sein! Sei von jeder anderen Klasse befreit, von der Liebe befreit, dein Leid ist größer; vergrößert durch die ganze Last der Sorge, die Sorge, die aus völliger Verzweiflung hervorgeht.“

„Hmpf!“ sagte Sir Ambrose.

„Ich hoffe, Euer Ehren freut sich über diesen kleinen Ausspruch meiner Muse?“

„Oh ja, es ist sehr gut, Abaelard.“

„Und Euer Ehren finden es gut umgesetzt und gut ausgedrückt.“

„Ausgezeichnet! Ich muss nur zugeben, dass ich nicht verstehe, warum in der letzten Zeile Verzweiflung steht.“

„Verzweiflung – Verzweiflung: oh! Um es mit Sorgfalt zu reimen, Euer Ehren.“

„Dieser Grund ist unbeantwortbar“, erwiderte Sir Ambrose lächelnd. „Und Sie sind sich also ganz sicher, dass Sie Edrics Brief verloren haben! – Nicht, dass es von geringster Bedeutung wäre, da nichts, was er sagen könnte, meine Meinung über ihn ändern könnte.“ aber wenn Sie es gehabt hätten – ich dachte, ich hätte es genauso gut lesen können, um dem Vorwurf der Hartnäckigkeit zu entgehen.“

„Es ist unwiderruflich verschwunden, Euer Ehren.“

„Na dann, gute Nacht; und wenn Sie Edric wiedersehen sollten, können Sie ihm genauso gut das Schicksal seiner Nachricht erzählen – denn so beschämend er sich auch verhalten hat, ich würde ihm keinen Grund geben, mich der Hartnäckigkeit zu bezichtigen.“

Dies war das zweite Mal, dass der Baronet dieselbe Bemerkung machte; und böswillige Menschen hätten das vielleicht sagen können; aber was bedeuten uns die Bemerkungen böswilliger Menschen? Wir hoffen, dass alle unsere Leser gutmütige Menschen sind, und da sie Sir Ambroses Verhalten sicherlich im bestmöglichen Licht sehen werden, werden wir nicht so boshaft sein, etwas Böses zu unterstellen.

Edric war über seine Begegnung mit Abaelard außerordentlich aufgeregt; und da er davon überzeugt war, dass sein Vater in der Stadt war, beschloss er, seine Reise nicht länger aufzuschieben, da seine Angst vor einer Begegnung mit ihm zu groß war. Er beschloss daher, seinen Lehrer aufzusuchen und, falls er feststellte, dass er immer noch zum Aufschieben neigte, ohne ihn aufzubrechen. Als er jedoch das Zimmer des Arztes erreichte, verwandelte sich sein Zorn zur Hälfte in Gelächter über die lächerliche Situation des armen Philosophen, der, umgeben von einer Schar schreiend nach Befehlen schreiender Handwerker, ein wenig aussah wie Merkur, umgeben von einem Stamm unzufriedener Geister am Ufer des Styx.

„Ja, ja, Mr. Jones", sagte er; „Ich sehe, Sie verstehen mich. Die Mäntel sollen in Maschinen gewebt werden, bei denen die Wolle an einem Ende vom Rücken des Schafes abgestreift wird und am anderen Ende der Mantel vollständig nach der neuesten Mode gefertigt herauskommt."

„Sehr gut, Sir", sagte Mr. Jones und wackelte zustimmend mit den Ohren; denn in jenen Tagen der allgemeinen Bildung wurden sogar die Kopfmuskeln darauf trainiert, Funktionen auszuführen, von denen man früher nur glaubte, dass sie sie erreichen *könnten* : „Sie haben ganz recht, Sir – heute trägt keine kultivierte Person mehr etwas anderes."

„Oh, Edric!" rief der Doktor, „ich werde mich sofort um Sie kümmern. – Und deshalb, Mrs. Celestina, müssen Sie die Suppe, wenn es Ihnen recht ist, wasserdicht machen. Und Sie, Mr. Crispin, müssen die Stiefel sofort zum Auflösen bereithalten. Oje! Oje, was für eine Verwirrung ich doch bin, mein Kopf bewegt sich wie ein Dampfschiff mit einer Geschwindigkeit von sechzig Meilen pro Stunde!"

„Auf mein Wort, Doktor", sagte Edric und blickte sich bestürzt um, „wenn wir die Hälfte der hier versammelten Dinge mitnehmen sollen, weiß ich nicht, wo wir einen Ballon herbekommen sollen, der groß und stark genug ist, um uns überhaupt vom Boden abzuheben."

„Ich werde Ihnen einen zeigen", antwortete der Doktor geheimnisvoll. Er zog feierlich einen Schlüssel aus seiner Brust, der anscheinend an einem Band um seinen Hals hing, öffnete langsam und mit großer Mühe eine Geheimschublade in seinem Sekretär und holte aus deren tiefster Tiefe eine kleine Flasche Kautschuk. Die Ernsthaftigkeit des Auftretens des Doktors und die lange Zeit, die er für diese Operation aufgewendet hatte, hatten Edrics Neugier geweckt, und als er das Ergebnis sah, brach er in heftiges und unkontrollierbares Gelächter aus.

„Was ist los, Edric?" fragte der Arzt mit größter Feierlichkeit; „Was kann der Anlass für diese unzeremonielle und unzeitgemäße Leichtfertigkeit sein?"

„Parturient Mountains, mein lieber Doktor", antwortete Edric immer noch lachend, „den Rest kennen Sie."

„Lächerlichkeit, Edric", sagte der Arzt ernst, „ist keineswegs der Beweis für die Wahrheit. Narren lachen oft, ja im Allgemeinen über das, was sie nicht verstehen, und wenn ich die Beweggründe meines Verhaltens erklärt habe, vertraue ich." Sie werden sich Ihrer gegenwärtigen schwachen und unzeitgemäßen Heiterkeit schämen.

„Kautschuk, Edric, ist eine Substanz, die zu erstaunlicher Ausdehnung und Kontraktion fähig ist, während die besondere Elastizität und Zähigkeit seiner Fasern ihm eine Stärke und Festigkeit verleihen, die in Körpern, die sich in einem Zustand extremer Spannung befinden, sehr selten ist. Es gibt mehrere sehr außergewöhnliche Phänomene, die damit zusammenhängen zu elastischen Körpern, was ich Ihnen gerne bei Gelegenheit näher erläutern kann. (Edric gähnte.) „Weißt du, elastische Substanzen haben die Fähigkeit, einer Kraft wunderbar zu widerstehen, die Feststoffe vernichten würde, die scheinbar unendlich stärker sind als sie selbst, so wie ein Federbett eine Kanonenkugel abwehrt, die mit Leichtigkeit durch einen dicken Tisch dringen würde." Der Grund dafür ist klar: Der elastische Körper hat die Kraft, alle seine Kräfte zu Hilfe zu rufen, denn die Wirkung eines Schlages kann bis zu seinem äußersten Ende verfolgt werden, während die feste Substanz ihrem Feind nur durch die Kraft entgegenwirken kann bloßer Widerstand desselben Teils schlug ein."

„Sicherlich", sagte Edric und bemühte sich, ein Gähnen zu unterdrücken; „Nichts kann klarer sein."

„Nichts", fuhr der Arzt fort. „Ich war mir sicher, dass du die Kraft meiner Argumentation bewundern würdest; tatsächlich sehe ich das Übermaß deiner Bewunderung in dem unwillkürlichen Gähnen, dem du dich hingegeben hast. Bei manchen Gelegenheiten, Edric, schüttelt der Mensch die künstlichen Zwänge der Gesellschaft ab und bricht zusammen Hinaus in die volle Freiheit der ehrlichen und unkultivierten Natur: – so war es bei dir, Edric. In der Antike galt die Ausdehnung des Kiefers als Synonym für die Ausdehnung des Verstandes, und das Öffnen des Mundes und der Augen wurde als gleichbedeutend angesehen Das größtmögliche Zeichen der Freude, das man geben konnte, finden wir in den Werken eines antiken Autors, dessen Poesie einst zweifellos sehr geschätzt wurde, da sie heute völlig unverständlich ist:

„Und Hodge war in weitschweifige Spekulationen versunken."

Wieder,

„Seine Augen und sein Mund öffnete der Held weit."

– Und viele andere, die –"

„Wir werden bitte bis zu einer günstigeren Gelegenheit gehen“, sagte Edric und unterbrach ihn. „Bitte schenken Sie mir jetzt doch fünf Minuten lang Ihre Aufmerksamkeit. Wir können das alles nicht ertragen.“

"Warum nicht?" fragte der Arzt und blickte seinen Schüler überrascht an; „Ich für meinen Teil glaube nicht, dass wir auf einen einzigen Artikel verzichten können.“

„Diese Umhänge“, sagte Edric, „und diese Körbe zum Beispiel können nicht den geringsten Nutzen haben.“

„Ich bitte um Verzeihung“, erwiderte der Doktor. „Die Mäntel sind aus Asbest und werden notwendig sein, um uns vor Entzündungen zu schützen, falls wir in den Wolken auf elektrisches Material treffen sollten. Und die Körbe sind mit elastischen Stöpseln für unsere Ohren und Nasen sowie mit Schläuchen und Fässern mit normaler Luft gefüllt, damit wir atmen können, wenn wir die Erdatmosphäre verlassen.“

„Aber welchen Anlass sollten wir haben, darüber hinauszugehen?“

„Wie können wir es anders machen? Sie wollen doch nicht die ganze Strecke im Ballon zurücklegen? Ich dachte natürlich, Sie würden die derzeit modische Art des Reisens wählen und, nachdem Sie die etwa siebzehn Meilen zurückgelegt haben, die notwendig sind, um der weltlichen Anziehungskraft zu entkommen, dort warten, bis die Erdumdrehung Ägypten direkt unter unsere Füße bringt.“

"Aber es liegt nicht auf demselben Breitengrad."

„Stimmt, daran habe ich nicht gedacht! Also gut“, seufzte er tief, „dann müssen wir wohl ohne den Korb auskommen?“

„Gewiss; und hoffentlich auch ohne diese Kisten und Flaschen.“

„Oh nein! Ohne die können wir nicht auskommen. Diese Flaschen enthalten mein magisches Elixier, das alle Krankheiten allein durch den Geruch heilt: – eine neue Idee. Wissen Sie, es ist schon lange bekannt, dass man die gesamte Materia Medica in einem Ring tragen und alle chirurgischen Instrumente in einen Spazierstock komprimieren könnte. Aber die Idee, Gesundheit in einer Prise Schnupftabak zu riechen, ist, das schmeichle ich mir, ausschließlich meine eigene.“

„Sehr wahrscheinlich. Aber wir können es uns nicht leisten, unseren Flug mit Ihrem Allheilmittel zu behindern.“

„Dann enthält diese Kiste meine tragbare galvanische Batterie; das hier mein Gerät zum Erzeugen und Sammeln der entzündbaren Luft; und das hier meine Maschine zum Erzeugen und Konzentrieren des Quecksilberdampfs, der anstelle von Dampf als Antriebskraft für unseren Vorwärtsdrang dienen soll; und diese Blasen sind mit Lachgas gefüllt, und zwar einzig und allein zu dem Zweck, uns bei Laune zu halten."

„Die ersten drei werden nützlich sein", sagte Edric, „aber mehr will ich bestimmt nicht haben."

„Adieu! Adieu! Dann, meine kostbaren Schätze!" rief der Doktor und blickte sich traurig um: „Liebe Sprößlinge meiner Sorgen! Kinder meiner Seele! Und muss ich euch einer rohen Hand überlassen, die, ohne Rücksicht auf euren unschätzbaren Wert, eure Schönheiten in alle Winde zerstreuen könnte? Weh! Weh!"

„Das Frühstück ist fertig und mein Herr wartet!", unterbrach ihn die schrille Stimme eines von Lord Gustavs Dienern.

„Dann müssen wir gehen!" sagte der Arzt; und der Rest seiner jämmerlichen Klage blieb für immer in seiner eigenen Brust begraben.

Lord Gustav saß bereits, als sie den Raum betraten, mit zwei Herren, die er unseren Reisenden als Lord Noodle und Lord Doodle vorstellte. Diese edlen Lords waren sowohl Staatsräte als auch ihre berühmten Gastgeber und hatten diese hohe Ehre auf genau dieselbe Weise erlangt, nämlich beide waren die Nachfolger ihrer jeweiligen Väter. Es ist nicht leicht, in ihrer Beschreibung sehr ausführlich zu sein, da sie Mitglieder jener ehrenwerten und zahlreichen Bruderschaft waren, die sich nie die Mühe machen, selbst zu urteilen, sondern zufrieden mit dem Strom schwimmen, wohin er auch fließen mag, und nichts an sich haben, was sie im Geringsten von der Menge unterscheidet. Lord Gustav war gegenwärtig ihr Leitstern, und man könnte sie sehr treffend als seine Satelliten bezeichnen. Wenn also eine neue Idee aufkam, enthielten sie sich vorsichtig einer Meinung, bis sie fanden, was *er* dachte daran: – dann würden sie klug dreinschauen, den Kopf schütteln und sagen: „Genau so!" „Gewiss!" „Niemand kann daran zweifeln!" oder einige jener anderen praktischen *Ripieno* -Ausdrücke, die die Gesprächspausen so angenehm füllen, ohne dass der Hörer oder der Sprecher ihre geistigen Kräfte mühselig anstrengen müssen. Diese Herren hatten nun Lord Gustavus aufgesucht, um ihn und Edric zum Empfang der Königin zu begleiten, und sobald sie gefrühstückt hatten, begab sich die ganze Gesellschaft, mit Ausnahme von Dr. Entwerfen, zum Hof.

Als sie dort ankamen, stellten sie jedoch fest, dass die Königin noch nicht aufgestanden war. „Ihre Majestät ist heute Morgen spät dran", bemerkte Lord Maysworth, ein mit Orden und Auszeichnungen beladener Herr, und wandte sich an Lord Gustavus: „Ich bin nicht überrascht", sagte Seine Lordschaft, „denn Ihre gnädigste Majestät hat mir das neulich erzählt." Sie hat seit einiger Zeit schlecht geschlafen.

„Was dir natürlich großen Kummer bereitet hat?" fragte Dr. Hardman, ein kleiner, satirisch aussehender Herr mit einer Bob-Perücke.

„So wie ich denke", sagte Lord Gustavus ernst, „und ich bin sicher, dass jeder hier denken muss oder zumindest denken sollte, ist der Schlafmangel Ihrer Majestät ein Umstand von sehr ernster Bedeutung."

„Oh! sehr!" rief Lord Noodle kopfschüttelnd aus. „Mit Sicherheit!" rief Lord Doodle und schüttelte seinen.

„Warum?", fragte der Doktor. „Welche Konsequenzen kann es für ihre Untertanen haben, ob Ihre Majestät fest schläft oder einen Albtraum hat?"

„Von größter Bedeutung", antwortete Lord Gustavus feierlich.

„Nichts kann größer sein!", wiederholten seine Satelliten.

„Nun!", bemerkte Lord Maysworth, „ich für meinen Teil bin ein solcher Verräter, dass ich glaube, wir könnten existieren, selbst wenn die Königin überhaupt nicht schlafen würde."

„Oder wenn sie für immer schläft", erwiderte der Arzt bedeutungsvoll.

„Oh, pfui!" rief Lord Gustavus, „was würde aus uns werden, wenn die große Sonne der politischen Hemisphäre unterginge!"

„Ich schätze, wir müssen den Aufstieg eines weiteren beobachten", sagte Lord Maysworth.

„Ja", fuhr Dr. Hardman fort, „und dann würden die Energien der Menschen geweckt. Sie wollen aus ihrem gegenwärtigen Schlaf erwachen – sie haben zu lange unter den lähmenden Auswirkungen der Tyrannei geschlafen. Die Regierung will Reformen; die Korruption hat sie zerfressen." seine Wurzel, und es muss ausgerottet werden, bevor England frei sein kann, oder sein Volk glücklich sein könnte, um in dem glorreichen Kampf zu helfen, dass ich sehen könnte, wie das Volk seine Rechte geltend macht und der Teufel, der Despotismus, untergeht ihre Schläge."

„Ich habe immer bewundert", sagte Lord Maysworth, „die hohe Integrität und die guten Prinzipien des würdigen Arztes, die ihm nicht nur den Beifall Englands, sondern auch die Bewunderung Europas eingebracht haben. Sein Mut, seine Weisheit und seine Reinheit." Sein Geist kann nicht hoch genug gepriesen werden, und alle, die ihn kennen, stimmen darin überein, ihn als den festen und hingebungsvollen Freund der Menschheit zu bezeichnen Neulich forderte der Stadtrat, dass Ihrer Majestät eine bescheidene Petition vorgelegt werden sollte, in der sie respektvoll gebeten wird, die Reduzierung der Lichter in ihrem Saloon anzuordnen, was unwiderlegbar beweist, dass es mindestens sechs mehr gab, als unbedingt notwendig waren.

„Ich denke, was ich denke und was, da bin ich mir sicher, jeder hier denken muss", begann Lord Gustavus, doch bevor er seine Einleitung beenden konnte, öffneten sich die Falttüren an der Rückseite des Audienzsaals und die Königin erschien, auf einem prachtvollen Thron sitzend und umgeben von den Beamten ihres Hofstaates, alle prächtig gekleidet.

Dann fanden die üblichen Zeremonien statt: Claudia lächelte Edric gnädig zu, als er ihr die Hand küsste und fragte, wann er abzureisen gedenke. Edric informierte sie am nächsten Tag; sie ließ sich herab, ihr Bedauern auszudrücken und wünschte ihn bei seiner Rückkehr wiederzusehen, wünschte ihm eine angenehme Reise und entließ ihn.

Während ihrer Heimfahrt konnte Lord Gustavus nur von der Güte der Königin sprechen, über die er noch immer schwärmte, als der Ballon anhielt. Edric, der zwar für ihre Güte dankbar war, aber darüber verärgert war, so viel darüber zu hören, beeilte sich, ihn so schnell wie möglich zu verlassen. Auf dem Weg zu seinem eigenen Zimmer hörte er jedoch ein seltsames und furchterregendes Geräusch, wie die Stimme eines Menschen, der in qualvoller Wut und Schmerzen schreit. Es schien aus dem Zimmer zu kommen, das seinem gelehrten Lehrer zugewiesen war. Er ging gerade dorthin, um die Ursache herauszufinden, als die aufgeregte Gestalt des unglücklichen Philosophen auf ihn zukam.

Traurig war in der Tat der Zustand, in dem sich dieses prachtvolle Schmuckstück des 22. Jahrhunderts nun vor den Augen seines erstaunten Schülers präsentierte. Sein Gesicht glühte wie Feuer, er hatte seinen Hut abgenommen und Wasser strömte aus allen Teilen seines Körpers, bis er aussah wie die Figur einer Wassergottheit in einem Brunnen.

„Hier ist das Management!" schrie er, sobald seine Wut es ihm erlaubte zu sprechen; „Hier ist die Behandlung für jemanden, der sich dem Dienst an der Menschheit verschrieben hat! Aber ich werde gerächt werden, und die kommenden Jahrhunderte werden vor meinem Zorn zittern."

Auf diese Weise fuhr er fort, und da er zu sehr mit diesen schrecklichen Denunziationen beschäftigt war, um irgendwelche Informationen darüber geben zu können, welches Unglück ihn in diese unziemliche Lage gebracht hatte, wird es notwendig sein, etwas zurückzugehen, um es ihm zu erklären.

Als Dr. Entwerfen das Frühstückszimmer von Lord Gustavus verließ, was er erst einige Zeit später tat, nachdem der Rest der Gesellschaft es verlassen hatte, war er so in Meditation versunken, dass er nicht genau wusste, in welche Richtung er gehen sollte; und als er unglücklicherweise nach rechts abbog, obwohl er nach links hätte gehen sollen, fand er sich zu seiner unendlichen Überraschung in der Küche statt in seinem eigenen Arbeitszimmer wieder.

Obwohl der Arzt abwesend war, wurde seine Aufmerksamkeit bald durch die Szene vor ihm geweckt. Da er, wie viele seiner gelehrten Bruderschaft, ein gewisser Feinschmecker war, wurde seine Empörung heftig geweckt, als er den Koch bequem schlafend auf einem Sofa auf einer Seite des Zimmers vorfand, während das Fleisch zum Abendessen bestimmt war, eine Mahlzeit, die damals üblich war auf der anderen Seite konnte er sich ebenso bequem von seinen Strapazen erholen. Als der chemische Ersatz für das Feuer, das es hätte kochen sollen, erloschen war und das Nickerchen des Kochs jede vernünftige Erwartung eines Wiederanzündens zunichte gemacht hatte, entfachte sich der Zorn des Arztes, obwohl das Feuer nicht da war, und in heftiger Wut ergriff er den Zorn die Schulter der sanften Celestina und schüttelte sie, bis sie aufwachte.

"Wo bin ich?" rief sie aus und öffnete die Augen.

„Irgendwo, aber nicht dort, wo Sie sein sollten", schrie der Arzt wütend. „Schau, Fräulein! Schau dir dieses schöne Stück Fleisch an, das ziemlich kalt und durchnässt in seinem eigenen Dampf liegt."

"Liebe mich!" entgegnete Celestina gähnend, „Ich bin heute wirklich ziemlich unglücklich! Mit einer Hammelkeule, die zur heutigen Ernährung gehören sollte, ist bereits ein unglücklicher Unfall passiert; und jetzt ist auch dieses Stück Rindfleisch zerstört. Da fürchte ich mich." Zum Abendessen wird es nichts anderes geben als etwas schleimiges, zuckerhaltiges Gemüse, und höchstwahrscheinlich werden sie zu einer zähflüssigen Konsistenz gekocht.

„Und welche Entschuldigung können Sie für das alles anbieten?" rief der Arzt aus, seine Stimme zitterte vor Leidenschaft.

„Es war unvermeidlich;" antwortete Celestina kühl; „Während ich heute Morgen einen Abguss aus dem Apollo Belvedere kopierte, nachdem ich unvorsichtigerweise zu viel Kalorien auf das Gefäß mit der Hammelkeule aufgetragen hatte, verdampfte die wässrige Flüssigkeit, in die es eingetaucht war, und das Essen wurde vollständig kalziniert. Während das andere Affäre-"

„Still, still!" unterbrach den Arzt; „Ich kann es nicht ertragen, dass du es erwähnst. Oh, sicherlich hat Hiob selbst noch nie eine solche Geduldsprobe erlitten! Tatsächlich *seine* Probleme waren kaum der Rede wert, denn er wurde nie von gelehrten Dienern verflucht!"

Mit diesen Worten zog sich der Doktor zurück und beklagte sein schweres Schicksal, nicht in jenen glücklichen Tagen geboren worden zu sein, als Köche nichts anderes als ihr Geflügel kochten; während die Brust der sanften Celestina vor Empörung über seine Klage keuchte. Bald bot sich eine Gelegenheit zur Rache; und als sie sah, dass der Dampfdiener des Doktors bereit war, in das Zimmer seines Herrn gebracht zu werden, verabreichte sie ihm hinterlistig eine doppelte Portion Kalorik; woraufhin die Maschine platzte, während sie gerade den Mantelkragen des Doktors streifte, und indem sie das ganze kochend heiße Wasser aus ihrem Kessel über ihn ausschüttete, versetzte sie ihn in den bereits erwähnten melancholischen Zustand.

Die Angst vor der Lächerlichkeit dieses Vorfalls stimmte den Doktor weitgehend mit Edrics Plan einer baldigen Abreise überein. Am nächsten Morgen verabschiedeten sie sich von Lord Gustavus, bestiegen ihren Ballon und segelten nach Ägypten.

KAPITEL IX.

Während ihrer Flugreise ereigneten sich für unsere Reisenden keine Ereignisse von Bedeutung. Sie waren zu gut mit allem Notwendigen ausgestattet, um sich unterwegs auszuruhen, und in unglaublich kurzer Zeit schwebten sie über Ägypten. Anders jedoch, oh! Wie sehr unterschied sich das fruchtbare Land, das nun wie eine Landkarte unter ihren Füßen lag, vom Ägypten des 19. Jahrhunderts. Der Fortschritt hatte ihre gigantischen Schritte in Richtung der einst verlassenen Ebenen gelenkt; Commerce hatte ihren Zauberstab geschwungen; und Städte, Manufakturen und Kanäle breiteten sich in alle Richtungen aus. Der Nil trat nicht mehr über die Ufer: Tausend Kanäle wurden geschnitten, um sein Wasser aufzunehmen. Der bewegte Sand der Wüste erhob sich nicht länger in mächtigen Wellen und drohte den ermüdeten Reisenden zu überwältigen: An seine Stelle traten asphaltierte Schlagwege, über die Postkutschen mit abriebfesten Rädern mit einer Geschwindigkeit von fünfzehn Meilen und mehr rollten Stunde. Dampfschiffe glitten durch die Kanäle und Hochöfen hoben ihre rauchigen Köpfe inmitten von Palmenhainen; während Eiseneisenbahnen Orangenhaine kreuzten und Dattel- und Granatapfelplantagen an Ausgrabungen für Kohlengruben grenzten. Kolonien von Engländern und Amerikanern bevölkerten das Land und brachten eine Bevölkerung hervor, die wie Bienen über das Land schwärmte und zahlenmäßig sogar die wundersamen Scharen der alten Mizraim-Rasse übertraf; während Industrie und Wissenschaft Trostlosigkeit in Überfluss verwandelten und unfruchtbare Ebenen in fruchtbare Königreiche verwandelten.

Inmitten all dieser Umdrehungen erhoben sich die Pyramiden jedoch immer noch mit ihren gigantischen Formen, die in den Himmel ragten; unverändert, unveränderlich, großartig, einfach und unbeweglich, passende Symbole jener majestätischen Natur, die sie darstellen sollten, und schienen mit Verachtung auf die vergänglichen Bauten herabzublicken, die sie umgaben; als ob sie, wenn man ihnen das Wort erlaubt hätte, sagen wollten: „Weichet, ihr Nichtsnutze des Tages. Respektiert unsere Würde und versinkt in eurer ursprünglichen Dunkelheit; denn wisst, dass wir allein die Monarchen der Ebenen sind." Sie erwiesen sich jedoch als unzerstörbar, und selbst ihre Granitseiten hatten dem korrodierenden Einfluss des Rauchs, der sie nun umgab, nicht ganz widerstehen können, und ein leichtes Zerbröckeln kündigte das erste äußere Anzeichen des Verfalls an. Doch obwohl sie geschwärzt und entstellt waren, erstrahlten sie noch immer als gewaltige Monumente früherer Größe; und Edric und sein Lehrer betrachteten sie mit einer Ehrfurcht, die ihnen für einige Augenblicke das Wort nahm.

Der Doktor jedoch, der zu gern lange nachdenklich war, um freiwillig zu schweigen, brach, nachdem er sie ein paar Minuten lang betrachtet hatte, wie folgt aus: „Was für edle Säulen! Welche Majestät und Erhabenheit zeigen sie in ihrer Entstehung, und doch welch würdevolle Einfachheit! Kann sich die menschliche Vorstellungskraft etwas Erhabeneres vorstellen als den Gedanken, dass sie so in furchtbarer Pracht dagestanden haben, vielleicht seit der Erschaffung der Welt, ohne ihresgleichen, ohne sogar Konkurrenten, – die schwachen Bemühungen des Menschen verspottend, ihren Ursprung zu erraten, und Generation um Generation vergehen sehen, während sie noch immer unveränderlich bleiben und in dasselbe tiefe und unergründliche Geheimnis gehüllt sind wie am Anfang.“

„Es ist sehr seltsam“, bemerkte Edric, „dass in diesem Zeitalter der Spekulationen und Entdeckungen nichts Genaues über sie bekannt ist.“

"Das ist es", erwiderte der Doktor, "aber der dicke, geheimnisvolle Schleier, der so viele Jahrhunderte lang auf ihnen geruht hat, scheint nicht dazu bestimmt zu sein, von sterblichen Händen entfernt zu werden. Sie erinnern an die erhabene Inschrift auf dem Tempel der Göttin Isis in Sais: - ‚Ich bin, was auch immer war, was auch immer ist und was auch immer sein wird; aber bisher hat kein Sterblicher gewagt, den Schleier zu lüften, der mich bedeckt.‘"

„Ihr Zitat ist passend, Doktor“, fuhr Edric fort, „denn beide beziehen sich auf die Natur. Tatsächlich scheint die Natur die Gottheit zu sein, die die alten Ägypter verehrten, unter all den verschiedenen Formen, in denen sie sich darstellte, und ihre seltsamen und tierischen Gottheiten.“ wurden nur als ihre Symbole verehrt. Es war die Natur, die in den Pyramiden verehrt wurde, und der gute Geschmack der Ägypter ließ sie das Einfache, das Majestätische und das Erhabene in diesen Werken bevorzugen Früher waren sie aufgrund der enormen Bevölkerungszahl und des hohen Stands ihrer Zivilisation so aufgeteilt und dadurch so erleichtert, dass es vielen Menschen möglich war, von der Arbeit befreit zu sein und sich dem Studium zu widmen Sie wurden *Eingeweihte* und schrieben sich entweder in die Priesterschaft ein oder verbrachten ihr Leben damit, Meister der abstraktesten Wissenschaften zu werden. Die Konsequenzen waren natürlich: Sie verfolgten die Auswirkungen der Schöpfung bis zu ihrem ursprünglichen Ursprung; Sie drangen in die tiefsten Geheimnisse der Natur ein und spürten in ihren Werken all ihre Wunder auf. Sie waren sich jedoch der Vorliebe des Vulgären für alles bewusst, was über ihr Verständnis hinausgeht, und des natürlichen Verlangens des menschlichen Geistes nach Geheimnissen die Entdeckungen, die sie gemacht hatten, lagen in einem tiefen und undurchdringlichen Schleier und verbargen schreckliche und erhabene Bedeutungen unter den gemeinsten und abscheulichsten Bildern.“

„Sie haben Recht“, sagte der Arzt, „mit Ihren Beobachtungen über die Religion der alten Ägypter; aber es scheint mir nicht, dass die Pyramiden von ihnen errichtet wurden.“

„Was! Ich nehme an, Sie ziehen Ihre Schlussfolgerungen aus dem Mangel an Hieroglyphen in ihren Hauptgemächern; und aus dem, was Herodot darüber sagt, dass sie von einem Hirten errichtet wurden, denken Sie, dass sie das Werk der Pallic-Rasse seien."

"Nein, obwohl ich zugebe, dass vieles für diese Hypothese spricht, insbesondere da Herodot sagt, dass die Könige, unter denen sie errichtet wurden, die Schließung aller ägyptischen Tempel anordneten, was, wie wir wissen, der Hirte oder der Herrscher der Pallis tat; aber ich kann mir nicht vorstellen, dass ein unwissendes, gotenartiges Hirtenvolk, Männer, die daran gewöhnt waren, in Zelten oder im Freien zu leben, und die keine anderen Talente besaßen als das des Krieges, in der Lage waren, solch gewaltige Bauten zu errichten. Nein, nein, die Pyramiden erforderten gigantische Vorstellungen, hochkultivierte Geister und unermüdliche Ausdauer; alles Eigenschaften, die mit einem kriegerischen Wandervolk völlig unvereinbar sind. Nein, ich glaube nicht, dass die Palli in der Lage waren, sich solche Bauwerke vorzustellen, geschweige denn, sie zu errichten. Ich glaube, sie waren das Werk böser Geister."

„Böse Geister!", rief Edric.

„Ja", erwiderte der Arzt. „Uns wird gesagt, dass die bösen Geister nach ihrer Vertreibung aus dem Paradies unter dem Kommando des Sultans standen, oder Soliman Giam ben Giam, wie er von arabischen Schriftstellern genannt wird, der aber angeblich derselbe wie Cheops war; und dass er sie für dieses gewaltige Werk eingesetzt hat."

„Ich weiß nicht, mit welcher Analyse Etymologen den Namen von Cheops aus dem Namen von Giam ben Giam ableiten können: Aber wenn man davon ausgeht, dass die Tatsache richtig ist, dass sie dieselbe Person bezeichnet haben, denke ich, dass dies meine Hypothese nur noch stärker beweist Palli kam vom Kaukasus, wo angeblich die bösen Geister gefesselt waren, und wenn Cheops ein Palli-König war, ist es möglich, dass die Ägypter ihre Eroberer poetisch als böse Geister bezeichnen würden.

"Das ist eine gute Idee, Edric, obwohl ich nicht glaube, dass es mit Sicherheit sicher ist, dass Cheops ein pallischer König war. Wir werden jedoch bald sein Grab sehen und uns selbst ein Urteil bilden können, denn wir sind jetzt nahe genug an die Pyramiden herangekommen, um hinabzusteigen. Foh! Was für ein Rauch und was für ein Lärm! Es reicht aus, um die Mumien vorzeitig und ohne die Hilfe von Galvanismus aus ihrem Schlaf zu wecken. Hast du die Ventile geöffnet, Edric? Oh ja! Ich sehe, wir sinken tiefer; wir werden keinen Augenblick verlieren, bevor wir die Pyramide besuchen. Aber was für eine Menge Bestien hat sich versammelt, um unsere Ankunft zu bezeugen! Sie starren, als hätten sie noch nie einen Ballon gesehen. Ägypten ist sicherlich ein schönes Land, aber die Einwohner sind in der Zivilisation ein Jahrhundert hinter uns zurück."

Eine riesige Menschenmenge hatte sich versammelt, um dem Abstieg unserer Reisenden beizuwohnen, und sie standen tatsächlich da und starrten, verloren in dummer Verwunderung über den seltsamen Anblick, der sich ihnen bot; Denn obwohl die Ägypter gelegentlich Luftballons gesehen hatten, hatten sie noch nie zuvor einen aus indischem Gummi hergestellten gesehen. Auch die seltsame Gestalt des Arztes amüsierte sie außerordentlich, da er auf würdevollste Weise in einen Asbestumhang gehüllt dasaß und seine Bob-Perücke durch die Hitze des Wetters und die Wärme seiner Auseinandersetzung ein wenig auf die Seite gerutscht war ; sein rundes, rotes, öliges Gesicht versuchte, ernst zu wirken, und seine kleine, dicke, kräftige Gestalt versuchte, eine majestätische Ausstrahlung anzunehmen. Die Ägypter waren von dieser Erscheinung verblüffend beeindruckt, und da sie, wie die meisten Kolonisten, etwas eingebildet und nicht sehr feierlich in ihren Manieren waren, blickten sie ihn einige Minuten lang schweigend an und brachen dann in maßloses Gelächter aus.

Der Doktor war über diesen unhöflichen Empfang äußerst empört, stand auf und schüttelte wütend seine Faust. Ein Manöver, das jedoch die Heiterkeit der ungehobelten Ägypter nur noch steigerte, deren Gelächter nun so gewaltig wurde, dass es tatsächlich den Himmel erzittern ließ und eine höchst unangenehme Vibration im Ballon verursachte. Edric, der fast ebenso verärgert war wie der Doktor, hatte dennoch genügend Selbstbeherrschung, um ruhig mit den Vorbereitungen für seinen Abstieg fortzufahren. Ohne die geringste Notiz von der Menge unten zu nehmen, schraubte er den Deckel auf die Treibdampfflasche. Er ließ die entflammbare Luft aus dem Ballon entweichen, der schnell zusammenfiel, als sie sich der Erde näherten. Sie warfen ihre patentierten Enterhaken aus und erwischten einen der unteren Steine der Großen Pyramide. In wenigen Augenblicken war der Wagen, in dem unsere Reisenden saßen, sicher in einer bequemen Entfernung von der Erde verankert, damit sie aussteigen konnten. Edric löste nun die Abstiegsleiter und half dem Doktor, der mit seinem langen Umhang beschwert war, ehrfürchtig, sicher auf den Boden zu gelangen – inmitten des Trubels und der Ausrufe der Menge, die sich um sie drängte und in klarem Englisch hörbar ihr Staunen und ihre Verwunderung zum Ausdruck brachte.

„Wo zum Teufel ist das hergekommen?" rief einer; „Das Auto würde einen Wagen beladen!"

„Und was ist mit dem Ballon verschwunden?" sagte ein anderer; „Es ist sauber verschwunden!"

„Nun, so etwas habe ich in meinem ganzen Leben noch nie gesehen!" rief ein Dritter aus; „Ich denke, sie müssen vom Mond kommen."

„Still! Still", rief ein alter Herr, der geschäftig zwischen ihnen lief und scheinbar Autorität hatte. „Was ist los? Was ist los?"

„Wir sind Fremde, Sir", sagte Edric, trat vor und wandte sich an ihn: „Wir kommen hierher, um die Wunder Ihres Landes zu sehen, und wir möchten die Pyramiden erkunden – aber der Empfang, den wir gefunden haben –"

„Sagen Sie nichts mehr – sagen Sie nichts mehr!", unterbrach ihn der würdige Richter, denn das war er. „Gehen Sie an Ihre Arbeit, Sie Halunken, oder ich werde Ihnen die Leviten lesen! Hier, Gregory, rufen Sie die Posse Comitatus und stellen Sie eine Wache von Polizisten auf, um den Ballon dieser Herren zu bewachen, während sie die Pyramiden erkunden. Ach! Aber wo ist der Ballon? Ich sehe ihn nicht. Ich hoffe, keiner der Herren hat ihn in die Tasche gesteckt!", lachte er über seinen eigenen Witz.

„Nein, Sir", erwiderte Edric lächelnd, „obwohl dies eine Leistung ist, die leicht zu vollbringen wäre, denn dies ist unser Ballon", und deutete auf die Kautschukflasche, die nun auf ihre ursprüngliche Größe geschrumpft war.

„Sehr seltsam, das!" sagte der Richter; „Sehr neugierig, in der Tat sehr neugierig! Nun, meine Herren, wenn Sie sofort weitermachen möchten, brauchen Sie natürlich einen Führer. Diese Hütten am Fuße der Pyramiden werden alle von Führern bewohnt, die ihren Lebensunterhalt damit verdienen, die Sehenswürdigkeiten zu zeigen „Die meisten von ihnen sind traurige Schurken, aber ich kann dich einem sehr ehrlichen Mann empfehlen", fuhr er fort und klopfte an eine kleine Tür.

Samuel erschien in der Gestalt eines großen, grobknochigen, dämlich aussehenden Kerls mit zwei ungeheuer breiten, gebeugten Schultern, die aussahen, als hätte er Atlas gelegentlich von seiner Last befreien können, ohne sich große Mühe zu machen. Als er in unbeholfenem, schlurfenden Schritt aus seiner Hütte kam, kratzte er sich am Kopf und verlangte, was seine Ehre gern wollte.

„Sie müssen diesen Herren die Pyramiden zeigen", sagte der Richter.

„Ja, das werde ich gerne tun!" kehrte Samuel zurück; „Ich verdiene meinen Lebensunterhalt damit, ihnen diese fünfzig Jahre zu zeigen, Mann und Junge, und ich kenne jeden Winkel und jede Ritze von ihnen, obwohl ich jetzt alt und etwas lahm bin. Gehen Sie also diesen Weg, meine Herren."

"Wir sind Ihnen sehr verbunden, Sir", sagte der Doktor und verbeugte sich vor dem Richter, der in der Tat einer jener gutmütigen, geschäftigen, geschäftigen Männer war, die sich immer lieber um die Angelegenheiten anderer kümmern als um ihre eigenen; und die nie glücklicher sind, als wenn ihnen ein Neuankömmling die Gelegenheit gibt, ihre Bedeutung zur Schau zu stellen. Es ist tatsächlich ein Vergnügen, einem Fremden Wunder zu zeigen, das nur diejenigen richtig einschätzen können, die kaum etwas anderes zu tun haben: Ein Mann dieser Art fühlt seine Eigenliebe durch die Überlegenheit befriedigt, die ihm seine Ortskenntnis gegenüber einem Fremden verleiht; und da dies vielleicht die einzige Chance ist, die er jemals haben kann, um Überlegenheit zu zeigen, müssen diejenigen unvernünftig sein, die ihn dafür tadeln, dass er das Beste daraus macht. Richter Freemantle war dementsprechend außerordentlich erfreut über Reisende, die bereit schienen, sich seinem Diktat blind zu unterwerfen; und er antwortete auf den Dank des Doktors äußerst gnädig.

"Nicht erwähnen! Nicht erwähnen, mein lieber Herr!" sagte er. "Ich bin nie so glücklich, wie wenn ich mich nützlich machen kann. Gibt es sonst noch etwas, das ich für Sie tun kann? Sie können mir Befehle erteilen, das versichere ich Ihnen. Und Sie können sich darauf verlassen, dass Ihrem Gepäck während Ihrer Abwesenheit kein Schaden zugefügt wird."

"Was für ein überaus höflicher, zuvorkommender und gutmütiger alter Herr", sagte der Doktor, als sie zum Eingang der Pyramiden gingen. "Ich erkläre, er versöhnt mich beinahe wieder mit dem Land, obwohl ich, das gebe ich zu, zuerst dachte, die Leute wären die größten Bestien, die ich je getroffen habe."

„Welche Pyramide möchten Euer Ehren sehen?", fragte der Führer.

„Das, in dem sich das Grab von Cheops befindet, Mann!", rief der Doktor feierlich, der, belastet durch seinen langen Mantel und beladen mit seinem Spazierstock und der galvanischen Batterie, einige Schwierigkeiten hatte, weiterzukommen.

„Würden Euer Ehren mich nicht die Stange und die Tasche tragen lassen?", sagte der Mann. „Wenn Sie das täten, kämen Sie überraschend viel besser voran."

„Weg mit dir, Elender!", rief der Doktor, „und biete nicht an, mit deinen gottlosen Fingern die unsterblichen Instrumente der Wissenschaft zu berühren."

Der Mann starrte ihn an, fiel dann aber zurück und die ganze Gruppe ging in vollkommenem Schweigen weiter.

Inzwischen war Edric, völlig in Gedanken versunken, vor seinen Gefährten hergegangen. Eine Menge widersprüchlicher Gedanken rasten durch seinen Kopf, und jetzt, als er sich am Ziel seiner Wünsche befand, schien ihm zum ersten Mal die Kühnheit seines lange gehegten Vorhabens bewusst zu werden, und er zitterte vor den Konsequenzen, die die Erfüllung seiner Wünsche mit sich bringen könnte. Mit vor der Brust verschränkten Armen stand er da und starrte auf die Pyramiden, während seine Gedanken unkontrolliert durch die grenzenlosen Regionen des Weltraums wanderten: „Und was bin ich", dachte er, „schwacher, gebrechlicher Wurm, der ich bin! Wer wagt es, in die schrecklichen Geheimnisse meines Schöpfers einzudringen? Warum sollte ich einem Körper, der jetzt in der Stille des Grabes ruht, wieder Leben einhauchen wollen? Welches Recht habe ich, die Kämpfe, die Schmerzen, die Sorgen und die Ängste des sterblichen Lebens zu erneuern? Wie kann ich die furchtbaren Auswirkungen voraussehen, die die Befriedigung meiner überirdischen Sehnsucht hervorrufen kann? Darf ich nicht ein Geschöpf wiederbeleben, dessen Bosheit die Menschheit ins Elend stürzen könnte? Und was, wenn mein Experiment fehlschlagen sollte und wenn in dem Moment, in dem ich erwarte, dass mein voreiliger Wunsch in Erfüllung geht, die Hand der allmächtigen Rache mich zu Boden schlägt und geschmolzenes Feuer auf mein Gehirn häuft, um meine Anmaßung zu bestrafen!"

Als sich der Arzt und der Führer näherten, ging der Klang menschlicher Stimmen hart auf die Nerven von Edric, der bereits von der schrecklichen Natur der Gedanken, denen er sich hingegeben hatte, überfordert war, und er wandte sich unwillkürlich ab, um der Unterbrechung zu entgehen, die er fürchtete , wobei er für einen Moment ganz vergaß, von wem die Geräusche höchstwahrscheinlich stammten.

„Herr, erbarme dich unser!" sagte der Führer; „Ich erkläre, dieser Herr sieht aus, als wäre er außer sich! Und sehen Sie da! Wenn er nicht direkt am Eingang der Pyramide vorbeigegangen ist, ohne es zu sehen! Sir! Sir!" begrüßte er.

Überaus verärgert, aber durch diese Rufe wieder ins Gedächtnis zurückgerufen, kehrte Edric zurück.

„Diese Pyramiden sind wunderbare Bauten", sagte der Doktor, als er stolpernd auf ihn zukam. „Ich hatte wirklich keine angemessene Vorstellung von ihrer enormen Größe. Aus der Ferne sahen sie nicht einmal halb so groß aus wie jetzt."

„Das ist bei riesigen Menschenmengen selten der Fall", erwiderte Edric und zwang sich mit Mühe zum Sprechen.

„Das stimmt", erwiderte der Doktor. „Die Einfachheit und Einförmigkeit ihrer Gestalten täuscht das Auge, und erst wenn wir uns ihnen nähern, spüren wir ihre gewaltige Größe und unsere eigene Bedeutungslosigkeit."

„Sie vermitteln eine erstaunliche Vorstellung von der Größe der alten ägyptischen Könige", sagte Edric, ohne genau zu wissen, was er sagte. „Ihre Paläste müssen großartig gewesen sein, wenn sie solche Mausoleen hatten."

„Wie absurd Ihre Argumentation ist, Edric!", erwiderte der Doktor mürrisch; denn da er sich über seine Lasten und seinen Mantel ärgerte, war er nicht in der Stimmung, Widersprüche zu dulden. "Ich dachte, wir hätten diese Frage bereits geklärt. Erstens halte ich es für sehr zweifelhaft, ob die Ägypter etwas mit dem Bau dieser Monumente zu tun hatten; und wenn ja, dann waren sie meiner Meinung nach als Tempel und nicht als Mausoleen gedacht; und zweitens, selbst wenn sie als Grabstätten gedacht waren, liefert ihre Größe kein Argument für die Pracht der umliegenden Paläste; denn die Ägypter waren berühmt für die Vortrefflichkeit ihrer Grabstätten und für die immensen Summen, die sie dafür ausgaben. Tatsächlich, wissen Sie, sagen antike Schriftsteller, sie gingen so weit, die Häuser der Lebenden nur Gasthäuser zu nennen, während sie Gräber als ewige Wohnstätten betrachteten; – ein Umstand, der übrigens meine Hypothese stark untermauert, zumindest soweit ihre Meinungen reichen; denn es scheint zu implizieren, dass sowohl Seele als auch Körper dazu bestimmt waren, dort zu bleiben."

Sie hatten nun die Pyramide betreten und bewegten sich mit unendlicher Mühe durch einen niedrigen, dunklen, engen Gang: „Beachten Sie, Edric", sagte der Doktor, „wie die Schwierigkeit und Dunkelheit dieser gewundenen Gänge meine Meinung bestätigen: Sie wissen, die Religion der alten Ägypter war, wie die der alten Hindus, eine der Buße und persönlichen Entbehrungen; und wenn das der Fall ist, was könnte einfacher sein, als dass die Gänge, die die *Eingeweihten* durchqueren mussten, bevor sie das Adytum erreichten, schmerzhaft und schwer zugänglich waren. Außerdem wurden, wie Sie wissen, die Knochen eines Stiers, zweifellos die des Gottes Apis, in einem Sarkophag in der zweiten Pyramide gefunden; es scheint wahrscheinlich, dass dieser seiner Verehrung heilig war: und seine Nähe zum Nil, der für die Tempel des Apis unverzichtbar war, da er, als seine Zeit zum Sterben gekommen war, in seinen Wassern ertränkt wurde, bestätigt die Tatsache. In der Tat bin ich nur überrascht, dass ein Mensch, der ein Körnchen gesunden Menschenverstand besitzt, auch nur einen einzigen Zweifel daran hegen kann, das Thema."

„Wie erklären Sie sich, dass das Grab, das wir gleich besuchen werden, in der Pyramide liegt, wenn Sie meinen, dass es nur für einen Tempel gedacht war?", fragte Edric.

"Die Frage ist sinnlos", sagte der Arzt. "Früher herrschte die seltsame Vorstellung, dass das Begraben der Toten an geweihten Orten, insbesondere in Tempeln, die für den Gottesdienst bestimmt waren, die bösen Geister vertreiben würde, und diese Praxis war in England sogar noch im 19. oder 20. Jahrhundert weit verbreitet. Tatsächlich wurde erst ein Gesetz erlassen, das die Bestattung der Toten in London untersagte, nachdem das Land durch die schreckliche Infektionskrankheit, die vor etwa zweihundert Jahren um sich griff, fast vollständig entvölkert war. Diejenigen, die zuvor in oder in der Nähe der Kirchen dort begraben worden waren, wurden exhumiert und auf Friedhöfen außerhalb der Mauern beigesetzt."

Edric antwortete nicht, denn seine Gedanken waren so sehr von dem ernsten Thema vor ihm eingenommen, dass es ihm schwerfiel zu sprechen, und die unpassenden Argumente des Doktors reizten seine Nerven so sehr, dass er die größte Anstrengung seiner Selbstbeherrschung brauchte, um es geduldig zu ertragen. Der Gang, den sie durchquerten, wurde nun höher und breiter und ging auf beiden Seiten gelegentlich in Kammern oder Nischen über, bis sie sich einer Art Vorraum näherten, in dessen Mitte sich eine tiefe, dunkle, düster wirkende Höhle wie ein Brunnen auftat.

„Wir müssen diesen Schacht hinabsteigen", sagte der Führer, „und er wird uns zum Grab von König Cheops führen. Da der Weg jedoch dunkel und ziemlich gefährlich ist, sollten wir am besten jeder von uns eine Fackel mitnehmen."

Während er sprach, holte er einige Fackeln aus einer Nische, in der sie deponiert waren, und begann, sie von seiner eigenen aus anzuzünden. Der rote Schein der Fackeln blitzte furchtbar auf den massiven Mauern der Pyramide und warf einen Teil ihrer enormen Massen in tiefen Schatten, während sie sich in feierlicher und erhabener Würde um sie herum erhoben und die anmaßenden Sterblichen zu missbilligen schienen, die es gewagt hatten, in ihre Nischen einzudringen , während die tiefe Grube unter ihren Füßen sich weit aufzuweiten schien, um sie in seinem Abgrund zu verschlingen. Edrics Herz schlug heftig: Es pochte, bis er sogar das Gefühl hatte, sein Pulsieren sei hörbar; und ein seltsamer, geheimnisvoller Schauer der Angst, vermischt mit einer wilden, undefinierbaren Freude, lief durch seinen Körper. Ein paar kurze Stunden, und seine Wünsche würden erfüllt oder für immer zur Ruhe gebracht. Der Arzt und der Führer hatten bereits mit dem Abstieg begonnen, und ihre Gestalten wirkten verändert und unirdisch, als der Schein der Fackeln auf sie fiel. Edric blickte einen Moment lang hin und folgte dann mit Gefühlen, die durch die Übererregung seiner Nerven fast bis zum Wahnsinn gesteigert wurden; während das hohle Geräusch, das von den Wänden widerhallte, als sie bei ihrem Abstieg gegen sie schlugen, seinen ganzen Körper erschütterte.

Niemand sprach; und nachdem er eine Zeitlang den schmalen Pfad oder vielmehr den Felsvorsprung entlanggegangen war, der sich an den Seiten der Höhle gebildet hatte und allmählich abfiel, hielt der Führer plötzlich an und berührte eine geheime Quelle. Ein massiver Granitblock löste sich langsam von der Wand und erhob sich majestätisch wie das Fallgitter einer alten Festung und zeigte den Eingang zu einer dunklen und trostlosen Höhle. Der Führer betrat, gefolgt von unseren Reisenden, einen düsteren, gewölbten

Raum, in dem sich auf allen Seiten lange Paneele schwerer Bögen erstreckten, bis ihre Enden in der Dunkelheit verschwanden und der Szene ein Gefühl von Unermesslichkeit und Dunkelheit verliehen.

„Ich werde hier warten", sagte der Führer. „Und hier können Sie, wenn es Ihnen recht ist, Ihre Fackeln zurücklassen. Dieser Weg führt Sie zum Grab."

Die Reisenden gehorchten; und der Führer stellte sich in eine Nische in der Wand und löschte alle Fackeln bis auf eine, die er verhüllte, so dass die Reisenden in völliger Dunkelheit zurückblieben. Nichts konnte jetzt schrecklicher sein als ihre Situation: eingemauert in den Nischen des Grabes, in Dunkelheit gehüllt und ihre Herzen voller Hoffnungen, die sie kaum wagten, sich selbst einzugestehen, gingen sie mit schwankenden Schritten langsam den Weg entlang, den der Führer gezeigt hatte, und schauderten sogar beim hohlen Echo ihrer eigenen Schritte, das allein die feierliche Stille durchbrach, die in diesen furchtbaren Regionen des Schreckens und im Grab herrschte.

Plötzlich blitzte ein grelles Licht auf und als sie näher kamen, stellten sie fest, dass es von Fackeln in den Händen zweier kolossaler Gestalten ausging, die in sitzender Haltung ein riesiges Portal zu bewachen schienen, über dem das Bild eines Fuchses stand, des ständigen Wächters eines ägyptischen Grabes. Die immensen Ausmaße und die Ausstrahlung von Erhabenheit und Ruhe, die diese Kolosse ausstrahlten, hatten etwas sehr Imposantes an sich; und unsere Reisenden spürten ein Gefühl der Ehrfurcht, als sie ihre ruhigen, unbewegten Züge betrachteten, die so eindrucksvoll jene unveränderliche Natur symbolisierten, die sie zweifellos dort verkörpern sollten.

Mit Gefühlen unbeschreiblicher Feierlichkeit gingen der Arzt und Edric durch dieses majestätische Portal und fanden sich in einem Raum wieder, der düster erleuchtet war vom Licht, das schwach aus einem inneren Raum fiel, der durch schwere, wunderschön gearbeitete Messingtore strömte. Das so schwach ausgestrahlte Licht zeigte, dass der Raum, in dem sie standen, Typhon, dem bösen Geist, geweiht war, da seine wilden und wilden Gestalten die Wände bedeckten; und Bilder seiner Symbole, des Krokodils und des Drachen, im Schatten der ehernen Tore platziert und von dem unvollkommenen Licht schwach gesehen, schienen zum Leben zu erwachen und grimmig das weitere Vordringen der Eindringlinge zu verhindern. Unsere Reisenden schauderten, und mit zitternder Hand öffneten sie die schweren Tore und betraten *das Grab von Cheops* .

In der Mitte der Kammer stand ein prächtiger, reich verzierter Sarkophag aus Alabaster, wunderschön gearbeitet; darüber hing eine Lampe von wundersamer Kunstfertigkeit, die mit einer starken Mischung versorgt wurde, so dass sie ewig brennen konnte, ohne sie zu verbrauchen; So erhellte er die feierlichen Wohnstätten der Toten schrecklich mit ewiger Flamme und versinnbildlichte das ewige Leben selbst im stillen Grab. Rund um den Raum waren auf Marmorbänken einfach getrocknete Mumien angeordnet, offenbar die von Sklaven; und in der Nähe des Sarkophags wurde einer in einem Kasten aufbewahrt, zu dem der Arzt kam, um ihn zu untersuchen. Dies sollte das von Sores sein, dem Vertrauten und Premierminister von Cheops. Die Truhe, die den Körper umgab, war prächtig mit geprägtem vergoldetem Leder verziert, während die Teile, die nicht anderweitig bedeckt waren, mit seltsam gemischten Rot- und Grüntönen von lebhafter Helligkeit gefärbt waren.

Der mächtige Phtah, der Jupiter der Ägypter, breitete seine weit ausgebreiteten Flügel über dem Kopf aus und ergriff mit seinen monströsen Krallen einen Ring, das Symbol der Ewigkeit; während unten die Geiergestalt von Rhea den Verstorbenen als Anhänger dieser mächtigen Gottheit verkündete; und an den Seiten befanden sich unzählige Hieroglyphen. Der Arzt nahm den Deckel ab und schauderte, als der purpurrote Schimmer der ewigen Lampe auf die abscheulichen und verzerrten Gesichtszüge fiel, die so plötzlich zum Vorschein kamen. Dieses Grablicht fügte der Szene in der Tat unaussprechlichen Schrecken hinzu, und sein eigenartiger Glanz warf einen so wilden und dämonischen Ausdruck auf die dunklen Linien und gespenstischen Umrisse der Mumien, dass selbst der Arzt seine Stimmung niedergeschlagen fühlte und eine übernatürliche Angst überkam sein Geist, als er sie ansah.

In der Zwischenzeit stand Edric da und betrachtete den Sarkophag des Cheops, dessen Seiten mit wunderschönen Figurengruppen verziert waren, die in dem besonderen Licht, das auf sie fiel, die ganze Kraft und Realität des Lebens zu besitzen schienen. Auf der einen Seite war ein bewaffneter, junger Krieger dargestellt, der in seinen Armen eine schöne Frau davontrug, die er mit leidenschaftlichster Zärtlichkeit betrachtete. Er wurde von einer Menge von Menschen und Soldaten verfolgt, die die Luft mit heftigen Ausrufen gegen seine Gewalttätigkeit zu zerreißen schienen und vergeblich versuchten, ihn aufzuhalten; während im Hintergrund ein alter Mann erschien, der sich die Haare raufte und in wirkungsloser Wut gegen den Vergewaltiger die Hände rang.

Auf der anderen Seite war derselbe alte Mann zu sehen, der mit dem jungen Krieger rang, der ihn gerade überwältigt und erstochen hatte; Das hilflose Opfer erhob beim Fallen seine verdorrten Hände und den versagenden Blick zum Himmel, als wollte es Rache an seinem Mörder anflehen, während der purpurrote Strom schnell aus seiner Brust verebbte. Der sterbende Blick und die Qual des alten Mannes wurden eindringlich dargestellt, während auf den Gesichtszügen des jugendlichen Kriegers die Wut eines Dämons glühte.

Der Sarkophag wurde von einem Löwen getragen, dem Wahrzeichen des Königtums und dem Symbol des Sonnengottes Horus. und über ihm saß der majestätische Falke des Osiris, blickte nach oben und achtete nicht auf das subtile Krokodil des Typhon, das unter seinen Füßen kauerte und gerade dabei war, seine Brust mit seinen riesigen Kiefern zu ergreifen. Keiner der Reisenden hatte bisher gesprochen, denn es schien ein Sakrileg zu sein, die schreckliche Stille, die herrschte, auch nur durch ein Flüstern zu stören. Tatsächlich ging der feierliche Anblick der Kammer allen Nerven durch den Kopf, und sie bewegten sich langsam und glitten mit geräuschlosen Schritten dahin, als fürchteten sie, den Schlaf der mächtigen Toten, die sie enthielt, vorzeitig zu brechen. Sie blickten jedoch mit tiefem, aber undefinierbarem Interesse auf die skulpturalen Geheimnisse des Grabes des Cheops und versuchten vergeblich, ihre Bedeutung zu entschlüsseln; Während sie feststellten, dass ihre Bemühungen nutzlos waren, schien eine geheime Stimme in ihrer Brust zu flüstern: „Und werden endliche Geschöpfe wie diese, die nicht einmal die Bedeutung der vor ihren Augen präsentierten Objekte erklären können, sich anmaßen, in die Geheimnisse des Willens ihres Schöpfers einzutauchen?" ? Lernen Sie Weisheit durch dieses Omen, und versuchen Sie nicht erneut, Geheimnisse zu erforschen, die über Ihr Verständnis hinausgehen!

Edric zuckte bei seinen eigenen Gedanken zusammen, als die furchtbare Warnung: „Bald wird es zu spät sein" in seinen Ohren widerhallte; und eine schreckliche Ahnung des Bösen lastete schwer auf seiner Seele. Er drehte sich um, um den Arzt anzusehen, aber er hatte bereits den Deckel des Sarkophags ergriffen und ihn mit kühner Hand von seinem Platz genommen, wobei er in dem schrecklichen Licht die königliche Gestalt enthüllte, die darunter lag. Für einen Moment hielten sowohl Edric als auch der Arzt inne und wagten nicht, es zu betrachten; und als sie das taten, stießen beide einen unwillkürlichen Schrei des Erstaunens aus, als die strengen, aber schönen Gesichtszüge der Mumie ihren Blick trafen, denn beide erkannten sofort den skulpturalen Krieger in seinen Zügen. Ja, es war in der Tat dasselbe, aber der wilde Ausdruck feuriger und ungezügelter Leidenschaften, der auf dem Gesicht der Marmorfigur abgebildet war, hatte sich zu einem ruhigen, rachsüchtigen und konzentrierten Hass auf den ihrer Mumie-Prototyp im Grab entwickelt.

Wirklich schrecklich war die Düsterkeit, die auf dieser Stirn lag, und bitter das sardonische Lächeln, das diese hochmütigen Lippen verzog. Alles war perfekt, als ob das Leben noch immer die Gestalt vor ihnen belebte und sie sich nur dort zurückgelehnt hatte, um eine kurze Ruhe zu suchen. Die dunklen Augenbrauen, das dichte rabenschwarze Haar, das ihm in die Stirn hing, und die schneeweißen Zähne, die man durch die halbgeöffneten Lippen sah, ließen den Gedanken an den Tod verbieten; Während der teuflische

Ausdruck seiner Gesichtszüge Edric erschaudern ließ, als er sich an den Zweck erinnerte, der ihn zum Grab geführt hatte, und er zitterte bei dem Gedanken, ein so furchtbares Wesen aus der Erstarrung des Grabes zu allen erneuerten Energien des Lebens zu erwecken .

„Lass uns gehen", flüsterte der Arzt seinem Schüler in einem leisen, tiefen und unheimlichen Ton zu, der sich furchtbar von seiner sonst so fröhlichen Stimme unterschied. Edric erschrak bei dem Geräusch, denn es schien die letzte traurige Warnung seines besseren Genies zu sein, bevor er sie für immer verließ. Die Würfel waren jedoch gefallen und es war zu spät, um zurückzuweichen. Tatsächlich fühlte sich Edric durch die überreizten Gefühle des Augenblicks rasend. Er ergriff die Maschine und ging entschlossen auf den Sarkophag zu, während der Arzt ihn mit einem Entsetzen anstarrte, das ihm Sprache und Bewegung raubte.

Unzählige abwechselnd angeordnete Falten aus rotem und weißem Leinen umhüllten die riesigen, aber wohlproportionierten Glieder der königlichen Mumie; und auf seiner Brust lag ein Stück Metall, das wie Silber glänzte und in das die Figur einer geflügelten Weltkugel eingeprägt war. Edric versuchte, es zu entfernen, schreckte jedoch vor Entsetzen zurück, als er feststellte, dass es sich unnatürlich weich unter seinen Fingern verbogen hatte. Während das flackernde Licht der Lampe auf das Gesicht der Mumie fiel, bildete er sich ein, dass sich ihre strengen Züge in ein gespenstisches Lachen verächtlichen Spottes verwandelten. Bis zur Verzweiflung erregt, legte er die Drähte der Batterie an und setzte den Apparat in Bewegung, während ein dämonisches, spöttisches Lachen in seinen Ohren zu klingen schien und die Mumien um ihn herum von ihren Plätzen aufzuspringen schienen und in überirdischer Fröhlichkeit tanzten. Der Donner donnerte nun in gewaltigen Schlägen durch die Pyramiden und erschütterte ihre gewaltigen Massen bis auf die Grundmauern, und lebhafte Lichtblitze schossen in schneller Folge umher. Edric stand entsetzt inmitten dieser furchtbaren Erschütterung der Natur. Ein schreckliches Kribbeln schien durch jede Ader zu laufen, jeder Nerv fühlte sich an, als würde er von seinem Ende abgezogen und in eisiger Kälte um sein Herz gehüllt. Dennoch stand er unbeweglich da und blickte aufmerksam auf die Mumie, deren Augen sich vor dem Schock geöffnet hatten und nun auf die von Edric gerichtet waren, die in übernatürlichem Glanz strahlten. Vergeblich versuchte Edric, sich aufzuraffen – vergebens, sich von diesem vernichtenden Blick abzuwenden. Die Augen der Mumie verfolgten ihn noch immer mit ihrem gespenstischen Glanz; Sie schienen die sagenumwobene Faszination der Klapperschlange zu besitzen, und obwohl er vor ihrem Blick zurückschreckte, starrten sie ihn immer noch schrecklich an. Edrics Sinne schwammen, doch er konnte sich nicht von der Stelle bewegen; Er blieb starr, gefesselt und unbeweglich, seine Augen waren immer noch auf die Mumie gerichtet und jeder Gedanke war in Entsetzen versunken. Ein weiterer fürchterlicher Donnerschlag rollte nun in längeren Schwingungen über seinem Kopf, und die Mumie erhob sich langsam von seinem Marmorgrab, seine Augen immer noch auf die von Edric gerichtet. Der Donner erklang immer lauter. Schreie und Stöhnen schienen sich mit seinem Brüllen zu vermischen; – die Grablampe flammte mit doppelter Heftigkeit auf und ließ ihre Strahlen in schneller Folge und mit lebhafter Helligkeit umherblitzen; während Edric durch seinen schrecklichen und unsicheren Blick sah, wie die Mumie ihre verdorrte Hand ausstreckte, als wolle sie ihn ergreifen. Er sah, wie es sich allmählich hob – er hörte das Rasseln der trockenen, knochigen Finger, als es sie herauszog – er spürte seinen gewaltigen Schmerz – die menschliche Natur konnte es nicht mehr ertragen – seine Sinne verließen ihn schnell; Er spürte jedoch, wie die starren, unerschütterlichen Augen von Cheops immer noch auf seinen schwächer werdenden Augen leuchteten, als die Lampe plötzlich aufblitzte und dann alles dunkel war! Die ehernen Tore schlossen sich nun mit einem fürchterlichen Klirren, und Edric fiel mit einem Schreckensschrei bewusstlos zu Boden; während sein schriller Angstschrei wild durch die Marmorgewölbe hallte, bis sein Echo wie der Schrei von Dämonen schien, die sich in furchtbaren Spott einmischten.

Wie lange er in diesem Zustand lag, wusste er nicht; doch als er die Augen wieder öffnete, kam es ihm für einen Moment so vor, als sei alles nur ein Traum gewesen. Als seine Sinne zurückkehrten, erinnerte er sich jedoch, wo er war, und schauderte, als er sich wieder an diesem Ort des Schreckens befand. Jetzt war alles dunkel, bis auf einen schwachen Schimmer, der schwach durch die halb geöffneten Tore schien; diese schweren Portale öffneten sich langsam, und die Gestalt eines Mannes, in einen großen Mantel gehüllt und eine Fackel tragend, trat ein und spähte beim Vorrücken umher, als hätte er halb Angst, weiterzugehen. Edrics Gefühle waren zu sehr aufgewühlt, um neue Schrecken zu ertragen, und er schrie vor Schmerzen, als die Gestalt sich näherte. Der Klang seiner Stimme unterdrückte die Angst des Eindringlings, und der Doktor, denn er war es, schrie vor Freude, als er auf ihn zustürzte, um ihn zu umarmen.

„Edric! Edric! Gott sei Dank, dass er lebt!", rief er aus. „Edric! Mein geliebter Edric! Um Gottes Willen, lass uns diese Höhle des Schreckens verlassen! Komm, komm!"

Beruhigt durch die Stimme seines Lehrers stand Edric auf, warf einen hastigen, schaudernden Blick um sich, als das Licht auf den Sarkophag fiel, und eilte aus dem Grab. Weder er noch der Doktor sprachen, als sie durch den Vorraum gingen, wo die kolossalen Gestalten noch immer in furchterregender Majestät saßen; tatsächlich sahen ihre gigantischen Gestalten, als ihre Fackeln erloschen, durch das flackernde und undeutliche Licht, das auf sie fiel, noch furchterregender aus als zuvor. Edric schauderte, als er hinsah, und eilte mit hastigen Schritten zu der Stelle, wo sie den Führer zurückgelassen hatten, den sie in einer Ecke kniend vorfanden, sein Gesicht in seinen Händen vergraben und brüllend: „O Herr, verteidige uns! Himmel, sei uns gnädig! Herr, sei uns gnädig! Himmel, sei uns gnädig!"

„Er ist seit über einer Stunde in diesem Zustand", sagte der Arzt traurig. „Als ich wieder zu mir kam, versuchte ich ihn aufzuwecken, aber alles ohne Erfolg."

„Dann bist du auch ohnmächtig geworden?", sagte Edric und konnte sich kaum zum Sprechen zwingen.

"Nun", fuhr der Doktor etwas zögernd fort, "ich weiß nicht, ob man das genau Ohnmacht nennen kann; aber Tatsache war, als ich sah, wie Sie die Platte auf der Brust der Mumie berührten und zurückwichen und dabei so schrecklich verängstigt aussahen, dachte ich – ich sollte besser um Hilfe rufen; und als ich zu diesem Zweck losrannte, fiel ich irgendwie hin und lag bewusstlos da, ich weiß nicht wie lange. Als ich jedoch wieder zu mir kam, versuchte ich, den Führer aufzuwecken, und als ich merkte, dass ich es nicht konnte, suchte ich Sie auf; aber jetzt, da wir beide wieder gesund sind, weiß ich wirklich nicht, was aus uns werden soll; denn dieser Kerl wird uns nie den Weg nach draußen zeigen können, und ich bin sicher, ich kenne den Weg nicht."

„Versuchen wir jedenfalls, es zu finden", sagte Edric schwach.

„Oh, um Gottes Willen, nimm mich mit!", schrie der Führer. „Wenn du Gnade walten lässt, lass mich nicht an diesem furchtbaren Ort zurück."

„Dann nimm das Licht und führe den Weg", sagte Edric. Der Führer gehorchte, schüttelte alle Glieder und warf hin und wieder einen erschrockenen Blick nach hinten, während die zitternde Flamme der Fackel die Unsicherheit der zitternden Hände verriet, die sie trugen. Auf diese Weise gingen sie weiter, erschraken bei jedem Geräusch und erschraken sogar vor ihrem eigenen Schatten, ohne anzuhalten, bis sie die Ebene erreichten.

„Gott sei Dank!" rief der Arzt, sobald sie aus der Pyramide traten; er blickte sich um, schnappte nach Luft und sog mit Verzückung die frische Luft ein.

„Gott sei Dank!", wiederholten Edric und der Führer, während sie schnell zu der Stelle gingen, wo sie ihren Ballon zurückgelassen hatten. Als sie dort ankamen, suchten sie jedoch vergebens danach. Da sie sich unter dem Einfluss einer Wahnvorstellung befanden, rieben sie sich die Augen und suchten noch einmal, aber ohne Erfolg.

„Meine Güte, das ist sehr merkwürdig!" sagte der Doktor. „Das ist sicherlich der richtige Ort, aber wo kann es sein?"

„Wohin denn?", wiederholte Edric. „Grauen und unerklärliche Vorfälle umgeben uns auf Schritt und Tritt. Ich bin von Natur aus nicht furchtsam, aber …"

„Ah!", schrie der Doktor, als er über einen Mann stolperte, der mit dem Gesicht auf dem Boden lag. „Oh!", stöhnte er, als Edric und der Führer ihn mit Mühe aufzogen. „Ich wünschte, der Himmel könnte mich wieder sicher in meinem gemütlichen kleinen Arbeitszimmer zu Hause fühlen und mich angenehmen Vorstellungen von dem hingeben, was, wie ich feststelle, in Wirklichkeit alles andere als angenehm ist."

KAPITEL X.

Wir haben Dr. Entwerfen im letzten Kapitel verlassen, als er einen sehr moralischen, wenn auch nicht sehr neuen Ausruf über die Eitelkeit menschlicher Erwartungen aussprach; dieser war kaum über seine Lippen gekommen, als das grausame Schicksal, das entschlossen war, sich nicht vergeblich anklagen zu lassen, ihm noch mehr Grund zur Klage lieferte. Wir haben bereits erwähnt, dass der Doktor gestolpert war, als er die Pyramiden verließ, und dass seine Freunde ihn vom Boden aufzogen; aber wie groß war seine Bestürzung und sein Entsetzen, als er sich umdrehte, um ihnen zu danken, feststellte, dass er von bewaffneten Männern umringt war, die ihm im königlichen Namen befahlen, sich zu ergeben! Traurig richtete der Doktor seine kummervollen Augen auf Edric, aber ach! er war in derselben misslichen Lage wie er selbst; und trotz ihrer Bitten wurden sie ins Gefängnis gebracht, ohne überhaupt darüber informiert zu werden, welches Verbrechen sie begangen hatten.

Traurig verging die Nacht, und düster dämmerte der Tag über den unglücklichen Reisenden, deren Geister durch den außergewöhnlichen Erfolg ihres schrecklichen Experiments belästigt und verwirrt waren und deren Elend durch die Spannung, die sie aufgrund ihrer Unwissenheit ertragen mussten, unendlich vergrößert wurde über das Verbrechen, dessen sie beschuldigt wurden, und die voraussichtliche Strafe, falls sie für schuldig befunden werden sollten. Bald nach Tagesanbruch traf jedoch eine Vorladung für sie ein, und sie wurden als Verbrecher vor denselben Richter geführt, der sie am Tag zuvor mit so aufdringlicher Freundlichkeit behandelt hatte.

Der ernste Richter, der nun in allen Insignien richterlicher Würde auf dem Richterstuhl saß, unterschied sich jedoch sehr von dem lockeren, gutmütigen Herrn der Pyramiden, und die unglücklichen Reisenden erkannten sofort, dass sie durch ihre frühere Bekanntschaft mit ihm wahrscheinlich keine Gunst erlangen würden. Der Gerichtssaal war voller Menschen, und die Gefangenen sahen, dass sie mit Neugier, gemischt mit Entsetzen und übernatürlicher Angst, betrachtet wurden. Es ist nicht angenehm, sich als Gegenstand des Ekels anderer zu fühlen, und obwohl Edric sich großmütig und oft wiederholte, dass es ihm völlig gleichgültig sei, was so unwissende Elende wie die Ägypter von ihm hielten, wäre er, wenn er die Wahrheit gestanden hätte, genauso zufrieden gewesen, das Objekt ihrer Bewunderung statt ihres Hasses zu sein, und er wäre sehr froh gewesen, wieder sicher zu Hause zu sein, während der Doktor offen und laut über die viel bedauerten Annehmlichkeiten seines eigenen, liebenswerten, entzückenden Arbeitszimmers bei Sir Ambrose klagte. Zum Nachdenken blieb jedoch wenig Zeit, denn sobald die Gefangenen vor Gericht gestellt wurden, begann ihre Vernehmung.

„Also, meine Herren!" sagte der gelehrte Richter, „Sie stehen verurteilt – nein, ich meine angeklagt – eines äußerst schrecklichen, abscheulichen und sakrilegischen Vergehens – eines Vergehens, das uns vor Entsetzen die Haare vom Kopf sträuben lässt und jede einzelne Locke aus Rache gegen Sie aufrichten lässt." ." Der Richter hielt inne, damit die Gefangenen seine Beredsamkeit bewundern könnten; aber leider! Die Selbstliebe war so fesselnd, dass sie nur darüber nachdachten, was mit ihnen passieren sollte und wohin dieses schreckliche Exordium führen würde. Nach einer kurzen Pause wandte sich Edric, der annahm, dass sie sprechen sollten, an den Richter und bat ihn, zu erfahren, welches Verbrechen ihnen vorgeworfen würde.

„Wir sind Fremde", sagte er, „und meine Herren. Der Bericht über die Wunder, die es in Ihrem Land enthielt, hat uns angezogen; wir haben unsere Absichten offen erklärt; wir haben kein Geheimnis geäußert; und wir haben nichts getan, was wir zu bekennen nötig hätten." —"

Ein verwirrtes Gemurmel ging durch den Saal, als er sprach, und drückte äußersten Ekel und Abscheu aus. Edric war empört und blickte sich stolz um, als er hinzufügte:

„Ja, ich wiederhole, wir haben nichts getan, wofür wir uns schämen müssten, und nichts, was unseren Charakter als Engländer und Gentlemen herabwürdigt."

„Zauberer! Zauberer! Verkleidete Dämonen!", rief die Menge. „Nieder mit ihnen! Verbrennt sie! Guillotiniert sie! Vernichtet sie!"

„Ist das fair? Ist das großzügig?", fragte Edric. „Wenn wir Unrecht getan haben, lassen Sie uns unser Verbrechen beweisen, und wir sind bereit, uns jeder Strafe zu unterwerfen, die Sie für angemessen halten; aber verurteilen Sie uns nicht ungehört. In England gilt jeder Mann als unschuldig, bis seine Schuld bewiesen ist. Sie rühmen sich, alle nützlichen Vorschriften des Mutterlandes übernommen und verbessert zu haben, und können dessen glorreichstes Gesetz sicher nicht außer Acht gelassen haben. Lassen Sie uns also einen fairen Prozess haben, und Gott bewahre uns davor, dass der Lauf der Gerechtigkeit behindert wird."

"Sie reden gut, Sir", sagte der Richter, "aber hier nützt es nichts. Mein Stuhl, Sir, ist aus Hexenulme, und der ganze Saal ist mit geweihtem Holz ausgekleidet. Sie können Ihre Diener also auf einen anderen Markt mitnehmen, denn hier werden sie Ihnen nichts nützen."

„Guter Gott!“, rief Edric und rang die Hände. „Was für eine Unwissenheit! Was für ein ekelhafter Aberglaube! Und dennoch liegt unser Leben in der Gewalt dieses Mannes!“

"Oh! Oh!", sagte der Richter, der seine Verzweiflung sah, obwohl er den Grund nicht genau kannte. "Ich habe Sie also herbeigeführt? Ja, ja. Ich sage Ihnen, hier helfen keine Beschwörungen. Also, Gerichtsschreiber, rufen Sie die Zeugen auf -"

Die erste Person, die untersucht wurde, war der Mann, dem die Leitung des Ballons überlassen worden war, und er äußerte sich wie folgt: „Warum, Herr?“ sagte er und kratzte sich am Kopf, als ob er annahm, dass in seinen Fingern Weisheit steckte, und dass ihre „Eure Ehren haben mir aufgetragen, die *Posse comitatus* zu rufen und eine Wache von Polizisten über den Wirbel der Herren zu stellen; aber ich dachte darüber nach, wie, da es nur ein seltsam aussehendes Ding war, und nicht.“ Da es wahrscheinlich ist, dass es jeden dazu verleitet, es zu stehlen, könnte ich die Herren genauso gut davor bewahren, ihr Geld für ein Paket müßiger Kerle wegzuwerfen, und selbst darüber wachen.“

„Und so erhalten Sie an ihrer Stelle die Belohnung“, bemerkte der Richter.

„Aber, Euer Ehren“, sagte der Kerl grinsend, „ich dachte, sie würden mir vielleicht etwas geben, was *mir* nützen könnte, aber dass es unter so vielen nichts wäre.“

„Sehr richtig!“, bemerkte der Richter. „Weiter, Gregory.“

„Also“, fuhr Gregory fort, „als ich da saß und an gar nichts dachte und, glaube ich, irgendwie in einen leichten Nickerchen verfallen war, hörte ich ein merkwürdiges Summen. Ich öffnete die Augen und sah das Karussell des Herrn summen und pusten wie eine brennende Dampfmaschine. Und mitten im Rauch sah ich, das schwöre ich, die Mumie von König Cheops so deutlich, wie ich Seine Gnaden dort auf seinem Thron sitzen sehe.“

„Oh!“, stöhnte die entsetzte Menge. „Oh!“, stöhnten Richter und Geschworene.

„Ja“, fuhr der Mann fort. „Ich schwöre, wenn es das letzte Wort war, das ich zu sprechen hatte, dass ich ihn dort Feuer spucken und seine großen Augen wie ein Feuerofen lodern sah.“

„Oh!“, stöhnten Richter, Menge und Jury, noch lauter als zuvor.

„Und dann“, fuhr Gregory fort, „machte etwas surrend, und alles flog wie ein Blitz davon –“

„Oh!“, schrie der ganze Hof in einem Anfall von Entsetzen. Besonders einige Mitglieder des schönen Geschlechts schrien und verdeckten ihre Gesichter, als fürchteten sie, dass die nächste Heldentat der furchtlosen Zauberer darin bestehen würde, den Hof in die Luft zu sprengen und sie alle hinter der wiederbelebten Mumie herzujagen.

"Mit Ihrer Erlaubnis, Sir", sagte Edric, sobald der Tumult etwas nachgelassen hatte, "beweist dies weder gegen meinen Freund noch gegen mich. Wir sind tatsächlich dadurch geschädigt worden, und wir haben eine Forderung gegen Sie, anstatt dass Sie eine Anklage gegen uns begründen können. Wir haben unseren Ballon, der wertvolle Gegenstände und eine beträchtliche Menge Geld enthielt, in Ihrer Obhut zurückgelassen oder zumindest in der Obhut eines Mannes, den Sie empfohlen haben. Als wir die Pyramide verließen, fragten wir natürlich nach unserem Ballon – er war verschwunden; und anstatt uns für unseren Verlust zu entschädigen, werfen Sie uns ins Gefängnis und erzählen uns eine wilde, extravagante Geschichte über das Verschwinden unseres Eigentums, die kein vernünftiger Mensch glauben kann."

Am Ende dieser Rede war ein weiteres verwirrtes Gemurmel im Saal zu hören, das sich allerdings in seiner Art stark vom ersten unterschied. Und der Richter machte, wenn ein solcher Ausdruck für einen Vertreter der Justiz nicht gottlos ist, ein äußerst albernes Gesicht.

„Wäre es nicht besser, wenn Euer Ehren die anderen Zeugen aufrufen würde?", flüsterte der Angestellte, der das Dilemma seines Auftraggebers bedauerte.

"Stimmt, stimmt!", sagte der Lykurg von Anglo-Ägypten. "Ihre Bemerkung ist verfrüht, junger Mann. Wenn der Fall gegen Sie bewiesen ist, haben Sie noch genug Zeit, über Ihre Verteidigung nachzudenken."

Edric verbeugte sich zustimmend und die Befragung ging weiter. Der Führer war der nächste Zeuge.

„Nun, Samuel", sagte der Richter, „was wissen Sie über diese Angelegenheit?"

"Nun, Sir", antwortete Samuel, "sehen Sie, meine Dame und ich saßen am Feuer und hatten eine Blutwurst, die wir zum Abendessen essen wollten. Und die Dame sagt: ‚Ich mag sie gern in Scheiben geschnitten und gebraten', und ich sage ..."

„Halt, Kumpel!", rief der Richter mit großer Würde. „Mißbrauchen Sie nicht die Geduld des Gerichts. Wir haben nichts mit Ihrer Dame oder der Blutwurst zu tun; das ist für die Angelegenheit, die jetzt vor uns liegt, völlig irrelevant. Fahren Sie fort."

Aber Samuel konnte nicht weiterreden und stand, wie sein Vorgänger im Zeugenstand, nur still da und kratzte sich am Kopf.

„Warum reden Sie nicht, Kumpel?", fragte der Angestellte.

„Weil ich nicht weiß, was ich sagen soll", antwortete Samuel.

„Sie müssen alles erzählen, was Sie über diese Angelegenheit wissen", fuhr der Angestellte fort.

„Aber ich weiß nicht, wo ich anfangen soll!" schloss sich dem verwirrten Zeugen wieder an; „Seine Anbetung sagt, es sei nicht ehrfürchtig."

„Beginnen Sie mit der Pyramide", sagte der Richter; „Und wenn Sie können, geben Sie anhand des zuletzt entdeckten beweglichen Blocks in der Wand einen klaren Bericht über alles, was passiert ist, nachdem Sie den alten Durchgang verlassen haben."

„Ich kann nicht sagen, dass, soweit ich weiß, etwas ganz Besonderes passiert ist, Sir", sagte Samuel, „danach, bis wir den Schacht erreichten, und dann gingen wir hinunter, Sir, wissen Sie, wie wir." Das tut es immer, bis wir zum Grab von König Cheops kamen, und dann übergab ich die Herren allein, wie wir es immer tun, für den „Faktor", wie Pfarrer Snorum es nennt. Und dann setze ich mich in die Gruft. Ich wollte auf sie warten, und ich hatte mich gerade zusammengerollt und war eingeschlafen, als ich ein solches Geräusch hörte, als ob die Pyramiden alle um meine Ohren taumelten. Also sprang ich auf und rieb mir die Augen, denn das tat ich Ich wusste nicht genau, wo ich war; und dann sah ich etwas, das den beiden großen sitzenden Gestalten die Fackeln aus den Händen schlug und sie auslöschte, und dann sah ich eine große große Gestalt an mir vorbeigleiten; Er kam zum Licht, ich sah seine großen flammenden Augen, und dann fiel ich auf meine Knie, und er ergriff meine Schulter und packte sie. Während er sprach, entblößte er seine Schulter und zeigte die tief eingekerbten Spuren der knochigen Finger der Mumie. Wieder ging ein Stöhnen des Entsetzens und der Empörung durch den Hof; und als ein anderer Zeuge bewies, dass der Sarkophag des Cheops untersucht und leer aufgefunden worden war, schien der Richter zu glauben, dass es sich um einen klaren Fall handelte, und rief triumphierend Edric zu seiner Verteidigung auf.

"Ich sehe nicht, dass das, was bewiesen wurde", sagte Edric und schauderte unwillkürlich, "meinen Lehrer oder mich beeinflussen kann. Diese Leute sagen, dass eine Mumie wieder zum Leben erwacht ist und die Pyramide, in der sie so lange eingemauert war, verlassen hat und mit unserem Ballon davongeflogen ist. Aber angenommen, die Geschichte stimmt, welchen Beweis haben Sie, dass wir überhaupt in die Sache verwickelt waren? Wir waren in der Pyramide, das ist wahr; aber das war auch dieser Mann, den Sie als Zeugen gegen uns vorgebracht haben. Angenommen, es war das Eingreifen menschlicher Hilfe, das die Mumie aus ihrem Grab erweckte - eine Tatsache, die übrigens keineswegs bewiesen ist - warum könnte er nicht der Täter sein und nicht wir? Was gibt es, um die Anklage gegen uns zu erheben? Haben wir durch das Abenteuer etwas gewonnen? Haben wir nicht im Gegenteil ernsthafte Verluste erlitten? Wo ist unser Ballon und die wertvollen Gegenstände, die er enthielt? Wenn wir Zauberer sind, muss man zugeben, dass wir sehr dumm sind; denn wir haben unser Eigentum verloren und uns ins Gefängnis geworfen, ohne den kleinsten möglichen Vorteil daraus zu ziehen! Und wenn wir die Macht haben, die Sie uns zuzuschreiben scheinen, warum bleiben wir dann hier, um befragt zu werden, wenn wir so leicht in einer Feuerflamme davonfliegen oder Sie alle in Statuen verwandeln und ruhig davongehen könnten, ohne dass Sie uns folgen könnten?

Jeder schauderte, und viele wurden bei dieser Rede blass, offenbar fürchteten sie, Edric würde seine Vorschläge in die Tat umsetzen; während der Richter in großer Verlegenheit schien, was er besser entscheiden sollte; – und die Leute hatten schreckliche Angst, dass sie vielleicht doch das erbauliche Schauspiel eines *Autodafés verpassen könnten* , für das sie sich entschieden hatten Ich habe mich so ungeduldig gesehnt.

Edric bemerkte das Zögern des Richters und versuchte, es zu seinem eigenen Vorteil auszunutzen. – „Ich für meinen Teil", fuhr er fort, „bin ein britischer Staatsangehöriger und stehe als solcher unter dem Schutz meines eigenen Gerichts; mein Souverän hat dies getan." Ich bin hier ein Konsul, und ich appelliere an ihn, dass ich in meinem eigenen Land weder unedel noch unbekannt bin – mein Name ist Montagu, und ich bin der Bruder des berühmten Generals dieser Familie –, deren Siege zweifellos sind sogar diese abgelegene Provinz erreicht!"

"Mein lieber Mr. Montagu!", sagte der Richter, "ich bitte wirklich um Verzeihung: Warum haben Sie mich nicht früher mit Ihrer Würde bekannt gemacht? Ich glaube, an dieser Anklage ist überhaupt nichts Wahres. Versichern Sie mir nur bei Ihrer Ehre, dass Sie die Mumie nicht berührt haben und dass Sie nicht wissen, was derzeit damit geschehen ist, und ich werde sofort Ihre Freilassung anordnen."

„Ich weiß wirklich nicht, was daraus geworden ist", antwortete Edric. „Aber –"

"NEIN!" unterbrach Dr Ich fühle, dass mir das anvertraut ist. Nein, mein Schüler kann die von Ihnen geforderte öffentliche Erklärung nicht abgeben – im Gegenteil, ich gestehe es ein Ziel des Versuchs, die Mumie des Cheops wiederzubeleben, und ich rühme mich des stolzen Gedankens, dass es uns gelungen ist." (Ein entsetztes Stöhnen.) „Ja, Sir, ich zögere nicht, offen zu bekennen, dass das große Ziel meines Lebens mehrere Jahre lang darin bestand, das seltsame, unerklärliche Geheimnis des Lebens zu entdecken. Wir leben." , Herr, wir sterben: Wir werden geboren und begraben: Wir wissen, dass Zeit, Krankheit oder Gewalt uns töten können, aber wer kann sagen, worin das mysteriöse Prinzip des Lebens besteht? Zweifellos ist ein Herr mit Ihrer Intelligenz und Ihren umfassenden Informationen bestens vertraut; und es wurde immer wieder festgestellt, dass das Leben vom Herzen, dem Gehirn, der Blutzirkulation und der Atmung der Lunge abhängt trügerisch; das Herz wurde verletzt und das Gehirn entfernt, und doch lebte der Patient, während die Atmung und der Kreislauf stundenlang aufrechterhalten wurden, in einem Körper, aus dem der Lebensgeist verschwunden war und diverser anderer Argumente in meinem Kopf ist es mir aufgefallen, und ich kann tatsächlich sagen, dass ich nach reiflicher Überlegung zuversichtlich zu dem Schluss gekommen bin, dass beide Fähigkeiten, die wir Leben und Seele nennen, vollständig vom Nervensystem abhängen. Sind sich nicht alle Philosophen darin einig, dass wir Ideen lediglich über die Sinne aufnehmen? Und können unsere Sinne anders als durch den Einfluss der Nerven bedient werden? Ergo übertragen die Nerven allein Ideen und Empfindungen an den Geist – oder besser gesagt, die Nerven allein sind der Geist. Ich glaube, es ist kein einziger Fall bekannt, in dem nach der Zerstörung des Sensoriums oder auch nur einer ernsthaften Verletzung noch Leben übrig geblieben wäre. Was könnte dann einfacher sein, als anzunehmen, dass dort Leben wohnt? Indem ich diese Idee verfolge, bin ich seit langem davon überzeugt, dass dort, wo das Nervensystem unverletzt blieb und der Anschein des Todes nur durch eine Unterbrechung der Tätigkeit der tierischen Funktionen verursacht wurde, das Leben wiederhergestellt werden könnte, und zwar durch das Eingreifen eines Mächtigen Agentur könnte das Nervensystem zu einer Reaktion angeregt werden; und da dies natürlich nicht möglich war, wenn irgendeine Art von Zersetzung stattgefunden hatte, schien es mir, dass eine Mumie der einzige Körper war, an dem das Experiment mit der geringsten Aussicht auf Erfolg durchgeführt werden konnte. Aus verschiedenen Gründen war es jedoch bisher nie in meiner Macht, meine diesbezüglichen Wünsche zu verwirklichen; aber seit ein paar Wochen hegt mein Schüler ähnliche Sehnsüchte wie ich; und gestern haben sich unsere Hoffnungen erfüllt. Ja; Ich schmeichele mir, dass die Welt jetzt nicht den geringsten Zweifel daran haben kann, dass in gewöhnlichen Fällen, bevor die Verwesung stattgefunden hat, eine Wiederbelebung nicht nur möglich, sondern wahrscheinlich ist und dass tote Körper leicht wieder zum Leben erweckt werden können."

Der Schrecken und die Bestürzung, die diese außergewöhnliche Rede bei den Anglo-Ägyptern auslöste, die sie hörten, überstiegen jede menschliche Fähigkeit, sie zu beschreiben. Ihr Schrecken über die dreiste Gottlosigkeit des Doktors, die sie als solche betrachteten, wurde noch dadurch verstärkt, dass sie nicht mehr als ein Zehntel von dem verstanden, was er sagte. Als er fertig war, entstand eine Totenstille, die niemand zu unterbrechen wagte, bis ein plötzlicher Windstoß zufällig die Tür zum Ruhezimmer des Richters aufriss. Die erschrockene Menge wich entsetzt zurück, einer nach dem anderen, bleich und zitternd, als erwarteten sie unbedingt, dass seine Höllische Majestät persönlich vor ihnen erscheinen *würde* .

Als die Ruhe einigermaßen wiederhergestellt war, ordnete der Richter die Rückführung der Gefangenen ins Gefängnis an.

„Nach der gefährlichen und gottlosen Rede, die wir gerade gehört haben", sagte er, „wäre es Wahnsinn, solchen verdächtigen Personen insgesamt zu vertrauen; und dennoch würde ich mir gerne die Zeit nehmen, den Fall zu prüfen und festzustellen, ob dieser junge Mann es ist." in der Tat ist es die Person, die er selbst vertritt; ich gebe zu, dass es mir leid tun würde, dem Bruder des Oberbefehlshabers Ihrer britischen Majestät die volle Strafe des Gesetzes aufzuerlegen."

Ein Protest war zwecklos, und die Gefangenen wurden erneut in ihren Kerker geführt, wo sie schwer gefesselt waren und über das Unglück nachdenken mussten, das ihnen widerfahren war. Diese Meditationen waren alles andere als angenehm; denn Edric war zu wütend über die unpassende Offenheit des Arztes, um geneigt zu sein, etwas zu sagen; und der Arzt schämte sich zu sehr über die Wirkung, die seine Beredsamkeit bereits hervorgerufen hatte, als dass er sie noch weiter zur Schau stellen wollte. Als sich seine Augen schließlich an das schwach schimmernde Licht gewöhnt hatten, das in den Kerker eindrang, bemerkte er, dass die Wand, an die er gekettet war, mit Hieroglyphen bedeckt war, und versuchte, seinen Kummer durch eine genauere Betrachtung abzulenken.

„Ich gratuliere Ihnen, Sir", sagte Edric, als er dies bemerkte, und war über die Kühle seines Lehrers ziemlich empört – „ich gratuliere Ihnen aufrichtig zu Ihrer Philosophie und wünschte inständig, ich könnte sie nachahmen."

„Ah, Edric!" entgegnete der Arzt: „Nicht alle Männer sind gleich begabt."

„Entweder mit der Kunst, Fehler zu machen oder sie zu vergessen", sagte Edric spitz.

„Diese Hieroglyphen sind sehr merkwürdig", bemerkte der Arzt, der seine eigenen Gründe hatte, das Thema nicht weiter zu verfolgen; „Sehen Sie, wie schön die alten Ägypter Granit bearbeiteten. Der feine Schliff, den sie dieser harten Substanz verliehen haben, wäre absolut erstaunlich, wenn wir uns nicht daran erinnern würden, dass sie ihre Werkzeuge immer mit Smaragdstaub geschliffen haben."

„Hmpf!", sagte Edric in einem Tonfall, der zu bedeuten schien: „Und was kümmert es mich, wenn sie es getan haben?" Der Doktor jedoch blieb unbeeindruckt und fuhr fort: „Wie üblich taucht die Figur des Stiers hier häufig auf. Diese Mauer ist offensichtlich aus Steinen gebaut, die aus einer alten Ruine stammen. Übrigens, Edric, ich glaube nicht, dass ich Ihnen jemals erklärt habe, warum die alten Ägypter einen Stier als eine ihrer Gottheiten oder vielmehr als ihre wichtigste Gottheit wählten. Sie wissen, dass das Jahr in der Antike im Stier begann, obwohl es durch die Präzession der Tagundnachtgleiche inzwischen über den Widder hinausgegangen ist. Nun, da die alten Ägypter herausfanden, dass die Sonne ihre Laufbahn im Stier begann, was könnte natürlicher sein, als dass sie einen Stier mit dem belebenden Prinzip identifizierten? Dieselbe Theorie könnte die Legende der Chaldäer erklären, die davon ausgeht, dass die Welt durch einen Stier entstanden ist, der mit seinem Horn Chaos anrichtete – welches Horn übrigens wahrscheinlich der Ursprung der Fabel von Amalthea oder dem Füllhorn war."

Edric gab keine Antwort, und der Arzt, der eine Pause fürchtete, die seinem Schüler Gelegenheit geben könnte, ihn zu tadeln, fuhr fort:

„Obwohl die Ägypter eine Reihe von Gottheiten hatten, verehrten sie eindeutig nur zwei, nämlich die Prinzipien von Gut und Böse. Osiris, Isis, Cneph, Phath, Horus und all ihre Schar untergeordneter Gottheiten waren eindeutig Vorbilder der ersten, und Licht und Leben waren ihre Essenz; während Typhon, Campsa und die bösartigen Gottheiten das zweite verkörperten und ihre Attribute ausnahmslos Dunkelheit und Tod waren."

"Um Gottes willen!" rief Edric, „sag nicht mehr zu diesem Thema, denn es liegt nicht in der Macht der Sprache, den Schrecken zu beschreiben, den ich beim bloßen Gedanken an irgendetwas Ägyptisches empfinde. Lasst uns aus diesem schrecklichen Land fliehen, und ich hoffe aufrichtig, dass es nicht gelingt." Ich erinnere mich jemals an seine Erinnerung in meiner Vorstellung.

„So und so wandelbar sind die Wünsche des menschlichen Lebens!" sagte der Arzt. „Aber vor wenigen Wochen war Ägypten das Ziel Ihrer Wünsche und die Aussicht, eine Leiche wiederzubeleben –"

„Oh! Erwähne es nicht!" rief Edric schaudernd. „Oh Gott! Wie gerecht werde ich bestraft, gerade durch die Erfüllung meiner unheiligen Hoffnungen! – Selbst jetzt scheinen mich die schrecklichen Augen dieser abscheulichen Mumie anzustarren; und selbst jetzt spüre ich den Griff ihrer schrecklichen knochigen Finger auf meinem Arm!"

„Oh ja, kein Zweifel", rief der Arzt, „er hat hart zugekniffen. Er war ein König, und Könige sollten starke Arme haben, wissen Sie."

„Um Gottes willen! Machen Sie keine Witze über ein solches Thema", entgegnete Edric; „Ein so wildes und furchterregendes Thema, dass ich immer noch kaum glauben kann, dass alles, was vergangen ist, ein Traum war."

„Wenn das so ist", sagte der Doktor, „so würde ich, das gebe ich zu, sehr froh sein, daraus aufzuwachen, denn ich muss gestehen, dieses Gefängnis ist überhaupt nicht nach meinem Geschmack."

„Und dennoch, ist es nicht deine Schuld –?", begann Edric.

„Beschuldigungen, Edric, sind immer Torheit", unterbrach ihn der Doktor, der jetzt weder sehr stolz auf seine Rolle vor dem Richter war, noch sehr darauf erpicht war, dass darauf angespielt wurde. „Und statt Zeit damit zu verlieren, vergangene Fehler zu bedauern, ist es die Aufgabe eines weisen Mannes, nach Mitteln zu suchen, sie zu korrigieren und sie in Zukunft zu vermeiden."

"Vereinbart!" kehrte Edric zurück; „Und da Sie jetzt, wie ich annehme, davon überzeugt sind, dass Ihre gelehrte Dissertation über den wahrscheinlichen Ursprung des menschlichen Lebens, gelinde gesagt, zur ungünstigen Zeit gekommen ist, werden wir das Thema fallen lassen. Aber selbst wenn wir aus dem Gefängnis entlassen werden, was wird daraus? von uns? Unser Geld und unsere Wertsachen waren alle im Ballon; und hier sind wir, in einem fremden Land, völlig mittellos."

„Nicht ganz, Edric – nicht ganz!" rief der Arzt, und ein Glanz der Befriedigung breitete sich wieder auf seinem Gesicht aus; „Nein, nein; davor habe ich mich gehütet; ach, was ist das für eine Sache, Weitsicht zu haben! Nun ja, manche Menschen sind auf diesem Gebiet sicherlich außergewöhnlich begabt, und es ist eine glückliche Sache für Sie, dass Sie jemanden haben, der für Sie denkt." . Siehe hier!" die Dinge zur Schau stellen, während er sprach; „Hier ist ein Bett, eine Polsterung und Kissen, bereit zum Aufblasen; ein tragbares Bettgestell, Bettwäsche, Seife, Stifte, Tinte, Papier, Kerzen, Feuer, Messer, Gabeln, Löffel und Geld; alles gemütlich verpackt in meinem Geh- Stock!"

„Ihr Unterstützer", erwiderte Edric lächelnd, „wie Sie es früher nannten; und wie es sich jetzt wahrscheinlich zu beweisen scheint, in mehr als einer Hinsicht."

"Ja ja!" rief der Arzt, „lasst uns nur aus dem Gefängnis rauskommen, und alles andere wird leicht sein."

„Aber nur das, Doktor."

„Darüber müssen wir uns Zeit nehmen, darüber nachzudenken."

„Nun, es ist ein gewisser Trost, dass uns wahrscheinlich genug Zeit eingeräumt wird, da mein Hinweis auf den britischen Konsul dem Richter nicht entgangen zu sein schien. Oh, Doktor, wenn Sie nichts gesagt hätten!"

„Warum, hätten Sie ihm sicherlich nicht die Erklärung gegeben, die er verlangte?“

„Es gab keinen Anlass. Er wünschte und erwartete nicht mehr, als ich bereits gesagt hatte. Nach dem, was ich von meiner Familie erwähnt hatte, wünschte er sich nur einen guten Vorwand, um uns freizulassen.“

„Jedenfalls“, sagte der Arzt, um das Thema zu wechseln, „Sie sehen, meine Lehre wird durch die Wiederbelebung der Mumie vollständig bestätigt, denn sie muss vollständig zu Leben und Bewusstsein zurückgekehrt sein, sonst hätte sie nicht fliegen können.“ Weg mit dem Ballon.

„Ich für meinen Teil“, erwiderte Edric, „kann kaum glauben, dass das, was geschehen ist, wirklich war: Es muss sich um eine Täuschung handeln. Und doch, wer kann eine Täuschung begangen haben und zu welchem Zweck? Kurz gesagt, ich bin völlig verwirrt.“

Da sich der Arzt in einem ähnlichen Zustand befand, konnte er nur Mitgefühl für seinen Schüler empfinden. In diesem Zustand müssen wir die beiden zurücklassen, während wir uns nach dem geheimnisvollen Grund ihrer Spekulationen erkundigen.

Die Mumie, die auf diese Weise ins Leben zurückgerufen wurde, war tatsächlich Cheops! Und schrecklich waren die Empfindungen, die durch jeden Nerv pulsierten, als das zurückkehrende Bewusstsein alle Qualen seiner früheren Existenz mit sich brachte und der erneute Kreislauf durch jede Ader pulsierte. Sein erster Impuls war, das Grab zu verlassen, in dem er so lange eingemauert war, und wieder die Regionen des Lichts und des Tages aufzusuchen. Sein Instinkt schien ihn dazu zu führen; denn noch hing ein Nebel über seinen Sinnen, und Ideen strömten in schmerzhafter Verwirrung durch seinen Geist, die er weder ordnen noch analysieren konnte.

Als er jedoch die Ebene erreichte, schienen Licht und Luft ihn wiederzubeleben und seine zerstreuten Sinne wiederherzustellen; und während er wild umherblickte, rief er aus: „Wo bin ich? Was für ein Ort ist das? Mir scheint, alles erscheint wundersam, neu und seltsam! Wo ist mein Vater? Und wo! Oh, wo ist meine Arsinoë? Ach, ach!“, fuhr er wild fort; „Ich hatte es vergessen – ich hoffte, es war ein Traum, ein furchtbarer Traum, denn mir scheint, ich habe lange geschlafen. War es wirklich Wirklichkeit? Sind alle, alle verschwunden? Und war diese abscheuliche Szene wahr? – diese Schrecken, die noch immer wie eine gespenstische Vision in meinem Gedächtnis herumspuken? Sprich! Sprich!“ fuhr er fort, und seine Stimme wurde mit schauriger Energie lauter, während er sprach – „sprich! Lass mich den Klang einer anderen Stimme hören, bevor mein Gehirn im Wahnsinn versinkt. Habe ich den Hades betreten oder bin ich noch auf der Erde? – Ja, ja, es ist noch die Erde, denn dort thront die mächtige Pyramide, die ich errichten ließ, hinter mir. Doch wo ist Memphis? Wo sind meine Festungen und Paläste? Welch eine dunkle, rauchige Masse von Gebäuden umgibt mich jetzt! – Kann dies die einst stolze Königin der Städte sein? O nein! Ich sehe keine Paläste, keine Tempel – Memphis ist gefallen. Die mächtige Barriere, die ihre Pracht vor der Verwüstung durch die Wasser schützte, muss von den eindringenden Einbrüchen des anschwellenden Nils weggespült worden sein. Aber ist dies der Nil?", fuhr er fort und blickte wild auf den Fluss. "Ich muss mich sicher täuschen. Es ist der tödliche Fluss der Toten. Keine Papyrusboote gleiten sanft auf seiner Oberfläche, sondern seltsame, höllische Schiffe, die Unmengen von Feuer und Rauch ausspeien. Heiliger Osiris, verteidige mich! Wo bin ich? Wo war ich? Ein nebliger Schleier scheint sich über das Antlitz der Natur gelegt zu haben. Wach auf, wach auf!", rief er mit einem Schmerzensschrei, "befreie mich, ich wollte ihn nicht töten!" Dann warf er sich heftig auf den Boden und lag einige Augenblicke scheinbar bewusstlos da. Dann erhob er sich langsam, sah sich an, und ein tiefes, unnatürliches Schaudern erschütterte seinen ganzen Körper. Seine Identitätsempfindungen verwirrten sich, und er wich entsetzt vor sich selbst zurück: "Das sind die Insignien einer Mumie!", murmelte er mit hohlem Flüstern. "Bin ich dann tot?" Im nächsten Augenblick jedoch brach er in ein wildes, spöttisches Gelächter aus: - "Armer, schwacher Schlingel!", rief er; „Was fürchte ich? Muss *ich* zittern, in dessen Brust ewiges Feuer wohnt? Nein, nein! Lass mich lieber jubeln. Ich kann nicht elender sein; warum sollte ich dann eine Veränderung fürchten? Ich sollte sie lieber mit Entzücken begrüßen und meinem Schicksal tapfer trotzen.“

In diesem Moment fiel sein Blick auf den Ballonwagen: „Ah! Was ist das?“, rief er. „Ich bin gerufen! Es ist das Boot der Hekate, das bereit ist, mich über den Mærischen See zu bringen, damit ich mein endgültiges Schicksal erfahren kann. Ich komme! Ich komme! Ich fürchte kein Urteil! Meine Hölle ist hier!“ und er schlug sich an die Brust, sprang in den Wagen und stampfte heftig gegen die Seitenwände.

In diesem Augenblick erwachte Gregory; sein Schrecken war nicht überraschend. Die vertrockneten, verzerrten Gesichtszüge der Mumie sahen noch abscheulicher aus als zuvor, wenn sie von menschlichen Leidenschaften belebt wurden; und seine tiefe, hohle Stimme, die in einer Sprache sprach, die er nicht verstand, klang schwer an seinem Ohr wie das Stöhnen von Unholden. Gregory versuchte zu schreien, brachte aber keinen Laut heraus. Er versuchte zu fliegen, aber seine Füße schienen an der Stelle festgenagelt zu sein, und er blieb mit auf die Mumie gerichteten Augen stehen und schnappte nach Luft, während aus jeder Pore kalter Schweiß strömte. In der Zwischenzeit war Cheops über die Kiste gestolpert, in der sich die Vorrichtung zur Erzeugung brennbarer Luft befand, und hatte durch einen heftigen Schlag darauf die Maschine unbeabsichtigt in Gang gesetzt. Die

Rohre, Röhren und Bälge begannen sofort zu arbeiten; und die Gummiflasche blähte sich allmählich auf, bis sie zu einer enormen Größe anschwoll und wie ein gefangener Vogel in der Luft flatterte und gegen die massiven Wände schlug, an denen sie noch befestigt war.

„Es geht immer noch nicht", rief Cheops und stampfte wieder ungeduldig auf. Die Quecksilberdampfflasche war unter seine Füße gefallen und zerbrach, als er darauf trat. Der Dampf brach mit unvorstellbarer Gewalt aus ihr hervor und riss den Ballon aus seiner Halterung, der durch die Luft geschossen wurde wie ein Pfeil, der von einem Bogen abgeschossen wird.

KAPITEL XI.

In der Zwischenzeit war Sir Ambrose Montagu der Königin vorgestellt worden, und am Abend nach seiner Ankunft in der Stadt besuchte er ihren Salon. Die Pracht des englischen Hofes zu dieser Zeit lässt sich kaum beschreiben. Die Wände des Raumes, in dem die Königin ihren Gast empfing, waren buchstäblich ein einziges Feuer aus Edelsteinen, und diese waren in Form von Blumensträußen, Kränzen und Trophäen angeordnet und so gestaltet, dass sie bei jeder Bewegung zitterten. Diese prächtigen Mauern wurden durch eine Säulenreihe aus massivem Gold ergänzt, um die sich Kränze aus Juwelen schlängelten, die ebenfalls an elastischen Golddrähten befestigt waren, so dass sie jeden Augenblick zitterten. Der Thron der Königin bestand aus Goldfiligran, wunderschön gearbeitet, reich ziseliert und prächtig verziert, während sich dahinter eine riesige Spiegelplatte befand, die sich über die gesamte Länge und Höhe des Zimmers erstreckte und dem Ganzen den Eindruck einer Fee verlieh Palast. Der auf dem Boden dieses prächtigen Salons ausgebreitete Teppich war eine so genaue Nachahmung von grünem Moos, mit überaus schönen Blumengruppen, die nachlässig darauf geworfen wurden, dass ein rücksichtsloser Betrachter von der Zartheit ihrer Form und der Fülle ihrer Farben völlig getäuscht worden sein könnte , und haben sich gebückt, um sie aufzuheben, in der Annahme, sie seien echt. Die Ausstattung der zum Tanzen geeigneten Räume war ebenso prächtig und auf die gleiche Weise eingerichtet, mit der Ausnahme, dass die Böden gestrichen waren, um die Wirkung des Teppichs nachzuahmen, und an jeder Seite Reihen von Bäumen aufgestellt waren, die mit Lampen behängt waren. Dieser nachahmende Hain war so vorzüglich bewirtschaftet, dass der Betrachter kaum glauben konnte, er sei künstlich; und die Musik zum Tanzen kam von seinen Blättern oder von Automatenvögeln, die achtlos zwischen seinen Zweigen platziert waren.

Die Kleider der Königin und ihrer Begleiter waren der Wohnung, in der sie wohnten, würdig. Brokatseide, Stoffe aus Gold, bestickter Samt, goldene und silberne Stoffe und hauchdünne Netze aus Spinnennetzen waren mit Edelsteinen und prächtigen Federbüschen in einer Fülle vermischt, die kaum zu beschreiben ist. Die schönsten weiblichen Kleidungsstücke waren jedoch Gewänder aus gewebtem Asbest, die im strahlenden Licht wie geschmolzenes Silber glitzerten. Die Damen waren alle in weite Hosen gekleidet, über denen Vorhänge in anmutigen Falten hingen; und die meisten von ihnen trugen auf ihren Köpfen Ströme brennenden Gases, die durch Kapillarröhrchen zu Federn, Fleurs-de-Lis oder kurz gesagt zu jeder Form, die dem Träger gefiel, geformt wurden; dessen *Jets de Feu* eine ungewöhnlich keusche und elegante Wirkung hatten. Die Herren waren alle im spanischen Stil gekleidet, mit geschlitzten Ärmeln, kurzen Umhängen und großen

Hüten, geschmückt mit riesigen Straußenfederbüschen, wobei es damals als äußerst vulgär galt, mit unbedecktem Kopf zu erscheinen. Es wäre vielleicht schwer gewesen, sich vollkommenere Modelle männlicher und weiblicher Schönheit vorzustellen als diejenigen, die jetzt den Hof von Königin Claudia schmückten, denn das *Beau-Ideal* der Fantasie des Malers schien von den dort versammelten edlen lebenden Figuren verwirklicht, ja sogar übertroffen zu werden. Die Frauen waren besonders lieblich, und wenn sie um ihre Königin versammelt standen oder leicht durch die Labyrinthe des anmutigen Tanzes schritten, waren sie wie oben beschrieben gekleidet, ihre Stirnen waren mit Stirnreifen aus Edelsteinen gebunden und ihr glänzendes Haar hing in üppigen, üppigen Locken an den Haaren herab Mit elfenbeinfarbenen Schultern sahen sie aus wie eine Gruppe von Houris oder den Nymphen von Circe, bereit mit funkelnden Augen und Hexenstimmen, um Menschen ins Verderben zu locken.

Claudia war sehr hübsch, und obwohl ihr Gesicht ausdruckslos war, waren ihre edle Gestalt und ihr majestätisches Auftreten dafür geeignet, ihre Rolle als Königin inmitten dieser Schar von Schönheiten mit angemessener Würde zu spielen. Es liegt etwas in der Gewohnheit des Befehligens, wenn man es lange genossen hat, das dem Benehmen eine imposante Majestät verleiht, die der große Emporkömmling vergeblich nachzuahmen versucht; und Claudia hatte dies in Vollkommenheit. Das Bewusstsein von Schönheit, Macht und hoher Geburt schwoll in ihrer Brust an; und selbst wenn sie umgänglich sein wollte, war sie nur herablassend.

Jetzt jedoch empfing sie Sir Ambrose äußerst gnädig; Sie reichte ihm ihre schneeweiße Hand zum Küssen und richtete ein paar lobende Worte an ihn, die ihm tief ins Herz drangen. Es ist eines der Privilegien der Größe, leicht Emotionen zu erregen; Ein einziges lobendes Wort von denen über uns überwiegt bei weitem alle mühsamen Schmeicheleien unserer Untergebenen. So berührten die Worte Claudias und das herzliche Lob, das sie Edmund entgegenbrachte, das Herz seines Vaters auf die reinste Weise; und schlug so heftig auf ihn ein, dass er ihr zu Füßen gefallen wäre, wenn er nicht von einem jungen Mann gestützt worden wäre, der in seiner Nähe gestanden hätte.

„Sie scheinen schwach zu sein, Sir", sagte der Junge; „Erlauben Sie mir, Sie zu einem Sitzplatz zu führen?"

„Danke, danke", rief Sir Ambrose, der die angebotene Hilfe dankbar annahm und sich auf seinen jugendlichen Unterstützer stützte, als sie die Präsenz verließen. Der Fremde setzte Sir Ambrose vorsichtig auf ein Sofa unter den harmonischen Bäumen, die wir bereits erwähnt haben; und als er vor ihm stand und fragte, ob er ihm Erfrischungen besorgen solle, hatte Sir Ambrose die volle Muße, sein Gesicht und seine Figur zu betrachten: beide waren überaus hübsch. Der junge Mann schien kaum das Knabenalter hinter sich gelassen zu haben, und seine wohl proportionierte Gestalt zeigte die ganze Leichtigkeit und Aktivität der Jugend; aber Witz und gute Laune lachten in seinen strahlend blauen Augen, während lebhafte Gesichtszüge und ein bezauberndes Lächeln ein *Ensemble vervollständigten*, dem nur wenige Brüste widerstehen konnten. Sir Ambrose war unwiderstehlich erfreut und sehnte sich danach zu wissen, wem er so viel Freundlichkeit zu verdanken hatte. Aber er fühlte sich zu zart, um die Frage direkt zu stellen, und es gab nichts im Äußeren des jungen Mannes, das eindeutig darauf hindeutete, zu welchem Rang im Leben er gehören könnte.

Er war hübsch gekleidet und seine Miene und sein Benehmen wirkten leicht fremdartig; obwohl dies einfallsreich sein könnte, da Sir Ambrose die Sitten und Gebräuche des Hofes nicht kannte. Er schien auch etwas Komisches an sich zu haben, und die Miene, mit der er sich Sir Ambroses prüfendem Blick unterzog, war überaus komisch.

„Kann ich irgendetwas für Sie tun?" fragte er schließlich, als er glaubte, die Neugier des Baronets habe Zeit gehabt, sich zu befriedigen.

„Nichts", antwortete Sir Ambrose; "Aber-"

„Aber – Sie möchten wissen, wer ich bin?" sagte der Fremde.

„Ich gestehe", erwiderte Sir Ambrose errötend, „ich würde gerne wissen, wem ich so viel zu verdanken habe."

„Mein Name ist Henry Seymour", antwortete der junge Mann. „Ich bin in Spanien als Kind englischer Eltern geboren. Ich bin ein Waisenkind und in Not. Einer der Ärzte Ihrer Majestät, Dr. Coleman, hat mich der Königin vorgestellt, in der Hoffnung, einen Platz am Hof zu bekommen."

„Ich schäme mich sehr", sagte Sir Ambrose, „dass meine indiskrete Neugier – das heißt, dass Sie gedacht haben – ich meine, dass ich gefragt habe nach –"

„Kurz gesagt", unterbrach ihn der junge Mann, „Sie glauben vielleicht, ich hätte Sie als unhöflich bezeichnen wollen, indem ich so ausführlich von mir erzählte. Aber ich tue das in ähnlichen Fällen immer. Es erspart mir Ärger."

Sir Ambrose lächelte. „Sie sind ein merkwürdiger junger Mann", sagte er. „Ich möchte Sie gern besser kennenlernen."

„Und ich", entgegnete der Fremde, „sollte stolz sein, die Freundschaft von Sir Ambrose Montagu zu gewinnen, und werde den Tag, an dem ich seiner Aufmerksamkeit bekannt wurde, immer als einen der glücklichsten meines Lebens betrachten."

Während er sprach, breitete sich ein Freudenschein über die lebhaften Gesichtszüge des Jünglings aus, und Sir Ambrose bildete sich ein, dass sein Akzent leicht irisch klang. Da er jedoch davon überzeugt war, dass er sich irren musste, bemerkte er es nicht, sondern rief nur aus: „Sie kennen mich." , Dann?"

Bevor der Fremde Zeit hatte, eine Antwort zu äußern, näherten sich der Herzog von Cornwall und die Prinzessinnen Rosabella und Elvira und hinderten ihn am Sprechen.

„Wie geht es dir, mein lieber Freund?" sagte der Herzog; „Sie sagten uns, dass du krank wärst."

„Ich war ein wenig so", erwiderte Sir Ambrose; „Und ich glaube, ich wäre in Ohnmacht gefallen und hätte meinem Souverän ganz orientalisch meine Aufwartung gemacht, wenn dieser Herr mich nicht gerettet hätte."

„Ich bin sicher, wir sind Ihnen sehr dankbar, Sir", sagte der Herzog und wandte sich an den Jugendlichen.

„In der Tat sind wir sehr dankbar", sagte Elvira.

Der Fremde gab eine passende Antwort, und nach einem kurzen Gespräch, an dem sich Dr. Coleman beteiligte, bat er um die Gunst von Elviras Hand für den Tanz, da dieser würdige Herr ebenfalls durch die Nachricht von Sir Ambroses Krankheit an den Ort gelockt worden war.

„Das ist ein sehr netter junger Mann", sagte der Herzog, als er sich zu den Tänzern gesellte: „Ich bewundere ihn sehr."

„Er verdient alles, was man zu seinen Gunsten sagen kann", entgegnete Dr. Coleman: „Ich kenne ihn schon lange und ich liebe ihn wie einen Sohn."

Als Elvira sich an diesem Abend in ihr Zimmer zurückzog, seufzte sie so oft und so tief, dass Emma, die ihr bei der Toilette half, nicht umhin konnte, ihr Unbehagen zu bemerken. „Bist du krank, meine liebe Herrin?" fragte sie in einem gefühlvollen Ton; „Was sonst könnte zu dieser plötzlichen Veränderung geführt haben?"

„Mir geht es ganz gut", sagte Elvira und seufzte erneut.

„Warum seufzst du dann und siehst so nachdenklich aus?"

„Ich habe an Lord Edmund gedacht."

„In der Tat! Ich hätte nicht gedacht, dass er die Macht hat, dich zum Seufzen zu bringen. Er hat Grund, sich geschmeichelt zu fühlen."

„Oh, Emma! Ich wünschte, er wäre wie Henry Seymour!"

„Und wer ist Henry Seymour?" fragte Emma lächelnd und begann zu vermuten, dass sie sich ziemlich voreilig eingebildet hatte, dass Lord Edmund Gelegenheit hatte, sich wegen der *Tristesse der Prinzessin zu schmeicheln* .

„Einer der faszinierendsten Menschen", entgegnete Elvira; „so fröhlich und doch so zärtlich. Er ist vielleicht nicht so regelmäßig schön wie Edmund, aber er hat so ausdrucksstarke Züge, und seine Seele verleiht seinem Gesicht so viel Lebendigkeit."

„Armer Edmund!" dachte Emma: Aber da sie zu diskret war, um es zu sagen, war sich Elvira nicht bewusst, welche Interpretation ihre Aussage haben könnte; und sie schwärmte weiter von den Freuden des Balls, bis sie im Bett lag.

Der folgende Tag war für den triumphalen Einzug von Lord Edmund bestimmt, und der größte Teil der Nacht davor verbrachte Sir Ambrose in größter Aufregung. Er konnte nicht schlafen; er erhob sich mehrmals in übertriebener Angst aus seinem Bett, um auf die Wiederholung der Geräusche zu lauschen, die er zu hören glaubte; sobald er sein Fenster öffnete, war alles still. Sein Zimmer blickte auf den Garten von Herrn Montagu, der, wie bereits erwähnt, bis zur Themse reichte, und das ruhige Mondlicht schlief friedlich auf den hohen, dichten Bäumen und dem grünen Rasen, die sich vor ihm ausbreiteten. Die Abendbrise fühlte sich kühl und erfrischend an; aber Sir Ambrose seufzte, und eine seltsame Angst vor etwas, das er nicht ganz definieren konnte, überkam ihn.

Er zog sich wieder zu Bett zurück und verfiel schließlich in einen fieberhaften und unruhigen Schlaf. Bei Tagesanbruch kündigte jedoch ein Kanonendonner den Beginn des wichtigen Tages an. Sir Ambrose sprang bei der ersten Entladung von seinem Kissen auf, und der feierliche Klang erschütterte jeden Nerv, als er über den Himmel hallte. Kaum waren seine Echos im Ohr verklungen, als ein weiterer, und ein weiterer Glockenschlag folgte; und das Herz von Sir Ambrose pochte in seiner Brust fast bis zum Ersticken, während er dasaß, den Kopf auf die Hände gestützt und, wenn auch erfolglos, versuchte, seine Ohren vor dem feierlichen Klang zu schützen, der jede seiner Fähigkeiten zu absorbieren und zu treffen schien fast mit der Wucht eines Schlages auf seine Nerven.

Während er sich noch in dieser Lage befand, betrat Pater Morris den Raum. – „Kommen Sie, kommen Sie, Sir Ambrose!" rief er, „sind Sie nicht bereit? Die Königin hat nach uns geschickt, und die Prozession ist gerade bereit, aufzubrechen." – Sir Ambrose erschrak: Er versuchte, sich anzuziehen, aber seine zitternden Hände weigerten sich, ihre Aufgabe zu erfüllen, und Pater Morris und Abelard waren gezwungen, ihn anzukleiden und ihn nach unten zu seinem Freund, dem Herzog, zu führen, der ungeduldig auf ihn wartete.

Es wurde oft gesagt, dass die Vorfreude auf das Vergnügen immer größer ist als die Realität. Dies war jedoch im vorliegenden Fall nicht der Fall, da die Brillanz von Lord Edmunds Triumph weitaus größer war, als es selbst die Vorstellungskraft der Zuschauer zuvor gewagt hatte zu begreifen. Der Herzog und Sir Ambrose, begleitet von Pater Morris, fanden die Personen, die die Prozession der Königin bilden sollten, in den weitläufigen Gärten des prächtigen Palastes von Somerset House versammelt vor. Diese schönen Gärten, die ihre grünen Haine entlang der Ufer des Flusses ausbreiteten, geschmückt mit allen Reizen der Natur und Kunst und bereichert durch einige der schönsten Skulpturen der Welt, waren nun mit der ganzen Schönheit und dem Rang Englands überfüllt , die, während sie auf die Ankunft ihres Souveräns warteten, ein *Ensemble bildeten* , das keine andere Nation der Welt nachahmen konnte.

Auf dem Mittelweg erschien das prächtige arabische Pferd der Königin, geführt von seinen Stallknechten und prächtig geschmückt. Sein Zaumzeug war mit Edelsteinen besetzt und seine Hufe mit Gold besetzt, während sein blauer Satinsattel und seine Pferdedecken reich bestickt und mit demselben Metall besäumt waren. Das edle Tier, dessen wallende Mähne und Schweif über den Boden fegten, schritt stolz dahin, warf seinen Kopf hoch und wies den Boden, auf den es trat, zurück, als wäre es sich bewusst, dass es bei dem bevorstehenden großen Spektakel eine herausragende Rolle spielen würde. Alles war nun bereit, aber Königin Claudia erschien noch immer nicht.

Gespräch mit Pater Morris vertieft war . Lord Gustavus zuckte zusammen, als er die Stimme seines Freundes hörte, und war offensichtlich verwirrt, während Pater Morris in seinem üblichen sanften, einschmeichelnden Tonfall antwortete: „Vielleicht ist Ihre Majestät unwohl und hat etwas länger als gewöhnlich geschlafen.“

„Höchstwahrscheinlich“, erwiderte Lord Maysworth; „Dennoch ist es seltsam, dass das Gleiche so oft passiert. – Wenn Sie sich erinnern“, fuhr er fort und wandte sich erneut an Lord Gustavus, „habe ich am Morgen ihres letzten Deichs die gleiche Beobachtung gemacht. Tatsächlich habe ich sie in letzter Zeit häufig gemacht, und ich habe beobachtet, dass sie blass und träge aussieht.

„Da kommt sie jedenfalls! Und ich für meinen Teil glaube, ich habe sie noch nie besser aussehen sehen“, sagte Dr. Hardman, der sich ihnen nun angeschlossen hatte und der trotz seiner gewalttätigen politischen Ansichten einer der Ärzte des Hofes war. Claudias Trägheit, die tatsächlich täglich zuzunehmen schien, hatte sie dazu gebracht, Dinge zu übersehen, die ein anderer Herrscher ihr übel genommen hätte.

Claudia sah wirklich gut aus, und ihr Kleid passte gut zu ihrem Schönheitsstil. Ihre Hose und Weste waren aus blassblauem Satin, während über ihre

Schultern ein langer, fließender Vorhang aus Asbestseide geworfen war, der in anmutigen Falten herabhing und beim Gehen über den Boden fegte und in der Sonne wie ein Gewand aus gewebtem Silber glänzte. Auf ihrem Kopf trug sie eine prächtige Tiara aus Diamanten, und in ihrer Hand hielt sie das königliche Zepter, das von einer Taube gekrönt und reich mit Edelsteinen verziert war. So prächtig gekleidet, umgeben von den Damen ihres Haushalts, verließ sie ihren Palast, und während ihre knienden Untertanen sich in demütiger Ehrerbietung um sie herum verneigten, bestieg sie ihr edles Schlachtross. Kanonen wurden nun in schneller Folge abgefeuert, die Glocken jeder Kirche läuteten fröhlich, und Kriegsmusik mischte sich in den Lärm. Die Palasttore wurden geöffnet und die Prozession strömte durch sie hindurch auf die Straßen, wo Scharen von Menschen hin und her strömten, begierig darauf, einen Blick auf das prächtige Schauspiel zu erhaschen.

Zuerst rückte eine lange Doppelreihe von Mönchen vor, die in priesterlichem Prunk gekleidet waren und ungeheuer dicke, beleuchtete Kerzen in ihren Händen trugen; Sie singen Danksagungen für den Sieg. Ihnen folgten Chorknaben, die Weihrauch aus silbernen Vasen warfen, die an Ketten an ihren Händen hingen, und auch sangen; Ihre schrillen Höhen vermischen sich mit den tiefen Bassstimmen der Priester in reicher und sanfter Harmonie. Als nächstes erschien die Königin mit ihrem tänzelnden Ross, angeführt von Pferdepflegern, während wunderschöne, elegant gekleidete Mädchen auf beiden Seiten ihres Souveräns gingen und Blumen aus schicken Körben aus geschmiedetem Gold auf ihren Weg streuten. Hinter der Königin ritten die Damen ihres Haushalts und die wichtigsten Adligen ihres Hofes, deren prächtige Straußenfedern auf den großen spanischen Hüten mit ihren riesigen Schnurrbärten und offenen Hemdkragen ihnen das Aussehen einiger von ihnen verliehen Vandycks beste Bilder. Während sie langsam dahinritten, schritten ihre edlen Araber stolz auf und ab und kauten das Gebiss, ungeduldig auf Zurückhaltung.

Als nächstes erschienen die Hofdamen, prächtig gekleidet in offenen Sänften, getragen auf den Schultern von Männern, die prächtig gekleidet und in reiche Livreen gekleidet waren. Unter ihnen befanden sich Elvira und Rosabella.

Ihnen folgten wie zuvor Mönche und Knaben, die jedoch eine etwas andere Melodie sangen. Es war jetzt ein Gesang des Ruhms und des Triumphs, der in den Ohren anschwoll, denn diese gingen dem Herzog und Sir Ambrose voraus; der eine als Onkel der Königin und der andere als Vater des erwarteten Helden einnahmen den Ehrenplatz. Die beiden ehrwürdigen alten Männer saßen Hand in Hand in einem prächtigen Wagen, der von zwei arabischen Pferden gezogen wurde, und wurden von einer großen Truppe der Wachen der Königin gefolgt.

Die Kostbarkeit und Vielfalt der an diesem Tag getragenen Kleider waren unbeschreiblich. Viele der Damen trugen Turbane aus geflochtenem Glas; während andere auf ihren Hüten sehr hübsche Fontänen aus Glasstaub trugen, die, von einem kleinen Perpetuum-Motion-Rad in kleinen Strahlen hochgeschleudert, in der Sonne wie echtes Wasser glitzerten und eine ganz einzigartige Wirkung hatten.

Auf diese Weise bewegte sich die Prozession in Richtung Blackheath Square, der angeblich der größte und schönste der Welt ist und wo das Treffen zwischen der Königin und ihrem General stattfinden sollte. Unter den zahlreichen Ballons, die in der Luft schwebten und dieses großartige Schauspiel genossen, befand sich einer mit Pater Murphy, der sich wegen eines verstauchten Knöchels nicht der Prozession anschließen konnte, und der Familie von Mr. Montagu – und nichts konnte enthusiastischer sein als ihre Freude, als sie auf die herrliche Szene unter ihnen hinabblickten. Man kann sich in der Tat nur wenige Dinge schöner vorstellen als den Anblick dieses prachtvollen *Trauerzuges* , der sich langsam entlang einer prächtigen Straße schlängelte, die angeblich fünf Meilen lang ist und von Blackfriars' Bridge über Greenwich nach Blackheath führt.

Prächtige Häuserreihen oder vielmehr Paläste säumten die Seiten dieser herrlichen Straße; Die Terrassen und Balkone davor waren voller Menschen jeden Alters, wunderschön gekleidet, schwenkten Fahnen in verschiedenen Farben, reich bestickt und mit Gold gesäumt, während Girlanden aus erlesensten Blumen von Haus zu Haus hingen. Wir haben bereits gesagt, dass die Luft voller Luftballons war und die Menge jeden Moment größer wurde. Diese Luftmaschinen, die bis zum Zusammenbruch mit Zuschauern beladen waren, glitzerten in der Sonne und präsentierten alle möglichen Formen und Farben. Tatsächlich wurde jeder Ballon in London oder Umgebung requiriert und in manchen Fällen enorme Summen gezahlt, allein für das Privileg, an den Schnüren zu hängen, mit denen die Wagen befestigt waren, während die unzähligen Menschenmengen, die auf diese Weise die Luft füllten, sich amüsierten sich selbst, indem sie Blumen auf die Köpfe derer streuten, die darunter ritten.

Neben Ballons flatterten jedoch auch eine Vielzahl anderer Fortbewegungsmittel am Himmel. Einige Dandys ritten auf mit brennbarem Gas gefüllten Luftpferden; während andere auf Flügeln schwebten oder sanft dahinglitten und sich anmutig auf Luftschlitten zurücklehnten, wobei die letzten so konstruiert waren, dass sie eine ausreichende Luftsäule für ihre Unterstützung abdeckten. Als sich die Prozession dem Fluss näherte, wurde die Szene noch lebhafter; Unzählige Kähne jeder Art und Art schossen schnell dahin oder glitten sanft über das glitzernde Wasser. Einige trieben in großen bootähnlichen Schuhen mit der Flut; während andere, die auf sofaförmigen Wagen aus Perlmutt lagen, von aufgeblasenen Figuren vorwärts gezogen wurden, die Gottheiten oder Monster der Tiefe darstellten.

Als die Königin eine Stelle in der Nähe von Greenwich erreichte, wo der Fluss in all seiner herrlichen Majestät durch eine große Öffnung auf sie herabstürzte, hielt sie inne und befahl ihren Trompetern, vorzurücken und ein Tusch zu blasen. Sie gehorchten und nach einer kurzen Pause antworteten die Trompeter von Lord Edmund; der Klang, durch die Entfernung gedämpft, hallte in lieblicher Harmonie über das Wasser. Erfreut über diese Antwort, die die Ankunft von Lord Edmund und seinen Truppen am vereinbarten Ort ankündigte, setzte sich die Prozession der Königin erneut in Bewegung und erreichte in kurzer Zeit Blackheath.

Der edle Platz, auf dem das Treffen stattfinden sollte, war bereits von Soldaten bevölkert, während jedes Haus, das ihn umgab, mit Zuschauern bedeckt war. Keine Bäume oder phantasievolle Verzierungen störten die schlichte Erhabenheit dieses riesigen Platzes; die Häuser, die ihn umgaben, waren in exakter Einheitlichkeit gebaut, jedes hatte ein Peristyl, das von korinthischen Säulen getragen wurde, und eine reich verzierte Fassade, und sahen aus wie viele athenische Tempel. Als der *Gefolge* der Königin den Platz betrat, bildeten die Soldaten eine Öffnung, um sie zu empfangen, und knieten ehrfürchtig auf beiden Seiten nieder, mit gestreckten Armen und sich biegenden Bannern, als sie vorbeigingen. In der Mitte stand Lord Edmund, umgeben von seinem Stab, ganz in polierter Rüstung; denn seit man eine Erfindung entdeckt hatte, die Stahl vollkommen biegsam machte, wurde er allgemein im Krieg verwendet. Lord Edmunds Helm wurde jedoch abgeworfen, und sein schönes Gesicht kam in höchstem Maße zur Geltung, als er und seine Offiziere sich von ihren Schlachtrossen warfen, um vor der Königin niederzuknien. Auch Claudia stieg von ihrem Schlachtross, und wie sie in ihren glitzernden Gewändern dastand, von allen Seiten von ihren knienden Untertanen umgeben, sah sie tatsächlich aus wie deren Herrscherin. Mit angemessener Würde richtete sie ein paar Worte des Dankes und der Anerkennung an Lord Edmund, der vor ihr kniete und dessen dichtes, dunkelbraunes Haar in dichten Locken über seine edle Stirn fiel. Seine anmutige Gestalt kam durch seine eng anliegende Rüstung besonders gut zur Geltung, über die jedoch bei dieser Gelegenheit ein kurzer Mantel aus feinem scharlachrotem Stoff geworfen war, der reich mit Gold bestickt und vorne mit einer Kordel und prächtigen Quasten befestigt war, die ganz aus demselben Metall gefertigt waren. Er sah aus wie eine lebende Personifizierung des Kriegsgottes.

Die Königin hob ihn auf die gnädigste Weise vom Boden auf; Dann wandte sie sich an die immer noch knienden Soldaten und hielt eine kurze Rede an sie, die der gleichen Art entsprach, die sie an Lord Edmund gerichtet hatte. Danach bestieg sie wieder ihren Zelter, ließ Lord Edmund an ihrer Seite reiten und bereitete sich vor in die Stadt zurückkehren. Edmunds scharfes Auge hatte seinen Vater und seine Freunde entdeckt und liebevolle Blicke mit ihnen ausgetauscht, obwohl die Etikette seiner gegenwärtigen Situation es ihm nicht erlaubte, mehr zu tun; und nun ritt er stolz an der Seite der Königin und verneigte sich anmutig vor der versammelten Menge, während er vorbeiging, und sein Herz klopfte vor Freude bei dem Gedanken, dass sein Triumph von denen bezeugt wurde, die ihm am meisten am Herzen lagen; während sein edler Araber den Kopf zurückwarf und sein Gebiss drückte, während er vorwärts tänzelte, als wüsste er auch, welche Rolle er in der prächtigen Zeremonie spielte.

Beifall erfüllte den Himmel, als die Prozession vorrückte, und Rosenregen regneten von den Ballons oben auf die Königin und ihren General herab; von denen auch Flaggen in anmutigen Falten wehten und im Wind flatterten, während die Ballons am Himmel entlangschwebten. Jeder schien von der Pracht dieses prächtigen Spektakels entzückt zu sein; aber niemand empfand mehr Freude als die Insassen des Ballons von Mr. Montagu. Sogar dieser ahnungslose Gentleman selbst war bewegt auszurufen, dass er in seinem Leben nie mehr verzaubert gewesen sei; während die Verzückung seiner Gattin so maßlos war, dass sie, wie die Zuschauer der Hirschjagd auf dem See von Killarney, in unmittelbarer Gefahr war, sich in ihrer Ekstase über Bord zu werfen: und Clara faltete in aller Verzückung kindlicher Freude ihre Hände, ihre funkelnden Augen und lebhaften Blicke zeugten reichlich von ihrer Genugtuung.

„Was für ein Geschrei! Was für ein Lärm!“ rief Herr Montagu aus; „Ich erkläre, es erinnert mich an die Jubelrufe zur Zeit Neros, als die Römer gemeinsam riefen und bei dem Lärm Vögel vom Himmel fielen!“

„La! Papa, ist das wahr?“ fragte Clara.

„Ach, und das ist eine seltsame Frage“, sagte Pater Murphy, „und ich möchte nicht, dass ein Kind von mir sie stellt.“

"Und warum nicht?" fragte Herr Montagu etwas empört.

„Denn ein Kind sollte immer darauf hören, was sein Vater sagt, bevor es hört, wie er den Mund öffnet.“

„Wie gut die Königin aussieht!“, bemerkte Mrs. Montagu, der die Bemerkung des ehrwürdigen Vaters alles andere als angenehm war. „Vor kurzem hieß es, sie habe ihren Appetit verloren und könne nicht zur Ruhe kommen; aber ich glaube, jetzt scheint es ihr nicht mehr so sehr zu fehlen.“

„Meine Amme sagt, sie wird vergiftet“, rief Clara, „und das wäre keine große Sache, wenn das der Fall wäre, denn dann müsste das Volk sich selbst eine

Königin aussuchen und könnte mit ihr die Bedingungen vereinbaren, die ihm gefielen."

„Und ist das die Art von Dienerin, die Sie meiner Tochter zumuten, Mrs. Montagu?", fragte der empörte Vater, der durch die Wichtigkeit des Anlasses aus seiner üblichen Lethargie gerissen wurde. „Clara soll morgen in ein Internat gehen und ihr Kindermädchen soll entlassen werden. Meinem Kind soll nicht beigebracht werden, Verrat zu begehen."

„Meine Güte, Mr. Montagu", antwortete die Frau, „was für eine ernste Angelegenheit machen Sie aus einem harmlosen Klatsch!"

„Klatsch nennen Sie das?", wiederholte ihr Mann. „Es ist Klatsch, der mich meinen Kopf und Sie Ihr Vermögen kosten könnte, wenn er unfreundliche Ohren erreichte."

Auf diese Rede folgte eine peinliche Pause, die niemand zu unterbrechen schien, bis Clara ausrief: „Du meine Güte! Was für ein schönes Pferd mein Cousin Edmund reitet!"

„Ich glaube, nach ihm kommt ein schönerer Mann", sagte Pater Murphy.

„Was, der da mit dem hängenden Kopf und der Mähne, die über den Boden fegt?", fragte Mrs. Montagu.

„Ja. – Und es ist auch ein sehr hübscher junger Mann, der neben ihm geht", antwortete Pater Murphy.

„Seine Hände sind gefesselt, als wäre er ein Gefangener; und er sieht aus wie ein Ausländer", bemerkte Herr Montagu, der in einen seiner Anfälle von Abstraktion zurückgefallen war: „Ich frage mich, was ihn dorthin bringen kann!"

„La! Herr Montagu, wie Sie reden!" rief seine Frau, „Sie wissen, mein Neffe Lord Edmund hat gerade eine Schlacht gewonnen, und was könnte natürlicher sein, als dass er Gefangene gemacht hätte?"

„Stimmt", entgegnete Herr Montagu mit äußerster Naivität, „daran habe ich nie gedacht!"

„Ach, und es ist ein barbarischer Brauch, den Gefangenen Ketten um die Hände zu legen", sagte Pater Murphy, „als ob es nicht schon schlimm genug wäre, ein Gefangener zu sein, ohne wie einer auszusehen."

"Armer Kerl!" rief Clara, „ich möchte ihn am liebsten loslassen. Er sieht sehr melancholisch aus!"

„Wie toll mein Neffe Lord Edmund aussieht!" fuhr Frau Montagu fort: „Ich erkläre, dass er ein echter König war, er hätte kein großartigeres Aussehen haben können. Und dann den armen alten Herrn, seinen Vater, meinen

Schwager, Sir Ambrose, Hand in Hand da sitzen zu sehen- Hand des Herzogs von Cornwall persönlich – ich erkläre, es tut meinem Herzen gut, sie anzusehen!"

Während Mrs. Montagu über die widergespiegelte Erhabenheit jubelte, die auf sie strahlte, von der Schwägerin bis zur Person, die Hand in Hand mit dem Herzog saß, war die Freude und das Entzücken dieser erhabenen Persönlichkeit fast ebenso groß gewesen als ihr eigenes.

Seine Ungeduld während der ganzen Prozession von London war maßlos gewesen; und als er Edmund sah, rieb er sich vor Verzückung die Hände, sprang auf und warf Sir Ambrose beinahe um, der sich ebenfalls nach vorn beugte und seinen Sohn begierig anstarrte. „Da! Da ist er!", rief der Herzog. „Sehen Sie, wie gutaussehend er ist! Oh, der junge Schurke! Heute werden viele Herzen verloren gehen, das wette ich! Sehen Sie ihn an, wie die Farbe in seine Wangen kommt, als die Königin mit ihm spricht! Sehen Sie! Jetzt hilft er ihr auf ihr Pferd – und jetzt sehen Sie, er sieht sich nach uns um! Da fiel mir sein Blick auf – sehen Sie, Sir Ambrose! Sehen Sie ihn nicht? – Sie weinen doch nicht, mein alter Freund? Sie machen mich doch zu einem ebenso großen Narren wie Sie selbst – Gott segne ihn! Ich bin sicher, ich kenne keinen Grund, weswegen wir weinen sollten; aber wir sind zwei alte Einfaltspinsel."

Pater Morris, der sich der Prozession der Mönche angeschlossen hatte, war fast ebenso bewegt wie sein Gönner. Tatsächlich schien seine Zuneigung zu Edmund die einzige menschliche Leidenschaft zu sein, die in seiner asketischen Brust verblieben war. Äußerlich kalt bis zur Frigidität, schien Pater Morris die Szenen um ihn herum nur als die sich bewegenden Figuren einer Laterna magica zu betrachten, die einen Moment lang in leuchtenden Farben glitzerten und dann in der Dunkelheit verschwanden, ohne eine Spur zu hinterlassen: – während er, ungerührt wie die Wand, über die das bunte, aber schattenhafte Schauspiel hinweggezogen war, sie abwechselnd verschwinden und wieder erscheinen sah, ohne dass die geringste Emotion in seinem Geist geweckt wurde. Unter dieser statuenhaften Erscheinung verbarg Pater Morris jedoch Leidenschaften, die so furchterregend waren wie jene, die man in der Brust eines Dämons pochen lassen könnte: obwohl seine Selbstbeherrschung nie auch nur für einen Moment nachließ, außer wenn es um Edmunds Interessen ging. Bei dieser Gelegenheit jedoch schwoll die Freude in seiner Brust fast bis zur Erstickung an, als er seine Augen zum Himmel erhob, seine Hände rang und ausrief: „Oh! Es ist zu – zu viel!"

Es ist unbeschreiblich ergreifend, starke Emotionen von Menschen zu sehen, die normalerweise ruhig und leidenschaftslos sind. Sir Ambrose, der diesen Gefühlsausbruch seines Beichtvaters völlig unerwartet erlebt hatte, blickte ihn mit größter Überraschung an. Seltsamerweise war es das erste Mal, dass der Mönch, obwohl er nun schon fast zwanzig Jahre unter seinem Dach gelebt hatte, seinen Kopf völlig unbedeckt sah. Pater Morris' Kapuze war jedoch inzwischen ganz abgefallen und enthüllte den Kopf eines Mannes zwischen vierzig und fünfzig, dessen feine Gesichtszüge die Spuren dessen trugen, was er ertragen hatte. Seine edle, ausdrucksvolle Stirn schien mehr durch Sorgen als durch das Alter gerunzelt zu sein, und seine schwarzen Locken waren offensichtlich „hier und da" vorzeitig ergraut. Sir Ambrose blickte ihn aufmerksam an, denn der eigentümliche Ausdruck seiner Gesichtszüge schien ihm einen halb vergessenen Umstand ins Gedächtnis zu rufen, der jedoch durch den Nebel der Zeit vage verdunkelt war. Die Ernsthaftigkeit, mit der er den Mönch daraufhin betrachtete, schien ihn schließlich selbst wieder in Erinnerung zu rufen. Er erschrak, und während sein sonst so fahles Gesicht dunkelrot wurde, nahm er hastig seine Kapuze wieder auf und erschien den Zuschauern erneut als dasselbe kalte, leidenschaftslose, geistesabwesende Wesen wie zuvor.

Die Ovationen hatten nun fast die Blackfriars-Brücke erreicht, an deren Eingang ein Triumphbogen errichtet worden war. In dem Moment, als die Königin und ihr heldenhafter Feldherr darunter hindurchgingen, ließ man eine kleine Ruhmesfigur aus dem Gebälk herabsteigen und, über dem Helden schwebend, eine Lorbeerkrone auf seinen Kopf fallen. Applausschreie folgten diesem gut ausgeführten Kunststück; und die Passagiere in den Ballons, die sich über den Lärm wunderten, drängten alle im selben Moment vorwärts, um den Grund für solch anhaltenden Beifall herauszufinden. Das Gedränge der Luftballons wurde so von Augenblick zu Augenblick dichter. Nachdem einige junge Stadtlehrlinge für diesen Tag jeweils ein Paar Flügel gemietet hatten und nicht genau wussten, wie sie damit umgehen sollten, kam es zu einem schrecklichen Tumult. und die Ballons verhedderten sich mit den geflügelten Helden und untereinander in einer unentwirrbaren Verwirrung.

Der Lärm wurde jetzt gewaltig; die Führer der Ballons fluchten einander die schönsten Flüche zu, und die Damen schrien im Chor. Mehrere Ballons wurden bei dem Handgemenge zerrissen und fielen mit gewaltiger Wucht auf die Erde; während einige Wagen von ihren Halteseilen gerissen und andere grob umgeworfen wurden. Glücklicherweise war ganz England zu dieser Zeit jedoch so vollständig ausgegraben, dass das Auftreffen auf die Erdoberfläche dem Sturz auf das Pergament einer riesigen Trommel glich, und daher war nur ein tiefer, hohler Ton zu hören, als Ladung um Ladung der zerstörten Ballons darauf aufschlug; einige von ihnen prallten tatsächlich durch die Gewalt des Aufpralls mehrere Meter weit zurück.

Zu denen, die aus größter Höhe fielen und natürlich am heftigsten zurückprallten, gehörten die unglücklichen Personen, die die Gruppe von Herrn Montagu bildeten, einem unglücklichen Lehrling, der seinen rechten

Flügel durch die Seide ihres Ballons gestochen hatte, als er versuchte, dem Angriff auszuweichen von einem Luftreiter, der es in der Verwirrung zu schwierig fand, sein äolisches Ross zu führen. Das Auto mit unseren Freunden stürzte daraufhin so schnell auf die Erde, dass es ihnen für einen Moment den Atem nahm.

„Och, und ich bin völlig getötet!" rief Pater Murphy.

„Oh, meine Haube! meine schöne Haube!" schluchzte Frau Montagu; während Clara, fürchterlich verängstigt, anfing zu weinen; und Mr. Montagu, dessen Ideen im Allgemeinen eine lange Reise in sein Gehirn brauchten, besonders bei plötzlichem Alarm, stand völlig stumm da und blickte dumm um sich, als hätte er nicht die geringste Ahnung, was möglicherweise passiert sein könnte. Tatsächlich erholte er sich erst eine volle Stunde später so weit, dass er ausrief: „Meine Güte! Ich glaube wirklich, dass wir kurz davor standen, getötet zu werden!"

Inzwischen herrschte in der Luft immer noch Verwirrung; durchdringende Schreie, dass Dämonen in der Luft seien, vermischten sich grauenhaft mit dem Krachen der Ballons, den Schreien der Leidenden und dem Herabfallen schwerer Gewichte. Die Situation der Menge unten war jedoch unendlich schlimmer als die der Menschen oben. Die Wucht der fallenden Körper wurde durch die Distanz, die sie zurücklegen mussten, furchtbar erhöht, die Menschen unten hatten keine Chance zu entkommen und wurden unweigerlich von ihrem Gewicht zu Tode gequetscht, während die qualvollen Schreie der Unglücklichen, die ihre Gefahr schon von Weitem kommen sahen, aber in der Menge so zusammengedrängt waren, dass sie nicht fliegen konnten, schrill in den Ohren klangen und jedem das Herz durchbohrten.

In diesem Moment ging ein schrecklicher Schrei durch die Menge, und das Pferd der Königin Claudia raste vorbei, sein Zaumzeug war gebrochen, sein Behang zerrissen, seine Nüstern gebläht und seine Seiten blutüberströmt: „Oh Gott! die Königin! die Königin!" " brach aus jeder Stimme hervor, und ein allgemeiner Ansturm erfolgte auf die Stelle zu, von der der Schrei gekommen war.

Unter dem Triumphbogen und teilweise von seinem Schatten geschützt lag der blutende Körper von Claudia, gestützt von Edmund. An ihrer Seite kniete Rosabella, die mit Unterstützung von Pater Morris stärkende Mittel anwendete; während Henry Seymour versuchte, Elvira zu retten, die in den Armen ihres Vaters ohnmächtig geworden war, und Sir Ambrose mit blutüberströmtem Gesicht in einiger Entfernung inmitten einer Gruppe von Höflingen standen, von denen einige ebenfalls schwere Verletzungen erlitten hatten. Der Tumult in der Luft hielt immer noch an; An vielen Orten waren Stöhnen, Schreie und Ausrufe zu hören, dass die Atmosphäre übernatürlich heimgesucht sei. und einige Leute erklärten, der Unfall sei das Werk von Dämonen. Ein Windstoß hatte diese unkontrollierbar gewordenen Ballons durch die Stadt geblasen, während die anderen, fast bis zum Wahnsinn erschrocken, immer noch mit irgendeinem furchterregenden Monster am Himmel zu kämpfen schienen.

Die Höflinge beachteten diese Störung jedoch nicht, denn ihre ganze Aufmerksamkeit galt der anscheinend dem Tode geweihten Königin, deren langgezogene Seufzer und zuckende Brust ihren sofortigen Tod anzudrohen schienen.

„Sie ist fort!", rief Lord Gustavus de Montfort, während ihre Brust sich mit einem tiefen, schweren Seufzer hob und dann war alles still.

„Ja, sie ist tot!", wiederholte Lord Noodle.

„Sie ist ganz sicher tot!", wiederholte Lord Doodle.

Und dann schüttelten diese klugen Berater der offenbar verstorbenen Königin mitfühlend ihre Köpfe.

„Psst! Sie atmet!", rief Lord Edmund.

Einige Augenblicke standen die Höflinge in atemloser Angst da, beobachteten die Leiche und fürchteten sich, sich zu rühren, weil sie sonst die schreckliche Stille stören könnten, die herrschte, obwohl ihre Herzen so heftig klopften, dass man den Puls beinahe hören konnte.

Furchterregend war die Pause, die nun folgte! Alle litten unter den Qualen der Hoffnung oder Furcht; denn alle wussten, dass die Interessen der gesamten Gemeinschaft von ihrem Atem abhingen. Die meisten Höflinge hofften ebenfalls, Ämter zu gewinnen, oder fürchteten, sie zu verlieren, während alle vor der Ungewissheit zitterten, die auf ihrem zukünftigen Schicksal zu ruhen schien, und vor der Aussicht auf die Anarchie, die die geplante Art der Wahl ihres zukünftigen Herrschers hervorrufen könnte. Das Interesse, das das Schicksal der Königin erregte, war so groß, und die Höflinge hingen mit tränenden Augen und reglosen Gliedern über ihrem Körper, um das Ergebnis zu beobachten.

In diesem Augenblick ertönte ein furchtbarer Schrei durch die Luft, und der Wagen mit der Mumie, der sich seit einiger Zeit in den anderen Ballons verfangen hatte, fiel mit gewaltiger Wucht zu Boden, dicht neben der sterbenden Königin. Die gigantische Gestalt von Cheops schreckte auf, als sie fiel – seine gespenstischen Augen funkelten mit unnatürlichem Glanz auf die verängstigten Höflinge, die schreiend und vor Schmerzen in alle Richtungen davonrannten und alles außer der grauenhaften Vision vor ihnen vergaßen.

ENDE VON BAND I.

BAND II

KAPITEL XII.

Der Tumult hatte sich nun fast gelegt. Die zuvor geschäftige Menge war davongeflohen und hatte Schreie des Entsetzens und der Bestürzung ausgestoßen; und von der zahllosen Menschenmasse, die sich soeben noch um sie geschart hatte, war niemand mehr da außer Edmund und Pater Morris, die Claudia stützten; und der Herzog und Henry Seymour, die noch immer in der Nähe der gefühllosen Gestalt Elviras blieben; die Augen aller waren wie durch Zauberhand auf die grauenhafte Erscheinung vor ihnen gefesselt; während sie, bleich und unbeweglich wie der gemeißelte Marmor des Grabes, in angstvoller Erwartung dessen warteten, was als nächstes geschehen würde, und es kaum wagten, sich zu bewegen oder zu atmen; die feierliche Stille, die herrschte, wurde nur durch das krampfhafte Keuchen der sterbenden Königin unterbrochen: – eine schreckliche Veränderung gegenüber dem geschäftigen Summen Tausender, das soeben noch die Luft erfüllt hatte!

„Wo bin ich?", rief Cheops und blickte wild umher – seine tiefe Grabesstimme ließ jeden Nerv erzittern: „Wo ist Arsinoë? Wo ist sie? Sie ergreifen sie! Sie reißen sie mir weg! Verflucht seien die Elenden! Möge Typhons ewige Rache sie mit ihrer Wut verfolgen und mögen ihre Herzen verdorren, zernagt von der nie sterbenden Schlange!"

Die Mumie knirschte mit den Zähnen, während sie sprach, und die Düsternis, die sich auf seiner dunklen Stirn sammelte, wurde schwarz wie die Nacht. Alle schauderten, als dieser grauenhafte Blick ewigen Hasses ihnen das Blut in den Adern gefrieren zu lassen schien. Sie wandten sich unwillkürlich ab, und als sie wieder hinsahen, war das Gespenst verschwunden. Die zerschmetterten Überreste des Ballons lagen vor ihnen; denn als er zufällig genau im Moment der größten Verwirrung über London hinwegflog, hatte er sich in der Menge verfangen, und trotz des starken Materials, aus dem er bestand, war er in dem Handgemenge auseinandergerissen worden und mit seinem furchtsamen Insassen zu Boden gefallen.

"Guter Gott!" rief Pater Morris nach einer kurzen Pause; „Was für eine schreckliche Vision! Was kann das bedeuten?"

„Es schien eine ägyptische Mumie zu sein", sagte Edmund schaudernd; „Und es sprach diese Sprache. Aber was könnte es wiederbelebt haben? Welche menschliche Kraft könnte ein Wesen zum Leben erweckt haben, das so lange im stillen Grab eingeschlossen war!"

„Vielleicht enthält das Fahrzeug, mit dem er gekommen ist, etwas, das das Rätsel erklärt", sagte Henry Seymour.

In diesem Moment rannten mehrere Personen vorbei, schrien vor Angst und riefen aus, sie hätten einen Dämon gesehen. Als die durch diese zitternden Flüchtlinge erregte Verwirrung ein wenig nachgelassen hatte, begannen auch einige der Höflinge zu erscheinen und auf ihre Posten in der Nähe der Königin zurückzukehren. Aber alle waren blass, und sie zuckten bei jedem Geräusch zusammen und schienen bereit zu sein, beim geringsten Schrecken genauso schnell wieder zu fliehen wie zuvor.

Claudia lag noch immer bewusstlos da; nur ihre sich hebende Brust und ihr tiefes, krampfhaftes Schluchzen nach Luft verrieten Lebenszeichen. Aber ihr Schicksal erregte nicht mehr das tiefe, überwältigende Interesse, das es zuvor erregt hatte. Flüstern des Staunens und abergläubischen Entsetzens vermischte sich mit den Hoffnungen und Ängsten, die ihre Gefahr weckte; und ihre Überführung in den Palast wurde fast gleichgültig betrachtet, so sehr waren die Gedanken der Menschen mit dem seltsamen Schauspiel beschäftigt, dessen sie gerade erst Zeuge geworden waren.

Tatsächlich dachte und sprach niemand an irgendetwas anderes als an die Mumie; und tausend Gerüchte, jedes extravaganter als das andere, verbreiteten sich darüber von Mund zu Mund. Männer standen in Gruppen da, flüsterten miteinander und wagten es kaum, sich ohne einen Begleiter zu rühren; ja, selbst dann schlichen sie von Ort zu Ort, sahen sich vorsichtig um und zuckten bei jedem Geräusch zusammen, als fürchteten sie, der schreckliche Besucher würde zurückkommen: während Die Weisen des Landes schüttelten ernst den Kopf und erklärten, dass das, was geschehen sei, offensichtlich eine Heimsuchung des Himmels zur Bestrafung der Sünden der Menschheit gewesen sei. Eine undefinierbare Ahnung des Bösen hing über den Geistern aller. Tatsächlich breitete sich Trübsinn in jeder Klasse der Gesellschaft aus: Alle fürchteten sich, wussten aber nicht, was — und alle schreckten vor Entsetzen vor dem Gedanken an übernatürliche Kräfte zurück. Die Natur hat dem Geist des Menschen ein unbesiegbares Gefühl eingepflanzt, das ihn vor Abscheu vor allem schaudern lässt, was gegen ihre Gesetze verstößt.

Als der Leichnam der Königin in Begleitung ihrer Ärzte und der Damen ihres Hofstaates geborgen wurde, versammelten sich die übrigen Höflinge um den Ballon. Sie stießen Schreckens- und Überraschungsschreie aus, als sie entdeckten, dass es sich um denselben Ballon handelte, in dem Edric und Dr. Entwerfen so kurz zuvor nach Ägypten aufgebrochen waren. Jetzt schien ihnen die ganze Wahrheit klar zu werden.

„Ich habe es mir schon gedacht", sagte Lord Maysworth. „Wissen Sie, Lord Gustavus, ich habe Ihnen gesagt, dass diese Expedition meiner Meinung nach niemals etwas Gutes bewirken könnte — aber Sie waren anderer Meinung."

"Mylord", erwiderte Lord Gustavus feierlich, "ich denke, wie ich denke, und ich bin überzeugt, dass jeder, der mir zuhört, denken muss oder zumindest denken sollte. Daher bin ich der festen Überzeugung, dass die Expedition meines jugendlichen Freundes und seines gelehrten Lehrers sowohl bewundernswert geplant als auch gut ausgeheckt war, und dass, wenn sie ihr eigentliches Ziel verfehlt hat, dies ausschließlich auf einige jener unvorhergesehenen Ereignisse zurückzuführen ist, die manchmal sogar bei den am besten geplanten Unternehmungen vorkommen und die mit menschlicher Kraft nicht vollständig abgewendet werden können."

„Edrics Ballon! Unmöglich!“, rief Sir Ambrose, eilte herbei, um sich zu vergewissern, und vergaß in seiner Sorge um sein Schicksal all seinen Zorn auf seinen Sohn. „Ja, ja!“, fuhr er fort und betrachtete einige der Dinge, die von verschiedenen Personen in der Menge hervorgeholt und ausgestellt wurden. „Das waren Edrics Bücher – das war sein Schreibtisch. Oh, mein Sohn, mein Sohn! Was ist aus ihm geworden?“

Viele hatten Mitleid mit dem unglücklichen Vater und fragten sich gegenseitig noch eifriger, was das, was sie sahen, wohl bedeuten könnte. Niemand konnte jedoch eine Erklärung geben, und alles war verwirrt und bestürzt. Edmunds Brust war nach dem ersten Moment der Erregung von zu großer Angst gequält, als dass er auch nur neugierig gewesen wäre, was mit seinem Bruder geschehen war. Doch noch vor wenigen Stunden schienen Liebe und Glück sich zu vereinen und ihm ihre erlesensten Segnungen zuteil werden zu lassen, und nun war er der elendeste Mensch; denn wenn Claudia starb, musste Rosabella oder Elvira Königin werden; und wenn Elvira gewählt wurde, war jede Hoffnung, ihr Ehemann zu werden, verloren.

„Oh Gott!“, rief er und schlug sich vor Schmerzen an die Stirn. „Warum wurde ich dafür aufgehoben? Warum bin ich nicht in den Schlachten meines Landes umgekommen? Und warum wurde ich gerettet, nur um mit der Hoffnung auf Glück verspottet zu werden, das, gerade als es in meiner Reichweite schien, für immer von mir flieht? Ich Elender! Wäre ich doch nur nie geboren worden oder wenigstens in den Armen meiner Amme gestorben und so den quälenden Schmerzen entgangen, die mich jetzt in den Wahnsinn treiben!“

Während Edmund so tobte, folgte Rosabellas Auge jeder seiner Bewegungen und schien mit teuflischem Vergnügen an seinen Qualen zu jubeln. „Ich bin gerächt“, dachte sie; „er fühlt jetzt, was ich so oft erlitten habe. Aber das ist nicht alles; er muss bis ins Mark ergründet werden, bevor er die bittere Rache einer verschmähten Frau erfahren kann.“

Während diese heftigen Gefühle die Herzen aller um ihn herum erschütterten, kniete der alte Herzog neben Elvira und blickte sie mit größter

Besorgnis an. Ihre sanfte und weibliche Natur war überwältigt worden, als sie das Blut von Claudia sah, und sie lag immer noch gefühllos da und sah überaus lieblich aus, als es sich die Vorstellungskraft vorstellen kann. Die Schönheit von Elvira war von der sanftesten und femininsten Art; Lange seidene Wimpern beschatteten ihre dunkelbraunen Augen und verliehen ihnen einen eher üppigen als strahlenden Ausdruck, während nichts die Zartheit ihres Teints oder die Schönheit ihrer vollen rosigen Lippen übertreffen konnte. Die Figur der Elvira hätte vielleicht nicht als Vorbild für eine mutige Heldin gedient, aber für eine Houri hätte sie vortrefflich gepasst; Und so lieblich sie immer war, hatte sie vielleicht noch nie schöner ausgesehen als in diesem Augenblick, als das zurückfließende Blut sanft ihre Wangen färbte und ihre Augen sich allmählich öffneten. Lord Edmund blickte sie an, bis er, wahnsinnig von dem Gedanken, sie für immer verlieren zu müssen, seine eigenen Empfindungen nicht länger ertragen konnte, und indem er durch die Menge huschte, versuchte er, vor der Welt und vor sich selbst zu fliehen.

Der Herzog hingegen sah die Genesung seiner Tochter mit ungetrübter Befriedigung, denn obwohl er Edmund liebte und ihn zum Schwiegersohn haben wollte , war er keineswegs unempfindlich gegenüber der Aussicht, seine Tochter wiederzusehen Königin, und seine Brust pochte vor heftigen Gefühlen, die ihr schon lange fremd waren.

In der Zwischenzeit war die Mumie feierlich durch die Stadt gestreift, mehr aus Instinkt als aus Absicht getrieben; der Nebel, der immer noch über ihm hing und ihn wie jemanden erscheinen ließ, der in einem Traum umherwandert. Dennoch rückte er weiter vor; Sein Weg glich dem eines vernichtenden Engels, er verbreitete Bestürzung, während er ging, und alle, denen er begegnete, flohen entsetzt aus seinen Augen. Viele jedoch, als das Monster vorbei war, schlichen sich leise zurück, um ihm nachzuschauen, und unter dieser Zahl waren es auch viele war Frau Montagu, in deren Brust die Neugier, dieses Laster der Niedergeschlagenheit, vorherrschte.

Die ganze Familie war in völliger Sicherheit zu Hause angekommen, und die Dame selbst beeilte sich, in dem Moment zurückzukehren, in dem der Unfall der Königin bekannt wurde, damit, wie sie sagte, ihre Diener in der Verwirrung, die sich daraus ergeben könnte, nicht dazu gebracht werden könnten, ihr Haus zu verlassen , und einige böse gesinnte Persönlichkeiten könnten es seines Inhalts berauben. Von diesem klugen Beweggrund getrieben, war Mrs. Montagu nach Hause geeilt, und als sie alles in Sicherheit fand, wollte sie sich gerade zurückziehen, um ihre unordentliche Kleidung neu zu ordnen, als einer der Diener ins Zimmer stürzte und berichtete, dass ein furchterregender Geist gesehen worden sei im Strand, dessen mysteriöses Aussehen, gepaart mit dem einzigartigen Unfall, der der Königin widerfahren war, ein schreckliches Unglück anzukündigen schien, das bald über das Land hereinbrechen würde.

"Wie ist es?" fragte Frau Montagu; „Hast du es gesehen, Evelina?"

„Oh ja, gnädige Frau!" schrie das keuchende Mädchen; „Seine Augen leuchten wie Feuer, und es starrt so wild um sich! Und als es weiterging, sah es eine tote Katze auf der Straße liegen; und es kniete nieder und nahm das Tier hoch, küsste es und klagte darüber auf eine seltsame Art und Weise und in einer so seltsamen Sprache! So etwas habe ich noch nie in meinem Leben gehört.

"Oh je! Ich möchte es sehen!", rief Mrs. Montagu, rannte zur Tür und hielt sie halb offen, um sich im Notfall einen Rückzug zu sichern. Doch gerade als sie die Straße erreichte, veranlasste das Schicksal, als wolle es ihre Neugier befriedigen, die Mumie, umzukehren; und mit jener Art von halber Freude und halber Pein, mit der die guten Leute Englands manchmal etwas Schreckliches anstarren, sah Mrs. Montagu weiter zu, wie es sich schnell ihrer Wohnung näherte, bis es, als es die Tür erreichte, zu ihrem unendlichen Entsetzen darauf zuschlich. Ehrfurchtsvoll und zitternd zog sich Mrs. Montagu zurück. Die Mumie folgte ihr. Er streckte seine Hand nach ihr aus. Sie wich entsetzt vor seiner Berührung zurück. "Geh voran!", rief er mit donnernder Stimme. Mrs. Montagu konnte es nicht mehr ertragen und floh schreiend ins Wohnzimmer, wo ihr Mann bereits in einige seiner geliebten Berechnungen vertieft war.

Da Mr. Montagu normalerweise abwesend war, wurde er durch diese unerwartete Störung aufgeweckt und das Blut lief ihm kalt durch die Adern, als er die große, majestätische Gestalt von Cheops durch den Raum schreiten sah. Seine athletische Statur, seine dunkle, dunkle Hautfarbe und seine markanten Gesichtszüge, unterstützt durch den furchterregenden Glanz seiner durchdringenden Augen, verliehen seiner Gestalt, die noch in die Gewänder des Grabes gehüllt war, eine übernatürliche Erhabenheit, die durch jeden Nerv von Mr. Montagus Körper schauderte, und er wich entsetzt zurück, als sein ängstlicher Gast an ihm vorbeistolzierte.

Cheops sah seine Angst und lächelte in stolzer Verachtung, als er sich auf ein Sofa warf, das neben einem Fenster stand, das auf den Garten hinausging, der, wie wir bereits erwähnt haben, zum Fluss hin abfiel. Dort lag er, die Augen auf die majestätische Themse gerichtet, während Mr. und Mrs. Montagu mit zitternden Gliedern und bleichen Lippen ihren seltsamen Gast anstarrten, ohne es zu wagen, sich ihm zu nähern oder ihn zu stören.

„So habe ich den Nil beobachtet", sagte Cheops, dessen schreckliche Stimme wie aus einem Grab ertönte, „während das sanft ansteigende Wasser allmählich zu der Flut anschwoll, die Freude und Fülle über das Land gießen sollte: – und so auch Habe ich gelegen und auf seine Ströme geblickt, als der Zweck der allumfassenden Natur erfüllt war und er sich langsam in sein natürliches Bett zurückzog? Aber, oh, wie anders waren die Gefühle, die damals in meiner Brust pochten. zu dem ätzenden Feuer, das mich jetzt verzehrt! – Oh! Osiris! Was für schreckliche Gedanken rasen mir durch den Kopf! – Sie kommen wie überwältigende Fluten, die vom Himmel in die große Tiefe strömen und alles vor ihnen in einer gewaltigen Ruine hinwegfegen. – Oh! Bei den bösen Riten von Typhon, da ist Wahnsinn in dem Gedanken!"

Dann sprang er von der Couch auf und seine Augen funkelten mit noch wilderem Glanz, als er sie umherblitzen ließ, während Mr. und Mrs. Montagu, die vor Angst so erschrocken waren, dass sie es nicht in Worte fassen konnten, zur Tür rannten und die Bewegungen ihres gefährlichen Gastes mit einem Gefühl unaussprechlichen Grauens beobachteten. Der Sturm der Leidenschaften in Cheops' Brust schien jedoch, obwohl gewaltig, bald nachzulassen; denn noch bevor viele Augenblicke vergangen waren, sank er in einer Art Lethargie wieder auf die Couch, was, wenn es auch kein Schlaf war, zumindest eine vorübergehende Schmerzlinderung zu bedeuten schien.

"Gott sei Dank!" flüsterte Herr Montagu, als er seiner Frau bedeutete, aus der Wohnung zu schleichen. Sie gehorchte zitternd; und sobald sie sich in Sicherheit glaubte, warf sie sich auf die Knie und dankte Gott mit mehr Inbrunst, als sie es jemals zuvor in ihrem ganzen Leben getan hatte; während die Diener, die alle im Vorzimmer versammelt waren, sich zitternd und mit bleichen Wangen und weißen Lippen um sie drängten, wie Bienen, die ihre Königin umschwärmten.

„Oh, gnädige Frau! gnädige Frau!" rief Angelina flüsternd, „was wird aus uns werden? Eine seröse Feuchtigkeit dringt mit der Kälte des Todes aus jeder Pore meines Körpers, und selbst meine Haare richten sich vor Entsetzen auf meinem Kopf auf."

„Und mein Herz pocht so heftig", sagte Cecilia, „dass das gesamte Arteriensystem gestört zu sein scheint."

„Es ist offensichtlich eine ägyptische Mumie", bemerkte Herr Montagu, und da er selten sprach, wurde jedes Wort, das er aussprach, wie ein Orakel gehört. „Seine Sprache und seine Kleidung verraten seinen Ursprung, aber durch welches seltsame Ereignis wurde es wiederbelebt …"

In diesem Moment ließ ein heftiges Klopfen an der Tür die verängstigten Diener alle näher zusammenrücken und sich in nervösem Entsetzen aneinander klammern, und keiner wagte es, sich der Tür zu nähern. Das Klopfen und Klingeln wurde jedoch schließlich so heftig, dass es sogar Herrn

Montagu aufweckte, den lautstarken Eindringlingen Einlass zu gewähren. Es waren Pater Morris und Sir Ambrose.

„Oh, mein lieber Bruder!" schrie dieser und rang nach Luft; „Hast du die Neuigkeit gehört? Die seltsamste Vision ist aufgetaucht, und die Königin liegt mit Sicherheit im Sterben. Alle sagen, es sei ein Dämon."

„Was, die Mumie?" fragte Herr Montagu.

„Haben Sie davon gehört?", fragte Sir Ambrose eifrig.

„Es ist jetzt in diesem Haus", rief Mrs. Montagu.

„In diesem Haus!", wiederholte ihr Schwager, während Pater Morris, der blass und erschöpft ausgesehen hatte, als er die Halle betrat, noch blasser wurde und aussah, als könne er sich kaum noch halten.

"Zu den Waffen!", rief Cheops aus dem inneren Raum. "Die Palli sind über uns hergefallen! Wir Feiglinge, der Feind steht vor unseren Toren!"

Schreiend und kaum wissend, wohin sie gingen, stürzten die verängstigten Bediensteten bei ihrem hastigen Rückzug übereinander und drängten sich zu einem Haufen zusammen, hielten jedoch ihre Augen auf die Tür gerichtet, aus der sie das Gespenst erwarteten, als ob sie von der Faszination einer Klapperschlange bezaubert wären.

Ein lautes Krachen löste nun einen neuen Schrei aus; dann war alles still. Nach einer langen Pause, die von endloser Dauer schien, erwachte Pater Morris, offensichtlich mit schrecklicher Anstrengung, und ging vor –

„Der Tod selbst ist nicht so schrecklich wie diese Spannung", sagte er, als er entschlossen die Tür des Raumes öffnete, in dem sich die Mumie befand, und hineinging. Es war leer – aber der zerbrochene Rahmen des Fensters schien darauf hinzuweisen, auf welche Weise der schreckliche Besucher den Raum verlassen hatte.

Nur mit unendlicher Mühe konnte Mrs. Montagu dazu überredet werden, ins Zimmer zurückzukehren. Und als sie es tat, verbrachten sie und alle Bewohner ihres Hauses den Rest des Tages in Angst und Zittern. Wenn sie sprachen, flüsterten sie, und wenn sie sich bewegten, schlichen sie mit verstohlenen, geräuschlosen Schritten dahin, als fürchteten sie das Echo ihrer eigenen Schritte. Die Augen aller waren schüchtern auf das zerbrochene Fenster gerichtet, durch das der furchterregende Fremde verschwunden war.

Langsam und schwerfällig vergingen die Stunden, bis die für das Abendessen festgesetzte Zeit kam: Die Diener sahen sich, während sie das Essen servierten, schüchtern um, anstatt auf die Schüsseln zu achten, die sie in den Händen hielten, und die Familie wagte kaum und nur zu essen Sie sprachen im Flüsterton, während sie jeden Moment aufschlugen, und bildeten sich ein, dass die wilden Augen von Cheops sie erneut anstarrten und seine tiefe, hohle Stimme erneut in ihren Ohren widerhallte; und ihre eigenen Töne klangen seltsam heiser und unnatürlich. Nichts jedoch hatte Frau Montagu so sehr erschreckt wie das Lachen von Cheops; seltsam, wild und überirdisch, es schien immer noch in ihren Ohren zu klingen, wie der Schrei eines Dämons; Während, wenn irgendetwas geschah, sie sich zufällig an das schreckliche Geräusch erinnerte, zitterten ihre Glieder in allen Gelenken; ihre Zähne klapperten in ihrem Kopf; Vor Angst erbleichten ihre Lippen und Wangen zu einer gespenstischen Blässe, und jeden Augenblick schien sie kurz davor, von ihrem Sitz aufzustehen und schreiend aus dem Zimmer zu fliegen.

Die Sensationen, die diese außergewöhnlichen Ereignisse in der Bevölkerung hervorriefen, waren inzwischen unbeschreiblich. Seltsame Gerüchte und widersprüchliche Berichte wurden verbreitet und die unglaublichsten Geschichten von allem erfunden, was geschehen war. Der Geist der Menschen geriet in Verwirrung; sie wussten nicht, was sie glauben oder was sie denken sollten; eine düstere Vorahnung hing über ihnen; Sie schienen zu spüren, dass eine beängstigende Veränderung bevorstand, wussten aber kaum, was sie hoffen oder befürchten sollten. Das Geschäft lag still: Die Menschen versammelten sich tatsächlich in den Läden, aber nur, um heimlich einander seltsame, geheimnisvolle Geschichten über die letzten wunderbaren Ereignisse zuzuflüstern, die sie nicht öffentlich auszusprechen wagten. Die Extreme von Unwissenheit und Zivilisation neigen gleichermaßen dazu, Leichtgläubigkeit hervorzurufen, und die wildesten und unwahrscheinlichsten Geschichten wurden von den aufgeklärtesten Menschen der Welt genauso gierig verschlungen, wie sie es selbst von einer Horde unkultivierter Barbaren hätten sein können.

Die Familie von Herrn Montagu zog sich am Ende des ereignisreichen Tages, von dem wir gesprochen haben, früh zurück, um sich auszuruhen, in der Hoffnung, die Erinnerung an die belästigenden Ereignisse, die sie in letzter Zeit miterlebt hatte, im Schlaf zu verlieren. Lord Edmund war kurz nach dem Verschwinden der Mumie zurückgekehrt; aber er hatte sich in seinem Zimmer eingeschlossen und sich geweigert, jemanden zu sehen, da sein Geist zu aufgeregt war, als dass er die gewöhnlichen Formen der Gesellschaft ertragen könnte. Bald war es im ganzen Anwesen ruhig.

Es war Mitternacht, als eine große Gestalt, in einen großen Mantel gehüllt, mit katzenartigen Schritten langsam durch den Garten von Mr. Montagu glitt. Sie mied vorsichtig das Licht und schlich die schattigsten Wege und dichtesten Alleen entlang, wobei sie sich sorgfältig vor Beobachtungen verbarg und versuchte, ihre Bewegungen im Schutz der Bäume besser zu verbergen. Es wurde bereits erwähnt, dass der Garten von Mr. Montagu nur durch eine kaum benutzte Terrasse von dem des Herzogs getrennt war; die

Tür, die von Mr. Montagus Anwesen dorthin führte, war so lange verschlossen, dass sie fast vergessen war, und doch lenkte die geheimnisvolle Gestalt ihren Weg zu diesem unbesuchten Ort. Die lange vernachlässigte Tür öffnete sich langsam, und der Lichtstrahl, der durch sie hereinfiel, wurde für einen Moment von einem vorübergehenden Schatten verdeckt; und dann schien alles dunkel, still und geheimnisvoll wie zuvor.

„Es ging ganz sicher diesen Weg", sagte eine Stimme, deren Präzision sie als die von Abaelard auswies. „Und es war eine reale, greifbare, materielle Form, denn ich sah, wie ihr Schatten das Licht abfing, als die Tür geöffnet wurde und sie hindurchging."

„Das ist völlig unmöglich", rief Evelina, eines von Mrs. Montagus Hausmädchen, die von dem unbeständigen Butler dazu überredet worden war, mit ihm im Mondschein einen Spaziergang zu machen, und die ebenfalls Zeugin dieser seltsamen Erscheinung war. „Sie müssen sich irren, Mr. Abelard, denn diese Tür wurde seit Ewigkeiten nicht mehr geöffnet. Sie ist sogar zugenagelt, wie Sie selbst sehen können, wenn Sie sie untersuchen."

„Es ist sehr merkwürdig", sagte Abaelard, nachdem er die Tür ausprobiert hatte und feststellte, dass sie sich nicht bewegen ließ. „Ich habe sie jedenfalls offen gesehen."

„Es muss eine optische Täuschung gewesen sein, Mr. Abelard", sagte Evelina. „Die Netzhaut des Auges ist manchmal seltsam beeinträchtigt und stellt Objekte ganz anders dar, als sie wirklich sind."

„Ich muss morgen Pater Morris darum bitten", fuhr der Butler fort, „denn es war ganz sicher das Mumiengespenst."

„La! Glauben Sie das, Herr Abaelard?", sagte Evelina und wurde blass. „Warum haben Sie dann nicht mit ihm gesprochen?"

„Das werde ich, wenn es wiederkommt", erwiderte Abaelard.

"Oh, da ist es!" rief Evelina, und das würdige Paar flog mit lautem Geschrei nach dem Hause zurück, ohne auch nur einmal zurückzublicken. Kaum aber war das letzte Echo ihrer Schritte im Ohr verklungen, als die Gestalt aus der Nische, in der sie sich versteckt hatte, hervortrat und wieder langsam der Tür zuschlich, die in den Garten des Herzogs führte.

„Hist! Marianne!" rief er und wartete auf eine Antwort; aber alles war still. „Marianne!" wiederholte er noch lauter – „Narren! Dummköpfe! Idioten!" fuhr er fort und stampfte heftig mit den Füßen, da er immer noch feststellte, dass sein Ruf nichts nützte; „sie haben mich mit ihrer verfluchten Torheit so lange aufgehalten, dass sie weg ist. Ewiges Elend verfolgt sie wegen ihres aufdringlichen Geplappers. Beim Himmel! Wenn sie so viel Verstand gehabt hätten, über die Mauer zu klettern, wäre ich verloren gewesen: – aber horch, sie kommt!"

Nun öffnete sich die Tür langsam und eine weibliche Gestalt mit einem Licht erschien.

„Wie geht es ihr?" rief der Fremde.

„Besser", erwiderte die Frau.

„Dann liegt es außerhalb der Macht des Menschen, sie zu töten", nahm der erste wieder auf, rannte wie wild an ihr vorbei und vergrub sich in den tiefsten Winkeln des Hains.

KAPITEL XIII.

Als Abelard und Evelina ihm am nächsten Morgen das seltsame Gespenst gestanden hatten, das sie gesehen hatten, behandelte Pater Morris das Ganze als bloße Vision ihrer hitzigen Fantasie und weigerte sich, auf ihre Vermutungen diesbezüglich zu hören. Er bereitete sich darauf vor, der Königin zu begegnen, die sich ausreichend erholt hatte, um ihren religiösen Pflichten nachgehen zu können, und ihn aufgrund des allgemeinen Rufs seiner höheren Heiligkeit zu sich kommen ließ, um sie zu beichten. Ihre Majestät schien sich tatsächlich rasch zu erholen, und da er hoffte, dass Edmund mit ihrer Gesundheit wieder aufleben würde, verbrachte er jede Stunde, die er von seinen Pflichten ablenken konnte, zu Füßen seiner angebeteten Elvira, für die seine Liebe durch die unmittelbare Gefahr, der er gerade entkommen war und sie für immer zu verlieren, noch verstärkt zu werden schien.

Auf diese Weise waren mehrere Tage vergangen, und der seltsame Besuch der Mumie und der Unfall der Königin waren bereits mit den anderen *Ereignissen* des Tages auf dem Regal verschwunden, als Sir Ambrose eines Morgens von einer ernsten Nachricht des Herzogs von Cornwall aufgeschreckt wurde, der ihn anflehte, unverzüglich zu ihm zu kommen. Sir Ambrose folgte der Aufforderung sofort und fand den Herzog in seinem Arbeitszimmer in einem Zustand größter Erregung auf und ab gehen, den Pater Morris vergeblich zu beruhigen versuchte.

„Oh, mein geliebter Freund!", rief der Herzog, sprang vor und ergriff die Hand des Baronets, sobald er ihn näher kommen sah: „Mein lieber Sir Ambrose, Claudia ist nicht mehr!"

„Tot!", rief Sir Ambrose und sah unwillkürlich zu Pater Morris, dessen Gesicht jedoch immer noch nur sein übliches kaltes und statuenhaftes Aussehen bewahrte. „Sind Sie sicher, dass sie tot ist? – Ich dachte, es ginge ihr besser."

„Das haben wir alle getan", sagte der Herzog. „Aber leider haben wir uns selbst getäuscht, denn Pater Morris hat sie gerade sterben sehen. Oh, wo ist Edmund? Warum ist er nicht bei Ihnen? Was wird aus ihm werden? Es wird ihn zerstören, Elvira zu verlieren. Und auch ich, der ich so stolz war in der Erwartung, dass er mein Schwiegersohn wird, oh, es wird mir das Herz brechen!"

„Oh!", rief Pater Murphy, der ebenfalls anwesend war. „Und wenn das der Fall ist, warum überlässt du dann Rosabella nicht sofort die Krone und machst kein weiteres Aufhebens darum?"

„Und doch", fuhr der Herzog fort, „kann ich es nicht ertragen, dass Elvira ihres Rechts beraubt wird. Sie würde so zur Krone werden; und mit ihrem unbeugsamen Sinn für Gerechtigkeit und ihrem Wunsch nach Verbesserung würde sie so viel Gutes tun, dass ich mich nicht berechtigt fühlen würde, dem Land eine solche Herrscherin zu entziehen."

„Damit", sagte Pater Morris lächelnd, „täuschen wir uns selbst; Sie sind ehrgeizig, während Sie denken, Sie seien nur gerecht. Glauben Sie mir, wenn Sie Elviras wahres Glück im Auge haben, werden Sie ihr nicht die lästigen Pflichten einer Krone auferlegen: Sie wird eine bessere Ehefrau als eine Königin abgeben; denn ihre sanfte Natur ist weniger zum Befehlen als zum Gehorchen geeignet. Rosabella hat mehr Entschlossenheit."

„Ich stimme Ihnen nicht zu, Vater", sagte Sir Ambrose. „Meiner Meinung nach ist Elvira unendlich besser für das Amt der Königin geeignet als Rosabella, denn ihre Leidenschaften sind stärker von der Vernunft beherrscht."

„Das heißt", fuhr der Mönch höhnisch fort, „sie wurden noch nicht ins Spiel gerufen."

„Was meinst du, Vater?" begann der Herzog.

„Nichts, was Sie beleidigen könnte, mein Herr", erwiderte der Priester. „Ich war von der Welt angewidert und dachte natürlich, dass die Prinzessin ihr Glück am wahrscheinlichsten dort finden würde, wo ich es selbst suche — nämlich in einem Leben in Ruhe und Zurückgezogenheit."

„Genug", sagte der Herzog, „aber wo ist Edmund? Lasst uns ihn suchen; zweifellos ist er bei Elvira – die armen Kerle! Wir müssen ihr Geschwätz und Gurren verderben."

Edmund war bei Elvira und drängte leidenschaftlich auf seinen Anzug, während sie, mit ihrem Stickrahmen beschäftigt, halb zerstreut zuhörte und Emma brav hinter ihrem Stuhl wartete.

„Sie lieben mich nicht", sagte er, „sonst könnten Sie nicht mit solch provozierender Kälte antworten."

„Das tue ich in der Tat, Edmund, aber Sie sind so unvernünftig. Ich habe Ihnen bereits gesagt, dass ich keine Ahnung von dieser leidenschaftlichen, überwältigenden Liebe habe, die Sie zu empfinden scheinen. Sie macht mir regelrechte Angst, und ich bin sicher, dass sie nicht meinem Charakter entspricht. – Diese Seide ist zu dunkel, Emma – und wenn Sie also das Gefühl haben, dass Sie mit einer solchen Liebe, wie ich sie Ihnen schenken kann, nicht glücklich werden können, Edmund, dann sollten wir uns besser sofort trennen."

„Guter Gott!" rief Edmund und schlug sich mit der geballten Hand heftig an die Stirn. „Wie kalt sprichst du von unserer Trennung!"

„Was kann ich tun? Ich versuche alles, was in meiner Macht steht, um dir zu gefallen. Emma, gib mir meine Schere. Aber da du keine Vernunft hören willst –"

"Grund!" schrie Edmund heftig, ergriff ihren Arm und ließ ihn dann wieder los; „Wenn du von Vernunft sprichst, wirst du mich ablenken!"

„Du erschreckst mich wirklich mit deiner Gewalt, Edmund", sagte Elvira, stand auf und bereitete sich darauf vor, den Raum zu verlassen.

„Oh bleib! bleib, meine geliebte Elvira!" rief Lord Edmund, warf sich auf die Knie und ergriff ihre Hand; „Um Himmels willen, bleiben Sie! Verzeihen Sie meinen Ungestüm – sehen Sie mich missbilligend an, behandeln Sie mich mit Kälte, Verachtung oder Verachtung, aber verlassen Sie mich nicht."

„Ich weiß nicht, was du wünschst. Ich habe dir wiederholt gesagt, dass ich bereit bin, deine Frau zu werden, wann immer unsere Eltern es für richtig halten, und dass ich alles tun werde, was in meiner Macht steht, um dich glücklich zu machen. Nennst du das Kälte?"

„Das tue ich – das tue ich tatsächlich: eiskalte, beleidigende Kälte. Oh, Elvira! Ich würde lieber sehen, wie du mich verschmähst – hören, wie du erklärst, dass du mich gehasst hast, oder wissen, dass du mich dem Untergang geweiht hast, als dich dabei über unsere Ehe sprechen zu hören." ruhiger, gleichbleibender Ton."

„Wie unvernünftig du bist!" sagte Elvira lächelnd. „Höre ihn, Emma; ist er nicht ein einzigartiges Wesen? Und wenn es mir jetzt so schwer fällt, ihm zu gefallen, was muss ich dann erwarten, wenn ich seine Frau werde?"

„Quälendes Mädchen!" rief Edmund, „du kennst deine Macht, aber nur zu gut."

„Was für lächerliche Kreaturen diese Herren der Schöpfung sind!" sagte Elvira und reichte Edmund spielerisch die Hand, obwohl sie immer noch so tat, als würde sie Emma anreden; „Ich glaube wirklich nicht, dass einer von ihnen weiß, was er will; und ich glaube, der einzige Weg, mit ihnen umzugehen, besteht darin, sich vollkommen unangenehm zu machen."

„Das kannst *du* nie tun", rief Edmund und küsste verzückt ihre Hand.

In diesem Moment verkündete ein leises Klopfen an der Tür die Ankunft des Herzogs und seiner Freunde.

„So, so!" sagte der Herzog, „wir haben Euch gefunden, nicht wahr? Aber Ihr müsst Euch für die Zukunft von solch zärtlichen Szenen verabschieden."

„Was meinst du?“, fragte Edmund.

„Die Königin ist tot“, sagte Sir Ambrose. Edmunds glühendes Gesicht nahm eine gespenstische Blässe an, und seine bleichen Lippen zitterten, als er sich stützend ans Fenster lehnte.

„Helft ihm!“ rief der Herzog. „Er wird ohnmächtig werden! Beunruhigt euch nicht, Edmund; Claudias Tod wird eure Aussichten nicht ändern.“

„Mir geht es besser“, sagte Edmund schwach, versuchte zu lächeln und winkte jede Hilfe ab; „Es war nur für einen Moment: Die Plötzlichkeit des Schocks überkam mich: Ich dachte, der Königin ginge es besser.“

„Sie sollte es sein“, erwiderte der Herzog; „Aber es scheint, dass sie eine innere Krankheit hatte, von der ihre Ärzte nichts wussten. Einen inneren Bluterguss, glaube ich. Aber mach dich darüber nicht unglücklich, Edmund; ich kann es nicht ertragen, dich elend zu sehen. Lass Rosabella die Krone nehmen, und denk nicht mehr darüber nach.

„Euer Gnaden tun mir Unrecht“, sagte Edmund, sein schönes Gesicht strahlte von den erhabenen Gefühlen seiner Seele. „Wie auch immer ich unter der Gewalt meiner Gefühle leiden mag, ich kann niemals zulassen, dass sie mein Pflichtgefühl beeinträchtigen. Elvira hat ein Recht, den Thron zu besteigen, und wenn meine Bemühungen ihren Erfolg sichern können, wird sie Königin.“

„Du bist ein tapferer Junge!“, rief der Herzog. „Und willst du wirklich versuchen, Elviras Wahl zu erwirken, wenn du weißt, dass du sie dadurch für immer verlieren wirst?“

„Ich werde meine Pflicht tun“, sagte Lord Edmund und presste seine Lippen fest zusammen, als wolle er seine Gefühle unterdrücken. Pater Morris sah ihn unter seiner Kapuze hervor mit einem sarkastischen Lächeln an, das zu sagen schien: „Sie sprechen gut, aber lassen Sie uns sehen, wie Sie handeln werden.“

„Mein edler Edmund!“, murmelte Sir Ambrose, und Tränen rollten über seine Wangen.

Elviras Augen dankten ihrem Geliebten für seine Desinteresse; und der Glanz des erwarteten Triumphs, der ihre Wangen rötete, verriet, dass weder ihre Liebe zu Edmund noch die Trauer über den Verlust ihres Cousins ihre Freude über die schmeichelhafte Aussicht, die sich ihr eröffnete, unterdrücken konnten. „Elvira!“ sagte Lord Edmund und blickte sie ernst an, als wollte er in die tiefsten Tiefen ihrer Brust eindringen. „Was sind Ihre Wünsche? Zögern Sie nicht, sie zu äußern, denn leider hängt viel von Ihren Worten ab.“

Elvira errötete und blickte zu Boden. Lord Edmund begriff jedoch nur zu gut, was ihr Schweigen bedeutete, und seufzte tief. „Es ist genug", sagte er in traurigem Tonfall. „Dann sind die Würfel gefallen." Er hielt einen Moment inne, während seine Freunde, obwohl sie ihn alle mit tiefstem Mitleid ansahen, seine Erregung zu sehr respektierten, um es zu wagen, sie zu unterbrechen. Dann erhob er sich, wischte sich hastig eine Träne aus dem Auge und rief: „Wie schwach ist die menschliche Natur! Ich kenne meine Pflicht und werde sie erfüllen. Aber dennoch – oh Elvira!"

„Beruhige dich, mein geliebter Edmund", sagte sein Vater, „morgen wirst du ruhiger sein."

„Oh, rede nicht von morgen!", erwiderte Edmund. „Heute ist die Zeit zum Handeln. Halte Claudias Tod, wenn möglich, ein paar Stunden geheim. In der Zwischenzeit werde ich meine Freunde versammeln. Ich weiß, dass die Armee mir ergeben ist. Ein Staatsrat wird gewählt, der das Königreich während der Zwischenregierungszeit leiten soll. Ich muss eines seiner Mitglieder sein. Ich glaube, es müssen einige Wochen vergehen, bevor die Wahl stattfinden kann."

„Drei Monate ist die festgelegte Zeit", sagte der Herzog. „Aber Sie wissen, dass die Stimmen des ganzen Volkes gesammelt werden müssen, und das ist bei einer Bevölkerung wie der unseren keine Kleinigkeit. Natürlich sind es die Abgeordneten, die die Arbeit erledigen müssen, aber es wird einige Zeit dauern, sie zu wählen."

„Als die Gründerin der gegenwärtigen Dynastie ihre Nachfolgerin ordinierte, sollte sie mit den Stimmen des gesamten Volkes gewählt werden", sagte Sir Ambrose; „Sie erinnerte sich klugerweise an die Schwierigkeiten, die sich aus der unparteiischen Sammlung ihrer Stimmen ergeben würden, und wies sie an, Abgeordnete zu wählen; als sie jedoch anordnete, dass alle zehntausend Männer im gesamten Königreich einen Abgeordneten ihres eigenen Ranges und ihrer Stellung wählen sollten, der nach London kam, um ihn zu vertreten." Sie hat weder mit der Größe unserer gegenwärtigen Bevölkerung gerechnet noch an die Übel gedacht, die die Anwesenheit einer so ungeordneten Gruppe von Menschen über die Hauptstadt bringen muss.

„Dennoch würde jeder Versuch, ihre Zahl zu verringern, unweigerlich die Regierung stürzen", bemerkte Pater Morris; „Denn da es der einzige Akt der Freiheit ist, den die Menschen seit langem genießen dürfen, werden sie entsprechend hartnäckig daran festhalten."

„Und die Mehrheit dieser Abgeordneten soll die Wahl entscheiden", sagte Edmund nachdenklich; „dann muss es unsere Aufgabe sein, diese Mehrheit zu sichern. Glauben Sie, dass etwas Gutes erreicht werden kann, wenn wir versuchen, die Rückkehr derjenigen zu erreichen, die uns wohlgesinnt sind?"

"Sehr wenig", erwiderte Pater Morris, an den diese Bemerkung gerichtet war; "denn die unteren Klassen sind aufgrund ihrer Eitelkeit und Pedanterie äußerst schwer zu führen. Ihre Abgeordneten werden jedoch trotz der Anordnung der Königin wahrscheinlich kultivierter und weniger gebildet sein, da die unteren Klassen kaum in der Lage sein werden, die nötige Zeit aufzubringen, um Abgeordnete zu werden, während die Landherren erfreut sein werden, etwas zu tun zu bekommen."

„Wir müssen auf jeden Fall pünktlich sein", sagte der Herzog. „Ich mag keine Verzögerungen."

"WAHR!" antwortete Edmund und begann aus einer Träumerei herauszukommen, in die er verfallen war; „Ich muss mich als Mitglied des Rates ernennen lassen, und wir müssen anschließend unsere anderen Pläne regeln."

Die Gruppe trennte sich nun, und Elvira, allein mit ihrer Begleiterin, schwelgte in Träumen von zukünftiger Größe. „Der Tod von Claudia tut mir leid", sagte sie, „aber ich habe sie nie geliebt; sie war so kalt und uninteressant – so ein bloßes sachliches Wesen – sie hatte keine Seele, Emma, und wie kann man lieben." „Ein so völlig leidenschaftsloses und fades Wesen? Ich frage mich", fuhr sie nach einer kurzen Pause fort, „was Henry Seymour davon halten wird?"

Emma lächelte. „Armer Lord Edmund!" sagte sie.

„Ich weiß, was Sie sagen würden", erwiderte Elvira; „Er tut mir leid und ich bewundere sein Verhalten außerordentlich. Er hat wirklich etwas sehr Edles an sich."

Emma lächelte wieder, denn trotz dieser Bewunderung erkannte sie, dass der arme Lord Edmund in einer Woche vergessen sein würde.

In der Zwischenzeit war der Geist der armen Rosabella den heftigsten Leidenschaften zum Opfer gefallen. Ein Brief von Pater Morris hatte sie über den Tod ihrer Cousine und die Pläne informiert, die ihren Interessen zuwiderliefen. „Ich werde gerächt werden", sagte sie; „Ich werde ihnen zeigen, dass ich keine Seele bin, die über ohnmächtigen Kummer nachdenkt. Ich werde meine Freunde versammeln; die Partei meines Vaters war stark im Staat; sie kann nicht ganz ausgestorben sein. Mal sehen, an wen soll ich mich wenden?"

„Die Lords Noodle und Doodle (beides alte Familien) waren Ihrem Vater ergeben und hatten ihm gegenüber große Verpflichtungen, als sie jung waren", bemerkte Marianne.

„Aber sie sind solche Dummköpfe!" sagte Rosabella.

„Sie haben gute Beziehungen", erwiderte ihre Vertraute, „und Macht geht nicht immer mit Talent einher."

„Das stimmt, und da sie so schwach sind, kann ich sie führen, wie ich will."

„Verlassen Sie sich nicht darauf: Torheit ist im Allgemeinen hartnäckig; und obwohl die Hoffnung bestehen mag, einen vernünftigen Menschen zu überzeugen, werden Narren immer ihren eigenen Willen durchsetzen."

„Wie soll man dann mit ihnen umgehen?"

„Indem Sie sie glauben lassen, sie würden bestimmen, während sie in Wirklichkeit bestimmt werden. Wenden Sie sich an Lord Noodle und Lord Doodle, eher um Rat als um Hilfe. Besprechen Sie mit ihnen, wie Sie handeln sollten, und weisen Sie sie so geschickt auf die Vorteile hin, die sich aus Ihrem Thronbesitz ergeben, dass sie Ihre Aussagen als die Anweisung ihres eigenen Verstandes auffassen, und wenn sie Ihnen dann zu einem Kurs raten, verpflichten sie sich in gewissem Maße, Sie zu unterstützen, wenn Sie diesen einschlagen."

„Ich zweifle nicht daran, ihre Zustimmung und die von Lord Gustavus de Montfort zu erhalten; aber ich wünschte, ich könnte auch die Zustimmung von Dr. Hardman erhalten, denn er hat viele Freunde und einige Talente", sagte Rosabella; „Und ich gebe zu, dass ich mich nicht ganz in die Hände anderer vertraue."

"Reden Sie von Freiheit und Gemeinsinn", antwortete Marianne, "versprechen Sie eine Beseitigung der Missstände und eine radikale Reform aller Übel, und Sie können sich Dr. Hardman sichern. Doch er ist kein Narr; nein, er ist sogar schlau, scharfsinnig und ausdauernd; aber wie Wahnsinnige im Allgemeinen nur wegen eines einzigen Themas verrückt sind, so haben auch vernünftige Männer im Allgemeinen eine vorherrschende Torheit, und seine ist die, im Staat als wichtig angesehen zu werden. Tatsächlich gibt es meiner Meinung nach nur sehr wenige Menschen, die wir nicht unseren Ansichten unterwerfen können, wenn wir nur scharfsinnig genug sind, um ihre schwachen Seiten zu entdecken, und geschickt genug, um diese Entdeckung zu nutzen."

„Die Welt ist Ihnen sehr dankbar für die hohe Meinung, die Sie davon haben", erwiderte Rosabella. „Ihr Rat gefällt mir jedoch und ich werde ihn befolgen. Aber glauben Sie, dass Pater Morris ihn gutheißen wird?"

„Oh, ich werde für ihn antworten", unterbrach Marianne.

„Ich werde dann jedem der drei Lords schreiben", fuhr Rosabella fort, „und mit jedem von ihnen Zeit und Ort für ein Gespräch vereinbaren. Danach muss ich mich noch um den Arzt kümmern."

„Passen Sie auf", sagte Marianne. „Sie spielen ein schwieriges Spiel. Ein altes Sprichwort sagt: Es ist gut, zwei Saiten auf seinem Bogen zu haben. Aber ich fürchte, vier werden zu viel für Sie sein."

„Fürchte mich nicht", rief ihre Herrin. „Obwohl ich im Allgemeinen ungestüm bin, kann ich doch vorsichtig sein, wenn ich es für angebracht halte."

In Verfolgung ihres Entschlusses schrieb Rosabella an die Adligen, deren Hilfe sie sich zu sichern wünschte. Als sie günstige Antworten erhielt, wurde für diese Nacht um Mitternacht ein geheimes Treffen zwischen Lord Gustavus und ihr zu diesem Thema vereinbart. Höchste Geheimhaltung war geboten, da Rosabella das hitzige Temperament ihres Onkels kannte und überzeugt war, dass seine Rache keine Grenzen kennen würde, wenn er ihre Pläne entdeckte, bevor sie zur Ausführung reif waren. Sie wollte sich daher im Geheimen über ihre Stärke informieren, und da sie wusste, dass ein fruchtloser Kampf sie nur ins Verderben stürzen würde, beschloss sie, ihre Absichten nicht zu verraten, bis zumindest eine gewisse Aussicht auf Erfolg bestand.

Aus diesem Grund tat sie, als der Herzog ihr den Tod der Königin mitteilte, nur die Überraschung, die sie angesichts der Plötzlichkeit des Ereignisses natürlicherweise empfinden sollte; und schien in Trauer über den Verlust ihrer Cousine versunken zu sein, ohne auch nur an die Konsequenzen zu denken, die sich daraus für sie ergeben würden; Kurz gesagt, sie spielte ihre Rolle so gut, dass der Herzog völlig getäuscht wurde; und als er nach seiner Unterredung mit ihr zu Sir Ambrose zurückkehrte, rief er aus: „Wir hatten keinen Anlass, uns zu beunruhigen oder uns so viel Mühe zu machen: Ich glaube nicht, dass Rosabella überhaupt an den Thron denkt; und ich bin sicher, dass sie es tut." Es ist mir völlig egal, ob sie es hat oder nicht. Nach dem, was ich heute Abend gesehen habe, bin ich sogar zuversichtlich, dass ich nur meinen Wunsch zugunsten von Elvira äußern muss, damit sie sofort alle Ansprüche aufgibt.

Sir Ambrose lächelte und schüttelte ungläubig den Kopf. Der Herzog war erzürnt, denn wie alle schwachen, eigensinnigen Menschen beharrte er auf der Unfehlbarkeit seines Urteils.

„Warum schütteln Sie den Kopf?", sagte er. „Glauben Sie meiner Behauptung nicht?"

„Ich zweifle nicht an Ihrer Behauptung; ich zweifle nur an Ihrer Durchdringung!"

„Und warum bezweifeln Sie das?"

„Weil ich Rosabella kenne."

„Dann glauben Sie, dass ihre Gleichgültigkeit eine Rolle spielte?“

„Ich glaube, das ist zu groß, um wahr zu sein. Mäßigung ist keineswegs ein Merkmal von Rosabella. Sie ist immer in Extremen; und wenn sie anders wirkt, dann können Sie sich darauf verlassen, dass sie nur eine Rolle spielt und ein Ziel vor Augen hat, das sie damit zu erreichen hofft.“

„Nun, lass sie so schlau sein, wie sie will, sie kann mich nicht täuschen! Ich werde sie beobachten! Ich werde sie herausfordern, zu denken, zu gehen, zu schauen oder zu sprechen, ohne dass ich es weiß; und wenn ich herausfinde, dass sie auch nur den Gedanken hegt, mit Elvira zu konkurrieren, wird sie sofort mein Haus verlassen. Ich werde keine Vipern ermutigen.“

Sir Ambrose lächelte innerlich über das falsche Vertrauen seines Freundes in sein eigenes Urteil. Da er es jedoch für sinnlos hielt, ihn durch weiteren Widerstand zu reizen, versuchte er, das Gespräch auf ein anderes Thema zu lenken. „Es ist seltsam“, sagte er, „wie oft ich an diese Mumie gedacht habe. Wenn es sich bei der Sache nicht um eine Täuschung handelt, ist es ein wahres Wunder!“

„Und welche Täuschung kann es sein?“ entgegnete der Herzog verdrießlich: „Du hältst dich für so sehr weise und dass du es so viel besser weißt als andere Menschen, nur weil du immer den Verdacht hegst, dass etwas nicht stimmt. Nun, ich für meinen Teil denke, wie es der arme Dr. Entwerfen früher getan hat.“ Sagen Sie: „Ungläubigkeit ist oft ebenso eine Folge von Torheit wie Leichtgläubigkeit.“

„Ich frage mich, was aus dem Arzt und Edric geworden ist? Denn so schlecht Edric sich auch benahm, er ist immer noch mein Sohn; und ich gebe zu, ich würde gerne wissen, wo er ist.“

„Oh! Ich glaube nicht, dass Sie den geringsten Anlass auf der Welt haben, sich um ihn zu kümmern. Verlassen Sie sich darauf, er und sein verrückter Freund, Doktor Entwerfen, reden über Ägypten und sind jetzt glücklicher als je zuvor in ihrem Land Leben.“

„Wenn Sie recht haben“, sagte Sir Ambrose, „und sie jetzt in Ägypten sind; da sie ihren Ballon verloren haben, könnte es sein, dass es ihnen sogar an lebensnotwendigen Gütern mangelt.“

„Und es ist sehr richtig, dass sie so sein sollten“, antwortete der Herzog; „Warum sollten sie weggehen?“

Die Stunden dieses ereignisreichen Tages zogen schwer über Rosabella hinweg; die wichtigen Konsequenzen des Kampfes, den sie gerade zu führen hatte, prägten sich ihr tief ein. Wenn sie scheiterte, würde sie unweigerlich zugrunde gehen, und selbst wenn sie Erfolg hatte, schien ihr Weg mit Dornen übersät. Die Angst vor den Intrigen, in die sie verwickelt werden würde, hing ebenfalls an ihr. Obwohl hochmütig und rachsüchtig, war Rosabella nicht von Natur aus hinterlistig. Gerade die Heftigkeit und Ungestümheit ihrer Leidenschaften machten es ihr schwer, anders zu erscheinen, als sie wirklich war. Der heimliche Verkehr, den sie durch Mariannes Vermittlung lange Zeit mit Pater Morris unterhalten hatte, hatte sie zwar ein wenig im Verborgensein geübt, aber es war ihrer Natur immer noch zuwider. Sie erwartete jetzt sehnsüchtig einen Besuch des ehrwürdigen Vaters, und da er im Allgemeinen bemerkenswert pünktlich zu seinen Verabredungen war, erfüllte sein Ausbleiben sie mit einem Gefühl der Furcht; und eine Vorahnung des Bösen beschlich sie, die sie vergeblich zu überwinden suchte.

„Die Stunde, die der Vater erwähnt hat, ist längst vorbei", sagte Marianne nach einer langen Pause, in der sie jedem Geräusch mit größter Aufmerksamkeit zugehört hatte. „Ich kann mir den Grund für seine Abwesenheit nicht vorstellen. Sicherlich wurden unsere Pläne nicht entdeckt." Und während sie sprach, verrieten ihre bleichen Wangen und bläulichen Lippen das tiefe Interesse, das sie an seinem Schicksal hegte.

„Wie düster klingelt diese schwere Glocke in meinem Ohr!" sagte Rosabella; „Es scheint den Todesstoß meiner Hoffnungen einzuläuten. Eine düstere Vorahnung hängt in meinem Kopf, und undefinierbare Schrecken steigen in dunkler Perspektive vor mir auf."

"Horchen!" rief Marianne, ihr Gehör war vor Angst geschärft; „Er kommt! Ja, ja, er kommt", fügte sie nach einer kurzen Pause hinzu; und in wenigen Sekunden hörte Rosabella den wohlbekannten Schritt des Vaters. „Sie sind sehr spät dran", sagte sie, als er das Zimmer betrat.

„Guter Gott! Was ist los?" fragte Marianne, als die hageren, aufgeregten Gesichtszüge des Priesters ihr ins Auge fielen. „Du siehst aus wie jemand, der mit höllischen Geistern Gemeinschaft gehalten hat."

„Du sagst richtig, Marianne", antwortete der Vater mit tiefem, hohlem Ton; „Ich habe tatsächlich mit Geistern gesprochen – denn niemals könnten diese furchterregenden Augen, die mich so lange angestarrt haben, Sterblichen gehören."

"Wie meinst du das?" fragte Rosabella.

„Ich habe die Mumie wieder gesehen! Dieses furchterregende Gespenst aus dem Grab. Ich habe mich sogar mit ihm unterhalten, und er lebt und atmet; nein, er argumentiert, denkt und spricht wie ein Mensch; aber die Ceretücher des Grabes sind immer noch eingewickelt um ihn herum strahlen seine furchteinflößenden Augen mit unheimlichem Glanz, und seine tiefe Grabesstimme durchdringt jeden Nerv."

„Was, dieses abscheuliche Geschöpf, das wir genau im Moment von Claudias Unfall von oben herabsteigen sahen? Möge der Himmel gewähre, dass aus einem so schrecklichen Verstoß gegen die allgemeinen Naturgesetze keine schrecklichen Konsequenzen folgen!", sagte Rosabella.

„Sind Sie sicher, dass es kein Betrug ist?", fragte Marianne.

„Täuschung!", erwiderte der Priester, „selbst ich zitterte, Marianne, als ich das Antlitz dieses furchtbaren Wesens erblickte und dort die Spuren wilder und unkontrollierter Leidenschaften las, wild und zerstörerisch in ihrem Lauf wie der tobende Wirbelsturm. Sogar ich fürchtete den Einfluss, den er auf unser Schicksal ausüben könnte, und schauderte bei dem Gedanken, dass solch ein Geschöpf von den Fesseln des Grabes befreit und als zerstörerischer Geist auf die Erde zurückgeschickt wird. Die ewige Düsternis, die auf seiner Stirn hängt, scheint von einem gefallenen Engel zu sprechen, denn so groß muss der tödliche Hass sein, der die rebellischen Geister beseelt haben muss, als sie aus dem Himmel vertrieben wurden. Sein Blick ist furchterregend; und mir gefror das Blut in den Adern bei seinem grauenhaften Lachen, das in meinen Ohren zu klingen schien wie der Spott von Teufeln, wenn sie einen Menschen unentwirrbar in ihre Fänge verwickelt haben."

„Vielleicht ist es ein Unmensch", murmelte Marianne leise. In diesem Moment schlug die Uhr zwölf.

Rosabella zuckte zusammen, als sie das Geräusch hörte. „Lord Gustavus wird mich erwarten", rief sie.

„Dann geh", antwortete der Priester, „mit Marianne. Ich werde gleich folgen."

Mit zitternden Gliedern, klopfendem Herzen und all der Beklommenheit, die das Bewusstsein der Schuld selbst dem stärksten Geist bereiten muss, begaben sich Rosabella und Marianne auf die Terrasse, wo sie Lord Gustavus vorfanden, der darauf wartete, sie zu empfangen.

„Sie mögen es seltsam finden, mein Herr", sagte die aufgeregte Prinzessin, als sie näher kam und ihren Vertrauten am Tor zurückließ, das aus dem Garten führte, „dass ich dieses Treffen wünsche."

„Auf keinen Fall – auf keinen Fall", sagte Lord Gustavus herablassend. „In der Tat habe ich bereits ein Gespräch mit einem Ihrer Abgesandten geführt, das mich in Ihre Ansichten einweihte; und ich finde, dass Ihre Ansichten zu mehreren wichtigen Themen so klar, so gerecht, so vernünftig und so im Einklang mit meinen eigenen sind , dass ich bereit bin, Ihr Partisan zu werden, noch bevor Sie eine Silbe aussprechen.

„Und wer ist dieser Abgesandte?" fragte Rosabella, die sich den unerwartet freundlichen Empfang nicht erklären konnte und beunruhigt darüber war, dass sie eine vorzeitige Enthüllung ihrer Pläne fürchtete.

„Vater Morris", antwortete Lord Gustavus, der seinerseits beunruhigt war, weil er befürchtete, er hätte sich unvorsichtig verhalten sollen: „Er sagte mir, er sei ein akkreditierter Agent von Ihnen, und überredete mich sogar dazu – zu –"

„Eure Lordschaft braucht nicht zu zögern", erwiderte Rosabella. „Ich wusste nicht, dass Pater Morris Sie gesehen hat, sonst hätte ich meine Überraschung nicht zum Ausdruck gebracht."

"Ich habe mich also dazu verleiten lassen", sagte Lord Gustavus, "zwei meiner Freunde mitzubringen, Lord Maysworth und Dr. Hardman. Sie sind von der Richtigkeit Ihrer Ideen hinsichtlich Sparmaßnahmen und Reformen vollkommen überzeugt und finden Ihre Pläne, die Ausgaben zu kürzen, indem Sie die gesamte Macht des Staates in die Hände einiger vertrauenswürdiger Personen legen, auf die Sie sich voll und ganz verlassen können (wie sie oder ich zum Beispiel), ausgesprochen ausgezeichnet."

Die arme Rosabella war hier völlig verwirrt, da sie nicht die geringste Ahnung hatte, auf welchen Plan Lord Gustavus möglicherweise hinweisen könnte; Es war auch nicht wahrscheinlich, dass sie es tun würde, da es sich ausschließlich um die Nachkommenschaft des schöpferischen Gehirns von Pater Morris handelte, das er einzig zu dem Zweck erfunden hatte, die edlen Herren, denen er es anvertraut hatte, für ihre Partei zu gewinnen. Rosabella war von Natur aus schnell, und da sie reichlich über die unerklärliche, aber wohlbekannte Fähigkeit verfügte, die man „Takt" nennt, ahnte sie sofort das Motiv, das Pater Morris dazu veranlasst hatte, ihr diesen Plan zuzuschreiben, und beschloss, einen Verrat nach Möglichkeit zu vermeiden ihre Unwissenheit.

Lord Maysworth und Dr. Hardman, die in einiger Entfernung geblieben waren und die die Aufregung Rosabellas sie daran gehindert hatte, sie zu sehen, rückten nun vor; und nachdem er der Prinzessin vorgestellt worden war, versicherte dieser ihr seine Hingabe an ihre Sache.

„Ich bewundere Ihre Ideen außerordentlich", sagte er; „Und insbesondere Ihre Absicht, Lord Edmund vom Kommando der Armee zu entfernen und eine ältere und erfahrenere Person an seine Stelle zu setzen."

„Herr Edmund!" rief Rosabella, die durch die plötzliche Erwähnung dieses Namens aus der Fassung gebracht wurde.

„Pater Morris hat es mir gesagt", fuhr Lord Maysworth überrascht fort.

„Und er hat dir die Wahrheit gesagt“, unterbrach Rosabella. „Pater Morris verdient jedes Vertrauen, das ich in ihn setzen kann; und tatsächlich kennt er meine innersten Gedanken; aber ich wusste nicht, dass er Sie gesehen hatte.“

Es folgte nun ein Gespräch, in dessen Verlauf Lord Maysworth mit bewundernswerter Genauigkeit eine Reihe von Themen darlegte, die eine Reform erforderten. Rosabella verstand die Hälfte seiner Worte nicht, denn seine Berechnungen verwirrten sie; und ihr Geist, der es gewohnt war, mit dem Adlerflug des Genies zu schweben und die Ozeane mit einem Blick zu überblicken, konnte sich kaum herablassen, auf die kleinen Artikel der Sparsamkeit bei den Ausgaben zu hören, auf die er offenbar hauptsächlich ihre Aufmerksamkeit lenken wollte. Sie stimmte jedoch allem zu, was er sagte; und nachdem er ihn so lange sprechen ließ, wie er wollte, ohne Anzeichen von Müdigkeit zu zeigen, und nachdem er glücklicherweise an den richtigen Stellen „Ja“ und „Nein“ gesagt hatte, ging er völlig verzaubert davon, schloss sich ganz ihrer Gruppe an und erklärte, dass sie es sei Ausnahmslos eine der vernünftigsten jungen Frauen, mit denen er je in seinem Leben gesprochen hatte. Dem stimmten Lord Gustavus und Dr. Hardman zu, da sie anscheinend auch alles, was sie gesagt hatten, zustimmen würde; und die edlen Herren und der gelehrte Arzt reisten vollkommen zufrieden ab.

Kaum waren sie weg, als Pater Morris erschien. „Mein lieber Vater!“ rief Rosabella, entzückt über das Ergebnis des Interviews, „gratuliere mir! Lord Maysworth, Dr. Hardman und Lord Gustavus gehören uns.“

„Ich freue mich aufrichtig, mein Kind“, erwiderte der Priester; „Denn der Himmel weiß, dass mir Ihr Wohlergehen genauso am Herzen liegt wie mein eigenes. Aber was haben sie gesagt? Lassen Sie uns hören, ob Ihre Hoffnungen begründet sind.“

„Anfangs waren ihre Äußerungen eher negativer Natur – denn sie sagten mir eher, dass eine Partei gegen meinen Rivalen existiere, als für mich selbst. Sie sagen, der Herzog habe aufgrund seiner eigensinnigen und eingebildeten Art viele Feinde; sie sagten auch, dass mein Vater *hatte* viele Freunde gehabt.

„Und existieren sie dann nicht mehr, wenn Sie so viel Wert auf das Wort ‚*hatten*‘ legen?“, fragte Pater Morris bitter.

„Es gibt sie, aber es scheint, mein Vater hatte das Unglück, ihre Freundschaft zu verlieren“, erwiderte Rosabella. „Lord Gustavus erwähnte sogar ein Verbrechen, das er angeblich begangen hatte.“

„Verbrechen! Hat er es gewagt, es Verbrechen zu nennen?“

„Das hat er tatsächlich, und es ist nicht möglich, die Qualen zu beschreiben, die mir die Brust zerrissen, als er sprach. Ich wusste immer, dass mein Vater

Unglück gehabt hatte, aber ich habe ihn nie zuvor verdächtigt, schuldig gewesen zu sein."

„Und er war auch nicht schuldig, Mädchen! Nur Narren und Idioten wagen es, eine solche Anschuldigung gegen seinen Namen zu erheben."

„Zehntausend Segnungen für Sie, weil Sie mich von der Qual befreit haben, ihn für meine Liebe unwürdig zu halten. Ich bin vollkommen zufrieden mit Ihrer Zusicherung, und doch, so dünkt es mich, würde ich gern seine Lebensgeschichte erfahren."

„Rosabella, du hast deinen Vater nie gekannt. Du warst erst drei Jahre alt, als sich Umstände ergaben, die ihn zu einer Verzweiflungstat trieben. Versuche nicht, weiter nachzufragen, und bemühe dich, da das Unglück einen Schatten auf den Namen deines Vaters geworfen hat, ihn durch den Glanz deines eigenen wiedergutzumachen."

„Als unbekanntes Individuum würde mir, was auch immer mein Wille sein mag, die Macht fehlen."

„Aber es soll nicht fehlen. Du sollst Königin sein. Das schwöre ich, auch wenn sich alle Mächte des Himmels und der Erde zusammentun sollten, um sich meinen Plänen zu widersetzen, und auch wenn sogar Blut nötig sein sollte, um den Pakt zu besiegeln —"

Er sprach gerade weiter, als ihm ein teuflisches Lachen in den Ohren klang; und als er aufblickte, erblickte er die gigantische Gestalt von Cheops, die über ihm stand. Die hellen Mondstrahlen zeigten mit grauenhafter Deutlichkeit die seltsame Kleidung, die wilden Gesichtszüge und den unheimlichen Blick der Mumie, während sein grauenhaftes Lachen von der Wand hinter ihnen widerhallte und über das Wasser dröhnte. Rosabella hatte ihn vorher nicht gesehen, außer als sie vor der sterbenden Königin kniete; und schreiend vor Entsetzen floh sie in den Garten ihres Onkels, um Zuflucht zu suchen, während Cheops den Priester so höhnisch ansprach.

„Du hast Unheil angerichtet. Obwohl mir die Sprache, die deine Lippen verwendeten, unbekannt war, war die deines Aussehens klar. Die Menschen blicken nicht auf die Erde und murmeln ihren Akzent, als ob sie beim Klang ihrer eigenen Stimmen zittern würden , wenn ihre Absichten solche sind, die Anerkennung erfordern, mache mich zu deinem Vertrauten, und mit der Hilfe meiner Schlangengottheit, meines Beschützers Cneph, kann ich dir helfen: aber zwinge mich, dein Feind zu werden, und Typhon selbst verfolgte Isis und die Ich werde den kleinen Horus mit unerbittlicherer Rache verfolgen, als ich dir folgen und deine Pläne zerstören werde.

Aus Angst davor, diesem geheimnisvollen Wesen zu vertrauen oder es zu erzürnen, und weil er den bösen Zufall verfluchte, der ihn an diesen Ort geführt hatte, sah sich Pater Morris, der wie alle Engländer damals ein Universallinguist war, gezwungen, dieser Aufforderung teilweise Folge zu leisten , und informiere die Mumie über seinen Plan. Cheops brach in eines seiner schrecklichen, spöttischen Lacher aus. „Und so", sagte er, „würdest du dieses schwache Mädchen, das schreiend vor meiner Annäherung geflohen ist, zu einer Königin machen. Eine passende Monarchin für ein kriegerisches Volk. Kann der Arm einer Frau einer Invasion der Palli widerstehen oder die Hände einer Frau die Führung übernehmen?" Die Zügel von Mizraims Regierung? Leider habe ich die Veränderung, die mein Schicksal bewirkt hat, vergessen. Sei zufrieden, ich werde dich nicht verraten Ich hasse deine Landsleute, dass ich mich freuen werde, dich triumphieren zu sehen, wenn du sie täuschst, aber hüte dich davor, wie du versuchst, mich zu täuschen, damit meine Rache, schnell, sicher und unvorhergesehen als Geheimagent der Epoptae, nicht auf dich zukommen könnte zerschmettere dich im selben Moment, in dem deine Wünsche in Erfüllung gehen.

Aus Furcht und Hass vor dem geheimnisvollen Wesen, das auf diese seltsame Weise in seine innersten Geheimnisse eingedrungen war, versprach Pater Morris Gehorsam, und die Mumie zog sich in die Mauern von Mrs. Montagus Garten zurück. Doch bevor er den Priester verließ, streckte er ihm seine Hand entgegen. „Gib mir deine Hand", sagte er, „und lass uns unseren Bund besiegeln." Pater Morris schauderte, als er gehorchte; denn die Worte der Mumie erinnerten ihn an jene, die er gerade gesprochen hatte, als diese furchterregende Erscheinung ihn überkam und eine Reihe von Gedanken mit sich brachte, die er jetzt gern abgeschüttelt hätte. Er wagte jedoch nicht, abzulehnen und streckte widerstrebend seine Hand aus: Die Mumie ergriff sie mit eisernem Griff, und ein eisiger Schauer schien von seiner Hand in Pater Morris' Herz zu kriechen, als er in eines seiner dämonischen Lachen ausbrach und ihn verließ.

Pater Morris, der den Schrecken, der ihn bedrückte, nicht loswerden konnte, weil er das Gefühl hatte, mit einem Unhold einen Pakt geschlossen zu haben, stand da und blickte auf die übernatürliche Erscheinung von Cheops, als er über die Terrasse stolzierte. Seine hagere Gestalt (die durch die Grabtücher, die sie umhüllten, noch schrecklicher wirkte) wurde in den Mondstrahlen vergrößert, die sich zu verstärken schienen, anstatt die überirdische Hässlichkeit der Erscheinung, die sie beschienen, zu mildern. Der Priester befand sich in einer ängstlichen Trance: In seiner Vorstellung spürte er immer noch den kalten und eisernen Griff der Mumie, deren Augen immer noch in seine Seele zu blicken schienen und deren feierlicher Akzent ihm sogar jetzt Angst machte. Schließlich gewann Pater Morris jedoch etwas von seiner Selbstbeherrschung zurück und floh von der Stelle (er wusste kaum in welche Richtung), aus Angst, auf Schritt und Tritt erneut der gefürchteten Mumie zu begegnen!

KAPITEL XIV.

Als der ehrwürdige Vater nach diesem schrecklichen und denkwürdigen Gespräch Zuflucht in seinem Zimmer suchte, verspürte er das seltsame, geheimnisvolle Gefühl, dass etwas Schreckliches über ihm schwebte, obwohl er kaum wusste, was, das so oft auf dem Gemüt lastet, wenn eine große und unerwartete Veränderung stattgefunden hat Platz in unserem Schicksal. Er warf sich auf ein Sofa und versuchte vergeblich, seine Gefühle zu analysieren. Er war nicht abergläubisch; Aber die Mumie hatte etwas an sich, das ihn wider Willen mit Ehrfurcht erfüllte, und er fühlte, dass er nicht länger sein eigener Herr war, denn eine übernatürliche Macht schien sich in seine Pläne zu mischen und seine Handlungen zu kontrollieren: Er versuchte vergeblich Erinnere dich an die Pläne, die er an diesem Morgen geschmiedet hatte, um die Partisanen für Rosabella zu gewinnen. er konnte seine Ideen nicht beherrschen; er konnte sie nicht mehr so lenken, wie er es wollte; ein einziger Gedanke beschäftigte ihn, ein einziges Bild schwebte vor seinen Sinnen. Er hielt seinen Kopf mit den Händen, er drückte sie fest an seine Ohren und schloss die Augen, als könnte sein Geist durch das Ausschließen äußerer Objekte seinen Ton wiederfinden. Es war alles umsonst! die hagere Gestalt der Mumie schien immer noch vor seinen Augen zu schleichen und sein teuflisches Lachen schien immer noch in seinen Ohren zu klingen. Pater Morris erhob sich von seinem Sofa und öffnete sein Fenster; Die kühle Abendbrise belebte ihn und stellte seine Fähigkeiten wieder her. Er begann nun, mit sich selbst nachzudenken.

„Es ist sehr merkwürdig", sagte er. „Aber so unerklärlich es auch erscheinen mag, das Schicksal dieses furchtbaren Wesens ist offensichtlich mit dem meinen verwoben. Sein Erscheinen hier in diesem ereignisreichen Moment und sein Aufdrängen meines Vertrauens, das eine geheime Macht, die meiner eigenen überlegen war, verhinderte, dass ich es ihm abschlagen konnte, können sicher nicht zufällig sein. Nein, nein – ihm ist es gestattet, diese Erde aus einem bestimmten und eindeutigen Grund wieder aufzusuchen; vielleicht, um meine Pläne zu durchkreuzen, vielleicht, um sie zu unterstützen. Der Gedanke ist nicht eitel; denn an meinem Schicksal hängt in diesem Moment das eines mächtigen Reiches, und ich fühle, dass ich nur ein blindes Instrument in den Händen des Schicksals bin, dazu verdammt, wie ein Maulwurf im Dunkeln zu arbeiten, unsicher, ob ich nicht gerade in dem Moment Zerstörung auf mein Haupt ziehe, in dem ich mir einbilde, den Gipfel des Glücks und des Ruhms zu erreichen. Ich werde jedoch nicht auf mich selbst verzichten müssen; dieser seltsame Agent kann mir zu Hilfe geschickt werden, und es wird nicht meine Schuld sein, wenn ich seine Hilfe nicht in Anspruch nehme. In seiner gegenwärtigen Gestalt erzeugt er Ekel und Schrecken; Aber als Mensch gekleidet, könnten ihn seine übermenschliche Beredsamkeit und das seltsame, furchterregende Interesse, das sein Aussehen und sein Benehmen erwecken, zu einem mächtigen Helfer machen. Meine gegenwärtige Aufgabe wird es also sein, zu versuchen, ihn meinen Ansichten dienstbar zu machen; und um dies zu erreichen, muss ich ihn überreden, die Kleidung und Manieren des Landes anzunehmen."

Zufrieden mit seinem Entschluss und ohne zu merken, dass es schon spät war, ging Pater Morris hastig in das Wohnzimmer von Mrs. Montagu. Doch wie groß war sein Entsetzen, als er es betrat und statt der üblichen fröhlichen Gesellschaft, die er erwartet hatte, nur die gefürchtete Mumie vorfand! Cheops lag wieder ausgestreckt auf der Couch, auf der er zuvor gesessen hatte, seine Augen waren auf das leuchtende Sternbild Orion gerichtet, und seine Lippen murmelten eine Anrede an die Gottheit, die es seiner Vorstellung nach darstellte.

"Ja, gesegneter Horus!", rief Cheops, als Pater Morris den Raum betrat. "Du wirst mein Gebet erhören, denn auch du warst ein Fremder in einem fremden Land. Sogar in den Armen deiner Mutter musstest du fliehen, verfolgt von der ganzen Wut des grausamen Typhon. Du weißt, wie man die Unglücklichen bemitleidet! Und auch du, strahlende Isis!", fuhr er fort und wandte sich an den Mond. "Auch du hast Kummer gekannt. Als deine strömenden Tränen die erste Überschwemmung des Nils verursachten und die Trauer über den Verlust von Osiris deine Brust mit Verzweiflung zerriss, warst du bestens geeignet, die Schutzpatronin der Elenden zu sein. O Arsinoë! Könnte ich mich nur an den verhängnisvollen Moment erinnern, als ich dich zum letzten Mal sah?"

„Verzweiflung ist eine Sünde", sagte Pater Morris, der jetzt neben ihm stand; „Reue kann sogar für die abscheulichsten Verbrechen Vergebung erlangen."

Cheops sprang auf, als er die Stimme des Vaters hörte, und brach in sein ängstliches Lachen aus: „Und wer bist du", rief er, „wer wagt es, mir Buße zu predigen? Oh! Ich kenne dich jetzt, das bist du." der Priester, dessen Vertrauter ich geworden bin. Aber obwohl ich dir helfen werde, denke nicht, dass ich dein Sklave sein werde – nein, du bist vielmehr mein, denn du bist in meiner Macht!"

Pater Morris spürte, wie ihm bei dieser Ansprache das Blut in den Adern geriet, und obwohl er sich bemühte zu sprechen, klebte ihm die Zunge am Gaumen, und er konnte kein Wort artikulieren. Cheops sah seine Verlegenheit und fuhr in milderem Ton fort: „Fürchtet euch nicht, wir können einander nützlich sein. Ich würde diese Grabgewänder gern aufgeben, und da ich dazu bestimmt zu sein scheine, einige Zeit unter euren Mitmenschen zu bleiben, werde ich …" Sie werden sich bemühen, ihre Manieren anzunehmen. Versuchen Sie also, ihre Ängste zu besänftigen und sie zu lehren, mich als Mitmenschen zu betrachten.

In diesem Moment drang der feierliche Klang einer tiefen Glocke schwer an ihre Ohren. Cheops erschrak bei dem Klang, sprang von der Couch auf, auf der er gelegen hatte, und beugte sich gespannt nach vorne, um zuzuhören, wie das Läuten langsam durch die tiefe Stille der Nacht drang. Es war die große Glocke der alten St. Pauls-Kathedrale, die verkündete, dass der Leichnam der verstorbenen Königin am nächsten Tag aufgebahrt werden würde.

"Was ist es?" rief Cheops; „Woher kommt dieser schreckliche Klang, schrecklich wie der Klang, der dazu verdammt ist, in die Seelen der Eingeweihten der isischen Mysterien einzudringen? Wieder ertönt es; sprich! Woher kommt es? Was sagt es voraus? Ist es das Signal einer weiteren Veränderung von." Eine seltsame, schreckliche und mysteriöse Existenz, die ich bereits erlebt habe. Die Götter können keine schrecklicheren Folterungen verüben als die, die ich bereits erleide. Kann ich den gottlosen Gedanken nicht verzeihen? Mir kommt es so vor, als würde ich dein dunkles Gesicht angesichts meiner Unbesonnenheit runzeln, aber leider werde ich mein stolzes, rebellisches Herz lehren! Aber jetzt ist es zu spät und das Glück ist für immer verloren."

Er seufzte und verbarg sein Gesicht in den Händen, während er sprach. Dann war alles wieder still, bis auf die tiefe Glocke, die immer noch von Zeit zu Zeit schwer ins Ohr klang. Langsam vergingen die Stunden, doch Pater Morris saß immer noch da und starrte auf die Mumie, bis die ersten hellen Farben des Morgens durch den dunkelgrauen Himmel brachen und ein halb gedämpftes Treiben auf den Straßen, als ob Menschen hin und her liefen, verkündete, dass Vorbereitungen getroffen wurden, um sie mit Schwarz aufzuhängen.

Das verwirrte Murmeln – die geschäftigen Stimmen, die zum Flüstern verstummten, und das immer noch andauernde Läuten der gedämpften Glocke, harmonierten mit der ängstlichen Gestalt des Mumienbesuchers, die, jetzt undeutlich von den unsicheren Schatten der anbrechenden Dämmerung gesehen, zuzunehmen schien neue Schrecken von den dunklen und schwankenden Schimmern, die darauf geworfen wurden. In diesem Augenblick, als die Gegenstände mit jedem Augenblick deutlicher zu erkennen waren, stürzte Lord Edmund ins Zimmer. „Vater Morris", rief er, „Sie müssen mir helfen, sonst ist alles verloren!"

Und während er sprach, fuhr er entsetzt zurück; denn die schreckliche Form der Mumie fiel ihm ins Auge. Er hatte ihn zwar bei seinem ersten Abstieg gesehen; aber die Ereignisse, die sich seitdem zugetragen hatten und die ihm am meisten am Herzen lagen, hatten den Umstand fast aus seinem Gedächtnis verbannt. Nun jedoch erschien ihm, unterstützt durch das trügerische Licht, das Gespenst in seiner ganzen schrecklichen Realität, und selbst Edmunds fester Geist schreckte entsetzt vor dem schrecklichen Anblick zurück.

"Warum schreckst du zurück?", sagte Cheops, dessen tiefe, hohle Stimme die Seelen seiner Zuhörer erbeben ließ. "Warum scheint meine Gestalt so viel Schrecken zu erregen? Liegt es daran, dass ich in einem Grab gewohnt habe? Oh, verkommene Rasse! Wisse, dass die Söhne von Mizraim, so mutig, weise und gelehrt sie auch waren, der Ansicht waren, dass die Gemeinschaft mit den Toten für die Lebenden notwendig sei. Sie liebten es, auf den leeren Sarg zu blicken, der all dessen beraubt war, was ihm Wert verlieh, denn er lehrte die Niedrigkeit des Körpers. Und wer könnte auf dem verwelkenden, wertlosen Lehm verweilen, ohne seiner Seele gegenüber zu erkennen, wie armselig seine höchsten Freuden im Vergleich zu den erhabenen Bestrebungen des Geistes waren? Warum also zittern? Die Tugend braucht keine Gespenster zu fürchten, und das Laster könnte vor sich selbst schaudern. Wenn dein eigenes Gewissen dich nicht tadelt, was hast du dann zu befürchten?"

"Nichts!", sagte Lord Edmund fest. "Gespenst oder Dämon, was immer Sie auch sein mögen, ich fürchte Sie nicht! Es war nur die Schwäche der menschlichen Natur; sie ist vorbei, und ich bin wieder ich selbst und stark im Bewusstsein der Integrität meines eigenen Geistes. Es liegt nicht in der Macht der Hölle selbst, mich von meinem Vorhaben abzubringen!"

"Die Integrität deines eigenen Geistes!", rief Cheops mit einem seiner grauenhaften Lachen. "Armer, schwacher Sprössling aus Lehm! Ja, vertraue auf deine gepriesene Stärke; verlass dich auf deine viel gepriesene Festigkeit; aber wenn die Stunde der Prüfung und Versuchung kommt, dann zittere!"

Lord Edmund schauderte unwillkürlich, und das Blut in seinen Adern wurde kälter! „Wer bist du?", rief er empört. „Du bist doch ein seltsames, schreckliches Wesen – und warum darfst du die Erde wieder besuchen, um mich in den Wahnsinn zu treiben?"

"Ich war einst wie du", erwiderte Cheops. "Jung, leidenschaftlich und ungestüm dachte ich, die Welt sei für das Glück geschaffen und die Menschen seien geboren, um meine Sklaven zu sein. Ruhm war mein Idol und Ruhm der einzige Lohn, den ich begehrte. Ich trank ausgiebig aus ihrem berauschenden Kelch; mein Ruhm verbreitete sich bis in die entlegensten Winkel der Erde und meine Macht wurde so grenzenlos wie mein Ehrgeiz! Um meinen Namen unsterblich zu machen, ließ ich eine riesige Pyramide errichten! Und meine Größe schien vom Schicksal nicht mehr zu zerstören. Aber ich vertraute auf meine eigene Stärke und fiel! Zittere also, schwacher Mann! Und wage es nicht, zu prahlen, wie du handeln wirst, bis der Moment der Versuchung kommt!"

Die tiefe, aufregende Stimme der Mumie drang als Warnung aus dem Grab an Lord Edmunds Ohr. Auch er verließ sich auf seine eigene Kraft, und sollte auch er fallen? Verbiete es, Himmel! "NEIN!" dachte er, „in manchen Fällen habe ich vielleicht Angst; aber jetzt, wo das Wohlergehen der Frau, die ich liebe, auf dem Spiel steht, kann ich nicht scheitern!"

Die Mumie lächelte, als er die Gedanken las, die über Lord Edmunds ausdrucksstarkes Gesicht gingen. „Das habe ich mir auch gedacht", murmelte er; „Und so wie ich es war, wird er auch getäuscht werden! Die menschliche Natur ist selbst in dieser entlegenen Ecke der Welt immer noch dieselbe. Es war also dumm von mir, zu versuchen, ihre Entscheidungen rückgängig zu machen! Vergib mir, mächtige Isis!" Der Rest ging in unartikuliertem Gemurmel verloren, als der Kopf der Mumie auf seine Brust sank.

"Oh Gott!" rief Edmund zu Pater Morris; „Woher kommt dieses furchterregende Gespenst? Was bedeutet es?"

„Ich weiß nicht", sagte Pater Morris mit heiserem, unnatürlichem Flüstern, während er die Mumie noch immer angestrengt im Auge behielt. Edmund erschrak, denn die ungewöhnliche Geistesabwesenheit von Pater Morris verlieh der Szene neuen Schrecken: seine Sinne schienen verwirrt; er wusste kaum, wo er war oder was um ihn herum geschah; er rieb sich die Augen und versuchte, aus dem scheinbar schrecklichen Traum aufzuwachen; aber vergebens; die Vision war noch immer in all ihrer schrecklichen Deutlichkeit da, und Edmund spürte ein furchtbares Kriechen durch seine Nerven, als die hohle Grabesstimme der Mumie wieder an sein Ohr drang.

„Ach! Wo bin ich?" fuhr er fort; „Kann dieser Fluss ein Zweig meines geliebten Nils sein? Oder werde ich tatsächlich von allem gerissen, was ich schätze und liebe, um an diesen abgelegenen Ort geworfen zu werden, wo alles seltsam und unbedeutend erscheint? O Gottheit des schäumenden Wassers! Heiliger Sirius, höre Beruhige meinen unruhigen Geist und schenke mir eine gnädige Manifestation deiner Göttlichkeit, aber ich täusche mich selbst. Keine Papyrinboote gleiten über seine polierte Oberfläche Nein, nein! Die unsterbliche Palme, passendes Sinnbild der Seele, wächst nur in jenen begünstigten Bereichen, wo sie, die Unterdrückung verschmähend, den schwachen Bemühungen des Menschen widersteht, sie der Erde zu unterwerfen, und mit ihnen emporsteigt nur zusätzliche Kraft durch die schwachen Versuche, es zu unterwerfen!"

Die Mumie verstummte und es herrschte feierliche Stille; während die Leidenschaften wild waren, als die Wut des Wirbelsturms über sein Gesicht huschte und das Herz des Betrachters vor Entsetzen über das ängstliche Wesen, dessen Brust sie empfangen konnte, erkalten ließ.

Pater Morris war nicht von Natur aus schüchtern; er besaß sogar eine ungewöhnliche Nerven- und Geisteskraft; doch ein ungewohntes Schaudern durchlief seinen Körper, als er Cheops ansah und die Wirkweisen dieses dämonischen Geistes verfolgte, die sich nach und nach in seine Züge einprägten. Unwillkürlich wandte er sich angewidert ab. „Um Gottes willen, lasst uns gehen!" schrie er und schnappte nach Luft; denn ein seltsames Gefühl, das er nicht beschreiben konnte, schien seine Atmung zu behindern.

„Ja, ja – lass uns gehen!" stammelte Edmund; Dennoch hielt er seine Augen immer noch auf den schrecklichen Gegenstand seiner Angst gerichtet, während er sich langsam auf die Tür zubewegte.

"Bleiben!" rief Cheops mit Donnerstimme. Unfreiwillig gehorchten sie. „Wie schwach ist dieses Menschengeschlecht!" fuhr die Mumie fort; „Wie sehr unterscheiden sie sich von den Söhnen des alten Mizraim, von den makrobischen Äthiopiern oder sogar von unseren pallischen Feinden; ihre Seelen sind sowohl in ihrer Form als auch in ihrem Geist degeneriert, ihre Seelen scheinen nicht mehr von der Göttlichkeit zu stammen, obwohl vielleicht der unsterbliche Funke von ihr herabgewürdigt und erniedrigt wird." lange im Lehm versunken und für immer von seiner ursprünglichen Größe versunken!" fuhr er fort; „Warum solltest du mich fliegen lassen? Ich will dir keinen Schaden zufügen, und ich schwöre beim heiligen Grab des Osiris in Philæ, dass ich dir keinen Schaden zufügen werde. Vertreibe mich also nicht aus deiner Mitte, und ich kann deinen Projekten helfen: Zumindest, Es ist deine Pflicht, mich als das Schicksalsinstrument zu empfangen, denn Osiris beschließt, dass meine Seele ihre Wanderungen in Form von Tieren aufgeben soll, um diesen wertlosen Körper wiederzubeleben. Nimm mich dann in deine Ratschläge auf und vertraue meiner Macht und mir Schwöre beim heiligen Staub von Isis, dass du nicht umkehren sollst.

„Hau ab, Dämon!", rief Lord Edmund, stürmte aus dem Zimmer und rannte aus dem Haus.

Was sonst noch zwischen dem Priester und seinem schrecklichen Besucher vorging, wussten nur sie selbst; denn als die Familie zum Frühstück herunterkam, war die Mumie verschwunden und Pater Morris schien in seine üblichen Studien vertieft, ohne die geringste Notiz von den schrecklichen Ereignissen der Nacht zu nehmen.

Da der Tod der Königin mittlerweile allgemein bekannt war, wurden ihre sterblichen Überreste aufgebahrt und den Wehklagen ihrer Untertanen ausgesetzt. Die Familie von Mrs. Montagu gehörte zu den ersten Besuchern dieses traurigen Schauspiels.

In einer riesigen, schwarz verhangenen Halle stand eine Art Bahre, die mit einem schwarzen Tuch bedeckt war. Sie stützte den Körper der verstorbenen Königin. Darüber war ein Samttuch geworfen, das jedoch so angeordnet war, dass die schönen Züge der Verstorbenen sichtbar wurden, die, obwohl nun im Tod erstarrt, noch immer ihren natürlichen Ausdruck majestätischer Würde behielten.

Riesige Kerzen von enormer Dicke erhellten die düsteren, mit schwarzem Stoff behangenen Wände, während Chorknaben auf und ab gingen und Hymnen zu Ehren der Verstorbenen sangen und Weihrauch aus silbernen Gefäßen, die an silbernen Ketten hingen, die sie in den Händen trugen, in die Luft warfen. Auf diese Weise verbreiteten sie Duft und vertrieben den furchtbaren Geruch der Sterblichkeit sogar aus der Totenkammer. Auch in Trauergewänder gehüllte Priester marschierten langsam durch den Raum, murmelten Gebete und stimmten gelegentlich mit ihren vollen, tiefen Stimmen in den schrilleren Gesang der Knaben ein.

Der Raum, in dem die Öffentlichkeit Zutritt hatte, war am unteren Ende der Halle mit einem Geländer abgegrenzt; Aber in der Nähe des Körpers kniete eine wunderschöne Frau, die in schwarzen Samt gekleidet war und deren schönes Gesicht und Arme von einem Schleier aus schwarzem Krepp beschattet wurden.

„O Osiris!" rief eine in einen langen dunklen Umhang gehüllte Gestalt und ergriff den Arm von Pater Morris. „Wer ist dieses schöne Geschöpf? Dort, über die letzten schrecklichen Relikte der Sterblichkeit gebeugt, kommt es mir vor, als würde sie so schön aussehen wie der Phönix, der aus dem Scheiterhaufen steigt und triumphiert." in Herrlichkeit über die ohnmächtige Bosheit des Grabes.

„Still! Still! Um Himmels willen!" flüsterte die tiefe, volle Stimme von Pater Morris; „Es ist Elvira, die Rivalin von Rosabella, der Sie zu unterstützen geschworen haben."

„Typhon selbst konnte ihr keinen Schaden zufügen", sagte Cheops, denn er war es; und er stand mit auf sie gerichteten Augen da, offenbar in Meditation versunken.

„Um Himmels willen, lasst uns weitermachen!" flüsterte der Priester, „Sie werden Aufmerksamkeit erregen – wir werden entdeckt werden. Außerdem", fuhr er leiser fort, „fanden Sie eine Krone so entzückend, dass Sie dachten, Sie würden ihr Schaden zufügen, wenn Sie ihr eine vorenthalten würden?"

„Nein! Bei den heiligen Gliedern des Osiris!" sagte Cheops; und dem Einfluss des Arms des Mönchs gehorchend, ging er weiter.

„Warum war Rosabella nicht mit Elvira im Flur?" fragte Sir Ambrose. „Ich dachte, es sei gesetzlich vorgeschrieben, dass alle Prinzessinnen des Blutkönigreichs öffentlich als Trauergäste vor dem Leichnam der verstorbenen Königin zur Schau stehen sollten."

„Rosabella ist krank", antwortete der Herzog. „Die Trauer über den Verlust ihrer Cousine hat zu Fieberanfällen geführt, und sie ist nicht in der Lage, das Bett zu verlassen."

"In der Tat!" antwortete Sir Ambrose ungläubig; „Es ist sehr seltsam! Ich gebe zu, dass ich Rosabella nicht so viel Sensibilität zugetraut habe."

Ungeachtet der Ungläubigkeit von Sir Ambrose war Rosabella jedoch wirklich gefährlich krank; obwohl ihre Krankheit nicht genau auf die Ursache zurückzuführen war, die sie ihr zuschrieb. Der Schrecken, den sie beim plötzlichen Erscheinen der Mumie verspürt hatte, die sie für ein übernatürliches Wesen hielt, in dem Moment, als sie glaubte, dass der Mönch aufgrund einer übererregten Fantasie den Tod ihrer Cousine düster angedeutet hatte, hatte Fieber ausgelöst ; und einige Tage lang war Rosabella in erheblicher Gefahr.

Die geheimen Bemühungen von Pater Morris verhinderten jedoch, dass Rosabellas Sache durch ihre Krankheit Schaden nahm; und als sie das Bett verlassen konnte, hatten sich Lord Gustavus de Montfort, Lord Maysworth und Dr. Hardman mit den Lords Noodle und Doodle zu ihren Anhängern erklärt und brachten all die zahlreichen Heerscharen mit, die es zu viel Mühe finden, selbst zu urteilen, und daher immer bereit sind, dem Gefolge eines großen Mannes zu folgen. Der Tag, an dem diese wichtige Erklärung abgegeben wurde, war der Tag, an dem sich der gesamte Adel des Königreichs in diesem prächtigen Denkmal der Antike, Westminster Hall, versammelte, um den Staatsrat zu wählen, der das Königreich während der Zwischenregierungszeit regieren sollte. Dieses ehrwürdige Gebäude, das so viele Generationen nacheinander aufsteigen und vergehen sah, erstrahlte nun, befreit von den Belastungen, mit denen der schlechte Geschmack des Mittelalters es belastet hatte, in all seiner ursprünglichen Pracht und öffnete seine schweren Portale weit, um den gesamten Adel Englands zu diesem wichtigen Anlass zu empfangen.

Es war ein herrlicher und fast schrecklicher Anblick, so viele große und berühmte Persönlichkeiten, von denen einige sogar bis in die entlegensten Winkel der Welt berühmt waren, in diesem prächtigen Saal versammelt zu sehen. Nur wenige dachten jedoch an die Größe des Spektakels; das tiefe Interesse, das durch die Gelegenheit, die sie versammelte, erregt wurde, absorbierte alle unbedeutenden Gefühle. Das Tagesgeschäft wurde bald in Angriff genommen; und zwölf edle Persönlichkeiten, die ausgewählt wurden, um die Staatsangelegenheiten zu leiten, bis eine andere Königin gewählt werden sollte.

Unter den Gewählten befanden sich der Herzog von Cornwall, Lord Edmund Montagu, Lord Gustavus de Montfort, Lord Maysworth und die Lords Noodle und Doodle. Sobald die Wahl abgeschlossen war, zog sich der Rat gemeinsam in ein für sie bestimmtes Zimmer zurück, um über die zu treffenden Maßnahmen zur Sicherstellung der gebührenden Wahl ihrer zukünftigen Königin zu beraten. Dann war der besorgte Vater von Elvira wie gelähmt, als er hörte, wie die oben genannten edlen Lords sich als Anhänger ihrer Rivalin erklärten und als er sah, dass andere, die bis dahin neutral geblieben waren, geneigt schienen, sich auf dieselbe Seite zu stellen. Vergeblich bemühte sich Edmund um seine mächtige Beredsamkeit. Das Gewicht und der Einfluss der gegnerischen Lords überwogen in den Herzen der Zuhörer alle seine Argumente bei weitem. Der arme alte Herzog kehrte niedergeschlagen und beinahe mit gebrochenem Herzen nach Hause zurück, da er überzeugt war, dass die Meinung der Mehrheit des Rates entschieden gegen sein Kind war.

Sobald der Herzog seinen eigenen Palast erreichte, begab er sich in Rosabellas Gemächer und fand sie offenbar im Zustand der Genesung auf einem Sofa liegend vor, gestützt von ihrer Vertrauten Marianne, während Pater Morris zu ihren Füßen saß. Der Heilige Vater war offensichtlich verwirrt über die unerwartete Ankunft des Herzogs und er stand hastig und in großer Unordnung auf, um zu versuchen, sein Erscheinen dort zu erklären. Der Herzog war jedoch zu wütend, um ihm zuzuhören oder gar den verdächtigen Umstand seines heimlichen Besuchs bei der Prinzessin zu bemerken; seine Wut richtete sich ausschließlich gegen Rosabella, und nicht einmal ihr gegenwärtiges schwaches und ausgezehrtes Aussehen reichte aus, um seinen Zorn zu beschwichtigen.

„Elender!", rief er aus, „du gemeiner, undankbarer Elender! Du hast mich zerstört. Du wirst die grauen Haare deines Wohltäters mit Kummer ins Grab bringen! Und das so verräterisch! Oh, Rosabella! Wie konntest du gegen mich intrigieren, während du den Schutz meines Daches genossen hast? Gegen mich, habe ich gesagt? Ach! Wäre es nur gegen mich! Aber nein! Mit teuflischer Barbarei hast du dich verschworen, mein Kind zu zerstören!"

Der Herzog hatte hier unabsichtlich einen Nerv getroffen, der die innersten Seelen seiner Zuhörer erzittern ließ; er schenkte ihrer Verwirrung jedoch keine Beachtung, sondern fuhr fort.

„Oh, Rosabella! Hätte ich gedacht, dass du, als du mir als kleiner lächelnder Säugling gebracht wurdest und ich dich unter meinen Schutz nahm, um dich als mein eigenes Kind aufzuziehen, eine Schlange sein würdest, die mein Herz bis ins Mark bohren würde Aber mir wurde gesagt, dass es so sein würde – Sir Ambrose warnte mich, sich in Acht zu nehmen, „die Gewalt seiner Leidenschaften hat ihn dazu gebracht, unerhörte Verbrechen zu begehen." Glühen die gleichen Wutausbrüche im Schoß dieses lächelnden Säuglings? Verlass sie nicht, aber erziehe den Nachwuchs der Schuld nicht im Schoß deiner eigenen Familie.'"

„Und hat Sir Ambrose das gesagt?" rief Pater Morris, knirschte mit den Zähnen und war kaum in der Lage, sich aus der Stärke der Emotion zu artikulieren, die seinen Körper erschütterte. Der Herzog hörte seine Frage jedoch nicht und fuhr leidenschaftlich fort: „Er hat gut beraten, aber ich war gegenüber seinem Rat taub; das Schicksal trieb mich in mein eigenes Verderben, und ich ernährte mit der zärtlichsten Sorgfalt einen Unglücklichen, den ich so habe." Tag entdeckte, dass er mit Verrätern eine Verschwörung plante, um meinem Kind sein Geburtsrecht zu entziehen!"

„Was meinst du, mein Herr?" sagte Rosabella; "Ich verstehe Sie nicht."

"Ja, ja!", antwortete der Herzog, "fragen Sie, was ich meine; Sie können wohl annehmen, dass dieses Gesicht der lächelnden Unschuld zu oft Ihren Zwecken gedient hat! Dummkopf, Idiot, der ich war, dass ich mich so leicht täuschen ließ! Aber Ihre Künste werden jetzt vergeblich sein. Lord Gustav von Montfort hätte sich nicht offen als Ihr Freund erklärt, wie er es heute tat, wenn nicht die heimtückischsten Künste angewandt worden wären, um ihn zu gewinnen."

„Und hat er das getan?", fragte Rosabella und ihre Augen funkelten vor Freude.

„Hat er das getan?", wiederholte der Herzog bitter. „Das wissen Sie zweifellos nur zu gut. Und auch, dass der schwätzende Lord Maysworth, der aufgeklärte Lord Noodle und der intelligente Lord Doodle ihre leeren Köpfe und ihre langen Geldbeutel auf Ihre Seite gestellt haben."

„Haben sie das?", rief Rosabella, und jedes ihrer Gesichter war vor Entzücken erhellt.

„Oh, Rosabella!", rief der Herzog, und seine Leidenschaft wich der Qual, und Ströme von Tränen strömten über sein gealtertes Gesicht. „Dieser Ausdruck gespielten Erstaunens ist unerträglich! Das alles müssen Sie gewusst haben! Ich bin ein armer, schwacher, alter Mann! Es bedurfte keiner solchen Intrige, um mich zu täuschen. Es bricht mir das Herz, Sie der Heuchelei schuldig zu finden."

Rosabella war von den Tränen ihres Onkels berührt: All seine frühere Güte strömte ihr in den Sinn, und als die Natur ihren mächtigen Einfluss wieder aufnahm, vergaß sie alle ihre ehrgeizigen Pläne, ihre Hoffnungen, ihre Ängste und ihre Intrigen; sie dachte nur an den schwachen, elenden alten Mann vor ihr; und indem sie versuchte, ihre Arme um seinen Hals zu werfen, versuchte sie, ihre Tränen mit seinen zu vermischen, und klammerte sich an seine Füße und flehte ihn um Vergebung an. Der Herzog konnte jedoch ihr Herz nicht lesen und sah, geblendet von seiner Leidenschaft, in dieser Handlung nur eine schlimme Beleidigung: Er wies sie gewaltsam von sich, befahl ihr, sein Haus sofort zu verlassen, und löschte damit ihr Leben aus immer sanfteres Gefühl in der Brust seiner Nichte.

Rosabellas hochmütiger Geist wartete keine zweite Abwehr. Ihre Tränen waren augenblicklich getrocknet, und mit glühenden Augen und vor Empörung glühenden Wangen stürzte sie aus dem Zimmer, ohne sich zu einer Antwort herabzulassen.

Die Wut des Herzogs war, wenn überhaupt möglich, noch größer als ihre eigene, und diese nahen Verwandten, die durch die zärtlichsten Bande miteinander verbunden waren, trennten sich in gegenseitigem Hass, wobei auf beiden Seiten die aufrichtige Hoffnung bestand, dass sie sich nie wiedersehen würden.

Pater Morris und Marianne folgten Rosabella; und sie stellten, wie erwartet, fest, dass die heftige Übererregung des Augenblicks einer Hysterie gewichen war. Diese gewaltigen Krampfqualen erschöpften ihren geschwächten Körper bald, und sie lag in einem Zustand träger Mattigkeit, der fast an der Bewusstlosigkeit grenzte, auf einem Sofa, während ihre Freunde darüber berieten, welchen Weg sie einschlagen sollten. Während dieser Pause der Ungewissheit und schmerzlichen Überlegung – denn da Rosabella völlig von ihrem Onkel abhängig war, schien der Fall hoffnungslos – traf ein Brief von Lord Gustavus de Montfort ein, in dem er der Prinzessin anbot, seinen Palast und seinen Geldbeutel zu leihen. Dieser umsichtige und berechnende Edelmann war sich der Lage, in die Rosabella durch seine Erklärung zu ihren Gunsten geraten würde, völlig bewusst und war sich des Vorteils bewusst, der ihm in späteren Zeiten daraus erwachsen würde, wenn sie die Krone erhalten sollte einen Augenblick, der seinem künftigen Herrscher einen wichtigen Dienst erwies.

Pater Morris zögerte nicht, den Brief zu öffnen und zu lesen. Rosabella war nicht in der Verfassung, sich um Rat zu fragen. Tatsächlich war der Fall so, dass man nicht zögern durfte; und nachdem ein Transportmittel besorgt worden war, wurde die Prinzessin in das Haus von Lord Gustavus gebracht, bevor sie ihre geistigen Kräfte wieder voll entfalten konnte.

Fünfzehntes Kapitel.

Den Morgen, der für die Wahl des Staatsrats vorgesehen war, verbrachte Elvira in größter Sorge. Sie selbst hatte nicht den Wunsch, Königin zu werden – ja, vielleicht zitterte sie bei dem Gedanken; aber als sie sah, wie sehr ihr Vater es sich wünschte, und daran dachte, wie bitter seine Enttäuschung sein würde, wenn sie abgewiesen würde, füllten sich ihre Augen mit Tränen, und sie war bereit, jedes Opfer zu bringen, um sein Glück zu fördern.

So saß die schöne Elvira zitternd vor Aufregung und doch jede Veränderung fürchtend da und stützte ihren Kopf auf ihre Hand, während Sir Ambrose, der aufgrund seines Rangs kein Stimmrecht hatte, Dr. Coleman und Henry Seymour versuchten, sie zu trösten.

„Meine liebe junge Dame", sagte der gute Doktor, „in der Tat, in der Tat, ich glaube, Sie machen sich ganz unnötig Sorgen. Mit Unterstützern wie Ihrem Vater und Lord Edmund werden Sie, glaube ich, keinen Erfolg haben."

„Sie verstehen mich völlig falsch, Doktor, das versichere ich Ihnen", erwiderte die Prinzessin. „Ich denke nicht an die Krone, aber es ist nicht möglich, auszudrücken, was ich in den letzten Stunden gelitten habe. Bevor mein Vater heute Morgen zum Rat ging, war seine Aufregung so groß, dass ich befürchtete, sie würde ihn zerstören, und meine Ungeduld, auf seine Rückkehr zu warten, ist fast zu einer Qual geworden."

„Ich möchte Eure Hoheit bitten, ruhig zu bleiben", sagte Henry Seymour. „Sie quälen sich mit eitlen Ängsten. Ich kann mir nicht einen Augenblick vorstellen, dass der Herzog etwas anderes als Erfolg haben könnte."

„Mein liebes Kind", bemerkte Sir Ambrose, „benutzen Sie Ihren gesunden Menschenverstand. Nichts kann dümmer sein, als eingebildeten Schrecken die Macht über Ihre Sinne zu überlassen. So leiden Sie doppelt und oft sind die Schmerzen der Vorahnung größer als die der Realität. Aber sehen Sie, hier kommen Pater Murphy und meine kleine, lebhafte Nichte Clara. Also, Vater, was gibt es Neues? Wird die Prinzessin Königin?"

„Och, und daran kann es nicht den geringsten Zweifel geben!", erwiderte Pater Murphy.

Elvira erbleichte. „Möge Gott gnädig sein, dass du dich irrst!" sagte sie.

„Oh je!", rief Clara unwillkürlich.

„Warum rufst du, schöne Dame?" fragte der Arzt lächelnd.

„Ich bin so überrascht – so erstaunt!" sagte das errötende Mädchen.

„Bei was?" fuhr der Arzt neugierig fort.

„Das – das", sagte Clara schüchtern, „dass die Prinzessin keine Königin sein möchte."

"Ach, ach!", sagte Elvira mit einem matten Lächeln. "Du bist zu jung, Clara, um die schreckliche Verantwortung zu kennen, die eine solche Situation mit sich bringen würde. Die Königin von England muss sich ihrem Volk widmen. Ist sie einmal gewählt, ist sie für immer von allem Glück des häuslichen Lebens abgeschnitten. Sie darf keine Bindungen eingehen, sie darf sich keiner Zuneigung hingeben. Sie kann nie das Glück erleben, sich ganz dem Wohlergehen eines angebeteten Objekts zu widmen. Sie kann nie die Verzückung einer Mutter kennen lernen!" Elvira seufzte tief und senkte den Blick zu Boden, während Henry Seymours Blick sie ernst ansah.

„All dies", sagte Sir Ambrose, „ist jedoch eher Einbildung als Wirklichkeit. Die Untertanen einer guten Königin sollten ihre Kinder sein; und die Ehre, zum Glück Tausender beizutragen und Nationen durch ein Nicken zu regieren, kann durchaus die bescheideneren Annehmlichkeiten eines häuslichen Herdes kompensieren."

„Ich stimme Ihnen nicht zu", entgegnete Dr. Coleman; „Ich denke, die Situation einer Königin ist sowohl von Schwierigkeiten als auch von Verantwortung geprägt. Wir alle wissen, wie schwierig es ist, selbst in den alltäglichsten Ereignissen des Lebens Zufriedenheit zu verschaffen; und um wie viel mehr muss diese Schwierigkeit in einer so erhabenen Stellung noch größer werden." Außerdem scheint es grausam, eine junge und schöne Frau zum Elend des Zölibats zu verurteilen. Die Frau scheint für den Mann die Stütze zu sein, die sie für die majestätische Eiche ist – ihr schönster Schmuck; Baum, und sie fällt verlassen und ohne Halt in den Staub. Glauben Sie nicht, Mr. Seymour?

Der Junge zuckte bei diesem Aufruf zusammen, denn seine Gedanken waren tatsächlich weit von der Szene vor ihm abgeschweift. „Ja", sagte er nach einer kurzen Pause.

Sir Ambrose lachte herzlich. „Auf mein Wort", sagte er, „ich gratuliere Ihnen, Dr. Coleman, zu Ihrem Glück, so aufmerksame Zuhörer zu haben. Die Prinzessin sieht aus, als hätte sie kein einziges Wort von dem gehört, was Sie gesagt haben, während Mr. Seymour, wenn Sie ihn nach seiner Meinung fragen, nur zusammenzuckt und ‚Ja' sagt."

„Sie haben ganz recht, Sir Ambrose", erwiderte Dr. Coleman mit einem gutmütigen Lächeln. „Und ich beginne zu erkennen, dass Argumente völlig nutzlos sind, wenn es um Gefühle geht."

"Och!", sagte Pater Murphy. "Und ich bin der Meinung, dass wir allen Grund haben, daran interessiert zu sein. Es würde mich überhaupt nicht überraschen, wenn der König von Irland unsere Schwierigkeiten ausnutzen und uns überfallen würde. Es gibt keinen geeigneteren Zeitpunkt, alles in Verwirrung zu stürzen, als wenn niemand weiß, was er tut."

„Ihre Bemerkung mag sehr berechtigt sein, heiliger Vater", sagte Henry Seymour lächelnd; „Aber ich für meinen Teil gebe zu, dass ich nicht befürchte, dass der König von Irland solch blutrünstige Absichten hat."

„Der Bericht lobt seinen Sohn", bemerkte Elvira.

„Nicht höher, als er verdient", rief Doktor Coleman begeistert. „Der junge Roderick ist mutig, edel und großzügig; er besitzt alle Eigenschaften, die ihn zu einem Helden machen; und er ist zu nichts fähig, was an Gemeinheit grenzt."

"Ist er hübsch?" fragte Clara mit unendlicher *Naivität* und blickte beim Sprechen ernst zum Arzt auf.

„Wie der Achilles der Alten", antwortete der Arzt.

„Meine Güte, wie gerne würde ich ihn sehen!" sagte die kleine Schönheit mit äußerster Einfachheit: „Sollten Sie das nicht tun, Herr Seymour?"

„Ich kann nicht sagen, dass ich neugierig bin", erwiderte Henry Seymour und konnte sich das Lachen kaum verkneifen.

„Meine Güte, wie seltsam!" sagte Clara und sah ihn ernst an; „Ich glaube wirklich, dass der Arzt uns nur befragt hat und dass er sehr hässlich und unangenehm ist. Ist er das, Mr. Seymour?"

Die Miene und die Art, mit der sie diese Frage stellte, zerstörten völlig die kleinen Reste von Ernst, die Henry Seymour bisher mit so viel Mühe bewahrt hatte; und in heftiges Gelächter ausbrechend stürzte er aus dem Zimmer. Alle wirkten erstaunt, und Dr. Coleman war verlegen. Nach einer kurzen Pause schien er sich jedoch zu erholen. „Es ist sehr seltsam, dass der Herzog nicht kommt", sagte er und zog seine Uhr heraus. „Der Rat muss vorher gewählt werden; und er bleibt selten lange bei der ersten Sitzung, um zu beraten."

„Mir geht es elend", rief Elvira. „Wenn er krank sein sollte!"

„Soll ich ihn suchen?" fragte Dr. Coleman; und als er ihre Zustimmung in ihrem Gesicht las, verließ er das Zimmer.

"Der Doktor ist sehr zuvorkommend", sagte Sir Ambrose, "aber er mochte Rosabella nie. Er hasste ihren Vater, und als Herzog Edgar – aber ich habe es vergessen! Seine Geschichte ist ein Geheimnis, das für immer in meiner Brust ruhen muss."

„Erzähl es *mir doch*, Onkel!", rief Clara schmeichelnd. „Ich würde es so gern hören, und alle sagen, du wüsstest alles über ihn."

„Und was kann seine Vergangenheit mit so einem kleinen Kerl wie dir zu tun
haben?“

„Ich weiß es nicht“, sagte Clara mit äußerster Unschuld, „aber ich bin sicher,
ich würde es gern hören.“

„Warum?“, fragte Sir Ambrose erneut.

„Weil alle sagen, es sei ein Geheimnis“, antwortete Clara, schmiegte sich an
ihn und streichelte liebevoll sein Gesicht. „Also erzähl es mir doch, mein
lieber Onkel, bitte?“

„Du bist eine kleine überredende Hexe“, sagte Sir Ambrose und tätschelte
ihr langes, seidiges Haar. „Ich würde dir alles mit Vernunft erzählen, aber die
Geschichte des Vaters von Rosabella …“

„Rosabella!“ rief der Herzog und stürmte mit der Wut eines Wahnsinnigen
in die Wohnung. „Rosabella! Wer spricht von Rosabella? Sie ist eine Schuft,
eine abscheuliche, heimtückische Schuft! Sie hat mich zerstört – sie hat sich
verschworen, um mein Kind zu zerstören!“

Und während er sprach, sank der gequälte alte Mann in einen Stuhl und
wurde vor Erschöpfung ohnmächtig, während ein blutiger Strahl aus seinem
Mund und seinen Nasenlöchern strömte, da ein Blutgefäß durch die
Heftigkeit seiner Emotionen geplatzt war. Elvira schrie vor Angst und warf
sich in furchtbarer Angst neben ihm auf die Knie und flehte ihn an, mit ihr
zu sprechen, während Sir Ambrose, noch erschrockener als sie selbst,
schreiend um Hilfe rannte. Dr. Coleman und Henry Seymour waren zur
Stelle. Der Herzog und seine Tochter, die ohnmächtig geworden war,
wurden in ihre eigenen Gemächer gebracht, begleitet von Clara, Sir Ambrose
und dem Arzt, während Henry Seymour und Pater Murphy allein blieben.

„O Schönheit!“ dachte Henry Seymour, als er zusah, wie die liebliche Gestalt
von Elvira, die wie eine schöne Blume aussah, die an ihrem Stiel herabhing,
an ihm vorbeigetragen wurde: „Wie allmächtig ist deine Macht! Sogar der
wilde Monarch des Waldes, von dir gezähmt, hat sich neben dir
niedergekauert Wie himmlisch sieht sie aus, rein wie der unsterbliche Geist,
als der Mensch zuerst mit Gott sprach, bevor seine Brust von den gröberen
Leidenschaften besudelt wurde!“

„Und sicher, wenn es die Prinzessin ist, an die du denkst“, sagte Pater
Murphy, der es satt hatte, so lange zu schweigen, „dann hast du Grund, so
traurig um sie zu blicken, denn es ist alles vorbei und sie wird niemals
Königin sein.“ "

Henry Seymour zuckte zusammen: Die Stimme des heiligen Vaters klang hart
und unharmonisch in seinen Ohren; es hatte alle seine Märchenträume

zerstreut; und mit einer ungeduldigen Bewegung öffnete er einige Falttüren und ging in den Garten. Pater Murphy folgte ihm.

„Und wohin gehst du?" fragte er.

„Ich wäre allein", sagte Henry in befehlendem Ton.

„Und so werdet ihr auch sein", erwiderte Pater Murphy, „wenn ich euch waschen will; und das werde ich im Handumdrehen tun. Aber –"

„Auf geht's!" rief eine besonders tiefe, hohle Stimme, die dicht am Ohr des Mönchs klang. Er zuckte zusammen, und als er aufblickte, fiel der vernichtende Blick von Cheops voll auf ihn; Er schrie wild und floh, wobei er entsetzte Schreie ausstieß.

Cheops schaute ihm mit einem verächtlichen Lächeln nach, dann richtete er seinen übermenschlichen Blick auf Henry Seymour und wartete darauf, dass er etwas sagte. Nur wenige Menschen hätten diesem finsteren Blick ungerührt begegnen können. Diese wilden Augen, so beschattet von den dicken dunklen Brauen darüber, schienen immer direkt in die Seele des Betrachters zu sinken: Henry Seymour schreckte jedoch nicht vor ihrem Blick zurück. Es folgte eine lange Pause.

„Du wünschst dir Hilfe", sagte Cheops, „und es liegt in meiner Macht, dir zu helfen. Ich kenne dich gut, du bist nicht das, was du scheinst; aber fürchte dich nicht, und alle deine Hoffnungen werden erfüllt."

„Ach! Wie können sie das?" sagte der Jüngling, „wenn ich sie selbst nicht kenne."

"Hör mir zu!", erwiderte Cheops. "Du liebst Elvira, du möchtest gern ihr Ehemann werden und sie dennoch nicht ihrer Krone berauben. Schon jetzt schmiedest du Pläne, um diese beiden scheinbar unvereinbaren Ziele miteinander zu vereinbaren. Aber neben unzähligen kleineren Hindernissen macht ein großes deine Pläne zunichte: Du hast einen Vater."

„Im Namen des Himmels!", rief Henry Seymour außer sich, „wer und was bist du?"

Doch ehe er zu Ende gesprochen hatte, war die Mumie verschwunden. „Unhold! Dämon!", rief der Jüngling, „was soll dieser unwirkliche Spott? Aber so wirst du mir nicht entkommen."

Inzwischen hatte sich der Herzog etwas erholt und mit der Erlaubnis von Dr. Coleman wurden Lord Edmund und Sir Ambrose in sein Zimmer eingelassen. Die ehrwürdigen Väter Morris und Murphy waren bereits dort.

„Ich glaube, es ist ganz und gar gegen die Vorschriften", sagte der Arzt, „einem Patienten im Zustand des Herzogs Besuch zu gestatten; aber er ist so reizbar, dass ich fürchte, ihn in Ungewissheit zu halten könnte einen Rückfall verursachen."

„Es tut mir leid, dich so zu sehen, mein liebster Freund", sagte Edmund und drückte dem Herzog herzlich die Hand. „Du bist immer ein zweiter Vater für mich gewesen, und, Gott weiß! Ich liebe dich wie mich selbst."

Der Herzog erwiderte seinen Druck leidenschaftlich, aber er konnte nicht sprechen. „Mein lieber, lieber Freund!", sagte Sir Ambrose, und Tränen standen ihm in den Augen.

"Kommen Sie! Kommen Sie!", sagte Dr. Colman gut gelaunt. "Ich darf nicht zulassen, dass Sie meinen Patienten aufregen. Lord Edmund ist nur gekommen, um Abschied zu nehmen, mein Lord Duke. Er fährt aufs Land, um zu versuchen, seinen Einfluss bei den Wählern geltend zu machen."

Der Herzog schüttelte den Kopf.

„Ich darf Sie nicht verzweifeln lassen", sagte Sir Ambrose. „Wir werden sie noch besiegen. Aber wir müssen hart kämpfen, denn Rosabella ist schlau wie ein Fuchs, und Sie sehen, was für ein Fest sie veranstaltet hat. Außerdem ist sie genauso selbstsüchtig wie ihr Vater."

„Nein", sagte der Herzog schwach und mit großer Mühe. „Edgar war nicht selbstsüchtig."

„Der Einfluss natürlicher Zuneigung ist erstaunlich!", sagte Sir Ambrose. „Sie sprechen so von jemandem, der Ihnen so großes Leid zugefügt hat."

„Edgars Fehler", antwortete der Herzog, der kaum in der Lage war, Worte in Worte zu fassen, „waren eher Umstände als Gefühle. Davon bin ich überzeugt und verzeihe ihm. Nein, wenn er noch am Leben wäre und ich ihn sehen könnte, würde ich ihn an mein Herz drücken."

„Ach!" sagte Pater Murphy, „und das wird genauso gesagt wie Sie selbst; denn es gibt nichts Schöneres als einen christlichen Geist, als unseren Feinden zu vergeben – und so möge es dem Himmel gedeihen und alle segnen, die euch lieben, und alle, die euch hassen, zum Teufel schicken."

„Aber wie passt das zu dem christlichen Geist, von dem Sie gesprochen haben?" fragte Dr. Coleman lächelnd.

„Ach!" antwortete Pater Murphy, „und das ist eine ganz andere Sache. Denn niemand außer den Gören des Teufels könnte den Herzog hassen, und er hat gewiss ein Recht auf sein eigenes."

Obwohl Dr. Coleman von der Sophistik des heiligen Vaters nicht ganz überzeugt war, versuchte er nicht, sie zu widerlegen; und die Partei trennte sich bald darauf, weil sie fürchtete, den Herzog zu ermüden.

Einige Stunden nach diesem Gespräch ging Pater Morris in einem der schattigsten Teile des Gartens von Mr. Montagu spazieren, wo die dichten Bäume sich über seinen Kopf erstreckten und durch ihr schattiges Laub das Licht der Sonne fast ausschlossen. Mitten in diesem düsteren Hain hatte einer der ehemaligen Besitzer des Herrenhauses eine Urne aufgestellt, über der eine Trauerweide hing. Das Denkmal war einst farbenfroh mit leuchtenden Farben und Vergoldungen geschmückt, um das Wappen und die Würde des Staubs hervorzuheben, der darunter lag. Nun jedoch hatten Feuchtigkeit und Vernachlässigung das Werk der Zeit an diesem abgelegenen Ort beschleunigt. Der einst weiße Marmor war mit schmutzigen grünen Flecken übersät, und Moos war um das verfallene Denkmal früherer Größe gewachsen; die Gipsabbildungen der Arme waren gerissen und hatten sich stellenweise abgeblättert; während wilde Blumen in den Spalten Wurzeln geschlagen hatten, ihre blühenden Köpfe emporreckten und ihre fantastischen Kränze um den vermodernden Stein schlangen und in wilden, üppigen Girlanden über diesem Sinnbild des Verfalls hingen, als wollten sie sich über die schwachen Bemühungen des Menschen lustig machen, sein eigenes zu verewigen Namen und behaupten triumphierend die Vorherrschaft der Natur.

Pater Morris war beeindruckt von der Wirkung, die dieser scheinbar einfache Umstand hervorrief, und er stand mit vor der Brust verschränkten Armen da und blickte aufmerksam auf die Urne: „Und dafür", dachte er, „ja, sogar für solch vergänglichen Schmuck wie diesen." , riskiert der Mensch dafür seine unsterbliche Seele, für Ehre, die schon beim Anschauen vergeht, für den Ruhm, den der kleinste Hauch wegblasen kann, für Reichtum und Macht, die über einen bestimmten Punkt hinausgehen? , für den Ehrgeiz opfern wir alles, was dem Geist am Herzen liegt. Und was für ein wahres Glück kann ich noch nicht bereuen? Ich würde diesem armen alten Mann nichts Böses tun. Oh, wie sehr sein Blick und seine Stimme mich für immer erweckten ! Julia! Sicherlich würde sich dein gesegneter Geist freuen, wenn die Engel noch mitfühlen könnten, wenn ich meine Reue bemerke, und wenn ein einziger Unhold zufrieden wäre, könnte ich noch gerettet werden!"

Und überwältigt von seinen Gefühlen wurde sogar sein festes Herz weich; er lehnte seinen Kopf gegen die vermodernde Urne, und weinte, sein Gesicht in seiner Kapuze verbergend. Gesegnet waren diese bitteren Tränen, und süß waren die Gefühle, die sich über den Geist des Mönchs stahlen, als sie flossen; denn sie waren die ersten Früchte menschlichen Gefühls, die diese wilde Brust seit langem berührt hatten. Beruhigt durch ihren heilenden Balsam und halb vergessend die Sorgen, die um ihn herum schwebten, lehnte sich Pater Morris noch immer an das Grab; während milde und angenehme Bilder vor seiner Phantasie schwebten und die märchenhafte Gestalt des Glücks wieder vor seinen Augen auftauchte und, obwohl durch die

Entfernung undeutlich und verschwommen, ihn noch einmal durch den Nebel der Zeit vorwärts zu winken schien. Versunken in diese Meditationen, die entzückendsten, denen er sich seit langem hingegeben hatte, blieb der Vater dem Lauf der Zeit gegenüber unachtsam, bis er durch ein Klopfen auf seine Schulter aufgeschreckt wurde und sich umdrehte und die riesige Gestalt von Cheops erblickte.

„Unhold, Dämon, Teufel!" schrie er leidenschaftlich; „Augen Sie! und führen Sie mich nicht in Versuchung!"

Die Mumie brach in eines ihrer schrecklichen, spöttischen Lacher aus. "Was!" sagte er: „Hast du deinen Freund vergessen? deinen Vertrauten? deinen Verbündeten? Und behandelst du ihn so? Hast du unseren Vertrag und deinen Eid vergessen? (Der Mönch schauderte, während Cheops fortfuhr:) „Pshaw! Pshaw! Rede nicht von Versuchung! Die Leidenschaften in dieser Brust widersetzen sich ihrer Macht; denn kaum Dämonen könnten ihnen Glauben schenken. Fürchte dich also nicht vor der Versuchung, reinster und makellosester Priester!" , ich kann dein Herz lesen: und ich — ja, sogar ich — schaudere vor der Bosheit, die es verbirgt!"

„Meine Gefühle haben sich verändert — ich bereue!"

„Unmöglich! Deine Reue ist nur wie ein vorübergehender Schatten vor einem glühenden Feuer, das, selbst wenn es nicht entfernt würde, bald von den Flammen verschlungen würde!"

„Ich sage Ihnen, meine Absicht hat sich geändert: Ich werde keine Verschwörungen mehr gegen den Herzog anstellen; und Elvira könnte, wenn sie will, Königin werden."

„„Und denkst du dann, dass eine Krone so beneidenswert ist"", sagte die Mumie und wiederholte die Worte des Mönchs, die er einmal an ihn gerichtet hatte, „dass du glaubst, du würdest ihr schaden, wenn du ihr ihre Sorgen entziehst?""

"Teufel!" rief der Vater, der den Gefühlen, die diese Worte hervorgerufen hatten, nicht widerstehen konnte.

„Und das sind Sterbliche", sagte Cheops; „Sie sündigen und bereuen! So kommt der Schuld Heuchelei hinzu und ihre Verbrechen werden durch das Wissen um ihre Ungeheuerlichkeit verdoppelt!"

„Dämon!", erwiderte Pater Morris. „Die Worte dieses alten Mannes haben mir das Herz gebrochen, und ich würde alles opfern, was die Welt mir geben kann, um mich an seine Brust zu werfen und seine Vergebung zu erlangen."

„Ich glaube, das denkst du *jetzt* ", sagte Cheops boshaft. „Aber wenn Rosabella Königin sein wird und Reichtum und Würden von Vater Morris verteilt werden; wenn sich die Adligen demütig vor ihm verneigen und, an seinem Lächeln hängend, ihn um Gefälligkeiten anflehen, dann –"

„Verflucht seist du, Unmensch!", rief Pater Morris, stürzte aus dem Wäldchen und presste seine Kapuze mit beiden Händen fest um seinen Kopf, als fürchte er, das grauenhafte Lachen von Cheops könnte in seinen Ohren widerhallen und ihn in den Wahnsinn treiben.

„Schwacher, schwacher Wurm!" rief Cheops mit einem verächtlichen Lachen und sah dem Mönch nach, als er aus seinem Blickfeld verschwand; „Und doch rühmt sich dieser Mann seines Intellekts; ja, und regiert seine Mitmenschen fast nach seinem Willen! Entartete Elende! O mächtiger Osiris! Wenn du von deinem schrecklichen Aufenthaltsort aus auf deinen Anhänger herabblicken willst, dann habe Mitleid mit ihm! Verdammt! Verschwende seine Tage unter dieser verhassten Rasse! Sag, dass dein schrecklicher Zorn solche Opfer nicht besänftigen wird! Feuer, wird immer noch an meinen Eingeweiden nagen. Oh! Diese Sterblichen *denken*, sie leiden: aber was sind ihre Qualen im Vergleich zu meinen?"

Während er sprach, knirschte er vor Wut mit den Zähnen, während sich auf seiner Stirn erneut der Ausdruck von Leidenschaften verdunkelte, die zu gewaltig waren, als dass ein Sterblicher sie sich vorstellen könnte.

Kapitel XVI.

„Ich bin wirklich froh, dass wir das Haus meines Onkels verlassen haben", sagte Rosabella zu Marianne am Morgen nach ihrem Umzug in den Palast von Lord Gustavus; „Denn obwohl es in meinen Gefühlen etwas Abstoßendes hat, von einem Fremden abhängig zu sein, ist es doch besser als der Verrat, den ich gegenüber dem Herzog begehen musste, da es vielleicht bald in meiner Macht steht, alle Verpflichtungen, die ich von ihm erhalte, zurückzuzahlen . Verrat hat etwas so Gemeines!"

„Wir neigen immer dazu, uns vor den Lastern, die unserer Natur am meisten widersprechen, am meisten zu verabscheuen", sagte Marian lächelnd, „während wir denen gegenüber barmherzig sind, die wir praktizieren. Allerdings kann ich nicht sagen, dass es meiner Meinung nach einen großen Unterschied gibt."

"Was!" rief Rosabella empört; „Ziehst du die Laster, die einem edlen, wenn auch irrigen Geist entspringen, zu denen, die die natürlichen Nachkommen niederer, unterwürfiger Geister sind?"

„Nein", entgegnete Marianne, „denn letzteres halte ich für vorzuziehen, da der Geist, der sie hervorbringt, nicht in der Lage ist, edlere Anstrengungen zu unternehmen; während die anderen, indem sie ihre Besitzer erniedrigen, mit Nachdruck die monströse Verderbtheit des menschlichen Herzens zeigen."

„Ich verstehe dich nicht", sagte Rosabella.

„Es ist auch nicht nötig, dass Sie das tun", entgegnete ihr Vertrauter.

Rosabella war mit dieser summarischen Art, den Streit abzutun, nicht ganz zufrieden und wollte gerade die Maxime ihres Vertrauten in Frage stellen, als ein Klopfen an der Tür einen Pagen von Lord Gustav ankündigte, der erfuhr, ob die Prinzessin seinen Herrn mit einer Audienz ehren würde .

„Sicherlich", sagte Rosabella; und in wenigen Minuten betrat Lord Gustavus ihr Boudoir.

„Ich hoffe, Eure Durchlaucht hat sich gut ausgeruht", sagte der edle Lord mit seiner üblichen Wichtigtuerei; „Ich fühle mich heute Morgen besser."

„Mir geht es vollkommen gut, ich danke Eurer Lordschaft!" kehrte Rosabella zurück; „Und die Erleichterung, die ich empfand, als die Last, die so lange auf meinem Gemüt lastete, durch meinen Umzug in Ihr gastfreundliches Herrenhaus erleichtert wurde, hat sich als hervorragendes Einschlafmittel erwiesen."

„Da dies der Fall ist", sagte Lord Gustavus, „wird Eure Hoheit vielleicht nichts dagegen haben, die edlen Herren zu verwöhnen, die sich bereits in Ihrem Namen erklärt haben, sowie einige andere ihrer Freunde, die sich gerne unter Ihren Bannern engagieren möchten." ein Interview: Denn so wie ich denke und wie jeder vernünftige Mensch im Königreich denken muss, sollte keine Zeit mit einer Angelegenheit von so großer und unendlicher Bedeutung verschwendet werden.

Rosabella dachte *par merveille* genauso wie der edle Herr und reichte ihm sofort die Hand, um sie in seine Bibliothek zu führen, wo die berühmten Persönlichkeiten, von denen er gesprochen hatte, darauf warteten, sie zu empfangen. Es wurde bereits gesagt, dass Rosabella wunderschön war, und jetzt, da ihre jüngste Krankheit und die Aufregung, die mit der Neuartigkeit ihrer gegenwärtigen Situation einherging, den üblichen Stolz und Hochmut ihres Verhaltens gemildert hatten, sah sie vollkommen hübsch aus. Es ist oft zugegeben worden, dass eine schöne Frau niemals so gut aussieht wie in einem Kummer; In der Erscheinung einer schüchternen, hilflosen Frau, die zum Mann aufschaut, um Schutz und Unterstützung zu finden, liegt etwas, das jede großzügige und männliche Brust zu ihren Gunsten weckt. Während dieser Unglückliche in der Tat jeglichen Sinn für Gefühl und Menschlichkeit verloren haben muss, der in Not taub sein könnte für das Gebet der Schönheit. So erregte das Erscheinen Rosabellas bei ihr allgemeines Aufsehen, während ihr üblicher Stolz und Hochmut, der wohlbekannt war, ihre gegenwärtige Schüchternheit und Aufregung, ihre gesenkten Augen und ihre zitternde Stimme durch die starke Kontrastwirkung nur noch interessanter erscheinen ließen Sie produzierten.

Die in der Bibliothek von Lord Gustavus versammelten Personen waren alle von ihren Manieren beeindruckt; und obwohl es vielleicht schwierig gewesen wäre, eine Gruppe von Individuen zu finden, die in ihren üblichen Gewohnheiten und Denkweisen unterschiedlicher wären, waren sie sich doch in diesem einen Punkt einig. Die Persönlichkeiten, aus denen sich diese würdige Versammlung zusammensetzte, waren Lord Maysworth, die Lords Noodle und Doodle, Dr. Hardman und der junge Prinz Ferdinand von Deutschland, der von Lord Edmund gefangen genommen worden war und sich nun bis zum 17. Juli 1943 auf Ehrenbewährung befand Es konnten Bedingungen für sein Lösegeld vereinbart werden. Er war derzeit Gast von Lord Maysworth, der in seiner Jugend große Verpflichtungen vom deutschen Kaiser erhalten hatte und sich nun über die Gelegenheit freute, seinem Sohn seine Dankbarkeit zu zeigen; und der ihn nun zu Lord Gustavus gebracht hatte, um ihn der Prinzessin Rosabella vorzustellen.

Prinz Ferdinand war leidenschaftlich und romantisch, und er befand sich gerade in diesem glücklichen Alter, in dem alles hell und blühend erscheint, bevor die Realität die schmeichelhaften Träume der Hoffnung zerstört hat;

wenn wir bereit sind, alles zu glauben, was wir wollen, und uns die menschliche Natur ohne Makel vorzustellen. Ach! Warum sind die schönen Momente des Lebens so vergänglich? und warum können wir niemals an Vergnügen teilhaben, ohne dass unsere Lust daran zerstört wird!

Obwohl Prinz Ferdinand zutraulich und ahnungslos war, war er sicherlich überaus erstaunt, als Lord Maysworth, der Verfechter von Freiheit und Gleichheit, in Rosabellas Namen eloquent plädierte, dass ihr Vater der ältere Bruder des jetzigen Herzogs sei und dass sie daher Anspruch darauf habe wurde durch alle magischen Kräfte der Erstgeburt gestärkt, und noch mehr überraschte ihn seine Behauptung, der jetzige Herzog habe sich unbeliebt gemacht, indem er der verstorbenen Königin geraten habe, den ehemaligen Palast in Richmond wieder aufzubauen, wodurch mehrere Hundert Arbeiter beschäftigt blieben während des gesamten vorangegangenen Winters und vor dem Untergang bewahrt.

"Du lieber Himmel!" rief Prinz Ferdinand, „Können Sie das verübeln? War es nicht besser, als sie auf der Straße vor Kälte sterben zu lassen?“

„Da besteht keine Gefahr, Eure Hoheit – keine Gefahr“, entgegnete Lord Maysworth – „niemand kann in unseren Straßen an Kälte sterben, denn, wissen Sie, wir haben dort immer Rohre mit heißer Luft, um sie ziemlich warm zu machen. Und Was den Palast betrifft, ist es wirklich ziemlich traurig, darüber nachzudenken, wie viele Tausende öffentlicher Gelder dafür ausgegeben wurden. Oh, ich versichere Ihnen, es ist unmöglich, einen Mann zu finden, der zu Recht unbeliebter ist als der Herzog von Cornwall.

„Oh, ganz unmöglich!“ sagten die Lords Noodle und Doodle kopfschüttelnd.

„Wenn ich jedoch denke, wie ich denke, und da ich überzeugt bin, dass jeder hier denken muss“, sagte Lord Gustavus, „wird es unklug sein, sich ausschließlich auf die Unbeliebtheit des Herzogs zu verlassen: Lord Edmund wird von der Armee geliebt, und das ist er auch.“ Da wir entschieden auf der Seite von Elvira stehen, können wir nicht vorsichtig genug sein.

„Oh nein, auf jeden Fall! – wir können nicht vorsichtig genug sein“, wiederholten die beiden Wiederholer.

„Es ist jedoch ein glorreicher Umstand“, sagte Dr. Hardman, „dass die Wahl der Königin vollständig beim Volk liegt; ihre Stimme allein wird den glorreichen Kampf entscheiden, und ihre freien, unvoreingenommenen Meinungen allein geben der Monarchie ihre zukünftige Königin.“ "

„Ja“, sagte Lord Maysworth, „es ist wahr, es liegt allein bei ihnen, über die Frage zu entscheiden; und aus diesem Grund glauben Sie nicht, dass es für jeden von uns gut sein wird, sich auf seinen Landsitz zu begeben, meine

Herren." und bemühen uns, durch seinen Einfluss in der Nachbarschaft die Wahl solcher Abgeordneten herbeizuführen, die bereit sind, unseren Wünschen zuzustimmen."

„Der Plan ist ausgezeichnet!" rief Dr. Hardman.

"Exzellent!" rief Lord Gustavus aus.

"Exzellent!" wiederholten seine begleitenden Satelliten.

„Dann müssen wir es nur noch in die Tat umsetzen", sagte Lord Maysworth.

„Wenn die Prinzessin meine Abwesenheit entschuldigen würde –", begann Lord Gustavus.

"Oh mein Gott!" unterbrach Rosabella hastig, denn sie fürchtete sich vor seinen langen Reden, die sich kaum beschreiben ließen: „Denken Sie nicht an mich: Ich müsste wirklich unvernünftig sein, wenn ich mich über Ihre Abwesenheit beschweren könnte, wenn Sie für meine Dienste angestellt werden."

„Die Prinzessin spricht wie ein Orakel", sagte Dr. Hardman; „Und ich denke, wir können nichts Besseres tun, als ihre Wünsche in die Tat umzusetzen."

„Lebt wohl, meine Freunde", sagte Rosabella mit vor Rührung zitternder Stimme, als sie sich trennten, „und möge euch der Erfolg begleiten; vorerst verhindert meine Armut, die alles andere als Dankbarkeit ist, meine Wünsche; aber die Zeit kann kommen, wenn …" Sie werden feststellen, dass die mächtige Königin die der abhängigen Prinzessin zuteil gewordenen Gunstbezeugungen nicht vergessen wird."

"Oh!" riefen die edlen Herren und Dr. Hardman, „erwähnen Sie nicht die Belohnung; Patriotismus und die uneigennützige Liebe zu unserem Land allein bestimmen unser Handeln – wir denken an nichts anderes!"

„Es wäre Verrat und schlimmer als Gotteslästerung", sagte Prinz Ferdinand, „den Gedanken an Eigennutz mit solchen Absichten zu vermischen. Wer kann tatsächlich die Prinzessin Rosabella sehen und zulassen, dass der dürftige Gedanke an sich selbst seine Hingabe an sie beeinträchtigt?" ihre Interessen?"

Rosabella lächelte die junge Rednerin gnädig an, obwohl sie nichts sagte.

„Wenn jedoch", sagte Lord Maysworth, „die Interessen des Staates einen erfahreneren General als Lord Edmund erfordern sollten, habe ich gedient und würde bereitwillig auf die Hektik des inneren Friedens verzichten, um mich dem Wohl meines Landes zu widmen." '"

„Oder wenn der Staat einen Minister braucht", bemerkte Lord Gustavus, „so wie ich denke, und ich bin sicher, dass jeder andere denken muss, hat sie das

Recht, die Dienste sogar eines Menschen in Anspruch zu nehmen, der sich so sehr für den Ruhestand interessiert wie ich.".''

„Ich für meinen Teil", sagte Dr. Hardman, „wünsche mir weder eine Stelle noch eine Rente; aber wenn meine bescheidenen Dienste in einer medizinischen Funktion …"

„Fürchte dich nicht", erwiderte Rosabella, „aber dass alle deine Wünsche erfüllt werden; denn wenn ich Königin wäre, würde ich mich nur als einen Agenten betrachten, der meine Macht in die Hände derjenigen legt, die ihrer am würdigsten sind."

Während sie dies sagte, zog sie sich zurück und hatte das seltene Glück, alle ihre Zuhörer vollkommen zufrieden mit ihrem Verhalten zurückzulassen. Tatsächlich war ihre Freude so groß, dass jeder nach ihrem Weggang noch einige Augenblicke in Gedanken versunken dastand und Tagträumen über die entzückenden Erwartungen nachhing, die ihre Worte und ihr Benehmen geweckt hatten, bis sie, wie Bauer Ashfield und seine Dame in „Speed the Plough", in unmittelbarer Gefahr waren, in ihrer Zerstreutheit miteinander in Konflikt zu geraten: Das Eintreten eines Dieners riss sie jedoch aus ihren Träumereien; und da sie sich etwas beunruhigt fühlten, weil sie die würdevollen Gefühle, die sie zum Ausdruck gebracht hatten, so weit vergessen hatten, zogen sie sich in ihre jeweiligen Häuser zurück, um Maßnahmen zu ergreifen, um den vorgeschlagenen Plan in die Tat umzusetzen.

„Wie ich diesen Lord Gustavus hasse", rief Rosabella, als sie ihr Boudoir erreichte. „Selbst wenn er eine vernünftige Bemerkung macht, fügt er so viele Erklärungen hinzu, dass der Geist verfliegt."

„Ja", erwiderte Marianne, „er muss noch lernen, dass es so ist, als würde man dem Wein Wasser hinzufügen, wenn man Erklärungen an den Witz knüpft. Man verringert seine Kraft und verdirbt seinen Geschmack. Aber selbst er ist Lord Maysworth vorzuziehen."

„Oh! Das glaube ich nicht", rief Rosabella, „denn ein lächerlicher Narr ist immer besser als ein langweiliger. Ich kann über Lord Maysworth lachen, aber Lord Gustavus schickt mich in den Schlaf."

„Wenn man ein wichtiges Unternehmen in Angriff nimmt", sagte Marianne, „dann darf man bei der Auswahl der Werkzeuge, die man dafür einsetzt, nicht allzu gewissenhaft sein. Die Aufgabe eines talentierten Mannes besteht darin, die Schwächen der Menschen um ihn herum zu entdecken und sie alle seinen Zielen unterzuordnen."

„Jedenfalls ist das in meinem Fall nicht schwierig", erwiderte Rosabella, „denn meine guten Freunde sind so begierig darauf, sich zu zeigen, dass ich ihnen gegenüber die Gerechtigkeit walten lassen muss, dass sie mir weder die Mühe machen, ihre Schwächen herauszufinden, noch mir den Weg zeigen, sie zu gewinnen. Prinz Ferdinand ist der einzige, der einen einzigen Funken edlen Gefühls besitzt."

„Und er, glaube ich, sagtest du, schien von deinem Aussehen beeindruckt zu sein?"

„Er schien es zu sein."

„Wir müssen diese Voreingenommenheit verbessern. Das Bündnis mit Deutschland kann für uns von unschätzbarem Wert sein. Sie müssen die Hoffnungen des Prinzen stärken und alles tun, was Sie können, um seine kindliche Leidenschaft zu entfachen."

„Aber ich liebe Edmund."

„Pah! Wie können Sie nur so kindisch sein? Ich möchte nicht, dass Sie Prinz Ferdinand lieben. Wenn Sie es schaffen, dass er Sie liebt, ist das alles, was nötig ist."

„Aber halten Sie es für grausam, mit seinen Gefühlen umzugehen?"

Marianne lachte. „So romantisch habe ich dich nicht vorgestellt", sagte sie spöttisch. „Machen Sie sich keine Sorgen, die Wut, aus Liebe zu sterben, ist vorbei. Deshalb müssen Sie mich trotz der Macht Ihrer Reize entschuldigen, wenn ich an ihrer mörderischen Wirkung zweifele."

Rosabella war zu sehr beschämt über die Art, wie ihr Vertrauter ihre Skrupel behandelte, als dass sie das Gespräch fortsetzen wollte; obwohl Mariannes Argumentation ihre volle Wirkung auf ihren Geist entfaltete und sogar, gegen ihren Willen, ihr Verhalten beeinflusste.

In der Zwischenzeit erlebte die Familie von Herrn Montagu große Unruhe wegen Claras Gesundheit, deren Gesundheitszustand sich allmählich verschlechterte.

„Ich kann mir nicht vorstellen, was mit meiner Tochter los ist?" sagte Frau Montagu eines Tages zu Dr. Coleman; „Ich wünschte, Sie würden ein wenig mit ihr reden. – Hier, Clara, meine Liebe, gehen Sie einfach hierher. – Sie werden ziemlich schockiert sein, Doktor, über die Veränderung in ihrem Aussehen. Armes Mädchen! Ich glaube nicht, dass sie hat den Schrecken, den sie beim ersten Anblick der Mumie verspürte, jemals richtig überwunden, denn sie schien seitdem nicht mehr sie selbst zu sein

„Mir scheint, sie hortet eine geheime Pflege,
die ihre Ruhe stört und sie zur Verzweiflung treibt."

„Wovon zitierst du das, meine Liebe?“ fragte Herr Montagu, der sich mehr
für das Zitat seiner Frau interessierte als für die Krankheit seiner Tochter.

"Oh! Es ist eines von einer Menge, die ich neulich in der Fabrik für
Dampfdruckbücher in Hatton-Garden gekauft habe. Ich hatte noch ein paar
andere Dinge gekauft und so überredete ich den Mann, mir ein paar sehr
billige Angebote zu unterbreiten. Sie waren alle ganz neu und fertig
geschnitten, getrocknet und zu Pillen verarbeitet. Aber so einen Mann habe
ich in meinem Leben noch nie gesehen. Sie denken überhaupt nicht an Ihre
Tochter. Ich wünschte wirklich, Sie würden sie ein wenig ausfragen, denn sie
wird mir nichts sagen."

„Also gut, meine Liebe, das werde ich“, sagte Mr. Montagu; aber im nächsten
Augenblick war er wieder in seine Studien vertieft und hatte sogar völlig
vergessen, dass ein Wesen wie Clara existierte.

„Wirklich“, sagte Frau Montagu zum Arzt, „ich glaube nicht, dass eine arme
Frau auf der Welt jemals so geplagt wurde wie ich. Sie sehen, was für einen
Ehemann ich habe. Er macht sich nie Sorgen über irgendetwas; und wenn
Ich hätte es mir in den Kopf gesetzt, wegzugehen, ich glaube nicht, dass er
mich überhaupt vermissen würde, und dann, meine Tochter – aber hier
kommt sie. – Clara, ich habe nach dir geschickt, um mit Dr. Coleman zu
sprechen.

Dr. Coleman war überaus beeindruckt von der Veränderung in Claras
Aussehen. Das schöne, lebhafte, blühende Mädchen verwandelte sich in ein
blasses, schattenhaftes Wesen, dessen Existenz an einem seidenen Faden zu
hängen schien und dessen zerbrechliche Gestalt die erste unfreundliche Brise
vernichten würde.

„Was ist los mit dir, mein liebes Kind?“ fragte der Arzt.

„Nichts“, sagte Clara seufzend.

„Und ich weiß nichts, was schlimmer sein könnte“, sagte Pater Murphy, der
zufällig anwesend war; „Denn das ist die Rede, die eine junge Dame immer
macht, wenn sie verliebt ist, und ich kenne keine Krankheit, die schwerer zu
heilen ist.“

"Verliebt!" rief Herr Montagu, der durch dieses unheilvolle Wort, das den
Eltern und Erziehungsberechtigten im Allgemeinen so hart in die Ohren
stößt, aus seiner Lethargie gerissen wurde. "Verliebt!" wiederholte er und
blickte seine Tochter ernst an; „In wen könnte sie verliebt sein?“

„Ja, das ist die Frage“, sagte seine Frau, „denn ich bin mir sicher, dass ich ihr
unter meinen eigenen Augen nie vertrauen werde; und ich werde sie
herausfordern, sich zu verlieben, ohne dass ich es weiß. Nein, nein, das kann
sie nicht.“ verliebt."

„Ach! Und das ist überhaupt kein Grund", rief Pater Murphy, „denn ich hätte nie gedacht, dass man dabei zusehen könnte, wie man in solchen Angelegenheiten überhaupt etwas Gutes tut."

„Nun, Clara", sagte Dr. Coleman, „Sie hören Pater Murphys Meinung; bekennen Sie sich der Anklage schuldig?"

Als Dr. Coleman seinen Blick auf sie richtete, wurde Claras Röte noch schlimmer und ihre Aufregung so groß, dass sie, als sie feststellte, dass sie seine Blicke nicht ertragen konnte, in Tränen ausbrach und aus dem Zimmer eilte. Arme Clara! Die Zähne der grausamsten Leidenschaft hatten tatsächlich dein Herz durchbohrt, obwohl du dir dessen selbst nicht bewusst warst!

Man erinnert sich, dass Clara am Tag von Edmunds Triumph von der schönen Gestalt und dem edlen Aussehen eines jungen Mannes beeindruckt war, der als Gefangener in der Prozession mitgegangen war. Es war Prinz Ferdinand, der, da er eine enge Freundschaft mit Lord Edmund aufgebaut hatte, seither fast ständiger Besucher im Haus von Mrs. Montagu war. Clara war gerade in dem Alter, in dem der menschliche Geist zum ersten Mal das Bedürfnis nach etwas Liebendem verspürt. In ihrer eigenen Familie waren ihre Zuneigungen auf sie selbst zurückgeworfen worden, und da sie in die Regionen der Fantasie getrieben wurde, um etwas zu finden, das ihr Herz beschäftigte, wanderte sie oft stundenlang im Garten umher und malte sich Abenteuer aus, die sie in allen lebhaften Farben der Fantasie ausmalte; bis sie, verloren in ihren eigenen Schöpfungen, die zahmen, kalten Realitäten des Lebens fast vergaß.

Natürlich konnten all diese imaginären Abenteuer nicht ohne einen Helden existieren; aber Clara konnte sich nie auf eine bestimmte Form festlegen, die sie ihm geben wollte, bis sie Prinz Ferdinand gesehen hatte. Dann schienen alle ihre Träume wahr zu werden; und der geheime Gott ihrer Abgötterei erschien in *eigener Person vor ihr zu stehen*. Clara war nun vollkommen glücklich; und da sie aufgrund der häufigen Besuche des Prinzen bei ihrem Cousin nun oft ganze Tage in seiner Gesellschaft verbrachte, war sie zufrieden, obwohl er sie vielleicht kaum sah oder sie höchstens als hübsches Kind betrachtete: Sie sah ihn und sie hörte ihn sprechen; was fehlte noch, um ihren Traum von Glückseligkeit zu erfüllen?

Lord Edmunds Abreise aufs Land brach jedoch diesen Zauber. Prinz Ferdinand kam nicht mehr zu Mrs. Montagu, und Clara hörte von ihm nur als von Rosabellas ergebenem Verehrer. Bis zu diesem Augenblick war ihr Eifersucht kaum bekannt gewesen, nicht einmal dem Namen nach; aber jetzt stach sie ihr mit den heftigsten Schmerzen ins Herz. Sie war es nie gewohnt gewesen, ihre Gefühle zu verbergen, und jetzt zerstörten sie sie. Der Höhepunkt sollte jedoch noch kommen. Eines Tages, als sie traurig auf der Terrasse im Garten ihres Vaters auf und ab ging, erschrak sie, als Prinz

Ferdinand persönlich erschien: Ihre Erregung war maßlos; ihre Lippen zitterten, und sie rang nach Luft; aber er ging weiter, ohne sie zu bemerken – ja, er war es, das geliebte Idol ihrer Gedanken, der Held ihrer Träume; und er war vorbeigegangen, ohne sie zu sehen oder zumindest ohne zu scheinen, sie zu sehen. War es möglich, dass er sie gesehen und so kalt an ihr vorübergegangen war? War es möglich, dass sie so völlig gleichgültig gegenüber einem Mann war, der ihr alles bedeutete? Oh, der Gedanke war Wahnsinn! Sie konnte ihre eigenen Gedanken nicht ertragen. Was aus ihr werden würde, wusste sie nicht – es war ihr egal; und in qualvoller Verzweiflung stürzte sie sich in das dichteste Gehölz des Gartens.

Obwohl es Sommer war, war der Tag kalt und frostig; ein nieseliger Nebel fiel schnell herab, und dichter Nebel vom Fluss hüllte den Hain in Dunkelheit. Ohne auf das Wetter zu achten, eilte Clara zu der Stelle, wo die Marmorurne stand; doch als sie sich ihr näherte, wich sie zurück, denn dicht daneben stand die abscheuliche Gestalt von Cheops, die durch die zunehmende Dunkelheit nur schwach zu erkennen war.

„Fürchte dich nicht!“, sagte er mit sanfter, wenn auch immer noch hohler Stimme. „Erzähl mir von deinem Leid, und wenn ich kann, werde ich dir helfen.“

„Ach, es ist vergeblich“, rief Clara in einer Qual der Verzweiflung, die zu tief war, um auch nur zuzugeben, dass sie die Angst empfand, die im Allgemeinen alle empfanden, die die Mumie sahen. „Niemand kann mir helfen – ich habe keine Hoffnung!“

Cheops lächelte. „Armes Kind!“, sagte er, „so ist es immer, wenn Eros zum ersten Mal in die Seele kriecht und seine Pfeile mit Rosen bedeckt, sodass man sie erst sieht, wenn ihre Widerhaken im Herzen schmerzen! Ich kann nicht sagen, wie sehr ich dich bemitleide! So jung und schön ist es, dass selbst du nicht vom Schicksal der Sterblichen verschont bleiben solltest! Doch verzweifle nicht.“

„Ich bin verzweifelt!“ rief Clara und rannte von ihm weg. „Ich bin wirklich elend!“

Von diesem Moment an sah Clara die Mumie fast täglich, und ihre Seele gewann durch seine Gesellschaft neue Kraft und Energie, obwohl ihre Gesundheit sichtlich nachließ. Es war für Menschen tatsächlich nicht möglich, täglich mit Cheops zu verkehren, ohne zu spüren, wie ihre Seele verkümmerte. Die leuchtenden Farben der Jugend und Gesundheit verschwanden rasch aus Claras Wangen; sie wurde blass und geistlos, während sie anscheinend jedes Interesse an den alltäglichen Angelegenheiten des Lebens verloren hatte. Ihre Anfälle von Geistesabwesenheit, ihre Niedergeschlagenheit und ihr einsames Umherwandern wurden jedoch schließlich so offensichtlich, dass sie die Aufmerksamkeit ihrer Mutter erregten, und die Szene, die wir gerade beschrieben haben, war das Ergebnis.

Nichts könnte für die arme Clara schmerzhafter sein als die Befragung, der sie sich unterzogen hatte. Sie eilte aus der Gegenwart ihrer Eltern in ihren Lieblingsgarten , um über das Geschehene nachzudenken und das geheimnisvolle Wesen, mit dem sie sich verbunden hatte, um Hilfe anzuflehen. Er war jedoch nicht da; und obwohl sie wiederholt seinen Namen anrief, kam er nicht. Das Wetter war jetzt herrlich; Die herbstlichen Farbtöne, die gerade begonnen hatten, das schöne Grün des Sommers in ein leuchtendes Braun zu verwandeln, verliehen der Landschaft Reichtum. Seit der Abschaffung von Kohle- und Holzfeuern war die Luft Londons rein und hell geworden, obwohl sie aufgrund der Nähe zum Fluss immer noch weich war, und war daher äußerst günstig für die Vegetation, da sich kein Haus nähern durfte In einiger Entfernung von der Themse waren die üppigen Gärten, die ihre Ufer säumten, überaus schön. Besonders das von Herrn Montagu, auf das so oft angespielt wurde, war mit größtem Geschmack dargelegt; und sein dankbarer Schatten und sein köstlicher Duft beruhigten die unruhigen Geister der armen Clara und brachten sie zur Ruhe. Tatsächlich könnte nichts eine beruhigendere Wirkung auf die geplagten Sinne haben als die Szene vor ihr. Die Luft war vollkommen still; kein Blatt bewegte sich, keine Blume bewegte sich; Die ganze Natur schien zur Ruhe zu kommen, nur Clara fühlte sich unruhig. Die Fragen von Dr. Coleman und die Vermutungen von Pater Murphy hatten in ihrem Kopf eine Vielzahl neuer Gefühle hervorgerufen; und sie wanderte auf und ab, bedrückt von einem Gefühl der Melancholie, das sie noch nie zuvor empfunden hatte. Sie konnte ihre eigenen Empfindungen nicht definieren; sie konnte ihre Gedanken nicht analysieren; und während sie ohne einen bestimmten Gegenstand hin und her schlenderte, pflückte sie lustlos die Blätter einer Rose, die sie in ihren Händen trug.

Das Zerstreuen der Rosenblätter rief sie jedoch zu sich selbst zurück und sie lächelte, als sie das Unheil sah, das sie angerichtet hatte. „Ach, arme Rose!", seufzte sie und sprach die Blume an. „Ich weiß nicht, warum ich dich zerstört habe!" Dann ging sie hastig davon und stürzte sich in den dichtesten Teil des Hains. „Warum bin ich so aufgeregt?", sagte sie zu sich selbst. „Warum fühle ich mich so elend und unzufrieden? Kann es Liebe sein? Liebe!", wiederholte sie, während ihr die Röte auf die Wangen stieg und sie beim Echo ihrer eigenen Stimme zusammenzuckte. Sie warf sich auf eine Rasenbank unter einem schattigen Baum und, den Kopf auf die Hand gestützt, beobachtete sie durch die Blätter die leichten, wolligen Wolken, die am Himmel entlangtrieben, bis sie, bedrückt von der schmerzlichen Natur ihrer eigenen Empfindungen, schwer seufzte und Tränen in ihren Augen schwammen.

In diesem Augenblick näherten sich rasch Schritte, und Clara sprang auf, fuhr sich hastig mit der Hand über die Augen und versteckte sich zwischen den Bäumen.

Dr. Hardman und Pater Morris, die sich näherten, schienen in ein Gespräch vertieft zu sein; und Clara, die Pater Morris sehr fürchtete, hielt sich versteckt, um einer Begegnung mit ihm aus dem Weg zu gehen. Wir haben bereits erwähnt, dass sie bis zu einem gewissen Grad einfach und unschuldig war; aber ihre Einfachheit war die der Unwissenheit, nicht der Torheit. Ihre natürlichen Fähigkeiten waren ausgezeichnet und ihr Geist ungewöhnlich stark. Sie schrie daher weder noch fiel sie in Ohnmacht, obwohl sie von ihrer gegenwärtigen Position aus Zuhörerin einer Szene der schlimmsten Schurkerei wurde. Trotz des Einflusses, den Rosabellas Partei derzeit im Staat hatte, war Pater Morris nicht zufrieden. Er wollte ihre Wahl sicherstellen, und dies konnte nur erreicht werden, indem er Elvira entfernte. Dr. Hardman war ihr Arzt – den Rest kann man sich leicht vorstellen.

Clara zitterte, und ihr schien das Fleisch auf den Knochen zu kriechen, als sie dieser schrecklichen Konferenz zuhörte. Doch ihr Entsetzen steigerte sich noch, als sie das Thema wechselten und nicht mehr von einem beabsichtigten, sondern von einem bereits begangenen Mord sprachen. Clara zitterte an allen Gliedern, und ihre Lippen und Wangen wurden vor Angst bleich; Dennoch stieß sie keinen Schrei aus und verriet ihre Anwesenheit auch nicht durch die geringste Bewegung. Schließlich gingen sie, und Clara stand da wie jemand, der aus einem schrecklichen Traum erwacht war, und zweifelte fast an der Realität dessen, was sie gehört hatte.

Eine Stunde verging, doch Clara stand immer noch regungslos da. Was sollte sie tun? Würde man ihrer ungeteilten Aussage in Angelegenheiten von so schrecklicher Tragweite gegen das Gewicht und den Einfluss zweier Personen von so großer Bedeutung im Staat Glauben schenken? Nein, das fühlte sie nicht. Doch wenn sie schwieg, würde sie an Elviras Mord beteiligt sein. Was konnte sie tun? Welchen Weg sollte sie einschlagen? – Sie wusste es nicht. Ein Chaos von Gedanken schien durch ihren Kopf zu wirbeln und drohte sie fast in den Wahnsinn zu treiben. Je länger sie nachdachte, desto verwirrter wurde sie; und sie begann zu befürchten, dass sie tatsächlich die Sinne verlor, als eine feierliche Stimme in ihr Ohr klang. Sie kannte diese tiefen und schrecklichen Töne gut – es waren die von Cheops; und als sie ihm das schreckliche Geheimnis anvertraute, versprach sie, seinen Anweisungen bedingungslos Folge zu leisten.

Am Tag nach diesem Abenteuer unterhielten sich Pater Murphy und Abelard friedlich miteinander und beklagten den Verfall der Zeit. Doch dann wurde ihre Konferenz durch das plötzliche Erscheinen des Herzogs unterbrochen.

„Wo ist Sir Ambrose?", rief er in einem Zustand heftiger Erregung. „Wo ist Sir Ambrose? Ich muss Sir Ambrose sofort sehen."

„Beruhigen Sie sich, um Himmels willen!", sagte Pater Morris, der ihm unbemerkt gefolgt war. „Diese heftige Aufregung wird Sie zerstören: Denken Sie an Ihre jüngste Krankheit, Ihr Alter, Ihre Schwäche –"

„Wo ist Sir Ambrose?", rief der Herzog.

„Diese Heftigkeit ist Ihrem Stand nicht angemessen", fuhr Pater Morris fort. „Ich bitte Sie, mäßigen Sie sie, denn sie kann nichts nützen."

„Wird denn niemand Sir Ambrose rufen?", wiederholte der Herzog. Und als der von Abaelard gerufene Baronet erschien, warf er sich ihm in die Arme und schluchzte wie ein Kind.

„Oh, mein lieber, lieber Freund!" rief er aus, „sie sind entschlossen, Elvira zu ruinieren. Lord Gustav und seine Anhänger sind in ihre Landsitze gegangen, um zu versuchen, die Wahl der Abgeordneten zu beeinflussen; und mein Kind hat gegen einen solchen Verrat keine Chance."

„Wenn das alles ist", sagte Henry Seymour, der den Baronet begleitet hatte, „warum folgen Sie dann nicht ihrem Beispiel? Ihr Einfluss muss zumindest dem ihren ebenbürtig sein."

„Er hat recht", erwiderte Sir Ambrose. „Ich weiß nicht, warum wir das nicht früher getan haben, aber selbst jetzt ist es noch nicht zu spät."

„Und welches Ziel kann durch eine solche Maßnahme erreicht werden?", fragte Pater Morris und blickte den Jugendlichen finster an: „Die Freiheit der Wahl sollte unantastbar sein."

„Aber!", unterbrach ihn der Herzog hastig, „wenn sie versuchen, es zu kontrollieren, werden wir sicherlich –"

„Mir war vorher nicht bewusst", sagte Pater Morris in seiner kalten, ironischen Art, „dass die Tatsache, dass andere Böses tun, für uns ein Grund sein könnte, zu sündigen."

„Unsinn!", rief der Herzog. „Es kann keine Sünde sein, die Wahl meiner Tochter sicherzustellen. Und so, Sir Ambrose, werden wir noch heute Nacht aufbrechen, wenn es Ihnen recht ist."

„Von ganzem Herzen!", sagte Sir Ambrose. Und die beiden alten Männer und Henry Seymour eilten davon und ließen den Mönch allein zurück. Er blieb jedoch nicht lange so, denn in wenigen Sekunden war Cheops an seiner Seite.

„Also, Sir", sagte Pater Morris und blickte Cheops mit einem Blick tödlichen Hasses finster an, „Sie haben sich als mein Freund erwiesen, indem Sie zugelassen haben, dass dieser plappernde Junge meinen Ansichten entgegenwirkt. Haben Sie nicht geprahlt, dass er Ihr Sklave war?"

Die Mumie begegnete seinem Blick, ohne zurückzuschrecken; und brach in eines seiner ängstlichen Lachen aus und rief höhnisch: „Und das ist er auch: Aber ich dachte, Sie hätten beschlossen, sich dem Herzog nicht länger zu widersetzen. Es scheint also, dass ich Ihre Argumentation im Garten nicht verstanden habe."

„Unhold! verfluchter spöttischer Unhold!" rief der Mönch und knirschte mit den Zähnen.

"Nein!" entgegnete Cheops: „Warum soll ich mir die Schuld geben? Habe ich zu Unrecht geglaubt, was du gesagt hast? War es also nur ein Teil deiner Taten, um mich zu täuschen?"

„Dämon! Du kannst mein Herz lesen; aber es ist dein Wunsch, mich zur Ablenkung zu treiben."

„Nein, nein, mein guter Pater Morris, mein würdiger Freund, ich ehre Sie zu sehr! Wenn ich Ihr Herz lesen kann, muss ich entzückt sein, solche Hingabe an Ihre Freunde, solche Aufrichtigkeit, Offenheit und Integrität zu sehen."

„Verhöhnender Teufel! Was auch immer meine Sünden sind, deine Gegenwart ist eine Buße, die sie erlösen könnte. Beim Himmel! Die Hölle selbst wäre leichter zu ertragen als diese bitteren Verspottungen."

„Und wagst du es, vom Himmel zu sprechen?", sagte die Mumie mit einer furchtbaren Stimme, die die Seele des Vaters erbeben ließ; während seine Augen mit solch übernatürlichem Glanz funkelten, dass der Priester ihr Strahlen nicht ertragen konnte und vor ihm auf ein Knie sank und seinen Kopf zur Erde neigte. „So soll es sein!", fuhr Cheops mit einem seiner teuflischen Lachen fort. „Ja, er gehört mir – er beugt sich meinem Willen! Jetzt will ich dir sagen, was dein schwacher Verstand nicht zu erkennen vermochte: Ich bin immer noch dein Freund. Der Herzog und Sir Ambrose werden ihrer Sache nur durch die unüberlegten Maßnahmen schaden, die sie ergreifen, um sie zu fördern. Sie hatten den Vorteil von Gerechtigkeit, Ehre und offenem Handeln auf ihrer Seite; war es nichts, ihnen diese wohlklingenden Worte zu nehmen? Werden sie sich in Zukunft über Korruption beschweren können, wenn sie versucht haben zu korrumpieren? Wäre es nicht so gewesen, selbst wenn Ihre Bemühungen von Erfolg gekrönt worden wären, hätten sich die Gemüter der Menschen dann nicht auf die Seite der verletzten Integrität geneigt? Denn so hätten sie die Partei des Herzogs nennen können. Hätten sie nicht auch sagen können, dass die Wahl durch Bestechung und Betrug zustande gekommen sei; und hätten sie sich bei der ersten Unzufriedenheit, die gegen Rosabellas Regierung aufkam, nicht liebevoll an den ehrlichen, offen handelnden, freimütig sprechenden Herzog erinnert? Die Menschen lieben und respektieren Tugend von Natur aus, auch wenn sie eine Zeit lang von der Tugend verführt werden mögen. Verlockungen des Lasters. Auch wenn sie nicht die Geistesstärke gehabt hätten, den Künsten Ihrer Partei zu widerstehen, wären ihre besten Gefühle dennoch auf Elviras Seite geblieben. Dies kann nun nicht mehr der Fall sein. Der Herzog und Sir Ambrose werfen freiwillig ihre stärkste Stütze weg – sie stürmen blindlings ins Verderben. Sie erniedrigen sich auf Ihr Niveau; da sie jedoch nicht an Täuschung gewöhnt sind, werden sie mit ihren Bemühungen keinen Erfolg haben und Schande wird ihre einzige Belohnung sein. Nun, geben Sie mir die Schuld?"

„Ich gebe Ihnen die Schuld!", rief Pater Morris. „Sie sind mein Freund, mein bester, mein einziger Freund, mein Beschützer."

„Was Edmund betrifft", sagte Cheops, „müssen wir seine Eifersucht erregen. Wenn er von Elvira getrennt würde, wäre ihre Sache verloren."

„Das wäre es, das wäre es!", rief Pater Morris.

"Dann versuche es", sagte Cheops, "und wenn du Verdacht erregen kannst, fach sie sanft an, aber ohne es so aussehen zu lassen. Greife Elvira nicht offen an oder behaupte nicht offen, dass sie einen anderen liebt, sondern weise es dunkel an, damit dein Opfer es nicht missverstehen kann und die verdammende Gewissheit ihm mit größerer Kraft in den Sinn kommt, als es bloße Worte können. Du weißt genau, was ich meine, und die Natur hat dich gut für eine solche Rolle geformt. Dieser niedergeschlagene Blick, diese einschmeichelnde Stimme und diese halb ironische Art – selbst die teuflische Gottheit hätte sich keinen geeigneteren Agenten wünschen können, um seine Pläne auf Erden auszuführen als dich. Wirke dann auf Edmund, und der Erfolg wird deinen Versuchen nicht ausbleiben."

„Du Machiavelli!" rief Pater Morris, „mein Freund, mein liebster Freund, mein Wohltäter. Oh, wie könnte ich niederfallen und dich anbeten!"

Ein sarkastisches Lächeln umspielte die hochmütigen Lippen von Cheops. „Lerne also, still zu gehorchen", sagte er, „und wage es nicht mehr, Pläne zu tadeln, die weit über dein Verständnis hinausgehen!"

KAPITEL XVII.

Der folgende Tag war für die Abreise der beiden Familien des Herzogs und Sir Ambrose aufs Land bestimmt; und den ganzen Abend zuvor verbrachten die beiden alten Männer damit, ihre Pläne zu schmieden und neue Pläne zu schmieden, um den Erfolg sicherzustellen. Elvira beteiligte sich nicht an diesem Gespräch, obwohl sie sicherlich die Person war, die am meisten daran interessiert war: Sie war nachdenklich und *zerstreut*; sie war zu unruhig, um an einem Ort zu bleiben. Sie ging zum Fenster; sie kam zurück und setzte sich wieder hin. Sie versuchte zu arbeiten, zu lesen, zu zeichnen – alles war vergebens; alles schien geschmacklos und fad. Wieder ging sie zum Fenster, öffnete die Falttüren und trat auf den Balkon hinaus. Es war eine herrliche Nacht, und die Luft fühlte sich weich und warm an. Weinreben, beladen mit ihren köstlichen Früchten, wanden sich von Säule zu Säule des Balkons und bildeten eine Art grünes Netzwerk, während der Mond hell auf die liebliche Szene dahinter schien. Darunter erstreckte sich ein glatter, grüner Rasen wie ein samtener Teppich, der auf beiden Seiten von chinesischen Rosensträuchern begrenzt war, deren zarte Farbtöne im lieblichen Licht noch schöner wirkten. Dahinter standen Rosensträucher von noch größerer Höhe und tieferem Schatten, während sich am Ende des Rasens der Fluss schlängelte. Die klaren Mondstrahlen zitterten auf dem sanft plätschernden Fluss und verliehen dem anmutigen Laub einer Trauerweide, die über dem Wasser hing und in jeder vorbeiziehenden Brise zitterte, eine durchsichtige Helligkeit.

Elvira betrachtete die schöne Szene vor ihr und seufzte dabei schwer. Ein leises Seufzen folgte ihrem und sie bemerkte, dass Henry Seymour vor ihr stand.

„Wie schön ist die Natur", sagte er, „wenn sie nicht durch die Torheiten und Sünden des Menschen befleckt ist. Hier könnte man die Welt und all ihr geschäftiges Durcheinander von Täuschung vergessen. Wenn man so auf das erhabene und liebliche Gesicht der Natur blickt, wie armselig erscheinen alle Künste, der Ehrgeiz und die erbärmlichen Erfindungen des Menschen. Die Seele scheint in ihre eigentliche Sphäre erhoben und sehnt sich danach, die zerbrechliche Lehmschicht abzuwerfen, die sie dennoch an die kriechenden Leidenschaften der Erde fesselt, und triumphierend in ihre heimatlichen Himmel aufzusteigen."

Seine schönen Augen waren zum Himmel gerichtet, als er sprach, und Elvira blickte auf sie und sein edles Antlitz, das vor Begeisterung strahlte, bis sie ganz vergaß zu antworten.

„Stimmst du mir nicht zu, Elvira?", sagte er mit sanfter Melodie und heftete seine Augen auf ihre, mit einem Blick, der ihr tief ins Herz drang. Wieder seufzte sie tief, aber sie konnte nicht sprechen. „Oh, Elvira", fuhr er fort und nahm ihre Hand, „wirst du mich vergessen? Wird die Erinnerung an diese Nacht nicht ein Band zwischen uns bilden, wenn wir weit, weit voneinander entfernt sein werden?"

„Auseinander!", rief Elvira und stieß beinahe einen Überraschungsschrei aus.

Der Jüngling seufzte, und während er ernst in ihr errötendes Gesicht blickte, flüsterte er zärtlich, während er ihre Hand an sein Herz drückte: „O, könnte ich mir doch einbilden, dass sich in diesen Seufzer auch Kummer mischte."

"Was soll das denn?", fragte der alte Herzog und eilte zum Fenster. "Der Doktor hat mir gesagt, Sie würden uns verlassen. Sie könnten es sicher schaffen, bis nach der Wahl zu bleiben."

„Es tut mir sehr leid, Sir", sagte der junge Mann, „aber der Umstand, der mich fortruft –"

„Ja, ja, der Arzt hat es mir gesagt; ein naher Verwandter ist gefährlich krank und kann nicht in Frieden sterben, bis er Sie gesehen hat. Nun gut, mein Junge, so muss es sein; und wenn er zum Sterben verurteilt ist, wünsche ich ihm nur einen leichten Tod und Ihnen ein gutes Erbe."

„Ich kann Ihnen nicht sagen, wie leid es mir tut, mich von Ihnen zu trennen", sagte Sir Ambrose, der nun auf ihn zukam, „und auch nicht, wie aufrichtig ich Ihnen viel Glück wünsche."

„Danke, danke, Sir", sagte der junge Mann. „Leider! Jetzt merke ich, wie armselig Worte sind, um meine Dankbarkeit für all Ihre Freundlichkeit auszudrücken. Aber –"

„Es tut mir leid, Sie zur Eile zu zwingen, Mr. Seymour", sagte Dr. Coleman, der nun näher kam, „aber die Zeit vergeht wie im Flug."

„Stimmt, wahr", sagte Henry, „das hatte ich vergessen. Noch einmal auf Wiedersehen. Gott segne euch alle!" und er eilte davon, als hätte er Angst vor seiner eigenen Entschlossenheit, wenn er es wagen würde, noch eine Sekunde zu bleiben. Für den Rest des Abends war Elvira still und zerstreut; Die Plötzlichkeit des Schlages schien sie betäubt zu haben, und sie fühlte sich wie jemand, der in einem Traum umherwandert. War er wirklich weg? Sollte sie ihn nie wieder sehen? waren Fragen, die sie sich kaum zu stellen traute. „Er war für mich nichts, nur ein gewöhnlicher Bekannter", wiederholte sie unaufhörlich; und doch verspürte sie eine ermüdende Leere, einen widerlichen Ekel und eine Ungeduld gegenüber allem um sie herum, was sie noch nie zuvor erlebt hatte. „Was kann mit mir los sein", sagte sie verdrießlich; „Ich werde ihn nie wiedersehen; und es ist ein Übermaß an Schwäche, sich für das Schicksal von jemandem zu interessieren, der mir gegenüber offensichtlich so gleichgültig ist; und doch schien er berührt, als er sagte, wir würden uns trennen. War er das wirklich? Also? Aber welche Bedeutung hat es für mich, ob er es war oder nicht? Und Elvira seufzte unwillkürlich bei dem Gedanken. „Ich widme mich anderen Perspektiven. Ich – kurz gesagt, ich werde nicht mehr an ihn denken." Und in Verfolgung dieses großmütigen Vorsatzes dachte sie die ganze Nacht über an nichts anderes.

Am nächsten Tag gingen Elvira und ihre Freunde aufs Land; doch wie Cheops vorhergesagt hatte, erwiesen sich der Herzog und Sir Ambrose als der Aufgabe, die sie übernommen hatten, völlig ungewachsen und verloren durch den Versuch nur ihre Popularität. Die Menschen waren angewidert, als sie sahen, wie Personen, die bis dahin als so respektabel galten, in die Gemeinheit abdrifteten, und die Oberflächlichkeit der Kunstgriffe, mit denen man sie hereinlegen wollte, erregte ihre Verachtung. In der Zwischenzeit war Lord Edmund in London nicht erfolgreicher als seine Freunde auf dem Land: Er hatte eine ausgewählte Truppeneinheit in bequemer Entfernung zur Metropole marschieren lassen; infolge dieser unüberlegten Maßnahme widersetzten sich die Mitglieder des Rates ausnahmslos jeder von ihm vorgeschlagenen Maßnahme, um zu zeigen, dass sie nicht von der Angst vor der militärischen Autorität beeinflusst waren, und um ihre Unabhängigkeit zu verteidigen.

Da das Gesetz jedoch jegliche entscheidenden Versprechungen bis zum eigentlichen Wahltag verbot, gab es immer noch Hoffnung, auch wenn Elviras Freunde weiter kämpften, und zwar eher aus dem Wunsch heraus, ihre Sache nicht zu voreilig aufzugeben, als aus einer rationalen, wohlbegründeten Absicht Aussicht auf Erfolg.

Inmitten dieser Ängste schien sich Elviras Gesundheitszustand tatsächlich rapide zu verschlechtern. Eine Last, die nichts lindern konnte, lastete auf ihrem Geist; sie bemühte sich nicht, Wähler zu gewinnen; aber blass, still und melancholisch glitt sie umher – der Geist ihres früheren Selbst. Dennoch war sie hübsch; die zunehmende Zartheit ihres Teints und die schattige Leichtigkeit ihrer Gestalt harmonierten gut mit dem allgemeinen Stil ihrer Schönheit; während ihre schönen Augen, die von ihren langen, seidenen Wimpern beschattet wurden, durch die glühende Hektik der Wange darunter nur noch strahlender leuchteten.

Der für die wichtige Zeremonie festgesetzte Zeitpunkt rückte nun rasch näher; Die Wahl der Abgeordneten war abgeschlossen und die Familien des Herzogs und Sir Ambrosius bereiteten sich auf die Rückkehr in die Stadt vor. Am Abend vor ihrer Abreise veranstaltete der Herzog jedoch ein großes *Fête champêtre* für den benachbarten Adel; und da eine beträchtliche Zahl der Abgeordneten erwartet wurde, forderte er Elvira besonders auf, sich mit aller Kraft für ihre Wahlrechte einzusetzen. Vielleicht hatte Elvira noch nie schöner ausgesehen als in dieser Nacht, als sie blass, zitternd und schüchtern ihre zahlreichen Gäste empfing; und vielleicht war die Wirkung nie magischer als die, die ihr Erscheinen hervorrief. Gerade ihre Zurückhaltung und Bescheidenheit lockte sie an; und die Zurückhaltung, mit der sie die Aufmerksamkeit der Menge mied, anstatt sie zu erregen, vervollständigte den Zauber.

„Es ist ihre Angst, den Anschein zu erwecken, als wolle sie uns interessieren", flüsterte ein Abgeordneter dem anderen zu, „die sie uns so kalt behandelt."

„Ja", antwortete der andere, „und ich mag sie deshalb umso mehr. Wenn sie versuchen würde, sich angenehm zu machen, würde ich sie hassen; der Herzog und Sir Ambrose haben uns damit angewidert!"

Das Fest fand in den Gärten des Herzogs statt, die wunderschön und weitläufig waren und nun von den in den Bäumen hängenden Lampen hell erleuchtet wurden. Elviras Geschmack war jedoch nicht ganz dieser prachtvollen Verbindung der Kunst mit der Einfachheit der Natur zugeneigt, und sie seufzte schwer, als sie die flackernden Lampen beobachtete, die das ruhige blasse Grün der Bäume versengten.

„Jetzt ist es so, wie es sein sollte", sagte der alte Herzog, als er seine Tochter zu dem Pavillon führte, der für den Empfang ihrer Gäste bestimmt war; „Elvira sieht jetzt aus wie sie selbst. Nicht wahr, Dr. Coleman?"

Der Arzt schüttelte den Kopf: „Ich fürchte", begann er –

„Oh! Wir werden heute Nacht keine Angst haben!" rief der Herzog fröhlich; „Denken Sie daran, Elvira! Jetzt hängt alles von Ihnen ab. Spielen Sie die Rolle der lächelnden, herablassenden Gastgeberin. Gewinnen Sie die Herzen der Abgeordneten, und Sie werden die Herzen Ihres alten Vaters höher schlagen lassen. Wir werden eine fröhliche Party veranstalten, sha nicht wahr, Doktor?" fuhr er fort und beobachtete die Gruppen, während sie vorrückten. „Ich wünschte, Ihr Freund, Henry Seymour, wäre hier unter uns."

Elvira erschrak, und bei der Erwähnung dieses Namens stieg ihr das rote Gesicht ins Gesicht. Der Arzt musterte sie aufmerksam, antwortete jedoch, als hätte er ihre Aufregung nicht bemerkt. „Es waren dringende Geschäfte, wissen Sie, die ihn zwangen, England zu verlassen."

"Er war ein bezaubernder junger Mann", sagte der Herzog, "so fröhlich und doch so furchtlos. Ich glaube jedoch, dass ich bemerkt habe, dass er sehr niedergeschlagen war, als ich ihn das letzte Mal sah."

„Er sagte, es sei der Tod – ich meine die Krankheit eines Verwandten – gewesen, der ihn zur Abreise gezwungen habe."

„Junge Männer empfinden im Allgemeinen nicht so viel für die Krankheit oder sogar den Tod von Alten", erwiderte der Herzog. „Wenn ich nun urteilen müsste, Doktor, würde ich es für viel wahrscheinlicher halten, dass es eine Liebesaffäre war. Aber wir können jetzt nicht länger darüber reden. Ich muss gehen und mich um meine Gäste kümmern. Und machen Sie es sich bitte gemütlich, Elvira."

Die arme Elvira war jedoch vielleicht nie weniger in der Lage, den Anweisungen ihres Vaters Folge zu leisten, als in diesem Moment; denn das Gespräch, das sie gerade gehört hatte, hatte ihre Nerven völlig durcheinandergebracht. Die Vermutung ihres Vaters versetzte ihr einen tiefen Stich ins Herz; und obwohl sie die Pflichten ihres Standes mechanisch erfüllte, wanderten ihre Gedanken zu Henry Seymour.

Es war eine wunderschöne Nacht, und die Gesamtwirkung der Szene, als Gruppen elegant gekleideter Menschen durch die beleuchteten Haine hin und her huschten, war überaus beeindruckend. Wunderschöne blühende Exoten schmückten den Pavillon von Elvira, und die milde Luft, die ihre Blüten umwehte, schien voller Süße zu sein; während das reich erleuchtete Schloss, dessen hohe Türme in furchterregender Pracht in der Ferne aufragten, wie ein Märchenpalast aussah.

Elvira betrachtete lustlos die magische Szene, bis sie vor lauter Erschöpfung, die ihre Stellung als Gastgeberin ihr auferlegte, fast ohnmächtig wurde; und sie blickte mit mattem und beinahe verzweifeltem Blick auf die Menschenmassen, die immer noch in die Gärten strömten. Doch jetzt öffnete sich die Menge, und eine große, würdevolle Gestalt bahnte sich ihren Weg durch die Menge. Es war Lord Edmund: Er näherte sich rasch und warf sich Elvira zu Füßen: „Meine angebetete Elvira!", rief er aus.

„Sind Sie hier, Mylord?", rief die Prinzessin, deren Augen, von Erschöpfung geschwächt, es ihr nicht erlaubt hatten, ihn zu erkennen, bis er unmittelbar vor ihr stand. „Ich habe nicht erwartet, Sie heute Abend hier zu sehen!"

„Tut Ihnen meine Anwesenheit weh?", fragte Lord Edmund und sah sie aufmerksam an. „Man sagte mir, Sie seien krank, und ich finde Sie tatsächlich verändert."

„Mir geht es jetzt besser", erwiderte Elvira schwach.

„Machen Sie sich nichts vor", schrie er mit größter Besorgnis. „Du bist krank – du bist dieser Müdigkeit nicht gewachsen. Zieh dich von dieser Szene zurück, es wird dich zerstören."

„Das wage ich nicht", erwiderte Elvira noch schwächer, „ohne die Erlaubnis meines Vaters; ich muss allerdings zugeben, dass ich mich erschöpft fühle!"

Lord Edmund wartete nicht mehr; aber beeilte sich, den Herzog zu finden und seine gewünschte Sanktion zu erhalten. Im nächsten Augenblick wurde sein Platz von Prinz Ferdinand eingenommen, der wenige Tage zuvor vom Herzog ins Land eingeladen worden war; und der mit der seiner Natur innewohnenden Unbeständigkeit jetzt genauso tief in Elvira verliebt war, wie er es zuvor in Rosabella gewesen war. Elvira jedoch sah ihn nicht; und blickte Lord Edmund dankbar nach und seufzte tief, als sie ihn in der Menge aus den Augen verlor.

„Glücklicher Edmund!" sagte der Prinz; „Was würde ich nicht dafür geben, in diesem schönen Busen ein Gefühl zu erzeugen, wie es durch deine Abwesenheit verursacht wurde!"

Elvira errötete beim ernsten Blick des jungen Deutschen, als sie antwortete, ohne genau zu wissen, was sie sagte: „Glauben Sie also, dass mir die Abwesenheit von Lord Edmund Schmerzen bereitete?"

„Welche andere Ursache kann ich für deine Melancholie vermuten?" sagte Ferdinand. „Von jedem Herzen verehrt, von jedem Auge bewundert und gleichzeitig mit Rang, Schönheit und Zuneigung gesegnet, was kann sich Elvira wünschen? – und was kann ihre Stirn mit Kummer trüben oder ihren schönen Busen mit einem Seufzer heben, es sei denn, es wäre so der Verlust des geliebten Liebhabers, den der Ehrgeiz zum Opfer bringt?"

„Und Sie denken so schlecht von mir", entgegnete Elvira empört, „dass Sie glauben, wenn ich Lord Edmund wirklich lieben würde, würde mich dieser Ehrgeiz dazu verleiten, ihn zu opfern?"

„Kann ein Herz wie deines dann wirklich tot sein für die Liebe?" sagte der Prinz und blickte sie ernst an. „Kann die Natur solch eine exquisite Schönheit geschaffen und vergessen haben, eine Seele zu geben, die Mitleid mit den Unglücklichen hat, die sie hervorbringen muss?"

Elvira errötete tief, während er sprach, denn sein glühender Blick brachte sie in Verlegenheit; und nachdem sie sich bescheiden zurückgezogen hatte, trafen sie wieder auf Lord Edmund, der zurückgekehrt war, ohne dass sie ihn bemerkte. Sie blickte ihn jedoch nur für einen Moment an, denn sie schreckte vor seinem vernichtenden Blick zurück. Eifersucht und Hass kräuselten seine Lippen und verdunkelten sich auf seiner Stirn; Dabei schienen seine Gesichtszüge so verändert zu sein, dass Elvira kaum glauben konnte, dass er tatsächlich derselbe war, mit dem sie so kürzlich gesprochen hatte.

„Ich bitte Eure Hoheit um Verzeihung", sagte er hochmütig. „Ich hätte es nicht gewagt, mich einzumischen, wenn ich gewusst hätte, dass Sie verlobt sind. Ich nahm an, dass Sie sich zurückziehen wollten und die Erlaubnis des Herzogs dafür eingeholt hatten, aber –"

"Oh, danke! Danke, Edmund!", rief Elvira; "ich gehe mit größter Freude in mein Zimmer." Dann bemerkte sie ein leichtes Lächeln auf Prinz Ferdinands Gesicht und zögerte, denn sie erinnerte sich an die Interpretation, die er ihrer Melancholie und Gleichgültigkeit gegeben hatte. Lord Edmunds Qual war unbeschreiblich: Er sah ihr Zögern; er sah, wie sie Ferdinand ansah, und da er glaubte, sie suchte seine Zustimmung, bevor sie sich zurückziehen würde, kannte seine Eifersucht keine Grenzen, und er warf ihr einen Blick unbändiger Leidenschaft zu, sprang aus dem Pavillon und war im Nu außer Sicht. Elvira konnte seinen Blick und seine unvernünftige Eifersucht nicht ertragen und wurde, erschöpft von ihrer vorherigen Müdigkeit, ohnmächtig. Bald versammelte sich eine Menschenmenge um sie, und sie wurde in einem Zustand der Bewusstlosigkeit in ihr Zimmer getragen.

„Markiere mich!" sagte eine Gestalt, die in einen dicken Umhang gehüllt war und mit tiefem, leisem Flüstern sprach, während er seine Hand auf den Arm von Pater Morris legte, der dastand und Elvira mit einem Blick großer Besorgnis nachsah; „Sie darf nicht sterben; denn wenn sie es tut, schwöre ich beim heiligen Grab des Osiris in Philæ, Rosabella wird niemals Königin sein!"

Von dieser Stunde an erholte sich Elvira; und die Schwindsuchtssymptome, die ihre Freunde so sehr beunruhigt hatten, verschwanden vollständig.

Lord Edmund unterhielt sich gerade ernsthaft mit einem der Abgeordneten und vertrat trotz seiner Eifersucht mit Nachdruck die Sache Elviras, als ihm mitgeteilt wurde, dass sie ohnmächtig geworden sei. Sein erster Impuls war, ihr zu Hilfe zu eilen; und als er feststellte, dass sie in ihre Kammer gebracht worden war, schmerzte ihn sein Herz wegen der grausamen Art und Weise, wie er sie verlassen hatte.

„Sie war wirklich krank", dachte er, „und in ihrem schwachen Zustand überwältigte sie meine Härte. Aber nie wieder wird meine törichte Eifersucht ihren Frieden stören. Nein! Sie soll mich verachten – mich hassen, wenn sie will. Ich werde alle Qualen ertragen, die sie mir zufügen kann, anstatt erneut zu riskieren, diese zarte Brust zu verletzen. Sie soll lächeln, wem sie will, selbst diesem verhassten Deutschen, ich werde nicht klagen: Wenn sie glücklich ist, werde ich nichts weiter verlangen."

So dachte Edmund, und er wusste nicht, dass er sich selbst täuschte, bis er Prinz Ferdinand sah, der mit der fröhlichen Elastizität der Jugend fröhlich mit einer der Schönheiten des Hofes plauderte. „Ihn lieben!", dachte er, während ein verächtliches Lächeln über sein Gesicht huschte – „ihn lieben, habe ich gesagt? O nein! Das ist unmöglich; ich könnte es nicht ertragen, sie diesen Gecken lieben zu sehen." Und schaudernd vor den Qualen der Eifersucht wandte er sich ab.

Cheops war in seiner Nähe, eingehüllt in einen dicken Umhang, der ihn vor Beobachtungen verbarg; die Mumie bemerkte die Veränderungen in Lord Edmunds Gesichtsausdruck und konnte die Gefühle, die sie verrieten, gut deuten.

„Ja, auch er", sagte er mit einem seiner furchtsamen Lachen, „wird bald mir gehören; denn noch nie hat der Mensch auf seine eigene Stärke vertraut, die nicht fiel."

KAPITEL XVIII.

Der Wahltag rückte nun rasch näher. Der Herzog, Sir Ambrose, die Gegenkandidaten und die Lords der Opposition waren alle in London. Auch die Abgeordneten waren versammelt, und obwohl es verboten war, öffentlich zu erklären, wen sie wählen wollten, bis der entscheidende Moment gekommen war, schien die Stimmung im Volk doch so stark auf Rosabellas Seite zu stehen, dass ihre Rivalin kaum eine Chance zu haben schien.

Voller Freude über ihren erwarteten Triumph und voller Zuversicht des Erfolgs saß Rosabella in dem prächtigen *Boudoir*, das ihr im Haus von Lord Gustavus zur Verfügung stand, und sinnierte über ihre erhoffte Größe. Ihr gegenüber stand ein großer Spiegel; Und als Rosabella sah, wie sich ihre eigene schöne Figur darin widerspiegelte, funkelte Freude in ihren Augen, und ihre Gedanken wanderten entzückt durch Szenen zukünftigen Ruhms. So völlig in angenehme Meditationen vertieft, bemerkte Rosabella nicht, dass Cheops vor ihr stand, bis sie hörte, wie seine volle, tiefe Stimme ihren Namen wiederholte.

„Rosabella!" sagte er – „Rosabella! Königin von England! Heil!"

„Cheops!" rief sie aus.

„Gegrüßet seist du der Königin von England!" Er fuhr fort: „Sie brauchen sich nicht länger zu bücken, um Wahlrechte zu erbitten: Ihr Schicksal ist besiegelt!"

„Glaubst du, dass ich völlig in Sicherheit bin?", fragte die Prinzessin; ihre Augen funkelten und ihre Wangen glühten.

„Sicherlich, daran besteht kein Zweifel."

„Dann kann ich diesen Schurken Trotz bieten und muss mich ihren Launen nicht länger unterwerfen oder mich ihren Launen unterordnen."

„Nicht, wenn es dir nicht gefällt."

„Gefällt mir!", rief Rosabella, und ihre Augen sprühten vor Feuer. „Können Sie annehmen, dass ich gern Gemeinheit übe?"

„Die Politik empfiehlt allerdings das Gegenteil", fuhr die Mumie fort. „Wenn Sie Ihre Unabhängigkeit nicht geltend machen, werden sie Ihre Herablassung missachten und Sie wie einen Sklaven behandeln."

Rosabella biss sich auf die Lippen und ihre Brust schwoll vor Empörung an.

Die Mumie beachtete ihre Aufregung nicht, sondern fuhr fort: „Lass dich von ihnen nicht durch irgendwelche Versprechungen binden. Erweise dich als freier und unabhängiger Herrscher. Trample sie nieder, und sie werden dir zu Füßen liegen; aber kauere vor ihnen nieder, und sie werden dich niedertrampeln!"

„Du hast recht", sagte Rosabella stolz. „Und meine Möchtegern-Herren werden ihren Fehler bald erkennen. Sie glauben, dass ich mich ihrer Arroganz aus Schwäche beugen musste. Aber sie werden ihre Torheit erkennen."

Der Einfluss, den die Mumie auf die Gemüter aller ausübte, mit denen sie in Kontakt kam, war erstaunlich. Und auf seinen Rat hin nahm Rosabella von diesem Moment an wieder ihr gewohntes herrisches Benehmen an und nahm die ihr gemachten Komplimente eher mit der Miene einer Kaiserin entgegen, die schon lange auf dem Thron sitzt, als mit der einer aufstrebenden Kandidatin für königliche Ehren, die nur von der Gunst des Volkes abhängig ist. Dieses übermäßige Selbstvertrauen missfiel den Abgeordneten jedoch.

„Sie lässt uns kaum eine Wahl", sagten sie; „denn sie scheint uns zu befehlen, sie zu wählen. Trotz der Stärke ihrer Partei und der Schwäche ihrer Rivalin glauben wir nicht, dass sie die Sache ganz selbst in die Hand nehmen sollte: Die alte Königin befahl, dass das Volk wählen sollte ihre Nachfolgerin; aber diese Prinzessin scheint sich selbst gewählt zu haben. Es ist sehr nett von ihr, uns die Mühe zu ersparen, aber wir glauben, dass wir es ohne ihre Hilfe geschafft hätten.

Dieses Gemurmel war zwar tief, aber nicht laut; Die Partei Rosabellas war zu fest etabliert, als dass irgendjemand es wagen könnte, sich ihr offen zu widersetzen. Die Oppositionsherren waren alle in die Stadt zurückgekehrt, und obwohl sie das Ziel ihrer Reise aufs Land nicht ganz erreicht hatten, hatten sie sich zumindest zufriedengestellt; und durch die Aktivität, die sie gezeigt hatten, verschafften sie sich, wie sie glaubten, einen gerechten Anspruch auf die Dankbarkeit ihrer zukünftigen Königin.

Inzwischen waren Elviras Freunde fast verzweifelt; nur wenige bedeutende Personen erklärten sich zu ihren Fürsprechern; und obwohl der positive Eindruck, den sie auf die Abgeordneten gemacht hatte, noch immer schwach nachwirkte, schwand das Gefühl schnell. Ein unüberwindlicher Widerwille, als Parteiführerin aufzutreten, bedrückte sie; und sie scheute mit einem Gefühl, das an Entsetzen grenzte, vor den Blicken der Öffentlichkeit zurück. Lord Edmund jedoch blieb weiterhin ihr fester und fast einziger Freund. Doch obwohl er sich mit aller Kraft für sie einsetzte, verzweifelte selbst er daran, ihre Wahl zu erreichen. Manchmal, wenn er ihre Schönheit betrachtete, beschlich ihn tatsächlich ein selbstsüchtiges Gefühl, und er konnte eine Freude kaum unterdrücken, wenn er an die Möglichkeit dachte, dass sie noch immer die Seine sein könnte; denn gerade die Eigenschaften, die ihren Erfolg verhinderten, ließen sie seinem Herzen nur noch mehr ans Herz wachsen. Im nächsten Augenblick jedoch warf ihm sein edleres Gefühl diese selbstsüchtige Freude vor, und mit einer Art reumütiger Traurigkeit versuchte er durch neue Anstrengungen die Hoffnungen zu zerstören, nach deren Befriedigung seine ganze Seele lechzte.

„Ich nehme an", sagte Lord Gustavus de Montfort am Tag vor der Wahl zu Rosabella, „Eure Hoheit beabsichtigt nicht, Lord Maysworth sowohl zum Minister als auch zum General zu machen. Denn da er so denkt wie ich und, da bin ich mir sicher, dass auch alle anderen so denken, bin ich überzeugt, dass er kein Talent für das Kabinett hat."

„Als Königin von England, mein Herr", erwiderte Rosabella stolz, „lasse ich mir nichts vorschreiben; ich werde jedoch mein Bestes tun, um solche Minister auszuwählen, die meiner Meinung nach das Wohl meines Landes am ehesten fördern."

Lord Gustav war wie vom Donner gerührt und blickte ihr mit gemischten Gefühlen von Erstaunen und Empörung nach, als sie sich zurückzog. „Aber Sie sind noch *nicht* Königin von England", sagte er zu sich selbst, „und es ist möglich, dass Sie es nie sein werden. Was für ein Stolz! Was für eine Arroganz! Wäre ich ein Sklave gewesen, hätte sie nicht mehr Verachtung zeigen können. ‚Wenn ich Königin von England bin', sagte sie, ‚lasse ich mir nichts vorschreiben.' ‚Königin von England', sagte sie? Hm! Wenn ich denke, wie ich denke und wie sicher jeder andere auch denken muss, ist es möglich, dass dieser Fall nie eintreten wird. Hm! ‚Ich lasse mir nichts vorschreiben' – Hm! Nun, ich muss gestehen, dass ich in meinem Leben noch nie ein würdevolleres , *lasse mich nicht ' gehört habe.*"

Es war die Stunde, in der Lord Gustavus eine Art Deich abzuhalten pflegte, auf dem sich die Partisanen der Prinzessin unter dem Deckmantel von Gelegenheitsbesuchern zu versammeln pflegten; und während er so nachdachte, wurden Lord Maysworth und Dr. Hardman angekündigt.

„Mein lieber Lord Gustavus", rief ersterer, „Sie können sich nicht vorstellen, wie ungeduldig ich auf den morgigen Tag bin. Die Uniform der Haustruppen ist schrecklich: Ich habe beschlossen, sie sofort zu ändern, sobald ich zum Kommandeur ernannt werde." Chef."

„Wenn Sie diese Situation erhalten sollten", antwortete Lord Gustavus zweifelnd.

"Wie meinst du das?" fragte sein Freund erstaunt. „Ich dachte, die Mittel, die wir ergriffen hatten, müssten den Erfolg unfehlbar gewährleisten."

„Sie müssen die Wahl von Rosabella sicherstellen", antwortete Lord Gustavus.

„Und ist das nicht alles, was wir uns wünschen?"

„Nicht ganz", erwiderte Lord Gustavus trocken.

„Ich verstehe Sie nicht", sagte Lord Maysworth.

„Was meinen Sie damit?", fragte Dr. Hardman.

„Ich meine", antwortete Lord Gustav in seiner üblichen kalten, präzisen Art, „dass ich, wie ich denke und wie sicher auch jeder andere denken muss, aufgrund des Gesprächs, das gerade zwischen der Prinzessin und mir stattgefunden hat, davon überzeugt bin, dass unser Besitz der Plätze, die sie uns versprochen hat, keineswegs die notwendige Folge ihrer Thronbesteigung ist."

"Oh!" riefen seine Zuhörer völlig entsetzt: Eine weitere Erklärung bestätigte ihre Befürchtungen. „Ich hätte es nicht glauben können!" riefen beide aus; und als die Partisanen von Rosabella weiterhin ankamen, wurden sie nach und nach von der entsetzlichen Nachricht informiert und gelähmt. Die dadurch hervorgerufenen Empfindungen waren unterschiedlich; aber unter allen gab es trotz ihrer angeblichen Desinteresse keinen einzigen, dessen Gefühle durch die Intelligenz unverändert blieben.

In der Zwischenzeit wurde Rosabella in der Einsamkeit ihres eigenen Zimmers der Unvorsichtigkeit bewusst, die sie begangen hatte, obwohl sie heimlich über ihr Unbehagen grübelte und zu stolz war, es selbst Marianne gegenüber zuzugeben; während diese treue Vertraute, völlig ahnungslos gegenüber dem Fehler ihrer Herrin, über ihren erwarteten Triumph mit so großer Befriedigung jubelte, als wäre es ihr eigener gewesen.

„Morgen", sagte sie, „werde ich meiner Königin huldigen müssen, und ich werde das Entzücken erleben, Menschenmengen demütig zu ihren Füßen knien zu sehen. Oh, würde der glückliche Tag kommen! Wie langweilig wird mir diese lange Zeit erscheinen." , lange Nacht! Wie ermüdend werden die Stunden sein! Morgen werde ich meine Königin sehen!"

Endlich war der wichtige Tag gekommen, und die auf dem Blackheath Square versammelten Delegierten erwarteten ungeduldig die Ankunft der Prinzessinnen. Jeder sollte eine Rede halten; Danach durfte ein Adliger in ihrem Namen vor der Menge sprechen, und dann sollte die Mehrheit ihrer Stimmen entscheiden.

Die rivalisierenden Prinzessinnen erschienen und wurden begeistert begrüßt. Sie waren in äußerster Einfachheit und in reinstem Weiß gekleidet; Während von ihren Köpfen lange Schleier aus hauchdünnen Netzen hingen, deren weite Falten ihre Personen wirkungsvoll vor der Beobachtung schützten. Ihnen folgten ihre jeweiligen Suiten; Lord Gustavus und die oppositionellen Lords traten am deutlichsten in der Darstellung von Rosabella hervor; und Lord Edmund in dem von Elvira. Der Herzog und Sir Ambrose, begleitet von den ehrwürdigen Vätern Morris und Murphy, befanden sich unter den Zuschauern: Die beiden ersteren fühlten sich zu sehr aufgeregt, als dass sie in der Szene als Schauspieler auftreten könnten; und die anderen waren aus unterschiedlichen Gründen gleichermaßen von der Teilnahme daran ausgeschlossen.

Jetzt war alles still – das stürmische, wogende Gewühl der Menge hörte auf, und jeder lauschte in atemloser Erwartung – denn die Prinzessinnen würden gleich sprechen. Es war ein furchtbarer Augenblick: Das Herz des armen alten Herzogs schlug fast hörbar; er saß da, die Augen auf den Boden gerichtet, wagte nicht aufzublicken und hielt die Hand seines Freundes Sir Ambrose fest in seiner eigenen. Rosabella war es, die zuerst sprechen sollte: Sie trat mit festem, entschlossenem Schritt vor, und als die Diener den Schleier zurückzogen, der sie verhüllte, stieß die versammelte Menge einen Schrei der Bewunderung über ihre Schönheit aus. Ihre dunklen Augen sprühten Feuer, als sie stolz die Menge musterte, und der erwartete Triumph ließ ihre schönen Züge lebhaft strahlen. Sie sah tatsächlich schon wie eine Königin aus und schien nur dazu geboren, zu befehligen und Gehorsam zu erhalten. Die Menge war von ihrer Anwesenheit beeindruckt und hörte mit erhobenen Augen und tiefstem Schweigen zu, während sie sie folgendermaßen ansprach:

„Meine Lords und Herren,

„Ich fühle mich der Anmaßung schuldig, wenn ich es wage, vor einer so erhabenen Versammlung zu sprechen; aber ich vertraue darauf, dass die Größe des Anlasses, der mich nach vorne ruft, eine Entschuldigung für meine Kühnheit liefern kann. Ich komme, meine Herren, um mich Ihnen anzubieten Als Ihr Souverän und die hohe Art des Vertrauens, das Sie mir schenken möchten, gibt es mir den Mut, es zu verdienen. Ja, meine Herren, ich sage, ich würde mich für unwürdig halten, zu Ihrer Königin ernannt zu werden Ich würde davor zurückschrecken, irgendeine der mit der Station verbundenen Pflichten zu erfüllen; und ich halte es für eine der schwierigsten, mich an Sie zu wenden. Ich bin mir bewusst, dass dies bei Gelegenheiten wie dieser für Anwärter üblich ist Ich verspreche nichts dergleichen, denn ich werde mich nicht zu deiner Königin verpflichten, und ich werde die Pflichten meines Ranges erfüllen. Nach bestem Wissen und Gewissen werde ich mich keinem Diktat unterwerfen. auch werde ich von meinen Untertanen nicht getadelt. Ich werde ein freier, unabhängiger Souverän sein, oder ich werde ein Untertan bleiben. Ich verabscheue den Versuch, Sie zu täuschen. Ich wünsche dir, dass du mich so siehst, wie ich wirklich bin; Und wenn Sie mich dann für würdig halten, das hohe Amt zu übernehmen, das ich anstrebe, dann, das kann ich Ihnen versichern, werden Sie nie Grund haben, wegen Ihrer Wahl zu erröten; Auch der stolze Charakter, den England so lange bewahrt hat, wird durch meine Hände niemals einen Makel auf seinem Ruhm erleiden. Nein, meine Landsleute, so hochmütig ich auch sein mag, ich versichere Ihnen aufrichtig, dass ich den Namen einer Engländerin immer als meine edelste Prahlerei gehalten habe; und dass ich meinen Anspruch darauf nicht aufgeben würde, wenn mir Königreiche im Tausch angeboten würden. Mehr kann ich dazu nicht sagen. Wenn Sie mich als Ihren Souverän anerkennen, werden Ihre Stimmen die Erfüllung Ihrer Wünsche erreichen; Wenn du es nicht tust, würden mich Welten nicht dazu verleiten, den Thron anzunehmen.“

Rosabella setzte sich nun unter donnerndem Beifall nieder, während Rufe wie „Lang lebe Rosabella!“ durch die Luft hallten. Diese Zeichen der Zustimmung waren jedoch nur auf ihre Schönheit und ihr gebieterisches Auftreten zurückzuführen; denn wenn die Männer ihre Rede analysierten, fanden sie viel Missbilligendes darin. Die hochmütige Art, in der sie die Kontrolle verleugnete, war in der Tat weder geeignet, neue Freunde zu gewinnen, noch die zu sichern, die sie bereits hatte: Die Berater, die ihre Sache so leidenschaftlich unterstützt hatten, hatten sich sicherlich nicht vorgestellt, dass sie sich dadurch die Tür der Beförderung verschließen würden; und welche Hoffnung auf Beförderung oder Macht konnte während der Herrschaft einer Königin bestehen, die so offen ihre Absicht verkündet hatte, ganz für sich selbst zu handeln?

Auch die Vorurteile des Volkes waren verletzt; es war so an Versprechen von Reformen und Steuererleichterungen bei der Thronbesteigung eines neuen Herrschers gewöhnt, dass es enttäuscht war, diese nicht zu erhalten, obwohl es aus Erfahrung wusste, dass sie nichts bedeuteten: genauso wie Menschen, die Schmeicheleien mögen, nicht ohne sie leben können, obwohl sie mit ihrer Täuschung gut vertraut sind. Außerdem kann selbst Erfahrung manche Menschen nicht weise machen; und obwohl die Hoffnungen der Engländer so oft enttäuscht worden waren, war es doch angenehm, dass ihnen etwas Hoffnung gegeben wurde. Diese Gedanken stiegen bald in den Herzen der Menge auf; und ein immer lauter werdendes Gemurmel begann in den Ohren zu schwellen, als die Versammlung verstummte, als sie bemerkte, dass Lord Noodle aufgestanden war und im Begriff war, zu ihnen zu sprechen.

„Meine Herren und Herren“, sagte er, „mit Gefühlen großer Verlegenheit erhebe ich mich, um zu Ihnen zu sprechen. Alles, was gesagt werden kann, wurde gesagt; und alles, was gesagt wurde, hätte gesagt werden sollen; und alles, was hätte gesagt werden sollen, ist gesagt worden. Was kann ich dann noch sagen?

„Es soll jedoch nicht angenommen werden, dass ich, wenn ich das sage, nichts zu mir selbst zu sagen habe; im Gegenteil, ich denke, jeder muss zugeben, dass ich viel zu dem besagten Thema gesagt habe.“ (Hier kicherte der edle Herr über seinen eigenen Witz, und nun tat er es; denn wenn er es nicht getan hätte, hätte es vielleicht niemand herausgefunden;) „Sagen Sie, was ich will, aber eines muss klar sein, und das heißt (wenn ich eine Stunde lang sprechen würde, könnte ich nicht mehr sagen;) – das heißt, dass Sie eine Königin haben müssen und dass Sie keine bessere wählen können als die edle Dame, die sich gerade gesetzt hat! – und so, meine Herren, nachdem sie fertig ist, kann ich wohl nichts Besseres tun, als ihrem Beispiel zu folgen!"

Auf diese Rede folgten Schreie und lautes Gelächter, zur unendlichen Freude des aufgeklärten Redners; und er verneigte sich und verneigte sich nach allen Seiten, bis sein kleiner Kopf und die wippende Perücke die Gabe der ewigen Bewegung erlangt zu haben schienen.

Kaum hatte sich der Tumult ein wenig gelegt, trat Elvira vor, um zu den Leuten zu sprechen. Als ihr Schleier abgenommen wurde, war sie äußerst aufgeregt. Elvira war von zarter Schönheit, und das „beredte Blut sprach in tausend verschiedenen Schattierungen aus ihren Wangen"; ein paar Sekunden lang stand sie da, die Augen auf den Boden gerichtet, und versuchte offenbar, sich zu sammeln; dann hob sie die Augen und schien im Begriff zu sein, zu sprechen, aber ihr Mut verließ sie, als sie die riesige Menge überblickte, alle Augen auf sie gerichtet und alle Ohren auf ihre Worte lauschend, die Töne erstarben auf ihren Lippen, und nach ein paar erfolglosen Versuchen zu sprechen vergrub sie ihr Gesicht in ihrem Schleier und schluchzte laut.

Wer kann die Aufregung ihres alten Vaters in diesem Moment beschreiben! Als sie erschien, war er aufgestanden, beugte sich vor und hörte mit furchtbarer Begierde zu, als müsse sein Ohr jede Silbe aufsaugen und als hänge sein eigenes Todesurteil an ihren Worten. Er wurde blass, als er ihre Aufregung sah, und sein Gesichtsausdruck veränderte sich mit jeder Veränderung ihres Gesichtsausdrucks; bis er sah, dass sie überhaupt nicht sprechen konnte, seine Lippen leichenblass wurden, er einen durchdringenden Schrei ausstieß und bewusstlos zu Boden fiel!

Sofort herrschte ein geschäftiges Treiben; der Herzog wurde weggetragen; und Elvira blieb bleich, zitternd und fast ohnmächtig an eine der Säulen gelehnt, die das Vordach über der Plattform stützten, auf der sie stand. Es entstand eine furchtbare Pause, die schließlich dadurch unterbrochen wurde, dass Lord Edmund nach vorn eilte und sich eifrig mit folgenden Worten an die Menge wandte:

„Meine Freunde und Landsleute,

„Wenn ein Funke von Güte und Mitgefühl in euren Brüsten wohnt; wenn eure Herzen für edle Gefühle offen sind; wenn ihr das wehrlose Alter und die hilflose Weiblichkeit bemitleiden könnt, dann hört mir jetzt zu! Hört mir zu, während ich jetzt schon die Sache der schüchternen Frau vertrete." Sie, die durch den feierlichen Anlass, zu dem Sie einberufen sind, aufgewühlt ist und von der erhabenen Majestät dieser Versammlung beeindruckt ist, findet es unmöglich, ihren Gefühlen Ausdruck zu verleihen, denn es ist in der Tat schwierig, sie mit Worten auszudrücken Gefühle des Herzens. Oh, meine Freunde, ich könnte ihr Herz vor euch legen, damit ihr dort die Liebe ihres Landes – die Hingabe an eure liebsten Interessen – und den großzügigen Wunsch sehen könntet, ihr Zuhause zu opfern Ihr Glück zu sichern, das sie heute dazu veranlasst, vor Ihnen zu erscheinen, ist es wahrscheinlich, dass diese zitternde Frau Ihnen eine Befreiung von der Unterdrückung wünscht? Kann ihre Brust, die jetzt vor Rührung pocht, jemals taub sein für den Schrei des Elends? Nein, nein; Dieser sanfte Geist, der vor dem grellen Tageslicht zurückschreckt, wird sich der Linderung Ihrer Leiden und der Erleichterung Ihrer Lasten widmen. Wünschst du dir den Sieg? War mein Arm bisher nicht erfolgreich und bin ich Elvira nicht ergeben?

„Meine Landsleute, ich plädiere nicht aus Eigennutz, Gott weiß, dass ich das nicht tue! Nein, es mag einige unter euch geben, die wissen, dass ich jetzt die Zerstörung meiner liebsten Hoffnungen plädiere: aber das Wohl meines Landes bedeutet mir mehr als mein eigenes. Ich gebe meinem Land den Schatz, der mir hätte gehören können: zufrieden, wenn ich durch das Opfer meines eigenen Glücks das von Tausenden sichern kann.

„Meine Landsleute, ich kann meine Hingabe an eure Interessen nicht stärker beweisen, denn wenn ihr Elvira zu eurer Königin wählt, wird mein verwitwetes Herz keine andere Braut haben als Ruhm. Nehmt jedoch den Schatz, den ich euch überlasse. Wertschätzt sie, wie sie es verdient, und gewähre in seiner Gnade, dass kluge Ratgeber und scharfsinnige Staatsmänner ihre Schritte so lenken, dass der Sieg auf ihren Bannern erstrahlen möge, Weisheit in ihren Ratschlägen und Glück in ihrem Königreich!“

Lord Edmund blieb stehen, überwältigt von seinen eigenen Gefühlen; und seine Aufregung fand ein Echo im Herzen jedes Zuhörers. Die Wirkung seiner Rede war augenblicklich: Rufe: „Elvira soll unsere Königin sein!“ „Elvira für immer!“ Erhob sich in ohrenbetäubendem Tumult aus der Menge, und es war auch keine einzige abweichende Stimme zu hören. Tatsächlich ist nach allem, was man zu diesem Thema sagen kann, das Gefühl die einzig wahre Beredsamkeit. Die Leidenschaften der Menge waren stark erregt: die Ohnmacht des Herzogs; die Aufregung von Elvira; und die Rede von Lord Edmund, dem Helden des Tages, hatte sie absolut abgelenkt. Sie riefen immer wieder, dass Elvira, und nur Elvira allein, Königin sein sollte, und stellten einen Triumphwagen auf, setzten sie hinein und schleppten sie zur Westminster Abbey, wo die Krönungszeremonie stattfinden sollte. Dieser ehrwürdige Haufen, der jahrhundertelang gestanden hatte und dem Krieg der Natur und der zerstörerischen Hand der

Innovation, mit der der barbarische Geschmack des Mittelalters versucht hatte, seine Größe zu zerstören, gleichermaßen widerstanden hatte, erstrahlte in seiner ganzen ursprünglichen Pracht lieferte einen weiteren großartigen Beweis dafür, wie lange die Arbeit des Menschen die Zeit seiner fragilen Existenz überdauert.

Es war ein strahlender Anblick gewesen, als Westminster Hall mit den Adligen des Landes überfüllt war, den Staatsrat zu wählen; aber weitaus prächtiger war es jetzt, als die zitternde und schöne Königin, nachdem der religiöse Teil der Krönungszeremonie in der Abtei vollzogen worden war, die prächtigen Mauern betrat, umgeben von ihren Beratern und von ihren knienden Untertanen mit Entzücken empfangen . Alle waren zuvor auf die Zeremonie vorbereitet worden, da die Krönung laut Verordnung der alten Königin unmittelbar nach der Wahl stattfinden sollte; und der ehrwürdige Saal war jetzt mit den Edelleuten und Damen von Claudias Hof überfüllt, die prächtig gekleidet waren und mit größter Ungeduld auf die Königin warteten, die ihnen die Wahl der Stellvertreter geben würde. Elvira wurde mit Transporten empfangen; und obwohl ihre Rivalin unter anderen Umständen vielleicht mit der gleichen Begeisterung geehrt worden wäre, konnte dieser Gedanke ihre Freude nicht trüben, da Elvira es nicht wusste.

In der Zwischenzeit war Pater Morris entsetzt geblieben, ein Opfer der kombinierten Qualen von Trauer, Wut und Enttäuschung. Die Menge war verschwunden, doch er stand noch immer da und starrte auf die Bühne, das sprachlose Bild der Verzweiflung.

„Um Himmels Willen, bleib nicht hier", rief eine Stimme, die er nur zu gut kannte, und er gehorchte dem Impuls von Mariannes Arm und ließ sich vom Schafott führen, wo all seine Hoffnungen zunichte gemacht worden waren. Nicht weit von der Stelle entfernt gab es ein kleines Haus, wo die Anhänger Rosabellas häufige Besprechungen über ihre Pläne zur Sicherung ihrer Wahl abgehalten hatten, und zu diesem Ort führte Marianne den enttäuschten Mönch.

„Verflucht sei der Teufel, der mich verraten und ins Verderben gestürzt hat!", sagte er, als er sich in dieser Behausung auf ein Sofa warf. „Mögen ihn hier Dämonen heimsuchen und ewiges Elend soll ihm danach zuteil werden!"

Das teuflische Lachen von Cheops klang in den Ohren des Vaters, als er diese Worte aussprach; und bevor er fertig war, stand die verhasste Gestalt der Mumie vor ihm.

„Was, Pater Morris!" rief der Ägypter, „behandeln Sie Ihre Freunde so? Pfui! Pfui! Ist das Ihre Geistesstärke? Ich schäme mich für Sie. Ist es die Aufgabe eines mutigen Mannes, vor einem so kleinen Rückschlag zurückzuschrecken?

Ich bin jedoch immer noch Ihr Freund, und wenn Sie meinem Rat folgen –
"

"Weg mit dir, Dämon!", rief Pater Morris. "Versuch mich nicht mehr! An deinen Worten hängt das Verderben, und es ist dein Rat, der mich zerstört hat."

„Sag lieber von deinen eigenen bösen Leidenschaften", erwiderte die Mumie.

„Teufel!", rief der Mönch, „war es nicht Dein Rat, dass Rosabella die Ansprache, die ich für sie vorbereitet hatte, ablehnte und beschloss, ihre eigenen Ansichten spontan kundzutun?"

„Ein solcher Ausdruck ihrer wahren Gefühle hätte wahrscheinlich die zehnfache Wirkung einer einstudierten Ansprache gehabt. Die Rede von Lord Edmund entsprach dem Gefühl des Augenblicks und man sah, dass ihre Kraft magisch war."

„Und war es nicht Ihr Wunsch, dass der dumme Lord Noodle sie anstelle von Lord Gustavus unterstützte, wie ich es beabsichtigt hatte?"

„Ein lächerlicher Narr konnte die Leute eher in gute Laune versetzen als ein langweiliger."

„Ja, ja, ich weiß. So haben Sie Ihre Pläne als durchführbar erscheinen lassen, aber wie sind sie gelungen?"

„Erfolg ist nicht immer der Maßstab für Verdienste. Wie hätte ich die Ohnmacht des Herzogs und die Aufregung Elviras vorhersehen können? Dieses schüchterne Schweigen sagte mehr über sie aus als Worte: Wenn sie gesprochen hätte, hätte sie keine Chance gehabt."

„Wäre sie doch tot!", sagte Pater Morris und knirschte mit den Zähnen.

„So würden Sie Ihren Untergang besiegeln. Rosabella würde verdächtigt und ihre Chance zu herrschen zerstört – für immer zerstört."

"Was soll ich tun?"

„Lass Elvira regieren! – Nein, fange nicht an! Denn es ist nur für eine Weile: Sie wird Edmund aus Dankbarkeit für die Dienste, die er ihr geleistet hat, natürlich zu ihrem ersten Ratgeber machen; und da er Verstand und Talent hat, wird er es genauso natürlich tun Entweder lehnen Sie es gänzlich ab, die edlen Herren zu beschäftigen, die Ihre Freunde waren, oder geben ihnen bestenfalls untergeordnete Stellungen. Da ihre Hoffnungen zuvor geweckt wurden, werden sie diese Enttäuschung bitter spüren und mit sehnsüchtigen Augen auf Rosabella zurückblicken, von der sie waren Diese Prinzessin muss ihren natürlichen Hochmut mäßigen: Wenn sie regieren will, muss sie sich beugen, bevor sie sich erhebt, denn auch wenn der Ehrgeiz die höchste aller

Leidenschaften ist, zwingt sie ihre Anhänger vielleicht nicht, sich gelegentlich zu etwas Größerem herabzulassen Gegenwärtig ist Geduld allein erforderlich, aber die Freude, die sie hervorruft, kann niemals von Dauer sein: und die Erwartungen der Menschen sind durch die Brillanz, mit der eine neue Regierung mit Sicherheit beginnen wird, zu hoch Seien Sie bereit, mit allem zu streiten, was möglicherweise hinter dem Standard zurückbleibt, den sie sich dann selbst vorschlagen werden. Wenn sie sich jedoch Zeit zum Nachdenken lassen, würden sie denselben Standard für viel zu hoch halten, als dass Sterbliche jemals Hoffnung darauf haben könnten erreichen. Wenn ihre übertriebenen Erwartungen nicht erfüllt werden, werden sie in das entgegengesetzte Extrem verfallen; sie werden alles mit einem gelbsüchtigen Auge sehen; Und da sie es nicht zugeben wollen, werden sie betrogen und werden die Regierung von Elvira stürzen, um die Torheit, deren sie sich schuldig gemacht haben, für immer zu verbergen."

„Aber wird die Regierung von Rosabella nicht später das gleiche Schicksal erleiden?"

„Nein, denn sie werden durch Erfahrung Weisheit erlangt haben; und nachdem sie gerade die Unannehmlichkeiten erlitten haben, die untrennbar mit einer Revolution verbunden sind, werden sie jedes Wort und jede Tat von Rosabella vergöttern, um sich selbst die Notwendigkeit zu ersparen, dieselben Schrecken noch einmal zu erleben, und um dennoch dem Vorwurf der Inkonsequenz zu entgehen. Sie werden sich daher sogar davor fürchten, Kritik zu üben, und werden alles beschönigen, was ihnen nicht ganz gefällt, anstatt das Risiko einzugehen, jene Ruhe, deren Süße sie durch die jüngste Störung kosten ließen, erneut zu stören."

Die Sophistik des Cheops passte gut zu den Gefühlen seiner Zuhörer; und er verstand es sehr gut, auf die Leidenschaften derer einzugehen, mit denen er sich unterhielt. Die Empörung von Pater Morris und Marianne ließ nach und sie wurden erneut die hingebungsvollen Sklaven der Ägypter. Cheops beobachtete sie, als sie sich zurückzogen; ein spöttisches Lächeln kräuselte seine hochmütigen Lippen.

„Das sind doch Narren!" sagte er, als wieder ein ängstlicher Ausdruck über sein finsteres Gesicht huschte: „Bei Typhon! Sie sind es kaum wert, getäuscht zu werden, denn sie stürzen sich mit verbundenen Augen ins Netz."

Inzwischen konnte nichts die Großartigkeit der Szene übertreffen, die sich in Westminster Hall abspielte. Die Zeremonie war beendet; denn die Königin hatte Treueschwüre gegenüber den Interessen ihrer neuen Untertanen geschworen und im Gegenzug deren demütigste Huldigung erhalten. Nun wurde ein üppiges Bankett serviert, bei dem sich alles, was das Auge erfreuen konnte, in üppiger Fülle mit allem vermischte, was den Appetit anregen konnte. Musik vervollständigte den Zauber; und als die harmonischen Töne durch die hohe Kuppel drangen, schien es, als würde ein Chor von Engeln von oben jubeln. Während also alles vereint wurde, was die Sinne erfreuen konnte, schien die märchenhafte Schönheit von Elvira sie gut zur Göttin der Szene zu machen; und die Gestalt des armen alten Herzogs, ihres Vaters, der sie mit unbeschreiblicher Verzückung ansah – die Tränen liefen über seine zerfurchten Wangen und sein langes weißes Haar fiel offen über seine Schultern – vervollständigte das Interessante des Bildes.

Groß und herrlich war der Triumph von Elvira. Aber wer soll die Verzweiflung, die Verzweiflung der unglücklichen Rosabella schildern, während die Nation von Jubelrufen erfüllt war und Freudenfeuer und Lichter die Entrückung des Volkes verkündeten? Verlassen und verlassen von ihren Freunden; von ihm verachtet und verletzt, liebte sie; enttäuscht von den märchenhaften Träumen ihres Ehrgeizes; und angewidert von einer Welt, die sie abgelehnt hatte – was konnte sie tun? Wo finde ich Zuflucht vor ihren Nöten?

Rosabella suchte keine Zuflucht. So elend sie auch war, ihr stolzer Geist stützte sie noch immer. Sie zog sich weder aus der Gesellschaft zurück noch gab sie sich den Anfällen der Verzweiflung hin. Sie war nicht dazu da, über nutzlosen Kummer zu grübeln. Sie fühlte zwar, was ihr Unrecht angetan worden war, und sie fühlte es sehr stark, aber sie verschwendete ihre Zeit nicht mit Klagen und brannte nur darauf, es zu rächen. Marianne hatte ihr den Rat von Cheops mitgeteilt und ihre ganze Seele war nun der Rache gewidmet. Aus diesem Grund beschloss sie, seinen Geboten zu gehorchen, ihren hochmütigen Geist seinen Wünschen zu beugen, die Freunde, die sie verlassen hatten, zu versöhnen und sich jeder Gemeinheit zu unterwerfen, um eine Partei im Staat zu erhalten. Nachdem dies getan war, beschloss sie, auf die unvermeidlichen Fehler einer neuen Regierung zu achten, jede Schwäche auszunutzen und jede Unzufriedenheit zu schüren; kurz gesagt, sie wollte einen Abgrund unter den Füßen ihrer Rivalin aufreißen und dann wie der Löwe am Rand seiner Sandfalle verborgen bleiben, bis die Verstrickung der erwarteten Beute es ihr ermöglichte, sich auf sie zu stürzen und sie zu vernichten.

Elvira war von Natur aus edel gesinnt, und zufrieden mit dem Thron strebte sie nicht nach weiteren Triumphen. Ihre großzügige Seele war von der offensichtlichen Resignation ihrer Rivalin gerührt, und sie versuchte mit allen ihr zur Verfügung stehenden Mitteln, sie über ihre Enttäuschung hinwegzutrösten. Der Herzog hatte das Land verlassen und lebte nun ausschließlich bei seiner Tochter, während Elvira Rosabella mit größter Sorgfalt einen Palast und ein eigenes Heim überließ.

Ungeachtet der Zartheit, mit der Elviras Gefälligkeiten erwiesen wurden, konnte Rosabella jedoch nicht vergessen, dass es sich um Gefälligkeiten handelte, und sie hatte keine Lust, Abhängigkeit zu dulden. So wuchs ihr Hass auf ihre Cousine mit der Last ihrer Verpflichtungen, während der Hass auf Elvira mit dem Anlass, der ihn hervorbrachte, verschwunden war. Tatsächlich ist es einem stolzen, hochmütigen Gemüt wie Rosabella kaum möglich, den Menschen zu lieben, dem es alles zu verdanken hat. Solchen Gesinnungen macht es unendlich mehr Freude, Gefälligkeiten zu erweisen, als ihnen Gehorsam zu leisten – der Stolz wird im einen Fall befriedigt und im anderen gedemütigt. Daher sind die Menschen oft hingebungsvoll an ihre Schützlinge gebunden, da diese gewissermaßen eigene Schöpfungen zu sein scheinen und sie großzügig mit Gefälligkeiten beschenken. aber sie erwarten im Gegenzug oft eine solche Hingabe, dass die Liebe in Sklaverei verkümmert oder sich in Hass verwandelt und was einst Dankbarkeit war, bald zur Demütigung wird.

Elvira hatte eine schwere Aufgabe zu erfüllen. Es war schwierig, die Mitte zwischen zu viel und zu wenig zu finden; und noch schwieriger, einen Weg zu finden, überhaupt zu geben, ohne Rosabellas Gefühle zu verletzen. Das Gefühl, das sie davon hatte, ließ Elviras Verhalten gegenüber ihrer Cousine zeitweise kalt und zurückhaltend erscheinen, und Rosabella spürte die geringste Veränderung schmerzlich. Sie sah tatsächlich alles mit einem neidischen Auge: Sie stellte sich Beleidigungen vor, wo keine beabsichtigt waren; sie schreckte vor der geringsten Bemerkung zurück, die auf ihre gegenwärtige Situation anspielen könnte; und sie schien so viel Schmerz zu empfinden, wann immer sie in Elviras Gesellschaft war, dass der Verkehr zwischen den Cousinen allmählich auf einen bloßen formellen Austausch von Besuchen und die üblichen Zeremonien der Hofetikette reduziert wurde.

Da die Cousins sich so völlig voneinander entfremdet hatten, wurde Rosabellas Palast zum Zufluchtsort der Unzufriedenen. Der König von Irland war kurz nach der Abreise des Herzogs von Cornwall aufs Land gestorben, und diese Unzufriedenen, die früher in seinem Sold gestanden hatten, wurden von seinem Sohn zurückgewiesen und drängten sich nun um Rosabella. Männer mit Talenten, aber ausschweifenden Gewohnheiten; wagemutige Geister, die sich aus Mangel an Beschäftigung selbst ausbeuteten; und verzweifelte Charaktere, denen jede Veränderung angenehm war, da sie nichts zu verlieren hatten und alles von einer Revolution erhoffen konnten, wetteiferten miteinander darin, sich in ihren Dienst zu stellen. Es war oft eine Kränkung für Rosabella, mit solchen Elenden zu verkehren; aber was können stolze Geister nicht manchmal ertragen, um das entschlossene Ziel ihrer Seele zu erreichen! Alles wird von einer gewaltigen, überwältigenden Leidenschaft verschlungen, und kleinere Schwierigkeiten werden weder gesehen, noch gedacht, noch gefühlt.

So hatte Rosabella Skrupel, ihre Zeit nicht in der Gesellschaft von Wesen wie Lord Noodle und seinem Freund Lord Doodle zu verschwenden; sie ließ sich sogar herab, ihnen zu schmeicheln und gelegentlich ihren Rat zu fragen und den Anschein zu erwecken, als würde sie ihm folgen: Sie ertrug geduldig das diktatorische Geschwätz von Lord Gustavus und hörte sich mit scheinbarem Interesse die ermüdenden Kleinlichkeiten von Lord Maysworth an. Sie dachte nur daran, ob eine bestimmte Verhaltensweise dazu beitragen würde, sie auf den Thron zu bringen; und wenn dies der Fall war, was auch immer es sein mochte, ließ sich die hochmütige Rosabella sofort dazu herab, es zu praktizieren. Durch die jüngsten Ereignisse gelehrt, sich nicht zu sehr auf ihre eigene Stärke zu verlassen, stürzte sie sich ins entgegengesetzte Extrem und verfiel sogar in Unterwürfigkeit.

In der Zwischenzeit war Elviras Aufmerksamkeit ganz der Errichtung ihrer Regierung gewidmet. Sie besaß viele Eigenschaften, die ihres Rangs würdig waren; und einige der auffälligsten waren ihre Großzügigkeit, Unrecht zu vergessen, und ihr unbeugsamer Sinn für Gerechtigkeit. Obwohl sie ihrem Volk am Tag ihrer Wahl selbst keine Versprechen gegeben hatte, betrachtete sie die Versprechen, die Edmund ihrerseits gemacht hatte, mit Recht als ebenso verbindlich und bemühte sich mit allen ihr zur Verfügung stehenden Mitteln, die Versprechen, die er gegeben hatte, einzulösen. Cheops hatte richtig geurteilt, als er annahm, sie würde Edmund zu ihrem Premierminister machen – ihre Dankbarkeit ihm gegenüber war in der Tat grenzenlos; und obwohl ihre edle und großzügige Gesinnung sie davon abhielt, die Lords, die gegen sie gestimmt hatten, ihrer Würde zu berauben, hatte er doch ebenso richtig vorhergesagt, dass Edmunds starker Geist und sein gebieterisches Genie sie zu Nichtsen werden lassen würden. Die edlen Lords waren sich ihrer eigenen Unfähigkeit überhaupt nicht bewusst und waren empört, als Untergebene wiederzufinden, wo sie eigentlich Kommandanten sein wollten. Sie versammelten sich um die Standarte von Rosabella, die sie ihrerseits so freundlich empfing, dass sie ihren früheren Hochmut vergaß.

Elvira war sich ihrer Abtrünnigkeit nicht bewusst, oder wenn doch, hielt sie sie für zu unbedeutend, um Beachtung zu verdienen, da ihre Aufmerksamkeit ausschließlich auf Angelegenheiten gerichtet war, die sie für unendlich wichtiger hielt. Obwohl die Gesetze der alten Königin ausgezeichnet gewesen waren, hatten sich in die Art und Weise, wie sie in die Tat umgesetzt wurden, viele Missbräuche eingeschlichen; und diese machte sich Elvira nun mit Edmunds Hilfe eifrig an die Arbeit, sie zu entdecken und zu korrigieren. Sie hätte sich tatsächlich keinen Assistenten aussuchen können, der für diese Aufgabe kompetenter war. Der durchdringende Geist und das überragende Genie von Edmund waren beispiellos. Mit einem einzigen Blick erkannte er, wo Fehler begangen worden waren und wie sie korrigiert werden sollten. Während unter seiner Schirmherrschaft das Laster bestraft und die Tugend belohnt wurde, wurde das Gute, wenn auch in Lumpen, zum Wohlstand erhoben und die Schurkerei gezwungen, ihren unrechtmäßig erworbenen Reichtum herauszugeben. Die Gerechtigkeit wurde allen unparteiisch zuteil, und jeden ersten Montag im Monat begab sich die Königin in feierlicher Haltung zum großen Platz in Blackheath, um dort persönlich die Petitionen ihrer Untertanen entgegenzunehmen.

Die Menschenmenge, die sich bei diesen Gelegenheiten versammelte, war riesig. Wie gut eine Verfassung auch organisiert sein mag, es ist unmöglich, jeden zufriedenzustellen, und selbst unter den am besten geregelten Regierungen wird es immer einige geben, die sich beleidigt fühlen. Da außerdem bei diesen Gelegenheiten jedermann freier Zutritt gewährt wurde, kamen viele nur, um die Königin zu sehen, und nichts könnte besser dazu geeignet sein, Ihre Majestät die wahren Gefühle ihrer Untertanen erfahren zu lassen, als diese Regelung; da die Leute in Reihen aufgestellt wurden, entlang derer die Königin ging, kam sie abwechselnd mit jedem Einzelnen in persönlichen Kontakt. Wie bei allem anderen, was in der Theorie perfekt klingt, traten jedoch Schwierigkeiten auf, als dieser Plan in die Praxis umgesetzt wurde: Ursprünglich war beabsichtigt, dass die Königin alle etwaigen Petitionen eigenhändig entgegennehmen und selbst lesen sollte ; Als sich jedoch herausstellte, dass ihre Zahl häufig mehrere Tausend betrug, wurde dieser Plan als undurchführbar aufgegeben und den Lords Noodle und Doodle die wichtige Aufgabe übertragen, hinter der Königin zu gehen und große Säcke zu tragen, in denen die Petitionen deponiert wurden und aus denen sie wahrscheinlich nie wieder aufgetaucht wären, wenn sie nicht durch die beharrlichen und unermüdlichen Anstrengungen von Lord Edmund ans Licht gezerrt worden wären.

Die Menschen waren sich dessen jedoch nicht bewusst, und es gab etwas an dem Schauspiel, das sie entzückte. Es war in der Tat ein schöner Anblick, so viele Hunderte von Menschen zu sehen, die besorgt die Bewegungen ihrer schönen Königin beobachteten, während sie durch ihre Reihen glitt, alle gnädig anlächelte und aussah wie ein Engel, der auf die Erde gesandt wurde, um der Menschheit Segen zu spenden: Ehrendamen gingen hinter ihr, Pagen trugen ihre Schleppe, und die beiden betagten Staatsräte, gebeugt unter der Last ihrer schweren Taschen, bildeten den Abschluss.

So begann Elviras Herrschaft glorreich. Das Volk war erfreut über die Beachtung seiner Wünsche und beeindruckt von einigen Beispielen der Gerechtigkeitsliebe und des Hasses der Königin auf Unterdrückung und lobte sie in höchsten Tönen; Der Adel, der von ihrer Großzügigkeit Reichtum und Macht erhoffte, verehrte sie beinahe; und die Botschafter ausländischer Mächte, die den Mut von Lord Edmund und seinen Soldaten fürchteten, brachten ihr zu Füßen die demütigste Ehrerbietung dar. Kurz gesagt, alle schienen ihr zuzulächeln, und das Königreich schien in Kürze sogar dem eingebildeten Glück von Utopia selbst Konkurrenz zu machen.

KAPITEL XIX.

Was war in der Zwischenzeit aus Edric und Dr. Entwerfen geworden? Düster waren die Gedanken unserer Reisenden, als sie sich in einem Kerker eingemauert wiederfanden, so weit weg von allem, was sie liebten oder verehrten, ohne Freunde und angeklagt eines schrecklichen Verbrechens, von dessen Schuld sie sich ihrer Meinung nach vergeblich zu befreien versuchten. Tage und Wochen vergingen, doch ihr Schicksal änderte sich nicht. Jede Nacht kündigte das Knirschen eines rostigen Schlüssels im Schloss die Ankunft des Gefängniswärters an, der ihnen ihre tägliche Kleinigkeit an Brot und Wasser brachte, aber er sprach kein Wort, und auch die inständigsten Bitten des Doktors und Edrics brachten kein einziges Wort über seine Lippen.

Schließlich begann Verzweiflung die Reisenden zu befallen, bis Edric eines Tages, als sie zum tausendsten Mal die Hieroglyphen auf den Steinen in der Wand untersuchten, bemerkte, dass einer davon lose war. Mit unendlicher Mühe entfernten sie den Stein und fanden einen langen gewölbten Gang, der durch eine Öffnung am anderen Ende schwach beleuchtet wurde. Der Transport der Gefangenen war nach dieser Entdeckung grenzenlos und kann sich nur jemand vorstellen, der den Verlust der Freiheit erlebt und sich über ihre Wiedererlangung gefreut hat.

Als ihre erste Begeisterung etwas nachgelassen hatte, begannen sie, sich zu beraten, wie sie ihr Glück am besten nutzen und einer Verfolgung vorbeugen könnten. Der Doktor hatte glücklicherweise mehrere chemische Präparate in seinem Spazierstock. Mit einem davon löste er das Eisen ihrer Ketten auf, um Edric und sich selbst von ihrer Last zu befreien. Dann bestrich er sie mit dem Rest der Mischung und legte sie auf einen Haufen. Lachend rief er aus: „Die Gefängniswärter werden furchtbar erschrocken sein, wenn sie diese Fesseln finden. Denn obwohl sie für das Auge perfekt aussehen, zerfallen sie bei der leichtesten Berührung in Stücke.“

Edric war zu sehr darauf bedacht, zu fliehen, um dem Jubel seines Lehrers zuzuhören; Nachdem er seine Vorbereitungen getroffen hatte, erkundeten die Reisenden mit zitternden Schritten und klopfenden Herzen den gewölbten Durchgang und stellten zu ihrer unendlichen Freude fest, dass er sie an die Grenzen des Nils geführt hatte. Ein kleines Boot lag am Ufer vor Anker, und seine Besatzung, ein alter Mann und sein Sohn, die ihren Lebensunterhalt mit dem Gütertransport auf dem Nil verdienten, aßen friedlich am Ufer zu Abend.

Edric und der Doktor hatten vorsichtshalber den Stein, der den gewölbten Gang verdeckt hatte, ausgetauscht und die gegenüberliegende Wand mit Phosphor bestrichen. Sie zweifelten nicht daran, dass der Gefängniswärter, wenn er das Gefängnis betrat, was er normalerweise im Dunkeln tat, zu sehr erschrocken sein würde, um sie mit wirksamen Mitteln zu verfolgen, bis es zu spät sein würde. Da sie glücklicherweise auch viel Geld besaßen, das sicher zum menschlichen Herzen führt, überredeten sie den alten Mann leicht, sie an Bord zu nehmen, und in kurzer Zeit gingen sie an Bord seines zerbrechlichen Schiffes und stachen in See.

Langsam und lautlos trieben sie den majestätischen Fluss entlang, der in feierlichen Wellen wie ein Binnenmeer rollte und stolz zum Ozean hinüberschwemmte, wobei sie das degenerierte Land, das er zurückließ, zu verachten schienen; und ohne einen einzigen Schmerz verließen unsere Reisenden für immer die fruchtbaren Ebenen und wunderschönen Städte Ägyptens. Ein einziger Gedanke schwoll in ihrer Brust an, und das war die Freude über ihre Flucht. Mit stillen Dankgebeten setzten unsere Reisenden ihren Weg flussabwärts fort, und als der Morgen anbrach und die riesigen Formen der Pyramiden grimmig durch den Nebel blickten, schauderten sie unwillkürlich, bekreuzigten sich andächtig und murmelten neue Gebete für Schutz und Befreiung.

Nach einer langen und ermüdenden Reise erreichten unsere Reisenden schließlich sicher das Meer. Die Mündungen des Deltas waren damals der Sitz eines ausgedehnten und fast universellen Handels; und unsere Reisenden fürchteten, sie könnten hier einem Abgesandten ihrer Feinde begegnen, der sie in das Gefängnis zurückbringen könnte, aus dem sie auf so wundersame Weise entkommen waren. Sie fanden jedoch, dass der Glaube an ihr übernatürliches Verschwinden zu stark in den Köpfen der Menge eingeprägt war, als dass auch nur ein Verdacht auf ihre Existenz bestehen bliebe; und sie standen auf diesem prächtigen Kai, umgeben von Griechen, Russen, Ägyptern, Arabern und Türken, ohne eine einzige Bemerkung zu erregen oder die geringste Aufmerksamkeit zu erregen. Sie wollten nach Konstantinopel, der damaligen Hauptstadt des mächtigen griechischen Reiches, weiterreisen und kamen zu diesem Zweck mit dem Kapitän einer Feluke ins Gespräch.

„Ich werde mich direkt um Sie kümmern, meine Herren“, sagte der Seemann und ließ einige Personen zurück, mit denen er zuvor gesprochen hatte: „Aber ich habe so eine schreckliche Geschichte gehört!“

"Was war es?" fragte Edric, der das Thema ahnte, sich aber bewusst war, dass es verraten könnte, dass sie bereits nur allzu gut informiert waren, wenn sie bei einer solchen Gelegenheit gleichgültig wirkten.

„Zwei Zauberer“, entgegnete der Mann, „sind in Gewahrsam genommen worden, weil sie die Pyramiden in die Luft gesprengt und die Mumien verzaubert haben!“

„Und wie wurden sie bestraft?" fragte Edric.

„Oh, du hast noch nicht die Hälfte davon gehört!" sagte der Mann. „Als sie wegen ihrer Streiche ins Gefängnis kamen, kam ihnen der Alte zu Hilfe und entführte sie in einer Feuerflamme, wobei er ihnen am Himmel eine lange Lichtlinie hinterließ, wie der Schweif eines lodernden Kometen. Dick Jones, der es mir erzählt hat, schwört, er habe gesehen, wie sie alle zusammen losgingen. Der Alte hing am Horn des Teufels und der Junge hielt sich fest an seinem Schwanz fest!"

"Schockierend!" sagte Edric; Allerdings konnte er sich bei diesem Beweis der Lebhaftigkeit von Dick Jones' Fantasie kaum ein Lächeln verkneifen.

„Ich habe dir noch nicht die Hälfte erzählt", fuhr der Mann fort. „Ganz Sumatra klingelt davon; einige sind wahnsinnig geworden und andere sind vor Angst gestorben; und der Mann, der bei Dick Jones war und einer der Soldaten der Wache über ihnen war, versicherte mir mit Sicherheit, dass die … Die Ketten, die sie getragen und zurückgelassen hatten, zerfielen zwischen seinen Fingern wie ein Stück morsches Holz.

„Es ist sehr schrecklich!" sagte Edric.

„Ja, nicht wahr?" schloss sich dem Mann wieder an; „Gott sei Dank war ich nicht da, um es zu sehen! Ich bin mir sicher, dass der bloße Blick eines dieser Zauberer mich in den Wahnsinn getrieben hätte! Ich könnte so etwas nie ertragen."

Edric überredete den Mann nun mit einiger Mühe, auf das Thema ihrer Durchreise zurückzukommen.

"Es tut mir sehr leid, Sir", sagte er, "aber ich glaube nicht, dass in dieser Woche ein Schiff nach Konstantinopel fahren wird, denn dort ist die Pest ausgebrochen, und unsere Beamten lassen ein Schiff, das dort war, nicht ohne Quarantäne wieder in unseren Hafen zurückkehren. Das ist ein solches Handelshindernis, dass es unseren Leuten nicht gefällt. Aber vielleicht haben Sie es nicht eilig und können warten?"

„Oh ja, wir können ganz gut warten!" sagte der Arzt, zitternd vor Angst, loszukommen.

Der Seemann hatte jedoch keinen Anlass, mehr zu sagen, denn die bloße Erwähnung der Pest genügte völlig, um unsere Reisenden von einem Besuch in Konstantinopel abzuhalten. Als sie herausfanden, dass er nach Malta unterwegs war und an diesem Tag kein anderes Schiff den Hafen verlassen würde, gingen sie eilig an Bord, obwohl sein Schiff alt und unpraktisch war und nicht mit Dampf transportiert werden konnte, und obwohl die überlegene Sicherheit der Dampfschiffe jetzt so allgemein bekannt und anerkannt war, dass dies vielleicht das einzige gewöhnliche Segelboot im

Hafen war. Die Freude unserer Reisenden über ihre Rettung war jedoch zu groß, um sich mit Nebensächlichkeiten aufzuhalten. Da die Kabine kaum bewohnbar war, beschlossen sie, die ganze Reise über an Deck zu bleiben, da sie entschlossen waren, sich lieber mit allem abzufinden, als ihre Abreise zu verzögern. Also streckten sie sich in ihren Mänteln aus, lehnten sich an ein paar Seile und beobachteten aufmerksam die schöne Szene um sie herum. Der Abend war wunderschön, und als die Küsten Ägyptens schnell aus ihrem Blickfeld verschwanden, fühlten sie, wie ihre Gedanken durch die Betrachtung der großartigen Szene, die sich ihnen bot, beruhigt wurden. Es gibt tatsächlich etwas in der ehrfurchtgebietenden Majestät der Wasserwelt, das, wie die gigantischen Monumente Ägyptens, durch seine Einfachheit eine starke Wirkung auf den Geist hat und ihn, indem es die Seele weit über die gewöhnlichen, unbedeutenden Ereignisse des Lebens erhebt, zur Ruhe bringt.

Die Reise war lang, denn Gegenwinde behinderten ihre Fahrt, und eines Abends, nachdem Dr. Entwerfen eine Zeitlang mit tiefster Gedankenverlorenheit unverwandt auf das Wasser geblickt hatte, rief er plötzlich aus: „Es wird einen Sturm geben!"

„Unmöglich!", erwiderte Edric. „Die Sonne ging in ungewohnter Pracht unter und verbreitete ihre purpurnen und goldenen Strahlen wie ein juwelenbesetztes Diadem über das Wasser. Und der Wind lässt gerade nach und wird zu einer sanften Brise, die die Oberfläche des Ozeans kaum kräuselt, während unser Boot fröhlich darüber tanzt."

„Das ist ein schlechtes Zeichen", sagte der Arzt. „Haben Sie nicht oft gehört, dass einem Sturm im Allgemeinen eine Ruhe vorausgeht? Das ist jetzt keine Metapher mehr."

Der Mond schien bald hell; und während das Schiff langsam durch die fast bewegungslosen Wellen pflügte, funkelten seine Strahlen durch die Gischt, die in silbernen Schauern über den Bug fiel. Jetzt war alles still, bis auf das Schwanken des Schiffes und das monotone Plätschern des Wassers, während es sich langsam durch das Wasser kämpfte. Der Wind ließ nach und nach nach, und die Segel flatterten nur schwach in der Brise, die sie nicht mehr aufblasen konnte, bis schließlich auch das nicht mehr funktionierte und das Schiff, völlig beruhigt, wie ein Baumstamm auf dem Wasser lag, das sich wie ein riesiges und ruhiges Wasser ausbreitete Spiegel um sie herum.

Jetzt bereuten unsere Reisenden bitter die überstürzte Eile, die sie dazu gebracht hatte, sich in ein so gebrechliches, unkontrollierbares Boot einzuschiffen; und sie betrachteten mit sehnsüchtigen Augen die kompakten Dampfpakete, die an ihnen vorbeiglitten; Ihr schwarzer Rauch kräuselte sich in der Luft, während sie schnell dahinschwebten. Es war jedoch zu spät, um Buße zu tun; und der Arzt tröstete sich, indem er die Wirkung des dichten schwarzen Rauches ausnutzte, den sie in der Ferne aufsteigen sahen, um die Vorlesung zu veranschaulichen, die er zuvor seinem Schüler über die Theorie der Verbrennung und Zersetzung von Amphiten gehalten hatte, bis er hat ihn ziemlich in den Schlaf gewiegt.

Der Morgen kam, brachte aber nicht die ersehnte Brise mit sich. Edric erhob sich, ging an Deck und begegnete dem Arzt. „Wie still scheint alles!" sagte er; „Die Natur scheint zu schlafen, aber es ist eine schreckliche Stille, wie sie über einen sterbenden Patienten herrscht und sein Ende ankündigt. Die Natur scheint erschöpft zu sein, und ich könnte mir vorstellen, dass sie nach einer kurzen Ruhe sucht, um ihre Kräfte für einen entscheidenden Schlag zu sammeln."

„Sie sind fantasievoll, Edric", sagte der Arzt; „Sie beunruhigen sich unnötig. Der heftige Schock, den Ihre Nerven erlitten haben, macht Sie unfähig für Anstrengungen und macht Sie geneigt, alles in einem düsteren Licht zu sehen."

"Ich bitte um Verzeihung, Sir", sagte ein zerlumpter englischer Matrose, der zufällig an Bord war; "meiner Meinung nach hat der Herr recht, denn alles deutet auf einen Sturm hin. Cirro-Schichten durchziehen den Himmel, und wenn sie sich mit den wolligen Cumuli unter ihnen zu Cumulus-Schichten verbinden, kann nichts deutlicher auf Wind und Regen und wahrscheinlich auch Donner hinweisen. Und sehen Sie auch, wie der dunkle, düstere Nimbus seinen schwarzen Schatten entlang des Horizonts ausbreitet und wie die Vögel kauernd fliegen und mit ihren Flügeln fast das Wasser berühren, während sie dahinhuschen. Jetzt geht es los, horch!"

Während der Seemann gesprochen hatte, hatten sich die Wolken allmählich verdichtet und der Himmel war dunkel wie die Nacht. Man hörte ein dumpfes Gemurmel, das immer heftiger zu werden schien, bis es mit furchtbarer Heftigkeit über das hingebungsvolle Schiff hinwegraste, die Segel in Stücke zerriss und in furchtbaren Böen umherpfiff, als würde es sich über das Unheil lustig machen, das es angerichtet hatte. Das Meer warf nun Berge in die Höhe. Die gegabelten Blitze spielten wie sich windende Schlangen am tiefschwarzen Himmel; Jetzt strömten sie wie schwebende Bänder in der Luft und dann schossen sie wie feurige Pfeile nach unten. In der Ferne rollte heftig der Donner, kam immer näher, und jeder Schlag hallte durch den Himmel, als würde er von unsichtbaren Felsen widergespiegelt, bis schließlich ein gewaltiger Krach den Fall der elektrischen Flüssigkeit ankündigte. Unsere Reisenden bereiteten sich gerade darauf vor, sich nach unten zurückzuziehen, als sich gerade, als sie die Kajütentreppe erreichten, der Himmel zu öffnen schien und ein Ball aus hellblauem Feuer, von äußerst lebhafter Helligkeit, aus dem Abgrund schoss und den Mast von traf das arbeitende Schiff. Unmittelbar darauf rasselte ein lautes Knistern über ihren

Köpfen, und dann war alles wieder still, bis auf das Heulen des Windes und das Stöhnen einiger am Boden liegender Seeleute, die von den verstreuten Bruchstücken des zersplitterten Masts verletzt wurden.

Der Regen ergoss sich nun in Strömen, und das schwache Schiff, das in einem Moment auf eine schreckliche Höhe gehoben wurde, dann herabstürzte und offenbar von der schweren See, die es überschwemmte, verschlungen wurde, schien jeden Augenblick dem Untergang geweiht zu sein und konnte nur um einen Augenblick entkommen Wunder. Das Geschrei der Seeleute und das Knarren der gespannten Schiffsbalken vermischten sich schrecklich mit dem Heulen des Windes und dem Brausen der Wellen. Jeden Augenblick wurde erwartet, dass sie auseinanderbrechen würde; denn es war ein Leck entstanden, und das Wasser stieg so schnell, dass es jeden Versuch zunichte machte, sein Fortschreiten aufzuhalten. Die Seeleute waren jetzt verzweifelt: Sie brachen ihre Koffer auf, zogen ihre besten Kleider an und füllten ihre Taschen mit allen Wertsachen, die sie finden konnten. Dann, während einige zum Gebet gingen, brachen andere die Geisterkiste des Kapitäns auf. und viele rollten betrunken über Bord, während das Schiff, jetzt ein vollkommenes Wrack, vor dem Wind trieb und schnell sank. Als der Sturm jedoch nachzulassen schien, befahl der Kapitän, das Boot auszusteigen, und alle Seeleute, die noch bei Verstand waren, sprangen eifrig an Bord. Unsere Reisenden versuchten ihnen zu folgen, aber die Seeleute drängten sie zurück, riefen, das Boot sei voll, ruderten davon und überließen sie ihrem Schicksal.

Der englische Seemann war gerade dabei, an Bord des Bootes zu gehen, als es abstieß, und der plötzliche Schock ihn ins Meer warf. Ein durchdringender Schrei entrang sich seinen Lippen, als sein Körper mit einer letzten Anstrengung aus den Wellen sprang, die hinter ihm herzusteigen schienen und ihn in ihren Schlund zurücksaugen wollten. Unsere Freunde hörten den Schrei und eilten zur Seite des Schiffes, aber ach! Sie waren machtlos, ihn zu retten: Das Schiff trieb schnell vorbei, sie sahen seine Hände einen Moment lang durch die Wellen schimmern, als er sie in Qualen hob, und dann rollten die tosenden Wogen weiter, tief, schwarz und düster wie zuvor.

Edric und der Doktor waren maßlos entsetzt, doch die drohenden Schrecken ihres eigenen Schicksals verhinderten, dass sie lange an seines dachten. Der Sturm ließ jedoch sichtlich nach, und der abgewrackte Rumpf, auf dem sie sich befanden, war durch die Desertion der Seeleute leichter geworden und schwamm noch immer: Leichte, flauschige Wolken jagten jetzt schnell über den Himmel, und der Mond, der sich bemühte, hinter ihnen hervorzubrechen, warf einen schwachen, wässrigen Schimmer auf die Szene.

Unsere Reisenden sahen nun im schwachen Licht des Mondes, wie sich das Boot schwerfällig durch das dunkelgraue Meer kämpfte und versuchte, eine lange schwarze Reihe von Felsen zu erreichen, die in der Ferne deutlich zu erkennen waren. An ihnen brach das immer noch kochende Wasser mit gewaltigem Getöse und kräuselte sich in weißem Schaum, als es die zerklüfteten Seiten umspülte; während das Wrack, auf dem sich unsere Reisenden befanden, schnell auf dieselbe Spitze zuzutreiben schien. Der Tod schien nun unausweichlich, da es unmöglich war, dass ihr zerschmettertes Schiff dem Aufprall standhalten konnte, wenn es gegen diese schroffen Felsen geschleudert wurde; und jeden Augenblick schien es, als würde es auf einer Welle aufsteigen, die es auf sie schleudern musste, und nur durch ein Wunder wieder zurücktreiben, um zu entkommen. Der Doktor und Edric wurden schwindlig von diesen wiederholten Stößen und bildeten sich in ihrer Verzweiflung ein, sich damit abzufinden; oder vielmehr, betäubt von den Unglücken, die sich mit so überwältigender Schnelligkeit über ihre ergebenen Köpfe ereignet hatten, erwarteten sie ihr Schicksal mit einer Apathie, die sie mit Ergebung verwechselten.

Die Seeleute im Boot kämpften sich weiter vorwärts und spannten alle Kräfte an, um das Ufer zu erreichen, wenn auch vergeblich, denn die schäumende Brandung schlug sie mit wiederholter, unwiderstehlicher Gewalt zurück. Mit ängstlichen Augen und klopfendem Herzen verfolgten unsere Freunde die Fahrt des Bootes, bis sie, schwindlig vom Zuschauen und erschöpft vom Anblick des fruchtlosen Kampfes der sich abmühenden Bootsleute, ihre Gesichter mit den Händen verbargen und es vor ihren Augen verbargen.

In diesem Augenblick klang ein wilder und durchdringender Schrei in ihren Ohren: Er kam vom Boot. Es war vollgelaufen; die Menschen, die es an Bord hatte, waren alle von den kochenden Wellen verschluckt worden, und dieser Schmerzensschrei war ihr Totengeläut. Auf diesen entsetzlichen Schrei folgte eine grauenhafte Stille, die nur durch das Schlagen der Wogen gegen die Felsen und das leise, halb unterdrückte Stöhnen des Windes unterbrochen wurde – bis die Sinne der Reisenden verwirrt waren und sie vor Schmerzen schrien. Ihre Gefahr wurde tatsächlich mit jedem Moment größer, denn jede Welle trug sie näher und näher an diese düsteren Klippen, während ihre dunklen Seiten, die sich in schrecklicher Majestät aufbäumten, ihre Kräfte zu sammeln schienen, um die unverschämten Eindringlinge abzuwehren, die in ihr Territorium eindringen wollten. Der Doktor und Edric erlitten in der Zwischenzeit tausend Tode in den langwierigen Schrecken, die sie ertragen mussten und denen sie weder ausweichen noch sie mildern konnten. Jedes Mal, wenn die Welle, auf der ihr Schiff schwamm, gegen das Ufer zu schlagen schien, wichen sie mit dem Schauder der vor der Auflösung zitternden Natur zurück.

Doch schließlich kam das Schicksal, vor dem sie so lange gefürchtet hatten. Ihr zerschmetterter Rumpf wurde auf einer gewaltigen Woge emporgehoben und mit furchtbarer Gewalt auf die Felsen geschleudert, mit einer Kraft, die ihn in Atome zersplitterte und den Doktor und Edric in der kochenden Woge verschlang. Die nächste Welle jedoch, die zurückkam, riss sie mit sich und warf sie völlig bewußtlos, obwohl sie sich in den Armen des anderen hielten, ans Ufer.

KAPITEL XX.

Es war Morgen, und die glühenden Sonnenstrahlen tanzten fröhlich auf dem glitzernden Wasser der dunkelblauen Tiefe, die sanft gekräuselt das felsige Ufer umspülte, an das Edric und sein Lehrer geworfen worden waren, und schienen zu lächeln, als wollten sie das Unheil verspotten, das sie angerichtet hatten. Dort, im Schutz eines Felsens, dessen vorspringender Fels sie davor bewahrt hatte, zurück in den verschlingenden Ozean getragen zu werden, lagen unsere Reisenden, anscheinend schlafend; das zurückgekehrte Bewusstsein hatte die Trägheit, die die furchtbaren Schrecken der Nacht hervorgerufen hatten, noch nicht vertrieben. Die Sonne schien jetzt hell, und ihre glühende Hitze weckte Edric aus seiner Trance. Langsam und schwerfällig öffnete er seine matten Augen, und, da er vergaß, wo er war, versuchte er aufzustehen. Es gelang ihm; aber schwach und benommen taumelte er nur ein paar Schritte, bevor er wieder fiel: das Tosen des Ozeans klang noch in seinen Ohren, seine Sinne verschwammen, und schwindlig und geschwächt von seiner früheren Erschöpfung bildete er sich ein, noch immer auf den schäumenden Wogen hin- und hergeworfen zu werden. Eine Zeitlang lag er in einem Zustand der Qual, das Kribbeln der wieder einkehrenden Blutzirkulation kribbelte durch seine Adern, bis ihm die Erinnerung an das, was geschehen war, durch den Kopf schoss, und er versuchte erneut, sich aufzuraffen und seinen Lehrer aufzusuchen. Der unglückliche Doktor schien jedoch nicht mehr zu sein, und als Edric auf seine leblose Gestalt blickte, hätte er mit Prinz Henry ausrufen können: „Ich hätte besser einen besseren Mann verschonen können."

In diesem Moment erinnerte sich Edric an die starken chemischen Präparate, die der Arzt normalerweise bei sich trug, und als er seine Taschen durchsuchte, fand er ein wirksames Elixier. Mit einiger Mühe zwang er sich ein paar Tropfen in den Hals und nahm auch selbst eine Dosis ein. Die Wirkung der Medizin war bald sichtbar: Der Arzt seufzte tief, öffnete die Augen und schaute sich geistesabwesend um, während Edric selbst sich vollkommen erholt fühlte.

"Wo bin ich?" rief Doktor Entwerfen, sobald er sich ausreichend erholt hatte, um zu sprechen, und dann, als ihm einige der Schrecken, die er so kürzlich miterlebt hatte, wieder in den Sinn kamen, rief er aus: „Ich werde es niemals preisgeben – keine Folter soll mich zwingen; wo." Ist die Gerechtigkeit? Er floh in einer Feuerflamme und hing am Horn des Teufels. Ach, ich hatte so einen schrecklichen Traum.

"Ach!" entgegnete Edric, „es ist doch zu real!"

"Was was!" rief der Arzt, stand auf und starrte wild um sich; „Ich erinnere mich jetzt, wir waren ertrunken – aber wo – wo sind wir?"

„Ich weiß es nicht", antwortete sein Schüler traurig. „Du vergisst, dass ich den gleichen Gefahren ausgesetzt war wie du und dass ich ebenso wenig weiß, wohin uns das Schicksal geworfen hat. Aus der Position, in der wir uns befanden, als der Sturm begann, sollte ich jedoch davon ausgehen, dass wir uns irgendwo an der Küste befinden." des Mittelmeers; aber ob in Europa oder Afrika, habe ich bisher nicht feststellen können.

„Wir müssen es erforschen", sagte der Arzt feierlich; „Wir sollten über ein so wichtiges Thema keinen weiteren Augenblick im Zweifel bleiben. Folgen Sie mir!"

Sie verließen nun den felsigen Strand, an dem sie so lange gelegen hatten, und näherten sich einigen Klippen, die ihnen die Aussicht auf das umliegende Land verwehrten. Als sie diese natürliche Barriere überwunden hatten, fanden sie die Aussicht, die sich ihnen bot, großartig; und ihre Augen wanderten voller Freude über Orangenhaine und Korkeichenwälder; während die grün leuchtenden Blätter und die üppigen scharlachroten Blüten der Granatäpfel und das leichte, zart wogende Laub der Olive der Szene Abwechslung verliehen. Die brennende Hitze der Sonnenstrahlen fühlte sich durch die Meeresbrise gemildert an; ein milder Duft schien die Luft zu erfüllen; Vögel flogen zwitschernd um sie herum oder ließen, auf den Zweigen der Bäume sitzend, die Haine mit melodischer Harmonie erklingen; während Schmetterlinge in den leuchtendsten Farben von Blüte zu Blüte flatterten und unzählige summende Insekten die Luft mit Bewegung zu erfüllen schienen.

„Was für ein schönes Land!" sagte der Arzt, als er und Edric in die tiefen Winkel eines schattigen Hains vordrangen; „Und wie herrlich ist dieses Gefühl erfrischender Kühle, nachdem man den brennenden Sonnenstrahlen ausgesetzt war! Es ist noch früh, denn die Sonne steht noch nicht weit über dem Horizont, und die Tautropfen glitzern noch in ihren Strahlen Wie Diamanten, die an jedem Blatt hängen. Wo können wir doch sein? Sicherlich sind wir nicht tot und jetzt im Paradies!"

Edric lächelte: „Ich glaube eher", sagte er, „dass wir in Andalusien sind. Ich habe oft von der exquisiten Schönheit einiger südlicher Provinzen Spaniens gelesen, und das scheint gut mit den Vorstellungen übereinzustimmen, die ich immer hegte." dieses Land."

Sie näherten sich nun einer Stelle, die wie ein Friedhof aussah und geschmackvoll mit Trauerweiden geschmückt war, die über die Gräber hingen, während sich Rosen und tausend wunderschöne blühende Sträucher, die in wilder Üppigkeit aufgrund des milden Klimas blühten, überall ausbreiteten und diesem Behältnis der vermodernden Überreste das Aussehen eines blühenden Gartens verliehen.

„Wie anders als die Pyramiden!", riefen der Doktor und Edric gleichzeitig.

„Auf den Grabsteinen scheinen Inschriften zu sein", fuhr der Erstere nach einer kurzen Pause fort. „Lasst uns näher kommen und sie untersuchen. Anhand der Sprache, in der sie geschrieben sind, können wir zumindest erkennen, in welchem Land wir uns befinden."

Die Idee schien Edric machbar, und sie betraten den Friedhof. „Sie haben Recht, Edric", sagte der Arzt; „Wir sind in Spanien, denn hier liegen die sterblichen Überreste von Don Alfonso, diesem mächtigen Helden der Bourbonenrasse, der, wie Sie sich zweifellos erinnern, der erste war, der den nördlichen Teil Afrikas eroberte und den Sitz des spanischen Reiches verlegte nach Fez, trug so stark zur Zivilisation und Bekehrung dieses riesigen Territoriums zum Christentum bei.

„Und der dadurch Spanien als Monarchie zerstörte", fügte Edric hinzu.

„Es ist wahr", antwortete der Doktor, „dass Spanien, das sich für eine Provinz als zu mächtig erwies, infolgedessen das Joch seiner Nachkommen abschüttelte und seine heutige Republik errichtete, was es höchstwahrscheinlich nie getan hätte, wenn der Regierungssitz in Madrid geblieben wäre. Aber das ist unbedeutend im Vergleich zu den unschätzbaren Vorteilen, die der Welt insgesamt durch die Zivilisation und die Rückführung eines so mächtigen Reiches wie dem von Marokko in einen christlichen Staat entstanden sind. Wäre dies nicht der Fall gewesen, wären wir vielleicht immer noch in der erniedrigenden Unwissenheit verharrt, in der die Menschheit so viele Jahrhunderte lang über das Innere Afrikas versunken war: Timbuktu hätte nie seine heutige Bedeutung in Wissenschaft und Handel erreicht; der wahre Lauf des Niger wäre nie entdeckt worden und die Quellen des Nils blieben immer noch in Vergessenheit gehüllt. Ja, mächtiger Schatten! Du warst in der Tat ein Held! Verleumdungen mögen deinen Ruhm angreifen und unaufgeklärte Geister an den Wundern deines Ruhms herumnörgeln; aber ein fester und ergebener Anhänger bleibt immer noch zu dir, und so beugt er sich demütig, um dir zu huldigen."

Mit diesen Worten warf sich der Doktor auf das Grab und küsste ehrfürchtig den kalten Marmor, in den der Name des Helden eingraviert war. – „Halt! Halt!", rief ein Mann, der hinter einem kleinen Tempel hervorstürzte und ihn festhielt, während Edric und sein Lehrer sich im nächsten Augenblick von Soldaten umringt sahen, deren grimmige Gesichter verrieten, dass sie an Blut und Krieg gewöhnt waren. – „Elender!", rief der Anführer und sprach den erschrockenen Doktor an; „aber dein Leben wird bald für deine Verbrechen büßen. Weg mit ihm!", fuhr er fort und wandte sich an seine Soldaten; „bringt ihn vor den nächsten Alcaide und lasst ihn dort die Strafe erleiden, die das Gesetz über alle verhängt, die es wagen, die Taten des tyrannischen Alfonso zu loben oder sein Andenken zu verehren – Weg mit ihm, sage ich."

„Gnade! Gnade!" flehte der Arzt.

"Unmöglich!" sagte der Anführer streng; „Wissen Sie nicht, dass dies ein Land der Freiheit ist und dass wir den Namen der Tyrannei und der Unterdrückung verabscheuen? Wie kann der Bewunderer eines Tyrannen dann auf Gnade von unseren Händen hoffen? Weg mit ihm, sage ich, und mit den seinen auch Gefährten; denn da sie scheinbar Partner sind, sind ihre Prinzipien zweifellos dieselben."

„Und nennt man das ein Land der Freiheit?" fragte Edric vorwurfsvoll.

„Hört ihn! Er lästert!" schrieen die Soldaten; „Knebeln Sie ihn, wenn er es noch einmal wagt, solche Gottlosigkeit zu atmen!" und inmitten ihrer Schreie und Verwünschungen wurden Edric und sein Lehrer weggeschleppt. Durch diese Lektion gelehrt, dass die Freiheit der republikanischen Spanier sich nicht auf die Duldung anderer Meinungen als ihrer eigenen erstreckte, wagten Edric und der Arzt nicht noch einmal zu sprechen; und bald fanden sie sich zu ihrer unendlichen Bestürzung in der Gegenwart des Alcaide wieder; der jedoch, zum Glück für unsere Reisenden, ein Mann von einiger Vernunft und Liberalität war. Er lächelte, als er den Kern der ernsten Tatsachen hörte, die gegen die Gefangenen vorgebracht wurden. „Dieser Fall erfordert eine private Anhörung", sagte er: „Velasquez, führen Sie die Gefangenen in meine eigene Wohnung."

„Wir werden keine private Anhörung haben", riefen die Menschen und die Soldaten. „Das Verbrechen war öffentlich, und die Strafe sollte es auch sein; wir lassen uns nicht betrügen."

„Aber, meine Herren", sagte der Richter, „angenommen, diese Gefangenen wären Teil einer Verschwörerbande, die sich gegen den Staat verschworen hat, dann könnte es den Zielen der Gerechtigkeit zuwiderlaufen, sie öffentlich verhören zu lassen; wie es möglich ist – bedenken Sie, Meine Herren, ich sage nur, wie es möglich ist – einige Verräter könnten sogar in der Menge vor mir lauern, die Informationen an andere interessierte Parteien weitergeben könnten, die so in die Lage versetzt werden könnten, zu entkommen."

„Ja, jetzt sprichst du Vernunft", sagte die Menge; „Wir sind immer bereit, auf die Vernunft zu hören." und ohne weitere Einwände erlaubten sie dem Alcaide und den Gefangenen, sich zurückzuziehen.

„Sie sehen, meine Herren", sagte der Alcaide, schloss die Zimmertür sorgfältig und stellte Stühle auf, auf denen er seine Gefangenen zum Sitzen einlud, „dass nicht alles, was man so nennt, Freiheit ist und dass ein Pöbel gelegentlich so tyrannisch sein kann wie ein Kaiser. Ich weiß, dass es in Wirklichkeit nicht den geringsten Vorwurf gegen Sie gibt, aber ich wage es nicht, Sie freizulassen, denn wenn ich es täte, wäre mein eigenes Leben verwirkt. Sie müssen sich also einer vorübergehenden Beschränkung unterwerfen, und Sie können sicher sein, dass ich nicht nur versuchen werde, diese zu verkürzen, sondern sie auch so leicht wie möglich zu gestalten, während ich gezwungen bin, sie zu verhängen."

„Mein lieber Herr", sagte der Arzt, „wir sind für Ihre Freundlichkeit außerordentlich dankbar. Wenn wir Sie nicht getroffen hätten, weiß ich nicht, was aus uns geworden wäre. Ich hätte nicht glauben können, dass es so unliberale Menschen gibt diese Spanier, oder dass irgendein Mensch so schwach sein könnte, sich in einem Land der Freiheit einzubilden, während er die raffinierteste Tyrannei praktiziert."

„Und doch sind meine Landsleute weder Narren noch Heuchler", entgegnete der Alcaide; „Aber wie viele andere Menschen betrügen sie sich selbst und reden von der Freiheit, bis sie glauben, sie zu besitzen. Ihr großer Fehler war jedoch, dass sie nicht wussten, wo sie aufhören sollten; und selbst die Tugend wird zum Laster, wenn sie dazu gezwungen wird Im Extremfall sind auch die erhabensten Prinzipien der Freiheit und des Patriotismus in ihren Händen entwürdigt worden, indem versucht wurde, sie zu einem übertriebenen Grad an Perfektion zu bringen!"

„Oh, England! England!" seufzte der Arzt; „Ich wollte zum Himmel, ich hätte deine glücklichen Küsten nie verlassen! Ach! Ach! Was für eine Menge schrecklicher Ereignisse haben die letzten Monate beschäftigt!"

„Warum haben Sie Ihr Land verlassen, da Sie es so bitter bereuen?" forderte der Alcaide.

„Weil wir nicht zufrieden sein konnten", antwortete Edric. „Seit meiner frühesten Jugend widmete ich mich den Bestrebungen der Wissenschaft und sehnte mich sehnsüchtig nach Wissen, das den Sterblichen verwehrt bleibt; ich strebte danach, in die tiefsten Geheimnisse der Natur einzudringen, und brannte darauf, Wünsche zu erfüllen, die nie in Erfüllung gehen sollten. Der Wunsch, auch fremde Länder zu sehen." erfüllte meine Seele: Ich sehnte mich nach Reisen, nach neuen Ideen und nach seltsamen und wunderbaren Abenteuern; „Gib mir Abwechslung", schrie ich in meinem Wahnsinn Fordern Sie nicht mehr; denn selbst das Elend selbst wäre besser zu ertragen als diese ermüdende, gleichbleibende Gleichförmigkeit. Die Unvernünftigkeit meiner Wünsche verdiente Strafe, und ich war schon wegen der Erfüllung meiner Wünsche verärgert."

„Ist dieser Herr auch ein Anhänger der Wissenschaft?" fragte der Alcaide, der nachdenklich erschienen war, während Edric sprach.

"Was für eine Frage!" rief der Arzt entrüstet aus. „Was! War mein ganzes Leben den wissenschaftlichen Beschäftigungen gewidmet? Habe ich mich der Ruhe und fast der Nahrung beraubt! Und die Mitternachtslampe damit verschwendet, einige der erhabensten Entdeckungen, die der Mensch jemals gemacht hat, zur Vollendung zu bringen, um mit solchen beleidigt zu werden." So ein Zweifel? Wissen Sie, Herr, Sie sehen vor Ihnen Doktor Entwerfen, den glücklichen Erfinder des unsterblichen Schnupftabaks, dessen Geruch alle Krankheiten heilt; und der Hersteller der umfassendsten und leistungsstärksten galvanischen Batterie, die jemals ein Sterblicher gesehen hat!"

„Dann bist du genau der Mann, den ich will", sagte der Alcaide; „Gehen Sie zufrieden ins Gefängnis und seien Sie zufrieden, dass Ihre Haft nur von sehr kurzer Dauer sein wird. In ein oder zwei Tagen werde ich Sie sehen und Ihnen den Plan erklären, den ich mir für Ihre Befreiung ausgedacht habe."

Als er dies sagte, rief er seine Wachen herbei, und indem er ihnen befahl, die Reisenden ins Gefängnis zu bringen, wurden der Arzt und Edric weggeschleppt und in getrennten Kerkern eingeschlossen, wo man sie dort zurückließ, um über die vielfältigen und geschäftigen Szenen nachzudenken, die sie erlebt hatten Ich war erst kürzlich verlobt. Traurig und schwer verging die Zeit; Doch Tage und Wochen vergingen, bis sie den Alcaide wieder sahen. Endlich, als sie fast zu verzweifeln begannen, wurden sie wieder in seine Gegenwart geführt.

„Verstehen Sie die Steuerung einer elektrischen Maschine?" fragte er plötzlich.

„Sicher!", rief der Doktor, ganz hingerissen von der Freude über die Frage, bevor Edric, der durch den plötzlichen Wechsel von seinem düsteren Gefängnis ins helle Tageslicht halb geblendet war, sich ausreichend erholt hatte, um zu antworten.

„Dann liegt es in Ihrer eigenen Macht, sich zu befreien", fuhr der Alcaide fort. „Der oberste General der hier stationierten Armee ist krank; es gibt eine mächtige Partei gegen ihn, die seinen Tod wünscht, an deren Spitze der Anführer steht, der die Ursache für Ihre Verhaftung war. Der General selbst ist eine reine Null; aber die Gegenpartei, zu der ich gehöre, möchte sein Leben retten, da sein Name eine Sanktion darstellt, unter der sie handeln können. Er leidet derzeit an einer Lähmung und ihm wurde empfohlen, die Wirkung eines elektrischen Schocks zu versuchen. In diesem abgelegenen Gebiet konnte mit Mühe eine Maschine beschafft werden; aber da der Philosoph der Armee kürzlich gestorben ist und ein anderer noch nicht ernannt wurde, weiß hier niemand, wie man sie anwendet. Wenn Sie nun ..."

„Sagen Sie nichts mehr!" rief der Doktor und unterbrach ihn in einem Zustand der Freude. „Sagen Sie nichts mehr – ich verstehe, ich verstehe alles! Ich werde ihn freigeben und meine Freiheit als Belohnung erhalten. Mehr noch, ich werde durch die Tat Unsterblichkeit unter den Spaniern erlangen;

ihre Dichter werden meinen Ruhm besingen und ihre Historiker werden über die Tat nachdenken!"

"Sie werden es also übernehmen?", sagte der Alcaide, und als er in den Blicken des Doktors eine empörte Zustimmung las, führte er den Weg zu einem Lager in kurzer Entfernung vom Dorf, wo der gelähmte General auf einer Art Thron saß, der außerhalb seines Zeltes aufgestellt war und von den wichtigsten Offizieren seines Stabes umgeben war; die elektrische Maschine, ein großes, plumpes, schwer aussehendes Ding, stand vor ihm. Der Doktor betrachtete mit Bestürzung diesen unhandlichen Apparat, der so anders war als sein eigenes sauberes, mächtiges Kompendium der Wissenschaft, wie er es zu nennen pflegte; und sah mit unendlichem Entsetzen, dass sogar seine Konstruktion völlig anders war als die, an die er gewöhnt war. Seine natürliche Eitelkeit und Anmaßung sträubten sich jedoch dagegen, dieses demütigende Eingeständnis abzulegen, besonders nach den Prahlereien, die er dem Alcaide gegenüber an den Tag gelegt hatte; und er verließ sich auf sein allgemeines Wissen über die Prinzipien der Wissenschaft und ging mutig auf die Maschine zu, mit so viel Gelassenheit und Selbstvertrauen, als wäre er schon sein ganzes Leben lang an deren Bedienung gewöhnt.

Eine beträchtliche Furcht beschlich ihn jedoch, als er es untersuchte und feststellte, dass seine Bewegungen äußerst kompliziert und kompliziert waren; und seine Hände zitterten und ein dicker Schleier legte sich über seine Augen, als er versuchte, den Zylinder zu laden und einzustellen. Es wurde jedoch keine Zeit zum Überlegen gelassen; er erhielt den Befehl, es sofort anzuwenden; und erschrocken von der Erinnerung an die prompte Art und Weise, in der die Spanier sich normalerweise Gehorsam verschafften, und an die bereits lange und schwere Gefangenschaft, die er erlitten hatte, setzte er es in Bewegung: Ein unglücklicher Draht jedoch, den er nicht ganz verstand, zeigte nach oben, und er versuchte vergeblich, ihn auszurichten; er versuchte es noch einmal, wurde aber sofort durch einen gewaltigen Stoß zu Boden geworfen, während ein lautes Donnergrollen mit Gewalt über seinem Kopf losbrach und ein greller Blitz verkündete, dass die schlecht gesteuerte Maschine die elektrische Flüssigkeit aus einer schweren Wolke, die sich unglücklicherweise gerade über ihnen befand, auf den Kopf des unglücklichen Generals gesogen hatte, den sie zu Asche verbrannte, einige seiner Offiziere zu Boden warf und den Rest in alle Richtungen zerstreute. Für den Moment war der Doktor selbst durch das plötzliche Licht geblendet, und als er sein Augenlicht wiedererlangte, war das Erste, was ihm ins Auge fiel, sein Freund, der Alcaide, der mit den Schößen seines Mantels in einer Hecke feststeckte.

Aus Angst vor dem Unheil, das er angerichtet hatte, war der erste Impuls des gelehrten Arztes, wegzulaufen. Doch ungeachtet der allgemeinen Verwirrung und Bestürzung lockte die erste Andeutung, die er von seinem Plan zeigte, eine Schar von Soldaten um sich, wie Bauern um einen tollwütigen Hund, die ihn offenbar für ebenso wenig berechtigt auf Gnade hielten, als ob er wirklich einer gewesen wäre dieser unglücklichen Tiere. „Schneide ihn nieder!" schrie einer – „blasen Sie ihm das Gehirn raus!" schrie ein anderer: „Hack ihm den Kopf ab!" schrie ein Dritter; und es wäre sofort eine summarische Strafe verhängt worden, wenn der Alcaide, der es inzwischen geschafft hatte, sich aus seiner unangenehmen Situation zu befreien, nicht eingegriffen hätte. "Schurke!" rief er, sobald er wieder zu Atem gekommen war – denn da er ziemlich dick war, empfand er Flugübungen als etwas zu heftig, um seinem Geschmack zu entsprechen; „Ist das die Art und Weise, wie du mich behandelst? Habe ich dich deshalb ins Lager gebracht und hätte dein Vermögen gemacht? Du bist ein Elender! Hängen ist zu gut für dich und lebendige Barmherzigkeit für das, was du verdienst. – Weg mit ihm ins Gefängnis! Er verdient keinen so einfachen Tod, wie Sie ihn in seinen Kerker zurückbringen würden, und lassen Sie ihn dort auf die Strafe warten, die der Staatsrat für angemessen hält, weil er einen General getötet und einen Alcaide erschreckt hat seiner Sinne.

„Gnade! Gnade!", schrie der Doktor, doch seine Schreie wurden ignoriert und er und Edric wurden zurück ins Gefängnis geschleppt, ohne jede Hoffnung auf Vergebung. Traurig und still verbrachten sie die Stunden in dieser düsteren Behausung, denn obwohl der Doktor und sein Schüler nun zusammen sein durften, kam es kaum zu Kommunikation zwischen ihnen, denn obwohl Edric zu gutmütig war, um seinem unglücklichen Gefährten Vorwürfe zu machen, war es doch jenseits der menschlichen Natur, nicht wütend zu sein über die Torheit, die sie in eine so unangenehme Lage gebracht hatte.

Der arme Doktor brauchte jedoch keine Vorwürfe zu machen, denn die Vorwürfe seines Gewissens waren bitterer, als irgendein Edric sie ihm hätte machen können. „Ich bin verloren!", rief er, „ruiniert und völlig am Ende! Nicht nur mein Körper wird jämmerlich zugrunde gehen, sondern auch mein Ruhm, mein unsterblicher Ruhm ist zerstört – oh! Ich werde den Verstand verlieren!"

Auf diese Weise klagte er; Er rang seine Hände und raufte sich die Haare, während Edric zu wütend war, um zu versuchen, ihn zu trösten.

„Sprich mit mir, Edric, mein Lieber", rief der arme Arzt schließlich, ganz verzweifelt über sein Schweigen; „Um Himmels willen, sprich mit mir! Lass mich den Klang einer anderen Stimme hören, außer meiner eigenen und der dieser verfluchten Spanier. Oh, Edric! Edric! Einzelhaft reicht völlig aus, um einen Mann abzulenken; aber eine zu haben Begleiter an einem solchen Ort, und er weigert sich zu sprechen – Oh, Edric! Dein Herz muss zu Stein werden, wenn du dich entschließen kannst, mich so grausam zu benutzen."

Edric war berührt von der Trauer des Arztes.

„Was soll ich sagen?" fragte er lächelnd.

„Oh, das sieht ja typisch für Sie aus", rief der arme Doktor, brach in Tränen aus und warf seine Arme um Edrics Hals, während er wie ein Kind an seiner Schulter schluchzte. „Jetzt werde ich glücklich sterben! Es ist mir egal, was sie mir antun; ich bin auf alles vorbereitet, was passieren könnte."

Edric war vom Verhalten des Arztes berührt und konnte seine Tränen nicht zurückhalten, obwohl er die Umarmung des Arztes herzlich erwiderte.

"Oh, mein lieber, lieber Edric!", rief der Doktor. "Wie ich Sie liebe! Wollte der Himmel, ich könnte Sie retten! Ich würde mich nicht um mich selbst kümmern."

„Und ich würde die Freiheit ohne Sie nicht akzeptieren, mein lieber Lehrer, das versichere ich Ihnen!", erwiderte Edric. „Nein, nein! Die Gefahren, die wir gemeinsam durchgemacht haben, haben den Banden, die uns früher vereinten, neue Kraft verliehen; und unser Schicksal wird jetzt, ob gut oder schlecht, dasselbe sein. Es ist jedoch möglich, dass es einen Ausweg gibt."

„Leider nein!", sagte der Doktor traurig, als er sah, dass Edric sich an den Wänden und Fenstern umsah. „Dies ist derselbe Kerker, in dem ich so lange eingesperrt war, und nicht einmal eine Maus könnte ohne die Erlaubnis des Wärters herauskommen."

„Was ist dann zu tun?", rief Edric.

"Ja", erwiderte der Doktor, "was denn? Es ist jedoch sicherlich ein großer Trost, jemanden zu haben, der einem im Elend zur Seite steht. Und obwohl sich meine Aussichten sicherlich nicht sehr verbessert haben, seit Sie zu mir gekommen sind, sind meine Sorgen doch zumindest um die Hälfte geringer geworden."

„Oh! mein armer Vater!" rief Edric aus. „Der härteste Teil meines Schicksals scheint zu sterben, ohne seine Vergebung zu erhalten! Ach! Wenn er mich jetzt sehen könnte, würde er sicherlich seine unzeitige Strenge bereuen. Gerne würde ich auch wissen, was in England passiert ist, seit wir es verlassen haben: wenn Edmund ist verheiratet, und wenn Claudia noch regiert, ist es jetzt Winter: Leider hätte das Leben meines Vaters verschont bleiben können. Der Rest ist mir egal.

„Wie wenig ahnten wir", sagte der Arzt, „als wir zum ersten Mal eine Reise vorschlugen, mit dem Unglück, das uns erwarten würde! Leider scheinen sie eine gerechte Strafe für unser Verbrechen zu sein, weil wir uns anmaßten, in Geheimnisse eindringen zu wollen, die wir nie beabsichtigt hatten." dem Menschen offenbart werden."

„Können Sie es glauben“, erwiderte Edric, „aber trotz all des Unglücks, das ich erlitten habe, ist die rastlose Neugier, das Schicksal der Mumie zu erfahren, die wir auf so seltsame Weise wiederbelebt haben, eines der stärksten Gefühle in meinem Herzen.“

„Das kann ich mir gut vorstellen“, sagte der Doktor, „denn bei mir ist dasselbe Gefühl vorhanden! Es ist jedoch vergeblich, sich nutzlosen Reuegefühlen hinzugeben: wir müssen sterben, und alles, was wir tun müssen, ist, uns mit unserem Schicksal abzufinden.“

KAPITEL XXI.

Wenige Tage später wurden die Gefangenen durch einen weiteren Besuch des Alcaide geehrt.

„Gott sei Dank!", rief Edric unwillkürlich, sobald er ihn sah; denn er war überzeugt, dass der Zorn, den er ihnen gegenüber zum Ausdruck gebracht hatte, vorgetäuscht war, und hoffte, dass er nun gekommen war, um sie zu retten.

"Ach!", erwiderte der ehrenwerte Beamte, "ich fürchte, Sie haben wenig Grund, dankbar zu sein. Alle meine Bemühungen, Sie zu retten, haben mir nur ein paar Stunden Aufschub verschafft, und morgen früh sind Sie dazu verurteilt, lebendig verbrannt zu werden."

„Oh!", kreischte der Doktor, während selbst Edrics Mut nicht verhindern konnte, dass er totenbleich wurde. „Es ist entsetzlich", sagte er, „so jung in einem fremden Land und auf so schreckliche Weise zu sterben."

„Oh! Reden Sie nicht davon", schluchzte der Doktor. „Mein armer, lieber Edric! Retten Sie ihn, Sir! Retten Sie ihn aus Gnade! Auch wenn ich dazu verdammt sein mag, die Strafe für meine Torheit zu bezahlen, ist es sehr schwer für ihn, darunter zu leiden."

„Das ist es in der Tat", erwiderte der Alcaide, „und mein Wunsch, ihn zu retten, zusammen mit dem Hass, den ich gegen den gegenwärtigen General hege, hat mich zu einem Verräter an meinem Land gemacht. Ich sehe, Sie schauen erstaunt, aber um zu erklären, was ich meine, wird es notwendig sein, Ihnen eine kurze Skizze des gegenwärtigen Zustands dieses Landes zu geben, was ich in so wenigen Worten wie möglich tun werde. Sie wissen zweifellos, dass Spanien einst ein mächtiges Reich war, bis die unüberlegte Politik eines seiner Monarchen, den Regierungssitz nach Afrika zu verlegen, seinen Untergang verursachte: denn da der Baum der Majestät sich zu weit ausbreitete, war es nur natürlich, dass einige seiner Zweige selbst Wurzeln schlugen und sich vollständig vom Stamm lösten.

„Dies war bei Spanien der Fall; und seine ersten Direktoren als Republik waren zufällig intelligente Männer, der junge Staat wuchs und blühte und erregte die Bewunderung seiner Nachbarn und den Neid seines Mutterlandes. Unglücklicherweise jedoch das Rad von Das Schicksal dreht sich ständig, und die Spanier, die nicht wussten, wo sie aufhören sollten, sind immer schlimmer geworden, bis sie zu den bigotten und intoleranten Kerlen geworden sind, die Sie jetzt tatsächlich in der Armee gefunden haben regiert den Staat, und das Volk, das die Tyrannei der Soldaten unerträglich findet, versucht seit einiger Zeit, das Joch abzuwerfen. Dies gelang ihnen lange Zeit nicht, da sie feststellten, dass die Disziplin der Soldaten all ihre Tapferkeit und Selbsthingabe bei weitem überwog In ihrer Not riefen sie jedoch Roderick II. zu Hilfe, den jungen und kriegerischen König von Irland. Dieser mächtige Monarch, der in sich alle romantischen Qualitäten der alten Ritter erkannte, eilte ihnen sofort zu Hilfe. und sie kämpfen jetzt unter seiner Schirmherrschaft mit allen Aussichten auf Erfolg. Seine Fortschritte waren magisch; Überall, wo er hinkam, war er erfolgreich, und seine Armee liegt jetzt in einiger Entfernung, obwohl er im Norden Spaniens gelandet ist. Deshalb habe ich ihn heimlich geschickt und ihm (in der Hoffnung, Sie zu retten) Anweisungen gegeben, mit denen er, wenn er sie befolgt, das Lager unweigerlich überraschen wird.

Obwohl der Doktor und Edric sich völlig darüber im Klaren waren, dass sie hauptsächlich dem Hass des Alcaides auf den gegenwärtigen General für die Schritte, die er zu ihrem Wohl unternommen hatte, zu verdanken hatten, empfanden sie dennoch ihre Dankbarkeit und brachten sie zum Ausdruck. Der Alcaide verließ das Gefängnis und ließ den Schmeichler Hope zurück, um sie über seine Abwesenheit hinwegzutrösten. Allerdings mischte sich dies mit der natürlichen Angst, die sie nicht unterdrücken konnten, dass der wohldurchdachte Plan zu ihrer Flucht scheitern könnte. Nach einer langweiligen und elenden Nacht war gerade der Morgen angebrochen, und der Doktor und Edric zitterten noch vor der feuchten Kälte, die oft dem Tagesanbruch vorausgeht und die ihnen jetzt einen kalten Schauer über die Seele getrieben zu haben schien, als sich die Tür des Gefängnisses öffnete und eine Reihe Soldaten erschien, bereit, sie zum Hinrichtungsort zu führen. Das Herz des Doktors schlug so heftig, dass es ihm fast das Atmen erschwerte, und ein schwerer Schleier breitete sich vor seinen Augen aus, während die Aufregung von Edric, der ihm jedoch inzwischen völlig vergeben hatte, seiner eigenen kaum nachstand. Inbrünstig umarmten sie sich, ließen sich dann fesseln und wurden gezwungen, zu der für ihre Opferung bestimmten Stelle zu marschieren, wo eine riesige Menschenmenge auf sie wartete.

Dem Doktor sank das Herz, als er von der Art Terrasse, auf der die Zeremonie stattfinden sollte, auf die Masse menschlicher Köpfe hinunterblickte, die unter ihm zusammengedrängt waren und die ihn mit einem Blick ängstlicher Erwartung ansahen. Und als er sich mit einem Schauder des Entsetzens von diesen eifrigen Blicken abwandte, wurden seine Gefühle noch heftiger durch den Anblick hinter ihm erschüttert. Dieser bestand aus zwei Eisenpfählen, die fest im Boden verankert und mit schweren Ketten versehen waren, um die geringste Möglichkeit einer Flucht zu verhindern, während die enormen Haufen grünen Holzes, die um jeden Pfahl herum aufgetürmt waren, eine furchterregende Vorstellung von der Intensität der anhaltenden Qualen vermittelten, die die unglücklichen Gefangenen zu erleiden verurteilt waren. Edrics Geist war in der

Zwischenzeit nicht viel gefasster als der seines Freundes. Auch er hatte sich umgesehen, und während die Natur bei dem Gedanken an den grauenhaften Tod, der sie erwartete, erschauerte, schien die Unermesslichkeit und Gedrängtheit der Menge jede Wahrscheinlichkeit einer Rettung zunichte zu machen, und die Hoffnung, die ihn bis dahin gestützt hatte, wich aus seiner Brust. Und als seine Augen wieder auf die des armen Doktors trafen, war der Blick, den sie austauschten, wahrhaft traurig.

Sterben ist etwas Schreckliches! Und obwohl es Gelegenheiten gibt, bei denen man dem Tod trotzen oder ihm zumindest mit unvermindertem Mut begegnen kann, wird es doch selbst dem standhaftesten Geist schwerfallen, seine Annäherung ungerührt zu ertragen, wenn er so langsam und bedächtig naht, von weitem gesehen und doch unmöglich zu vermeiden ist. Edric jedoch schreckte, obwohl er durch seine lange Gefangenschaft und die trügerische Schmeichelei der Hoffnung geschwächt war, nicht vor der Prüfung zurück: und ruhig sah er sogar, wie sich die Menge teilte, um dem Henker Platz zu machen, der langsam vorrückte, voran von einer Militärkapelle, die eine traurige Melodie spielte, die Trommeln waren mit schwarzem Trauerflor bedeckt, und gefolgt von einer langen Reihe Soldaten in Trauermänteln mit verdrehten Armen. Nichts konnte entsetzlicher sein als dieser düstere Zug: Henker, Musiker und Soldaten, alle in ihre düsteren Umhänge gehüllt (die Kapuzen waren sogar über ihre Köpfe gezogen), sahen aus wie Dämonen, die kämen, um die elenden Opfer in die ewige Verdammnis zu tragen; und da der unglückliche Doktor diese gehäuften Schrecken nicht ertragen konnte, sank er auf die Knie und stieß Schmerzensschreie aus, während ihm der kalte Schweiß in großen Tropfen von der Stirn rann und jeder Nerv vor Schmerz bebte.

Die Prozession hatte die Gefangenen nun fast erreicht, und selbst Edrics Standhaftigkeit ließ nach, als er sah, wie der Henker auf die Terrasse sprang und auf ihn zukam. Ein krampfhafter Schmerzschlag schien sein Herz zu zerreißen, und seine Lippen und Wangen wurden leichenblass. Aber wie überrascht war er, und was für einen plötzlichen Gefühlswandel erlebte er, als der vermeintliche Henker, nachdem er seine Arme losgebunden hatte, ihm ein Schwert in die Hand drückte und flüsterte: „Jetzt ist es an der Zeit, verteidige dich! – Unsere Soldaten sind in Grün", und ihn völlig freiließ.

Völlig überwältigt stand Edric einen Moment lang in Erstaunen versunken da, unfähig, den Beweisen seiner Sinne zu trauen, und blickte seinem Befreier nach, der in dem Moment, in dem er auch den Arzt losgebunden hatte, seine Verkleidung abwarf und rief: „Roderick für immer!" " enthüllte der Menge unten die gefürchtete Gestalt des irischen Helden selbst. Rufe „Roderick für immer!" jetzt zerreiße den Himmel; Die Soldaten, die ihrem Monarchen gefolgt waren, und mehrere andere, die sich in der Menge versteckt hatten, warfen im selben Moment ihre Verkleidungen ab und formierten sich um den Anführer. während der Hauptteil seiner Truppen, zurückgelassen in der Obhut erfahrener und für diesen Zweck ausgebildeter Generäle, die verängstigten Spanier im Hintergrund stürmte.

Die Verwirrung und Bestürzung, die nun herrschte, waren unbeschreiblich. Die verängstigten Spanier, die von Natur aus abergläubisch waren und lange geglaubt hatten, die wunderbaren Heldentaten, die Roderick zugeschrieben wurden, könnten nur durch Zauberei vollbracht werden, waren nun fest davon überzeugt, dass sein plötzliches Auftauchen unter ihnen ein Akt besonderer Gunst von seiner höllischen Majestät selbst war! Als sie sahen, dass sie von allen Seiten angegriffen wurden, bildeten sie sich ein, ihre Feinde seien durch die Mächte der Dunkelheit vermehrt worden, und flohen, ohne einen Schlag auszuführen. Roderick und seine Soldaten kehrten lachend zurück, nachdem sie sie ein Stück weit verfolgt hatten, um ihr Lager zu plündern und niederzubrennen; als sie das getan hatten, zogen sie sich an ihren früheren Posten zurück, nachdem sie dem Alcaide zuvor versprochen hatten, die Stadt zu verschonen und die Folgen ihres Sieges nicht weiter hinauszuzögern.

Der Doktor und Edric, die zu aufgeregt gewesen waren, um aktiv am Kampf teilzunehmen, waren von Rodericks Wachen in das Lager ihres Herrn gebracht worden, um dort auf die Rückkehr des Monarchen zu warten, in dessen Hände das Schicksal nun gelegt war ihnen. Keiner unserer Reisenden hatte die Person des irischen Königs in dem geschäftigen Augenblick ihrer Befreiung bemerkt; aber die fast magische Schnelligkeit, mit der er es geschafft hatte, ihre Feinde zu zerstreuen; der offensichtliche Schrecken, den sein Name bei den Spaniern auszulösen schien; und die wundersamen Taten, die die Wächter um sie herum offenbar mit Vergnügen ihm zuschrieben, ließen sie jetzt fast zittern bei dem Gedanken, einer so gewaltigen Persönlichkeit präsentiert zu werden; Sie amüsierten sich darin, ihn als einen strengen, furchtsamen Tyrannen darzustellen, der nichts als Krieg und Verwüstung atmete.

Roderick der Zweite, genannt der Große, war damals in der Blüte seines Alters. Er hatte seinen Thron noch nicht lange bestiegen; und sein Vater, der ein umsichtiger Prinz gewesen war und eine gut etablierte Regierung, fähige Staatsmänner und eine beträchtliche Summe in der Staatskasse hinterlassen hatte, hatte zu Hause kaum etwas zu beschäftigen. Mutig, leidenschaftlich und unternehmungslustig, auf Eroberung brennend und die Ruhe des häuslichen Friedens verschmähend, hatten die Annäherungsversuche der Spanier seine sehnlichsten Wünsche erfüllt; und er hatte ihre Sache mit einem Eifer und Ungestüm angenommen, der bisher alles vorangetrieben hatte. Der größte Teil Spaniens lag ihm zu Füßen. Sogar Madrid gehörte ihm! aber er war jetzt in Andalusien, um Sevilla, die Königin der Städte, anzugreifen. Diese Stadt befand sich noch immer in der Macht seiner Feinde, und

Roderick, nachdem er Cádiz zu seinem Hauptquartier gemacht hatte, war gerade dabei, dorthin zu ziehen, als die Botschaft des Alcaide ihn dazu veranlasste, das romantische Unterfangen zu unternehmen, das er gerade so erfolgreich durchgeführt hatte. Romantik war in der Tat ein Hauptmerkmal von Rodericks Charakter: Es war die Politik seines Vaters, des verstorbenen Königs, gewesen, die unter den Engländern genährte Unzufriedenheit heimlich zu schüren; aber der Geist von Roderick empörte sich über sein Verhalten, das er für so gemein und niedrig hielt. Der spanische Krieg hingegen entsprach genau seiner Veranlagung: einem unterdrückten Volk zu helfen – das Joch seiner Unterdrücker abzuwerfen, erschien ihm edel und großzügig; und er engagierte sich mit der ganzen Energie seines kühnen und kühnen Temperaments für das Unternehmen. Seine Soldaten verehrten ihn und sein Volk unterstützte seine Bemühungen herzlich; denn da der Kriegsschauplatz weit von ihnen entfernt lag und die Kosten aus der Schatzkammer des verstorbenen Königs bestritten wurden, spürten sie nichts von den Unannehmlichkeiten des Krieges und rühmten sich der Triumphe ihres Herrschers. So war Rodericks Lob das Thema aller Sprachen: Sogar die Spanier verehrten ihn fast wie einen Gott, und ihre lebhafte Fantasie verherrlichte seine Heldentaten, bis sowohl Freunde als auch Feinde ihn als ein Wesen betrachteten, das nur den Willen haben musste, um zu siegen! und dessen Heldenmut es völliger Wahnsinn war, auch nur mit Mühe Widerstand zu leisten.

Das war der Monarch, auf den unsere Reisenden nun so gespannt warteten, dass die Spannung fast zur Qual wurde. Schließlich drangen die freudigen Klänge von „Er kommt! Er kommt! Lang lebe der mächtige Roderick!" an ihre Ohren, und die Reisenden beugten sich nach vorne, voller Vorfreude auf ein Gesicht, das so streng und furchterregend war wie das von Cheops in seinem Grab, und doch voller Furcht. Doch wie erstaunt waren sie, in dem furchterregenden Roderick nur einen großen, gutaussehenden jungen Mann zu sehen, der sorglos auf einem schönen Berberpferd ritt und fröhlich lachte und mit seinen Offizieren plauderte, als er vorbeikam.

"Wie?", rief der Doktor empört, "wollen Sie versuchen, mir einzureden, dieser zarte, blühende Junge sei ein Eroberer? Das ist unmöglich! Es ist völlig lächerlich, davon zu sprechen. Diese lachenden Augen, die glatten, flaumigen Wangen und die weißen Zähne mögen gut geeignet sein, das Herz einer Dame zu gewinnen, aber ich bin sicher, dass sie nie zu einem Helden gehören werden!"

Der König war inzwischen ebenso von dem Doktor beeindruckt; und als er etwas besonders Ehrliches und Einfaches in seinem fetten, runden, öligen Gesicht sah, empfand er ein lebhaftes Interesse für ihn und war außerordentlich neugierig, was einen scheinbar so harmlosen und harmlosen Mann in eine so gefährliche Lage gebracht haben könnte. Edrics schöne

Gestalt, entstellt wie sie durch die Strapazen war, die er durchgemacht hatte, erregte ebenfalls seine Aufmerksamkeit; und als er zu seinen Gästen ritt, um sie nach ihren Abenteuern zu befragen (der edle Reiter, der ihn trug, schritt stolz dahin, als wäre er sich der ruhmreichen Bürde bewusst, die er trug), musste sogar der Doktor zugeben, dass das Gesicht und die Gestalt seines Reiters Festigkeit, Intelligenz und Würde ausdrückten.

„Welches Verbrechen haben Sie unter den Spaniern begangen?" fragte er, als er näher kam und sich mit vollem, sanftem und doch befehlendem Ton an den Arzt wandte. „Es muss von der schwärzesten Farbe gewesen sein, wenn wir nach der Ungeheuerlichkeit der Strafe urteilen dürfen."

"Ich bin unschuldig!" rief der Arzt, „und es mag Eurer Majestät gefallen! Ich bin ganz unschuldig."

„Es wird mir eine große Freude sein, Sie so zu finden", sagte Roderick lächelnd; „Aber Behauptung ist nichts – welchen Beweis haben Sie?"

„Mein Freund hier wird für mich aussagen", sagte der Arzt feierlich und war überhaupt nicht zufrieden mit der seiner Meinung nach unzeitgemäßen Neigung des Königs zur Fröhlichkeit; Während er so dastand und sehr verärgert dreinschaute, sein rotes Gesicht und sein kahler Kopf vor Wut und Ärger schweißüberströmt waren, seine Kleidung in Lumpen gerissen war und sein Hut und seine Perücke in seinen jüngsten Sorgen verloren gegangen waren, kam Roderick dermaßen sehr skurril und skurril vor Es war eine lächerliche Gestalt, dass der Fröhliche Monarch, nachdem er ihn ein paar Minuten lang angeschaut hatte, in ein heftiges und fast krampfhaftes Gelächter ausbrach.

"Also!" sagte der Arzt noch ernster: „Ich freue mich, dass Eure Majestät sich so gut zu amüsieren scheint; aber ich für meinen Teil sehe überhaupt nichts Angenehmes oder Unterhaltsames darin, bei lebendigem Leibe verbrannt zu werden."

Der ernste Blick und das lange Gesicht des Doktors, als er diesen naiven Einwand machte, verstärkten Rodericks Gelächter nur noch. „Ich bitte um Verzeihung, Sir", sagte er zu Edric, sobald er wieder sprechen konnte. „Ich bitte wirklich um Verzeihung, aber Ihr Freund hier ist so überaus amüsant, dass ich ihm wirklich unendlich viel zu verdanken habe und nicht weiß, wie ich ihm das jemals zurückzahlen kann."

„Wir sind es, die Eurer Majestät gegenüber Verpflichtungen haben, für die wir niemals dankbar genug sein können", sagte Edric ernst; denn es gefiel ihm auch nicht besonders, seinen Freund so offen verspottet zu sehen; Auch wenn er sich manchmal die Freiheit nahm, selbst über die unschuldigen Torheiten des gelehrten Arztes zu lächeln, gefiel es ihm nicht, wenn er zum Gespött eines anderen wurde. Roderick jedoch sah und verstand sofort die schlechte Laune von Edric; und während er ihr Motiv lobte, versuchte er, es mit allen in seiner Macht stehenden Mitteln abzulenken, und bald gelang es ihm völlig. Tatsächlich wussten nur wenige Menschen so gut, wie man sich angenehm macht wie Roderick; Und obwohl Edric zunächst empört darüber war, dass der König ihn so sehr wie ein Kind behandelte, dass er glaubte, sein Missfallen ließe sich leicht vertuschen, ließ dieses Gefühl unmerklich nach, und er hielt Roderick bald für den faszinierendsten Menschen . In der Tat muss dieses Herz hart gewesen sein, das Rodericks Faszination ungerührt hätte widerstehen können, wenn er ihm gefallen wollte. Seine strahlenden, lachenden Augen, die die Farbe der Freude hatten, und sein verschmitztes Lächeln hätten die Melancholie eines Stoikers dämpfen können; während die Schwächen seines Charakters etwas Bezauberndes hatten. Er war sein ganzes Leben lang das verwöhnte Kind des Glücks gewesen, und trotz seiner Unbesonnenheit und seines Ungestüms, seiner Kleinlichkeit und seiner zärtlichen Manieren, seiner Tapferkeit, seinem Hochmut und seinem Eigensinn; seine Vorliebe für alles, was einen Spaß versprach, und seine ritterliche Hingabe an edle und große Unternehmungen bildeten eine einzigartige Mischung; er war vielleicht beliebter, als er es gewesen wäre, wenn sein Charakter vollkommener gewesen wäre; und es war genau diese Inkonsistenz, die ihn so vollkommen zum Idol seiner Soldaten machte.

„Glauben Sie mir", sagte er und wandte sich an Edric, „dass es mir unmöglich ist, die Freude zu beschreiben, die ich empfinde, wenn es in meiner Macht steht, Ihnen zu Diensten zu sein, und obwohl ich glücklich gewesen wäre, Sie zu entlasten." Mitmenschen in Not, aber ich muss zugeben, dass ich froh bin, dass Sie Engländer sind. Es war die Politik meines verstorbenen Vaters, sich als Feind Englands zu verhalten Irisch für Brüder; und ich bin ein zu aufrichtiger Verehrer der Göttin, um ihren Plänen auch nur im geringsten entgegenzuwirken.

„Ihre Gefühle stimmen vollkommen mit meinen überein", sagte Edric; „Und da es mein Schicksal war, mehrere Jahre lang in vertrauter Vertrautheit mit einem Ihrer sehr würdigen Landsleute zu leben, Pater Murphy, Beichtvater des Herzogs von Cornwall, der der engste Freund meines Vaters war –"

„Vater Murphy!" unterbrach Roderick.

„Ja", erwiderte Edric, überrascht über die Verwunderung, die der König zum Ausdruck brachte. „Ist es möglich, dass du ihn kennst?"

„Der Name kam mir bekannt vor, das war alles", antwortete Roderick, dem es offenbar schwer fiel, seine starke Neigung zum Lachen zu unterdrücken. Edric sah ihn mit immer größerer Verwunderung an, da er in dem, was er gesagt hatte, nichts im geringsten Lächerliches entdecken konnte; und Rodericks Neigung zur Fröhlichkeit schien genau proportional zu Edrics

Ernst zuzunehmen. Als Roderick schließlich merkte, dass er schwieg, gelang es ihm mit großer Mühe zu sagen:

„Machen Sie weiter, mein lieber Herr Montagu, ich bitte Sie, weiterzumachen. Kümmern Sie sich nicht um mich; es ist ein seltsamer Gedanke, der mir gerade in den Sinn gekommen ist."

„Herr Montagu!" rief Edric aus. „Mir war nicht bewusst, dass Ihre Majestät meinen Namen kannte; ich kann mich nicht erinnern, ihn erwähnt zu haben."

„Vielleicht hat es aber der Arzt getan", entgegnete der König; „Oder der Alcaide hätte es mir sagen können, oder meine Diener hätten es auf Ihren Koffern oder Ihrer Wäsche gesehen, oder –"

„Eure Majestät brauchen sich nicht so viel Mühe zu geben, einen an sich völlig unbedeutenden Umstand zu erklären", antwortete Edric. „Ich möchte meinen Namen nicht verbergen; ich war nur erstaunt, dass Ihre Majestät ihn so gut kannte."

„Nun gut", rief Roderick etwas ungeduldig, „der Umstand ist, wie Sie sagen, völlig unerheblich, also machen Sie bitte weiter mit dem, was Sie über Pater Murphy gesagt haben."

„Mir ist nur aufgefallen, dass mir die hervorragende Einstellung seines Wesens eine positive Meinung über die Landsleute Eurer Majestät eingebracht hat."

„Ich hoffe, dass die Gedankenlosigkeit ihres Königs Sie nicht dazu verleiten wird, sich zu ändern. Ich hoffe, Sie haben zu viel gesunden Menschenverstand, Herr Montagu, als dass Sie sich über das, was Sie die Frivolität meines Verhaltens nennen könnten, beleidigt fühlen würden. Mein Herz, so hoffe ich, ist es." Gut, obwohl ich selbst nicht viel zu meinem Kopf sagen kann, bin ich eine Art Demokrit, und da ich es angenehmer finde, zu lachen als zu weinen, versuche ich im Allgemeinen, aus allem, was das ist, Spaß zu machen Wir werden uns bald besser kennenlernen, und da Sie sich nach den Strapazen, die Sie durchgemacht haben, zweifellos nach Ruhe sehnen, möchten Sie sich vielleicht in das für Sie vorbereitete Zelt zurückziehen.

Der Arzt und Edric stimmten bereitwillig zu und machten sich auf den Weg zu ihrer neuen Bleibe, völlig verwirrt über den ungewöhnlichen und widersprüchlichen Charakter des Königs.

Unter dieser fröhlichen, lachenden Fassade verbarg Roderic jedoch einen gesunden, durchdringenden Verstand und einen festen, entschlossenen Geist. Obwohl niemand es mehr genoss, gelegentlich die Schwächen seiner Untertanen zu verspotten, wusste niemand besser, wie man sie unter Kontrolle brachte und sie sofort auf ihren rechten Platz zurückbrachte, wenn sie auch nur um Haaresbreite die Grenzen überschritten, die er ihnen vorschrieb. So hatte er die Kunst, sich ebenso gefürchtet wie geliebt zu machen und seine Untertanen despotisch zu regieren, obwohl er nie ohne ein Lächeln mit ihnen sprach.

So wie ich ihn beschrieben habe, kann man sich leicht vorstellen, dass Roderick nicht lange brauchte, um die Zuneigung seiner neuen Freunde zu gewinnen, und er wiederum war ebenso entzückt von ihnen. Edrics edle, großzügige und forschende Seele entsprach genau seiner eigenen, und die Torheiten des gelehrten Doktors bereiteten ihm unaufhörliche Unterhaltung, während Edric, erfreut darüber, einen Gefährten zu treffen, der seine Gefühle verstehen und mit ihnen mitfühlen konnte, sich glücklicher fühlte als seit Jahren; und der gelehrte Doktor, stolz darauf, in die Vertrautheit eines Mannes wie Roderick aufgenommen worden zu sein, erklärte, all seine Mühen seien belohnt worden, und er betrachte sich nun als den glücklichsten aller Sterblichen.

KAPITEL XXII.

Der spanische Adel versammelte sich täglich um den irischen König. Einem der bedeutendsten von ihnen, dem Herzog von Medina Celina, war es Roderick ein besonderes Anliegen, Edric vorzustellen. Zu diesem Zweck statteten die Freunde Rodericks, sobald er in sein Hauptquartier in Cádiz zurückkehrte, wo der Herzog geblieben war, gemeinsam einen Besuch ab.

Edric war von diesem Besuch außerordentlich fasziniert. Die Familie des Herzogs bestand nur aus ihm und seiner Enkelin, Prinzessin Zoe, aber das Aussehen beider war außerordentlich beeindruckend. Der Herzog war ein blinder alter Mann mit weißem wallendem Haar und einem langen silbernen Bart, gekleidet in beinahe patriarchalische Schlichtheit; während Zoe, die dicht an seiner Seite saß und sich um sein Wohl zu kümmern schien, die Schönheit selbst war. So außerordentlich lieblich ihre Züge auch waren, erregten sie aufgrund ihrer übermäßigen Blässe im Geist des Betrachters eher Schmerz als Freude. Ihr Kleid war einfach: ein Gewand aus schwarzer Seide schmiegte sich eng an ihre schlanke Gestalt, und ihr pechschwarzes Haar war einfach auf ihrer Stirn geflochten und hinten in einem Netz zusammengehalten.

Als sie die Fremden sah, färbte eine leichte Röte ihre sonst alabasterfarbene Hautfarbe leicht, und in ihrem Benehmen war eine leichte Erregung zu erkennen. Nur für einen Augenblick jedoch überzog diese leuchtende Farbe ihre bleichen Wangen, oder ihre feinen Gesichtszüge verrieten Erregung. Sofort nahm sie wieder ihre sonst ruhige, würdevolle Miene an, und ihr Gesicht nahm seine marmorne Weiße wieder an. Es war tatsächlich etwas sehr Eigenartiges im ganzen Gesicht dieser jungen Schönheit, denn trotz der erlesenen Schönheit ihrer Gesichtszüge waren ihre Reize eher die einer Statue als die eines Menschen. Ihre feinen Gesichtszüge waren streng griechisch und vollkommen regelmäßig, aber sie waren immer in einem unveränderlichen Ausdruck fixiert; während ihre großen schwarzen Augen, gesäumt von langen seidigen Wimpern, und ihr glänzendes rabenschwarzes Haar einen seltsamen Kontrast zu der makellosen Helligkeit ihrer Haut bildeten; das Ganze verlieh ihr das Aussehen eines überirdischen Besuchers aus dem Grab.

Zoe war von Geburt an vom Pech verfolgt. Ihre Mutter hatte den alten Herzog auf einer Gesandtschaft nach Konstantinopel begleitet und hatte dem regierenden Kaiser so sehr gefallen, dass er sie entgegen dem Rat seiner Berater heiratete. Ungleichgewichte in der Ehe sind jedoch selten glücklich, und die Ehe von Zoes Eltern bildete keine Ausnahme von der allgemeinen Regel. Der Kaiser bereute seine Unbesonnenheit bald, und da er seiner Frau überdrüssig wurde, behandelte er sie kalt und vernachlässigte sie. Sie hingegen, weit entfernt von all ihren früheren Freunden und verachtet von dem Mann, für den sie alles geopfert hatte, lebte noch einige Jahre und starb dann unbeachtet und verlassen, sodass nur die unglückliche Zoe ihr Schicksal beklagen konnte.

Der Kaiser heiratete erneut; und Zoe hatte ein elendes Dasein geführt, bis bei einem Aufstand der Griechen ihr Vater ermordet wurde und sie selbst gezwungen war, aus Konstantinopel zu fliehen. Sie war zunächst nach Afrika zurückgekehrt; Als sie jedoch feststellte, dass ihr Großvater in Spanien war, war sie ihm dorthin gefolgt und blieb immer noch bei ihm, unter dem Schutz von Roderick.

Es war tatsächlich die Aristokratie Spaniens, für die der irische Held jetzt hauptsächlich kämpfte; denn sie hatte am meisten unter dem zügellosen Verhalten der Soldaten gelitten und flehte ihn am eifrigsten um Hilfe an. Als der Sitz der spanischen Monarchie nach Afrika verlegt worden war, waren die meisten Adligen in ihrem Gefolge gefolgt, während die Verbliebenen zu Objekten des Hasses und des Misstrauens der nachfolgenden republikanischen Regierungen geworden waren. Dennoch glühte der *amor patriæ* stark in ihren Herzen und kettete sie an ihr Land; sie ließen sich geduldig unzählige Beschwerden gefallen, bis sie einige Monate, bevor sie sich an Roderick wandten, feststellten, dass die Unverschämtheit der Soldaten unerträglich wurde, und beschlossen, das Joch abzuwerfen und eine Monarchie in Spanien wiederherzustellen.

Zu diesem Zweck hatten sie Don Pedro, einen jüngeren Zweig ihrer ehemaligen königlichen Familie, eingeladen, aus Afrika herüberzukommen, um ihren Thron anzunehmen. Er kam der Bitte nach und brachte viele alte Adlige mit, darunter auch den ehrwürdigen Herzog von Medina Celina, dessen sehnlichster Wunsch es war, in Spanien zu sterben und begraben zu werden. Don Pedro war erfolglos geblieben und floh; doch viele seiner Begleiter blieben und bildeten zusammen mit dem ansässigen spanischen Adel nun den prächtigen Hof von Roderick in Cadiz.

Der Herzog empfing Edric freundlich und behandelte Roderick mit jener enthusiastischen Hingabe, die, über alles andere Lob hinaus, dem menschlichen Gemüt schmeichelt. Zoe sprach nie, und ihre Gesichtszüge verrieten auch nicht, dass sie sich auch nur im Geringsten für die Szene vor ihr interessierte. Es wurde schon früher beobachtet, dass die Bildung in England so weit fortgeschritten war, dass alle, sogar das einfache Volk, universelle Linguisten waren. Der Unterricht in dieser Hinsicht wurde in der Tat auf viele kurze und raffinierte Weisen vermittelt; Und da Wissen auf diese Weise so billig und einfach gemacht wurde, dass es *à la portée de tout le monde war*, geriet es bei den höheren Klassen natürlich teilweise aus der Mode; Aber da Sir Ambrose sich selbst durch seine Hingabe an alle alten Bräuche begeisterte, wollte er bei der Erziehung seiner Söhne nicht davon abweichen; und infolgedessen war Edric in dieser Hinsicht fast so gebildet wie ein Diener oder ein Arbeiter.

Dies war ihm zu Hause oft ein Grund zum Kummer gewesen, da es ihn daran hinderte, sich mit Menschen in der gleichen Lebenssituation wie er auf Augenhöhe zu fühlen, und hatte viel dazu beigetragen, dass er sich so schüchtern und zurückhaltend benahm, wie wir es bemerkt haben. Bei dieser Gelegenheit jedoch fand Edric seine Gelehrsamkeit nützlich, da er dadurch die lebhafte und unterhaltsame Unterhaltung des alten Herzogs genießen konnte. Nach einer lebhaften und temperamentvollen Diskussion über die Sitten der Zeit im Allgemeinen und den Zustand Spaniens im Besonderen zogen sich die Freunde zurück, nachdem sie sich vom Herzog und Zoe das Versprechen eingeholt hatten, bei einem großen Turnier anwesend zu sein, das Roderick am nächsten Tag veranstalten wollte.

„Nun, Edric!", sagte Roderick, „was denkst du über Prinzessin Zoe?"

„Dass sie eine Venus von Medicis wäre, wenn sie etwas mehr Seele hätte."

„Ach komm! Edric", sagte Roderick lachend; „Das ist wirklich schade. Ich gebe zu, dass Zoe Animation will; aber sie hat mindestens so viel wie eine Statue. Außerdem dachte ich, dass du Stillleben magst, sonst würdest du dir nicht so viele Sorgen um deine Mama machen."

"Ach! Um Gottes willen!" sagte Edric, „mach mir keine Witze über dieses Thema; es ist zu ernst, zu schrecklich!"

„Zumindest sind deine Zweifel jetzt befriedigt", sagte der König.

„Überhaupt nicht", erwiderte Edric; „Denn ich kann nicht umhin, mir vorzustellen, dass es nur wiederbelebt erscheinen durfte, um meinen anmaßenden Wagemut zu bestrafen; und dass sein mysteriöses Verschwinden, zusammen mit den seltsamen und schrecklichen Abenteuern, die uns seitdem begleitet haben, meine Meinung nur bestätigt."

„Es muss ein schreckliches Gefühl gewesen sein, als man es zum ersten Mal gesehen hat", bemerkte Roderick.

„Worte können die Qual dieses Augenblicks nicht ausdrücken", antwortete Edric, „als ich sah, wie meine seltsamen überirdischen Wünsche befriedigt wurden, und die Gottlosigkeit spürte, derer ich mich schuldig gemacht hatte, als ich sie erschaffen hatte; und ich hätte Welten gegeben, um die Mumie wiederherzustellen." Dann war es allerdings zu spät, den Tiefschlaf zu stören.

„Können Sie sich eine Vorstellung davon machen, was daraus geworden ist?"

„Keine. Wenn die Geschichte des Ägypters richtig ist, hat er es geschafft, den Ballon wieder aufzublasen, und das hat ihn weggetragen, obwohl es völlig unmöglich ist zu sagen, wie weit es gehen würde, da die Mumie unmöglich die Steuerung der Maschine verstehen konnte , obwohl er es versehentlich ausfüllen könnte.

„Würde es Sie erleichtern, zu glauben, dass die Mumie in England in Sicherheit ist?"

„Oh nein! Ich schaudere bei dem Gedanken."

„Nun gut, dann ist es sinnlos, sich über das Thema unglücklich zu machen. Verlassen Sie sich darauf, alles wird zum Besten. Ich für meinen Teil bin sicher dem wiederbelebten Herrn sehr dankbar, als ob es so wäre Wäre er nicht mit deinem Ballon davongeflogen, wärst du in diesem Moment nicht hier gewesen, und ich hätte vielleicht nie gewusst, dass so eine Person existiert . Aber jetzt, wo du hier *bist* , darfst du mich nicht verlassen ; und wenn wir unseren Feldzug beendet haben, werden wir gemeinsam nach Irland zurückkehren und den Rest unseres Lebens in Frieden und Ruhe verbringen."

Edric lächelte, denn die bloße Vorstellung von Frieden und Roderick schien unvereinbar zu sein.

Das Turnier fand auf einer schönen Ebene auf dem Festland, wenige Meilen von Cadiz entfernt, statt, und nichts konnte die Brillanz des Spektakels übertreffen. „Die Sonne schien über schöne Frauen und tapfere Männer", denn selbst im Winter verleihen die hellen Strahlen einer andalusischen Sonne der Szene eine leuchtende Belebung. Das geschäftige Gemurmel der Menge, das Tänzeln der Pferde und das fröhliche Lachen der unbeschwerten Iren, als sie den spanischen Schönheiten ihre hochtrabenden Komplimente machten, wurden jedoch bald durch Kanonenschüsse unterbrochen, und es entstand eine Pause, die schließlich durch laute Rufe „Roderick! Roderick, für immer! Lang lebe der Eroberer Spaniens!" unterbrochen wurde. Und sofort verkündeten das Gedränge und Treiben der Menschen und der Klang kriegerischer Musik, der allmählich in den Ohren anschwoll, die Ankunft dieses berühmten Herrschers auf dem Feld.

Roderick ritt wie üblich auf Champion, seinem edlen Barken, und war von den Offizieren seines Stabes umgeben; doch er sprach nicht mit ihnen in seiner gewohnten Vertraulichkeit; sein Gesicht zeigte sogar einen Ausdruck von Traurigkeit und Nachdenklichkeit, der ihm sehr ungewöhnlich war. Doch während er dahinritt, sein schönes Pferd den Kopf hin und her warf und den Boden beim Vorrücken verschmähte, sah er vollkommen wie der mächtige Herrscher aus, der er wirklich war.

Seine Kleidung war überaus anständig. Roderick kannte die Menschheit zu gut, um den Anschein zu erwecken, nicht einmal die Vorurteile derer, mit denen er verkehrte, in gewissem Maße zu übernehmen; und da er die

Vorliebe der Spanier für Kleidung und Aussehen kannte, war sein eigenes großartig. Eine enge Weste und Hosen aus schwarzem Satin brachten die Eleganz seiner Figur optimal zur Geltung, während ein kurzer Umhang aus demselben Material in anmutiger Nachlässigkeit von seinen Schultern hing und sein Kopf mit einem großen spanischen Hut aus schwarzem Samt bedeckt war. mit einem prächtigen Federbusch aus Straußenfedern, der vorne durch eine Diamant-Aigrette gesichert ist. Ein prächtiger Kragen aus Diamanten schmückte auch seine Brust, und um seinen Hals war eine tiefe Rüsche aus Vandyk-Spitze befestigt.

So prächtig Rodericks Kleidung auch war, sie wurde durch seine persönlichen Vorzüge bei weitem übertroffen, und niemand konnte diese schöne, offene Stirn, diese strahlend blauen Augen, diese männliche, wenn auch jugendliche Gestalt, dieses glänzende kastanienbraune Haar und den gelockten Schnurrbart oder, was wichtiger war als alles andere, das bezaubernde Lächeln des Mundes, den sie schmückten, betrachten, ohne tiefes Mitgefühl für ihren Besitzer zu empfinden.

Die bezaubernden Manieren Rodericks wurden bereits erwähnt; doch bei dieser Gelegenheit wurde sein üblicher *Herzschlag* durch eine Ausstrahlung von Würde und Befehlsgewalt gemildert, die ihm ebenso gut stand und deutlich machte, dass er, obwohl er sich manchmal herablassend dazu herabließ, sich über Nichtigkeiten zu amüsieren, wenn es ihm gefiel, tatsächlich ein König sein konnte.

Die Lage in Spanien begann sich nun günstig zu entwickeln und infolgedessen waren die Menschen eher zu Unterhaltungen geneigt; da jedoch während der laufenden Friedensverhandlungen für einige Wochen ein Waffenstillstand gewährt worden war, schlossen sich die vereinigten spanischen und irischen Soldaten auf der Insel Leon ein und waren bei der Unterhaltung völlig auf sich selbst angewiesen. Wie die meisten Menschen in ähnlichen Situationen griffen sie begierig nach jeder Kleinigkeit, die Abwechslung und Unterhaltung zu versprechen schien.

Roderick war sich dessen vollkommen bewusst; und teils um seinen Offizieren eine Beschäftigung zu ermöglichen, teils um seine eigene Vorliebe für ritterliche Bestrebungen zu befriedigen, hatte er das vorliegende Turnier vorgeschlagen. Die Listen wurden abgesteckt und ein Trompetenklang rief die Kämpfer auf das Schlachtfeld. Zwei der irischen Offiziere waren die ersten, die sich meldeten, und während alle Augen mit größter Sorge damit beschäftigt waren, ihre Bewegungen zu beobachten, nutzte Roderick die Gelegenheit, Edric zuzuflüstern, dass er gerade Nachrichten aus England erhalten habe.

"Also!" rief Edric, seine Augen funkelten vor Ungeduld.

„Elvira ist gewählt; aber ich fürchte, es gibt eine starke Partei im Staat gegen sie."

„Und mein Vater?"

„Es geht ihm gut und Edmund ist Premierminister!"

„Was sagt Rosabella?"

„Sie schweigt; und deshalb fürchte ich –"

„Du hast recht. In einem solchen Fall kann Rosabellas Schweigen nur einen Sturm ankündigen."

„Der Herzog hat das Land verlassen und wohnt nun vollständig in der Stadt."

„Was für eine Veränderung", sagte Edric, „ein paar kurze Monate haben es bewirkt! Alles hat sich verändert. Ich war überaus schockiert, als Sie mir den Tod von Claudia mitgeteilt haben; aber diese Nachricht ist zwar überraschend, missfällt mir aber nicht; und Gott sei Dank! Meinem Vater geht es gut.

Die Niederlage eines der Kämpfer und die Jubelrufe und der Triumph, die den Erfolg des anderen begleiteten, unterbrachen nun die Besprechung; und der Ansturm aller Parteien auf den König trennte ihn von Edric, der sich ruhig von der Menge entfernte, um über die Neuigkeiten nachzudenken, die er erhalten hatte. Der Gedankengang, der dadurch heraufbeschworen wurde, war so angenehm, dass er sich bald völlig darin verlor. Sein Vater, sein Bruder und alle Szenen seiner Kindheit, diese frühen Erinnerungen, die jedem Herzen so lieb sind, schienen vor seinen Augen aufzutauchen, und er hatte Spanien und alles, was es enthielt, vergessen, als er durch einen durchdringenden Schrei aus seinen Träumen gerissen wurde; und als er sich umsah, sah er, wie Prinzessin Zoe, neben deren Sänfte er sich versehentlich gesetzt hatte, in einem Zustand heftigster Erregung versuchte, aus ihrem Wagen auszubrechen.

Edric war über ihre Ergriffenheit über alle Maßen erstaunt und half ihr hastig, die Tür ihrer Sänfte zu öffnen, und reichte ihr seinen Arm. Zoe ergriff ihn wortlos und eilte mit zitternden Schritten über die Ebene. In wenigen Minuten wurde jedoch der Grund für die Aufregung der Prinzessin erklärt; denn als sie sich der Stelle näherten, die sie offenbar erreichen wollte, sah Edric den Körper von Roderick auf dem Boden liegen, offenbar ohne Leben oder Bewegung. Mit einem Schrei des Entsetzens versuchte er, auf ihn zuzustürmen, aber die Prinzessin hielt seinen Arm fest und hinderte ihn daran. Ganz erstaunt blickte er ihr ins Gesicht; sie war immer noch furchtbar aufgeregt, aber sie sprach nicht und drückte nur ihren Finger auf ihre Lippen.

Ein paar Minuten später öffnete Roderick die Augen, und die Prinzessin drückte erneut Edrics Arm und sagte hastig, wenn auch leise: „Lass uns gehen!" Edric gehorchte; und sie gingen in vollkommener Stille hastig zurück zur Sänfte. Als Edric der Prinzessin jedoch in ihre Kutsche geholfen hatte und sich zurückziehen wollte, drückte sie seine Hand und sagte erneut mit ihrer besonders tiefen, sanften Stimme: „Sprich nicht davon!"

„Das werde ich nicht", sagte Edric; Er verneigte sich respektvoll, während er ihre Hand an seine Lippen drückte, und ging übermäßig überrascht über die Szene, die er gesehen hatte. Als er den König erreichte, stellte er fest, dass er vom Pferd geworfen worden war und so leicht verletzt war, dass er es nicht für nötig hielt, die Vergnügungen des Tages zu unterbrechen; die nach einer brillanten Demonstration irischer und spanischer Tapferkeit endete, ohne dass es sonst einen nennenswerten Vorfall gab.

Ein paar Tage nach diesem Abenteuer saß Edric gedankenverloren in seiner eigenen Wohnung und grübelte, wie er es immer tat, wenn er allein war, über das seltsame Abenteuer der Mumie nach und versuchte vergeblich, sich vorzustellen, was es sein könnte Wahrscheinliches Schicksal, erschrak er, als die Tür seines Zimmers plötzlich aufflog und Roderick blass und in heftiger Aufregung hereinstürmte.

„Oh, Edric!" rief er: „Ich bin ruiniert! Mein Ruhm ist für immer verloren! Während ich hier herumlungerte, hat der Feind die Hilfe der Franzosen erhalten: Sie haben Madrid und fast alle Städte zwischen diesem und der Grenze eingenommen." ! Eine riesige Armee marschiert auf Sevilla zu, und sie wollten mich hier oben blockieren und mich mit ihren vorgetäuschten Verträgen unterhalten, bis sie mich in ihrer Schlinge gefangen hatten.

„Und wie wurde ihre Verschwörung entdeckt?"

„Prinzessin Zoe – ja! Ich weiß, was Sie sagen würden – sie liebt mich, und obwohl ich sie nicht liebe, ja, obwohl ich einer anderen ergeben bin, werden ich und meine Krone ihr vor die Füße geworfen, wenn ich Spanien zurückerobere. Aber wenn ich versage, werde ich nie genug erleben, um der Herold meiner Schande zu sein."

„Es ist Rodericks unwürdig, zu verzweifeln: Wenn Sie besiegt werden, wird es Verrat sein."

„Halt!", rief Roderick, der bei dem Gedanken fast in Raserei geriet. „Um Gottes willen, rede nicht so ruhig davon, dass ich besiegt bin. Ich werde siegen – ich werde meinen Namen wiederherstellen oder bei dem Versuch umkommen; und wenn sie mich besiegen, werden sie nur meinen Leichnam besiegen, denn der unsterbliche Geist wird ihrer Wut entkommen."

„Weh, weh!", sagte Edric. „Deine Worte haben wieder den Teufel heraufbeschworen, der mich so lange verfolgt hat. *Entkommt* der unsterbliche Geist?"

„Edric", erwiderte der König, „dies ist nicht der richtige Zeitpunkt für metaphysische Spitzfindigkeiten; wir müssen handeln, und zwar sofort und entschieden. Wir müssen auf Sevilla vorrücken und, wenn möglich, die Stadt einnehmen, bevor die Armee des Feindes sie erreicht: Dieser Schlag wird die Spanier in Furcht versetzen, und bevor sie sich erholt haben, werde ich halb Spanien unter meine Kontrolle gebracht haben. Ich kenne den Charakter der Menschen, gegen die ich kämpfen muss; ich muss alles mit einem *Handstreich erledigen* , sonst werde ich scheitern."

Es war unmöglich, die Richtigkeit dieser Beobachtung zu leugnen, und Edric unterstützte wärmstens die Vorbereitungen Rodericks, sofort nach Sevilla zu marschieren. Diese Vorbereitungen wurden bald getroffen; denn Roderick war von seinen Soldaten so sehr vergöttert, dass sie seinen Willen als Gesetz betrachteten und bereit waren, jede Stunde zu marschieren, obwohl sie nicht wussten, wohin sie gingen. Dr. Entwerfen war außerordentlich aufgeregt, als er feststellte, dass er nun wirklich in den Krieg ziehen würde; nicht, dass das niedere Gefühl der Angst von seiner Seele Besitz ergriffen hätte, aber eine leichte Beklommenheit, wie sie laut Skandal selbst Helden bei ihrem ersten Kampf verspüren soll, kroch über seine Nerven und gab ihm ein seltsames Gefühl, das er sagte , war nur die Angst, sich zu engagieren.

Niemand wusste, wohin sie gingen; Es gab tatsächlich nur Gerüchte, dass die Feindseligkeiten im Begriff seien, erneut zu beginnen, und wie der Arzt sagte, sei es sehr unangenehm, nicht mit dem Schauplatz ihres zukünftigen Glanzes vertraut zu sein. Roderick war trotz der momentanen Aufregung amüsiert über die Bemühungen des Arztes, das Geheimnis zu lüften, und teilte ihm wie im Vertrauen mit, dass sie Lissabon angreifen würden. Erfreut über diese Nachricht, an die er fest glaubte, stolzierte der Arzt mit unbeschreiblicher Würde umher, ging auf den Zehenspitzen, presste die Lippen zusammen und ließ seine Wangen aufquellen wie ein Cherub auf einem ländlichen Kirchhof, während er absolut überzeugt schien platzte vor der Bedeutung des Geheimnisses, das er in sich trug. Jetzt war alles bereit; Doch bevor Roderick Cádiz verließ, verabschiedete er sich von der Prinzessin Zoe.

„Es wäre Ihrem Verdienst und meiner Dankbarkeit gegenüber ungerecht", sagte er, „Sie mit Worten zu beleidigen; aber wenn ich überlebe, würde die Hingabe meines ganzen Lebens –"

"Bleiben!" unterbrach Zoe, „überschätzen Sie auch nicht den Wert des Dienstes, den ich Ihnen erweisen durfte, so seltsam. Selbst wenn Ihre Schätzung gerecht wäre, seien Sie sich darüber im Klaren, dass die Dienste von Zoe nicht erkauft werden können. Nein, Prinz, verurteilen Sie mich."

nicht so gemein. Hätte ich nicht beschlossen, dass wir uns nie wiedersehen würden, wäre die Information, die du so hoch schätzt, nie zu deinen Ohren gelangt, und morgen kehre ich in mein Heimatland zurück, wo die Rebellen keine Chance haben Demetrius, der alte Minister meines Vaters, ist gestern mit der Erlaubnis zu meiner Rückkehr eingetroffen, und ich zögere keinen Augenblick – doch bevor ich gehe –"

„Sprich", rief Roderick hastig; „Beherrsche mein Leben! Mein Thron! Mein Vermögen!"

Zoe lächelte. „Der Gefallen, den ich erbitten muss, ist unbedeutend. Ich habe einen Lieblingspagen, der sich davor fürchtet, nach Griechenland zurückzukehren, und ich würde ihn gerne in Ihre Obhut geben."

„Er soll mein Bruder sein!" rief Roderick begeistert aus; „mein Freund! mein Waffengefährte! Er wird mit mir leben, mit mir kämpfen und –"

Wieder spielte ein schwaches Lächeln auf Zoes Marmorgesicht, wie der Geist vergangener Freuden; Es dauerte jedoch nur einen Augenblick und fügte der darauffolgenden Düsternis neue Dunkelheit hinzu. „Ich wünsche meinem Pagen keine Privilegien", sagte sie ernst, „außer denen, die normalerweise seiner Klasse zuteil werden. Behandeln Sie ihn freundlich, aber versprechen Sie mir, dass Sie ihn nicht zu sehr verwöhnen werden, sonst werde ich ihn nicht bei Ihnen lassen."

„Sie müssen nur befehlen", sagte Roderick, „und Sie können sich auf Gehorsam verlassen."

„Dann adieu!", rief die Prinzessin und streckte ihre Hand aus, während eine leichte Röte ihre alabasterfarbene Haut färbte. „Gott segne Sie! Vielleicht sehen wir uns wieder."

Roderick küsste ihre Hand, als ob er es einer Kaiserin täte. „Gebe der Himmel, dass wir das dürfen!", rief er aus, „denn seien Sie versichert, kein irdisches Vergnügen könnte mir auch nur die Hälfte der Freude bereiten."

„Keine?", fragte Zoe ungläubig.

„Keine!", wiederholte er entschieden. „Es sei denn vielleicht", fügte er lächelnd hinzu, „die Rückeroberung Spaniens."

„Dann werden Sie meine Seite akzeptieren?"

"Als Geschenk des Himmels!"

„Er wird sich Ihnen anschließen, bevor Sie die Brücke überqueren: noch einmal, adieu!"

„Adieu!", rief Roderick, und Zoe verschwand. Nach einer halben Stunde waren die Truppen bewaffnet und hatten Cadiz verlassen; aber Roderick hatte in der Hektik und Verwirrung, die mit dem so plötzlichen Abmarsch einer so großen Truppe einhergingen, den griechischen Pagen völlig vergessen. Als er jedoch die Brücke überquerte, begann sein edler Seitenhieb, und Roderick, der nach der Ursache suchte, sah einen zierlichen, anmutigen Jungen, der ihm kniend einen Brief überreichte; er war von Zoe.

„Ich habe vergessen, Ihnen zu sagen", schrieb sie, „dass mein Page stumm ist. Obwohl er die Sprache durch einen Unfall verloren hat, ist er trotzdem vollkommen intelligent und wird auf jede noch so kleine Geste hören."

Roderick befahl einigen seiner Diener, ein Pferd bereitzustellen, und forderte den Pagen auf, aufzusteigen und neben ihm zu reiten. Der Junge verschränkte die Arme vor der Brust, neigte als Zeichen des Gehorsams den Kopf und schwang sich dann leichtfüßig in den Sattel.

KAPITEL XXIII.

Die Armee von Roderick rückte schnell durch ein wunderschönes Land vor, das von den Strahlen der südlichen Sonne reich gefärbt war. Nichts könnte tatsächlich schöner sein als die Szene. Obwohl der Frühling gerade erst die eisigen Ketten des Winters hinter sich gelassen hatte, lugten mit Weinreben bewachsene Hütten durch Orangenhaine voller duftender Blumen hervor; Im Hintergrund verlieh das dunkle Laub der hohen Palmen der Landschaft Tiefe und Reichtum. Unzählige Blumen dufteten in der Luft und der Himmel leuchtete in Azurblau und Gold.

Unter diesen Umständen ähnelte der Vormarsch von Rodericks Armee, obwohl schnell, eher der Reise einer Vergnügungsgesellschaft als einem ermüdenden und mühseligen Marsch. Und als sie sich bei Sonnenuntergang einem kleinen Dorf näherten, blieb Edric auf der Spitze eines Hügels stehen, um mit entzückter Bewunderung die liebliche Szenerie unter ihnen zu betrachten. Eine weiße Kirche lugte zwischen einer dichten Baumgruppe hervor, und in Abständen waren romantische Hütten verstreut, die mit wilden Girlanden aus üppigen Pflanzen bedeckt waren. Vor den Türen saßen Gruppen von Bauernmädchen, die auf ihren Mandolinen oder Lauten patriotische Lieder sangen, und andere tanzten fröhlich im Schatten einiger weit ausladender Bäume. Hübsche Kleider aus schwarzem Serge schmiegten sich eng an die Figur dieser Mädchen und brachten die anmutige Eleganz ihrer Figuren optimal zur Geltung. Ihr langes dunkles Haar war in ein einfaches Netz gebunden. und ihre funkelnden Augen strahlten vor Lebhaftigkeit und Liebe, während der klare dunkle Teint, die wohl proportionierten Körper, das pechschwarze Haar und die Adlernasen ihrer männlichen Partner trotz all der Jahrhunderte noch immer deutlich ihre maurische Herkunft kennzeichneten. Freudenlieder und lebhafte Musik schwollen im Sturm an; aber diese Klänge des Friedens und des Glücks verwandelten sich bald in Angstschreie, als die unglücklichen Bauern sahen, wie sich Rodericks Armee langsam durch die Bäume schlängelte, und sie flohen und riefen um Gnade, während ihr gesamter kleiner Schatz eine leichte Beute für den Feind wurde, den sie zurückließen.

Edric schauderte angesichts der darauf folgenden Plünderung und machte seinem Freund heftige Vorwürfe.

„Mein lieber Edric", sagte Roderick, „diese Dinge sind unvermeidlich; obwohl das, was Sie hier sehen, Ihnen nur eine sehr vage Vorstellung von der schrecklichen Verwüstung und Zerstörung des Krieges vermitteln kann. Meine Soldaten zerstören nichts und zahlen im Allgemeinen sogar für das, was sie erbeuten; aber im Land eines Feindes verbrennen die Männer gewöhnlich, was sie nicht gebrauchen können, und behandeln die unglücklichen Einwohner mit der entsetzlichsten Grausamkeit. Dies sind jedoch Dinge, über die wir nicht vernünftig nachdenken können."

„Ich glaube nicht", erwiderte Edric; und da er feststellte, dass seine Einwände wirkungslos waren, hatte er die Klugheit, das Thema nicht wieder anzusprechen, bis die Armee sich Sevilla näherte. Der erste Anblick dieser prächtigen Stadt, erleuchtet von den glühenden Strahlen der untergehenden Sonne, beeindruckte unseren jungen Philosophen am stärksten. „Oh, Roderick!", rief er, „schau dir diese lange Reihe prächtiger Paläste an, geschmückt mit Marmorsäulen und den schönsten Statuen; diese lieblichen Gärten – diese Rosenlauben; und diese kristallenen Springbrunnen, deren funkelnder Sprühnebel in den Sonnenstrahlen blendend aussieht."

„Nun", sagte Roderick, „ich sehe sie alle und noch mehr, die hohen Türme der Stadt, die sich dahinter erheben und deren vergoldete Wetterfahnen in der Sonne glitzern."

„Und können Sie diese schöne Szene betrachten?", fragte Edric, „ohne Gewissensbisse zu empfinden? Ach, ach, dass die grausame Hand des Menschen es wagt, ein so schönes Gemälde zu zerstören!"

„Mein lieber Edric", erwiderte Roderick lächelnd, „Sie würden nie als Eroberer gelten. Wenn Sie den Krieg zu Ihrem Beruf machen, muss der Ruhm Ihre Geliebte sein, und um ihn zu erlangen, müssen Sie alle Ihre besseren Gefühle opfern. Aber, ach! Was ist das? Schauen Sie dort hin, Edric!"

„Ich sehe nichts als eine flauschige Rauchwolke, die zwischen den Bäumen aufsteigt", sagte Edric. „Das passt gut zu der lieblichen Szenerie, die die grimmige Hand des Krieges so bald zerstören wird. Oh, Roderick, ist es möglich, dass du, deren freundliche und barmherzige Natur keinen Wurm unnötig zu Tode zerquetschen würde, –"

„Sie haben die Vororte gefeuert!" schrie Roderick und unterbrach ihn; und er gab seinem Pferd die Sporen und schoß vorwärts wie ein Pfeil, der von einem Bogen abgefeuert wird. Sein Verdacht war richtig. Leichte Wolken aus weißem Dampf hingen hoch am klaren blauen Himmel; während unten ein dicker gelber Rauch, vermischt mit Flammen, große Verwüstung und Verwüstung verbreitete. Knisternde Holzstücke, die wie ein *Feu d'artifice funkelten*, wurden in regelmäßigen Abständen mit Gewalt hochgeschleudert, und die sengende Hitze fühlte sich unerträglich an, als Funkenregen und Stücke entzündeter Materie dicht und schnell auf die Ebene regneten.

Edric und Roderick befanden sich auf einer sanften Anhöhe, als sie die Stadt zum ersten Mal sahen. Sie hatten sich durch die bemerkenswerte optische Täuschung, die in ähnlichen Situationen oft zu beobachten ist, getäuscht und geglaubt, sie sei ganz in ihrer Nähe. Als sie jedoch ins Tal eintauchten, stellten sie bald fest, dass es sehr ausgedehnt war. Ihre Pferde, müde von ihrem mühsamen Marsch, bahnten sich nur mit Mühe ihren Weg durch das dichte Unterholz und das wirre Gras, das ihnen ständig den Weg zu versperren drohte. Schließlich gelangten sie in das Labyrinth eines Waldes, der ihnen die Stadt völlig versperrte. Als das schöne Sevilla durch eine Öffnung in den Bäumen wieder auf sie zukam, erschien es wie eine einzige riesige Flammenmasse.

„Du lieber Himmel!", rief Edric, „sie werden die Stadt doch nicht niederbrennen! Wie viele Menschen werden dann geopfert werden!"

„Ich hoffe, sie werden nicht so dumm sein", sagte Roderick, „aber ich gebe zu, dass ich Angst habe; nein – nein –" rief er nach einer kurzen Pause; „Sehen Sie, sehen Sie! Der Rauch teilt sich, und während der Wind die wogenden Massen auseinander trägt, stehen die Mauern der Stadt noch: Noch hat kein Feuer die Herrlichkeit und das Bollwerk des stolzen und doch schönen Sevilla berührt."

Die glühende Glut knisterte immer noch, als sie sich näherten, und warf immer noch gelegentliche Funkenschauer aus, die in der Dunkelheit der Nacht, die sie jetzt mit einer für dieses Klima sehr ungewöhnlichen dichten Düsterkeit umgab, furchtbar grell leuchteten. Die Flammen hatten die Brücke erfasst, bevor die Armee von Roderick das Ufer des Flusses erreichte; und der feurige Bogen, der durch die umgebende Dunkelheit leuchtete, sah aus wie der sagenumwobene Bogen, über den die Mohammedaner glauben, dass die Seelen der Toten dazu bestimmt sind, ins Paradies zu gleiten.

Schließlich wurde Rodericks Armee durch die tiefen und reißenden Wasser des Guadalquiver aufgehalten; die schwarz rauchenden Überreste der Brücke, die einst über den Fluss führte, schienen ihr weiteres Vordringen zu verhindern. Prächtige Paläste lagen um sie herum und zerfielen zu Ruinen, während ihre halb verbrannten Dächer gelegentlich mit einem gewaltigen Krachen einstürzten. Der Anblick, der sich ihnen bot, war wahrlich furchterregend, und der einst prächtige Vorort schien der Tempel der Verwüstung zu sein. Vasen und Statuen lagen umgestürzt und vom Rauch geschwärzt. Majestätische Bäume, von den Flammen versengt und deren verdorrte Blätter von den verdorrten Zweigen gerissen waren, streckten ihre nackten Arme verloren und verlassen aus, wie trauernde Mütter, die um ihre ermordeten Kinder trauern. Ein kalter, nieseliger Nebel begann zu fallen, und alles sah trostlos und ungemütlich aus.

Roderick stand am Ufer des Flusses und markierte das dunkle, wogende Wasser, in dem das Feuer, das immer noch zwischen den Ruinen auf der anderen Seite kroch, seinen roten, grellen Glanz widerspiegelte. „Wir müssen den Fluss überqueren", sagte er; „Diese Andalusier sind zu schlau, um diesen schönen Vorort, der an sich schon eine Stadt ist, zu zerstören, wenn nicht irgendein zwingender Grund sie dazu gedrängt hätte. Sie wollen Zeit gewinnen; aber wir müssen ihnen zeigen, dass wir es wagen, den kombinierten Schrecken von Flammen und Wasser zu trotzen." , wenn Glory das Wort gibt.

„Und was ist diese Herrlichkeit, der du so wahnsinnig nachjagst?" fragte Edric. „Könnte Prudence nicht zu seinen Raten zugelassen werden? Und wird es nicht sicherer sein, wenn wir bis zum Morgen warten, um es zu ergreifen? Die Nacht ist dunkel und düster; ich denke, es verbietet einen Sturm; und auf jeden Fall wird es schwierig sein, es zu durchqueren." Morgen, wenn die Morgendämmerung anbricht, werden unsere Truppen erfrischt sein und bereit sein, den Gefahren, die uns entgegentreten, energisch entgegenzutreten.

Roderick lächelte traurig. „Morgen, Edric", sagte er, „könnte es zu spät sein. Morgen könnte die Armee, die unsere Feinde erwarten, auf uns vorrücken und entweder die Stadt in Besitz nehmen oder unseren Rückzug abschneiden. Wir haben Verräter unter uns ." Denn selbst jetzt, so geheim unsere Bewegungen waren, hat der Feind unsere Annäherung bemerkt.

„Warum sollten wir innehalten?" rief Lord Arthur O'Neil, einer der irischen Lords, die seinem Herrscher auf das Schlachtfeld gefolgt waren. „Eure Majestät kann sich Ihren Soldaten anvertrauen. – Müde! Ein Ire kennt die Bedeutung des Wortes nicht. Sollen sich die Helden von Burgos, Valladolid und Salamanca über Müdigkeit beschweren? Haben Sie vergessen, wie sie kämpften und siegten? Haben Sie das vergessen? Stolzer Tag vor Madrid, als eine Handvoll Iren gegen eine ganze Legion Spanier kämpften und doch von Angst reden würden Jeder Funke Enthusiasmus in unseren Herzen würde diese Behauptung widerlegen. Führe uns weiter, tapferer Roderick. Dämpfe den Geist deiner Truppen nicht durch unnötige Verzögerungen, sondern führe uns zum Sieg.

„Führe uns zum Sieg!" schrieen die Offiziere und Truppen; und Roderick, belebt durch ihre Schreie, gab den Befehl, den Fluss sofort zu durchqueren. Der Abend war nun ganz vorüber; Kein Stern durchbrach das dichte, trübe Grau des Himmels, und der Himmel begann dunkel und bedrohlich auszusehen. Die sinkenden Wolken wurden allmählich immer dunkler; während ein düsterer Schleier über die fernen Türme der Stadt zu fallen schien und sie in Düsternis zu hüllen schien.

Das Feuer, das immer noch in den Vororten wütete, hatte nun ein altes Schloss erfasst, und dichter gelber Rauch stieg aus seinen Schießscharten auf: Es schien, als würde ein riesiger Riese Flammen ausstoßen. In der Zwischenzeit schienen die schweren Wolken, die sich über ihren Köpfen gebildet hatten, groß vor Zerstörung zu sein, und aus der Ferne war ein leises Stöhnen zu hören, als seufzten die Winde über das Schicksal der

Unglücklichen, denen sie bald zum Opfer fallen würden ihre Wut! Das hohle Gemurmel ging weiter; es wurde allmählich lauter und lauter; und schließlich explodierte er mit ungeheurer Gewalt in furchterregenden Explosionen über den Köpfen der Armee. Es war jetzt so dunkel wie die Nacht, und der Donner rollte mit schrecklicher Größe; der Regen fiel in Strömen herab, und die Blitze zeigten durch flüchtige Blicke die strömende Rache der Wolken und die noch rauchenden Trümmer der zerstörten Brücke.

Es schien Wahnsinn, in einem solchen Moment zu versuchen, den Fluss zu überqueren; aber der entschlossene Geist von Roderick ließ sich, als er sich einmal entschlossen hatte, nicht so leicht erschüttern und rief: „Ruhm und Roderick für immer!" Er versuchte, sich in die kochende Flut zu stürzen. In diesem Augenblick schien sich der Himmel zu öffnen und eine leuchtend blaue Feuerkugel aus ihm hervorzuschießen. Der Blitz hatte einen Baum getroffen, unter dem eine Gruppe von Soldaten Schutz gesucht hatte, und ihn entzweigespalten und die Äste in alle Richtungen verstreut; während sich das Stöhnen der unglücklichen Elenden, die von seinem Fall zerquetscht wurden, schrecklich mit dem heulenden Wind und dem krachenden Donner vermischte. Nichts konnte jedoch den kühnen Geist von Roderick einschüchtern, und er rief seine Soldaten auf, ihm zu folgen, und stieß seine Sporen in Champion, seinen treuen Widerhaken, und das edle Tier stürzte sich mit ihm in den Strom. Der Fluss, angeschwollen durch die Regengüsse, rauschte nun in tosenden Wellen wie das Meer dahin. Champion und die Pferde derer, die dem Beispiel ihres Herrschers gefolgt waren, mussten bald versuchen zu schwimmen und kämpften vergeblich darum, das gegenüberliegende Ufer zu erreichen. Die stürmische Strömung riss sie jedoch den Fluss hinunter, und bald fügten die Schreie der Ertrinkenden und das Herumstürmen der Pferde dem Tosen der tosenden Wasser neuen Schrecken hinzu.

Der Kampf war furchterregend, bis der Sturm nach einigen schrecklichen Augenblicken fast übernatürlicher Anstrengungen teilweise nachließ. Und obwohl der Wind noch immer in Abständen heulte und der Donner grollte, wurde sein Grollen immer schwächer und bald war nichts mehr zu hören als das Plätschern der Wellen und das Kämpfen der schwimmenden Tiere, die vergeblich versuchten, der brodelnden Strömung Einhalt zu gebieten.

Champion hatte die heftigsten Anstrengungen unternommen, um seinen Meister zu retten, aber er bemühte sich umsonst! er trieb nur auf den Wellen. Er konnte nicht länger den Kopf hin und her werfen und stolz seinen Teil herausfordern; Seine Kräfte ließen schnell nach: Seine lange, dicke Mähne und seine schwere Rüstung lasteten auf ihm. Seine schwachen Augen erhaschten jedoch einen Blick auf das gegenüberliegende Ufer; Sie hatten es fast erreicht, und das edle Tier sammelte alle seine Kräfte für einen einzigen Versuch und sprang vorwärts: Aber leider! sein Herz brach vor Anstrengung;

seine Kraft ließ nach; Der glitschige Lehm rutschte unter seinen Füßen weg, und der leblose Körper des armen Champions fiel zurück in den Fluss und riss seinen berühmten Meister mit sich. Roderick war zu erschöpft, um schwimmen zu können; und, von der Leiche des Pferdes belastet, sank er schnell zusammen, um nicht mehr aufzustehen, als ein mächtiger Arm ihn packte: –

„Nimm dieses Messer!" schrie eine Stimme, von der er wusste, dass sie Edrics Stimme war: „Befreie dich vom Pferd, und ich kann dich retten!"

Seine Worte erinnerten an den flüchtigen Geist von Roderick; Er ergriff das Messer und schnitt hastig die Kordel durch, die seinen Umhang um seinen Hals band. Es war dieser Umhang, der sich im Sattel verfangen hatte, und sobald er von Rodericks Hals gelöst wurde, schwamm er mit dem Körper des armen Champions den Bach hinunter, während der ohnmächtige Monarch von seinem Freund Edric ans Ufer gezogen wurde. Der Sturm hatte jetzt völlig aufgehört; Das Wasser wurde ruhiger, und der Mond, der sich aus den Wolken löste, die schnell über den Himmel zogen, zeigte das gegenüberliegende Ufer so deutlich, dass der Rest der Armee ohne große Schwierigkeiten vorbeikam. In der Zwischenzeit wurden Roderick stärkende Medikamente verabreicht, und er öffnete die Augen. Ein leichter Schauder lief jedoch durch seinen Körper, als er sich umsah, und mit einem tiefen Seufzer schloss er sie hastig wieder, als wolle er die Erinnerung an das, was gerade geschehen war, für immer ausschließen. Der männliche Geist des irischen Helden gab sich jedoch nur für einen Moment diesem überwältigenden Kummer hin; Beim nächsten Mal ergriff er, wenn auch traurig, lächelnd die Hand von Edric, blickte ihn liebevoll an und sagte: „Ich verdanke dir mein Leben. Gott allein weiß, ob die Segnung den Dank wert ist oder ob du es nicht getan hast." Sie haben wenig Grund, mir das Leben zu wünschen, wenn ich oft von solchen Missgeschicken heimgesucht werde, wenn ich bedenke, dass das Leben mehrerer meiner Mitgeschöpfe passiert ist wurde auch meiner fehlgeleiteten Torheit geopfert", fuhr sich mit der Hand über die Augen, um sich die Tränen abzuwischen, und versuchte dann erneut zu lächeln. „Du wirst mich auslachen, Edric, aber du weißt nicht, wie sehr ich den Verlust dieses Pferdes empfinde. Armer Kerl! Wie edel hat er der Flut getrotzt und sich weitergekämpft. Aber er ist weg, und es nützt nichts darüber nachzudenken." von ihm."

Und während er sprach, sprang er entschlossen von dem Bett auf, auf das er gelegt worden war, und wischte sich erneut die Tränen aus den Augen. „Ich muss an andere Dinge denken, die viel wichtiger sind als der arme Champion; und doch, armer Kerl, kann ich nicht vergessen, dass es sein Gehorsam mir gegenüber war, der ihn zerstört hat! Armer Kerl! Du hättest Mitleid mit ihm gehabt, Edric, wenn du gehört hättest, wie tief er seufzte, als wir mitten im Wasser waren und ich ihn zwang, weiterzugehen. Aber ich werde nicht mehr an ihn denken. Ruf meine Offiziere zusammen, und lass uns eine Beratung über unser weiteres Vorgehen abhalten."

Der Rat wurde einberufen, und bald stellte sich heraus, dass die Armee keine anderen Verluste erlitten hatte als den armen Champion, ein paar andere Pferde und etwa acht oder zehn Leibwächter des Königs, die sich in dem Moment in den Fluss gestürzt hatten, als sie sie gesehen hatten Meister tu es. Roderick spürte deutlich die Torheit, die zum Verlust dieser tapferen Männer und nützlichen Tiere geführt hatte; Aber da er sich bewusst war, dass er jetzt von seinen Soldaten und den verbündeten Spaniern umgeben war und dass es für einen Monarchen immer notwendig war, groß zu wirken, ob er es nun war oder nicht, hatte er zu viel Selbstbewusstsein, wenn er gehorchen wollte Er befahl, keinerlei Anzeichen von Schwäche zu zeigen, und befahl den Beginn der Belagerung der Stadt mit so viel Kühle, als wäre er lediglich leise zu ihren Mauern marschiert.

In der Zwischenzeit war Dr. Entwerfen sicher über den Strom geschwommen, rittlings auf einem der Munitionswagen, die aus Kork gefertigt und an beiden Seiten von Blasen oder vielmehr Ballons getragen wurden, die mit Gas gefüllt waren. Da der mittlere Teil, auf dem der Doktor ritt, beinahe die Form eines Fasses hatte, bildete der würdige Herr keine schlechte Nachbildung von Bacchus ab, als er fröhlich hinüberschwamm. Denn der gelehrte Doktor hatte klugerweise bedacht, wie sehr die Interessen der Wissenschaft leiden würden, wenn seiner kostbaren Person ein Unfall zustieße, und hatte gewartet, bis der Fluss spiegelglatt war, bevor er es wagte, ihn zu überqueren.

Vielleicht war es auch gut für Roderick, dass er sich jetzt auf dem Kriegsschauplatz befand: dass er Befehle erteilen – Entscheidungen treffen musste; kurz gesagt, dass er genug hatte, um seinen Geist zu beschäftigen und ihn davon abzuhalten, sich mit den unangenehmen Umständen zu beschäftigen, die gerade vorüber waren. Beschäftigung ist in der Tat das einzig sichere Heilmittel gegen Kummer. Der Trost von Freunden und die Hoffnung der Religion können viel bewirken; aber ständige Beschäftigung ist das wirksamste Heilmittel gegen Kummer, das der Mensch bisher finden konnte.

Roderick genoss nun den Genuss dieses unschätzbar wertvollen Allheilmittels in vollem Umfang; denn er hatte viel zu tun. Trotz all ihrer Zuneigung zu ihm konnte seine Armee nicht verbergen, dass er durch seine Unbesonnenheit mehrere wertvolle Leben unnötigerweise geopfert hatte, und ihr Vertrauen in seine Klugheit wurde entsprechend geschmälert. Roderick sah es und war beschämt darüber; umso mehr, als er das Gefühl hatte, dass dies durch seine eigene Torheit verursacht worden sei; und er kämpfte darum, etwas zu tun, um das verlorene Selbstvertrauen wiederzugewinnen. Es gibt vielleicht keine Situation, die für einen edlen, übermütigen Geist schmerzhafter ist als das Bewusstsein des Irrtums; und die Gefühle Rodericks bei dieser Gelegenheit waren eine reichliche Buße für seine Fehler.

Während der gesamten Flussüberquerung und des Lagers der Armee auf der gegenüberliegenden Seite, unter den Mauern der Stadt, war kein einziger Soldat des Feindes gesehen worden; als dieser jedoch beendet war, und das bedrängte Heer Viele Iren hatten ihre müden Glieder auf die Erde ausgestreckt, um vor dem bei Tagesanbruch befohlenen Angriff ein paar Minuten Ruhe zu suchen. Man konnte deutlich sehen, wie sich Lichter in der Stadt hin und her bewegten, und man hörte das schwere Trampeln der Soldaten, während sie marschierten marschierten über die Mauern. Jetzt war alles still; Eine Ruhe schien einem mächtigen Sturm gefolgt zu sein.

Für Roderick und seine Hauptoffiziere war ein Zelt errichtet worden, und dort saß der Monarch nun düster und grübelnd, während seine Offiziere in verschiedenen Stellungen der Ruhe und des Nachdenkens um ihn herum verstreut waren. Alexis, der griechische Page, der den Fluss nur mit Mühe überquert hatte, lag zu seinen Füßen. Schließlich schliefen alle außer Edric und Roderick. Nach einer langen Pause sah der irische Held seinen Freund an, und als er sah, dass dieser ihn mit einem Blick zärtlichster Besorgnis anstarrte, sagte er: „Edric, ich ersticke hier; willst du weitergehen?“ Edric willigte bereitwillig ein, und sie verließen das Zelt.

Der Mond schien jetzt hell und die Nacht war ruhig und still. Sie gingen zusammen zum Flussufer. Das Wasser, das eben noch wie ein brüllender Löwe gewütet hatte, der zu verschlingen suchte, plätscherte jetzt sanft dahin, tanzte in den Sonnenstrahlen und schien beinahe über das Unheil zu lächeln, das es angerichtet hatte.

Roderick konnte den Anblick nicht ertragen; Reue über seine Ungeduld traf ihn wie ein Pfeil mit Widerhaken ins Herz, und er wandte sich hastig ab. Er blickte nun auf die Szene, die sich vor ihm in Richtung Stadt abspielte. Der Mond schien hell auf die Zelte seiner Soldaten, die einen starken Kontrast zu den schwarzen und entstellten Ruinen der Vororte bildeten, zwischen denen sie hastig errichtet worden waren; während die Lichter in der Stadt, die man nur von der Spitze der Mauern aus sah, sie fast wie ein Adlernest aussehen ließen, das zwischen Himmel und Erde schwebte. Roderick ergriff Edrics Hand. „Wie ruhig“, rief er, „wie friedlich scheint die Szene vor uns! Ach! Wie anders als die, die sich vor kurzem – aber ach! Was ist das?“, rief er und unterbrach sich plötzlich; „ich habe doch sicher ein Stöhnen gehört.“

Edric hörte zu und hörte deutlich das schwache Stöhnen einer menschlichen Stimme. Weder Roderick noch er selbst brachten eine Silbe hervor; aber beide huschten zu der Stelle, von der die Geräusche kamen. Direkt an einer

Flussbiegung, umgeben von hohen Bäumen, die inzwischen verbrannt und vom Feuer halb zerstört waren, hatte das *Maison de Plaisance* eines spanischen Adligen gestanden. Es war im italienischen Stil erbaut; Im Garten hatten Myrten- und Granatapfelhecken geblüht, und das Haus war von einer erhöhten Terrasse umgeben, die mit Statuen geschmückt war. Jetzt jedoch war diese Terrasse mit umgestürzten Säulen und zerbrochenen Vasen bedeckt – Ruine und Verwüstung breiteten sich aus. Das Gitterwerk, gegen das verschiedene kriechende Sträucher aufgestellt worden waren, hing in wilder Unordnung von den Wänden gerissen und zermalmte mit seinem Gewicht die Sträucher, denen es einst als Stütze gedient hatte.

Edric und Roderick betraten die Wohnung, denn der Schrei schien aus ihren Ruinen zu kommen. Mit hastigen Schritten durchquerten sie die verlassenen Räume, in denen prächtige Wandteppiche in Fetzen von den Wänden hingen, während zerbrochene Überreste wertvoller Gemälde und zersplitterte Spiegel die Pracht zeigten, die einst dort geherrscht hatte. Jetzt war jedoch alles Trostlosigkeit! Die vergoldeten Wände und Decken sahen schwarz vom Rauch aus, und die prächtigen Möbel lagen halb verbrannt und halb zerstört auf dem Boden. Roderick und Edric hielten sich jedoch nicht lange auf, um das Elend um sie herum zu betrachten, denn sie eilten hastig weiter zu dem Ort, von dem die Schreie gekommen waren. Als sie näher kamen, stellten sie fest, dass es die Worte einer weiblichen Stimme waren, die sie angezogen hatten; und als sie ein paar Schritte weitergingen, bot sich ihnen ein Anblick, der sie mit Mitleid erfüllte.

Unter einer umgestürzten Säule, in deren Trümmern sie so verstrickt war, dass sie sich nicht bewegen konnte, lag oder vielmehr bückte sich eine schöne Frau und beugte sich über den anscheinend leblosen Körper eines alten Mannes, dessen schöne Gesichtszüge und ehrwürdige Erscheinung allein schon ausreichten, um tiefes Interesse an ihm zu wecken. Dieses Interesse wurde jedoch durch die offensichtliche Besorgnis, die sich auf dem schönen Gesicht der Frau abzeichnete, noch verdreifacht.

"Oh, Himmel!" rief sie, sobald sie sich näherten. "Wenn Sie auch nur ein bisschen Mitleid oder christliche Nächstenliebe in sich tragen, dann helfen Sie diesem armen alten Mann. Diese grausamen Schurken haben ihn elend zugrunde gehen lassen. Wir sind zwar Fremde, aber wir sind Menschen und haben kein Verbrechen begangen."

Inzwischen waren Edric und Roderick nahe genug gekommen, um sie aus der Säule zu ziehen, als sie zu ihrem großen Entsetzen feststellten, dass ihr Arm gebrochen war und sie auch sonst schwer verletzt war. „Oh, denkt nicht an mich", rief sie, als sie merkte, dass sie ihr helfen wollten, bevor sie sich dem alten Mann zuwandten, der tot zu sein schien. „Rettet meinen Vater, mir geht es gut – kann ich euch helfen?" Und ohne Rücksicht auf ihren eigenen Schmerz half das heldenhafte Mädchen dabei, ihren Vater aus seiner gefährlichen Lage zu ziehen.

„Ich fürchte, er ist tot", flüsterte Roderick.

„Oh! Sag das nicht", schrie Pauline, denn das war ihr Name; „er muss, er wird wieder gesund werden. Gib ihm Luft", fuhr sie fort und versuchte mit der einen zitternden Hand, die ihr noch blieb, seinen Kragen zu lösen. Edric blickte sie voller Bewunderung an, und beeindruckt von ihrer kindlichen Pietät und ihrer großzügigen Selbstvergessenheit empfand er ein Interesse für sie, das er noch nie zuvor für eine Frau empfunden hatte. Er unterstützte ihre frommen Sorgen, und als er den alten Mann noch immer bewusstlos vorfand, trug er ihn in seinen Armen zum Ufer des Flusses und besprengte ihn mit dessen Wasser.

Während er so beschäftigt war, kam der kleine dicke Dr. Entwerfen, ganz außer Atem von seinen Anstrengungen, aufgeplustert, in einem Tempo zwischen Laufen und Traben. „Oh! Edric, mein Lieber!", rief er und rang nach Luft. „Ich habe dich gefunden, habe ich; aber, meine Güte! Was ist los? Du hast doch niemanden umgebracht, oder?"

„Doktor!", rief Edric, „ich freue mich, Sie zu sehen. Dieser Herr wurde durch herabfallende Trümmer verletzt. Wollen Sie ihn zur Ader lassen?"

Der Arzt hatte in seiner Jugend Chirurgie studiert und seitdem häufig für wohltätige Zwecke geübt. Da er in allen Dingen, die nicht von seinen besonderen Schwächen abhingen, ein Mann mit Verstand und Gefühl war, begriff er sofort die Bedeutung des Falles. Er zog seine Lanzette heraus, entblößte und verband den Arm seines Patienten und ließ ihn zur Ader. Zuerst tropfte das Blut langsam, Tropfen für Tropfen; aber bald begann es stärker zu fließen, und dann öffnete der Patient mit einem tiefen Seufzer die Augen.

Pauline hatte sich mit einer solchen Angst über ihren Vater gebeugt, dass sie jedes persönliche Gefühl verdrängte. Doch als sie ihn seufzen hörte, gab die unnatürliche Kraft, die sie getragen hatte, nach. Die Natur konnte es nicht mehr ertragen, und sie fiel besinnungslos zu Boden.

Alle kamen ihr zu Hilfe und vor allem Dr. Entwerfen hatte große Schmerzen. „Liebes, hübsches Geschöpf!" rief er und schob seine Perücke zur Seite, in seiner Eile, sie hochzuheben. „Ganz schön! Ich behaupte, ihr Arm ist gebrochen und ihre Schulter schrecklich verletzt! Armes Ding! Ich frage mich, wie sie es schaffen konnte, so lange durchzuhalten." ."

"Es ist wunderbar!" wiederholte Edric. „Es ist der Triumph der geistigen Energie über das körperliche Leiden."

„Siehst du! Sie öffnet ihre Augen! Sie überlebt!" rief Roderick aus. „Sollte ich nicht besser in mein Zelt zurückkehren, um Hilfe zu holen?"

„Da sind gerade ein paar Soldaten", antwortete der Arzt und zeigte auf eine Gruppe von Männern, die ein paar Schritte entfernt standen; „Sie kamen mit mir, um mich zu beschützen, aber ich war schneller als sie, als ich Edric sah."

Die Soldaten bildeten bald eine Sänfte, auf der Herr de Mallet, denn so hieß der alte Mann, und seine Tochter zum Zelt von Roderick gebracht wurden, wo ihnen angemessene chirurgische Hilfe geleistet wurde. Und während sie sich von den erlittenen Verletzungen erholen, nutzen wir die Gelegenheit, unsere Leser über die Umstände zu informieren, die sie in eine so unangenehme Situation gebracht haben.

M. de Mallet war ein Schweizer Adliger; und nach der Usurpation des damaligen Despoten der Schweiz hatte er vehement die Freiheit seines Landes verteidigt. Der Tyrann hatte ihn eingesperrt, und er war nur mit Mühe entkommen, gefolgt von seiner einzigen Tochter, die ihm treu ergeben war und trotz aller Gefahren nie von seiner Seite gewichen war. Sie hatte ihre Mutter in ihrer frühesten Jugend verloren und seitdem waren alle ihre Gedanken und Sorgen ihrem Vater gewidmet.

Ihn zu trösten, war die einzige Beschäftigung ihres Lebens gewesen, und sie selbst war in ihrer Sorge um sein Wohlergehen völlig vergessen. Nach ihrer Flucht aus der Schweiz hatten sie in Spanien Zuflucht gesucht und sich geschmeichelt, dass sie dort, da es ein freies Land war, sicher und glücklich sein würden. Aber leider fanden sie bald heraus, dass die Reize der Freiheit eher ideell als real waren, und obwohl M. de Mallet unter der despotischen Regierung der Schweiz ein Freiheitsenthusiast gewesen war, fand er die Freuden der Freiheit unter den Republikanern Spaniens nicht ganz so groß, wie er es sich vorgestellt hatte; der Stolz der Adligen und die eingebildete Unwissenheit und Gehorsamsverweigerung des Volkes waren, wie er durch traurige Erfahrung feststellte, Dinge, über die man viel lieber redete als die man ertragen konnte. In der Schweiz hatte er das eine stolze Unabhängigkeit und das andere mannhafte Kühnheit genannt; aber jetzt entdeckte er, dass Adlige und demokratische Häuptlinge ebenso Tyrannen wie Könige sein können und dass der Pöbel ein vielköpfiges Monster ist, das äußerst schwer zu bändigen ist.

Zunächst wurden Herr de Mallet und seine Tochter in Spanien begeistert aufgenommen. Kein Mensch könnte interessanter sein: Applaus erfüllte die Luft, wann immer sie auftauchten; Von allen Seiten wurden ihnen Adressen vorgelegt; Die Menschen drängten sich, um sie zu sehen, und die spanischen Adligen wetteiferten darum, ihnen ein Asyl anzubieten. Das alles war sehr gut; aber leider war es zu bezaubernd, um von Dauer zu sein. Da man Herrn de Mallet und seine schöne Tochter oft gesehen hatte, ihnen gratulierte und ihnen Beileid entgegenbrachte, gab es jetzt nichts mehr zu tun, und die Begeisterung der Spanier begann schnell nachzulassen. Im ersten Augenblick des Triumphes hatte Herr de Mallet blind alles geglaubt, was das Volk vorgebracht hatte, und sich, wie sie ihn nannten, wirklich für einen Helden und Märtyrer gehalten. Auf diese Weise spürte er spürbar den Gefühlswandel, den sie so bald an den Tag legten; er empfand Ekel vor einem so wankelmütigen Volk; und da er zu offenherzig war, um seine Gefühle zu verbergen, ließ er die Spanier seinen Ekel spüren. Die völlige Entfremdung des verbleibenden Interesses, das sie für ihn empfanden, war die natürliche Folge.

In seiner Begeisterung hatte Monsieur de Mallet das Angebot eines spanischen Edelmanns, sein Haus zu seinem Heim zu machen, bereitwillig angenommen. Doch mit der üblichen Hartnäckigkeit eines großzügigen Geistes in einem Zustand der Abhängigkeit verließ er seinen Gastgeber sofort, sobald er eine Kühle von Seiten des Gastgebers zu bemerken glaubte, und eilte zum Haus eines anderen, der ihm noch herzlicher seine Freundschaft angeboten hatte. Auch ihm wurde bald kalt, und Monsieur de Mallet war wie der Hase mit vielen Freunden, obwohl er mit Bekenntnissen überhäuft war, völlig verlassen, als er wirklich Schutz brauchte.

Herr de Mallet hatte bei seiner Abreise aus seinem Heimatland keine finanziellen Mittel bereitgestellt, und da seine Besitztümer konfisziert worden waren, war er ganz auf die Freigebigkeit von Fremden angewiesen. Da er zu hochmütig war, um Abhängigkeit zu ertragen, und zu stolz, um sich zur Arbeit zu erniedrigen, hatte Herr de Mallet um eine Stelle in der spanischen Armee gebeten und diese auch erhalten. Da ihm die Regierungsdirektoren einen Platz in der Garnison von Sevilla versprochen hatten, war er einige Wochen zuvor zum Haus des Herzogs von Sidonia, des Gouverneurs dieser Stadt, gegangen, um dort Besitz zu ergreifen. Der Herzog empfing ihn jedoch kühl und unterhielt ihn mit zögernden Versprechungen, bis Herr de Mallet zu spät merkte, dass er von den Direktoren getäuscht worden war. Um sich seiner Aufdringlichkeit zu entledigen, hatten sie ihn nach Sevilla geschickt, nur weil es zu weit von Madrid entfernt war und er bei seiner Rückkehr nur schwer in der Lage wäre, sie zu quälen, anstatt wirklich die Absicht zu haben, seinen Wünschen nachzukommen.

M. de Mallet war empört über die Behandlung, die er erfahren hatte, und protestierte heftig beim Herzog. Die Heftigkeit seiner Gefühle löste einen Schlaganfall aus. Der Herzog, obwohl gleichgültig gegenüber M. de Mallets Klage, war nicht ohne menschliche Gefühle. Er ließ ihn daher in ein Zimmer bringen, wo er angemessene chirurgische Hilfe erhielt. Diese Szene spielte sich auf dem Landsitz des Herzogs am Flussufer ab. M. de Mallet war dort geblieben, bis er sich, unterstützt durch seine starke Konstitution und die wachsame Aufmerksamkeit seiner Tochter, schnell erholte. Als jedoch die

Nachricht vom schnellen Herannahen der Armee von Roderick eintraf, befahl der Herzog, die Vororte niederzubrennen, darunter auch sein Landhaus. Seine unglücklichen Gäste waren seiner Erinnerung völlig entschwunden. Die Spanier, die die Vororte zerstören sollten, führten ihre Aufgabe mit äußerster Barbarei aus, indem sie in Stücke rissen und zerstörten, was sie nicht verbrennen konnten. die Diener waren bei ihrer Annäherung geflohen und hatten dabei Monsieur de Mallet und seine Tochter völlig vergessen. Da sie sich in einem entfernten Teil des Hauses befanden, wussten sie nichts von dem, was vor sich ging, bis ihnen die Flammen, die ihr Zimmer angriffen, ihre Lage bewusst machten. Mit durchdringenden Schreien gelang es Pauline, ihren Vater aufzuwecken und ihn aus dem Zimmer zu treiben, aber sie wussten nicht, wohin sie fliehen sollten. Die knisternden Flammen schienen sie zu verfolgen, wohin sie auch gingen, und die herabfallenden Balken drohten jeden Augenblick, sie zu vernichten. Endlich erreichten sie die Halle, und Paulines schöne Züge strahlten vor Freude über ihre nahende Rettung, als das wankende Dach nachgab, einige Augenblicke mit einem furchtbaren Knacken schwankte und dann mit einem gewaltigen Krachen einstürzte. Pauline sah es kommen, aber es blieb keine Zeit zur Flucht. Mit einem schwachen Schrei warf sie sich vor ihren Vater und versuchte, ihn mit ihrem zarten Körper vor der drohenden Gefahr zu schützen.

Diese leichte und zerbrechliche Barriere zur Abwehr der drohenden Gefahr hätte sich jedoch als schwach erwiesen, wenn nicht glücklicherweise einer der herabsteigenden Sparren gegen einen vorspringenden Pfeiler gestoßen wäre und so eine Art Bogen gebildet hätte, der dazu diente, sie vor weiterem Schaden zu schützen; Der Einsturz des Daches hatte auch das Feuer fast gelöscht. Paulines Arm war durch den Schlag gebrochen und ihre Schulter schrecklich verletzt; dennoch hielt sich das heldenhafte Mädchen selbst; und indem sie mit ihrem verbliebenen Arm den scheinbar leblosen Körper ihres Vaters stützte, der, von so vielen Unglücken betäubt, bewusstlos zu ihren Füßen lag, versuchte sie durch ihre Schreie, die Aufmerksamkeit von irgendjemandem auf die Stelle zu lenken; Als sie feststellte, dass ihr Vater und sie selbst so in den Ruinen verstrickt waren, dass es unmöglich war, sie ohne mächtige Hilfe zu befreien.

Das größte Interesse erregten Pauline und ihr Vater an den Brüsten von Edric und Roderick; aber so mächtig es auch war, es war dazu bestimmt, bald noch schmerzhafteren Empfindungen Platz zu machen; denn kaum waren sie zum Zelt gebracht worden, als Roderick, als er die ersten schwachen Lichtschimmer des Tages am Horizont wahrnahm, den Befehl zum Angriff gab. Die Stadt war stark befestigt, und selbst dort, wo die alten Bollwerke verfallen waren, hatte der Gouverneur sie eilig mit Holz ersetzt, das so geschickt bemalt war, dass es Stein ähnelte, um die Augen seiner Gegner zu täuschen. Dreißig Türme waren in Abständen entlang dieser beeindruckend aussehenden Mauer aufgereiht; und auf der einen Seite erschien eine stark besetzte Zitadelle, die den Raum zwischen dem Fluss und der Stadt beherrschte, wo die Armee von Roderick jetzt lagerte, und die durch eine Art Graben unterstützt wurde, der gelegentlich als überdachter Weg diente.

Die Sonne ging nun in all ihrer Pracht auf, tauchte die Szene in ihre satten Purpur- und Goldtöne und fegte den Morgennebel vor sich weg. Bald jedoch wurde ihr Glanz verdunkelt und die wilde Wut des Menschen verunstaltete die Schönheit der Natur; bald ahmten donnernde Kanonen und blitzende Waffen einen Kampf der Elemente nach und bald lagen die zerschundenen und blutenden Körper der Angreifer auf dem Boden, der von ihrem Blut glitschig geworden war. Die Belagerten verteidigten sich energisch; dreimal versuchten Roderick und seine Anhänger, die Mauern zu erklimmen und dreimal wurden sie zurückgeschlagen; doch schließlich war eine Bresche geschlagen und Roderick, außer sich vor Freude, warf sich hinein und rief seinen Soldaten zu, ihm zu folgen. Sie gehorchten; und die Belagerung wäre sofort beendet gewesen, wenn nicht in der Ferne eine Staubwolke in langen, schwarzen Säulen aufgestiegen wäre, durch die der Widerschein der Waffen in der Sonne blendend schimmerte, den Belagerten neuen Mut eingeflößt und die Belagerer entmutigt hätte.

Tiefe Massen, die von dieser schweren Wolke halb verborgen waren und durch die Dunkelheit, die über ihnen lag, noch gewaltiger erschienen, rückten rasch vor und schienen mit der gewaltigen Kraft der reißenden See heranzukommen, wenn diese mit unwiderstehlicher Gewalt dahinrauscht und alles mit sich reißt, was es wagt, sich ihrer Wut entgegenzustellen.

Die Garnison der Stadt, die von diesem Anblick belebt wurde, sammelte ihre halb erschöpften Kräfte und trieb die Angreifer mit einem solchen Blutbad zurück, dass die Rückzugslinie von einem langen Strom aus Blut und verendenden Körpern gekennzeichnet war. Roderick verzichtete zum ersten Mal in seinem Leben auf einen erneuten Angriff, denn da er befürchtete, umzingelt zu werden, beschloss er, seine Kräfte abzuziehen und der vereinigten französischen und spanischen Armee, die sich nun schnell näherte, eine Schlacht zu liefern.

KAPITEL XXIV.

Trotz der Gefahr seiner Lage war Roderick entzückt, als er die alliierte Armee sah. „Jetzt werden wir kämpfen", rief er, „und nicht wie Hunde von den Mauern geworfen werden, um zu sterben. Ich könnte es nicht ertragen, meine tapferen Soldaten so geopfert zu sehen. Aber jetzt, da wir uns auf offenem Feld fair begegnen und Mann gegen Mann kämpfen, können wir den Sieg nur gewinnen!"

„Der Himmel schenke uns den Sieg!", sagte Edric seufzend.

„Nun, und das wird es auch, Mann!", wiederholte Roderick fröhlich. „Komm, komm! Erwache und heitere deine Stimmung auf, denn der Moment des Ruhms sollte nicht der der Düsternis sein!"

Die Streitmacht des Feindes war in der Zwischenzeit rasch vorgerückt, und die beiden Armeen standen sich nun gegenüber. Der Fluss umschloss den von Roderick wie ein silbernes Band. Die Lage des irischen Helden war nun tatsächlich äußerst gefährlich geworden, und im Falle einer Niederlage konnte er weder vorrücken noch zurückweichen, ohne sich unmittelbarer Gefahr auszusetzen, da der Fluss vor ihm lag und sein Rücken Angriffen aus der Stadt ausgesetzt war. Aber weder Roderick noch seine Soldaten dachten jemals an eine Niederlage. Sie atmeten nur noch den Sieg, und wie es das Vertrauen des Erfolgs oft sichert, hatten sie sich bis dahin für unbesiegbar gehalten, hauptsächlich aufgrund der festen Überzeugung, dass sie es wirklich waren. Roderick teilte seine Armee in drei Teile, und da er beschloss, die Vorhut selbst anzuführen, übergab er das Kommando über eine der anderen Divisionen an Lord Arthur O'Neil, den Sohn des Earl of Tyrone. Und die andere, die ausschließlich aus Spaniern bestand, vertraute er der Führung des spanischen Generals Don Alvarez Ripparda an, auf dessen Umsicht er sich verlassen konnte, während er den Arzt Edric und Alexis, den griechischen Pagen von Zoe, unmittelbar bei sich behielt.

Die Schlacht tobte bald mit ungeheurer Größe; Die Rufe und Schreie der Kämpfer vermischten sich schrecklich mit dem Donner der Kanonen, der von den Mauern der Stadt widerhallte, und schienen von Hügel zu Hügel zu springen und in der Ferne wie Donnergrollen zu hallen. Roderick vollbrachte inzwischen tapfere Wunder. Da er sich nicht damit zufrieden gab, die Bewegungen seiner Truppen zu leiten, kämpfte er tapfer, das Schwert in der Hand, wie ein einfacher Soldat, mit all der ungeheuren Energie und dem beispiellosen Glück, das zuvor bei den unteren Klassen der Spanier den Glauben an seine Unterstützung hervorgerufen hatte durch übernatürliche Kräfte. Ein Platz wurde angegriffen und schien im Begriff zu sein, nachzugeben; Aber als Roderick die Gefahr erkannte und sich in die Mitte warf, wurden die Soldaten von ungewohntem Mut erfüllt und kämpften wie

Löwen, die kurz davor standen, ihrer Beute beraubt zu werden, und schlugen den Feind mit gewaltigem Gemetzel zurück. Tatsächlich konnte nichts der Tapferkeit von Rodericks Arm widerstehen; Wie Homers Achilles schien er bereit zu sein, sogar über das Schicksal selbst zu triumphieren.

Trotz seiner Tapferkeit hätte jedoch ein unerwartetes Ereignis beinahe das Blatt gegen ihn gewendet. Lord Arthur O'Neil, den er an die Spitze einer der Divisionen gestellt hatte, war zwar als Einzelperson tapfer, aber als Anführer nichts. Er war der Verantwortung der übernommenen Aufgabe nicht gewachsen und stand zögerlich und unsicher da, was er tun sollte, während der Moment zum Handeln verstrich. Seine Division war ausgesandt worden, um den Feind im Rücken anzugreifen. Da Roderick weiter vorgerückt war, als er es ohne ihre Hilfe getan hätte, schien ihre Untätigkeit die verheerendsten Folgen zu haben. Edric sah Lord Arthurs Unsicherheit. Er erkannte sofort sowohl die Ursache als auch die Folgen, stellte sich an die Spitze einiger Männer und galoppierte zu seiner Rettung. Arthur, verwirrt und überwältigt, gab bereitwillig sein Kommando ab. Edric führte seine Division zum Angriff und änderte augenblicklich das Schicksal des Tages. Der folgende Sieg war entscheidend. Diejenigen, die an der Front gegen Roderick kämpften, waren erstaunt, als sie den Kampflärm in ihrem Rücken hörten, und wurden unentschlossen. Wenn einmal Unordnung in eine solche Masse von Männern, Pferden und Munitionswagen geriet, waren die Folgen irreparabel. Die Niederlage wurde bald allgemein. Die Franzosen und Spanier fielen vor Entsetzen übereinander her. In einigen Fällen war ihre Verwirrung so groß, dass sie ihre Waffen gegen ihre eigenen Truppen richteten, weil sie sie mit denen ihrer Gegner verwechselten.

Die Verfolgung des fliegenden Feindes wurde der spanischen Division von Rodericks Armee anvertraut, und dieser siegreiche Monarch kehrte triumphierend in sein Lager vor der Stadt zurück. Düsternis hing über den Mauern von Sevilla, da diese stolze Stadt erwartete, sofort zur Beute des Eroberers zu werden. Als Roderick jedoch feststellte, dass die Garnison immer noch entschlossen war, Widerstand zu leisten, und dass seine eigenen Soldaten durch die erlittene Müdigkeit erschöpft waren, beschloss er, den Angriff auf den nächsten Tag zu verschieben. Dann zog er sich in sein Zelt zurück und befahl, seine Offiziere und Adligen einzuberufen, um einen Kriegsrat über ihr zukünftiges Vorgehen abzuhalten. Auf diesen Aufruf hin hatte sich bereits eine Menschenmenge um den Monarchen versammelt, als Edric unter ihnen erschien. Roderick sah ihn, stürzte hastig herbei und nahm ihn in die Arme. "Mein liebster Freund!" schrie er; „Gestern haben Sie mir das Leben gerettet, aber heute haben Sie meine Ehre bewahrt. Ich versuche nicht, Ihnen zu danken, denn ich spüre die völlige Unfähigkeit von Worten, meine Gefühle auszudrücken. Sehen Sie jedoch nicht elend aus, Arthur", fuhr er fort er wendet sich an den unglücklichen General; „Denn ich gebe dir keine Vorwürfe. Es war meine Schuld, dass ich dich in eine Situation gebracht habe, die du nicht ausfüllen konntest. Für die Zukunft wirst du und Edric die Plätze tauschen; und dann vertraue ich, solange ich noch das Vergnügen habe, meine Aufgabe zu erfüllen Freunde, die Interessen des Staates werden nicht leiden."

Nun erschien ein Page mit einem Band, an dem einige glitzernde Kreuze befestigt waren. „Es ist gut", sagte Roderick und nahm das Band in die Hand. „Edric", fuhr er fort, „ich hoffe, Sie werden Ihrem Freund einen Gefallen tun, indem Sie diese herrlichen Schmuckstücke aus seiner Hand annehmen. Sie können Ihnen in seinen Augen keine zusätzliche Ehre verleihen, aber sie können dazu beitragen, Ihre Autorität unter den Soldaten zu festigen, die Sie in Zukunft befehligen werden und die diese Schmuckstücke mit Respekt betrachten."

Edric verneigte sich anmutig zustimmend, kniete vor dem Monarchen nieder und nahm seine neuen Ehren mit ebenso viel Anmut entgegen, wie Roderick sie verlieh; Die versammelten Offiziere und Adligen drängten sich um sie herum und überbrachten ihre Glückwünsche. Was auch immer sie sagen mochten, keiner der Anwesenden spürte auch nur ein Zehntel der Freude, die Dr. Entwerfen bei diesem Anlass empfand. Seine Entrücktheit lässt sich in der Tat kaum beschreiben; denn er tanzte, sang, sprang, ja, schrie geradezu vor Entzücken; bis er schließlich, ganz außerstande, der Heftigkeit seiner Gefühle freien Lauf zu lassen, zum Zeltpfeiler sprang, sich daran festklammerte und ihn mit aller Kraft umarmte. All diese Possen hatte Roderick heimlich beobachtet und genossen, selbst in dem Kreis, der ihn umgab; er verlor den Arzt jedoch aus den Augen, als er davonschoss; und erst als sich die Offiziere und Adligen zerstreuten, entdeckte der König zu seiner unendlichen Belustigung seinen gelehrten Freund, der immer noch den Posten umarmte.

Es wurde bereits bemerkt, dass sich mit den tausend guten Eigenschaften, die Roderick ausmachten, eine unbezwingbare Liebe zum Unfug vermischte und dass er ständig in Schwierigkeiten geriet und allen unglücklichen Personen, die ihm zufällig in die Quere kamen, Streiche spielte. Seine unbesiegbare Gutmütigkeit und ein gewisses unbeschreibliches Maß an *Bon Enfant*, das seinem Charakter eigen war, machten es jedoch für niemanden ernstlich möglich, ihm seine Streiche übel zu nehmen.

Es lag tatsächlich nicht in der Natur eines Menschen, lange auf Roderick böse zu sein. Und da er sicher war, keinen bleibenden Anstoß zu erregen, tollte er, wenn er nicht gerade aktiv in den Krieg verwickelt war, aufgrund seiner ruhelosen Aktivität umher wie ein verwöhntes und verhätscheltes Kind, das selbst in dem Moment, in dem ihm seine Sünden vergeben werden, völlig damit beschäftigt ist, eine neue Heldentat zu planen.

Unter diesen Umständen kann man sich leicht vorstellen, welch unendlichen Spaß die vertrauensvolle Einfachheit von Dr. Entwerfen Roderick bereitet hatte und wie unzählige Streiche er ihm während ihres langen und ermüdenden Aufenthalts auf der Insel León angetan hatte . Die wichtigen Ereignisse, die seitdem stattgefunden hatten, hatten jedoch die Aufmerksamkeit des Monarchen völlig in Anspruch genommen, und der arme Arzt hatte eine lange Pause genossen, bis dieser plötzliche Anblick seiner unverminderten Begeisterung eine Gelegenheit bot, die für den lachenden Monarchen zu verlockend war widerstehen.

Dementsprechend überreichte einer von Rodericks Pagen an diesem Abend dem Arzt mit der Miene tiefer Geheimhaltung einen geheimnisvollen Beutel, der mehrere kleine Teigbällchen enthielt, und ein Billet des Königs, in dem er dem Arzt mitteilte, dass diese Bällchen gekocht seien würde in ein Schießpulver von solch erstaunlicher Stärke und Wirksamkeit umgewandelt werden, dass zehn Körner davon ausreichen würden, um eine ganze Stadt in die Luft zu jagen; und dass er, nachdem er zufällig von dem unschätzbaren Geheimnis ihrer Zusammensetzung erfahren hatte, sie zur Zerstörung Sevillas verwenden wollte; Da es in seinem ganzen Lager keinen so geschickten experimentellen Philosophen wie den Arzt gab, hatte er beschlossen, ihre Vorbereitung ausschließlich seiner Obhut anzuvertrauen.

Es ist unmöglich, in Worte zu fassen, wie wichtig es war, dass der Doktor beim Lesen dieses Briefes seine Brust empfand. Er stolzierte, plusterte sich auf und tat sein Möglichstes, um groß auszusehen – eine Leistung, die ihm zweifellos gelungen wäre, wenn die Natur nicht perverserweise beschlossen hätte, seine Bemühungen zu verhindern und seine Größe auf etwa 1,40 m beschränkt hätte. So aber machte er das Beste aus sich und war fest entschlossen, keinen einzigen Augenblick zu verlieren, um die Pläne des Königs in die Tat umzusetzen. Er eilte zu einem freien Platz zwischen dem Lager und der Stadt, wo in aller Eile einige Kessel zum Kochen des Essens für die Soldaten aufgestellt worden waren, und begann dort mit seinen Operationen.

In der Zwischenzeit war Roderick, der nicht ahnte, dass der Doktor so schnell vorgehen würde, damit beschäftigt, den Abtransport der Verwundeten zu überwachen und Befehle für den Angriff zu erteilen, der am nächsten Tag stattfinden sollte. Er hatte in der Tat viel zu tun; denn die Verantwortung eines Generals, der nicht ganz frei von Mitgefühl für seine Männer ist, ist furchtbar schwer; und obwohl ihn ein irrtümlicher Durst nach Ruhm zum Eroberer gemacht hatte, war Rodericks Herz freundlich und großzügig, ja sogar äußerst zärtlich.

Von seinem Mitgefühl getrieben, konnte er sich daher nicht zufrieden geben, nachdem die mühsameren Arbeiten des Tages vorüber waren, ohne selbst die Krankenhäuser der Kranken aufzusuchen. Er sah, wie ihre Wunden versorgt wurden, und versuchte, ihre Schmerzen zu lindern, während er freundlich zu ihnen sprach und ihre Tapferkeit lobte. So beschäftigt, als er von Zelt zu Zelt ging, strahlten die Augen seiner Soldaten vor Entzücken über seine Annäherung; und selbst in den Todesqualen erhoben sie ihre schwachen Stimmen, um Segen auf sein Haupt herabzurufen. Alexis folgte seinem Meister auf diesem Ausflug und seine schönen Augen funkelten vor Freude, als sie der gottähnlichen Gestalt von Roderick durch die Menge folgten. Der Monarch, ja er selbst, zuckte vor Erstaunen zusammen, als er sich plötzlich umdrehte und zufällig ihrem Blick begegnete. „Diese Seite", sagte er zu Edric, der zufällig in der Nähe war, „hat einen feurigen Blick – ich habe wirklich nie ausdrucksstärkere Züge gesehen."

„Das ist oft der Fall", erwiderte Edric ruhig, während er einem der Chirurgen half, den Arm eines verwundeten Soldaten zu verbinden. „Die Stummen verwenden häufig Gesten, um sich verständlich zu machen, und ihre Gesichtszüge werden unmerklich ausdrucksvoller, da die Muskeln häufiger zum Einsatz kommen."

„Du hast gekämpft wie ein Held, mein tapferer Kerl!", sagte Roderick zu dem armen Mann, dem Edric geholfen hatte. „Ich hoffe, deine Verletzung ist nicht ernst!"

„Und wenn es durch mein Herz ginge", sagte der Mann, „so wäre ich stolz, es für Eure Majestät an jedem Tag meines Lebens zu ertragen."

„Oh, diese Iren!", seufzte ein alter andalusischer Soldat, der in der Nähe lag und sie zufällig verstand. „Sie sind tapfer wie Löwen auf dem Feld, aber sanft wie Tauben, wenn sie in einer Kammer sind."

„Wurden auch Ihre Wünsche erfüllt?", fragte Roderick.

„Ja, Gott segne Eure Majestät!", erwiderte der Soldat. „Wenn der Teufel Ihnen im Kampf hilft, bin ich sicher, dass es Gottes eigener Geist ist, der Sie hinterher so gut zu Ihren Soldaten macht."

„Wenn mir der Teufel heute geholfen hat", sagte Roderick lachend, „dann bin ich seiner satanischen Majestät sicher zu großem Dank verpflichtet, denn ich war noch nie in größerer Gefahr. Schau nicht so ernst, Edric, du weißt, dass ich nur Spaß mache, und dass mein Herz, was auch immer meine Zunge sagen mag, nur Dankbarkeit empfindet, wo sie wirklich angebracht ist." Und während er sprach, bekreuzigte er sich inbrünstig.

„Ich weiß", sagte Edric ernst, „dass dein Herz unendlich viel besser ist als dein Kopf."

„Die Schuld meiner Landsleute", rief Roderick und lächelte erneut, „oder vielmehr die Schuld der Natur, denn sie, die armen Seelen, können nichts dafür. Unsere Vorstellungskraft ist so lebhaft, dass sie wie ein widerspenstiges Pferd dazu neigen, das Gebiss zwischen die Zähne zu nehmen und mit voller Geschwindigkeit davonzugaloppieren, trotz allem, was die weise Dame Vernunft tun kann, um sie davon abzuhalten, obwohl sie immer noch nutzlos an den Zügeln zieht."

Sobald die wichtigeren Pflichten seines Amtes erfüllt waren, wollte Roderick Doktor Entwerfen einen Besuch abstatten, um herauszufinden, welche Wirkung sein verräterischer Brief auf den Doktor gehabt hatte. Doch Edric schlug vor, sie sollten die schöne Schweizerin aufsuchen und sich, wie es die allgemeine Höflichkeit verlangte, nach ihrem Arm erkundigen, und der arme Doktor war völlig aus seinen Gedanken verdrängt.

Für den Empfang von Herrn de Mallet und seiner Tochter war ein gesondertes Zelt aufgeschlagen worden; und als unsere Freunde es betraten, fanden sie den würdigen Herrn völlig genesen vor, und seine schöne Tochter lag auf einer Art Sofa und sah schöner aus als je zuvor. Ihre engelhaften Züge hatten zwar die Lebhaftigkeit verloren, die sie zuvor zum Ausdruck gebracht hatten, aber ihre gegenwärtige Trägheit machte sie unendlich interessanter als ihre frühere Energie. Sanftheit war in der Tat das Merkmal von Paulines Schönheit. Ihre Figur war zwar schlank und sylphisch, aber dennoch rund und voll genug, um einem Lüsternen zu gefallen. Ihr Teint war außerordentlich hell, aber auf ihren Wangen leuchtete ein wunderschöner rosiger Farbton, während ihre klaren blauen Augen und das goldene Haar ihr das Aussehen eines Seraphs verliehen; Und als sie ihre strahlend blauen Augen aus Dankbarkeit zu Edric hob, drang ihr Blick tief in seine Seele ein und er dachte, er hätte noch nie zuvor Schönheit gesehen.

So war Pauline; und als sie sprach, fühlte Edric, während er verzückt den sanften, schmelzenden Tönen ihrer melodischen Stimme lauschte, dass er nicht länger widerstehen konnte, sondern sein Herz bereitwillig ihrem Charme überließ. Ja, der ruhige, vernünftige, philosophische Edric war tatsächlich verliebt. Er, der die Leidenschaft so verachtet und verspottet hatte und so getan hatte, als zweifelte er an ihrer Existenz, war nun eines ihrer ergebensten Opfer geworden.

Roderick war von der Schönheit Paulines fast ebenso entzückt wie Edric, und da der Umstand, der sie zuerst auf sie aufmerksam gemacht hatte, einen so auffälligen Kontrast zu der Sanftheit und Zartheit ihres gegenwärtigen Aussehens bildete, war es kaum möglich, sie zu vermuten dieselbe Person, ein Gefühl der Neugier vermischte sich mit dem Interesse, das sie erregte. Als unsere Freunde das Zimmer betraten, erhob sich Herr de Mallet, um sie zu empfangen: „Ich weiß nicht, wie ich Ihnen danken soll", sagte er; seine Stimme erstickte fast vor Rührung: „Mein eigenes Leben war von geringem Wert; aber das dieses lieben Kindes –" er konnte nicht weitermachen.

Roderick nahm seine angebotene Hand. „Mein lieber Herr", rief er, „reden Sie nicht von Dankbarkeit. Edric und ich haben uns nur zu sehr dafür entschädigt, dass Sie sich so erholt haben Dich, als den Glücklichsten unseres Lebens!"

„Sie sind zu gut", rief Herr de Mallet, „zu gut!" und er konnte seine Tränen nicht länger zurückhalten.

Roderick war zutiefst betroffen; er konnte es nicht ertragen, einen alten Mann weinen zu sehen; und er ergriff erneut die Hand von Herrn de Mallet und drückte sie respektvoll an seine Lippen: „Mein lieber Herr", rief er, „was ich bisher für Sie tun konnte, ist nichts; wenn Sie nicht mit mir nach Irland zurückkehren würden." , vielleicht kann ich –"

„Still! mein guter Freund", antwortete Herr de Mallet; „Ich zweifle weder an Ihrer Freundlichkeit noch an Ihrer Macht; aber ich habe zu viele Berufe ausgeübt!"

„Mein Vater", sagte Pauline und mischte sich mit ihrer sanften, süßen Stimme ein, „hat viel gelitten; verzeihen Sie ihm, wenn er für Ihre Freundlichkeit undankbar erscheint; aber wiederholte Enttäuschungen verderben den Geist. Wir haben viel Unglück erlebt!" und ihre Stimme zitterte, als sie sprach.

„Leider! Wenn *Sie* nicht von Ärger verschont geblieben sind, wer wird es dann wagen, sich zu beschweren?" rief Edric mit einer Stimme, die so sanft und zitternd war wie ihre eigene.

Pauline richtete ihre schönen Augen auf ihn: „Verzeihen Sie, mein Herr", sagte sie, „dass ich Ihnen nicht schon früher gedankt habe! Seien Sie versichert, dass es nicht daran lag, dass Sie Ihre Freundlichkeit nicht gespürt haben; aber manchmal ist das Herz zu voll, um es auszusprechen." "

„Danke von Ihren Lippen, Madam", erwiderte Roderick, „wäre eine Belohnung für jeden Dienst."

Pauline errötete: „Auch Sie, mein Herr, waren Güte selbst", erwiderte sie: „Glauben Sie nicht, dass ich gegenüber Ihren Gunsten unempfindlich bin; aber ich bin selbst im Dank ein Bankrotteur. Leider bestimmt uns das Schicksal dazu, ständig Verpflichtungen einzugehen, die wir niemals zurückzahlen können." ."

„Ein dankbares Herz ist mehr als Worte", sagte ihr Vater; „Und daran, mein Kind, ich weiß, wird es dir niemals mangeln; aber wem schulden wir diese Güte?"

„Ich bin der König von Irland", sagte Roderick lächelnd; „wird hier in Spanien der Liebling des Teufels genannt."

"Ist es möglich?" rief Herr de Mallet; „Sehe ich tatsächlich den berühmten Roderick?“

„Und das“, fuhr Roderick fort, ohne seinen Ausruf zu bemerken, „ist mein Freund, Mr. Montagu, ein Engländer, der, wie viele seiner Landsleute, nicht damit zufrieden ist, jeden Luxus zu Hause zu genießen, in fremde Gefilde schweift, um zu murren und …“ an allem, was ihm begegnet, etwas auszusetzen haben.

„Glauben Sie ihm nicht, Madam“, rief Edric; „Meine Landsleute reisen gern, das ist wahr; und mögen gelegentlich etwas bemängeln, was ihrer Meinung nach in einem fremden Land mangelhaft ist; aber ich versichere Ihnen, wir reisen aus dem Wunsch heraus, uns zu verbessern und Wissen zu erwerben, während wir nur daran etwas auszusetzen haben die wohltätige Hoffnung, dass unsere Kritiken zu einer Besserung führen können.“

„Das heißt, vorausgesetzt, Ihre Tadel sind gerechtfertigt“, antwortete Roderic; „aber dass wir uns manchmal die Freiheit nehmen zu zweifeln.“

„Ich halte nichts für unvernünftiger, als Bräuche zu tadeln, nur weil wir nicht an sie gewöhnt sind“, sagte Herr de Mallet; „Ich für meinen Teil entscheide mich, wenn ich reise, mit allem zufrieden zu sein, da ich glaube, dass ich kein Recht habe, mich mit Unannehmlichkeiten herumzuschlagen, die ich selbst gesucht habe.“

„Es wäre gut“, entgegnete Roderick, „wenn alle Ihrer Meinung wären und diejenigen, die im Ausland nicht zufrieden sind, versuchen würden, zu Hause zufrieden zu sein. Aber Sie sprechen, als wären Sie gereist, und ich glaube, Ihre Tochter hat es gestern erwähnt dass ihr in Spanien Fremde seid.“

„Wir sind Schweizer“, antwortete Herr de Mallet; „Mein Name ist de Mallet, ein Name, von dem Sie vielleicht gehört haben, dass er einem Verfechter der Freiheit gehört. So machtlos meine Bemühungen auch waren, ich war dieser Verfechter, und der Lohn meiner Arbeit ist Armut und Schande in einem fremden Land.“

„Aber sicherlich“, sagte Roderick, „würden die Spanier als Nation freier Männer einen Märtyrer für die Freiheit mit offenen Armen empfangen und ihn wie einen Bruder behandeln.“

„Ja, ja“, antwortete Herr de Mallet bitter; „Ich habe ein erträgliches Beispiel ihrer brüderlichen Zuneigung erhalten: Sie empfingen mich mit Beteuerungen, ernährten mich mit trügerischen Versprechungen und ließen mich dann elend zugrunde gehen.“

„Nicht mit Absicht, mein lieber Vater“, sagte Pauline; „Ich kann nicht annehmen, dass sie uns absichtlich dem Untergang überlassen haben.“

"Ach nein!" rief Roderick; „Das muss unmöglich gewesen sein: Tiger müssen durch diese Stimme Mitleid erregt haben. Sie hätten nie die Absicht haben können, *dich* sterben zu lassen."

„Sire", antwortete Herr de Mallet ernst, „Sie vergessen, dass meine Tochter und ich nur einfache Schweizer sind; wir sind an Schmeicheleien und die Sprache der Höfe nicht gewöhnt; richten Sie also keine Ausdrücke an uns, die unser Verständnis übersteigen, was zu einer Verfehlung führen könnte." uns, die Distanz zu vergessen, die das Schicksal zwischen uns gelegt hat.

„Sprich nicht vom Rangunterschied", unterbrach Roderick ungeduldig; „Schönheit und Verdienst, wie die deiner Tochter, stelle sie auf eine Ebene mit einem Thron."

„Verzeihen Sie, Sire", antwortete Pauline, errötend und ihren Blick auf den Boden richtend; „Ich bin mir der Demut meines Standes vollkommen bewusst. Ich bin mir bewusst, dass ich nicht dazu geboren wurde, ein Gefährte von Königen und Fürsten zu sein, noch habe ich den Wunsch, mich über die Situation zu erheben, in die die Natur mich gestellt hat. Das ist meine Pflicht." Mein Vater führte mich dazu, ihm zum spanischen Hof zu folgen, und, verzeihen Sie mir, Sire, ich hoffe aufrichtig, dass es das letzte sein könnte.

„Aber die Spanier dürfen uns nicht verurteilen."

„Ich weiß es wohl, Sire; in den Berichten wurde der irische Held immer als edel, großzügig und freundlich bezeichnet; selbst seine Feinde haben seinen Verdiensten die Ehre erwiesen, und der Ruhm von Roderick hat sich in alle Winkel der Welt verbreitet. Ich weiß, dass er nicht in der Lage ist, meinen Vater so zu behandeln, wie er von den Herrschern Spaniens behandelt wurde; aber ich weiß auch, dass er mir so weit überlegen ist, dass er mir eine Herablassung entgegenbringt, von der ich mir nicht einbilden darf, dass sie so lange anhält, und von der ich weiß, dass ich sie absolut nicht verdiene."

Edrics Augen drückten seine Bewunderung aus und Paulines glühende Wangen bewiesen, dass sie ihre Bedeutung sah und verstand. Roderick jedoch war nicht ganz so erfreut; er fühlte sich getadelt und Roderick mochte es nicht, das Gefühl zu haben, im Unrecht zu sein.

„Sie sind zu bescheiden", sagte er und wandte sich dann an Edric. „Edric", fuhr er fort, „haben Sie eine Ahnung, was aus Dr. Entwerfen geworden ist?" Dann wandte er sich wieder an Pauline und fügte hinzu: „Apropos – Sie werden viel Spaß mit dem gelehrten Doktor haben, Mademoiselle de Mallet; aber ich sage Ihnen rechtzeitig, bevor Sie ihn sehen, dass Sie ihn nicht in seinem Angesicht auslachen dürfen, denn Edric ist den Gefühlen seines Lehrers ebenso ergeben wie seinen eigenen."

Paulines Augen drückten ihre Zustimmung zu Edrics Feingefühl in diesem Punkt aus; und als sie ihm begegneten, lösten sie in seinem Herzen mehr Freude aus, als Sprache ausdrücken könnte. Von diesem Moment an schienen Pauline und Edric einander zu verstehen, denn sie hatten das Gefühl, dass es eine Gefühlsgemeinschaft zwischen ihnen gab. Die stumme Intelligenz der Augen sagt manchmal mehr als ganze Jahre alltäglichen Geschlechtsverkehrs; und so fühlten sich Pauline und Edric wie alte Freunde, obwohl sie kaum ein halbes Dutzend Sätze gewechselt hatten.

„War das nicht der Herr, der mich aus meiner Ohnmacht befreit hat?" fragte Herr de Mallet.

Bevor Roderick Zeit hatte zu antworten, stürmte ein Offizier in den Raum, der geradezu verzweifelt aussah, und als er auf Roderick zuging, beugte er sein Knie vor ihm.

"Was ist los?" rief der Monarch streng. „Sprich! Wenn du einen Fehler begangen hast, hast du von meiner Gerechtigkeit weniger zu befürchten als von meiner Gnade, denn unangebrachte Nachsicht fördert nur das Verbrechen."

„Verzeihung, Sire!" rief der Offizier, immer noch kniend; "aber aber-"

„Sprich! – kein Ausweichen."

„Eure Majestät hat befohlen, dass wir darauf achten sollen, dass Dr. Entwerfen kein Schaden zugefügt wird und – und er vom Feind gefangen genommen wurde."

„Dummkopf! Idiot, Dummkopf!" rief Roderick; und als er sich von Herrn de Mallet und seiner Tochter verabschiedete, verließen er und Edric eilig das Zelt.

Die Kugeln, die der irische König dem Doktor gegeben hatte, bestanden einfach aus Teig, dem gleichen, der auch zum Brotbacken verwendet wird, nur mit der Zugabe von etwas aufgerolltem Quecksilber in der Mitte. Der fröhliche Monarch wusste, dass die Knödel, sobald sie der Hitzeeinwirkung ausgesetzt wurden, wie verzaubert herumtanzen würden; und er erwartete große Belustigung, wenn er die Bemühungen des Arztes sehen würde, sie im Topf zu halten, und seine Verzweiflung darüber, dass er dazu nicht in der Lage war. Um jedoch die Möglichkeit eines Unheils zu verhindern, hatte er eine ausgewählte Wache gewünscht, die den unglücklichen Philosophen bewachte und ihn nie aus den Augen verlor, um nach Möglichkeit dafür zu sorgen, dass er keiner Gefahr ausgesetzt wurde. Diese Kerle erfüllten jedoch ihre Pflicht nicht, und ihrer Nachlässigkeit verdankte sich das unglückliche Schicksal des Arztes.

Sobald der Doktor die tödlichen Kugeln erhalten hatte, eilte er zum Kessel, entzündete eilig ein Feuer und begann mit dem Experiment. Die Kugeln erfüllten Rodericks Erwartungen mehr als, denn sobald sie von der Hitze beeinflusst wurden, begannen sie mit größter Beharrlichkeit eine nach der anderen aus dem Topf zu springen. Der Doktor war vom Dampf des Kessels in schrecklicher Hitze und warf seinen Mantel ab, um sich abzukühlen. Auch seine Perücke rutschte ihm herunter, als er versuchte, die provozierenden Kugeln zurückzuholen, und er musste ihnen mit äußerster Behändigkeit hinterherspringen, während sie hüpfend dahinrollten. Und kaum hatte er eine gefangen und zurück in den Topf gelegt, sprang schon eine andere heraus und begann eine neue Reihe von Launen. Der Doktor, obwohl müde und gereizt, ließ jedoch keinen Augenblick von seiner Arbeit ab und rannte keuchend und außer Atem hinter einem dieser launischen Harlekine her, als er von einem groben Arm aufgehalten wurde, während ein Mann mit barscher Stimme fragte, was er denn hier mache.

Der Doktor blickte auf, und als er mit Entsetzen feststellte, dass er von acht oder zehn bewaffneten Spaniern umringt war, antwortete er mit zitternder Stimme: „Er stellt Schießpulver her.“

„Schießpulver!“, rief einer der Männer. „Aber was haben Sie mit diesen Kugeln gemacht?“

„Ich habe sie gekocht“, antwortete der Arzt voller Ehrfurcht.

„Ich glaube, Sie schienen mit ihnen zu spielen“, fuhr der Mann fort. „Sind Sie hinter ihnen hergelaufen, um Schießpulver herzustellen?“

„Ja, sie wollten nicht im Topf bleiben, und ich musste ihnen nachlaufen, um sie zu fangen.“

Die Soldaten brachen bei dieser naiven Antwort in schallendes Gelächter aus, und ihre Fröhlichkeit bildete einen lächerlichen Kontrast zum traurigen Gesichtsausdruck des Arztes. Sie bereiteten sich nun darauf vor, sich zurückzuziehen, und zogen den Arzt mit sich, ohne auf seine Bitten um Begnadigung und seine Unschuldserklärungen Rücksicht zu nehmen. Sie erklärten ihn für einen Spion und schworen, ihn als solchen aufzuhängen, sobald sie in die Stadt gelangten. Die Soldaten, die zur Bewachung des Doktors bestimmt waren und durch ein gemütliches Pikettspiel ihren Auftrag vernachlässigt hatten, kamen nun herbei und waren bestürzt darüber, den Doktor in der Obhut einer Streitmacht zu sehen, die zu groß war, als dass sie sich mit ihr auseinandersetzen könnten , flohen, um ihren Souverän zu informieren, zitterten jedoch ständig vor den Folgen ihres Ungehorsams.

Als Roderick und Edric die Ebene erreichten, betrat die Gruppe von Soldaten, mit dem armen Doktor in ihrer Mitte, gerade eines der Tore der Stadt, durch das sie ihren Ausfall gemacht hatten. Die Strahlen der untergehenden Sonne fielen voll auf den kahlen Kopf und das glänzende Gesicht des armen Doktors; und diese Strahlen und die Ärmel seines weißen Hemdes, während er seine Hände flehend zum Himmel erhob, machten ihn selbst aus der Ferne zu einem auffälligen Objekt, bis er durch die schweren Tore, die sich hinter ihm schlossen, vor den Augen seiner Freunde verborgen war. Roderick und Edric waren verzweifelt über den Verlust ihres Favoriten; und zu sehen, wie er so barbarisch weggezerrt wurde, ohne die Macht zu haben, ihm zu helfen, war genug, um die Philosophie eines Stoikers auf die Probe zu stellen. Es war daher kein Wunder, dass es zu viel für die Geduld des irischen Helden war, der selten Enttäuschung oder Selbstbeherrschung erlebt hatte: Er tobte, stampfte und befahl, da er seine Wut nicht zurückhalten konnte, einen sofortigen Angriff auf den Ort.

Der Feind, der glaubte, die Iren seien von der Schlacht, die sie gerade ausgefochten hatten, zu ermüdet gewesen, um die Stadt noch in dieser Nacht anzugreifen, rechnete keineswegs mit einem Angriff; aber ermutigt durch den erfolgreichen Widerstand, den sie zuvor geleistet hatten, nahmen sie den Angriff mit Entschlossenheit auf und schlugen ihn mit Nachdruck zurück. Die Kanonen brüllten mit ungeheurer Wut auf beiden Seiten, und ganze Kolonnen von Männern wurden hinweggefegt, als das Gras vor der Sense fiel. Rodericks Ungeduld wuchs mit jedem Augenblick, und nachdem der Schuss einer Petarde die hölzernen Bollwerke der Stadt in Brand gesteckt hatte, stürzte er sich mit dem Schwert in der Hand auf die lodernde Bresche, ohne Rücksicht auf die knisternden Balken und die sich schnell ausbreitenden Flammen, während Edric und Einige seiner ergebensten Soldaten folgten ihm, und sie alle gerieten bald in hitzige Auseinandersetzungen mit den Spaniern, die sich ihrem Einmarsch auf den Mauern widersetzten. Ein lauter Ruf von unten erregte jedoch bald ihre Aufmerksamkeit; die Belagerten hatten über den überdachten Weg einen Ausfall gemacht; und Edric und sein königlicher Freund sahen sich widerwillig gezwungen, sich mit ihren Anhängern zurückzuziehen, da ihnen ihr Rückzug verwehrt blieb, wenn sie blieben. Tatsächlich wurde Roderick von einem spanischen Soldaten niedergeschlagen, als er gerade von den Mauern sprang. Als der Soldat die Wirkung sah, die er hervorgebracht hatte, war er im Begriff, seinen Schlag zu wiederholen, und der irische Held hätte umkommen müssen, bevor er sich hätte erholen können, wenn nicht Edric eingegriffen und die Wunde anstelle seines Freundes erhalten hätte; Dann drehte er sich sofort um und schlug den Soldaten nieder. In der Zwischenzeit hatte sich Roderick wieder erholt, und er und Edric kämpften sich zurück zum Rest der Armee. Es wurde mittlerweile ziemlich dunkel, und die Belagerten zogen sich innerhalb der Stadt zurück, und die Armee des irischen Monarchen kehrte erneut in ihr Lager zurück.

"Wie provozierend!", rief Roderick, als sie sein Zelt betraten, nahm seinen Helm ab und gab ihn Alexis, dem griechischen Pagen: "Ich werde nie wieder glücklich sein, wenn sie dem Doktor wehtun. Nimm auch mein Schwert, Alexis: aber was ist mit dem Jungen los? Ich finde, er sieht wundersam blass aus. Nicht wahr, Edric?" Dann wandte er sich zu Edric um und war äußerst schockiert über die Veränderung in *seinem* Aussehen. Es wurde bereits erwähnt, dass Edric den Schlag abbekam, den der spanische Soldat für Roderick vorgesehen hatte. Die Wunde hatte stark geblutet, aber das Blut war geronnen und hatte aufgehört zu fließen, und Edric war dank seines eigenen Mutes, seiner Geistesgegenwart und seiner Standhaftigkeit in der Lage gewesen, sich bis zum Zelt durchzuhalten. Jetzt jedoch, da er keine Anstrengungen mehr unternehmen musste, verrieten sein bleiches Aussehen und sein gespenstisches Gesicht, was er erlitten hatte. Er hatte einen schrecklichen Schnitt an der Schläfe erlitten, und das geronnene Blut in seinem Gesicht und Haar bildete einen furchtbaren Kontrast zum Weiß seines restlichen Gesichts. Tatsächlich sah er aus wie der Geist eines armen ermordeten Schurken, der seinen Zerstörer um Rache anflehte.

Er hatte sich an einen Tisch gesetzt, seine Arme darauf gestützt und seinen Kopf mit den Händen gestützt. Er versuchte, als Antwort auf Rodericks Fragen zu lächeln; aber die Anstrengung war zu groß für seine ohnehin schon erschöpften Kräfte, und sein Kopf fiel schwer auf den Tisch. Roderick flog, um ihn zu unterstützen, und schickte Alexis zu einem Chirurgen. „Mein Lieber! lieber Edric!" rief er, „Sprich mit mir! Um Gottes willen, sprich mit mir! Lass mich nicht denken, dass ich meinen Freund zerstört habe. Oh, Edric! Es ist Rodericks Ruf. Sprich! Sprich, um Gottes willen, sprich!"

Edric war jedoch nicht in der Lage zu sprechen; und die Folter des irischen Königs, als er feststellte, dass sein Freund ihm nicht antworten konnte, war unbeschreiblich.

„Mein geliebter Edric!" rief er und rang vor Kummer die Hände, „Ich flehe dich an, mir zu antworten. Leider kann er nicht: Er ist nicht mehr. Fluch auf meiner Torheit! Ich wäre vielleicht gesegnet und glücklich gewesen, aber auf der Suche nach dem Phantom." Herrlichkeit, ich habe alles geopfert, was ich jemals auf Erden geliebt habe! Oh Gott, ich hätte Spanien nie besucht!"

Ein schweres Stöhnen hinter ihm erschreckte Roderick, als er zu Ende gesprochen hatte; und als er sich umdrehte, erblickte er Alexis, der nun mit dem Chirurgen zurückgekehrt war. Das Aussehen des Jungen war einzigartig; Sein Teint war normalerweise ein klares Dunkelbraun mit einem satten Farbschimmer und bemerkenswert volle, rosige Lippen; jetzt blieb die tiefe Farbe auf seinen Wangen unverändert; aber seine Lippen hatten eine gespenstische, bleiche Farbe angenommen, seine Glieder zitterten vor Aufregung, und ein dunkler, geheimnisvoller Ausdruck schien auf seinen

Zügen zu liegen. Roderick sah ihn erstaunt und fast entsetzt an, als in ihm seltsame Verdächtigungen ihm gegenüber aufkamen.

Bevor die irische Armee Cádiz verlassen hatte, hatte man geflüstert, dass der Anspruch des Herzogs von Medina Celina auf den Thron mindestens dem des Prinzen entsprach, um dessen Durchsetzung Roderick kämpfte. Der Herzog hatte zwar viele Anhänger, aber sein Alter und seine Blindheit schwächten ihre Bemühungen. Ein Expresszug aus Cadiz hatte gerade die Nachricht gebracht, dass der Herzog tot sei; und da Zoe seine Alleinerbin war, wirkte diese außergewöhnliche Aufregung in ihrem Pagen zumindest verdächtig.

„Ich muss mich vor ihm hüten", dachte Roderick und betrachtete ihn aufmerksam; „Denn da Zoe weiß, dass ich trotz meiner Verpflichtungen ihr gegenüber niemals zulassen werde, dass in Spanien ein anderer Monarch als Don Pedro regiert, solange ich lebe, wird mein Leben das erste Opfer sein, das für ihre Sache erforderlich ist."

So überlegte Roderick, wenn auch nur für einen Moment, dass selbst die Angst vor persönlicher Gefahr seine Gedanken von seinem Freund ablenken könnte.

Als der Chirurg jedoch Edrics Wunden untersuchte, erklärte er zur großen Freude des Königs, dass sie nicht gefährlich seien und dass er nur durch Blutverlust ohnmächtig geworden sei. Er wurde nun auf ein Lager im selben Zelt wie das des Königs gelegt; und Roderick warf sich bald, nachdem er seinen Pelzmantel unter sich ausgebreitet hatte, auf sein Bett; Wenn nicht zum Schlafen, so doch zum Nachsinnen über die ereignisreichen Ereignisse des Tages.

In der Zwischenzeit wurde Dr. Entwerfen von den spanischen Soldaten gewaltsam zu einer Art Rathaus auf einem der Hauptplätze Sevillas geschleppt, wo auf einer Plattform oder einem Podest, das etwas über dem Boden angebracht war, der Satellit saß Magistraten der Stadt. Als der Gefangene vor sie gebracht wurde, setzten sie alle ihre Brillen auf und musterten ihn aufmerksam, wobei sie seinen kahlen Kopf mit der peinlichsten Genauigkeit untersuchten.

„Hier ist der Brocken eines Spions", sagte einer.

„Und hier das eines Schurken", entgegnete ein anderer.

„Ja, die Beobachtungs- und Selbstaneignungsorgane", resümierte der Erste, „sind stark entwickelt. Dieser Kopf reicht aus, um einen Engel aufzuhängen!"

„Ach, leider!" schrie der arme Arzt; „Ich wünschte zum Himmel, ich hätte meine Perücke nicht verloren!"

„Es hätte nichts genützt, wenn Sie es behalten hätten", sagte einer der Richter ernst, „da es gewaltsam entfernt worden wäre; und selbst wenn Sie Ihr eigenes Haar getragen hätten, hätte Ihnen der Kopf rasiert werden müssen; Denn da die Richter dieses aufgeklärten Gerichts die allgemeine Korruption und Ungenauigkeit von Zeugen kennen, lehnen sie mündliche Aussagen gänzlich ab und fällen ihre korrekten und unfehlbaren Urteile auf der sicheren und unumstößlichen Grundlage der tiefgreifendsten und nützlichsten aller Wissenschaften – der Kraniologie."

„Und glücklich sind die Gefangenen, die nach einer so weisen Regel beurteilt werden", sagte ein anderer.

„Ja", antwortete ein Dritter; „Denn obwohl der Verstand der Menschen schwach und ihre Urteile anfällig für Fehler sind, müssen die allgemeinen und allgemeinen Prinzipien der Wissenschaft stets unveränderlich dieselben bleiben."

Auf diese Weise gingen sie weiter, während der arme Arzt, der reumütig von einem zum anderen blickte, während sie einzeln ihre Meinung äußerten, das Bild der Verzweiflung darstellte.

„Lassen Sie uns ihn befragen", fuhr der erste Richter fort: „Was haben Sie getan, als Sie festgenommen wurden?"

„Ich habe Schießpulver gemacht", seufzte Dr. Entwerfen.

„Der Elende!" riefen alle seine Richter gleichzeitig aus; „Er gibt zu, dass er Waffen für unsere Zerstörung hergestellt hat."

„Und wie haben Sie dieses Schießpulver hergestellt", fuhr der Richter fort.

„Ich habe es gekocht", stöhnte der Arzt.

"Es kochen!", riefen die Richter, "was für ein Schurke!" und sie schüttelten alle gleichzeitig ihre klugen Köpfe. Der arme Doktor konnte das nicht ertragen, warf sich auf die Knie und flehte mutig um Gnade.

„Meiner Meinung nach", sagte einer, „würden wir uns eines Verbrechens schuldig machen, wenn wir ihn entkommen ließen."

„Das denke ich auch", rief ein anderer.

„Um nichts in der Welt möchte ich eine solche Sünde auf meinem Gewissen haben", rief ein Dritter.

Während der unglückliche Doktor seine Verurteilung in ihren Gesichtern las und in seiner Seelenpein laut stöhnte.

In diesem Moment war das tiefe, schreckliche Brüllen einer Kanone zu hören, und Dr. Entwerfen sprang von seinen Knien auf. „Gott sei Dank!

Gott sei Dank!" rief er, stolzierte auf und ab und wischte sich die Stirn mit seinem Taschentuch ab, während das anhaltende Brüllen der Kanone schrecklich durch die Gegend hallte, von Haus zu Haus zurück und selbst den Hof erschütterte, in dem sie standen. Die Richter sahen entsetzt aus, während ihre bleichen Lippen und zitternden Glieder verrieten, dass ihr Mut, so wichtig sie auch im Rat sein mochten, auf dem Schlachtfeld nicht besonders hervorstach.

Der Doktor rief in der Zwischenzeit immer wieder: „Ich bin in Sicherheit! Ich bin in Sicherheit! Sehen Sie, was für eine Sache es ist, einen Freund zum Herrscher zu haben: Nein, nein! Was habe ich gesagt? Einen Herrscher zum Freund, meine ich. Ja, ja! Das ist es! Das ist es!"

So jubelte der Arzt, während die Bürger sich um ihre Häuptlinge drängten, um den Weg bettelten und nicht wussten, wohin sie in Sicherheit fliegen sollten. In diesem Dilemma erregten die Ausrufe des Arztes ihre Aufmerksamkeit; und die Richter waren erzürnt, als sie sahen, wie er sich über ihr Elend freute, und befahlen ihm, ins Gefängnis zu gehen, während sie darüber berieten, welche Schritte am ratsamsten seien.

Die Freude des armen Arztes verwandelte sich so schnell in Trauer; und er beklagte lautstark seine törichten Freudenausbrüche, ohne die er in der Menge vielleicht unbemerkt geblieben wäre. Zur Reue war es jedoch zu spät; Der Befehl war ergangen, und der unglückliche Arzt wurde in einen abscheulichen Kerker geschleppt. Der Angriff wurde, wie wir gesehen haben, abgewehrt, und da es zu spät war, Dr. Entwerfen noch in dieser Nacht aufzuhängen, als er vorbei war, zogen sich die Richter in ihre Betten zurück und beschlossen, ihn gleich am nächsten Morgen hinrichten zu lassen .

Alles war jetzt still; die Ebene zwischen dem Lager und der Stadt, die noch vor kurzem vom schweren Trampeln der Pferde und Menschen widerhallt hatte, schlief nun friedlich im Mondlicht; ungestört, außer durch das Stöhnen eines sterbenden Elenden oder durch die geschäftige Arbeit derer, die damit beschäftigt waren, die Toten zu bergen und die Verwundeten zu versorgen. Roderick hatte sich auf sein Sofa geworfen und döste, wenn auch in einem unruhigen Schlaf; während Alexis an einem Tisch saß und Depeschen nach dem Diktat von Don Alvarez de Ripparda schrieb, der von der Verfolgung zurückgekehrt war und ihm gegenüber saß; während Lord Arthur O'Neil neben ihm nickte und Edric auf einem anderen Sofa in einiger Entfernung, in der Nähe des Zelteingangs, lag.

Alles war still, bis auf die geflüsterte Stimme des spanischen Generals, das schwere Atmen von Lord Arthur und die gemessenen Schritte des Wachpostens, als er müde seine Runde machte. Edric lauschte, bis er es satt hatte, dass dieselben Geräusche ununterbrochen an sein Ohr drangen, und als er sich auf seinem Sofa umdrehte, versuchte er, seine Aufmerksamkeit abzulenken, indem er auf die Gegenstände vor ihm blickte. Das starke Licht der Lampe, die auf dem Tisch stand, fiel auf die schönen Gesichtszüge von Alexis, als er zu dem Spanier aufblickte; und Edric dachte, als er sie betrachtete, dass er diese Merkmale sicherlich schon einmal gesehen hatte, obwohl er sich nicht erinnern konnte; und ermüdet von der Anstrengung, sich zu erinnern, drehte er sich um und betrachtete den edlen Roderick, der anmutig ausgestreckt auf seinem Sofa lag. Ein Arm war über sein Kissen gehoben, der andere ließ sich achtlos an seiner Seite nieder, während die feinen Konturen seines Kopfes und Halses vollständig zur Geltung kamen und die üppigen, dicken, glänzenden Locken, die normalerweise seine Stirn verdeckten, zurückgeworfen waren. Seine korallenroten Lippen waren halb geöffnet und seine langen schwarzen Wimpern umrahmten seine geschlossenen Augenlider; während sein dunkler Schnurrbart und sein Schnurrbart mit der satten braunen Tönung, die auf seiner Wange leuchtete, einen feinen Kontrast zum Weiß seiner Kehle bildeten. "Gott segne ihn!" dachte Edric, „und schicke ihm all das Glück, das er verdient!" Und dann schien er Angst zu haben, ihn zu stören, und schaute wieder in Richtung der Stadt. Der Vorhang des Zeltes war teilweise zugeschlagen, und Edric beobachtete interessiert die Lichter derer, die immer noch mit ihren verschiedenen Aufgaben beschäftigt waren, der Bestattung der Toten und der Linderung der Verwundeten. Die Gestalten der Personen, die diese schmerzhaften Pflichten verrichteten, waren oft nicht wahrnehmbar; und die Lichter, die scheinbar ohne menschliches Zutun hin und her glitten, sahen aus wie Ignes Fatui oder eine Ansammlung von Geistern bei ihren höllischen Festen.

Edric seufzte, als er sie betrachtete, und seine Gedanken flogen zurück in sein Heimatland, er wusste nicht, durch welche Gedankenverbindung. Er dachte an seinen Vater, seinen Bruder – an den guten alten Herzog von Cornwall – an Rosabella und Elvira, bis die Lichter nach und nach zu erlöschen schienen; die Bilder, die vor seiner Phantasie schwebten, wurden allmählich immer schwächer; seine Gedanken verworrener; die Szene vor ihm verschwand rasch aus seinem Blickfeld, und kurz gesagt, er war gerade dabei, schnell einzuschlafen, als er von einem leisen Geräusch geweckt wurde, aufblickte und den spanischen General und den griechischen Pagen neben seinem Bett stehen sah.

Edric erhob sich sofort, obwohl er immer noch vorgab zu schlafen. Die Erinnerung an alles, was er über den Herzog von Medina, Pedro und Prinzessin Zoe gehört hatte, vermischte sich mit den Verdächtigungen, die über den geheimnisvollen Pagen geäußert worden waren, blitzte in seinem Kopf auf und vertrieb ihm wirksam jede Neigung zum Schlafen: tatsächlich lief ein kalter Schauer durch seinen Körper, als er sich voller Entsetzen daran erinnerte, dass, wenn irgendetwas gegen Roderick geplant wäre, der erste

Schritt der Verschwörer darin bestehen würde, ihn aus seiner bekannten Hingabe an den irischen Monarchen zu vertreiben, und dass er in seinem gegenwärtigen geschwächten Zustand völlig unfähig war, Widerstand zu leisten. Sein Blut schien schwächer durch seine Adern zu fließen, und er rang nach Luft, während er aufmerksam lauschte und den spanischen General flüstern hörte: „Er schläft, aber nicht fest genug für unseren Zweck."

Ein eisiger Schauer schien Edrics Herz zu erfrieren, und unwillkürlich stieß er einen tiefen Seufzer aus. Die vermeintlichen Verschwörer schreckten auf und zogen sich zurück. Edric, nun völlig aus seinem Schlaf erwacht, blickte ihnen nach, als sie mit schleichenden, verstohlenen Schritten über die Ebene glitten. Erstaunt über das, was er gesehen und gehört hatte, lag Edric in verwirrenden Spekulationen verloren da; doch bald erregte ein neues Objekt seine Aufmerksamkeit. Dicke, schwarze, spitze Rauchsäulen stiegen aus der Stadt auf, durch die in Abständen zuerst ein rotes Glühen und dann Funken hervortraten. Zuerst konnte sich Edric nicht vorstellen, was es war; er rieb sich die Augen und bildete sich fast ein, es sei ein Feuerwerk; doch dann brachen lange, spiralförmige Flammensäulen durch den Rauch, vereinigten sich zu einem riesigen Feuerkörper, stiegen zum Himmel auf und schienen die ergebene Stadt zu verschlingen.

In dem Moment, als die Flammen ausbrachen, eilten Alexis und der spanische General zurück zum Zelt, und Roderick sprang von seinem Sofa auf, als er ihre hastigen Schritte hörte. "Was ist los?" rief er und rieb sich die Augen, halb geblendet von dem plötzlichen grellen Licht.

„Die Stadt brennt!" riefen tausend Stimmen gleichzeitig, und Roderick stürmte auf die Ebene hinaus. Die Luft fühlte sich heiß und sengend an: „Rettet sie! Rettet die Bewohner!" rief Roderick; „Versprich ihnen Viertel – Frieden! Alles, um sie zu retten! Lasst alle Soldaten Wasser aus dem Fluss holen! Wir kämpfen wie Männer! Es ist unter uns, das Unglück auszunutzen!"

Die Befehle von Roderick wurden ebenso prompt befolgt wie erteilt; der Monarch selbst führte den Weg in die Stadt und half bei den Bemühungen, die Flammen zu löschen. Die Tore wurden geöffnet und Männer, Frauen und Kinder stürmten halbnackt heraus und wurden von der Armee des irischen Helden empfangen und mit Nahrung und Obdach versorgt. Die Iren verehrten ihren Herrscher; seine Tapferkeit, seine Unbesonnenheit und seine romantische Großzügigkeit gewannen ihre Herzen; und selbst seine unzufriedensten Soldaten liebten ihn, während sie ihn tadelten: so war sein Wille Gesetz – ja, seine Befehle hatten etwas so Edles, dass seine Soldaten stolz darauf waren, ihnen bedingungslos zu gehorchen, und nicht der geringste Sklave des Lagers hätte es gewagt, sie auch nur im geringsten zu missachten. Die Flammen hatten nun einige Baumwollspinnereien am Fluss erfasst, die bei dem vorherigen Brand verschont geblieben waren, und sie brachen in neuen Feuerstürmen aus, da die leichten Materialien, die sie enthielten, die Flammen zusätzlich anfachten. Die Gebäude in der Stadt waren größtenteils alt, viele aus Holz, und einige waren große Lagerhäuser, die mit den brennbarsten Substanzen gefüllt waren, die mit noch größerer Wut brannten, als die langen, spitzen Flammen sie in ihren verzehrenden Wirbel zogen; sie umhüllten sie und hüllten sie in Feuersäulen, als sie einer nach dem anderen ihrer Wut zum Opfer fielen. Die Stadt war nun halb zerstört, und die Flammen näherten sich schnell der Zitadelle. Die Gouverneure der Stadt waren aus ihren Betten geweckt worden und hatten halbnackt in Rodericks Lager Zuflucht gesucht. Die Gefangenen waren jedoch noch in der Zitadelle, allerdings in Verliesen unter der Erdoberfläche eingesperrt. Roderick hatte sich bei jedem nach Dr. Entwerfen erkundigt und schließlich zu seinem unendlichen Entsetzen erfahren, dass er sich in dieser schicksalshaften Zitadelle befand. Er eilte in Todesangst nach vorne, um ihn zu retten, denn er wusste, dass das Pulver dort aufbewahrt wurde. Er war sich auch bewusst, dass die Flammen die Festung bereits erfasst hatten: Lange bevor er sie erreichen konnte, ereignete sich tatsächlich eine gewaltige Explosion – ein gewaltiger Feuerstoß schoss hervor und zerstreute rot brennende Möbel, Ziegel, Säulen und allerlei Schutt in alle Richtungen, und dann versank alles in relativer Dunkelheit. Das Feuer schien seine Wut in diesem letzten Versuch erschöpft zu haben, und obwohl es noch schwach in einer halb erstickten Flamme dahinkroch, war seine Gewalt vorüber. Schrecklich war jedoch die Szene, die sich jetzt bot, denn Sevilla wurde dem Erdboden gleichgemacht. Schwarze, entstellte, rauchende Ruinen ersetzten die Stelle dessen, was einst hohe Türme und prächtige Paläste gewesen waren; die prächtige Kathedrale, die der Wut der Jahrhunderte standgehalten hatte, existierte nun nicht mehr; und menschliche Körper lagen in furchtbaren Haufen auf den Straßen, einige halb verbrannt, andere geschwärzt und getrocknet durch die sengende Wut der Flammen.

Roderick blieb jedoch, um die Auswirkungen des Feuers nicht zu untersuchen. Er stürzte über Haufen noch heißer Asche und warf sich in die noch rauchenden Ruinen der Zitadelle. Ein spanischer Soldat, den er wenige Minuten zuvor vor der Zerstörung gerettet hatte, war sein Führer, und auf seine Anweisung hin eilte Roderick zu den Kerkern: Er eilte von einem zum anderen, ließ die dort eingesperrten Unglücklichen frei und suchte überall nach dem Kerker Doktor, aber vergebens: Endlich hörte er seine wohlbekannte Stimme – die Kerkertür war dick, aber sie konnte Rodericks Ungeduld nicht widerstehen – er konnte es kaum erwarten, dass der Soldat ihm beim Öffnen half – er brach die Verschlüsse auf auseinander, und in einem Augenblick war der arme Arzt, vor Freude schluchzend, in den Armen des Monarchen eingeschlossen. Einige der Soldaten von Roderick waren ihm zur Zitadelle gefolgt, und er überließ es ihnen und dem Spanier, die anderen

Gefangenen freizulassen, während er mit seinem lieben Arzt triumphierend ins Lager zurückkehrte.

ENDE VON BAND II.

- 295 -

BAND III

KAPITEL XXV.

Als Roderick und Dr. Entwerfen ins Lager zurückkehrten, erwartete Edric ihre Ankunft mit größter Ungeduld. Er war zu aufgeregt, um zu sprechen, und der ehrenwerte Doktor fand all seine Mühen durch das Interesse seiner Freunde an seinem Wohlergehen reichlich entschädigt.

Während Dr. Entwerfen damit beschäftigt war, Edric seine Erlebnisse zu schildern, war Roderick mit einer Aufgabe beschäftigt, die weitaus schwieriger und wichtiger war als alle, die er bisher unternommen hatte, nämlich die Ordnung und Versorgung der ungeordneten Menge, die aus der Stadt in sein Lager geströmt war: Ihre Zahl war riesig; Männer, Frauen und Kinder drängten sich um ihren Befreier, fielen auf die Knie, segneten ihn und küssten den Saum seines Gewandes. Roderick war zu Tränen gerührt: „Um Himmels willen, meine guten Freunde", sagte er, „verschont mich; ich habe nur meine Pflicht getan; ich war nur ein bescheidenes Werkzeug in den Händen der Vorsehung; richtet euren Dank an ihn: er ist fällig."

Roderick war sich jedoch durchaus bewusst, dass es nicht ausreichte, diese Menschen zu retten: Er wusste, dass er etwas tun musste, um sie mit Nahrung und Unterkunft zu versorgen; und wenn er es nicht täte, müssten unweigerlich unangenehme Szenen stattfinden, sobald der erste Moment der Begeisterung vorüber sei. Dementsprechend traf er entsprechende Anordnungen mit einer Klugheit und Klugheit, die auch weit fortgeschritteneren Jahren zur Ehre gereicht hätten. Es wurden provisorische Hütten errichtet, bis die Straßen Sevillas von den Ruinen befreit und die Häuser einigermaßen repariert werden konnten. Da den Bewohnern nun ein Unterschlupf geboten war, richtete Roderick eine Ansprache an die Richter und wies sie an, die Menschen unter ihre Leitung zu nehmen. Diese klugen Justizminister überließen ihm gerne den Besitz der Stadt, die Roderick zu großzügig war, um ihn ohne ihre Erlaubnis anzunehmen, und erkannten sich selbst und die Kriegsgefangenen der Garnison an. Als die Bauern feststellten, wie freundlich die Bürger behandelt worden waren, strömten sie mit Proviant herbei, und das Lager des irischen Monarchen glich bald einem riesigen Jahrmarkt.

Alexis war seinem Meister während der gesamten Vorbereitungszeit gefolgt und hatte dabei oft tief geseufzt. „Was ist mit dem Jungen los?" sagte Roderick in einem dieser Momente: „Ich kann mir nicht vorstellen, warum er so melancholisch aussieht!"

Der Junge faltete begeistert die Hände und schaute zum Himmel auf, als würde er ein inneres Gebet murmeln.

„Was kann das bedeuten?" rief Roderick erstaunt aus.

Der Junge nahm die Hand seines Herrn, drückte sie zuerst an seine Lippen und dann heftig an sein Herz, kniete vor ihm nieder und beugte ehrfürchtig seine Stirn zur Erde. Im nächsten Moment jedoch, als die Beamten hereinkamen, um nach dem Weg zu fragen, wurde Rodericks Aufmerksamkeit abgelenkt und Alexis war vergessen.

In der Zwischenzeit dachten Monsieur de Mallet und seine Tochter, die durch die Ereignisse des Tages äußerst aufgewühlt waren, nicht an Ruhe, sondern saßen in dem für sie vorbereiteten Zelt und unterhielten sich über die Verdienste ihrer Befreier.

„Ich habe noch nie ein schöneres Gesicht gesehen", sagte Monsieur de Mallet, „so edel, so lebhaft und doch so gut."

„Das ist wirklich gut", rief seine Tochter aus. „Wenn wir glauben könnten, dass jemals ein höherer Geist auf die Erde herabsteigen würde, würde er mit Sicherheit diese Form annehmen!"

„Wie freundlich und rücksichtsvoll er gesprochen hat!", rief der Vater.

„Wie aufmerksam und zart er wirkte!", erwiderte die Tochter.

„So eine majestätische Gestalt!"

„So eine anmutige Art!"

„Es ist so selten, bei einem so großen Monarchen eine solche Herablassung zu finden."

„Monarch!", rief Pauline. „Haben Sie von Roderick gesprochen, Vater?"

„Und von wem hast du gesprochen, Kind?" erwiderte ihr Vater, drehte sich rasch um und heftete seine Augen auf sie.

„Von – von – Mr. Montagu, Vater", antwortete Pauline, senkte die Augen und errötete tief.

„Pauline!", sagte Monsieur de Mallet. Sie erschrak beim Klang der Stimme ihres Vaters und blickte ihm schüchtern ins Gesicht. „Pauline", wiederholte er, „mein liebes Kind, nimm dich in Acht!"

In diesem Augenblick erschütterte ein Kanonendonner das Zelt; der Lärm hallte von den Mauern der Stadt wider, und Pauline sprang in langgezogenen Geschossen von Hügel zu Hügel, sank auf die Knie und verbarg ihr Gesicht im Schoß ihres Vaters. „Mein Kind! Mein geliebtes Kind!" rief Monsieur de Mallet und beugte sich über sie, als wolle er sie vor Gefahren schützen. „Der Himmel schütze dich!"

In dieser peinlichen Lage blieben Vater und Tochter, bis das Kanonenfeuer aufhörte. Jetzt war alles still; und furchtbar war die Ruhe, die auf einen solchen Tumult folgte. Pauline hob den Kopf und blickte ängstlich um sich. „Komm, mein Kind“, sagte ihr Vater, „lass uns versuchen, herauszufinden, wer die Sieger ist.“

Pauline erhob sich von ihren Knien und begleitete ihn, auf den Arm ihres Vaters gestützt, zum Eingang des Zeltes; doch sie wich zurück und schauderte angesichts des grauenhaften Anblicks, der sich ihr bot. Ihr Zelt stand am äußersten Rand des Lagers und bot einen Blick auf das gesamte Schlachtfeld, auf dem die Schlacht am Morgen stattgefunden hatte. Die Ebene, die sich zu ihrer Linken erstreckte, war mit den Leichen der Sterbenden und Toten bedeckt, während eine Menge losgerissener Pferde über das Feld galoppierte, stürzte, schnaubte und die Leichen ihrer gefallenen Reiter unter ihren Hufen zermalmte.

An manchen Stellen lagen die Äste halb umgestürzter Bäume verstreut auf dem Boden, während ihre verstümmelten, von Kugeln durchlöcherten Stämme als traurige Relikte ihrer früheren Schönheit zurückblieben. Schwerter und Helme, vermischt mit umgestürzten Wagen und Kriegsgeräten aller Art, lagen in wilder Unordnung herum. Die Erde, die von den Kanonenkugeln in tiefe Furchen gepflügt worden war, sah, abgesehen von den Stellen, an denen die Kämpfer die Furchen plattgetreten hatten, wild und uneben aus, als hätten die Wellen des mächtigen Ozeans im Augenblick des Sturms angehalten. Blut lag in Pfützen auf dem Boden; und geronnenes Blut, grauenhaft vermischt mit Überresten menschlicher Knochen und Gehirne, hing an den noch stehenden Büschen und entstellte das schöne Antlitz der Natur.

Pauline schauderte und wandte sich eifrig der anderen Seite der Landschaft zu, die einen Blick auf die Stadt bot. Hier jedoch fand sie noch immer nichts als Tod und Krieg. Es war der Moment, als die Explosion der Petarde das hölzerne Bollwerk in Brand setzte; und Roderick und Edric sprangen durch die Flammen auf den Strand. Der helle Schein der lodernden Bollwerke hob ihre dunklen Gestalten deutlich hervor, und Pauline sah und erkannte sie für einen Moment deutlich, doch im nächsten Moment verschwanden sie in einer Rauchwolke. Sie schrie und ergriff in krampfhafter Qual den Arm ihres Vaters. Herr de Mallet war kaum weniger aufgeregt als sie selbst; und als sich der Rauch verzog, sahen sie deutlich durch die flammenden Volumina Roderick und Edric an der Bresche, denen eine Menge Spanier gegenüberstanden und mit unverbesserlicher Wut kämpften. „Roderick ist auf den Knien“, rief Herr de Mallet. „Aber seht! Er erhebt sich plötzlich und stürzt den Spanier, der sein Schwert erhoben hatte, um ihn niederzustrecken, in die Flammen.“ Pauline sprach nicht; aber sie schnappte nach Luft und hielt den Arm ihres Vaters noch fester als zuvor. Edric wurde nun gesehen, wie er Hand in Hand mit einem Spanier kämpfte, als sich Feuer und Rauch um ihn schlossen und ihn vor ihren Blicken verbargen. Im nächsten

Augenblick war ein gewaltiger Krach und lautes Geschrei zu hören, gefolgt von einem Ansturm von Männern; es war der Ausfall der Belagerten.

„Oh Gott!" rief Pauline, wurde blass und legte ihren Kopf auf die Schulter ihres Vaters. „Der Krieg ist eine schreckliche Sache."

„Du bist schwach, mein Kind", antwortete Monsieur de Mallet. „Das ist kein passender Ort für dich. Sollen wir hineingehen?"

"Oh nein nein!" rief Pauline schwach; „Ich kann den Ort nicht verlassen." Hier ruft man: „Roderick! Roderick für immer! Roderick und Ruhm!" klingelte in ihren Ohren. Pauline schauderte; eine leichte Übelkeit beschlich sie; die Szene schien vor ihren Augen zu schwimmen; und sie wäre gefallen, hätte sie nicht den stützenden Arm ihres Vaters gehabt. In diesem Moment kamen einige Soldaten mit einer Bahre in einiger Entfernung am Zelt vorbei. Darauf lag die Leiche eines Offiziers; Sein Kopf hing zurück, sein langes, dichtes Haar war mit Blut verklebt, und auf seiner unbedeckten Brust klaffte eine schreckliche Wunde. Pauline konnte es nicht mehr ertragen – sie dachte, es sei Edric und fiel ohnmächtig in die Arme ihres Vaters.

Herr de Mallet trug sie zurück ins Zelt, und sobald sie sich soweit erholt hatte, dass er an etwas anderes als an sich selbst denken konnte, schickte er einen der Soldaten, die sie begleiten sollten, los, um festzustellen, ob der irische Monarch entkommen war . Der Soldat kehrte nicht zurück; und Herr de Mallet, zu ungeduldig, um in seinem Zelt zu bleiben, machte sich auf den Weg, um die Neuigkeiten selbst zu erfahren. Doch kaum war er weg, als die Frau des Soldaten, die er Pauline zu Hilfe gerufen hatte, bemerkte, dass die Stadt in Flammen stand. Paulines Aufregung wurde jetzt übertrieben; Sie zitterte in allen Gliedern und lauschte, bis ihr Gehör eine Qual zu sein schien. Sie konnte den Grund für den Lärm und die Hektik der Bürger, die ins Lager strömten, nicht begreifen; Sie schaute hinaus, aber die Menge halbnackter Männer, Frauen und Kinder, die herbeieilte, erschien ihr unerklärlich; Sie hielt eine Frau an, die, halb bekleidet, ihre Kleider in einer Hand hochgesteckt hatte, während sie mit der anderen zwei halbnackte Kinder führte – „Was ist los?" fragte sie. „Roderick", rief die Frau verwirrt in ihrer Trauer, „Gott segne den edlen Roderick!"

„Wohin gehst du?", fragte Pauline zwei junge Männer, die zwischen sich ein Bett trugen, in dem ihr kranker Vater lag.

„Roderick!", riefen die frommen Spanier. „Der Himmel segne Roderick in seiner Gnade!" Pauline fuhr mit ihren Fragen fort, allerdings ohne die geringste Hoffnung, eine direkte Antwort zu erhalten, da die Herzen und Gedanken der Spanier so voll von Roderick waren, dass kein anderer Name über ihre Lippen kam, als sie ihren Vater erblickte.

„Mein liebster Vater!" rief sie und lief zu ihm. „Jetzt werde ich alles erfahren! Was ist los?"

„Roderick, der edle Roderick ist in Sicherheit!", wiederholte Monsieur de Mallet. Pauline war betrübt – sie sehnte sich danach, von Edric zu hören, und sie beneidete den irischen Helden um seinetwillen um seinen Ruhm. „Können Sie auch nur von Roderick sprechen?", sagte sie etwas vorwurfsvoll.

„Und von wem sollte ich sonst noch sprechen?" antwortete ihr Vater. „Wer sonst verdient es, erwähnt zu werden? Denn er ist sicherlich der Tapferste! der edelste aller Männer!"

„Das bezweifle ich nicht", bemerkte Pauline kalt. „Jede Zunge spricht sein Lob aus – jede Brust schwillt vor Dankbarkeit für seine Güte – und jede Hand wird in Gebeten für ihn zum Himmel erhoben.

„Sind viele Menschen getötet worden?" fragte Pauline.

„Wie kannst du eine so dumme Frage stellen?" antwortete ihr Vater. „Siehst du nicht den Boden voller Erschlagener?"

„Aber bedeutende Persönlichkeiten meine ich?"

„Lassen Sie mich sehen; ich glaube, sie sagten, es gäbe die Generäle H——— und M— und die Grafen L———, P——— und T———."

"Oh!" stöhnte Pauline ungeduldig.

„Und außerdem, glaube ich, heißt es, Herr Montagu sei schwer verwundet."

„Das habe ich befürchtet!" seufzte Pauline, „er ist so mutig."

„Ja – jeder sagt, er sei tapfer und flehe um Segen für seinen Namen – denn er hat Roderick das Leben gerettet!"

Paulines Gesicht hatte zu Beginn dieses Satzes vor Triumph gestrahlt; aber es fiel eher auf den Schluss. Es gefiel ihr nicht, dass ihr Held seinen Ruhm jemand anderem als sich selbst verdankte.

M. de Mallet fuhr fort: „Seine Tapferkeit und sein edler Geist waren beispiellos. Jeder lobt ihn. Der Charakter der Engländer hat sicherlich etwas sehr Außergewöhnliches. Ihr kühnes Temperament und ihre Abenteuerlust führen dazu, dass sie Frieden und Reichtum in ihrem Land aufgeben." Heimatland, um anderswo nach Ruhm und Ehre zu suchen. Dieser Herr Montagu ist wirklich ein erhabener junger Mann.

In Paulines Augen blitzte Freude auf – sie fühlte, dass sie ihren Vater mehr liebte als je zuvor – sie hätte ihn umarmen können, als er sprach, denn Edrics Lob klang wie süßeste Musik in ihren Ohren. Seltsam, dass eine so flüchtige

Bekanntschaft eine so starke Leidenschaft entfacht hat! Aber so und so unerklärlich ist Liebe.

Pauline hatte nun Geduld, die Erklärung ihres Vaters über Roderick anzuhören. Sie empfand sogar Freude an der Wiederholung seiner Heldentaten, denn er war der Freund von Edric; und sie zog sich zur Ruhe zurück – glücklich in sich selbst und zufrieden mit der ganzen Welt; Ihr Vater hatte ihr zunächst versichert, dass der Chirurg zuversichtlich damit rechnete, dass Edric bald genesen würde. Pauline wäre jedoch sehr verwirrt gewesen, wenn sie den Grund für die übermäßige Zufriedenheit, die sie empfand, erklären wollte. Die Situation von ihr und ihrem Vater war so aussichtslos wie eh und je. Sie waren immer noch Gefangene in einem fremden Land, ohne Vermögen, ohne Freunde; aber das Glück hängt so wenig von äußeren Umständen ab, dass Paulines Brust bisher fremd gewesen zu sein schien.

Nachdem er alles für das Wohl der Flüchtlinge und seiner eigenen Soldaten vorbereitet hatte, gönnte sich Roderick ein paar Stunden eiliger Ruhe. Als er am Morgen aufstand, ließ er Monsieur de Mallet und seiner Tochter seine Grüße zukommen und bat um die Erlaubnis, sie aufsuchen zu dürfen. Diese wurde ihm sofort und gerne gewährt, und in wenigen Minuten war der irische Held in ihrem Zelt.

„Mein Beileid gilt Eurer Majestät zur Lage Ihres Freundes", sagte Monsieur de Mallet, als er ihn erblickte. „Ich hoffe, es geht ihm besser."

Der Monarch lächelte; er verzieh die Schroffheit der Frage zugunsten der Vortrefflichkeit des Motivs und antwortete, dass Mr. Montagu sich schnell erhole. „Er bedauert außerordentlich", fügte er hinzu, „dass es nicht in seiner Macht steht, hier seine Schulden zu bezahlen" – er verneigte sich vor Pauline – „und ich kann gut mit ihm mitfühlen, da ich weiß, was er verliert."

Pauline erkundigte sich bescheiden nach den Einzelheiten des Kampfes. „Auf mein Wort, Madam", antwortete Roderick, „ich weiß sehr wenig darüber."

„Ich dachte, Eure Majestät wäre verlobt."

„Genau das ist der Grund. Wenn ich es nicht getan hätte, wäre die Sache vielleicht anders ausgegangen. Aber so war es, dass ich nur viele Leute sah, die versuchten, mich umzubringen, und viele, die ich umzubringen versuchte, und der Rauch verbarg alle anderen."

„Ein sehr zufriedenstellender Bericht über eine Schlacht, auf mein Wort", rief Monsieur de Mallet lächelnd, „aber andere Leute haben mehr von den Taten Eurer Majestät gesehen als Sie selbst, und sie sagen, Sie hätten Wunder an Tapferkeit vollbracht."

„Es ist sehr nett von ihnen, das zu sagen“, sagte Roderick, „denn ich bin sicher, es ist mehr, als sie wissen.“

„Die Bescheidenheit Eurer Majestät möchte einen Schleier über Eure Tapferkeit werfen“, bemerkte Pauline, „aber glücklicherweise lässt sie sich nicht verbergen.“

„Ihr Lob, Madam, würde jeden Mann zu einem Gecken machen“, erwiderte der Monarch. „Ich gestehe, ich habe nicht den Mut, ein Lob aus Ihrem Mund zurückzuweisen.“

Pauline errötete – sie meinte, sie hätte zu viel gesagt und schwieg nun.

„Ich kann nicht in Worte fassen, wie sehr ich die Nachsicht Eurer Majestät gegenüber den Einwohnern der Stadt bewundere“, sagte Monsieur de Mallet. „Sie beweist, dass Eure Güte Eurer Tapferkeit ebenbürtig ist, obwohl es in der Tat eine kluge Politik war, so zu handeln, wie Ihr es getan habt. Denn dadurch habt Ihr die Herzen der Spanier versöhnt. Wären Ihr grausam gewesen, hätten sie sich *in Massen gegen Euch erhoben* . Aber das, wage ich zu behaupten, hat Eure Majestät bedacht.“

„In der Tat“, antwortete Roderick lächelnd, „meine Majestät hat an so etwas nicht gedacht; ich habe nur als Mensch gedacht: Ich wollte nicht, dass meine Mitmenschen verbrannt oder erstochen werden, wenn sie zu fliehen versuchen; es hätte mir überhaupt nicht gefallen, wenn ich in einer ähnlichen Situation gewesen wäre, und so habe ich alles in meiner Macht Stehende getan, um sie zu retten – das ist alles, was ich über die Angelegenheit weiß. Aber um das Thema zu wechseln, ich muss Sie um einen großen Gefallen bitten, Mademoiselle de Mallet.“

„Was ist es?“, fragte Pauline. „Eure Majestät braucht nur zu sprechen, um Gehorsam zu erlangen.“

„Oh! Um Himmels Willen, sprechen Sie nicht von Gehorsam – ich bin es, der gehorchen sollte – ich bitte Sie nur um einen Gefallen, und zwar, dass Sie mir erlauben, Dr. Entwerfen herbeizurufen, damit er zu Ihren Füßen niederkniet und Ihnen als Zeichen seiner Ehrerbietung die schöne Hand küsst.“

„Ich würde Pauline nicht raten, ihn knien zu lassen“, sagte Herr de Mallet lachend, „denn ich fürchte, wenn sie es tut, wird es einige Schwierigkeiten geben, ihn wieder aufzurichten.“

„Auf Befehl Eurer Majestät –“, sagte Pauline.

„Sprich nicht von Befehlen“, unterbrach Roderick; „Ich hasse das Wort.“

„Dann wird den Wünschen Eurer Majestät entsprochen“, fuhr Pauline lächelnd fort.

„Heute Abend“, rief der fröhliche Monarch, „soll der Arzt erscheinen. Bis dahin, adieu!“

„Wird Ihre Majestät die Freundlichkeit haben, Herrn Montagu meine besten Wünsche für seine Genesung zu übermitteln“, fragte Herr de Mallet.

„Sicherlich“, antwortete Roderick; „Aber soll ich Edric sagen, dass Mademoiselle de Mallet keine Wünsche für sein Wohlergehen hat?“

„Ich wünschte – ich hoffe – das heißt, ich denke –“ stammelte Pauline.

„Meine Tochter meint, dass ihre Gefühle zu diesem Thema genau den meinen gleichen“, sagte Herr de Mallet ernst; denn er war überhaupt nicht zufrieden mit der Interpretation, die der König seiner Meinung nach der Verlegenheit seiner Tochter geben würde.

"Sehr gut!" wiederholte Roderick herausfordernd: „Ich werde Edric sagen, dass Herr de Mallet und seine Tochter genau das Gleiche von ihm denken. – Das ist es, nicht wahr?“

Herr de Mallet wollte gerade antworten, als der König nickte und mit der Hand wedelte, ihnen Lebewohl sagte und davoneilte. „Ich weiß nicht, was ich von dem irischen Helden halten soll“, sagte Herr de Mallet in dem Moment, als er sie verlassen hatte. „Bei all seinen guten Eigenschaften ist etwas sehr Seltsames an ihm: Ich weiß nicht, was ich von ihm halten soll!“

Pauline seufzte zustimmend; Allerdings wusste sie sehr gut, was sie von ihm halten sollte, denn sie glaubte, er hätte es gesehen und machte sich über ihre Vorliebe für Edric lustig. Diese Idee erweckte jeden Funken Stolz in ihrem Wesen; Sie konnte den Gedanken nicht ertragen, ihre Liebe ungewollt schenken zu müssen, und sie beschloss, bei ihrem nächsten Treffen mit Roderick durch ihre Kälte und Gleichgültigkeit zu zeigen, wie völlig er getäuscht worden war, als Edric erwähnt wurde.

Als Roderick das Zelt des Herrn de Mallet verließ, kehrte er zu Edric zurück, den er blass und schwach vorfand.

„Du bist der glücklichste Mensch, den es gibt, Edric!“ sagte er: „Ich würde bereitwillig meinen ganzen Ruhm und sogar meinen dämonischen Ruf, von dem die Spanier so viel reden, geben, um in der Lage zu sein, solch ein Erröten auf die Wangen der Schönheit zu bringen, wie Ihr Name es hervorrufen kann. Oh! wenn Sie es getan hätten.“ Pauline gesehen. Beim Himmel, sie ist das schönste Geschöpf, das ich je in meinem Leben gesehen habe!

Während er sprach, stieß Alexis, der griechische Page, der eher am Fußende von Edrics Ruhebett gehockt als gesessen hatte, den Kopf auf seine Hände gestützt und ganz in Trauer versunken wirkte, einen schwachen Schrei aus und stürzte aus dem Zelt.

„Mit diesem Jungen ist etwas ganz Außergewöhnliches", sagte Roderick und sah ihm nach.

„Das stimmt tatsächlich", antwortete Edric, „und ich möchte Ihnen etwas über ihn mitteilen" und erzählte in wenigen Worten, was in der vergangenen Nacht im Zelt geschehen war.

„Unmöglich!", rief Roderick, „Du musst geträumt haben, Edric! Welche Kommunikation würde der Junge mit Alvarez führen? Du weißt, dass er stumm ist. Außerdem ist Alvarez, selbst wenn er geneigt wäre, gegen mich zu intrigieren, zu vorsichtig und zurückhaltend, um einen bartlosen Jungen zu seinem Vertrauten zu machen!"

„Ich erzähle einfach die Fakten, wie sie sich ereignet haben", sagte Edric; „Ich gebe nicht vor, sie zu erklären. Aber ich kann Ihnen versichern, ich habe weder geträumt noch im Delirium."

"Es ist sehr seltsam!" wiederholte Roderick nachdenklich, „und es stimmt bemerkenswert mit dem überein, was ich selbst beobachtet habe." Einige Augenblicke blieb er gedankenverloren; aber es lag nicht in seiner fröhlichen und fröhlichen Natur, etwas zu ertragen, das ihn lange deprimierte; und im nächsten Moment war Alexis vergessen.

Der Fall Sevillas und die Vernichtung der zu seiner Verteidigung entsandten Armee hatten einen gewaltigen Einfluss auf das Schicksal Spaniens. Die Cortes schickten erneut Botschafter, um mit dem irischen Helden zu verhandeln; Doch aus Erfahrung lernte er, dass er sie nun hochmütig empfing und sich weigerte, mit ihnen anders als ein Eroberer zu verhandeln. und um seine Drohungen in die Tat umzusetzen, beschloss er, sofort nach Madrid vorzurücken.

„Wir müssen unseren Sieg fortsetzen", sagte er zu Edric, nachdem er die Abgeordneten aus dem zerschlagenen Rest ihrer verbündeten Armee, die gekommen waren, um demütig zu seinen Füßen um Frieden zu bitten, etwas verächtlich entlassen hatte. „Diese Leute sind unbeschreiblich verräterisch. Sie verstehen keine Nachsicht und müssen mit dem Schwert in der Hand behandelt werden. Ich habe sie gründlich satt; ihre Wankelmütigkeit und Unsicherheit haben mich völlig angewidert; ich werde daher nach Madrid marschieren, Don Pedro als ihren Herrscher einsetzen und mich für immer von ihnen verabschieden."

„Ich freue mich, das zu hören!", rief Edric. „Sie werden dann nach Irland zurückkehren und Ihre Zeit Ihren eigenen Themen widmen."

„Ich werde versuchen, sie so gut wie möglich zufriedenzustellen. Da man aber keine Vollkommenheit auf einmal erwarten kann, darf es Sie nicht überraschen, wenn ich eines Tages auf Abwege gerate und mir in den Kopf setze, den Mond zu kolonisieren.“

Edric lachte: „Wenn du versprichst, bis dahin zu warten“, sagte er, „werde ich zufrieden sein.“

„Vielleicht finden Sie mein Projekt nicht so wild, wie es scheint“, entgegnete Roderick. „Der Mond ist ein sehr hübscher, milder und bescheiden aussehender Planet, und ich muss zugeben, dass ich unglaublich gerne sehen würde, welche Art von Bewohnern er beherbergt; und wenn ich mich entschließen sollte, dorthin zu gehen, ist hier ein Herr, von dem ich sicher bin, dass er es tun wird Sei bereit, mich zu begleiten.

Während er sprach, betrat Dr. Entwerfen das Zelt. „Wovon sprach Eure Majestät?“ fragte er.

„Von einer Reise zum Mond“, sagte Roderick. "Wirst du mit mir gehen?"

„Von ganzem Herzen“, rief der kleine Arzt, rieb sich die Hände und blickte voller Freude über den Gedanken.

„So, ich habe es dir gesagt“, sagte Roderick lachend.

„Ich hätte gedacht, die vielen Abenteuer, die Sie erlebt haben, hätten Ihre Reiselust geheilt“, erwiderte Edric.

„Heilen! Ihm Lust darauf gegeben, meinst du“, antwortete Roderick. „Die Reiselust wächst immer mit dem, wovon sie sich ernährt; und obwohl der Arzt sich rühmen mag,

„Dass er das schöne Sevilla gesehen *hat*.
So *ist* ein Reisender, denke ich.“

Dennoch zweifle ich nicht daran, dass er genauso begierig darauf ist, neue Orte zu erkunden wie immer.“

„Ja“, erwiderte der Arzt, „ich habe Sevilla tatsächlich gesehen.“

„Jeder Teil davon, mein Lieber, von den Palästen bis zu den Kerkern“, fuhr Roderick fort; „ja, ich glaube, Sie waren ganz nahe daran, einen Blick auf die Gefängnisse zu werfen.“

Dem Doktor gefiel diese Neckerei nicht wirklich. „Ich kann Eurer Majestät versichern –“

„ *Apropos Stiefel* “, rief Roderick und unterbrach ihn. „Ich hatte ganz vergessen, dass ich versprochen hatte, Sie Mademoiselle de Mallet vorzustellen. Wir werden jetzt gehen. Werden Sie uns begleiten, Edric? Es tut mir leid, Sie um so etwas Unangenehmes zu bitten, aber ich denke, es wäre nur anständig, Ihnen die Hand zu küssen, Abschied zu nehmen und dergleichen, bevor wir nach Madrid aufbrechen. Außerdem wäre es vielleicht auch gut, eine Art Vorsorge zu treffen, was in unserer Abwesenheit aus ihnen werden soll."

„Dann wirst du sie nicht mitnehmen?", sagte Edric mutlos.

„Wer hat je von so etwas gehört?", rief Roderick. „Wie könnte ich von der schönen Pauline verlangen, die Unannehmlichkeiten einer Reise mit einem Lager auf sich zu nehmen? Ich bin wirklich nicht zuversichtlich genug, es zu versuchen."

Edric seufzte tief; und sein Gesicht nahm einen Ausdruck so großer Melancholie an, dass Roderick maßlos lachte: „Ich hätte es nicht für möglich gehalten", rief er, „dass du jemals ein so seufzender Strephon werden könntest; das Ding ist unglaublich!"

„Der Schmerz meiner Wunden", sagte Edric errötend; denn selbst Philosophen mögen es nicht, ausgelacht zu werden.

„Der Schmerz in deinem Herzen!" wiederholte Roderick und ahmte ihn nach. „Aber komm! Komm! Ich kann dich bemitleiden. Ich war selbst mindestens fünfzig Mal verliebt – also weiß ich, was es ist."

„Aber ich bin nicht verliebt", entgegnete Edric.

„Verleugnung ist eines der gefährlichsten Symptome", fuhr Roderick ernst fort. „Erfahrene Ärzte denken selten, dass ihre Patienten wirklich krank sind, bis sie sich dessen nicht selbst bewusst sind. Lassen Sie mich Ihren Puls fühlen."

„Psha", sagte Edric ungeduldig.

„Willst du dann gehen?", fragte Roderick lachend. Und um nicht noch mehr von seinem Spott gequält zu werden, erhob sich Edric hastig von seinem Lager und erklärte sich bereit, ihm beizustehen. Die Verletzungen, die er erlitten hatte, waren nur Fleischwunden gewesen, die ihm mit einem Säbel zugefügt worden waren, und waren nun fast verheilt. Die einzige Veränderung, die sie an seinem Aussehen bewirkt hatten, war, dass er blasser und interessanter aussah, da ein Arm von einer Schlinge gestützt und ein Band um seine Stirn gebunden war. Paulines Augen funkelten, als sie ihn sah, trotz ihrer beabsichtigten Gleichgültigkeit. Und sie konnte ihre Stimme nicht so gut beherrschen, dass ihr zitternder Ton ihre innere Erregung nicht verriet.

Auch Edrics Augen drückten unwillkürlich seine Freude aus; während Rodericks fröhliches Lachen und seine schelmischen Blicke verrieten, dass er vollkommen wusste, was in jedem von ihnen vorging. Doktor Entwerfen sah jedoch nichts dergleichen, da sein Geist ganz in die entzückende Betrachtung seiner eigenen Herrlichkeit vertieft war. Er war Herrn de Mallet von Roderick als „sein Freund und Ratgeber, der gelehrte und zu Recht gefeierte Dr. Entwerfen" vorgestellt worden; und dieser Moment schien eine ausreichende Belohnung für ein ganzes Leben voller Elend zu sein, da die Ekstase des Arztes bei diesem Anlass so grenzenlos war, dass er weder wusste, was er tat, noch was er sagte. Während Roderick sprach, hatte er in der Tat große Schmerzen gehabt; Er streckte sich auf den Zehenspitzen aus, öffnete die Hände und schloss sie bei jedem Satz wieder, als ob er vor Ungeduld platzte, um mit seiner Beredsamkeit die Lobrede des Monarchen zu bestätigen, doch er zitterte jeden Augenblick davor, er könnte sie unterbrechen.

Monsieur de Mallet hatte sich in seiner Jugend mit wissenschaftlichen Experimenten beschäftigt und war froh, jemanden zu finden, der mit ihm reden und seine Ideen zu diesem Thema verstehen konnte. Er nahm den Arzt bald beiseite und überließ seine jüngeren Freunde der Unterhaltung seiner Tochter.

„Ich bin froh, sehr froh, dass Sie sich so schnell erholt haben", sagte Pauline in sanftem Ton zu Edric. „Ich fürchtete – das heißt, mein Vater fürchtete –, Ihre Wunden seien ernster."

„Sehen Sie, Edric", rief Roderick schelmisch, „es ist, wie ich sagte – Mademoiselle de Mallet empfindet für Sie genau dasselbe Interesse wie ihr Vater."

„Es wäre mir geschmeichelt, das Interesse einer so zarten Brust zu wecken", seufzte Edric und sah sie zärtlich an.

Auch Pauline seufzte – unwillkürlich, blieb jedoch still.

„Hast du denn kein Interesse an mir?", fuhr Edric fort. „Nicht einmal das kalte, schaurige Gefühl, das dein Vater gebilligt hat?"

„Oh! Nennen Sie das Interesse, das mein Vater für Sie empfindet, nicht kalt oder frostig!", rief Pauline energisch. „Ich bin sicher – das heißt, ich glaube –" Und hier hielt sie abrupt inne, weil sie befürchtete, zu viel gesagt zu haben, und war völlig unfähig fortzufahren.

„Oh, mach weiter!", rief Edric und blickte ernst in ihr errötendes Gesicht – „mach weiter, ich könnte dir ewig zuhören!"

Pauline zitterte, errötete und zögerte. „Ich – ich – ich glaube, ich gehe lieber zu meinem Vater", stammelte sie nach einer kurzen Pause.

Roderick lächelte: „Aber auf jeden Fall!", sagte er. „Meinst du nicht auch, Edric?"

Edric antwortete nicht, denn er hatte die Frage gar nicht gehört. Die Aufregung der armen Pauline nahm zu und ihre Farbe änderte sich mit jedem Augenblick rasch. Sie fürchtete sich vor Rodericks Spott und zitterte so heftig, dass sie kaum stehen konnte.

In diesem Moment kam ihr Vater zurück. Er sah seine Tochter etwas überrascht an, und dann wandte er sich an seine Gäste und entschuldigte sich für ihre Zerstreutheit. „Meine Tochter ist nicht an Lager gewöhnt", sagte er, „und die Szenen, die sie in letzter Zeit erlebt hat, waren zu viel für ihre Nerven."

„Sie wird jetzt Gelegenheit haben, sich zu erholen", antwortete Roderick. „Meine Armee wird morgen vorrücken, und wenn Sie den Posten annehmen, werde ich Sie zum Gouverneur dieser Stadt machen, mit einer ausreichenden Garnison, um sie für mich zu verteidigen."

Während er sprach, wurde Pauline totenbleich und jede Hoffnung auf Glück schien für immer aus ihrer Brust zu verschwinden.

Monsieur de Mallet war sich jedoch der Qualen seiner Tochter überhaupt nicht bewusst. Er dankte dem König herzlich für die ihm zuteil gewordene hohe Ehre und begann in seiner Phantasie in den Freuden des Gouverneursamts zu schwelgen. Innerhalb von zehn Minuten hatte er in Gedanken so viele Verbesserungen und Veränderungen geplant, wie für deren Verwirklichung er fünfzig Jahre gebraucht hätte.

„Lebe wohl", fuhr Roderick fort, „ich vertraue darauf, dass wir uns wiedersehen werden, wenn nicht hier, so doch zumindest in einer anderen und besseren Welt. Erlauben Sie es mir, Lady!", fuhr er fort und berührte leicht mit seinen Lippen Paulines bleiche Wange. „Morgen mit der Morgendämmerung rücken wir vor, und bis dahin haben wir so viel zu tun, dass wir uns das Vergnügen versagen müssen, Ihre Gesellschaft wieder zu genießen. Lebe wohl, Gouverneur, Sie werden die notwendigen Papiere finden, um sich hier niederzulassen" (er gab ihm ein Paket) „und die Soldaten haben den Befehl, Ihnen wie mir zu gehorchen. Kommen Sie, Edric."

Edric trat vor, verneigte sich, ergriff Paulines Hand und drückte sie respektvoll an seine Lippen – sein Herz war zu voll, um zu sprechen. Pauline konnte ihre Tränen kaum zurückhalten, schüttelte dem Arzt die Hand und zog sich hastig in einen für sie reservierten Teil des Zeltes zurück.

„Meiner Tochter geht es nicht gut", sagte Herr de Mallet, „diese Szenen von Blut und Krieg überfordern ihre Nerven; aber sie wird sich bald erholen, wenn Sie uns verlassen haben."

„Das bezweifle ich", murmelte Roderick halb flüsternd; und bald darauf gingen die Freunde in den Ruhestand. Edric war für Paulines Gefühl nicht gleichgültig; Und als er die Ursache mehr als ahnte, empfand er ein bis dahin unbekanntes Vergnügen in seiner Brust. Seine Augen funkelten, und sein ganzes Erscheinungsbild bildete einen so völligen Kontrast zu seiner üblichen Niedergeschlagenheit, dass Roderick der Versuchung nicht widerstehen konnte, ihn noch einmal aufs Unbarmherzigste dazu zu bewegen. „Apropos Medizin", rief er, „es gibt kein Elixier wie die Magie eines Paares heller Augen. Alle Ärzte in meinem Lager können nichts Vergleichbares bewirken. Nein, du musst nicht so erröten, Edric! Das habe ich mir nicht vorgestellt." so weit warst du schon gegangen.

„Soweit ich weiß, erröte ich nicht", erwiderte Edric etwas verdrießlich; denn es gefiel ihm nicht, gehänselt zu werden; „Zumindest bin ich mir sicher, dass ich keinen Anlass zum Erröten habe."

„Nun, dann sehen Sie doch nicht so aus wie ein schüchternes Mädchen, das mit einem ‚La, Pa!

„Mir ist nicht bewusst, dass ich irgendetwas schuldig gemacht habe."

„Dann gestehen Sie doch offen die Wahrheit ein – Sie lieben Mademoiselle de Mallet?"

„Wie kannst du so denken?" antwortete Edric und errötete trotz seiner Bemühungen, gelassen auszusehen.

„Du bist ihr also gleichgültig? Mein Lieber, ich hatte keine Ahnung davon, ich wurde noch nie in meinem Leben völliger getäuscht! Nun, wenn das der Fall ist, werde ich meinen ersten Plan, mein eigenes Glück zu versuchen, wieder aufnehmen."

„Wie kannst du nur so provozieren?"

„Warum es sehr schwer ist, wenn man nicht selbst in sie verliebt ist, den Wunsch zu haben, alle anderen davon abzuhalten, es zu sein."

„Der Rang Eurer Majestät würde Sie, denke ich, daran hindern, auch nur an Mademoiselle de Mallet zu denken."

„Warum sollte mein Rang mich daran hindern, glücklich zu sein?"

„Der Rang Eurer Majestät schließt eine Heirat mit Pauline aus, und ich hoffe, Sie würden es nicht wagen, unehrenhafte Ansichten ihr gegenüber zu hegen."

„Wagemut! Schande! Weißt du noch, mit wem du sprichst, Edric?"

„Vollkommen; denn ich habe Roderick nicht vergessen, obwohl er sich selbst vergessen zu haben scheint."

„Edric! Aber ich werde nicht böse auf dich sein. Wenn Menschen verliebt sind, meinen sie nie, was sie sagen; tatsächlich wissen sie nur sehr selten, wovon sie reden. Ich erinnere mich an ein Mal, als ich selbst verliebt war –"

Alexis, der während des Besuchs seines Herrn bei Monsieur de Mallet am Eingang des Zeltes gewartet hatte und ihnen nun folgte, seufzte schwer bei dieser Bemerkung. Roderick hörte ihn: „Was ist mit dem Jungen los?", fragte er. „Warst du jemals verliebt, Alexis?" Der Page seufzte noch tiefer als zuvor, verschränkte die Arme vor der Brust und neigte den Kopf zum Zeichen seiner Zustimmung.

„Es ist sehr bedauerlich, dass Sie uns nicht alles darüber erzählen können", fuhr Roderick fort. „Denn Sie könnten keinen passenderen Moment für eine solche Geschichte wählen. Sie können sich auf Mr. Montagus Sympathie verlassen, selbst wenn ich so barbarisch wäre, Ihnen die meine abzuschlagen: –

„Wir bemitleiden die Fehler, zu denen wir neigen,
und können gegenüber unseren eigenen Verfehlungen gütig sein."

wie einer Ihrer eigenen Dichter sagt. Eh, Edric! Glauben Sie nicht, dass er recht hat?"

„Ich finde, du provozierst sehr."

„Das liegt daran, dass ich eine Saite anspreche, die zufällig nicht ganz gestimmt ist. Kein Wunder also, dass sie ein wenig zittert. Erinnern Sie sich nicht an das alte Sprichwort?

„Berühre einen Mann, dessen Haut gesund ist,
er wird bestehen und keine Wunde fürchten. Berühre einen Mann, wenn er wund ist, er wird aufschrecken und keine Wunde mehr ertragen."

„Wie können Sie sich herablassen, solchen Unsinn zu wiederholen?" rief Edric empört. „Der ärmste Bettler in eurem Herrschaftsbereich ist unwürdig!"

„Und wie kannst du dich herablassen, von so einem Unsinn gerührt zu sein, Edric?" antwortete Roderick lachend. „Kommen Sie, kommen Sie! Nehmen Sie die Wahrheit wahr, denn es ist sinnlos, sie noch länger zu leugnen. Sagen Sie ganz offen, dass Sie in Mademoiselle de Mallet verliebt sind, und ich werde Sie nicht länger necken."

„Verliebt ist ein zu starker Ausdruck. Ich bewundere, schätze und respektiere Mademoiselle de Mallet. Ich glaube sogar, dass sie über tausend Reize und tausend Tugenden verfügt; aber was das Verliebtsein betrifft –"

„Gut, gut! Wir wollen uns nicht über Worte streiten. Ich glaube nicht, dass Sie jemals ein romantischer Liebhaber werden. Sie Engländer sind zu vernünftig und vorsichtig, um sich jemals heftig zu verlieben. Ihr Blut ist so kalt wie Ihr Klima. Nun, wir sehen die Sache ganz anders; bei uns ist die Liebe eine verzehrende Flamme! Ein Feuer, das unser ganzes Wesen verschlingt – ein Strom, der alles vor sich herreißt – ein Wahnsinn – ein Delirium! Kurz gesagt, ich weiß nicht, was es ist!"

„Ich glaube nicht", sagte Edric trocken.

„Psha, psha!", fuhr Roderick fort. „Wenn man es beschreiben könnte, wäre es nicht der Mühe wert, es zu fühlen. Es ist alles Geist! Alles Seele! Wenn man es an Regeln bindet, verflüchtigt es sich. Meinst du nicht auch, dass es in Griechenland so ist, Alexis?"

Der Page verneigte sich, schüttelte den Kopf und legte den Finger auf die Lippen.

„Stimmt", erwiderte sein Meister; „Ich hatte es vergessen: Aber wenn du nicht sprechen kannst, kannst du schreiben. Nimm diese Tabletten, ich würde gerne deine Meinung wissen."

Der Page nahm die Tafeln und schrieb mit erstaunlicher Geschwindigkeit: „Da Eure Majestät sich herablässt, mich nach meiner Meinung zu fragen, denke ich, dass die Liebe, die der Vernunft treu bleiben kann oder davor zurückschreckt, alles dem geliebten Objekt zu opfern, diesen Namen nicht verdient." "

„Bravo, mein kleiner Held!" schrie Roderick und klopfte ihm auf die Schulter; „gesprochen wie ein echter Grieche. Ein Ire hätte jedoch fast dasselbe gesagt."

Die schlanke Gestalt des Jungen zitterte bei der Berührung seines Herrn in jeder Faser, und seine Wangen waren vor ungewohnter Leidenschaft gerötet, obwohl seine Augen auf den Boden gerichtet blieben, von dem er sie tatsächlich kaum erhob. Roderick betrachtete ihn einige Minuten schweigend, als wolle er in seiner innersten Seele lesen. Dann wandte er sich abrupt an Dr. Entwerfen, der an dem letzten Gespräch nicht teilgenommen hatte, und fragte ihn fröhlich, woran er denke.

„Ich dachte, Eure Majestät", sagte der Arzt ernst, „dass es von hier nach Madrid ein weiter Weg ist und dass es für Ihre Männer sehr ermüdend sein wird, so weit zu marschieren."

„Auf mein Wort, Doktor", sagte Roderick lachend, „Sie haben wirklich eine höchst erhabene Entdeckung gemacht, und ich stimme voll und ganz mit Ihnen überein, dass Ihre Schlussfolgerungen richtig sind."

„Davon abgesehen", fuhr der Arzt fort, „wäre es eine gute Sache, wenn es irgendeine Möglichkeit gäbe, Ihre Armee bis zu den Toren der Stadt zu transportieren, ohne sich die Mühe machen zu müssen, dorthin zu laufen."

„Sicherlich", sagte der König; „Die Tatsache lässt keinen Streit zu."

„Die einzige Schwierigkeit besteht darin, herauszufinden, wie es gemacht werden soll", fuhr der Arzt nachdenklich fort.

„Ja, da ist das Problem", rief Roderick und lachte maßlos; „Aber wenn es irgendjemand kann, bin ich sicher, dass Sie es können, mein lieber Doktor. Nehmen Sie also alle Kräfte zusammen und denken Sie über die beste Art und Weise nach, mit der Operation zu beginnen: Ich bin sicher, wenn Sie sich anstrengen, wird Ihnen der Erfolg nicht entgehen."

„Eure Majestät ehrt mich, und ich werde mich bemühen zu beweisen, dass ich das Vertrauen, das Sie in mich setzen, nicht unwürdig bin", sagte der kleine Arzt, richtete sich zu seiner vollen Größe auf und blies die Wangen auf, während er versunken weiterging Meditation. „Ich habe es", rief er und blieb plötzlich stehen; „Was hält Eure Majestät von einem riesigen Floß?"

„Ausgezeichnet, mein lieber Doktor! Ich sehe nur drei Einwände dagegen, ein Schiff groß genug zu machen, um die gesamte Armee zu befördern: — Erstens, dass wir kein Holz haben, aus dem wir es herstellen könnten; — zweitens, dass wir keine Pferde haben, um es zu ziehen; — und drittens , die Straßen sind nicht breit genug, um das zuzugeben."

„Luftballons würden genügen, aber wir haben sie nicht", fuhr der Arzt fort, immer noch tief nachdenkend, den Blick auf den Boden gerichtet und die Hände in den Hosentaschen.

„Was halten Sie davon, die Soldaten in Bomben zu packen und sie aus Mörsern zu erschießen?" fragte Roderick.

„Eure Majestät scherzt gern", bemerkte der Arzt ernst; „Aber Spott ist kein Argument."

„Sicherlich nicht", antwortete der König; „Und Sie irren mich sehr, wenn Sie glauben, ich wollte Ihren Plan lächerlich machen. Ich wollte nur bemerken, dass ich fürchtete, dass es ziemlich schwierig sein würde, ihn in die Tat umzusetzen."

„Das, was ohne Schwierigkeiten erreicht werden kann", sagte der Arzt feierlich, „ist kaum der Mühe wert und für einen genialen Mann völlig unwürdig. Schwierigkeiten sind für einen Mann der Wissenschaft nur Anreize zum Handeln."

„Höchst vernünftig beobachtet, mein lieber Doktor", rief Roderick; „Da wir jedoch jetzt unser Zelt erreicht haben, muss ich es Ihnen überlassen, einen

Plan auszuarbeiten, wie wir von Madrid zurückkommen können, denn ich fürchte, wir können es jetzt kaum erwarten, Ihre Pläne in die Tat umzusetzen, damit wir dorthin gelangen können: Wir müssen marschieren." mit der Morgendämmerung. Natürlich wirst du uns begleiten.

"Sicherlich!" gab der Arzt zurück, immer noch nachdenklich; dann murmelte er vor sich hin: „Mir gefällt der Plan, die Soldaten abzuschießen, nicht besonders, dafür wären so große Mörser und so viel Schießpulver nötig: – aber ich weiß nicht, was getan werden könnte: Ich werde darüber nachdenken:" – er zog sich in sein Zelt zurück, obwohl ihm in dieser Nacht kein Schlaf in die Augen fiel, so völlig war seine Fantasie von der Idee besessen, die Soldaten in Bomben zu packen.

Rodericks Vorkehrungen wurden bald getroffen, denn die Natur hatte ihn sicherlich als General vorgesehen. Sein intelligenter Verstand sah alles voraus und sorgte für alle Eventualitäten. Der einzige Fehler von Roderick als Soldat, der im Feld mutig und im Rat umsichtig war, bestand darin, dass er sich manchmal von seinem Eifer mitreißen ließ, wenn es klüger gewesen wäre, aufzuschieben. Aber gerade dieser Ungestüm hatte seinen Reiz in den Augen seiner Soldaten, da er nie davor zurückschreckte, sich den gleichen Gefahren auszusetzen oder die gleichen Entbehrungen auf sich zu nehmen wie sie selbst, und sie alle wären ihm bereitwillig bis in den Rachen der Zerstörung gefolgt.

Nachdem er alles für den Marsch am Morgen vorbereitet hatte, gönnte sich der irische Held ein paar Stunden Ruhe. Mit der Morgendämmerung jedoch erklangen die Trommeln, und die irische Armee verließ Andalusien, um in schnellen Märschen auf Madrid vorzurücken.

KAPITEL XXVI.

Während sich diese Szenen in Spanien abspielten, begann Elvira in England zu entdecken, dass es nicht ganz so schön war, eine Königin zu sein, wie sie es sich zuvor vorgestellt hatte. Die konkurrierenden Parteien im Staat waren durch den letzten Kampf zum Handeln angeregt worden, und der Parteigeist ist von allen anderen am schwierigsten zu besiegen. Da außerdem die Wahl von Elvira eher eine Frage des Gefühls als des Urteils war, waren die Menschen unzufrieden, weil sie sich von ihren Leidenschaften abtreiben ließen, und waren, wie es in solchen Fällen üblich ist, geneigt, dem Unglück Luft zu machen. Sie empfanden Humor über ihr eigenes Verhalten gegenüber allem, was ihnen zufällig in den Weg kam. So wurden selbst die besten Maßnahmen der Regierung Elviras heftig kritisiert; und da sie infolge dieser Einwände leider einige ihrer Gesetze änderte, wurden die Kritiker ermutigt, fortzufahren; Und da sie glaubten, ihre Pläne seien das Ergebnis von Schwäche, obwohl sie in Wirklichkeit nur durch ihre natürliche Offenheit und Liebe zur Gerechtigkeit hervorgebracht worden waren, wurden die Menschen mit jedem Zugeständnis, das ihnen gemacht wurde, empörender und lästiger.

Elviras Absichten waren ausgezeichnet, aber indem sie unglücklicherweise allen gefallen wollte, machte sie deren Wirkung zunichte. Dies ließ ihre Räte schwanken und ihre Maßnahmen unsicher werden: Nichts außer Edmunds Geistesstärke und gebieterischem Genie, gepaart mit seiner völligen Hingabe an ihre Sache, hätte den Untergang ihrer Regierung fast im Moment ihrer Bildung verhindern können. Aus einem falschen Motiv der Großzügigkeit heraus hatte sie die Herren, die sich ihr am heftigsten widersetzt hatten, in ihrem Rat behalten, obwohl sie, um Edmunds Wünschen zu entsprechen, ihrer Balken beraubt wurden. Das war ein fataler Fehler; Halbheiten sind immer gefährlich: Die betreffenden Herren hätten ganz abgesetzt oder auf ihren früheren Sitzen belassen werden sollen; So wie es war, hatte Elvira sie zu Feinden gemacht und ihnen dennoch die Macht gelassen, sie zu stechen.

Auch die Gesandten von Rosabella waren sehr aktiv und die öffentliche Meinung übertrieben. Der Geschmack, den die Menschen gerade an der Macht genossen hatten, reichte nur aus, um in ihnen den Wunsch nach mehr zu wecken. Sie hatten gerade erst angefangen, sich an den Süßigkeiten zu erfreuen, als ihnen das Gericht weggenommen wurde, und wenn es ihnen zum Verzehr überlassen worden wäre, wären sie bald übersättigt gewesen. Die Unzufriedenheit wurde allgemein, es kam zu Unruhen, die kaum in einem Viertel unterdrückt wurden, als sie in einem anderen ausbrachen, und diese kleinen Aufstände, obwohl sie fast zu trivial waren, um sie zu erwähnen, waren äußerst ärgerlich. Denn geringfügige Unannehmlichkeiten, wie ein Schwarm Fliegen, der an einem schwülen Tag einen nervösen Mann umschwirrt, sind oft reizender für das Gemüt als ernste Beschwerden; und der edle Geist von Edmund war müde von der Unterwerfung solch dürftiger Feinde.

„Sie wollen Arbeit", sagte er eines Tages zur Königin, nachdem er eine Depesche mit einem Bericht über einen der schlimmsten dieser Tumulte gelesen hatte. „Sie müssen Brücken bauen und Kanäle graben, um sie zu unterhalten."

Elviras reger Geist war von dieser Idee begierig ergriffen und bildete sich eitel ein, ihr Name würde der Nachwelt als der einer der größten Königinnen überliefert werden, die, obwohl in der Blüte ihrer Jugend und voller Schönheit, nicht zögerte, sich für das Wohl ihres Volkes zu opfern und die Zeit, die andere ihres Alters und Standes mit bloßen Vergnügungen vergeudeten, dem Wohlergehen ihres Volkes und der Verbesserung ihres Königreichs zu widmen.

Elvira war von diesem Gedanken entzückt und zögerte keinen Augenblick, ihn in die Tat umzusetzen. Mehrere Tage lang war sie ständig von ihren Beratern umgeben und saß an einem Tisch, der randvoll mit Papieren war, die sie eifrig durchsah und ordnete.

Pläne für den Bau öffentlicher Gebäude, für Krankenhäuser, Brücken, Museen und Kirchen, Pläne für neue Manufakturen, Hinweise für neue, dem Gemeinwohl dienende Einrichtungen und Skizzen neuer Entdeckungen lagen haufenweise vor ihr; gemischt mit Komplimentenadressen, Dankesbekundungen, Beschwerden, Petitionen, geheimen Informationen; und kurz gesagt, die ganze mannigfaltige Sammlung von Papieren, mit der ein Monarch mit Sicherheit umgeben sein wird, von dem man sagt, er wolle die Lage seines Volkes verbessern, oder von dem unglücklicherweise berichtet wird, er besitze ein Genie zur Verbesserung.

Unglücklich ist der Mann mit Macht, über den solche Berichte aktuell sind. Er ist direkt von Projektoren umgeben, von denen jeder einen Plan präsentiert, der sinnloser ist als der seines Vorgängers; und unzufriedene Angehörige, von denen jeder eine lange Liste von Beschwerden mitbringt, von denen die Hälfte eingebildet ist, die aber von den Beschwerdeführern heraufbeschworen wurden, damit sie das kostbare Recht, sich zu beschweren, nicht verlieren.

Unglücklich ist derjenige, dessen Schicksal ihn zwingt, sich zwischen den rivalisierenden Klägern zu entscheiden! Gewisse sind gleichermaßen tadelbar, wenn er gibt oder ablehnt; ob er akzeptiert oder ablehnt!

Elvira hatte die Übel der Macht noch nicht kennengelernt, aber jetzt kostete sie ihre Süße und war entzückt. Es schien ihr das Schönste auf der Welt zu sein, das Schicksal Tausender ihrer Mitgeschöpfe in den Händen zu halten, und sie dachte nicht an die schwere Verantwortung, die dies mit sich brachte, noch daran, wie oft ihr Weg von Flüchen statt Segnungen begleitet sein würde. Jemand hat gesagt, dass jedes Mal, wenn ein Herrscher einen Gefallen erweist, er einen undankbaren Untertan und neun unzufriedene macht, aber Elvira und Edmund hatten die Wahrheit dieser Maxime noch nicht entdeckt. Seit ihr gegenwärtiger Plan vorgeschlagen worden war, war alles bei ihnen in der *Farbe der Rose*. Ich sage sie, denn Edmund war bei all diesen gigantischen Verbesserungsplänen mit Elvira verbunden , und da er die erste Idee dazu hatte, war er der Einzige, der sie in die Tat umsetzen konnte. Sein aktiver Geist brauchte etwas, um ihn zu beschäftigen, und dieselben starken Gefühle, die früher der Liebe und dem Ruhm gewidmet waren, wurden jetzt in eine andere Richtung gelenkt.

Die Energien in Elviras Geist waren auch durch den Kampf um die Krone und die Leidenschaft, die der jugendliche Fremde in ihrer Brust geweckt hatte, geweckt worden; und sie hatte nun das Gefühl, dass sie nicht ruhig wieder in die alltägliche Stille des Alltags zurückkehren konnte. Wenn die Leidenschaften einmal aus ihrem Ruhezustand erweckt werden, müssen sie etwas haben, das sie beschäftigt, sonst werden sie sich selbst zum Opfer fallen. So erleben wir im Allgemeinen, dass große Krieger oder Staatsmänner oder eigentlich jede Klasse von Männern, die ihr Leben in aktiver Tätigkeit verbracht haben, verkümmern, wenn sie in die Langeweile eines obskuren Rückzugs gezwungen werden: Ihr Geist und ihr Körper verfallen gleichermaßen aus Mangel an Stimulanzien, um sie anzurufen in Aktion.

Die Verbesserung ihres Volkes gab Elviras Geist diesen Ansporn – aber leider! Sie ging eher mit Leidenschaft als mit Urteilsvermögen darauf ein und hatte nicht die Geduld, darauf zu warten, dass ihre Pläne allmählich in die Tat umgesetzt wurden: Nein – nein – sie konnte nichts Langsames ertragen: Bei ihr musste alles durch einen *coup de main erledigt werden* ; Und da die Menschen und die Gebäude so dumm waren, dass sie beim ersten Versuch nicht perfekt gemacht werden konnten, war sie immer wieder enttäuscht und entmutigt. Tatsächlich tat sie nichts, indem sie versuchte, zu viel zu tun.

Als Elvira den Thron bestieg, beschloss sie, dass keine öffentliche Handlung ohne die Zustimmung ihres Rates stattfinden dürfe; und diese edlen Herren diskutierten eines Tages über die Angemessenheit einer neuen Straße, die das gesamte Königreich im rechten Winkel durchschneiden sollte, als Lord Gustavus de Montfort sich erhob, um sich ihr zu widersetzen, mit der Begründung, sie würde dem Privateigentum schaden wenn es in Kraft tritt.

Elvira konnte Lord Gustavus nicht ertragen: sein kaltes, vorsichtiges, berechnendes Benehmen, ohne einen einzigen Funken Fantasie, widerte sie unbeschreiblich an; und die einzige gute Eigenschaft, die er besaß, nämlich unermüdlich in der Verfolgung seiner Ziele zu sein, machte ihre Abneigung vollkommen. Witz und Beredsamkeit waren bei ihm völlig verloren, denn er verstand weder das eine noch das andere; und wenn Elvira ein neuer oder brillanter Plan in den Sinn kam und sie ihn ihrem Rat mit all dem Feuer des Genies und der Lebhaftigkeit beschrieb, saß er da mit seinem ruhigen, kalten, unveränderlichen Gesicht, bereit, es mit Zweifeln zu dämpfen. Lord Maysworth war ihr ebenfalls zuwider; sein beschränkter Verstand, der nur solche Kleinigkeiten aufnehmen konnte, die der Beobachtung genialer Männer entgingen; sein gemeiner und armseliger Geist und sein kriechender Ehrgeiz waren ihr ganz und gar zuwider; während Lord Noodle und Lord Doodle, die, obwohl an sich Nullen, doch wie ihre Vorbilder das Gewicht der vor ihnen stehenden Figuren enorm erhöhten, die Gruppe vervollständigten.

Doch obwohl Elvira diese Mitglieder ihres Rates nicht mochte, fühlte sie sich nicht in der Lage, sich ihrem gemeinsamen Einfluss zu widersetzen. und sie war gerade im Begriff, entgegen ihrem eigenen Urteil in ihre Meinung verwickelt zu werden, als Lord Edmund den Raum betrat. Unbeschreiblich war die Wirkung, die seine Anwesenheit hervorrief; denn tatsächlich beeindruckten seine gebieterischen Talente alle vor ihnen; und Elvira konnte sich ein Lächeln nicht verkneifen, als sie sah, wie ihre Staatsberater ihre weisen Köpfe schüttelten und glaubten, sie würden die Debatte mit ihrer Weisheit unterstützen, während sie in Wirklichkeit nur Werkzeuge in seinen mächtigen Händen waren. Es ist wahr, dass sie die Agenten waren, die die beabsichtigte Wirkung hervorriefen; aber er war der Meistergeist, der sie in Bewegung setzte und ihnen lehrte, wohin sie gehen sollten. Sein starker Verstand erfasste augenblicklich die Vor- und Nachteile des jetzt diskutierten Plans, und sein Nicken entschied über sein Schicksal.

Obwohl die Mitglieder des Rates seinem Willen unbedingt gehorchten, hatten sie nicht die geringste Ahnung davon, dass sie dies taten, da er die Fähigkeit besaß, sich seine Meinung so zu bilden, dass jeder sie als Eingebungen seiner eigenen Brust auffassen konnte.

Während die führenden Persönlichkeiten des Kabinetts sich einbildeten, sie würden führen, und sich auf diese Weise blind leiten ließen, folgten die Nichtsnutze natürlich ihrem Gefolge, und unsere alten Freunde, die Lords der alten Familien, waren völlig erstaunt, als sie von den großartigen Plänen und klugen Ratschlägen hörten, die man ihnen zuschrieb, und saßen ganz in Bewunderung ihrer eigenen Weisheit versunken da, während ihre kleinen Köpfe und riesigen Perücken mindestens dreimal so schnell hin und her wippten wie sonst.

Elviras Thronbesteigung hatte sowohl ihren Vater als auch Sir Ambrose dazu veranlasst, das Land zu verlassen; Der Herzog bewohnte seinen ehemaligen Palast und Sir Ambrose nahm ein bewegliches Haus in einer der Straßen am

Ufer der Themse in Besitz. Hier fühlte sich der würdige Baronet vollkommen glücklich in der Gesellschaft seiner Nichte Clara (der ihre Eltern erlaubten, sein Haus zu behalten) und der seines alten Freundes, des Herzogs.

„Ich beginne zu bereuen, dass meine Tochter eine Königin ist“, sagte der Herzog eines Abends nach dem Abendessen zu Sir Ambrose, als die ganze Gesellschaft gemütlich am Feuer in Sir Ambroses Bibliothek saß. „Ich habe nicht einmal die Hälfte der Freuden, die ich früher hatte, als ich mehr von ihrer Gesellschaft haben konnte. Wenn ich sie jetzt sehe, ist das nur für einen Augenblick, und sie kann kaum bleiben, um mich zu fragen, wie es mir geht, bevor sie zu mir fliegt.“ einige ihrer neuen Verbesserungspläne.

„Das Gesicht des Landes wird sich in ein paar Jahren völlig verändert haben, wenn alle Pläne der Königin aufgehen“, sagte Pater Morris in seiner üblichen glatten, heuchlerischen Art.

„Das hoffe ich nicht!“, rief Sir Ambrose. „Ich hoffe, es ist kein Verrat, Herzog – aber ich muss gestehen, ich wünschte, Ihre Tochter wäre nie Königin geworden, wenn sie die Dinge nicht so lassen kann, wie sie sind.“

„Das sind so verrückte Pläne, die sie sich da ausdenkt“, sagte der Herzog kläglich. „Stellen Sie sich nur vor, Sir Ambrose, sie hat mir heute Morgen einen Plan gezeigt, wie man Luftbrücken baut, um schwere Lasten von einem Kirchturm zum anderen zu befördern; eine Maschine, um Schuhe und Stiefel mit einem Schlag aus einem festen Stück Leder zu pressen; eine Dampfmaschine zum Melken von Kühen; und ein elastisches Gartenhaus, das man zusammenfalten und in die Tasche eines Mannes stecken kann!“

„Es ist wirklich provokativ; und Edward ist genauso intrigant und visionär. Ich bin überzeugt, dass sie, wenn wir beide sterben würden, über unseren Verlust nicht mehr als ein vorübergehendes Unbehagen verspüren würden, da ihre Gedanken so sehr mit diesen gigantischen Projekten beschäftigt sind.“

Während die beiden alten Männer gemütlich vor dem Kamin saßen und von den herrlichen Tagen ihrer Jugend sprachen, als alles gut lief oder, was fast dasselbe war, als es ihnen so erschien (und dabei völlig vergaßen, dass das Alter andere Augen hat als die Jugend und dass die Veränderung in ihnen selbst lag und nicht in der Zeit), war Clara auf einer großartigen Party, die Elvira gab, und Pater Morris verließ bald die Bibliothek des Herzogs, um sich zu ihr zu gesellen.

Es war ein Ball; und der prächtige Hof von Claudia erschien unter der Herrschaft ihres Nachfolgers noch strahlender. Es war das erste Mal, dass Clara bei Hofe war, und die Wirkung, die die herrliche Pracht der Szene auf sie hatte, war überaus gewaltig. Sie vergaß ihre Sorgen, ihre Traurigkeit und ihre Liebe – alles schien verzaubert zu sein; und die alte Dame, die als ihre Anstandsdame fungierte, war ziemlich entsetzt über ihre *Ausschweifungen* .

So strahlend alles auch war, die liebliche Göttin des Tempels übertraf selbst die Pracht des Schreins bei weitem, und die Betrachter betrachteten sie mit unbeschreiblicher Verzückung. Schön wie das märchenhafte Bild eines Traums, freundlich, umgänglich und allen gegenüber herablassend glitt Elvira durch die Menge, gefolgt von ihrem Gefolge, in den Konzertsaal. Hier verzauberte alles, was die menschliche Vorstellungskraft an Harmonie ersinnen konnte, die Ohren. Doch jeder andere Ton war hart im Vergleich zu dem, der sich an die Sinne schlich, als Elvira dazu gebracht wurde, ihren Rang zu vergessen und ihre Stimme mit der Musik zu vermischen.

Elviras Gesang war vollkommen: „klar wie eine Trompete mit silbernem Klang"; die runden, vollen Töne schwollen nun in flüssiger Melodie an das Ohr und verklangen dann sanft und süß, doch selbst in ihren leisesten Tönen deutlich. Prinz Ferdinand war an ihrer Seite, und sein glühender Blick zeugte von der Intensität seiner Bewunderung. Elvira hatte ihn seit der Nacht, als ihr Gespräch mit ihm Edmunds Eifersucht so stark erregt hatte, nicht mehr gesehen; und als sie nun bemerkte, dass sein Benehmen Edmunds Aufmerksamkeit erneut erregt hatte, errötete sie noch tiefer als zuvor.

Edmund sah, wie sie errötete, und stürzte, von diesem Anblick fast bis zum Wahnsinn getroffen, gewaltsam aus dem Zimmer.

Die Nacht war kalt und feucht, ein nieselnder Nebel fiel schnell, und in der Luft hing die eigenartige Kälte, die die ersten Anfänge des Winters kennzeichnet; aber Lord Edmund dachte nicht an das Wetter und schritt barhäuptig mit eiligen Schritten und den Taten eines Wahnsinnigen durch die Palastgärten; während die dichte Düsternis, die den Himmel durchdrang, einen beängstigenden Kontrast zu der strahlend erleuchteten Wohnung bildete, die er gerade verlassen hatte. Die Düsterkeit der Szene harmonierte jedoch gut mit Edmunds Gefühlen; er fühlte sich unmerklich beruhigt; und obwohl er immer noch launisch hin und her stolzierte, wurde er allmählich ruhiger.

„Undankbare Frau", dachte er, „mich so zu behandeln! Verdankt sie mir nicht alles? Ich könnte ihre Kälte ertragen; ich könnte sie auf einen Thron setzen; aber der Gedanke, dass sie einen anderen liebt, treibt mich zur Verzweiflung!— Fluch über diesen Teufel! Es muss seinen höllischen Künsten geschuldet sein, dass die kalte, keusche Elvira ihre Liebe niemals auf diese Weise schenken könnte – so fast unaufgefordert und auf den ersten Blick, wenn es nicht das Werk des Himmels wäre. Ich würde meine Seele riskieren, um mich an diesem Dämon zu rächen!"

Während er sprach, fiel sein Blick auf ein Dickicht in seiner Nähe, und es war ihm, als sähe er die Gestalt eines Mannes, allerdings halb verdeckt vom Nebel, aus dessen düsteren Nischen auftauchen. Er blickte aufmerksam, und die Gestalt glitt langsam mit katzenartigen, schleichenden Schritten weiter. Edmunds Geist war bis zur Raserei erregt – er bildete sich fast ein, ein Dämon sei seinem Wunsch gehorsam erschienen, sein Versprechen anzunehmen und seinen Befehlen nachzukommen. "Sprechen!" rief er mit einer Stimme, die in der umgebenden Stille furchtbar klang: „Sprich! Bist du ein Dämon oder ein Sterblicher?"

Alles war still: die Gestalt glitt weiter; und Lord Edmund, der von übernatürlichen Schrecken bedrückt war und beim Klang seiner eigenen Stimme schauderte, konnte es nicht mehr ertragen; Er stürzte sich auf die Gestalt, packte sie grob und rief: „Mensch und Teufel, ich fürchte dich nicht, und so werde ich mit dir ringen."

„Sei ruhig, mein Sohn", antwortete die bekannte Stimme von Pater Morris. „Womit habe ich dich beleidigt?"

„Verzeihung, heiliger Vater", erwiderte Edmund. „Ich kannte Euch nicht – ich wusste nicht, was ich tat – meine Leidenschaft machte mich blind."

„Und was hat diese Leidenschaft ausgelöst? Edmunds Geist ist zu edel, um leichtfertig bewegt zu werden."

„Oh! Sprich nicht von der Vornehmheit meines Geistes, Vater; ich fühle, dass ich nur ein armer, schwacher Wurm bin. Vornehmheit gebührt allein Gott; es ist Gotteslästerung, den Begriff auf den Menschen anzuwenden."

„Erzähl mir von deinem Kummer. Ich bin sicher, er muss groß sein, sonst würde er dich nicht so berühren. Es ist meine heilige Pflicht, Kummer zu lindern. Sprich also, mein Sohn; denn denk daran, dass die Freude zwar verdoppelt wird, wenn man teilhat, der Kummer jedoch gemildert wird, wenn man ihn teilt – und das Leid der Hälfte seiner Bitterkeit beraubt wird."

„Ich habe wenig zu gestehen, Vater. Ich war schwach und dumm; aber Elvira –"

„Und wundern Sie sich über die Wankelmütigkeit einer Frau? Leicht wie die Daunendecke und unbeständig wie der wechselnde Wind, ist Unbeständigkeit eine natürliche Eigenschaft dieses Geschlechts – sie sehnen sich unaufhörlich nach Neuem – und da Eitelkeit ihre einzige wahre Leidenschaft ist, verlangen sie nichts weiter, wenn diese befriedigt ist."

„Und wurde Elviras Eitelkeit nicht bis zum Überdruss befriedigt? Habe ich sie nicht vergöttert, angebetet? War es nicht meine Macht, die sie zu dem gemacht hat, was sie ist? Und ist das meine Belohnung? Verachtet, verlassen, ausgelacht zu werden, und wofür? Ein Fremder! – ein Junge! – mein Gefangener!"

„Wen meinst du?", fragte der Mönch.

„Prinz Ferdinand", erwiderte Edmund.

„Unmöglich!", rief Pater Morris und erschrak mit gut gespieltem Erstaunen. „Elvira kann doch nicht Prinz Ferdinand lieben! Und doch, so erinnere ich mich jetzt, sah ich sie sogar jetzt mit ihm sprechen, mit einem Anschein tiefen Interesses, als ich durch ihre prächtigen Gemächer ging."

„Verdammt!", rief Lord Edmund heftig, völlig aus der Fassung gebracht durch diese Rede; denn seltsamerweise scheinen wir, obwohl wir uns der Realität unserer eigenen Leiden sicher sein können, diese immer mit doppelter Wucht zu empfinden, wenn wir sie von jemand anderem schildern hören.

„Beruhige dich, mein Sohn", sagte Pater Morris mit seidigen Tönen und betrachtete ihn mit etwa so viel Mitgefühl, wie ein Angler für das Winden eines Wurms an seiner Angel empfindet. „Diese Wutausbrüche sind deiner nicht würdig."

„Oh, Vater!" rief Edmund, fast zu Tränen gerührt, „du weißt nicht, wie sehr ich diese Frau geliebt habe. Deine ernsten, ernsthaften Gefühle, diszipliniert durch die Beschränkungen eines Klosters, gedemütigt durch deinen Verzicht auf alle irdischen Freuden, können keine Vorstellung von der Tiefe und Wildheit meiner Gefühle vermitteln. Deine Leidenschaften, Vater, sind in dir tot; durch heilige Reue zur Ruhe gedämpft; aber meine wüten mit der Wut eines Vulkans und zerstören mich! O, dass meine innige Zuneigung, meine langen ergebenen Dienste, meine Anbetung so belohnt würden. Ja – meine Anbetung, denn ich habe sie angebetet, Vater! Ich habe sie wie eine Göttin angebetet; und obwohl ich ihre Reize verehrte und unerhörte Qualen ertragen hätte, um mit ihrem Besitz gesegnet zu werden, habe ich doch meine Hoffnungen geopfert? – Habe ich den Schatz nicht aufgegeben, als er gerade in meiner Reichweite war, weil mir ihr Glück lieber war als mein eigenes? Und jetzt zu sehen, wie sie ihre Gunst an diesen Jungen verschwendet! Sie lächelte ihn, Vater, und er wagte es, ihre Hand zu nehmen und sie an seine Lippen zu drücken. Ich sah, wie er sie küsste, nicht mit dem ruhigen Respekt eines knienden Untertans, sondern mit der Inbrunst, der leidenschaftlichen Glut eines Liebhabers; und dann sah er sie an – verflucht sei dieser Gedanke! – und sie tadelte ihn nicht, sondern senkte die Augen und errötete sanft und stimmte zu. Verdammt! Ich kann es nicht ertragen."

„Leidenschaft, mein Sohn, zieht ihre eigene Strafe nach sich. Du siehst alles mit einem neidischen Auge. Elviras Wesen ist sanft und nachgiebig; sie fürchtete, seine Gefühle durch ihre Härte zu verletzen. Es ist nur die natürliche Folge eben jener Sanftheit, die du so oft bewundert hast. Warum solltest du dich jetzt damit streiten? Es ist immer noch dieselbe, die dich bezauberte, nur dass sie sich jetzt auf jemand anderen ausdehnt und bald zweifellos auf die ganze Welt ausdehnen wird. Elvira wurde im Rückzug erzogen, und da du nur dich und Edric sahst, dachtest du, ihr Verhalten sei die Folge einer Voreingenommenheit dir gegenüber, während es in Wirklichkeit nur ihre natürliche Art war. Sie steht jetzt auf einem größeren Theater; und du musst damit rechnen, Myriaden kniender Opfer zu sehen, die ihre Schönheit anbeten und ihr zu Füßen huldigen! Und glaubst du, ihr wird ihre Aufmerksamkeit missfallen? Nein; sie ist viel zu sanft; sie hat keine Festigkeit; und dieselbe Unterwerfung, die sie dir jetzt entgegenbringt, wird sie, wenn du sie beleidigst, leicht auf jemand anderen übertragen. Sie ist nicht dazu geschaffen, zu regieren; sie würde gehorche und sei glücklich; aber die Last der Regierung würde sie erdrücken, wenn man sie allein damit überließe. Schüttle also diese selbstsüchtigen Gefühle ab und sei wieder du selbst. Du hast oft gesagt, dass du ihr nur Glück wünschst; und wenn das der Fall ist, solltest du dich freuen, sie in seinen Armen zu sehen, selbst wenn sie Prinz Ferdinand wirklich lieben sollte.“

„Eher würde ich zugrunde gehen, schneller würde ich alles in ein einziges allgemeines Verderben stürzen! Aber das ist unmöglich; sie kennt ihn kaum.“

„Und selbst wenn es so wäre, wäre es dennoch falsch, Elvira für etwas verantwortlich zu machen, wofür sie in Wirklichkeit nichts kann. Ihre nachgiebige Sanftheit ist der Fehler ihres Charakters.“

„Dummkopf, der ich war, diese Sanftheit hat mich gefangen genommen und mein zärtliches Herz fiel in ihre Ketten. Aber es war Torheit, Verliebtheit! Ich sehe meinen Fehler ein; Rosabella hat mehr Charakter. Sie *kann* lieben.“

Lord Edmund verschränkte die Arme vor der Brust und verlor sich bald in Träumereien , die Pater Morris sorgfältig nicht unterbrach, die jedoch durch die Annäherung von Trevors, dem Adjutanten und Sekretär seiner Lordschaft, unterbrochen wurden.

„Was willst du?“, fragte Lord Edmund streng.

„Ich bin gekommen, um Eure Lordschaft zu suchen. Ich befürchtete, dass es Euch nicht gut geht, da ich Euer Lordschaft auf der Party vermisst habe.“

"Du hast mich vermisst!" wiederholte Lord Edmund bitter. „ *Du* hast mich vermisst! Und hat sonst niemand meine Abwesenheit bemerkt? War es so deutlich, dass mein Diener es bemerken konnte, und doch niemand sonst?“

„Hat sich die Königin nicht nach Lord Edmund erkundigt?“ fragte Pater Morris.

„Ich habe Ihre Majestät nicht gehört“, antwortete Trevors.

„Wie war sie verlobt? Was hat sie gemacht?" forderte Lord Edmund.

„Sie saß da und sprach mit Prinz Ferdinand, Mylord."

Lord Edmund knirschte vor Wut mit den Zähnen und eilte wortlos zum Haus zurück, während Trevors in bescheidenem Abstand folgte.

„Er hat es", rief Pater Morris triumphierend – „er hat es, und er gehört für immer mir."

Von diesem Zeitpunkt an vergingen mehrere Tage, bis Elvira Lord Edmund wieder sah. Sie war überrascht über seine Abwesenheit; denn tatsächlich war er so sehr in ihre Pläne und Pläne verwoben, dass ohne ihn nichts gut lief.

„Wird Ihre Majestät die Güte haben, diese Verordnung mit dem königlichen Siegel zu versehen?" fragte Lord Gustavus eines Morgens.

„Ich weiß es nicht", antwortete Elvira. „Ich weiß nicht, was ich tun soll. Ich wünschte, Lord Edmund wäre hier."

„Vielleicht wird man ihn bald holen", sagte Lord Gustavus pompös. „Allerdings scheint es mir bei allem gebotenen Respekt vor dem besseren Urteil Ihrer Majestät nicht so zu sein, dass seine Anwesenheit unbedingt erforderlich ist."

Lord Edmund jedoch wurde gerufen und er kam. Aber oh! Wie sehr hatte sich alles verändert, seit Elvira ihn das letzte Mal gesehen hatte! Sein Gesicht sah blass und dünn aus, seine Wangen waren eingefallen und seine Augen hohl und schwer, während seine tiefe Stimme heiser und unnatürlich klang. Leidenschaft war durch seine Seele geströmt und verdorrte dabei. Elviras Herz schlug, als sie ihn ansah.

„Du warst krank, Edmund!", sagte sie mit schmelzender Sanftheit. „Warum wurde ich nicht informiert? Du konntest doch nicht glauben, dass ich dich absichtlich vernachlässigen würde? Könntest du so hart über mich urteilen?"

Edmunds feste Brust wurde weicher, als sie sprach, und Tränen schwammen in seinen Augen, während er darum rang, ruhig zu antworten – ja, Tränen; der tapfere, kriegerische Edmund, dessen Geistesstärke und Festigkeit beispiellosen Gefahren widerstanden hatte, zitterte jetzt vor einer Frau.

„Sie müssen einen Rat haben", fuhr Elvira fort. „Dr. Coleman, Dr. Hardman, können Sie Ihrem Patienten kein Medikament verschreiben?"

„Seine Lordschaft scheint Fieber zu haben", sagte Dr. Coleman. „Zweifellos hat er sich schlecht ausgeruht."

„Ja, ja", erwiderte Dr. Hardman mit einem bösartigen Lächeln. „Die Augen Seiner Lordschaft verraten, dass er nicht zur Ruhe kommt."

„Ich war ein wenig unwohl“, sagte Lord Edmund und nahm seinen Mut zusammen, um zu sprechen. „Aber mir geht es besser. Gibt es irgendetwas, bei dem meine Dienste Eurer Majestät von Nutzen sein können?“

„Ihre Majestät wünscht, dass Sie diesen Gesetzentwurf prüfen“, antwortete Lord Gustavus feierlich, „bevor sie ihm ihre königliche Zustimmung gibt.“

Lord Edmunds Augen funkelten. „Dann legt sie immer noch Wert auf meine Meinung“, dachte er.

„Ich hoffe, dass Lord Edmunds Krankheit überstanden ist“, sagte Dr. Hardman boshaft; „denn er sieht auf jeden Fall besser aus, seit er das Zimmer betreten hat.“

Lord Edmund war besser; ein plötzlicher Gefühlsabschwung hatte in ihm stattgefunden, und in seiner Brust erwachte erneut Hoffnung. Wieder strömte Leidenschaft durch seine Seele. „Sie muss, sie soll mein sein“, dachte er, während Feuer aus seinen Augen blitzte. „Das verhasste Gesetz soll aufgehoben werden. Schwierigkeiten erhöhen nur den Wert des Sieges, und sie verschwinden vor einem entschlossenen Geist. Was! soll ich, vor dessen Arm ganze Nationen besiegt gefallen sind, wie ein Feigling vor der ersten Schwierigkeit zurückschrecken, die mich befällt.“ ! Oh nein! Ich werde nicht so schwach sein; Schätze würden kaum die Annahme wert sein, wenn sie unter meinen Füßen lägen – ich werde meine Kräfte verschmähen! meins."

Pater Morris stand am Deich und beobachtete mit besorgten Augen die Schwankungen in Edmunds ausdrucksstarkem Gesicht. „Verdammnis ergreift ihre Schönheit!“ murmelte er; „Mit einem Blick macht sie ganze Monate der Arbeit ungeschehen. Aber er wird noch immer mein sein – Cheops hat geschworen, dass er es tun soll – und Rosabella wird Königin sein. Ob die Mumie sterblich oder teuflisch ist, er ist widerstandslos; er hat grenzenlose Macht über das menschliche Herz , und was er will, muss erreicht werden.

Es vergingen einige Wochen, in denen Lord Edmund, der wieder zu seinem früheren Einfluss in der Regierung zurückgekehrt war, eifrig daran arbeitete, das Volk auf die Abschaffung des Gesetzes vorzubereiten, das die Hochzeit der Königin verhinderte. Mit größter Sorgfalt bemühte er sich, Elvira populär zu machen. Zu diesem Zweck überredete er sie, die Lasten, die das Volk am schwersten belasteten, zu erlassen und sie durch Steuern zu ersetzen, die auf indirektere Weise erhoben wurden; denn die Masse einer Bevölkerung murrt selten über Steuern, es sei denn, sie sieht die Kleinigkeiten, für die sie bezahlt: Die Menschen betrachten das Geben des Doppelten des wirklichen Wertes einer Ware, also eines Zehntels so viel, nicht als die Zahlung auch nur einer kleinen direkten Summe dafür Nutzung aller alltäglichen Lebensbedürfnisse.

Indem Edmund umsichtig nach diesem Prinzip handelte, machte er sich beliebt; und es gab sogar Gerüchte, dass er nicht König sei. Dies war der Punkt, zu dem Edmund das Volk bringen wollte; und er verfolgte seinen Plan, indem er die Armen gegen die Reichen unterstützte und die Richter oder Justizbeamten, die versuchten, das Volk zu unterdrücken, streng bestrafte. Die Menge hasst im Allgemeinen diejenigen, die mit der Ausführung der Gesetze betraut sind, vielleicht aus demselben Grund, wie der blutende Schuldige den Anblick der Peitsche verabscheut, mit der er ausgepeitscht wurde; und ihre natürliche Eitelkeit und Anmaßung wurden durch die Aufmerksamkeit, die ihren Beschwerden geschenkt wurde, geschmeichelt; bis Lord Edmund durch sein umsichtiges Vorgehen feststellte, dass er die gesamte Hingabe des Pöbels erlangt hatte und sie nach seinem Belieben einsetzen konnte.

Die Zeit verging und der Winter hatte seinen eisigen Mantel bereits um die Welt gelegt, als eines Tages Pater Morris plötzlich Rosabellas Zimmer betrat. „Es ist alles vorbei", rief er und warf sich verzweifelt auf ein Sofa. „Edmund hat die Zustimmung des Volkes zur Heirat der Königin erhalten und wird zweifellos in ein paar Wochen Elviras Ehemann sein!"

„Der Ehemann von Elvira!", rief Rosabella, ihre Augen sprühten vor Feuer und ihre Wangen glühten, während jede Faser vor Aufregung bebte und ihre feinen Züge die gewaltigen Leidenschaften eines Dämons verrieten. „Dann möge ewiges Elend den Unhold begleiten, der uns betrogen hat; der uns Schritt für Schritt ins Verderben geführt hat und vielleicht gerade jetzt unsere Verzweiflung verspottet! Ja, ja", fuhr sie fort, während das teuflische Lachen von Cheops in ihren Ohren klang und seine verabscheute Gestalt wieder vor ihr stand, „ich habe das erwartet; du kommst, um deinen Triumph zu genießen und unsere Leichtgläubigkeit zu verspotten; aber wisse, dieser Arm ist noch immer stark genug, um meine Ungerechtigkeiten zu rächen; er wird meinen Rivalen vernichten; und du, Elender! Verabscheuter, abscheulicher Elender! Auch du wirst seine Rache spüren!"

„Das für deinen Freund!" sagte Cheops mit einem bitteren Lächeln: „Pfui! Pfui! Wie blind ist die menschliche Vernunft, wenn die Leidenschaften eingreifen! – Alles ist zum Besten – haben Sie Geduld; warten Sie ein wenig, und meine Versprechen werden noch erfüllt werden."

„Wenn Elvira gestorben wäre", murmelte Pater Morris, ein dunkles Stirnrunzeln legte sich auf seine Stirn.

„Du wärst jetzt nicht mehr am Leben", sagte die Mumie. „Aber keine Angst, alles ist so, wie Sie es sich wünschen."

„Wie können wir es uns wünschen?" rief Rosabella empört.

"Ja, wie du willst", erwiderte Cheops fest. "Edmund hat die Erlaubnis erhalten, dass Elvira jeden gebürtigen Untertan des Königreichs heiraten kann; aber sie wird ihn nicht heiraten, denn sie liebt einen anderen, und dieser andere ist ein Ausländer. Er wird über ihre Ablehnung wütend sein, und Eifersucht wird ihn von ihrer Sache abbringen. Er wird dann natürlich aus Ehrgeiz und Rache die ihrer Rivalin heiraten. Rosabella wird Königin sein, und da das Gesetz, das die Heirat des Herrschers verhinderte, abgeschafft wird, wird Edmund ihr Ehemann werden – wenn nicht aus Liebe, so doch zumindest aus Ehrgeiz."

„O Cheops! Widerstand ist sinnlos – wir sind deine Sklaven – mach mit uns, was du willst."

„Sag lieber, dass du Sklaven deiner eigenen Leidenschaften bist", murmelte die Mumie, und sie trennten sich.

Es war ein klarer, frostiger Tag im November, als Elvira, kaum wissend warum, in den Garten ihres prächtigen Palastes Somerset House schlenderte, einen Pavillon betrat und sich auf einem Sofa gegenüber einem Fenster mit Blick auf den Fluss ausruhte. Der Pavillon war mit äußerstem Geschmack eingerichtet. Seine bis zum Boden reichenden Fenster waren mit hauchdünnen, rosa gefütterten Netzvorhängen beschattet; die Wände waren wunderschön bemalt und durch reich verzierte Säulen in Felder unterteilt; Bücher, Zeichnungen und Musikinstrumente lagen verstreut herum; Dreifüße, die Vasen mit den seltensten exotischen Blumen trugen, verbreiteten süßen Duft in der Luft; und der Teppich war so weich und dick, dass er sich unter den Füßen wie Moos anfühlte.

Doch selbst in diesem Tempel des Luxus war die schöne Besitzerin nicht glücklich. Sie seufzte, als sie die prachtvolle Vornehmheit um sie herum betrachtete, und spürte deutlich, dass Größe nicht ausreichte. Gleichgültig richtete sie ihren Blick auf die an die Wände gemalten Figuren: Sie stellten die Liebesbeziehungen von Mars und Venus dar, sie waren vorzüglich gemalt: Der Künstler hatte dem Leben die zärtliche Bescheidenheit der Göttin und die glühende Leidenschaft ihres Geliebten verliehen. Elvira blickte auf sein strahlendes Gesicht und seine funkelnden Augen; und dann blickte er nach unten und seufzte noch heftiger als zuvor.

Sie entließ ihre Diener und behielt nur Emma; und lange waren ihre Augen auf die Leere gerichtet und ihr Geist in traurige Betrachtungen versunken; als sie plötzlich durch das Erscheinen eines Pagen und das Erscheinen von Lord Edmund Montagu erschreckt wurde, der ihr fast in dem Moment folgte, in dem der Page seinen Namen wiederholte: Sein Gesicht strahlte Freude und Hoffnung tanzte in seinen Augen.

„Oh, Elvira!" rief er: „Du gehörst jetzt mir – mein für immer! Das Volk erlaubt dir zu heiraten. Die Herren im Rat haben das Gesetz unterzeichnet; das Volk hat es mit Akklamationen verkündet. Du bist frei! Du bist nicht länger von den unschätzbaren Freuden ausgeschlossen." des häuslichen Lebens – du bist unabhängig – du kannst jeden geborenen Untertanen des Reiches heiraten, und wirst du jetzt mein sein?"

„Und so gebe ich meine Unabhängigkeit auf, sobald ich sie erlangt habe", sagte Elvira lächelnd.

„Oh, meine Geliebte! Meine verehrte Elvira! Gib mir deine Zustimmung, mich glücklich zu machen! Glaub mir, du wirst frei sein und immer noch genauso eine Königin sein wie in diesem Moment."

„Edmund!" sagte Elvira ernst, „du verdienst mehr, als ich dir geben kann; denn ich werde dich nicht beleidigen, indem ich annehme, dass du dich ohne mein Herz mit dem Besitz meiner Krone zufrieden geben würdest – und dass es nicht in meiner Macht liegt, sie zu verleihen."

„Meine liebste Elvira, du hast nur Lust darauf. Ich weiß, dass deine Gefühle warm, deine Sensibilität scharf und deine Großzügigkeit grenzenlos sind – kannst du dir dann ein Herz wünschen?"

„Leider nein! Aber ich habe herausgefunden, dass ich eines besitze, nur rechtzeitig, um auch zu wissen, dass ich es einem anderen gegeben habe."

„Und ist das andere ein Jugendlicher und ein Fremder?" fragte ihr Geliebter und schnappte nach Luft.

„Das ist er", antwortete Elvira, errötend und nach unten schauend.

„Dann bin ich tatsächlich elend!" rief Lord Edmund; und indem er sich heftig mit der geballten Hand an die Stirn schlug, stürzte er aus dem Zimmer.

Elvira blickte ihm mit einem Gefühl nach, das beinahe an Entsetzen grenzte. Sie war entsetzt über die Heftigkeit der Leidenschaften, die sie geweckt hatte, und schien wie betäubt. Sie stand da wie ein Kind, das aus Versehen den Faden durchgeschnitten hat, der die Räder einer mächtigen Maschine zusammenhielt, als es das fürchterliche Klappern über seinem Kopf hörte.

„Oh, Madam, Madam!", rief Emma und rang die Hände. „Was soll aus uns werden? Eure Majestät hat Lord Edmund für immer beleidigt, und zwar wegen dieses Schurken, der, da bin ich mir sicher, der leibhaftige Teufel ist!"

„Ruhe, Emma!", sagte Elvira, „du vergisst meinen Rang – ich lasse mir nichts vorschreiben."

„Verzeihen Sie, liebe Dame, Sie wissen, dass ich Sie liebe, und –"

„Ich weiß auch, dass Sie meine Liebe ausnutzen. Verschwinde!"

Emma gehorchte und Elvira blieb allein zurück.

Furchtbar aufgeregt und völlig unfähig, sich zu beruhigen oder das Chaos ihrer Gedanken zu ordnen, ging sie zu den Fenstern des Pavillons, öffnete eines davon und blickte auf die Gärten hinaus. Es wird bereits gesagt, dass diese entzückenden Anlagen der Öffentlichkeit zugänglich gemacht wurden; aber aufgrund der Leichtigkeit, mit der sie genossen werden konnten, schlenderten ein paar Halbsoldbeamte, Anwälte ohne Klienten, Ärzte ohne Patienten, Geistliche auf der Suche nach Pfründen, ausgebuhte Spieler, enttäuschte Autoren und entlassene Bedienstete allein durch ihre romantischen Alleen und blieben gelegentlich stehen, um die wunderschönen Kunstwerke zu betrachten, mit denen sie geschmückt waren. Die Engländer waren nun entschieden die ersten Bildhauer der Welt. Da nur chemische Präparate verwendet wurden, um Licht und Wärme zu erzeugen, war Rauch unbekannt und da die Atmosphäre nicht mehr dick und wolkig war, ertrug Marmor die Einwirkung ohne materiellen Schaden. Abgesehen davon brachte vielleicht keine Nation der Welt schönere Modelle männlicher und weiblicher Schönheit hervor als England; und jetzt, da die Frauen diese Mißgestalten der menschlichen Gestalt längst abgelegt hatten, entwickelten sich ihre Formen zu vollkommener Symmetrie. Elvira jedoch dachte nicht an die Gärten oder die Kunstwerke, die sie enthielten; doch als sie am Fenster stand, ruhten ihre Augen, obwohl sie in ihre eigenen Gedanken vertieft war, auf den exquisiten Statuen vor ihr. Der unbelebte Marmor schien mit Seele und Geist ausgestattet, während die anmutigen Formen, die er darstellte, nur für einen Moment innezuhalten schienen und nach einer kurzen Ruhepause bereit waren, wieder in Leben und Aktion zu treten — kurz gesagt, sie schienen zu atmen; und der Betrachter war fast überrascht, als er seinen Blick von ihnen abwandte und sie beim erneuten Hinsehen immer noch in derselben Haltung vorfand.

Schleppen entlang oder liefen anmutig und mit unendlicher Bewegungsvielfalt; Hin und wieder schoss eine mit Dampf und Schlagwerk bewegliche Brücke über den Bach, beladen mit Gütern und Passagieren, und stürzte wieder ein, sobald ihre Last sicher auf der anderen Seite gelandet war.

Zufrieden mit der geschäftigen Szene um sie herum stand Elvira da und blickte, bis die Hälfte ihrer Sorgen verschwunden zu sein schien und ein angenehmer Gedankengang ihr durch den Kopf schlich. "Was habe ich gemacht?" dachte sie: „Und doch bereue ich es nicht. — Nein, nein! Ich könnte nicht anders handeln. Die edle und hingebungsvolle Liebe von Edmund verdiente meine wärmste Dankbarkeit, und ich habe richtig getan, ihm die Wahrheit anzuerkennen, so schmerzhaft es auch war." „Es war mir ein Anliegen, dies zu tun, anstatt seinen großzügigen Busen mit Hoffnungen zu quälen, die ich nie in die Tat umsetzen wollte", wiederholte sie laut. „Und ich bin mit meinem Verhalten vollkommen zufrieden."

„Dann haben Sie Grund, zufrieden zu sein", sagte die tiefe Stimme von Cheops direkt hinter ihr; „Denn nur wenige Sterbliche können das mit Gerechtigkeit sagen!"

Die feierlichen Töne der Mumie drangen wie eine Vorahnung des Bösen in Elviras Herz ein, und sie schauderte unwillkürlich.

„Du denkst dann, dass ich etwas falsch gemacht habe?" sagte sie.

„Das habe ich nicht gesagt", erwiderte er ruhig. „Aber wenn ich das Geschlecht nicht gekannt hätte, wäre ich vielleicht überrascht gewesen, dass Sie Lord Edmund unaufgefordert ein Geheimnis gestanden hätten, das Sie eifrig geheim zu halten versucht haben." sogar von mir.

„Leider", rief Elvira, „meine Beweggründe –"

„Waren die einer Frau", unterbrach Cheops; „Ein Wesen, das dazu bestimmt ist, Unheil anzurichten. Ich gebe dir keinen Vorwurf; denn du hast nur nach deinem natürlichen Instinkt gehandelt."

"Wie meinst du das?" fragte Elvira, die blass und zitternd wurde, denn die Worte der Mumie lösten in ihr eine undefinierbare Angst aus.

"Hören!" sagte Cheops, „und ich werde es dir sagen. – Wenn du mir dein Geheimnis anvertraut hättest, hätte es Gutes bewirkt, denn ich hätte deine Leidenschaften unterstützt, und ich kann keine Hilfe leisten, wenn es nicht erforderlich wäre – außer indem du es mir erzählt hättest Lord Edmund, Sie haben Böses hervorgebracht, denn er verwechselt Ihren Geliebten mit einem anderen, und die Folgen könnten fatal sein. Es ist also klar, dass Sie nicht anders hätten handeln können, als Sie es getan haben Böse, und wähle nicht das Letztere?"

„Verwechselt meinen Geliebten mit einem anderen!" rief Elvira aus. „Um Gottes willen, erklären Sie sich!"

„Er denkt, du meintest Prinz Ferdinand", sagte die Mumie kalt, „und er sucht ihn jetzt, um ihn zu vernichten."

„Oh, Gott! – Oh, Gott!" rief Elvira im bittersten Schmerz: „Was soll aus mir werden? Wo ist Edmund! Lass mich fliegen und ihn anflehen, den Prinzen zu verschonen!"

„Mir kommt es nicht so vor", sagte Cheops noch ruhiger, „dass Ihre Bemühungen, ihn zu bewahren, überhaupt die gewünschte Wirkung erzielen werden; denn Lord Edmund glaubt bereits, dass Sie den Prinzen lieben, und dieser Glaube ist auch so." Der Grund seines Hasses, Ihre heftige Sorge um sein Wohlergehen, scheint mir nicht gerade die Methode zu sein, die am besten geeignet ist, seinen Verdacht zu zerstreuen.

„Wahr! Wahr!", rief Elvira und rang die Hände. „Weh! Weh! Was wird aus mir werden?" Während sie sprach, klang ihr ein durchdringender Schrei in den Ohren, und alle Menschen im Garten stürmten plötzlich zu einem bestimmten Ort. Elvira, die kaum wusste, was sie tat, folgte der Menge und schrie vor unbeschreiblichem Schrecken, als sie das Klirren der Schwerter hörte. Blass und zitternd eilte sie vorwärts und kam gerade an, als Prinz Ferdinand mit einem tiefen Stöhnen unter dem Schwert von Lord Edmund fiel. Elvira schrie, warf sich auf den Körper und versuchte vergeblich, ihn wiederzubeleben, wobei sie in ihrer Aufregung die Menge, die sie umgab, und die Interpretation, die man ihrem Verhalten zuschreiben könnte, völlig vergaß. Ein einziger Gedanke beschäftigte ihren Geist und ließ ihn vor Entsetzen erzittern: dass ihre Unvorsichtigkeit höchstwahrscheinlich einem Mitgeschöpf das Leben geraubt hatte.

Lord Edmund stand in der Zwischenzeit wie eine Statue da und starrte sie mit Gefühlen unaussprechlicher Angst an. Ihr Kummer, ihre heftigen Gefühle schienen die Leidenschaft zu bestätigen, die sie gestanden hatte; und wenn sie liebte, hatten seine Anstrengungen nur den Weg zum Erfolg seines Rivalen geebnet. Der Gedanke war Wahnsinn. Lord Edmund knirschte mit den Zähnen, sein Gesichtsausdruck veränderte sich, Blut strömte in Strömen aus seiner Seite, denn auch er war verwundet, und er lehnte ohnmächtig an einem Baum.

Die Verwirrung, die jetzt herrschte, war unbeschreiblich. Es war Hochverrat, im Bereich des königlichen Palastes ein Schwert zu ziehen, und die Wachen, die sofort versammelt waren, nahmen die Täter in Gewahrsam. Sie waren beide nicht in der Lage, Widerstand zu leisten, und wurden unter den Ausrufen des Pöbels ins Gefängnis gebracht. Elvira war ohnmächtig geworden und wurde in den Palast zurückgebracht, während die geflüsterten Spekulationen der Menge über die Seltsamkeit der Szene in halb ersticktem Gemurmel wie das ferne Tosen des Ozeans aufstiegen. Die Aufmerksamkeit der Zuschauer richtete sich jedoch bald auf den armen alten Herzog von Cornwall. Er stand nach vorne gebeugt da – die Hände gefaltet und seine Augen auf seine Tochter gerichtet, während sie vergeblich versuchte, den Prinzen wiederzubeleben. Der alte Mann schien zu Stein geworden zu sein: Er bewegte sich nicht und sprach nicht; seine glasigen Augen waren starr und seine bläulichen Lippen zitterten leicht; Schließlich stöhnte er leise auf und fiel in einem Schlaganfall bewusstlos in die Arme seiner Diener. Die Zuschauer hielten ihn für tot und meinten, sein Herz sei gebrochen, als sie diese unerwartete Schwäche seiner angebeteten Tochter entdeckten.

Jeder war stark berührt, und jeder schien zum Reden zu platzen; obwohl niemand genau wusste, was er zu sagen wagen würde. Lord Gustavus wirkte streng, Lord Maysworth wichtig und Dr. Hardman schlau; während die Lords Noodle und Doodle ihre kleinen Köpfe schüttelten, bis sie in unmittelbarer Gefahr schienen, von ihren Körpern getrennt zu werden. Nur Rosabellas Herz schwoll vor Entzücken an, und ihre Augen strahlten vor kaum verhohlenem Triumph.

„Die Mumie hatte recht", dachte sie; „Elvira muss fallen, und Edmund wird mir gehören."

KAPITEL XXVII.

Am Abend des Tages, an dem Prinz Ferdinand und Lord Edmund ins Gefängnis gebracht wurden, wurde Sir Ambrose, während er in seinem Arbeitszimmer schrieb, durch einen lauten Schrei aufgeschreckt; Als er zu der Stelle flog, von der es weiterging, fand er Clara bewusstlos auf dem Boden liegend, während Abaelard sich über sie beugte und versuchte, ihr etwas zu helfen.

"Guter Gott!" rief Sir Ambrose, „was ist los?“

„Das liegt alles an der Nachlässigkeit der Hausangestellten von nebenan“, antwortete Abaelard. „Nr. 7 ist gerade aus Brighton zurückgekommen; und einer der Assistenten, der damit beschäftigt war, Beobachtungen am Himmel durchzuführen, schob, anstatt sich um seine Arbeit zu kümmern, das Haus ein wenig zur Seite, als es in die Sockel rutschte; und als sie ihre horizontale Schnauze durch unser Bibliotheksfenster steckten, haben sie dieses Bücherregal umgeworfen und die arme Fräulein Clara zu Tode erschreckt.

„Dumme Idioten“, sagte der Baronet; „Sie hätten sie vielleicht getötet, wenn die Bücher auf sie gefallen wären.“

"Ich bitte um Verzeihung, Sir Ambrose", sagte der Täter und steckte seinen Kopf durch das Fenster. "Ich glaube nicht, dass Miss Montagu verletzt worden wäre, selbst wenn die Bücher auf sie gefallen wären. Das Gewicht ihres Körpers, so nehme ich an, muss fast dem der Bücher entsprechen. Folglich muss der Widerstand, den sie leisten konnte, dem Schlag, den sie erhalten hätte, vollkommen entsprochen haben, sodass die Wirkung neutralisiert worden sein muss."

„Zum Teufel mit Ihren Erklärungen!“, sagte Sir Ambrose, dessen Zorn durch diese Worte verzehnfacht wurde. „Sie haben meine Nichte getötet und wollen mich jetzt in den Wahnsinn treiben. Clara, meine liebe Clara! Öffnen Sie die Augen, meine Liebe. Sind Sie verletzt?“

„Oh, mein lieber Onkel!“, seufzte Clara, „Edmund ist im Gefängnis und wird sicherlich enthauptet.“

„Im Gefängnis, Kind! Du musst träumen.“

„Das bin ich allerdings nicht, Onkel. Ich habe die Männer, die das angrenzende Haus errichten, das sagen hören. Er hat mit Prinz Ferdinand im Palastgarten gekämpft.“

„Mein Junge, mein lieber Junge!“ rief Sir Ambrose und stürzte verzweifelt aus dem Zimmer.

„Folge ihm, um Himmels willen, folge ihm, Abaelard", sagte Clara. Der würdige Butler gehorchte, rang die Hände und hob den Blick zum Himmel. während Clara völlig regungslos blieb und offenbar in Gedanken versunken war.

„Ich werde ihn retten", sagte sie nach einer kurzen Pause, „oder bei dem Versuch umkommen."

In der bittersten Seelenangst eilte Sir Ambrose zum Palast; ihm wurde jedoch der Zutritt verweigert, da ihm mitgeteilt wurde, dass die Königin hohes Fieber habe. Er erkundigte sich nach seinem Freund, dem Herzog: Auch er war unsichtbar, da sein letzter Angriff sein Leben in unmittelbare Gefahr gebracht hatte. Dr. Coleman war bei der Königin anwesend; und die Herren des Rates freuten sich, obwohl sie den Anschein erweckten, mit dem unglücklichen Vater zu sympathisieren, offensichtlich, wenn auch im Verborgenen, über die Schande ihres mächtigsten Rivalen. Von allen Seiten zurückgewiesen, begab sich Sir Ambrose nun zum Gefängnis; aber auch hier wurde ihm der Zutritt verweigert, und traurig und langsam kehrte er verzweifelt nach Hause zurück, wobei er seine einzigen verbleibenden Hoffnungen auf den Rat und die Hilfe von Pater Morris verließ, auf dessen gigantische Geisteskraft er sich in aller Ohnmacht des Alters unbedingt zu verlassen pflegte und Elend.

Das Gefängnis, in das Ferdinand und Lord Edmund gebracht worden waren, befand sich in einem abgelegenen, unschönen Teil der Stadt London, Kensington genannt. Früher war es ein Palast gewesen und von einem prachtvollen Park umgeben, der fälschlicherweise Garten genannt wurde. Die verheerende Hand der Modernisierung hatte jedoch wie üblich gegen alle erhabeneren Reize der Natur gekämpft, und die majestätischen Schönheiten Kensingtons fielen ihrer Wut zum Opfer. Wo einst ausladende Eichen ihre ehrwürdigen Arme ausgestreckt hatten, erhoben sich jetzt enge, ungesunde Straßen, und grüne Rasenflächen waren zu schmutzigen Dammwegen geworden; Teiche wurden zu Wasserrohren und Jacobs Brunnen zu einem öffentlichen Abwasserkanal. Da Ferdinand und Edmund Kensington jedoch nie in seiner ursprünglichen Pracht gesehen hatten, konnten sie den Wechsel jetzt nicht bereuen: und für sie war es nicht mehr und nicht weniger als ein Ort der Gefangenschaft, ein Ort, an dem nur sehr wenige Menschen offensichtliche Vorliebe zeigen.

Unmittelbar nach ihrer Ankunft ließen Prinz Ferdinand und Lord Edmund ihre Wunden von dem automatischen Dampfchirurgen des Gefängnisses verbinden, der, richtig angeordnet und aufgezogen, das Blut stillte, die Pflaster verteilte und die Verbände mit so viel Geschick anbrachte obwohl es sein ganzes Leben lang nichts anderes getan hatte, als durch ein Krankenhaus zu laufen. Sobald diese Operationen durchgeführt waren, wurden die Gefangenen in getrennte Zellen gesperrt und überlassen, über ihre Situation nachzudenken.

„Du meine Güte!", rief Ferdinand und blickte erstaunt in dem eleganten Gemach umher, in das man ihn führte. Es war mit einem bemalten Samtteppich, Seidenvorhängen und mit Messing und Elfenbein eingelegten Stühlen und Tischen geschmückt; auf der einen Seite hing ein prächtiger Baldachin über einem Daunenbett, und in verschiedenen Ecken ruhten mehrere kleine Amoretten auf Lampen, hielten Vorhänge zurück und erfüllten zahlreiche andere nützliche Aufgaben. „Kann das ein Gefängnis sein? Weder Paris noch Wien besitzen halb so prächtige Paläste!"

Ferdinands Überraschung war natürlich, da er in England noch fast ein Fremder war und nicht wusste, dass unsere glückliche Insel seit langem mit einem Volk gesegnet war, das der Meinung war, Gefängnisse sollten zu angenehmen Wohnstätten umgestaltet werden, und sie so lange verbessert hatte, bis sie schließlich zu Tempeln des Luxus geworden waren. Trotz aller Annehmlichkeiten seines Gefängnisses war Ferdinand jedoch vollkommen elend. Er konnte sich nicht vorstellen, welchen Grund Lord Edmund gehabt hatte, ihm einen Streit aufzuerlegen; denn da seine Leidenschaft für Elvira, obwohl heftig, genauso flüchtig gewesen war wie die, die er früher für Rosabella empfunden hatte, hatte er nicht die geringste Ahnung, Lord Edmunds Eifersucht erregt zu haben. Ermüdet vom Bilden fruchtloser Vermutungen warf er sich schließlich auf sein Daunenbett und verlor bald die Erinnerung an seine Sorgen in einem erfrischenden Schlaf.

In der Zwischenzeit dachte Clara darüber nach, wie sie ihren verrückten Plan, Prinz Ferdinand im Gefängnis zu besuchen, am besten in die Tat umsetzen könnte. Sie wagte es nicht, ihren Plan irgendjemandem anzuvertrauen, denn sie fürchtete, dass jemand, den sie konsultieren würde, entweder über ihre Torheit lachen oder ihr Geheimnis verraten würde. Außerdem muss sie, um Hilfe zu erhalten, einen Grund für ihr Verhalten angeben; und da Clara ihre eigenen Gründe für ihr Handeln nicht genau kannte, war es ihr völlig unmöglich, einen Grund zu erkennen, mit dem sie einen anderen zufriedenstellen konnte. Sie war jedoch entschlossen zu gehen; und als die Familie ihres Onkels alle im Ruhestand war, hüllte sie sich in einen großen Mantel und schaffte es mit einiger Mühe, die Straße zu erreichen. Die Nacht war kalt und dunkel; ein dichter Nebel fiel, und Clara schien bis ins Herz zu frösteln; doch ein Gefühl, das sie nicht erklären konnte, trieb sie weiter. Clara war jung und romantisch; Sie liebte Prinz Ferdinand und stellte sich vor, dass er in Gefahr sei. Wie sie ihn retten sollte, wusste sie nicht, und doch war es einzig und allein die Hoffnung, ihn zu retten, die sie vorwärts trieb.

Sie hatte herausgefunden, dass er in Kensington eingesperrt war, und lenkte ihre Schritte dorthin. Doch als sie am Palast vorbeikam, sah sie eine Schar

Ballons darum herumschweben, beladen mit Personen, die aus Sorge um die Königin warten mussten und so ihre Tür persönlich mit ihren Fragen belagerten. Die beleuchteten Fackeln dieser Luftfahrzeuge blitzten hell in der Luft auf und sahen aus wie eine Vielzahl tanzender Sterne, als sie sich über ihrem Kopf rasch kreuzten.

Dieser kleine Vorfall vervollständigte die Verwirrung der armen Clara; und aus Angst, dass sie gesehen und erkannt werden könnte, eilte sie weiter, ohne genau zu wissen, wohin sie wollte, bis sie, verblüfft über das unterschiedliche Aussehen, das die Straßen in der Dunkelheit anzunehmen schienen, und ihre eigenen Ängste zu ihrem unsäglichen Entsetzen feststellte sie hatte ihren Weg verloren. In größter Aufregung und Bedrängnis wanderte sie nun hin und her, während ihre Verlegenheit mit jedem Augenblick durch das unpassende Geplänkel der Vorübergehenden noch größer wurde. Schließlich wurde sie ganz von einer Gruppe Menschen umringt, die sie mit so vielen Fragen und Witzen überfielen, dass das arme Mädchen, ganz überwältigt, abrupt stehen blieb und in Tränen ausbrach.

„Ach! Und was soll aus euch werden, nachdem ihr einen armen jungen Cratur so gestört habt", schrie die wohlbekannte Stimme von Pater Murphy, als die beleibte Gestalt des Mönchs durch die Menge geschäftig gesehen wurde. „Was seid ihr dort? Seht ihr denn nicht, dass sich das arme Ding in der Dunkelheit verirrt hat?

Niemals klang eine Musik in Claras Ohren so harmonisch wie der satte, tiefe Akzent des Vaters; Sie stürzte vorwärts und warf sich ihm zu Füßen, schlang ihre Arme um seine Knie und rief: „Oh! Rette mich! Ich bin Clara! Clara Montagu!"

„Klara!" rief Pater Murphy in größter Verwunderung. „Clara! Warum, um Himmels willen, kommst du zu dieser Stunde der Nacht raus, Kind?"

„Oh, frag mich nicht, Vater", erwiderte Clara nach Luft schnappend. „Das heißt, ich werde es dir gleich sagen. Aber führe mich fort. Um der Liebe der heiligen Jungfrau willen, rette mich vor diesen Männern!"

"Komm her, mein Kind", sagte der Vater, nahm ihren Arm in seinen und ging mit ihr fort. "Lass uns diese Leute verlassen. Und jetzt", fuhr er fort, als sie schon ein Stück von der Menge entfernt waren, "musst du mir sagen, Kind, was führt dich hierher?"

Obwohl es für den Mönch ganz natürlich war, diese Frage zu stellen, war Clara außerstande, sie zu beantworten. Tatsächlich zitterte sie so schrecklich, dass sie kaum stehen konnte; und als sie zu sprechen versuchte, klapperten ihre Zähne in ihrem Kopf so heftig, dass sie keine Silbe hervorbrachte. „Das arme Ding", murmelte der mitfühlende Priester, nachdem er einige Minuten vergeblich auf eine Antwort gewartet hatte, „es wird ihr bald besser gehen."

Jetzt war alles dunkel, und sie gingen langsam einige Schritte weiter, ohne zu sprechen, als vier helle Blitze einer benachbarten Uhr das Ende einer Stunde ankündigten und im nächsten Augenblick die feierliche, tiefe Glocke deutlich das Wort „eins" verkündete, und dann Alles war wieder still.

„Ich hatte nicht das Gefühl, dass es schon so spät war", sagte der Vater, dessen Gemüt natürlich zu fröhlich war, um ihn jemals lange schweigen zu lassen.

„Hast du gedacht, es sei ein Uhr, Clara? Ich hätte kaum gedacht, dass ich jemals zu so einer nächtlichen Zeit mit dir durch die Straßen schlendern sollte, Liebes. Also sprich, Liebling, wenn du kannst, und erzähl mir alles darüber.

Clara fühlte sich noch schwächer und antwortete nur, indem sie sich noch fester an den Arm des Mönchs klammerte. Pater Murphy hatte Angst und dachte, sie würde sterben. – „Oh Murther!" schrie er, „was soll ich tun? Sie brüllte ihr letztes, süßes Tier, und niemand war da, der ihr helfen konnte, und ich wusste nicht, wie ich sie trösten sollte."

Die zarte Gestalt von Clara schien mit jedem Augenblick schwerer zu werden, da sie sich immer noch fast unbewusst am Arm des Mönchs festhielt und schwach nach Luft schnappte.

„Oh! Was soll ich tun? Was soll ich tun?" wiederholte der arme Vater und sah sich hilfesuchend um: Alles war jedoch dunkel und düster und still wie das Grab. Plötzlich erschien jedoch eine helle, meteorähnliche Substanz am Rande des Horizonts, und der Mönch stellte zu seiner unaussprechlichen Erleichterung fest, dass es sich um einen offensichtlichen Nachtfeuerballon handelte. Er begrüßte es, und nach wenigen Augenblicken schwebte es über ihren Köpfen; Die Wohnleiter wurde heruntergelassen, und nachdem Clara und ihre Begleiterin zum Auto gestiegen waren, segelte der Ballon wieder schnell dahin.

"Wohin gehen wir?" fragte Clara schwach.

„Ach!" entgegnete der Mönch, „und das ist es, woran ich nie gedacht habe, Liebling; aber der Himmel sei gepriesen, dass du so viel besser bist, dass du dich darum kümmern kannst."

„Wir fliegen nach Kensington, Miss", sagte der Ballonschaffner.

„Kensington!", wiederholte Clara und klatschte entzückt in die Hände – „Gott sei Dank!"

„Jedenfalls ist es eine gute Sache, dankbar zu sein", sagte der Vater. „Aber ich muss gestehen, dass ich nicht verstehe, warum Sie so vor Entzücken aufschreien sollten, wenn Sie merken, dass wir den falschen Weg einschlagen."

„Oh, nein, nein, Vater", erwiderte Clara, „nicht der falsche Weg; denn Kensington ist das Ziel all meiner Wünsche."

„Das arme Ding! Sie ist ganz schön verwirrt", dachte Pater Murphy. „Der Verlust ihrer Cousine hat sie ihrer Sinne beraubt; aber ich werde sie ihren eigenen Weg gehen lassen; vielleicht geht es ihr bald besser."

„Wo möchten Sie abgesetzt werden?", fragte der Mann.

„In der Nähe des Gefängnisses", rief Clara eifrig.

„In der Nähe des Gefängnisses!" wiederholte Pater Murphy und zuckte mit den Schultern. „Ja, ja, ich hatte recht."

Es wurde kein weiteres Wort gesprochen, bis der Ballon anhielt und die Passagiere abgesetzt wurden: Alles war noch dunkel, bis auf ein Landlicht, das von den Zinnen des Gefängnisses schimmerte und eine große, ungeschickt aussehende Gestalt zeigte, die mit schweren, gemessenen Schritten marschierte Schritte vor den Toren hin und her, während in einiger Entfernung eine Gruppe Soldaten biwakierend lag. Clara schauderte, als sie sie ansah, und wandte sich hastig ab, näherte sich der Gestalt schüchtern und flehte sie an, sie in das Gefängnis zu lassen. Es setzte seinen Marsch fort, aber da es nicht sprach, versuchte sie, daran vorbeizukommen.

„Kein Zutritt", sagte die Gestalt, als sie sie berührte und versuchte, die Tür zu erreichen.

„Ich flehe dich an", rief Clara und rang vor Schmerz die Hände.

Die Gestalt antwortete nicht, sondern setzte ihren feierlichen Marsch ungerührt fort; ihre hohlen Schritte klangen in regelmäßigen Abständen schwer aufs Ohr. In ihrer Verzweiflung versuchte Clara erneut, an ihr vorbeizueilen; aber sie wurde wieder zurückgewiesen, als die Gestalt ihr monotones „Kein Zutritt!" wiederholte. Clara warf sich vor ihr qualvoll auf die Knie.

"Clara! Clara, meine Liebe!", rief Pater Murphy und versuchte, sie aufzurichten. "Du bist ganz außer dir. Siehst du nicht, dass es ein Automat ist? Nichts kann ihn stoppen, außer der richtigen Kontrollschnur, und die befindet sich in dem kleinen Wachhaus, um das herum du die Soldaten liegen siehst."

„Dann können *sie* mich einlassen", rief Clara außer sich, „sie *sind Männer* und werden mir sicher zuhören." Dann stürzte sie sich, bevor der Vater sie aufhalten konnte, auf sie zu, warf sich dem befehlshabenden Offizier zu Füßen und flehte ihn um Mitleid an. Der Offizier war ein Mann mit Gefühl und hatte, von Mitleid über ihre offensichtliche Qual berührt, versprochen, ihrer Bitte stattzugeben, bevor Pater Murphy, der zu dick war, um sich besonders beweglich zu bewegen, sie erreichen konnte. „Danke! Danke!", rief Clara und küsste die Hand des Offiziers. „Gott segne Sie!"

Der Offizier lächelte über ihre Wärme. „Warten Sie hier ein wenig", sagte er. „Ich werde bald zurückkommen und Sie einlassen, wenn ich die Erlaubnis dazu erhalte. Aber Staatsgefangene müssen so streng bewacht werden, dass ich es nicht wagen darf, etwas in ihrer Hinsicht zu unternehmen, ohne den Gouverneur zu konsultieren."

„Dann kommen Sie also doch rein", sagte Pater Murphy, der nahe genug herangekommen war, um diese letzte Rede zu hören. „Na ja, was ist das für eine Welt, in der wir leben! Hier haben Herzöge und Prinzen erfolglos um Einlass gebettelt, und doch wird ein kleines freches Mädchen, nur weil es zufällig halb zerstreut ist, gleich beim ersten Wort hereingelassen. "

Clara antwortete nicht; Doch sie hüllte sich in ihren Umhang und setzte sich auf einen großen Stein in der Nähe des Tores, um auf die Rückkehr des Offiziers zu warten. Der feierliche Automat war für einen Moment angehalten worden, um ihn passieren zu lassen, aber jetzt hatte er seinen langsamen, gemessenen Schritt wieder aufgenommen, und Claras Herz wurde bei dem Geräusch krank. Der Nebel lichtete sich, und die Nacht wurde schön, wenn auch kalt, während der Mond, der sich durch die Wolken kämpfte, die schnell über den Himmel zogen, sein blasses, schwaches Licht auf die Szene warf. Clara schauderte, als sie das dunkle, schwere Gebäude hinter sich betrachtete, und während sie ihren Umhang fester um sich schlang, richtete sie ihren Blick ängstlich auf den Himmel, beobachtete die verschiedenen Formen, die die vorbeiziehenden Wolken annahmen, und seufzte schwer, als sie vorbeizogen.

„Jetzt sag mir, Liebes", sagte Pater Murphy und setzte sich neben sie, „was du deinem Cousin sagen sollst, wenn du hereinkommst, um ihn zu sehen. Sprich frei, denn zum Teufel ein Wort, das werden die Spalpeens dort drüben hören, was du sagst." Ich werde sagen, weil sie alle tief und fest schliefen.

"Mein Cousin!" rief Clara aus. "Wer was?"

„Deinen Cousin Edmund, den du so weit gereist bist, um ihn zu sehen", fuhr der Vater fort.

"Mein Cousin!" antwortete Clara; „Oh! ja, stimmt. Es war mein Cousin, der mit ihm gekämpft hat, wissen Sie. Aber ich will meinen Cousin nicht sehen."

„Ich will deine Cousine nicht sehen!" wiederholte Pater Murphy, wobei ihm vor lauter Erstaunen fast die Augen aus dem Kopf fuhren. „Warum bist du dann hierher gekommen?"

„Um – um Prinz Ferdinand zu sehen“, sagte Clara mit stockender Stimme, blickte nach unten und errötete.

Pater Murphys Erstaunen war jetzt viel zu groß, um es in Worte zu fassen, und er konnte sie nur mit sprachlosem Entsetzen ansehen, während er einen Plan in seinem Kopf schmiedete, wie er sie in aller Stille zu ihren Freunden zurückbringen könnte.

„Wie wild sie aussieht!“ dachte er: „Sie muss eingesperrt werden; es lässt sich nicht sagen, wie weit eine so seltsame Täuschung sie führen kann.“

Während der arme Vater so überlegte und sich verschiedene überredende Wortformen wiederholte, mit deren Hilfe er sie zur Rückkehr zu überreden hoffte, blieb der Automat erneut stehen, und als die Gefängnistür aufflog, winkte der Offizier Clara, vorzugehen. Sie flog auf ihn zu. „Clara! Clara, meine Liebe!“ sagte Pater Murphy, „wäre es nicht besser, nach Hause zu gehen?“ Aber Clara hörte ihn nicht; sie war bereits im Gefängnis; Die Türen hatten sich geschlossen, und der Automatenwächter hatte wieder seinen gemessenen, ausgetretenen Weg eingeschlagen.

„Oh je! Oh je!“ rief der unglückliche Pater Murphy, „was soll ich tun? Wie soll ich sie rausholen? Armer Sir Ambrose – er wird ihm das Herz brechen. Ich wage zu behaupten, dass er nichts davon weiß. Solche Anfälle kommen immer plötzlich.“

So klagend ging der würdige Vater in einem Zustand bemitleidenswerter Qual vor dem Gefängnis auf und ab, bis ihm ein klarer Gedanke durch den Kopf schoss und er sich, so schnell seine zitternden Glieder ihn tragen konnten, auf den Weg machte, um ihn in die Tat umzusetzen.

Klara war inzwischen dem Offizier ins Gefängnis gefolgt, und je weiter sie kam, desto schneller schlug ihr das Herz, denn ihr Vorhaben erschien ihr jetzt in einem neuen Licht, und sie zitterte bei dem Gedanken, wie der Prinz ihre Kühnheit deuten würde. Doch war es zu spät, um zu bereuen; sie hatte nicht einmal Zeit zu zögern. Der Offizier stand schon vor der Tür, die Riegel waren zurückgezogen, und Klara stand vor Ferdinand. Sie war verwirrt und entsetzt über das, was sie getan hatte, doch sie wusste kaum, wo sie war, alles verschwamm vor ihren Augen, und nach Atem schnappend hielt sie sich fest an der Tür fest.

Einige Augenblicke lang war sich Ferdinand ihrer Anwesenheit nicht bewusst. Er saß düster da, den Kopf auf die Hand gestützt, den Ellbogen auf einen Tisch gestützt, auf dem eine Vielzahl von Papieren lagen, während Hans, ein beliebter Diener, der ihm aus Deutschland gefolgt war, neben ihm stand.

Eingeschüchtert von seiner Zerstreutheit und beschämt über die Anmaßung, der sie sich schuldig gemacht hatte, indem sie sich unaufgefordert in seine Gegenwart eingemischt hatte, stand Clara noch immer unentschlossen da und fürchtete sich gleichermaßen davor, vorwärtszugehen oder zurückzuweichen, bis der Offizier, ungeduldig über ihr Zögern, mit lauter Stimme rief:

„Kommen Sie bitte herein, Ma'am, damit ich die Tür wieder abschließen kann. Ich werde in einer Stunde zurückkommen, um Sie hinauszulassen."

Der Klang der Stimme des Offiziers erregte Ferdinands Aufmerksamkeit und er blickte zur Tür, aus deren Schatten die zitternde Clara nun heraustreten musste.

„Miss Montagu", rief Prinz Ferdinand, der sie auf einer von Elviras Partys gesehen hatte und sie so hübsch gefunden hatte, dass er sie nach ihrem Namen fragte, „das ist ein unerwartetes Vergnügen; das habe ich nicht erwartet."

„Ich bin gekommen – ich bin gekommen –", stammelte Clara, und hier hielt sie abrupt inne, denn als sie sich daran erinnerte, konnte sie wirklich nicht sagen, warum sie gekommen war.

„Ich freue mich, Sie zu sehen", sagte der Prinz lächelnd und ergriff ihre Hand, „aus welchem Grund auch immer mir diese Ehre zuteil wurde."

„Ich – ich – ich – sollte – lieber – mich hinsetzen", stammelte Clara, ohne die geringste Ahnung zu haben, wovon sie sprach.

"Gut, dann wollen wir uns setzen", sagte Ferdinand, und indem er sie sanft auf einen Stuhl setzte, zog er einen an ihre Seite und nahm wieder ihre Hand. Seine Berührung durchzuckte Claras ganzen Körper. Sie fühlte seinen glühenden Blick auf ihrem Gesicht und wandte sich in schrecklicher Aufregung, aus Angst, sie wisse nicht, was, von ihm ab und versuchte, ihre Hand zurückzuziehen.

„Ich – ich – ich – glaube – ich muss gehen", sagte sie.

„So bald", rief Ferdinand und lächelte erneut, denn es war unmöglich, den Grund für ihre Verwirrung zu verkennen. „Ich dachte, der Gefängniswärter hätte gesagt, er würde nicht in weniger als einer Stunde wiederkommen, um dich abzuholen."

„Hat er das?", wiederholte Clara, ohne sich dessen bewusst zu sein, was sie sagte, und ohne es zu wagen, ihn anzusehen.

„Meine liebe Miss Montagu, wollen Sie mir nicht einen Blick zuwerfen?", rief Ferdinand in seinem einschmeichelndsten Ton, sank vor ihr auf ein Knie und umschloss sanft ihre schlanke Taille mit seinem Arm, während er sie zu sich drehte. Clara konnte seinen flehenden Augen nicht widerstehen; ihr Herz schlug, sie errötete, sie zitterte, sie blickte zu Boden, als Ferdinand plötzlich einen schwachen Schrei ausstieß und aufsprang. Clara starrte ihn verwundert an, denn dieses Gesicht, das eben noch vor Liebe und Zärtlichkeit strahlte, schien jetzt vor Entsetzen entsetzt. Sie folgte seinem Blick und erblickte in der Tür die riesige Gestalt von Cheops, während das entsetzliche Lachen der Mumie in seinen Ohren widerhallte. Unwillkürlich schauderte Clara und verbarg ihr Gesicht in den Händen.

„Beim silbernen Bogen der Isis!", rief Cheops spöttisch. „Ich bewundere Ihre Wohltätigkeit, Miss Montagu. Warum verbergen Sie Ihr Gesicht? Aber so ist es nun einmal, wahre Verdienste sind immer schüchtern, und der wohltätige Geist, der Clara Montagu dazu veranlasste, die Notleidenden zu besuchen und sogar einen Fremden ihrer eigenen Cousine vorzuziehen, lässt sie erröten, wenn sie ihre Güte bekennt."

„Gnade! Gnade!" rief Clara und fiel ihm zu Füßen. „Du kennst mein Herz und ich flehe dich um Hilfe an."

„Und du sollst es haben", erwiderte Cheops. „Und was dich betrifft", fuhr er fort und wandte sich an den Prinzen, „was ist dein Wunsch?"

„Befreie mich aus diesem Gefängnis und mach Clara zu meiner, und ich werde dein Sklave sein."

„Es ist gut", sagte die Mumie. „Clara, du musst dich mit mir zurückziehen; das ist kein Ort für dich. Was dich betrifft, Prinz, Lord Maysworth und Pater Murphy werden innerhalb weniger Stunden zu dir vorgelassen, um mit dir über deine Verteidigung zu beraten. Folge ihrem Rat und fürchte nichts. Verlass dich auf mich, und du wirst sicher sein. Komm, Clara! Du musst zum Haus deines Onkels zurückkehren. Er ist bereit, dich zu empfangen, und wird dir deine Abwesenheit verzeihen, ebenso wie Pater Murphy, bevor wir ihn erreichen, den Grund vollständig erklärt haben wird: und Sir Ambrose wird deine Torheit in Anbetracht deiner Jugend übersehen. Adieu, Prinz! Wir werden uns wiedersehen!"

Die Mumie und Clara zogen sich nun zurück und ließen den Prinzen erleichtert zurück, denn sein Vertrauen in seine neue Freundin war grenzenlos; die Entdeckung von Claras hingebungsvoller Liebe beruhigte seinen aufgewühlten Geist und linderte die Hälfte der Bitterkeit der Gefangenschaft.

KAPITEL XXVIII.

In der Zwischenzeit war Lord Edmunds Geist von den bittersten Qualen gequält worden, und seine Aufregung hatte, zusätzlich zu den Schmerzen seiner Wunden, ein beträchtliches Fieber hervorgerufen. Das Verhalten Elviras und die Sorge, die sie dem Prinzen gegenüber an den Tag gelegt hatte, schienen seine schlimmsten Vermutungen zu bestätigen. „O Gott! O Gott!" schrie er, als er qualvoll in seinem Gefängnis auf und ab ging; „Ich hätte alles andere als das ertragen können – es ist zu viel. Beim Himmel! Ich könnte mich dem ewigen Verderben verkaufen, um mich zu rächen."

Während er sprach, hörte er den Schlüssel seiner Kerkertür im Schloss knirschen, und er schauderte, denn er bildete sich fast ein, irgendein scheußliches Gespenst würde als Antwort auf seinen Ruf erscheinen, und er fühlte sich unbeschreiblich erleichtert, als er die sanften, einschmeichelnden Töne von Pater Morris hörte. Süß ist die Stimme der Freundschaft für den enttäuschten Geist, und sanft fällt der Balsam des Trostes von denen, die wir lieben, auf das verwundete Herz. Edmunds Brust pochte vor Entzücken, als er den ehrwürdigen Vater sah, und er schlang seine Arme um seinen Hals und schluchzte wie ein Kind.

„Mein lieber Edmund", sagte der Priester, ebenfalls übermäßig gerührt, denn er liebte Edmund wirklich, „es bricht mir das Herz, dich so zu sehen – grausame Elvira!"

„Oh, gib ihr keine Schuld, Vater!", rief Edmund. „Ich kann es nicht ertragen, dass selbst du ihr die Schuld gibst. Sie ist getäuscht – sie steht unter dem Einfluss der Verblendung. Wir können unser Herz nicht beherrschen, weißt du, Vater."

„Aber dass sie fähig sein sollte, einen anderen zu lieben, wenn Deine Dienste, Deine hingebungsvolle Zuneigung –"

„Ach, ach, Vater, Liebe kann man sich nicht durch Dienste erkaufen. Sie hat alles gegeben, was sie geben konnte; ich besitze ihre Freundschaft und Wertschätzung."

"Und sind Sie damit zufrieden?"

„Zufrieden! O Himmel!"

„Jedenfalls könnten Sie es, denke ich, ertragen, sie mit Prinz Ferdinand verheiratet zu sehen, wenn Sie meinen, es würde zu ihrem Glück beitragen."

„Mit ihm verheiratet!", rief Edmund und knirschte vor Qual mit den Zähnen. „Mit ihm verheiratet! Oh, alles andere als das: aber ich werde es nie erleben."

„Das ist unwahrscheinlich", erwiderte der Priester ruhig. „Denn da der Staat ein Opfer verlangt und Elvira ihren Endymion sicher nicht aufgeben wird, wirst du zweifellos geopfert werden, um ihn zu retten."

„Halt, halt!" schrie Edmund, von dem Gedanken in den Wahnsinn getrieben; „Wage es nicht, diese verfluchten Worte zu wiederholen; ich könnte sterben, um ihr zu dienen, aber ich werde nicht geopfert. Was! Soll ich zum Werkzeug, zum Kind, zum Idioten gemacht werden? – dazu bestimmt, für meinen Rivalen zu arbeiten, und verleugnet selbst die geringe Befriedigung, das Ausmaß meiner Hingabe zu zeigen? Aber ich werde nicht so ruhig sterben – ich werde sie sehen – sie wird zumindest meine Gefühle kennen, und wenn sie mich mit Verachtung behandelt, werde ich sterben Es ist wahr, aber es wird durch meine eigene Hand geschehen, und zu ihren Füßen werde ich nicht aus dem Leben gestohlen werden wie ein gewöhnlicher Verbrecher. – Nein, die Welt wird mein Unrecht erfahren Ich werde nicht unbemerkt und unbekannt bleiben, Pater Morris, und sage ihr, ich flehe sie an, wenn ich an den Moment denke, als sie mir ein Interview gewährte sie lehnt mich ab – aber nein, nein, sie kann nicht.

Pater Morris nahm die Kette, versprach, die Königin zu empfangen, und zog sich zurück. Lord Edmund war in einem Zustand unbeschreiblicher Erregung zurückgeblieben. Er blieb jedoch nicht lange seinen einsamen Betrachtungen überlassen, denn als er mit hastigen Schritten durch sein Gefängnis schritt und sich an der Wand umdrehte, stand die Mumie Cheops vor ihm.

„Ach, Elender!", rief Edmund, „was führt dich hierher? Bist du gekommen, um deine Opfer zu quälen?"

„Ich bin gekommen, um den Unglücklichen zu helfen und sie zu trösten", sagte die Mumie.

„Hinweg!", rief Lord Edmund. „Ich will Ihr Mitleid nicht und Ihre angebotene Hilfe verachte ich."

„Verschone deinen Spott, stolzer Herr", erwiderte Cheops, „ *er* wird dir nicht helfen, auch wenn ich es könnte."

„Ich will keine Hilfe!" rief Lord Edmund, „und am allerwenigsten die Hilfe, die *Sie* mir geben können. Ich verachte Ihr Mitleid und Ihre Rache gleichermaßen. Was auch immer kommen mag, ich vertraue auf mich selbst. Im Bewusstsein meiner eigenen Integrität habe ich keine Angst zu fallen, obwohl Dämonen mich angreifen sollten, Unhold, denn über mich hast du keine Macht!"

Cheops brach in sein teuflisches Lachen aus und verschwand mit dem Ausruf: „Das wird die Zeit zeigen."

Edmund war erleichtert über seine Abwesenheit, doch trotz seiner zur Schau gestellten Festigkeit und der uneingeschränkten Verachtung, die er für die Mumie zum Ausdruck brachte, konnte er nicht verhindern, dass seine Gedanken bei diesem Umstand verweilten. Cheops' Erscheinen weckte stets ein tiefes und starkes Interesse bei allen, die mit ihm sprachen, während sein furchtbares Lachen selbst die festeste Brust in Angst und Schrecken versetzte und selbst diejenigen, die vorgaben, seine Drohungen zu verachten, nicht verhindern konnten, dass ihre Gedanken bei seinen Worten verweilten. Diese unwiderstehliche Macht entfaltete ihre volle Wirkung auf Edmunds Geist und obwohl er vergeblich versuchte, sie abzuschütteln und seine Gedanken auf andere Dinge zu lenken, schien die gigantische Mumie noch immer vor ihm herzuschreiten. Vergebens versuchte er, sich sein Treffen mit der Königin vorzustellen; Anstelle der lieblichen Gestalt Elviras erschienen ihm die abscheulichen Züge der Mumie, bis er sich schließlich ermattet und erschöpft auf sein Lager warf. Doch selbst in seinen Träumen verfolgte ihn dasselbe Bild, und dieselben Worte klangen in seinen Ohren.

Während sich diese Szenen im Gefängnis abspielten, litt Elvira unter allen Qualen eines brennenden Fiebers; Sie war tatsächlich schwer krank: Die übermäßige Aufregung ihres Geistes und der Schrecken, den sie bei der Vorstellung empfand, die Mörderin Ferdinands zu sein, hatten ihre Vernunft überwältigt; und als Dr. Coleman eintraf (er war bereits beim ersten Alarm gerufen worden), war sie völlig im Delirium. Der Gedanke, dass sie allein die Gefahr für Ferdinand verursacht hatte, beschäftigte sie; und da sie den Gedanken nicht ertragen konnte, dass ihre Torheit zur Zerstörung eines Menschen führen könnte, schwärmte sie unaufhörlich von ihm und bot wiederholt an, ihr Leben zu opfern, um seines zu retten.

Ihre Schwärmereien wurden von ihren Dienern gehört, und da ihre Berichte weder genau verstanden noch richtig wiederholt wurden, lösten sie, unterstützt durch die kunstvollen Andeutungen von Pater Morris, bald Gerüchte in der ganzen Stadt aus, dass die Königin heftig in Prinz Ferdinand verliebt sei und dies auch getan habe wurde verrückt, weil das Gesetz es ihr nicht erlaubte, ihn zu heiraten. Die Wirkung, die diese Idee hervorrief, war erstaunlich; Das wurde implizit geglaubt, denn die unteren Klassen haben von Natur aus eine Vorliebe für das Wunderbare und sind sehr selten geneigt, sich zu irren, indem sie zu positiv urteilen, wenn es in einer Frage zwei Seiten gibt; während die Empörung, die es hervorrief, grenzenlos war. In manchen Fällen sind Männer hartnäckiger gegenüber ihren Vorurteilen als gegenüber ihren Rechten. Obwohl also die Engländer durch ihre Zustimmung zur Heirat ihrer Königin sich selbst des wichtigen Rechts beraubt hatten, ihren eigenen Herrscher zu wählen; Sie betrachteten das, was sie getan hatten, als unbedeutend im Vergleich zu dem Entsetzen, das sie bei dem Gedanken empfanden, sich einem fremden König zu unterwerfen. Während die

Abgesandten von Rosabella dieses Gefühl ausnutzten, indem sie abwechselnd ihre Ängste ausnutzten und ihre Schrecken vergrößerten, brachte sie fast in einen Zustand der Verzweiflung.

Die Partei Elviras war inzwischen völlig außerstande, den ihr entgegentretenden Strom einzudämmen. Die Königin und ihr Vater waren beide zu krank, um ihre Betten zu verlassen, und Lord Edmund saß im Gefängnis.

"Was wird aus uns?" flüsterte Emma Dr. Coleman eines Tages in Elviras Gemach zu, als sie glaubte, die Königin schliefe. „Morgen sollen Prinz Ferdinand und Lord Edmund vor Gericht gestellt werden, und es heißt, nicht einmal die Königin habe die Macht, sie zu begnadigen, wenn sie verurteilt werden.“

„Es ist nur zu wahr“, entgegnete Dr. Coleman; „Sie müssen sterben, und die Strafe ist schrecklich. Der Verbrecher ist dazu verdammt, durch ein langsames Feuer verbrannt zu werden.“

"Schrecklich!" rief Emma; „Und dies nur, um in der Nähe eines königlichen Palastes ein Schwert zu ziehen.“

„Leider ist das noch nicht alles! Ferdinand wird beschuldigt, die Königin heiraten zu wollen; und die Gesetze, die jeden Mann, der es wagt, sie in der Sprache der Liebe anzusprechen, einem grausamen Tod verschreiben, gelten auch gegenüber Ausländern.“

„Ich kann nicht glauben, dass Prinz Ferdinand es jemals gewagt hat, auch nur an die Königin zu denken“, sagte Emma.

"Nur Gott kann über das Herz richten", bemerkte Dr. Coleman. "Aber leider sprechen die Beweise sehr stark gegen ihn. Ich habe aus unzweifelhafter Quelle gehört, dass Leute schwören, sie hätten gehört, wie er mit der Königin geschlafen habe, und dass sie ihm versprochen habe, ihn zu heiraten, wenn sie die Einwilligung ihres Volkes bekäme."

„Es ist falsch!“, rief Elvira, sprang aus ihrem Bett und stand plötzlich zwischen ihnen – „falsch wie die Hölle! Prinz Ferdinand hat mir in seinem Leben nie auch nur eine Silbe Liebe zugerufen. Er ist das Opfer eines Fehlers oder vielmehr meiner Torheit; aber er soll nicht sterben – ich werde ihn retten oder bei dem Versuch umkommen!“

Der ruhige, entschiedene Ton, in dem Elvira sprach, und ihre geisterhafte Erscheinung übten eine geradezu magische Wirkung auf ihre Zuhörer aus, und sie standen voller Ehrfurcht und Entsetzen da, während Elvira fortfuhr:

„Zieh mich an, Emma. Ich werde meine Leute sehen und mich persönlich an sie wenden. Heute ist der Tag, an dem Petitionen auf dem Blackheath

Square entgegengenommen werden. Eine große Menschenmenge wird sich dort versammeln. Ich werde persönlich dorthin gehen und zu ihnen sprechen.“

„Es ist das Delirium“, flüsterte Emma Dr. Coleman zu. „Was soll ich tun?“

„Wagst du es zu zögern?“ sagte Elvira, deren durch ihre jüngste Krankheit geschärfter Gehörsinn es ihr ermöglichte, die Worte ihres Lieblings deutlich zu verstehen.

„Machen Sie Humor“, erwiderte Dr. Coleman; „In ihrem gegenwärtigen Zustand wäre Widerstand fatal.“

„Es wäre in der Tat tödlich“, sagte Elvira und setzte sich in einen großen Sessel, während die vorübergehende Farbe, die ihre vorherige Anstrengung ihr verliehen hatte, aus ihren Wangen verblasste und sie wie das Bild des Todes aussah.

„Sie wird ohnmächtig!“ rief Emma und rannte um Hilfe.

„Es ist für sie unmöglich, in diesem Zustand zu gehen!“ sagte der Arzt.

„Unmöglich!“, rief Elvira und sprang wild auf. Ihre Wangen glühten erneut in tiefstem Purpur, während ihre Augen mit übermenschlichem Feuer funkelten. „Was ist für einen entschlossenen Geist unmöglich? Eile! Eile! Emma, und lass mich gehen, solange ich noch Kraft habe. Denn ich werde gehen, auch wenn der Tod mich dort erwartet. Meine Unbesonnenheit hat das Leben von Prinz Ferdinand gefährdet, und ich werde sterben, um ihn zu retten!“

Weiterer Widerstand war nutzlos, und als der Arzt sich zurückzog, kleidete Emma ihre Herrin hastig an. Die Leute sollten sich wie üblich auf dem Platz versammeln, obwohl wegen der Krankheit der Königin eine Abordnung von Adligen ernannt worden war, die Petitionen entgegenzunehmen. Elviras Gefühle waren auf eine unnatürliche Weise aufgewühlt: jedes Glied zitterte vor Aufregung und jeder Nerv zuckte vor Ungeduld, während sie sich anzog; und als sie fertig war, stieg sie die Treppe hinab, auf Emmas Arm gestützt, ihre Wangen waren von hektischem Glühen gerötet, ihre Lippen zitterten und ihre Augen leuchteten mit ungewöhnlicher Helligkeit.

Am Fuß der Treppe trafen sie Cheops. Er blickte die Königin unverwandt an und lächelte mit seiner üblichen ruhigen Verachtung über ihr aufgeregtes Aussehen.

„Oh!“ rief Elvira, als sie ihn erblickte, „mein Stolz ist gedemütigt. Ich gestehe, ich liebe Seymour. Hilf mir, Ferdinand zu retten, und ich bin deine Sklavin.“

„Appelliert an euer Volk", sagte Cheops, seine Augen blitzten vor stolzem Triumph; „Deine Gefühle werden dir Beredsamkeit verleihen. Aber begnüge dich nicht damit, die Macht zu erlangen, Ferdinand zu begnadigen. und dann diktieren Sie, wen Sie wählen sollen. Sie werden sich unter Ihren Füßen beugen. Aber geben Sie sich mit nichts anderem als der tatsächlichen Unterwerfung zufrieden. Handeln Sie mit Energie, und Sie werden glücklich sein. Aber wenn Sie scheitern, ist die Zerstörung Ihr Teil.

„Ich werde dir buchstabengetreu gehorchen", sagte Elvira, als sie mit festen Schritten an ihm vorbeiging und in ihren Ballon sprang, gefolgt von Emma.

„Oh, meine liebe, liebe Herrin!" sagte dieser treue Vertraute: „Hören Sie nicht auf diesen Unglücklichen; er ist eine Schlange, die gesandt wurde, um Sie ins Verderben zu locken. Seien Sie gewarnt: Kehren Sie zurück und geben Sie dieses verrückte Unternehmen auf."

Elvira antwortete nicht. Ihre Gefühle waren zu stark aufgewühlt, um es ihr zu erlauben, zu sprechen, und sie beugte sich eifrig vor und beobachtete mit ungeduldigem Blick die Straßen und Häuser, über die sie huschten, kaum fähig, die Qual der Spannung während der Zeit zu ertragen, die notwendigerweise auf der Durchreise verloren ging. und schien jeden Augenblick zu sehr danach zu sehnen, dem Ziel ihrer Wünsche entgegenzueilen.

Der Ballon stieg nun ungewöhnlich hoch, während Massen von Schäfchenwolken die Stadt vor ihren Blicken verbargen und unter ihren Füßen wie Schafherden aussahen.

„Wir machen einen Fehler!" rief Elvira schmerzerfüllt; „Wir werden zu spät kommen."

„Nein, nein", sagte Emma, „ich habe das Gefühl, wir steigen wieder ab – wir sind angekommen."

Und während sie sprach, sank der Ballon rasch, während die Wolken sich öffneten und den riesigen Platz unter ihnen enthüllten, der anscheinend mit menschlichen Köpfen gepflastert war.

„Gott sei Dank! Wir sind nicht zu spät!", rief Elvira, faltete die Hände und sank auf ihren Sitz zurück, während der Ballonführer die Maschine zu dem Palast dirigierte, der normalerweise für den Empfang der Königin vorgesehen war. Elvira wartete nicht, um ihr Kleid zurechtzurücken; sie wartete nicht, um eine Erfrischung zu sich zu nehmen oder sich auch nur einen Augenblick von ihrer Erschöpfung auszuruhen, sondern eilte sofort, nachdem sie den Ballon verlassen hatte, auf die Terrasse und präsentierte sich ihrem erstaunten Volk, wobei jedes Glied vor der Heftigkeit ihrer Erregung zitterte.

Die Menschenmenge war riesig. Der ausgedehnte Raum sah aus wie eine kompakte Masse menschlicher Köpfe; doch Elvira ließ ihren Mut nicht im Stich. Obwohl sie nun keinen Lord Edmund mehr hatte, der sie unterstützte, und weder Vater noch applaudierende Freunde, die ihr zuhörten, während sie sprach, gab ihr die Begeisterung des Augenblicks Kraft. Sie vergaß alles außer dem Grund, der sie hierher gebracht hatte; und ihr Geist, der auf seine eigenen Ressourcen zurückgeworfen war, sammelte seine Energien und schien aus dem Gedanken Mut zu schöpfen; während ihre sylphische Gestalt sich auszudehnen schien und durch die Erhabenheit des Geistes, der sie beseelte, eine fast furchterregende Würde annahm, als sie so vor ihren Untertanen stand, deren Leben oder Tod von deren Willen abhing.

Ihre Ankunft war mit den lautesten Schreien des Staunens und der Freude begrüßt worden; Doch als die Menge sah, dass sie sich an sie wenden wollte, verstummte der Tumult und sie warteten in atemlosem Schweigen auf ihre Rede. Die tiefe Stille, die in dieser noch so geschäftigen Menschenmenge herrschte, und der Gedanke, dass jedes Ohr und jedes Auge auf sie gerichtet war, berührten leicht die Nerven von Elvira, und ihre Lippen zitterten, als sie zu sprechen begann; Doch je mehr sie sich für das Thema interessierte, desto mehr nahm ihre Stimme ihre natürliche Tiefe, Melodie und Süße an. während seine vollen Töne tief in die Herzen ihrer Zuhörer eindrangen und sie im weiteren Verlauf überzeugten.

Sie appellierte zunächst an ihre Dankbarkeit; und nachdem sie auf alles angespielt hatte, was sie getan hatte, um Frieden und Wohlstand an ihren häuslichen Kaminen zu sichern, kehrte sie zum Elend ihrer eigenen Situation zurück, bevor die Gesetze aufgehoben worden waren, die sie zum Zölibat verurteilt hatten. Sie schilderte eindrucksvoll die Härte des Schicksals, das sie von den Segnungen abhielt, die sie anderen so großzügig geschenkt hatte. Von all ihren Untertanen war ihr als Einzige das Elend eines einsamen Lebens vorbestimmt, ohne Linderung durch die zärtlichen Sorgen eines Ehemanns, ohne Trost durch die Zuneigung der Kinder. Sie allein war dazu verdammt, ihre Jugend in einem freudlosen Witwentum zu verkümmern. Ihr Befehl hatte ihr Schicksal verändert; Aber war es Teil eines edlen und großzügigen Volkes, während es durch Vorteile mit Einschränkungen belastet wurde? NEIN; Sie war zuversichtlich, dass der liberale Geist der Engländer den schmutzigen Gedanken ablehnen und vor einer solchen Art der Gefälligkeit zurückschrecken würde. „Mach mich frei!" sagte sie, „wirklich, absolut frei, und ich verspreche feierlich, dass Sie nie Gelegenheit haben werden, für Ihre Königin zu erröten."

Während sie sprach, glühten ihre Wangen und ihre Augen funkelten mit ungewohntem Feuer; während die Menschen, beeindruckt von der Plötzlichkeit ihres Erscheinens und ihrer Begeisterung und mitgerissen von der Kraft des Gefühls, das die zarte, sanfte Elvira in das erhabene Wesen vor ihnen verwandeln konnte, Beifall riefen; während Schreie laut durch die Luft hallten: „Lang lebe Elvira!" „Heirate, wen du wählst, wir werden weiterhin deine Sklaven sein! Sei weiterhin unsere Königin und lass deine Kinder und Kindeskinder über uns herrschen, wenn du nicht mehr sein wirst."

Freude tanzte in Elviras hellen Augen, und eine Röte der Freude überzog ihre Wangen, als sie ihnen anmutig dankte. „Und doch, meine Freunde", fuhr sie mit schwächerer Stimme fort, „gibt es ein weiteres Privileg, das ich von euch verlangen würde. Ich werde als frei und absolut bezeichnet, doch bin ich durch die Gesetze gefesselt. Löst diese Fesseln; gebt mir wenigstens die Macht zu vergeben. Ich weiß, dass ich, wenn ich es wollte, diese Gesetze nach meinem Willen rückgängig machen könnte, da die Macht der Königin, die sie erlassen hat, nicht größer war als die, die Ihr mir verliehen habt. Aber ich möchte dies nicht tun: Ich würde das lieber von euren Händen als eine Gunst annehmen, die ich als ein Recht einfordern könnte. Gebt mir also, mein Volk, das gesegnetste Attribut der Königlichkeit. Lasst mich vergeben. Könnt Ihr mir dies verweigern?"

„Nein, nein!", riefen die Leute begeistert. „Wir sind eure Sklaven! Macht mit uns, was ihr wollt. Die Gesetze sind eure; und auch wenn ihr sie nach Belieben ändert, werden wir gehorchen! Lang lebe Elvira! Elvira für immer! Von nun an kennen wir kein Gesetz mehr außer ihrem Willen!"

Elviras Entzücken kannte keine Grenzen. Sie vergaß die wankelmütige Natur der Stimme des Volkes und triumphierte über die Hingabe ihres Volkes, während dieses ihr im Gegenzug in stürmischer Begeisterung ihr Lob zurief und sie ihre Dankbarkeit ausdrückte. Die Luft hallte von Beifall wider, und Elvira, die stolz auf ihre unterwürfigen Untertanen blickte, fühlte sich wahrhaftig wie eine Königin. Es gibt vielleicht kein schöneres Gefühl auf der Welt, als sich als Idol der Menge zu fühlen, jedes Auge vor Bewunderung strahlen zu sehen, jede Stimme Lob erschallen zu hören und zu wissen, dass jedes Herz einem Ziel gewidmet ist. Der menschliche Geist kann keine höhere Befriedigung erfahren als das Bewusstsein der Macht, während der so erhabene Mensch auf die Ebene einer Gottheit erhoben scheint und über die Anbetung seiner Mitgeschöpfe triumphiert. Aber ach! Solcher Ruhm ist zu viel für Sterbliche, und nichts kann flüchtiger sein oder vielmehr ein sichereres Vorspiel zur Schande.

Elvira wusste jedoch nicht, dass ihre Popularität zu groß war, um von Dauer zu sein. Sie glaubte fest daran, dass ihr Volk auch weiterhin das empfinden würde, was es jetzt zum Ausdruck brachte, und sie erfasste den Geist des Augenblicks und überredete es, eine Aufhebung der Gesetze und eine Bestätigung ihrer absoluten Macht zu unterzeichnen. Das Volk gehorchte mit Begeisterung; die Begeisterung, die es beseelte, war noch nicht abgeflaut; und selbst wenn Elvira ihr Leben gewollt hätte, hätten sie gehorcht. Sie hielten sie für inspiriert, und es erschien ihnen als Sakrileg, auch nur zu zögern, ihren Befehlen Folge zu leisten.

So stark war die Willenskraft einer Frau und so sicher ist sie, dass ein entschlossener Geist alle Schwierigkeiten überwinden kann, wenn er einmal entschlossen angeregt wird, sich anzustrengen. Ebenso groß ist auch der Einfluss von Schönheit und Beredsamkeit auf den menschlichen Geist und so schwach ist das Urteilsvermögen, wenn es über die Sinne angegriffen wird.

In der Zwischenzeit hatte sich der Rat von Elvira in seiner gewohnten Wohnung getroffen und hielt vor der Entgegennahme der Petitionen eine feierliche Beratung über die Angemessenheit ab, sich an die Menschen, die sich auf dem Platz versammelt antreffen könnten, im Hinblick auf die Krankheit zu wenden und daraus resultierende Regierungsunfähigkeit der Königin.

„So wie ich denke, und ich bin überzeugt, dass jeder hier denken muss", sagte Lord Gustavus de Montfort, „gibt es keinen Mittelweg: Es muss eine Regentschaft ernannt werden, sonst wird die Regierung gestürzt."

„Oh! Es besteht kein Zweifel, wir können nicht ohne Regentschaft existieren", sagte Lord Noodle.

„Ja, ja! Wir müssen eine Regentschaft haben!" rief Lord Doodle.

„Es erscheint mir, gelinde gesagt, verfrüht", bemerkte der Herzog von Essex, ein höchst angesehener Adliger, der bisher eine vorsichtige Neutralität bewahrt hatte; „Ich denke, bevor wir über eine so wichtige Frage entscheiden, sollten wir zumindest die Ärzte Ihrer Majestät untersuchen und uns von ihrem Bericht leiten lassen."

„Seine Gnaden haben völlig recht", sagte Lord Noodle.

„Wir sollten die Ärzte untersuchen", sagte Lord Doodle.

„Einer von ihnen hat gerade den Ratssaal betreten", bemerkte Lord Gustavus; „Ich nehme an, er bringt die übliche tägliche Meldung über den Gesundheitszustand Ihrer Majestät: Ist es Ihnen ein Vergnügen, meine Herren, dass er untersucht wird?"

"Auf jeden Fall!" riefen alle edlen Herren gleichzeitig, und Dr. Hardman rückte vor.

„Wie geht es Ihrer gnädigsten Majestät?" fragte Lord Gustavus mit seiner üblichen Feierlichkeit.

„Ach, mein Herr", sagte Dr. Hardman, „Ihre Majestät hat schlecht geschlafen, und heute Morgen geht es ihm noch viel schlechter."

„Ist sie immer noch im Delirium?", fragte der Herzog von Essex.

„Ganz recht, Euer Gnaden", erwiderte der Arzt kopfschüttelnd.

„Dann fürchte ich, es gibt keine Hoffnung?", sagte der Herzog.

„Keine!", sagte Lord Noodle kopfschüttelnd.

„Keine!", wiederholte Lord Doodle und schüttelte seine.

"Da wir meiner Meinung sind und ich davon überzeugt bin, dass jeder hier dieser Meinung sein muss", sagte Lord Gustavus, "dürfen wir nicht zulassen, dass die Interessen des Volkes ungestraft verletzt werden. Die Verfassung muss überwacht werden, und ich bin der Ansicht, dass dies eine Angelegenheit ist, die untersucht werden sollte."

„Dann glauben Sie, dass die Königin ihre Sinne nicht mehr wiederherstellen kann?", fragte der Herzog von Essex an Dr. Hardman gewandt.

„Nicht unheilbar, hoffe ich, Mylord Herzog", antwortete der Doktor, „obwohl ich zugeben muss, dass ihr Delirium besorgniserregend ist."

„Wovon schwärmt sie?", fragte Lord Doodle. Neugier war das einzige Zeichen dafür, dass er ein vernünftiges Tier war.

„Es ist ein heikles Thema", erwiderte der Doktor. „Und wenn Eure Lordschaften mich entschuldigen würden –"

„Oh nein! Sie müssen es uns sagen", sagte Lord Doodle.

„Ich denke, wie ich denke und wie, da bin ich mir sicher, jeder andere auch denken sollte", sagte Lord Gustavus. „In diesem Fall wäre eine Geheimhaltung ein Verbrechen."

„Da Eure Lordschaften mir befehlen", antwortete der Arzt, „ist es meine Pflicht zu gehorchen, auch wenn es mir schwerfällt, die Geheimnisse Ihrer Majestät zu verraten. Die Königin schwärmt unaufhörlich von Prinz Ferdinand."

„Das habe ich befürchtet", sagte der Herzog von Essex.

„Und denkst du, wenn sie wieder gesund wird, wird sie ihn heiraten wollen?" fragte Lord Doodle.

„Ich fürchte, daran kann nicht gezweifelt werden, mein Herr", entgegnete der Arzt.

„Dann wird sie, so wie ich denke und wie jeder frei geborene Engländer denken sollte", sagte Lord Gustavus, „ihre Krone verlieren."

Auf diese gewagte Rede folgte tiefes Schweigen, doch obwohl niemand ihr zustimmte, versuchte niemand, ihr zu widersprechen. Tatsächlich schien jeder Mann Angst davor zu haben, sich festzulegen; Denn obwohl alle dachten, Lord Gustavus hätte sich nicht so weit gewagt, wenn er sich nicht sicher gewesen wäre, dass die Partei gegen die Königin stark wäre, wollte doch niemand der Erste sein, der sich zu ihrem Gegner erklärte. Diese unangenehme Pause wurde durch das Eintreten von Sir Ambrose und Pater Morris unterbrochen, die mit einer Nachricht des Herzogs von Cornwall kamen, in der er sie anflehte, keine voreilige Entscheidung zu treffen, und ihnen mitteilte, dass ihm seine Ärzte am nächsten Tag versichert hätten, dass er dies tun würde in der Lage sein, ihre Beratungen persönlich zu unterstützen.

„Wir alle schätzen und respektieren den Herzog", sagte Lord Gustav. „Aber so wie ich denke und wie, da bin ich mir sicher, jeder, der mir zuhört, denken muss, sollte uns nicht einmal unser Respekt vor ihm dazu bewegen, zuzustimmen, dass die Königin einen Ausländer heiratet! Nein, nein, wir dürfen nicht zulassen, dass private Gefühle uns dazu verleiten, die Interessen des Volkes zu gefährden."

„Ich vermute, sie sind keiner Gefahr ausgesetzt", murmelte die sanfte, einschmeichelnde Stimme von Pater Morris. „Ich vermute, sie laufen kein Risiko. Es ist schon vorgekommen, dass Ausländer die Interessen eines Volkes respektierten und ebenso glorreich regierten wie im Land geborene Monarchen."

„Nicht oft, glaube ich, Vater", sagte Sir Ambrose. „Jedenfalls bin ich sicher, dass es dem Herzog das Herz brechen würde, seine Tochter mit Prinz Ferdinand verheiratet zu sehen, und ich bin sicher, dass es mir das Herz brechen würde, ihn als König von England zu sehen. Schwache, dumme Elvira! Ich kann mir ihre Verliebtheit nicht erklären; und ich habe keine Geduld mit ihr, weil sie all dieses Elend allein durch ihre Torheit verursacht hat."

„Sie verwenden eine starke Sprache, Sir Ambrose", sagte der Herzog von Essex.

„Nicht stärker als die Situation es erfordert, mein Lord Duke", erwiderte der würdige Baronet. „Ich kenne die Königin seit ihrer Kindheit und habe sie wie eine Tochter geliebt; aber jetzt –"

„Die Angelegenheit muss unbedingt untersucht werden", sagte Lord Gustavus. „Es ist die Pflicht jedes wohlgesinnten patriotischen Engländers, nicht den geringsten Eingriff in die Verfassung zu erleiden. Unsere Gesetze sind unsere Bollwerke; wir sollten sterben, um unsere Gesetze zu verteidigen, und wenn die Königin nicht mehr in der Lage ist, zu verwalten." oder wenn sie überhaupt darüber nachdenkt, ihre Verwaltung in Hände zu legen, in denen ihre Reinheit verunreinigt wird, dann muss jeder, der mich hört, denken, wie ich denke, und da ich zuversichtlich bin, dass jeder, der mich hört, denken oder zumindest Ich sollte denken, dass es für uns nur einen Weg gibt, den wir verfolgen können.

„Vielleicht", sagte Pater Morris, „werden wir getäuscht, und das Delirium der Königin könnte vorübergehend sein, oder zumindest ist es ganz zufällig, dass sie den Namen Prinz Ferdinand in ihren Schwärmereien erwähnt. Es ist nicht gut, zu voreilig zu sein." —"

„Oh nein, ehrwürdiger Vater", antwortete Lord Gustavus; „Du betrügst dich selbst. Deine Abstraktion von der Welt und die Güte deines Herzens führen dazu, dass du zu positiv über andere urteilst. Aber wir, die wir die Welt kennen, sehen tiefer. Du, heiliger Vater, kannst dir keine Vorstellung von der Torheit machen der menschlichen Leidenschaften; Sie stehen über ihren Schwächen und können nicht ahnen, dass Sie in einem anderen nicht in der Lage sind, sie zu spüren: Aber wie ich bereits sagte, sehen wir, die wir die Welt kennen, tiefer in Prinz Ferdinand verliebt, und ist durchaus in der Lage, ihren Thron und ihr Volk den Launen einer romantischen Leidenschaft zu opfern.

"Unmöglich!" rief Pater Morris mit gespieltem Erstaunen.

„Es ist trotzdem sehr wahr", sagte Lord Gustavus und schüttelte klug den Kopf; während seine begleitenden Satelliten, die Lords Noodle und Doodle, ihre Mitgefühlsbekundungen ausdrückten.

„Unmöglich!" rief Sir Ambrose. „Sie kann ihre Verblendung nicht so weit treiben. Sie ist zu edel. Aber selbst wenn sie so verrückt ist, wird denn niemand vortreten und sie vor dem Untergang retten?"

„Ich sehe nicht, wie irgendjemand sie retten könnte, wenn das ihre Absichten sind", sagte der Herzog von Essex. „Frauen sind sprichwörtlich eigensinnig; und jetzt, da das Volk die Gesetze in ihre eigenen Hände gelegt hat —"

„Das Volk wurde zur Zustimmung überredet", rief Lord Gustavus aus. „Wenn die Königin jedoch so verrückt ist, den Prinzen heiraten zu wollen, muss sie ihren Thron verlieren und den Tod erleiden, denn die Gesetze gegen Ausländer bleiben unerbittlich."

„Ja, die Gesetze sind unerbittlich!", wiederholten die Lords Noodle und Doodle.

"Guter Himmel!" rief Sir Ambrose, „ist es möglich, dass ich in England bin und dennoch solche barbarischen Gefühle offen geäußert höre? Niemand hat mehr Recht, über die Torheit von Elvira wütend zu sein als ich; aber selbst ich kann solche Grausamkeiten nicht ertragen. Was! ist ein Eine junge und schöne Frau in der Blüte ihres Alters, die dem Untergang geweiht ist, nur weil sie ein empfängliches Herz gezeigt hat. Und was sind wir, dass wir es wagen sollten, so hart zu urteilen und die Gnade eines Mitmenschen zu verweigern? -Geschöpf? Sind wir nicht alle schwach? Und wenn wir bei der Beurteilung eines so geringfügigen Vergehens Gnade zeigen, wie sollen wir uns dann erweisen? Lasst uns wagen, unsere Vernunft an den Tag zu legen und die Fesseln der Vorurteile abzuwerfen. Wir rühmen uns, dass das Gesetz uns in diesem Fall mit Macht gegen unseren Souverän ausstattet und zeigen, dass wir es sind wirklich frei, indem wir es wagen, gerecht zu handeln. Wenn wir es nicht tun, sind wir Sklaven!"

„Das kann nicht sein", sagte Lord Gustavus; „Sie reden gut, Sir Ambrose, aber Worte haben nichts gegen Tatsachen. Wenn die Königin beabsichtigt, Prinz Ferdinand zu heiraten, muss sie entweder verrückt sein oder die Absicht haben, die Verfassung zu untergraben; und in beiden Fällen denkt sie so, wie ich denke und wie ich." Ich bin sicher, dass jeder vernünftige Mensch im Königreich denken muss, dass sie nicht mehr fähig ist, zu regieren, und dass sie nicht länger lebenswert ist, und ich leugne nicht, dass der würdige Baron trotz allem fließend spricht „Alles, was man zu diesem Thema sagen kann, ist: Gesetz ist Gesetz."

„Ja, Gesetz ist Gesetz!" wiederholten die wiederholten Herren.

"Sir Ambrose, ich danke Ihnen von ganzem Herzen!", rief der alte Herzog von Cornwall und sprang aus der Menge auf. "Sie haben sich in der Tat als mein Freund erwiesen; aber ich würde erröten, wenn ich daran denken würde, dass meine Tochter in meiner Gegenwart verleumdet wurde und ich es einem anderen überließ, ihre Verteidigung zu übernehmen. Ja, meine Herren, Elvira wird verleumdet – ich werde mein Leben auf ihre Unschuld setzen. Ihr Herz ist englisch, meine Herren, durch und durch englisch; sie wird keinen Deutschen heiraten; nein – nein, meine arme, liebe Elvira hat nie an so etwas gedacht; sie ist unschuldig." Und hier konnte der arme alte Mann, von seinen Gefühlen überwältigt, nicht weitermachen, sondern weinte bitterlich, sich an die Schulter seines Freundes Sir Ambrose lehnend. Es ist schwer, die Tränen alter Männer zu sehen; und jeder war gerührt: Sie waren aufgeschreckt, als der Herzog plötzlich in ihrer Mitte auftauchte; denn sein hageres Aussehen und seine abgezehrte Gestalt, verstärkt durch den Glauben an seine schwere Krankheit, verliehen ihm eher das Aussehen eines Gespenstes als das eines Mannes: und jetzt berührten seine zitternde Stimme und seine grauen Haare, als er versuchte, sein Kind zu rechtfertigen, seine Zuhörer zutiefst.

"Ach, warum ist Edmund nicht hier?", seufzte Sir Ambrose. "Er hätte Elviras Sache nicht in solch schwache Hände gelegt. Aber er ist fort, und ich elender Vater! Ich werde meinen geliebten Jungen vielleicht bald nicht mehr haben. Vor sechs Monaten waren zwei tapfere Söhne der Stolz meines Herzens und die Bewunderung aller Augen. Wo sind sie jetzt? Der eine wandert in fremden Gegenden umher, ist jedem Elend der Not ausgesetzt, und der andere sitzt im Gefängnis und ist dazu verdammt, einen schmachvollen Tod zu erleiden. Ach, ach, warum wurde mein Leben verschont, um solches Elend zu ertragen?"

Während der alte Mann so klagte, war ein geschäftiges Treiben in der Menge zu hören, und die edlen Herren, aus denen sie bestand, teilten sich und machten Elvira Platz! Mit leuchtenden Wangen und funkelnden Augen ging die Königin stolz den für sie vorgesehenen Weg entlang, eine Pergamentrolle in der Hand, und nahm würdevoll ihren Platz auf dem leeren Thron ein. Es herrschte feierliche Stille: Die Verschwörer waren beeindruckt von dem plötzlichen Erscheinen ihres Herrschers; und diejenigen, die bisher neutral und überrascht geblieben waren, standen zögernd da und wussten nicht, wie sie sich verhalten sollten. Elvira hielt ein paar Sekunden inne, musterte die Menge streng und stellte fest, dass niemand den Versuch machte, etwas zu sagen. Sie rief aus: „Wie nun, meine Herren? Was bedeutet dieses Schweigen? Ich bin gekommen, um Ihre Ratschläge zu unterstützen, nicht um sie zu unterbrechen. Fahren Sie fort, Ich bitte Sie; denn solche aufgeklärten Senatoren können sicherlich keine Angst haben, Gefühle vor ihrer Königin auszudrücken."

„Wir waren überrascht über das plötzliche Auftauchen Eurer Majestät", sagte der Herzog von Essex, „denn aufgrund der Berichte der Ärzte Eurer Majestät hatten wir eine Erkrankung Eurer Majestät befürchtet –"

„Meine Krankheit war eine Geisteskrankheit, mein Herr Herzog!", sagte Elvira, „und dies ist die Medizin, die sie geheilt hat. Seht, meine Herren", fuhr sie fort, entrollte das Pergament, das sie trug, und ließ es plötzlich vor ihren Augen aufblitzen – „Seht mein Allheilmittel! Jetzt bin ich tatsächlich eine Königin; denn mein Volk hat mich zur absoluten Herrscherin gemacht und, indem es alle Gesetze abgeschafft hat, sein Leben und sein Vermögen mir zu Füßen gelegt."

Lord Gustav und seine Anhänger standen entsetzt da und starrten auf die Königin und das Pergament, das sie so triumphierend in der Hand hielt, ohne ein Wort hervorzubringen.

„Vorher", fuhr die Königin fort, „hat der Inhalt dieses Pergaments einige tausend Unterschriften erhalten; doch ich möchte meine Macht nicht missbrauchen. Geht, meine Herren; ich brauche euren Rat nicht mehr; wenn ich ihn brauche, werde ich euch rufen."

Die würdevolle Art, mit der Elvira mit der Hand winkte, als sie dies sagte, verhinderte eine Antwort; und die Ratsherren zerstreuten sich, ohne auch nur eine Silbe zu äußern. Nur der Herzog und Sir Ambrose blieben zurück. „Mein lieber Vater", rief Elvira und schlang ihre Arme um seinen Hals, während die überspannten Gefühle, die sie so lange gestützt hatten, nachließen und sie schmerzerfüllt an seiner Schulter schluchzte.

„Bringen Sie sie in ihr Zimmer", sagte Dr. Coleman, der nun erschien. „Diese Aufregung wird sie zerstören – ihr erschöpfter Körper ist nicht in der Lage, das zu ertragen."

Tatsächlich war die Königin nun völlig überwältigt und wurde von Emma und ihren Begleitern in heftiger Hysterie entführt.

Lord Maysworth war bei dieser Szene nicht anwesend gewesen, da seine Zeit anderweitig beschäftigt gewesen war; und um zu erklären, was ihn beschäftigte, wird es notwendig sein, in das Gefängnis des Prinzen Ferdinand zurückzukehren. Man kann sich erinnern, dass Cheops, als er Clara entfernte, dem Prinzen mitgeteilt hatte, dass Lord Maysworth und Pater Murphy in ein paar Stunden bei ihm sein würden. Die Informationen der Mumie waren korrekt, denn sie kamen zur vereinbarten Zeit.

„Ach!" sagte Pater Murphy, „und wo ist Clara? Sie haben mich also doch reingelassen, wissen Sie; denn da ich wusste, dass Lord Maysworth Ihr Freund war, ging ich zu ihm, um ihn zu konsultieren, und er sprach mit ihnen und erzählte ihnen, wie barbarisch es sei verweigere einem armen Kerl, der gerade lebendig verbrannt werden sollte, die Tröstungen der Religion; – sie hatten nicht das Herz, mich abzulehnen."

„Oh!", stöhnte Prinz Ferdinand. „Gibt es keine Hoffnung auf Flucht?"

„Ich fürchte nicht", sagte Lord Maysworth. „Denn trotz der enormen Kosten, die mit öffentlichen Hinrichtungen verbunden sind, sind die Leute so begeistert von ihnen, dass es notwendig ist, ihnen ab und zu nachzugeben. Und sie sind Lord Edmund so ergeben, dass sein Gegner keine Chance hat. Außerdem sagt man, es gebe genügend Zeugen, die beweisen, dass Sie die leidenschaftlichsten Worte an die Königin gerichtet haben. Ihre Begeisterung eines Abends über ihren Gesang –"

„Ich erinnere mich", rief Prinz Ferdinand. „Ich Idiot – oh! Verflucht sei meine Torheit."

„Ah, das stimmt", rief Pater Murphy; „Verwöhne dich ein wenig, mein Schatz, und es wird dir gut tun. Ich kenne kein schöneres Vergnügen, als zu fluchen und zu fluchen und Fehler zu finden, wenn jemand in Schwierigkeiten ist; und ich wäre weit davon entfernt, dir ein wenig harmlose Nachsicht zu verweigern." ; denn da du so bald sterben wirst, wäre es grausam, dir nicht den ganzen Trost zu geben, den du kriegen kannst."

"Oh!" rief Prinz Ferdinand aus: „Ich bin der elendste aller Menschen."

„Und das darfst du vielleicht sagen, denn ich sehe keine große Hoffnung, die du hegst, in Anbetracht der Tatsache, dass das Volk ein Opfer haben muss und dass es dich lieber haben würde als Lord Edmund. Aber egal, für das Schlimmste, was passieren kann." Was überhaupt passieren kann, ist, dass ihr bei lebendigem Leibe geröstet werdet!"

"Oh!" stöhnte Prinz Ferdinand, der durch diese ermutigende Rede nicht sehr getröstet war.

„Wehe mir!" rief Hans aus; „Und kann nichts getan werden? – denn obwohl das Braten bei lebendigem Leib das Schlimmste ist, was passieren kann, glaube ich nicht, dass mein Meister so ein Amateur im Kochen ist, dass er das Experiment versuchen möchte."

„Ach!" rief Pater Murphy, „und ich bin ganz Ihrer Meinung. Und wenn der Prinz es einfach versuchen würde und ein oder zwei Worte der Verteidigung bereithalten würde – oder wenn eine kluge Person, die sich in der Welt auskennt wie Ihre Lordschaft, zum Beispiel, Ich würde ihm nur ein oder zwei Ratschläge geben – die Sache wäre völlig erledigt und in Ordnung.

"Oh!" rief der Prinz und faltete die Hände. „Rette mich! Ich flehe dich an, mich zu retten!"

„Ich werde tun, was ich kann", sagte Lord Maysworth und lächelte äußerst gnädig; „Verlassen Sie sich auf mich, Prinz; dem Vorschlag des heiligen Vaters wird Folge geleistet. Die Dankbarkeit, die ich Ihrem Vater schulde, erfordert meine größten Anstrengungen – und ich bin sehr glücklich, die Gelegenheit zu haben, seinem Sohn zu dienen. Der Plan dieses würdigen Vaters ist ausgezeichnet." : Ich wundere mich, dass es mir nicht schon früher aufgefallen ist. Vertraue mir, Prinz; es wird eine angemessene Verteidigung vorbereitet, und ich denke, dass du damit entkommen kannst.

Mit diesen Worten zog er sich zurück und ließ Prinz Ferdinand zurück, der durch seine Beteuerungen einigermaßen getröstet, aber keineswegs mit der Möglichkeit abgefunden war, lebendig gebraten zu werden. Die Zeit zwischen diesem Gespräch und dem für den Prozess gegen den Prinzen angesetzten Tag verbrachte Lord Maysworth damit, mit Hilfe der „Rechtsgelehrten" diese Verteidigung vorzubereiten, und als sie fertig war, war seine Verzückung unbeschreiblich. Dreimal las er sie mit noch zunehmender Befriedigung durch, denn da er sie als sein eigenes Werk betrachtete, betrachtete er sie mit der ganzen wahren, aber unbeschreiblichen Verzückung eines vernarrtem Elternteils. Wir alle lieben unsere eigenen Kinder so sehr, ob geistig oder körperlich, und betrachten sie als Ausgeburten unserer selbst, an denen wir unserer Selbstliebe ohne die Grobheit unverhohlener Eitelkeit frönen können, dass Lord Maysworths Verzückung nicht überraschend ist; Allerdings ging er tatsächlich so weit, dass er, ungeachtet seiner erklärten Verbundenheit und Dankbarkeit dem deutschen Kaiser gegenüber, meiner Meinung nach den Prinzen lieber bleiben gelassen hätte, auch auf die Gefahr hin, lebendig verbrannt zu werden, als auf die Freude zu verzichten, die er beim Hören seiner Rede erwartet hatte, wenn man ihm die Möglichkeit geboten hätte, seine Flucht zu ermöglichen.

Der wichtige Tag kam und der Prinz begab sich in Begleitung seines treuen Hans und Lord Maysworth zum Hof. Letzterer trug sein geliebtes Schriftstück in der eigenen Tasche, da er es zu Recht für viel zu wertvoll hielt, um es jemand anderem als den seinen anzuvertrauen.

Der Hof war überfüllt, denn seltsame Geschichten über die Leidenschaften und die Krankheit der Königin waren in die Welt gelangt, und jede Ausgabe war wunderbarer als die vorherige. Das Volk drängte sich nun mit jenem außergewöhnlichen Gefühl, das unter den Engländern so verbreitet ist und das sie einen großen Mann auf dieselbe Art anstarren lässt, wie sie es bei einem wilden Tier tun würden, um den Prinzen zu sehen.

Ein Automatenrichter saß mit großer Würde auf einem prächtigen Thron und sah, wenn auch etwas schwerfällig, genauso weise und scharfsinnig aus, wie Richter normalerweise aussehen. Eine echte Jury (das heißt eine Jury aus Fleisch und Blut) war auf einer Seite von ihm angeordnet, und einige automatisierte Anwälte saßen vorne, ihre Schriftsätze lagen vor ihnen auf dem Tisch, und hinter jedem saß ein Gerichtsschreiber, der bereit war, ihn aufzuwickeln aufstehen, wenn man ihn zum Sprechen auffordern sollte; Es wurde festgestellt, dass der Anwaltsberuf eine so erstaunliche Flüchtigkeit der Worte aufweist, dass es gefährlich war, den Anwalt zu früh zu beenden, damit er nicht an der falschen Stelle endete und so das Schweigen des Gerichts störte. An verschiedenen Stellen dieses Ratschlags befanden sich Lücken, in die Schriftsätze gesteckt wurden, die im Laufe des Schlusses des Ratschlags nach und nach in Stücke zerrieben wurden, bis sie in Worten aus dem Mund hervorkamen; während die Sprache, in der der Rat plädierte, völlig davon abhing das Loch, in das der Zettel gesteckt wurde, wobei es für jede mögliche Zunge ein anderes gab.

Jetzt war alles bereit; Der Gefangene stellte sich mit seinen Freunden an die Bar, und der Richter und die Geschworenen bereiteten sich darauf vor, mit dem gebotenen Anstand zu hören und zu entscheiden. Das Signal zum Beginn wurde gegeben, und der Auftrag zur Krönung wurde der englischen Abteilung des mit der Leitung der Anklage beauftragten Anwalts vorgelegt. Der Gerichtsschreiber begann sich zu entspannen, und nach wenigen Minuten brach der Anwalt in die folgende leidenschaftliche Stimme aus Beredsamkeit:-

„Mein Herr und meine Herren der Jury,

„Mit dem Gefühl des größten Bedauerns erhebe ich mich jetzt, um zu Ihnen zu sprechen. Vernünftig – oh! wie zutiefst vernünftig, meiner Unzulänglichkeit! und der viel größeren Kompetenz eines meiner gelehrten Brüder an der Anwaltskammer; wie bereitwillig würde ich das tun." Ich übergebe die Aufgabe einem dieser eloquenten Herren, da ich so unbestreitbar von ihren herausragenden Talenten und ihren Verdiensten überzeugt bin, und von ihrer großen, oh!

„Ach! Es ist aus mit uns! wir sind verlohren!" rief Hans; „Wenn du für diese Aufgabe so ungeeignet bist, frage ich mich, warum zum Teufel sie dich angestellt haben!"

„Frieden, du Narr!" sagte der Prinz; „Sehen Sie nicht, dass dies nur das Exordium ist – das sind natürlich Worte."

Der Redner hatte wegen eines Fehlers seiner Maschinerie einen Augenblick innegehalten; aber sein Angestellter setzte ihn wieder in Bewegung und er fuhr wie folgt fort:

„Aber da ich mit dem Handeln beauftragt wurde, werde ich nicht vor der schweren Pflicht zurückschrecken, die mir auferlegt wurde; ich werde daher die Hauptpunkte des Falles darlegen, meine Tatsachen durch Zeugen beweisen und dann die Entscheidung dem wohlbekannten Urteil überlassen." und Durchdringung des aufgeklärten und intelligenten Tribunals vor mir!"

Es war hier beabsichtigt, dass sich der Anwalt vor dem Gericht verbeugen sollte, aber aufgrund seiner defekten Maschinerie machte er nur eine Art Ruck und fuhr dann fort:

„Mein Herr und meine Herren,

„Manchmal fällt es den Mitgliedern meines Berufsstandes zu, erstaunliche Umstände und seelenerschütternde Tatsachen zu erzählen! – Tatsachen, die bis in die innersten Seelen ihrer Zuhörer eindringen und ihre gequälten Geister mit ihren eisernen Reißzähnen zerreißen! wie die Zähne des Greifbaren Egge durchdringt und zerreißt die Klumpen unbelebter Erde, über die sie gezogen wird. Aber was ich Ihnen zu sagen habe, meine Herren, wird dazu führen, dass selbst Tatsachen wie diese ihre verminderten Köpfe verbergen und wie Eulen zitternd und fliegend in die Ecken schleichen Sie jubeln, weil sie dem sengenden Glanz der Mittagssonne ausgesetzt sind.

„Zittern Sie nicht, meine Herren? – keuchen Ihre Herzen nicht in atemloser Erwartung dessen, was kommt? Gönnen Sie sich Ihre Erwartungen – lassen Sie die Fantasie ihren wildesten Flug nehmen und lassen Sie die Fantasie alle Schrecken der höllischen Regionen heraufbeschwören. Malen Sie den Engel von Der Tod schwebt auf ledernen Flügeln über einer ergebenen Stadt – und schreiende Mütter, die vergeblich um Gnade für ihre ermordeten Kinder flehen! der Verzweiflung, die das Fleisch von ihren eigenen verdorrten Knochen nagt! – Malen Sie Flammen, die mit ihren spitzen Armen eine hilflose Familie umgeben, die in bitterer Angst um die Hilfe schreit, die sie sich nicht leisten können! – Malen Sie Hexen, die ihren verabscheuungswürdigen Sabaoth feiern! Ja, malen und stellen Sie sich all diese und zehntausend andere Schrecken vor, einer schrecklicher als der andere; – verweilen Sie bei ihnen – lassen Sie sie Ihre Fantasie verfolgen, aber was auch immer Sie sich vorstellen, vorstellen oder malen, nichts kann jemals mithalten das Grauen, das Sie empfinden werden, wenn Sie erfahren, welches Verbrechen dem Gefangenen an der Bar vorgeworfen wird. Wissen Sie also – meine Zunge stockt, während ich spreche, und meine zitternden Lippen weigern sich fast, den entsetzlichen Lauten Ausdruck zu verleihen – wissen Sie, dass er es gewagt hat, gottlos und anmaßend, sich in die Königin zu verlieben!

„Ich sehe Ihre Empörung über eine solche Niedertracht – ich fühle die tugendhafte Scham, die auf jeder Wange brennt – ja, ja, meine Freunde, auch ich bin ein Engländer, und ich lehne, wie Sie, den Gedanken, mich einem Fremden zu unterwerfen, mit Verachtung ab. Was wollen wir mit einem König? War das Land nicht glücklich, wohlhabend, blühend – zu Hause respektiert und im Ausland geehrt, unter der Herrschaft einer Königin? – Ja, ja, meine Freunde, das war es, und unter ihrer sanften Herrschaft wurde die mörderische Waffe des Krieges in eine Pflugschar verwandelt; der nickende Helm und der schwere Brustpanzer in die friedliche Perücke und das anmutige Kleid; und der grimmige Anblick des finsteren Ruins und der grinsenden Trostlosigkeit in die sanften Lächeln des gütigen Friedens und des überwältigenden Überflusses. Lange, lange möge der sanfte Frieden weiterhin seine gütigen Lächeln auf uns werfen. Lange, lange mögen wir im dankbaren Schatten ihrer Olivenzweige sitzen; und lange, lange mögen ihre federleichten Blätter in anmutigen Girlanden über unseren hängen. Köpfe, und ihre blassgrünen Kränze umkreisen unsere Stirn; denn in den Armen des Friedens liegen Freude, Leichtigkeit und Glück – ihr Lächeln schenkt Gesundheit und Zufriedenheit und ihr Segen Reichtum.

„Und was droht diese bezaubernde Gottheit von unseren Küsten zu vertreiben? Es ist dieser kühne Fremde, der die bitterste Strafe für seine beispiellose Grausamkeit verdient. Aber das ist nicht alles; er hat sich nicht damit zufrieden gegeben, das Glück des Königreichs zu zerstören und die Gesetze, die die Weisheit unserer Vorfahren erlassen hat, umzustoßen, sondern er hat noch mehr getan: ja, so unerträglich seine Verbrechen auch gewesen sind, es steckt noch ein tödlicheres dahinter. Schaudert, meine Freunde, und wendet eure Augen ab, wenn die furchteinflößenden Worte über meine Zunge kommen. – Er hat es gewagt, innerhalb des Bezirks des königlichen Palastes die Waffen zu ziehen.

„Unerträgliche Dreistigkeit! Hört dies, ihr Schatten des ehemaligen Königshauses, und zittert in euren elysischen Hainen vor der gottlosen Hand, die es gewagt hat, auf diese Weise in eure erhabenen Privilegien einzudringen. Kann man das glauben? Werden spätere Zeitalter dem Bericht Glauben schenken? O nein, nein! Die Tatsache wird zu ungeheuerlich erscheinen, als dass selbst die Leichtgläubigkeit sie ertragen könnte!

„Als das Verbrechen, das tödliche Verbrechen, begangen wurde, bebte die Erde unter seinen Füßen: Die Winde verstummten in ihrem Murmeln, und die ganze Natur stand entsetzt da. Der verängstigte Ozean wich von seinem felsigen Grund zurück. Pluto stürzte zitternd von seinem Unterthron herab, und Neptun winkte herein vergeblich sein beruhigender Dreizack Die Elemente wurden erschüttert; Blitze strömten aus den Schwertern der Kämpfer, und Donner rollte über ihren Köpfen, als sie wie zwei Helden der arabischen Fiktion dastanden und die Elemente in ihrem Zorn schwangen!

„Aber ich habe es getan, mein Herr und meine Herren. Ich sage nichts mehr; denn ich verachte es, Ihre Gedanken gegenüber dem Gefangenen voreingenommen zu machen oder auch nur den geringsten Appell an Ihre Gefühle zu richten, um ihn zu verurteilen. Dies muss ich jedoch sagen, wenn jemals ein Dieser Fall könnte jeden Nerv eines echten Engländers aufrütteln. Fürchtet sich irgendjemand davor, aus den ruhigen Freuden seines gemütlichen Kamins gerissen zu werden, wo er von seiner anbetenden Frau und seinen aufmerksamen Kindern umgeben war, und dazu verurteilt zu sein? Das ganze Elend des Elends und der Not? – Möge er den Gefangenen verurteilen. Fürchtet sich irgendjemand davor, über brennenden Sand geschleift zu werden oder gezwungen zu werden, bis zu den Knien durch sumpfige Wüsten zu waten? – Möge er den Gefangenen verurteilen gezwungen zu sein, auf dem harten, kalten Boden zu schlafen, seine Glieder von Rheuma geplagt und sein Körper allen Wechselfällen von Hunger, Durst und rauen Jahreszeiten ausgesetzt, während sein Leben jeden Augenblick in Gefahr ist? – Er soll den Gefangenen verurteilen; – aber wenn er diese Schrecken den Annehmlichkeiten eines warmen Daunenbetts vorzieht oder wenn er die Aussicht genießt, dass sein Vermögen von Steuereintreibern verschlungen wird, um die Kosten eines Auslandskrieges zu decken, dann soll der Gefangene freigesprochen werden. Aber – es sei denn – er – kann – sich dazu entschließen, – Entbehrungen – wie diese – auf sich zu nehmen – möge – er – durch – seine – Stimme – dabei helfen, – den – Unglücklichen – zu verurteilen, der –"

Und hier hielt der Redner abrupt inne, ganz niedergeschlagen. Tatsächlich hatte er die letzten Worte nach und nach immer langsamer und in längeren

Abständen ausgesprochen, weil der Angestellte ihn leider zu wenig umgedreht und ihn nicht ganz fest genug verdreht hatte. Nun wurden die Zeugen aufgerufen. Mehrere sprachen über den Umstand der übertriebenen Bewunderung, die der Gesang des Prinzen von Elvira zum Ausdruck brachte; andere wiesen auf die Tatsache des Kampfes hin, und andere erwähnten das Seufzen und die Zerstreutheit der Königin; aber der Oberste erklärte deutlich, er habe gehört, wie der Prinz der Königin in den Gärten des Somerset-Hauses die Hand angeboten habe, und dass sie eingewilligt habe, ihn zu heiraten, wenn sie die Zustimmung ihres Volkes erhalten könne. Eine allgemeine Empörung durchlief das Gericht über diese Beweise, und es war schwierig, Schweigen zum Plädoyer des Angeklagten zu erreichen. Schließlich war alles still, und der Gerichtsschreiber begann, den Rat des Prinzen abzuschließen. Lord Maysworth beobachtete den Moment; Da er aber Angst davor hatte, seinen geliebten Auftrag anderen Händen als seinen eigenen anzuvertrauen, steckte er ihn unglücklicherweise in seiner Aufregung in das falsche Loch, und als der Anwalt zu sprechen begann, brach er in Französisch aus! Worte wollen Lord Maysworths unbeschreibliche Bestürzung über diesen unglücklichen Unfall zum Ausdruck bringen.

"Halt halt!" schrie er: „Still! Still! Kann ihn niemand aufhalten?“ aber der unerbittliche Rat wollte nicht aufhören: Denn einmal aufgezogen und richtig in Gang gesetzt, konnten ihn nicht alle Mächte des Himmels und der Erde zusammen aufhalten, bis er ziemlich erschöpft war.

"Was soll ich tun?" rief Lord Maysworth in qualvoller Verzweiflung; „Denn wenn der Richter und die Geschworenen kein Französisch verstehen, geht meine gute Rede völlig verloren.“

„Oh, wenn das alles wäre“, sagte der Gerichtsschreiber, „Ihre Lordschaft braucht sich keine Sorgen zu machen, denn sobald ich herausgefunden hatte, was los war, rannte ich auf den Richter zu und zog den französischen Stopper seiner Lordschaft heraus!“

„Und die Herren der Jury?“

„Oh, sie verstehen alle Französisch.“

„Es ist gut“, sagte Lord Maysworth, „obwohl es mir immer noch leid tut, dass das Loch zufällig französisch war, da ich befürchte, dass die Ausführlichkeit der Sprache die Kraft meiner Ausdrücke beeinträchtigen könnte.“

So murmelte der edle Lord, nicht bedauernd. Wenn man jedoch die ganze Wahrheit offen aussprechen wollte, glaube ich, dass er in der Änderung der Sprachen eine Entschuldigung für das Versagen seiner Rede hatte, falls diese nicht den durchschlagenden Erfolg haben sollte, den sie seiner festen Überzeugung nach verdiente.

Der Anwalt fuhr in der Zwischenzeit fort. Das Folgende ist eine Übersetzung seiner Rede:

„Mein Herr und meine Herren der Jury.

„Nach der Flut an Beredsamkeit, die von meinem gelehrten Bruder ausgegangen ist, erhebe ich mich mit Gefühlen erheblicher Befangenheit und Zögern, um zu Ihnen zu sprechen. Ich, meine Herren, bin nicht mit solch einer beneidenswerten Redegewandtheit gesegnet, ebenso wenig wie meine Vorstellungskraft Ausgestattet mit dieser schöpferischen Kraft, die er so eindrucksvoll zur Schau gestellt hat, kann ich ihn nicht mögen, meine Herren

Erhebt euch mit der Keule des Herkules – wofür?
Einen Schmetterling zerquetschen oder einer Mücke das Gehirn
zerschlagen.

Ich habe auch nicht die geringste Absicht, Neptun oder Pluto aus dem ruhigen Nickerchen zu reißen, das sie seit so vielen Jahrhunderten halten, um uns bei unserer Debatte zu unterstützen. Ich versichere Ihnen auch, meine Herren, dass ich weder den Ozean aus seinem felsigen Bett aufwühlen noch die Natur in Schrecken versetzen werde. – Nein, meine Herren, meine Absichten sind vollkommen friedlich, und Ihre geplagte Vorstellungskraft kann sich nach der stürmischen Rede meines gelehrten Bruders ruhig auf meine Rede ausruhen, so wie der vom Weg gezeichnete Reisende friedlich auf dem weichen grünen Rasen ruht, nachdem er auf den wogenden Wogen des stürmischen Ozeans umhergeworfen wurde.

Es ist süß, frei von der Angst vor der Gefahr zu ruhen
und die Wogen des schäumenden Meeres zu beobachten.
Es ist süß, ein kleines Boot sicher
durch die brodelnden Wogen des stürmischen Ozeans zu steuern, das Prasseln des Regens gegen das Dach zu hören und sich im gastfreundlichen Haus sicher zu fühlen. Aber viel süßer ist die Ruhe des gequälten Geistes, wenn er das Ende einer Rede wie dieser hört.

Als ich der kraftvollen Einleitung meines gelehrten Freundes lauschte – und ich hörte ihm mit größter Aufmerksamkeit zu –, muss ich gestehen, dass meine Vorstellungskraft zu sehr erregt war, um sich mit einem so lahmen und kraftlosen Schluss zufrieden zu geben. – „Was?“, rief ich, „wurden die Naturgesetze auf den Kopf gestellt? Wurden Dämonen in ihren höllischen Gelagen gestört und Hexen aus ihren dunklen Höhlen gerufen, bloß weil eine schöne Frau eine zarte Leidenschaft in der Brust eines jugendlichen Fremden erregt hat? Ist dies ein so außergewöhnliches Ereignis, dass es solch übermäßiges Staunen hervorrufen sollte? Sind unsere Herzen so tot für die Schönheit, dass eine solche Katastrophe Überraschung hervorrufen sollte? Verbiete es, Himmel! Nein! Solange unsere Herzen noch in unseren Brüsten pochen, mögen sie immer als Reaktion auf die Verlockungen der Schönheit schlagen! Mögen wir nie unempfindlich gegenüber den Reizen der schönsten Dinge der Schöpfung werden! Mögen wir jemals ihre Zauberei anerkennen und uns ihrer magischen Macht beugen! Oder der Mensch, der erniedrigte Mensch! würde bald unter das Niveau der Tiere sinken. Betrachten Sie den Mann, wie er degeneriert, wenn er vom Einfluss der weiblichen Gesellschaft abgesondert ist. Ist er nicht rau, brutal und ungehobelt? Verlangt er nicht all diese gewinnenden Reize und jene zarten Aufmerksamkeiten, die so unbestreitbar den Reiz und Trost des Lebens ausmachen? In dem Maße, wie unsere Sensibilität, unsere Güte und alle besten Gefühle unserer Natur erweckt werden, werden wir empfänglich für die Liebe. Es ist in der Tat übermäßige Sensibilität und ein freundliches Gefühl gegenüber unseren Mitgeschöpfen, das sie hervorbringt. Gibt es einen großzügigen oder edlen Geist, der diese Leidenschaft nicht gespürt hat? Nein, keinen einzigen! Es liegt in der Tat etwas Großzügiges und Erhabenes darin. Wir können das Wohlergehen eines anderen nicht unserem eigenen vorziehen, noch mit der Hingabe wahrer Liebe vollständig in das Wesen eines anderen aufgehen, ohne in unseren Ideen geläutert und von diesem widerlichen Egoismus befreit zu werden, der immer der Inspirator von niederträchtigen und gemeinen Handlungen ist.

Ja, Liebe ist wahrlich Licht vom Himmel,
ein Funke jenes unsterblichen Feuers, den Alla mit Engeln geteilt und
gegeben hat, um unsere niederen Sehnsüchte von der Erde zu nehmen.
Hingabe trägt den Geist empor, doch der Himmel selbst steigt in Liebe
herab.

Und soll mein unglücklicher Klient von diesem himmlischen, inspirierenden Gefühl ausgeschlossen bleiben? Hört mich an, ihr Schatten heroischer Liebender, die ihr, obwohl ihr für das hoffnungslose Objekt eurer Leidenschaft sterbt, dennoch mit der enthusiastischen Hingabe eines modernen Dichters ausgerufen habt:

Führe weiter, führe weiter, auch wenn Schrecken
in furchtbarer Wut um dein Tor lauern! Und Gefahr, Tod und grimmige
Verzweiflung verbieten mir meinen hoffnungslosen Durchgang dorthin!
Wenn die Liebe, immer noch lächelnd, weiterwinkt, ist der Weg passiert
und das Tor erobert!

Und ihr Dichter und Philosophen, die ihr die Liebe als Oase der Wüste dargestellt habt, als den grünen Fleck in der Erinnerungswüste, wo die Zuneigung noch verweilt, selbst wenn die Hoffnung schwindet; Haben Sie kein Mitleid mit meiner unglücklichen Klientin, deren einziger Fehler darin bestand, dass sie schön war und er nicht blind? Und ist das ein Vergehen, für das ein Mann es verdient, bei lebendigem Leibe verbrannt zu werden?

Verbietet es, Menschheit! verbiete es, Gnade! Nein, nein! Eine solche unmenschliche Grausamkeit existiert nicht in den Brüsten der Engländer. Ich weiß, ich habe das Gefühl, dass Sie meinen Mandanten in diesem Punkt freisprechen müssen. Aber das ist nicht der einzige Vorwurf, der gegen ihn erhoben wird; Ihm wird vorgeworfen, die Heiligkeit eines königlichen Palastes verletzt zu haben, indem er sein Schwert innerhalb seines Geländes gezogen hat. Um die Ungeheuerlichkeit dieses Verbrechens zu beschreiben, hat mein gelehrter Freund einen so überwältigenden Strom an Beredsamkeit hervorgebracht, dass unglücklicherweise seine Bedeutung im Strom seiner Worte unterging. Zumindest nehme ich das an, da ich in meiner gesamten Branche überhaupt nicht in der Lage war, es zu finden. Da ich mir jedoch nicht vorstellen kann, dass mein gelehrter Freund so lange hätte reden können, ohne dass das, was er sagte, eine Bedeutung hatte, vermute ich, dass es unentdeckt in eine hinterlistige Ecke geraten ist, wo es liegt, armes Ding! ganz verborgen und durch die schwere Last der darauf aufgehäuften Metaphern fast zu Tode erdrückt. Meine Herren, mein Mandant zog sein Schwert im königlichen Garten. Dies ist die klare Aussage dieser Tatsache, wenn man sie von der Last des Schmucks befreit, mit der mein gelehrter Freund sie belastet hat. Mein Mandant, der mit den englischen Gesetzen und Bräuchen nicht vertraut war, spazierte zufällig im öffentlichen Garten eines königlichen Palastes. Dort traf er einen Adligen des Hofes; Aus Gründen, die für die vor uns liegende Frage unerheblich waren, kam es zwischen ihnen zu großen Worten. Mein Mandant wurde auf eine Art und Weise schwer beleidigt, die ein Mann, der sich selbst als Gentleman bezeichnet oder auch nur den geringsten Anspruch auf Ehre erhebt, nicht ertragen kann. Er zog sein Schwert, um sich zu verteidigen. Kann etwas einfacher sein? Und doch wird dadurch die gesamte geschaffene Natur in Verwirrung gestürzt und Neptun und Pluto zitternd aus ihren Betten gerufen. Meine Herren, im Gehirn meines gelehrten Freundes wimmelte es von einer monströsen Vorstellung, die sich danach sehnte, umgesetzt zu werden. Er hat es in die Rede hineingezogen, mit der wir gerade beschenkt wurden. Nicht zufrieden damit, uns mit den Zähnen eines mentalen Pfeils zu durchbohren; Er stürzte uns in alle Katastrophen des Krieges und lenkte unsere Vorstellungskraft ab, indem er die kombinierten Auswirkungen von Pest, Pest und Hungersnot zeigte – er hat diese unglücklichen Gottheiten in seine Fallstricke verwickelt, die er gezwungen hat, auf die obere Erde zu gehen, um dort Zeugnis abzulegen Ich fürchte, sehr gegen ihren Willen. Nichts kann in der Tat beunruhigender sein, als zu sehen, wie ein unglücklicher Gedanke durch die Wendung eines Satzes auf diese Weise verfolgt wird. eine Menge bedeutungsloser Worte, wie ein Rudel hungriger Hunde, die sich dicht an seinen Rücken drängen, bis es schließlich erschöpft und völlig erschöpft zusammensinkt, kraftlos davonsinkt und den Geist so leise aufgibt, dass sich niemand vernünftigerweise vorstellen kann, was überhaupt passieren kann daraus werden.

"So war es mit dem Argument meines gelehrten Freundes, es ist inmitten der Aufregung, die er darum verursacht hat, verschwunden. Eines noch, meine Lords und Gentlemen, und ich habe es getan; denn ich werde nicht wie mein gelehrter Freund, nachdem ich jede Absicht, an Ihre Gefühle zu appellieren, bestritten habe, versuchen, durch eine kunstvolle Schlussrede zu Ihren innersten Seelen vorzudringen. Es ist einfach dies, dass mein Klient ein Fremder ist, der Sohn eines mächtigen ausländischen Monarchen, und da er natürlich nie einen Treueeid auf die englische Regierung geleistet hat, unterliegt er nicht den englischen Gesetzen. Nachdem ich diese Tatsache dargelegt habe, setze ich mich, zuversichtlich versichert, dass Ihr Urteil zu meinen Gunsten ausfallen wird und dass Sie damit wieder das stolze Recht verteidigen werden, das Sie so lange und ruhmreich verteidigt haben, immer als aufgeklärte und frei geborene Engländer zu handeln."

Als sich der Redner setzte, hallte ein lauter Applaus durch den Saal, und die Freude von Lord Maysworth kann nur zu Recht von einem Autor gewürdigt werden, der sich daran erinnert, was er empfand, als er zum ersten Mal vom Erfolg seines Lieblingswerks hörte. Aber er hatte kaum Zeit zum Jubeln, als der Richter, nachdem er an der Reihe war, nun begann, die Beweise zusammenzufassen. Langsam und schwerfällig ging er weiter, die Maschinerie, aus der er bestand, verlangte nach Öl und knarrte bedrohlich, während sie sich bewegte, während, bevor er halb fertig war, ein Schrei durch den Vorhof zu hören war und augenblicklich ein Ansturm von Menschen die Ankunft ankündigte die Königin.

Nach den Anstrengungen, die Elvira am Vortag unternommen hatte, kehrte ihr Fieber zurück und sie lag unempfindlich gegenüber allem, was geschah, bis sie durch das Läuten einer tiefen Glocke, die stets in Bewegung gesetzt wurde, sobald ein Gefangener eintraf, ihre Erinnerung wiedererlangte auf seine Verteidigung setzen. Sie hörte den feierlichen Klang deutlich; Das Gericht, in dem Staatsverbrecher abgeurteilt wurden, grenzte an den Palast, damit die Königin die Möglichkeit hatte, Berufungsverfahren anzuhören oder über etwaige schwierige Fälle zu entscheiden. Obwohl es in der weiblichen Dynastie nur sehr selten zu Verstößen gegen den Staat gekommen war (sei es aufgrund der Güte des Volkes oder der Härte der Strafe, überlasse ich es meinen Lesern zu beurteilen), wurde das Privileg nur selten in die Tat umgesetzt Die Glocke schrillte nun laut, als sie läutete. Elvira jedoch hatte von dem Brauch gehört, und der Grund dafür kam ihr sofort in den Sinn, als sie aus ihrem Bett aufsprang und dem feierlichen Klang lauschte, der langsam und schwer an ihr Ohr drang, und jeder Klang schien die Nackten zu treffen Nerv.

„Emma!" rief sie, „lass mich gehen – schnell, lass mich ihn retten, sonst komme ich zu spät." Emma gehorchte; Aber während sie ihre Herrin anzog, kam ihr jeder Augenblick wie eine Ewigkeit vor, und Elvira lauschte dem schweren Läuten der Glocke, bis das Gehör zur Qual wurde; und da sie es nicht mehr ertragen konnte, drückte sie ihre Hände fest auf ihre Ohren, um das gefürchtete Geräusch auszublenden. Schließlich war sie bereit, eilte zum Gericht und traf genau in dem kritischen Moment ein, den ich erwähnt habe.

"Stoppen!" rief sie, „Ich befehle dir, das Verfahren einzustellen. Der Gefangene ist frei. Mein Volk hat mir das Recht gegeben, alle Vergehen zu begnadigen, und ich übe es daher zunächst aus. Lass ihn frei!"

Die Wachen gehorchten; Und da es nicht möglich war, den Automatenrichter aufzuhalten, bis er heruntergekommen war, wurde er aus dem Gerichtssaal getragen und wiederholte (denn zufällig fasste er in diesem Moment die Beweise zusammen): „Und die Königin sagte, sie liebte ihn, und würde sogar ihr Leben für ihn opfern.

„Sie sind frei, Herr", sagte Elvira zum Prinzen. „Ich schäme mich nur dafür, dass ein Fremder an meinem Hof so unwirtlich behandelt wurde. Meine Krankheit muss jedoch meine Entschuldigung sein; und ich kann meine Trauer erst jetzt zeigen, indem ich Sie von der Ehrenbewährung entbinde, die Sie gewährt haben. Das sind Sie absolut Befreie, Prinz, nicht nur von diesen Ketten, sondern auch, das Königreich zu verlassen, wann immer du es für richtig hältst.

Der Prinz kniete voller Dankbarkeit nieder und küsste ihre Hand; und zog sich dann mit seinen Freunden in das Haus von Lord Maysworth zurück; Während Elvira, zufrieden mit sich selbst und in der Hoffnung, den Skandal entschärft zu haben, indem sie den Prinzen zum Verlassen des Königreichs aufforderte, kehrte sie glücklicher in ihren Palast zurück, als sie sich seit dem tödlichen Kampf im Garten gefühlt hatte.

KAPITEL XXIX.

Die Wirkung, die die eben beschriebene Szene auf die Gemüter der Menge hervorrief, war magisch. Es schien eine „starke Bestätigung" all dessen zu sein, was der Königin vorgeworfen worden war, und entfremdete selbst diejenigen von ihrer Seite, die neutral geblieben waren.

„Ich hätte es wirklich nicht für möglich halten können", sagte der Herzog von Essex, als er sich langsam vom Hof zurückzog.

„Sie denkt so, wie ich denke, und ich bin sicher, dass jeder andere denken muss", sagte Lord Gustavus, „scheint sie jeglichen Sinn für Anstand verloren zu haben."

„Was sagen Sie dazu, Sir Ambrose?" fragte Dr. Hardman triumphierend.

„Nichts", antwortete Sir Ambrose seufzend.

„Dann ist der Fall hoffnungslos", sagte der Herzog von Essex; „Denn ich kenne Sir Ambrose so gut, dass ich sicher bin, dass er nicht schweigen würde, wenn auch nur ein einziges Wort im Namen der Königin gesagt werden könnte."

„Eure Gnade beurteilt mich zu günstig", entgegnete Sir Ambrose; „Denn es gibt im Gegenteil viel für die Königin zu sagen, wenn ich geneigt gewesen wäre, es zu sagen. Sie sehen, die Geschichte, dass sie Ferdinand heiraten wollte, war offensichtlich falsch, denn sie wünschte ihm in klaren Worten, er solle die Ehe verlassen Königreich."

„Ein bloßer Blinder", rief Lord Gustavus, der das Gefühl hatte, jetzt zu weit gegangen zu sein, um zurückzutreten; „Eine absolute Farce; und ich bin nur erstaunt, dass ein Mann mit Ihrer Scharfsinnigkeit, Sir Ambrose, dadurch hätte getäuscht werden können."

„Es ist seit langem die stolzeste Prahlerei des englischen Gesetzes", sagte Sir Ambrose, „dass jeder als unschuldig gilt, bis seine Schuld bewiesen ist; und ich gestehe, ich verstehe nicht, warum die Königin allein eine Ausnahme von der Regel machen sollte." ."

Lord Gustav gab keine Antwort und die Gruppe begab sich zu ihren verschiedenen Häusern. Der folgende Tag war für den Prozess gegen Lord Edmund anberaumt, und das Gericht war, wenn möglich, noch überfüllter als zuvor; denn die einzigartige Beendigung des Prozesses gegen Prinz Ferdinand hatte bei der Menge die größte Sorge hervorgerufen, zu erfahren, was das Ergebnis des Prozesses gegen Lord Edmund sein würde. Es wurde bereits gesagt, dass er das Idol des Volkes war, und jetzt riefen Tausende von Menschenstimmen sein Lob in den Himmel und überhäuften seine Feinde mit Flüchen und Verwünschungen.

Der Tumult beruhigte sich jedoch zu atemloser Erwartung, als bekannt gegeben wurde, dass die Justizbeamten auf der Suche nach dem Gefangenen waren. Unzählige Menschen standen da und reckten ihre Hälse über den Weg, der durch die Menge für seinen Weg frei war, alle begierig, den ersten Blick auf ihn zu erhaschen. Doch welche Worte können ihre Enttäuschung und Überraschung ausdrücken, als sie die Beamten zurückkommen sahen, bleich und zitternd, mit Furcht in den Gesichtern und klappernden Zähnen in ihren Köpfen!

„Er ist weg", riefen sie. „Die Gefängnistür war verschlossen und die Fenster verriegelt, aber er ist weg. Und zweifellos hat ihn ein böser Geist weggetragen."

Die Bestürzung über diese unerwartete Nachricht war groß. Alle eilten zum Gefängnis und waren entsetzt, als sie es in genau dem Zustand vorfanden, den die Beamten beschrieben hatten. „Das hat die Mumie getan", sagten die Leute und flüsterten untereinander. „Es steht uns ganz gewiss ein schreckliches Ereignis bevor, und es ist vergeblich, zu versuchen, sich unserem Schicksal zu widersetzen! Alles ist übernatürlich, und wir sind bloß blinde Werkzeuge in den Händen des Schicksals."

Das Verschwinden von Lord Edmund hatte jedoch nichts Übernatürliches an sich und wurde tatsächlich durch sehr einfache Mittel und bloße sterbliche Kräfte bewirkt. Die Aufregung seines Geistes nach seinem Gespräch mit Cheops wurde übermäßig und jede Stunde schien sich unnatürlich zu dehnen, während er ängstlich auf die Rückkehr von Pater Morris wartete; aber der Mönch kam nicht. Lord Edmunds Ungeduld wuchs mit jedem Augenblick, bis sie zur absoluten Qual wurde; doch er war immer noch allein. Er ging mit unsicheren Schritten in seinem Zimmer auf und ab – sein Gehirn brannte vor beginnendem Wahnsinn, bis er, nicht mehr wissend, was er tat, seinen Kopf gegen die Wände schlug und sich büschelweise die Haare ausriss. In diesem Zustand fand ihn der Gefängniswärter; und als er seinen Zustand meldete, wurde sein Prozess, der vor dem von Ferdinand hätte stattfinden sollen, um einige Tage verschoben, um Zeit für seine Genesung zu haben.

Blutungen und Blasenbildung reduzierten Lord Edmunds Fieber; aber seine Seele brannte immer noch. In den Anfällen seiner Unordnung, nicht weniger als in seinen klaren Phasen, schien eine einzige Idee seine Fantasie besessen zu haben; und er fragte unaufhörlich, ob Pater Morris zurückgekehrt sei? Nein, nein, war die ständige Antwort auf seine Fragen; bis das Herz des armen Gefangenen bei dem Klang krank wurde. Schließlich schien es ihm so gut zu gehen, dass er seinen Prozess bestehen konnte, und der Tag stand fest, wie wir bereits festgestellt haben. Edmunds Geist schien jetzt einigermaßen gefasst zu sein; aber es war eher die Stille der Apathie als die der Resignation;

und in der Nacht vor dem Tag, der für seinen Prozess vorgesehen war, kehrten einige seiner früheren ängstlichen und quälenden Fantasien zurück.

„Ich werde diese Schwäche abschütteln“, sagte er. „Ich werde lesen.“ Und er zog seinen Stuhl ans Feuer und nahm ein Buch zur Hand. Es war jedoch vergebens. Obwohl er dieselbe Seite wiederholt las, konnte er seine Gedanken nicht so weit ordnen, dass er ihre Bedeutung verstehen konnte. Er warf sein Buch beiseite, richtete seine Augen auf das Feuer und verlor sich bald in düsteren Gedanken. Dann erregte ein leises Geräusch seine Aufmerksamkeit. Als er sich umsah, sah er, wie sich eine Wandplatte langsam löste und Pater Morris in der Öffnung erschien, gefolgt von einer anderen Gestalt, die dicht in einen großen schwarzen Umhang gehüllt war.

„Pater Morris!“ rief Edmund. „Ist es wirklich Pater Morris oder ein freundlicher Geist, der seine Gestalt angenommen hat?“

„Ich bin es tatsächlich, mein Sohn!“, erwiderte der Priester. „Und ich komme, um dich zu retten und zu trösten.“

„Mir scheint, Sie kommen etwas spät, Vater“, sagte Edmund ziemlich kühl, „denn ich habe viel gelitten, seit ich Sie gesehen habe!“

„Auch andere haben gelitten“, fuhr der Mönch fort, „und zwar deinetwegen! Obwohl du dich von der ganzen Welt vernachlässigt und vergessen gefühlt hast, gibt es einen Menschen, der nie aufgehört hat, über dich zu wachen; der nur an dich denkt; der dein Glück zu seiner einzigen Sorge macht; und der sein Leben opfern würde, um deines zu bewahren!“

Edmunds Herz klopfte und seine Wangen glühten, als er ausrief: „Und dieser freundliche Freund ist?“

„Jetzt vor Ihnen!“, unterbrach ihn der Mönch, riss den Umhang beiseite, der seine Begleiterin umhüllte, und entdeckte Rosabella!

„Rosabella!“, rief Edmund; ein leichter Anflug von Enttäuschung huschte über sein Gesicht.

„Oh, Edmund!“, rief Rosabella und warf sich ihm zu Füßen. „Kannst du vergessen, dass ich die Grenzen überschritten habe, die meinem Geschlecht vorgeschrieben sind? Wirst du mich nicht hassen?“

„Ich mache dir keine Vorwürfe. Ich wäre des Namens Mensch nicht würdig, wenn ich könnte. Aber Vater, was sagt Elvira? Hast du die Kette abgeliefert?“

„Sie weigert sich, Sie zu sehen oder von Ihnen zu hören.“

„Grausame Frau! Aber vielleicht fürchtet sie sich davor, mich zu sehen?“

„Ich weiß es nicht, aber sie hat Ihr Gesuch mit Verachtung behandelt. ‚Sagen Sie ihm‘, sagte sie, ‚es ist unmöglich, dass er irgendetwas zu sagen hat, das mich interessieren könnte. Ich werde mir seine Bitte nicht anhören.‘“

„Stolze, hochmütige Prinzessin! Aber war das alles?“

„Nein, ich bat sie noch einmal, Sie zu sehen, aber sie wandte sich verächtlich von mir ab und bat mich, sie zu verlassen. ‚Sprich nicht mit mir von Edmund‘, rief sie mit einem Blick unbeschreiblicher Verachtung. ‚Hat er Ferdinand nicht verwundet, und möchten Sie, dass ich ihm vergebe? – Tausend Tode genügen nicht, um ein solches Verbrechen zu bestrafen!‘“

„Was für eine seltsame Verliebtheit!“

„Das ist wirklich seltsam – denn sie hat seinen Prozess unterbrochen und ihn freigelassen. Außerdem soll sie ihm tatsächlich die Hand angeboten haben, die er abgelehnt hat. Und trotzdem ist sie immer noch bis zum Wahnsinn in ihn vernarrt. ‚Geh‘, fuhr sie fort, als ich alles beendet hatte, was ich zu sagen hatte, ‚und sage Edmund, dass ich ihn weder hasse noch verachte. Er ist nämlich unfähig, in meinem Herzen irgendwelche Gefühle hervorzurufen. Wenn er jedoch sein früheres Verhalten wiedergutmachen und meine Gunst wiedererlangen möchte, muss sein erster Schritt sein, den Prinzen demütig um Verzeihung zu bitten.‘“

"Verdammnis!" rief Edmund und fuhr heftig auf: „Sie hat das nicht gesagt, das konnte sie doch sicher nicht sagen?“

„Das hat sie tatsächlich, Mylord.“

„Dann mögen zehntausend Flüche auf mich fallen, wenn ich ihr vergebe! Verzeihung für diesen Unglücklichen! mein Sklave! mein Gefangener! Nein, eher würde ich in schrecklichen Qualen sterben – eher würde ich von wilden Tieren zerrissen werden. – Verzeihung für diesen Jungen! – Oh! Sie konnte es nicht so meinen.

Während Edmund so tobte, beobachteten Pater Morris und Rosabella seine Qualen mit der gleichen Kühle, wie ein französischer Philosoph die Qualen eines unglücklichen Tieres beobachtet, an dem er Experimente durchführt. Kein Gefühl des Mitleids erfüllte ihre Seelen und sie warteten nur darauf, welche Wirkung ihre Worte haben würden. Es ist leicht zu erkennen, dass die ganze Szene, die Pater Morris zwischen ihm und Elvira erzählte, eine Erfindung war; aber Lord Edmund sah das nicht, denn Eifersucht legt oft einen Schleier über die Augen ihrer Opfer, der allem, was sie sehen, eine trügerische Farbe verleiht. So glaubte Lord Edmund jedes Wort, das der Vater sagte, und sein ganzer Körper zitterte vor Aufregung, während er mit hastigen Schritten durch das Zimmer lief. Schließlich warf er sich auf einen Stuhl – „Bitte um Verzeihung!“, rief er aus: „Oh, Elvira! Elvira!“ und er verbarg sein Gesicht in seinen Händen, während ihm große Tränen durch die Finger liefen, und Lord Edmund, der strenge, mutige Soldat, der Philosoph, der Held und der Staatsmann, weinte, wirklich weinte wie ein schwaches Kind.

„Oh Edmund!" rief Rosabella, näherte sich ihm und nahm seine Hand. „Ich kann es nicht ertragen, dich in Not zu sehen. Möchte der Himmel, dass ich dich durch das Opfer meines Lebens entlasten könnte!"

„Rosabella, du wirst mich in den Wahnsinn treiben."

„Nicht für Welten, Edmund; im Gegenteil, wenn ich Herrin der Welten wäre, würde ich sie dir zu Füßen werfen."

„Ich weiß es – ich weiß es; aber verschone mich jetzt."

„Erspare dir, Edmund! Was? Erspare dir meine Vorwürfe, meinst du? Ach, du brauchst sie nicht zu fürchten. Bin ich dir nicht ergeben? Ist es nicht deinetwegen, dass ich so die Grenzen meines Geschlechts überschritten habe? Du? Angewidert von meiner Kühnheit? Aber nein: Du wirst mir sicherlich verzeihen, denn mein einziges Motiv war es, dich zu retten, und meine einzige Hoffnung auf Glück ist mit deinem verbunden."

„Rosabella!" wiederholte Edmund: „Ich glaube, dass du mich liebst."

„Ich liebe dich! Oh Himmel! Kannst du an meiner Liebe zweifeln?"

„Ich zweifle nicht daran, und diese letzte Tat beweist es mehr als Worte. Ich habe dir schon lange Unrecht getan; kannst du mir verzeihen, Rosabella?"

„Oh Edmund!" rief die Prinzessin, während ihr volles Herz fast zum Bersten raste und die Tränen über ihr Gesicht liefen.

„Ich bin Opfer einer Verliebtheit geworden", fuhr Edmund fort; „Ich habe eine falsche, undankbare Frau geliebt, die mich betrogen hat. Aber ich sehe meine Torheit; und wenn Tränen der Reue, die zu Ihren Füßen vergossen werden, meine Vergebung verdienen können – wenn Sie ein gebrochenes, blutendes Herz akzeptieren –"

„Oh Edmund!" unterbrach Rosabella und warf sich in seine Arme, „sag nicht mehr – ich gehöre dir – für immer dir – dein hingebungsvoller Sklave –"

„Nicht meine Sklavin, Rosabella", sagte Edmund, löste sie sanft von ihm und setzte sie auf einen Stuhl, „sondern meine Frau, meine geliebte Frau."

"Deine Frau!" rief Rosabella, „Edmunds Frau! Bin ich wirklich so gesegnet? Oh nein! Sicherlich ist es ein Traum, ein liebevoller, trügerischer Traum! Das meinst du sicher nicht ernst."

„Ist das ein Moment für einen Scherz?" fragte Edmund ruhig.

„Das ist es ganz sicher nicht", sagte Pater Morris, dessen Aufregung fast genauso groß gewesen war wie ihre eigene, und der sie mit Blicken der innigsten Zuneigung angestarrt hatte. „Wir müssen sofort fliehen, sonst ist es zu spät; es fehlen nur zwei Stunden Tagesanbruch, und mit der Morgendämmerung wird Lord Edmunds Prozess beginnen."

"Wahr, wahr!" rief Rosabella, „das hatte ich vergessen. Liebster Edmund, du musst dich herablassen zu fliegen, sonst wird dein kostbares Leben geopfert."

„Aber wie soll ich entkommen?"

„Durch diese Tafel. Ein Ballon wartet in einiger Entfernung, und dieser Umhang wird Ihre Person vor der Beobachtung verbergen."

„Liebe Rosabella!"

„Kommen Sie, kommen Sie", rief Pater Morris, „wir haben keine Zeit zu verlieren. Obwohl Ferdinand freigesprochen wurde, müssen Sie fallen, denn der Staat braucht ein Opfer."

Lord Edmund wartete nicht mehr; der Name Ferdinand war für ihn eine Qual; und indem er sich hastig von seinen Ketten befreite, folgte er dem Vater und Rosabella aus dem Gefängnis. Er seufzte jedoch und blickte einen Moment voller Bedauern zurück, bevor er die Außenmauern verließ, denn er dachte an Elvira. Rosabellas schnelles Ohr fing den Seufzer auf und ihr subtiler Geist erriet seine Bedeutung; Aber dies war kein Anlass, sich zu beschweren, und als sie in ihren Ballon stiegen, waren sie bald außer Sichtweite von London. Sie gingen zu Rosabellas Palast, ein paar Meilen außerhalb der Stadt, und dort wurde Edmund am nächsten Tag ihr Ehemann.

In der Zwischenzeit ließ die übermäßige Aufregung, die Elvira am Tag des Prozesses gegen Prinz Ferdinand verspürte, ihr Fieber zurückkommen, und es dauerte mehrere Wochen, bis sie sich soweit erholt hatte, dass sie das Bett verlassen konnte. Als sie dies tat, war sie jedoch wirklich schockiert über den Zustand, in dem sie ihr Königreich vorfand. Als sie, von der Begeisterung des Augenblicks mitgerissen, zu regieren begann, hatte sie zu viel von der Exekutive der Regierung auf sich genommen; Und da ihre Krankheit zu plötzlich eingetreten war, als dass sie eine Regentschaft hätte ernennen können, wusste niemand, wer ihren Platz einnehmen sollte. Es herrschte also Verwirrung und Unordnung, und Elvira schreckte angewidert vor dem Chaos vor ihr zurück. Sie hatte jetzt keinen Edmund mehr, der ihr den Weg ebnete, und die ursprüngliche Energie ihres Geistes war verschwunden. Blass, mit gebrochenem Herzen und entmutigt fühlte sie sich träge und unfähig zu der geringsten Anstrengung. Was früher ein Vergnügen gewesen war, wurde nun zu einer überwältigenden Last, und die Last des Lebens schien unerträglich.

Sie war nun auch der Anstrengung überdrüssig, die nötig war, um die Pläne umzusetzen, die sie zum Wohle ihres Volkes geplant hatte. Anfangs, als alles neu und entzückend schien, hatte sie sich ganz ihren Interessen gewidmet: Sie hatte sich selbst die unbedeutendsten Vergnügungen verweigert und sich kaum die unbedingt nötige Zeit für Essen und Ruhe gegönnt. Das war alles schön und gut, denn ihre Pläne hatten den Charme des Neuen und waren von Leidenschaft getragen. Aber nun hatte diese Neuheit nachgelassen, und sie hatten den langweiligen, ermüdenden Anschein von Pflichten angenommen – als wiederholte Enttäuschungen die Hoffnung auf Erfolg fast ausgelöscht hatten und als sie feststellte, dass ihr Volk das, was sie ursprünglich hatte, erwartete, ja als Recht einforderte Als ihr diese nur als besondere Gunstbezeugung gewährt wurden, erkannte sie, wenn auch zu spät, die Torheit der Mühe, die sie sich selbst auferlegt hatte.

Sie entdeckte nun auch, dass Verbesserungen langsam erfolgen müssen, um wirksam zu sein: dass Menschen nicht gerne aus alten Gewohnheiten gezwungen werden, bis sie die Wirkung neuer Gewohnheiten durch Erfahrung bewiesen haben, und dass nichts so schwierig ist, wie Menschen zu verbessern gegen ihren Willen. Erhöhen Sie die Ressourcen eines Landes, geben Sie Geld in die Hände der Mittel- und Unterschicht, und sie werden sich verbessern. aber mindestens neun Zehntel der Bevölkerung werden niemals eine Verbesserung zulassen. Nur diejenigen, die sich an diesem undankbaren und schmerzhaften Amt versucht haben, können die Leiden der unglücklichen Elvira vollständig abschätzen, die, enttäuscht von allem, was sie unternahm, feststellte, dass das Leben geschmacklos und fade wurde und völlig elend war – obwohl sie von allen Gaben der Schönheit umgeben war. Macht und Glück.

Alles schien zusammenzuwirken, um ihr Elend zu vergrößern. Diejenigen, die sie aus der Armut zum Wohlstand brachte, behandelten sie mit der provozierendsten Unverschämtheit und Unzufriedenheit. Ein Plan, dem die Lords Gustavus de Montfort und Maysworth widersprochen hatten und den sie hartnäckig versucht hatte, war völlig gescheitert, und die edlen Lords hatten in ihrer Enttäuschung auf die provozierendste Weise gesiegt. Kurz gesagt, alles ging schief; und Elvira, angewidert von der Welt, fühlte sich beschämt und angewidert von sich selbst.

„Wie schwer ist es", dachte sie oft, während sie sich auf ihrem schlaflosen Sofa hin und her wälzte, „dass ich, der ich mich seit meiner Thronbesteigung ganz den Interessen meiner Untertanen gewidmet habe, so elend sein muss, während ich Tyrannen bin." Warum kann ich mich nicht der Besinnung entledigen und die Freuden genießen, die mich umgeben? Die Welt bietet nichts, was mich interessieren könnte; ein fades Vakuum breitet sich in der Schöpfung aus; meine Zuneigung ist auf mich selbst zurückgeworfen und ich fühle mich elend.

So tobte Elvira, und in schmerzliche Grübeleien versunken, vernachlässigte sie die Pflichten ihres Standes und ergab sich der Verzweiflung, während das Volk ihre offensichtliche Verzweiflung auf ihre Trauer über die Abwesenheit von Prinz Ferdinand zurückführte, der London unmittelbar nach seinem Prozess verlassen hatte und von dem man seither nichts mehr gehört hatte, und daher von Stunde zu Stunde unzufriedener mit seiner Königin wurde.

In der Zwischenzeit wurde die Heirat von Lord Edmund allgemein vermutet, auch wenn sie nicht öffentlich bekannt gegeben wurde; und die Partei von Rosabella gewann von Tag zu Tag an Stärke, während geheimnisvolle Gerüchte von Mund zu Mund geflüstert und mancherlei Andeutungen gemacht wurden, von denen viele mehr wussten, als sie sagen wollten; Allerdings schien es angesichts der großen Zahl dieser Geheimniskrämer, wie in der berühmten Szene im Barbier von Sevilla, dass jeder im Geheimnis steckte, obwohl niemand es preisgeben durfte. Die Lustlosigkeit Elviras zeigte bald die gravierendsten Auswirkungen. Ein Königreich ohne Regierung, oder vielmehr eine Regierung ohne Häuptling, kann nicht lange gut bestehen. Es ist wie ein Schiff auf See ohne Steuermann, und es muss beim ersten Felsen scheitern, der seinen Kurs behindert.

Wenn die Macht der Regierung aus irgendeinem Grund nachlässt, gibt es immer viele Leute, die bereit sind, die ihnen gebotene Gelegenheit auszunutzen, um ungestraft Böses zu tun. Und Verbrechen aller Art vermehrten sich unter Elviras nachlässiger Herrschaft so schnell, dass die Menschen lautstark ihre Beschwerden vorbrachten. Aber an wen konnten sie sich wenden? Die Königin war kaum zu sehen – Lord Edmund war weg, und die Lords des Rates waren zu sehr damit beschäftigt, über die Interessen des Volkes *zu sprechen , als dass sie daran denken konnten, sich wirklich* um sie zu kümmern. Der Herzog und Sir Ambrose schienen zu alt, um sich in Staatsangelegenheiten einzumischen. Für sie jedoch war das Volk die letzte Zufluchtsstätte. Und da es unfein schien, sich an den Herzog zu wenden, wenn die Person, über die sie sich beschwerten, seine eigene Tochter war, baten sie Sir Ambrose, in ihrem Namen eine Petition an die Königin zu richten.

Der würdige Baronet kam ihrer Bitte nach und bereitete sich, obwohl er durch Alter und Elend fast am Boden zerstört war, darauf vor, noch einmal vor Gericht zu erscheinen. Der Verlust seines geliebten Edmund hatte den alten Mann tief getroffen: Er betrachtete seine Flucht vor dem Prozess als Schuldeingeständnis, und der Gedanke an Schande beschwerte seine grauen Haare mit Trauer bis ins Grab. Die Not der Menschen riss ihn jedoch aus der Apathie, in die er schnell verfiel, und als er der Königin aufwartete, tat er dies mit der ganzen Energie seiner früheren Jahre.

Die Königin empfing ihn mürrisch. „Ich kann nichts dafür, Sir Ambrose", sagte sie. „Mein Volk tut mir leid, aber ich kann nichts tun, um es zu beruhigen. Ich fühle, dass ich schnell ins Grab sinke. Stören Sie meine letzten Augenblicke also nicht durch fruchtlose Bitten."

„Letzte Momente!" rief Sir Ambrose empört; „Sammeln Sie Ihre Energien, und Sie können ein halbes Jahrhundert leben. Sie geben einer krankhaften Sensibilität nach, die Sie bedrückt, und weil einige Ihrer Hoffnungen enttäuscht wurden, scheuen Sie vor den Pflichten zurück, die Sie sich selbst auferlegt haben und von denen Sie reden Schade, Elvira! zu erreichen – die Eroberung deiner selbst; denn es ist weitaus herrlicher, die eigensinnigen Wünsche des menschlichen Herzens zu unterdrücken, als Dutzende von Monarchen in deinen Ketten gefangen zu halten, als mit deinen Gefühlen zu kämpfen: Besiege diese verhängnisvollen Leidenschaften, die dich zu zerstören drohen ; erweisen Sie sich Ihrer Krone würdig und seien Sie wieder die Elvira, von der ich schon in ihrer Kindheit Größe erwartet habe.

„Es ist zu spät", unterbrach ihn die Königin ungeduldig, „es ist jetzt zu spät. Drängen Sie mich nicht mehr, Sir Ambrose, sonst treiben Sie mich zur Verzweiflung."

Sir Ambrose war über ihre Hartnäckigkeit erzürnt, und es entstand eine Pause, die durch lautes Geschrei und Lärm unterbrochen wurde. Es waren die Leute an den Toren des Palastes, die ungeduldig über Sir Ambroses langes Verweilen waren und nun lautstark nach einer Antwort verlangten.

„Was soll ich ihnen sagen?" fragte der Baronet.

„Sag ihnen, dass ich ihre Klage ablehne!" antwortete die Königin. „Weg, weg, weg! Ich würde schweigen; geh ohne Antwort; ich werde nichts mehr hören; ich werde nicht gequält werden." Sie winkte ihm mit der Hand zum Gehen und eilte in ihr Zimmer. Als er feststellte, dass es keine Alternative gab, sah sich Sir Ambrose gezwungen, vor dem Volk zu erscheinen und es mit dem Willen seines Souveräns bekannt zu machen. Der Tumult wurde heftiger, während er sprach. Ein englischer Mob ist sprichwörtlich ungestüm; und nun wuchs ihre Wut außer Kontrolle. „Die Königin! die Königin!" Sie riefen; „Wir werden die Königin sehen!" Mit jedem Augenblick wuchs die Menge — die Menge wogte in gewaltigen Wellen wie die wogenden Wellen des Meeres, und das Summen tausender menschlicher Stimmen erfüllte die Luft. Sie drohten, den Palast zu stürmen. Ein Mann in vollständiger Rüstung, dessen Gesicht vollständig von seinem Visier verdeckt war, führte ihre Versuche an; Die äußeren Tore wurden aufgebrochen und die Menge stürmte stürmisch in den Hof des Palastes.

Es herrschte ein einziges Durcheinander: Soldaten hätten herbeigerufen und der Ort verteidigt werden können, aber es war niemand da, der Befehle geben konnte, und die Diener liefen in größter Bedrängnis hin und her, ohne zu wissen, wohin sie gingen oder was sie vorhatten. Inmitten dieses Trubels saß Elvira da, vergrub ihr Gesicht in den Händen und weigerte sich hartnäckig, auch nur das geringste Interesse an der Szene zu zeigen. Die Tür öffnete sich heftig und Sir Ambrose und einige ihrer wichtigsten Diener stürzten herein. „Um Gottes Willen, rettet euch!", riefen sie. „Wenn Eure Majestät in Sicherheit wäre, würden wir uns nicht um uns selbst kümmern."

„Fliehen Sie!", rief Sir Ambrose und warf sich vor ihr auf die Knie. Sein weißes Haar fiel ihr fast bis zum Boden. „Um Gottes Willen, fliehen Sie!" Doch dann war es zu spät, wenn die Königin ihm gehorchen wollte. Während er sprach, flog die Außentür mit gewaltiger Gewalt auf. Der Palast schien durch die Erschütterung bis in seine Grundfesten zu erzittern. Im Nu war der Saal mit der aufgebrachten Bevölkerung gefüllt.

„Nehmt die Königin, aber verletzt sie nicht!", rief eine Stimme, die Sir Ambrose bis in die Nerven fuhr. „Verschont den alten Mann, krümmt ihm kein Haar." Sir Ambrose blickte auf; die Stimme kam von dem Mann in der Rüstung, aber es war Edmunds Stimme. Eine Menge überwältigender Gedanken raste durch seinen Kopf, und überwältigt von ihrer Last sank er bewusstlos zu Boden. „Bringt ihn weg!", rief Edmund (denn er war es tatsächlich), „Bringt ihn weg! Aber seht zu, dass ihr ihm nicht weh tut: Wer ihm weh tut, stirbt."

„Edmund!", rief Elvira, ebenfalls beeindruckt von seiner Stimme –

„Ins Gefängnis mit ihr!" rief er.

„Ins Gefängnis, Edmund! Verdammen Sie Ihre Königin zum Gefängnis? Behandeln Sie Ihren Herrscher auf diese Weise?"

„Ich besitze hier keinen Souverän außer Rosabella."

„Aber mit welchem Recht kann sie Ihre Herrscherin genannt werden?"

„Durch das, was dich zur Königin gemacht hat. Die Stimme des Volkes. Es liegt an ihnen, zu krönen oder zu entthronen!"

„Oh Edmund! Gnade!"

„Weg mit ihr! Ich werde nichts mehr hören."

Die Wachen packten die unglückliche Königin und trieben sie trotz ihrer Bitten schnell weg. Edmund traute sich nicht, sie anzusehen. Für einen Moment verbarg er sein Gesicht in seinen Händen; Dann erwachte er und rief: „Jetzt die Königin ausrufen!" Das Volk folgte ihm mit Beifallsrufen, und

noch vor dem Abend wurden Edmund und Rosabella einstimmig als König
und Königin von England anerkannt.

KAPITEL XXX.

Trotz der geschickten Durchführung der Revolution befand sich England immer noch in Aufruhr. Obwohl die Armee durch das Beispiel Edmunds verführt worden war und das Volk zur Unterwerfung gezwungen worden war, war es mit seiner neuen Regierung keineswegs vollkommen zufrieden; und Rosabella stellte zu spät fest, dass der Thron zwar mit einem Bett aus Rosen verglichen werden konnte, aber nicht ohne Dornen war. Die unzufriedenen Adligen, die ihre Sache unterstützt hatten, waren auch äußerst unzufrieden mit dem, wie sie es nannten, unbedeutenden Wert der ihnen verliehenen Belohnungen; obwohl sie ihre Dienste tatsächlich so hoch einschätzten, dass Rosabella feststellte, dass ihr gesamtes Königreich nicht in der Lage war, sie zu ihrer Zufriedenheit zurückzuzahlen. Es war auch ein großer Kummer dieser hochmütigen Adligen, zu sehen, wie Prinz Ferdinand unmittelbar nach der Entthronung Elviras an den englischen Hof zurückkehrte und von Rosabella mit offenen Armen empfangen wurde, die normalerweise darauf bedacht war, die Freundschaft ausländischer Mächte zu versöhnen von jenen zur Schau gestellt, deren Throne sich zu Hause alles andere als sicher fühlen, überhäufte ihn mit Gefälligkeiten und verlieh ihm sogar einen Ehrenposten als Kommandeur ihrer eigenen Leibwache.

Während die Unvernunft ihres Volkes Rosabellas politisches Leben so verbitterte, schien ihr häusliches Glück auf einem noch instabileren Fundament zu stehen. Sie wusste, dass, obwohl sie Edmunds Hand besaß, sein Herz immer noch Elvira ergeben war; und Eifersucht ließ sie alle seine Handlungen in einem verzerrten Licht betrachten. Wenn er traurig war, dachte sie sicher an ihren Rivalen; und wenn sie schwul war, stellte sie sich vor, es wäre eine Maske, die nur angelegt wurde, um sie zu täuschen. Es ging ihr also völlig elend, und Edmund war genauso elend wie sie selbst. Er fühlte, dass er sich der Rache geopfert hatte, und verkaufte seinen Frieden für eine Kleinigkeit, die, wenn man sie erhielt, die Mühe, sie zu besitzen, nicht wert schien. Auch sein Vater – Sir Ambrose, sein wohltätiger Vater – hatte sich nun völlig von ihm entfremdet, da er wiederholt erklärte, er würde einem Verräter niemals vergeben, der seinen Treueeid für seine eigene Größe vergessen könne.

„Nein!", rief der alte Mann, „ich liebte Edmund, ich war vernarrt in ihn, aber der Edmund, den ich liebte, ist verschwunden. Mein geliebter Sohn war tapfer und edel, kein hinterlistiger Schurke. Nein, nein, mein altes Herz mag brechen – nein, ich hoffe, es wird brechen – aber niemals, solange ich lebe, soll ein hinterlistiger Verräter an meine Brust gedrückt werden."

Edmund war untröstlich; er liebte seinen Vater leidenschaftlich und konnte seinen Zorn nicht ertragen; außerdem hatte er das Gefühl, dass die Vorwürfe des alten Mannes von denen seines eigenen Herzens unterstützt wurden. Es ist zu jeder Zeit schmerzhaft, den Tadel der Welt zu ertragen, aber er fällt mit doppelter Wucht, wenn wir wissen, dass er verdient ist. Edmund war mit sich selbst unzufrieden und daher geneigt, mit der Welt zu streiten. Er bildete sich ein, dass es ihn kalt ansah, und im Gegenzug gab er vor, es zu verachten. Hundertmal am Tag wiederholte er , dass ihm alles, was über ihn gesagt wurde, völlig gleichgültig sei; während seine nervöse Besorgnis, die Zeitungen zu lesen und sich mit jedem populären Gerücht vollkommen vertraut zu machen, bewies, dass er für jedes Wort, das geäußert wurde, nur allzu vernünftig war. Edmund hatte den Mob zu seinem Idol gemacht, er konnte nicht ohne seinen Applaus leben, und in der Tat elend sind diejenigen, deren Hoffnung auf Glück so von anderen abhängig ist.

Edmunds Abscheu vor seinem neuen Rang und seiner neuen Stellung wurde bald noch verstärkt durch einen Besuch von Lord Gustavus, der zusammen mit mehreren anderen Lords damit beauftragt wurde, Seiner Majestät die Beschwerden des Unterhauses vorzulegen. Sie wollten das Wahlrecht haben, sie wünschten sich unzählige Rechte und Privilegien, und tatsächlich wollten sie alle Könige sein; denn wenn die Hälfte ihrer Forderung gewährt worden wäre, hätte Edmund sie mächtiger machen müssen als ihn selbst. Er machte Lord Gustavus darauf aufmerksam und ließ sich herab, mit ihm über die Torheit ihrer Wünsche zu diskutieren.

"Unmöglich!" rief Lord Gustavus. „Eure Majestät müssen mich entschuldigen, aber ich kann solchen Argumenten nicht zuhören; ich bin hierher gekommen, um die Freiheiten des Volkes zu verteidigen. Reformen sind notwendig – ohne Reformen kann nichts gut weitergehen. Übel müssen mit Wurzeln und Ästen ausgerottet werden.“

„Sind meine Untertanen nicht gesund, wohlhabend und erfolgreich?“, fragte Edmund. „Haben sie nicht Erfolg im In- und Ausland gehabt? Leben die englischen Bauern nicht so gut wie die meisten ausländischen Fürsten, und was können sie mehr verlangen?“

"Freiheit, Sire", erwiderte Lord Gustavus. "Was sind all diese angeblichen Vorteile ohne Freiheit? Bloße Spielzeuge; bunte Äpfel, aber im Kern verfault. Was nützen tatsächlich alle Segnungen des Lebens, wenn ihnen die Freiheit nicht Würze verleiht und radikale Reformen sie von allen Unreinheiten reinigen?"

„Aber hören Sie auf die Vernunft.“

„Vernunft! Da ich so denke wie ich und ich bin sicher, jedes vernünftige Wesen muss so denken, müssen Eure Majestät mir verzeihen, wenn ich behaupte, dass nicht einmal die Vernunft selbst es verdient, beachtet zu werden, wenn sie sich niederträchtig auf die Seite der Tyrannei stellt.“

„Nein", sagte Edmund, „es ist sinnlos, mit Ihnen zu streiten. Ich dachte, Sie hätten die Vernunft zu Ihrer Göttin gemacht; aber wenn Sie sie nur so lange anbeten, wie es Ihren eigenen Zwecken dient, dann habe ich es getan. Sie können sich zurückziehen. Ich werde die Petition in Erwägung ziehen und sie beantworten, wenn ich es für angebracht halte."

Edmund, der, nachdem er in seiner eigenen Meinung erniedrigt und herabgewürdigt worden war, nicht mehr das Selbstvertrauen besaß, das in allem, was er sagte, überzeugend wirkte, hatte dennoch genug Würde in seinem Benehmen, um diejenigen zum Schweigen zu bringen, die es wagten, seine Befehle in Frage zu stellen; und Lord Gustavus und seine Kollegen, die sich nicht anmaßten, weitere Einwände zu erheben, zogen sich verärgert zurück. Dieser Vorfall trug dazu bei, dass Edmund sich nicht mehr am Regieren fühlte: Er empfand Abneigung gegen seine Königin, seinen Hof, sein Königreich und sein Land, und indem er sich so weit wie möglich aus dem öffentlichen Leben zurückzog, überließ er Rosabella die Sorge um die Verwaltung der Staatsangelegenheiten Pater Morris, der nun die Verkleidung abwarf, die er so lange getragen hatte, trat offen als Geber ihrer Gunst und Schiedsrichter ihrer Handlungen auf.

Der Geist des armen Sir Ambrose war durch diese Unglücksfälle völlig gebrochen. Der Abfall seines Sohnes und die Undankbarkeit seines Beichtvaters trafen ihn zutiefst. Er zog sich wieder aufs Land zurück, wo er mit seinem Freund, dem Herzog, Clara und Pater Murphy zu existieren versuchte, obwohl er nur noch ein Schatten seines früheren Selbst war. Auch der Herzog war schwer verändert, und es war traurig, diese beiden armen alten Männer wie umherwandernde Geister durch ihre herrlichen Gärten und großartigen Paläste wandern zu sehen, nachdem ihnen erlaubt worden war, für eine Weile die Orte ihres vergangenen Glücks wieder aufzusuchen. Clara wurde nun die einzige Stütze, die diese alten Männer ans Leben band. Ihr Charakter hatte sich inmitten der bemerkenswerten Ereignisse, deren Zeugin sie gewesen war, wunderbar entwickelt. Fest, mutig und unternehmungslustig, wenn auch immer noch sanft – das lebhafte Mädchen schien sich in eine intelligente Frau verwandelt zu haben, deren aktiver Verstand und umfassende Seele alles voraussah und für jeden Notfall vorsorgte. Clara war noch jung; Doch ihr Geist war für ihr Alter sehr reif und ihre Aufmerksamkeit für den Herzog und Sir Ambrose war unermüdlich.

"Also!" Sie sagten oft: „Obwohl wir viel verloren haben, sollten wir dennoch dankbar sein, dass Clara uns verschont bleibt." Und dann flehten sie, während Tränen über ihre alten Wangen liefen, den Himmel an, er möge Segen auf ihr Haupt herabschütten. In der Zwischenzeit war Clara selbst jedoch alles andere als glücklich. Sie würde sich zwar anstrengen, fröhlich zu wirken, aber es war offensichtlich, dass es eine Anstrengung war; und oft, wenn der Herzog und Sir Ambrose auf einer Schachparty Platz genommen hatten, schlich sie sich unbemerkt hinaus und zog sich in einen kleinen Pavillon im Garten zurück, in der Nähe der ehemaligen Gemächer von Pater Morris, da dies der abgeschiedenste Ort war, den sie hatte konnte finden; Dieser Teil des Herrenhauses wurde seit dem Weggang des Priesters sorgfältig verschlossen und von jedem Menschen gemieden, da er ansteckend war. Die Empörung, die die würdigen und treuen Diener von Sir Ambrose gegenüber Pater Morris empfanden, weil er ihren Herrn im Stich gelassen hatte, erstreckte sich sogar auf die Räume, die er bewohnt hatte.

An diesem abgelegenen Ort saß Clara oft stundenlang in Meditation versunken, den Kopf auf die Hand gestützt und den Blick ins Leere gerichtet. Der Winter war nun dem Frühling gewichen, und die ganze Natur schien in dieser fröhlichen und fröhlichen Jahreszeit zu neuem Leben zu erwachen. Das Herz von Clara war jedoch immer noch einsam; sie bildete sich ein, dass es keinen zweiten Sommer geben würde; und sie fühlte sich fast geneigt, mit allen um sie herum zu streiten, weil sie eine Fröhlichkeit an den Tag legte, an der sie nicht teilnehmen konnte. Nichts macht ein gebrochenes Herz trauriger, als zu sehen, wie alle anderen Dinge fröhlich aussehen. Es wendet sich voller Abscheu von ihnen ab und spürt, wie sich sein eigenes Elend durch den Anblick ihres Glücks verdoppelt.

Eines Abends, als Clara in melancholische Gedanken versunken saß, erschrak sie, als sie hinter sich einen tiefen Seufzer hörte. Sie drehte sich um und bildete sich ein, mitten im Zwielicht eine Gestalt erkennen zu können, aber durch die Dunkelheit vergrößert, schien die Gestalt gigantische Ausmaße zu haben. Mit einem leisen Schrei versuchte sie zu fliegen – als eine eiserne Hand ihren Arm packte und sie daran hinderte, voranzukommen. Ein eisiger Schauer durchfuhr ihr Herz, während die wohlerinnerte Stimme von Cheops in ihren Ohren erklang.

„Clara“, sagte er in seinem tiefen Grabton, „würdest du deine Königin retten?“

„Wenn nötig, mit dem Opfer meines Lebens“, antwortete Clara bestimmt.

„Clara“, fuhr die Mumie fort, „ich habe dich aufmerksam markiert – und da ich niemanden kenne, der über mehr geistige Stärke und persönlichen Mut verfügt als du, habe ich mich darauf festgelegt, dass du meine Assistentin in diesem Unternehmen bist. Das Leben.“ von Elvira ist in Gefahr; und selbst mein Einfluss kann sie nicht mehr lange retten, wenn sie in der Gewalt von Pater Morris bleibt. Außerdem war die Lektion, die sie bereits erhalten hat, schwerwiegend genug, und Sie müssen ihr helfen Helfen Sie mir, nach Irland zu gehen, und wenn der kriegerische Roderick nicht taub ist für den Schrei der Schönheit in Not, kann Elvira auf Wiedergutmachung hoffen – zumindest muss sie ihn um Hilfe bitten. – Rosabella ist jetzt da ein Palast in der Nähe, und sie hat ihre Rivalin in ihrem Gefolge mitgebracht, denn mit der üblichen Eifersucht und dem Misstrauen von Tyrannen und Usurpatoren wagt sie es kaum, ihr aus den Augen zu trauen. Außerdem wird ihre teuflische Rache befriedigt, indem sie Elvira warten lässt demütig in der Nähe ihres Throns und dient in den Palästen, in denen sie einst befehligte. Bewegt durch dieses unhöfliche Verhalten und die Geduld, mit der die unglückliche Elvira ihre Leiden erträgt, beginnen die Adligen und Menschen des Reiches Mitleid mit ihr zu haben, und wenn sie von der Hochmütigkeit und Intoleranz Rosabellas angewidert sind, seufzen sie nach der Rückkehr der sanfte Elvira. Pater Morris erkennt dies und entschließt sich, Rosabella von ihrer Rivalin zu befreien. Die schöne Elvira verblasst unter seinen Künsten, wie eine Blume, die an ihrem Stiel verdorrt.

„Sie muss gerettet werden!" sagte Clara mit Begeisterung; „Sie *soll* gerettet werden! – Zeigen Sie nur die Mittel auf, und ich bin ihrem Dienst ergeben."

„Du musst dieses Unkraut annehmen und mir folgen", sagte Cheops und zeigte auf ein Bündel in einer Ecke des Pavillons, das Clara vorher nicht bemerkt hatte. „In einer halben Stunde werde ich für dich zurückkommen."

„Und mein plötzliches Verschwinden", entgegnete Clara, „wird es nicht Verdacht erregen?"

„Der Fluss ist tief und schnell", entgegnete Cheops; „Einige deiner Kleidungsstücke sind an den Ufern zurückgelassen worden –"

„Ich verstehe", rief Clara eifrig; „Aber der arme alte Herzog und Sir Ambrose?"

„Ihre Angst und ihr Kummer mögen groß sein, können aber nicht von Dauer sein: Die Altersgefühle sind abgestumpft und –"

"Ach nein!" rief Clara, „du täuschst dich; nein, ich glaube, dass das Alter die Trauer stärker empfindet als die Jugend. Der Geist hat seine Elastizität verloren – die Hoffnung ist in ihm tot, und die Alten grübeln über ihrem heimlichen Kummer, bis sie ihre –"

„Bei Osiris! Du bist ein außergewöhnliches Mädchen", sagte Cheops; „Die Alten grübeln zwar über Kummer, aber warum sagst du mir das? Weiß ich es nicht gut – zu gut?" fuhr er fort und sah sie ernst an. Clara wurde blass und zitterte – er sah ihre Aufregung; und indem er hastig den Blick abwandte, fuhr er in ruhigerem Ton fort: „Was auch immer die Leiden der alten Männer im Augenblick sein mögen, ich nehme an, selbst Sie werden das Leben von Elvira mehr als ausgleichen lassen – und indem Sie dies nur vorübergehend zufügen." Du wirst sie vor dem Schmerz bewahren, den sie durch ihren Tod erleiden würden. Denn Pater Morris ist so subtil, dass es gefährlich wäre, ihnen auch nur den geringsten Hinweis auf unsere Absicht zu geben, damit er sie ihnen nicht entlockt dann, Clara, gib dich meinen Anweisungen hin und fürchte dich vor allem nicht."

Clara neigte ihren Kopf als Zeichen ihrer Zustimmung und Cheops verschwand. Als Clara die Kleider untersuchte, stellte sie fest, dass es sich um die Kleidung eines griechischen Bauernjungen handelte, von denen viele zu dieser Zeit durch England zogen, wilde Romanzen auf ihren Harfen oder Lauten sangen und in einer Art Knittelvers die Zukunft vorhersagten. Die meisten dieser wandernden Minnesänger waren durch die Luft braun geworden und Clara fand in dem Paket eine Flasche mit Flüssigkeit, die ihr Gesicht und ihre Hände befleckte. Sie band ihre flachsblonden Locken zusammen und bedeckte ihren Kopf mit pechschwarzen Locken. Sie stellte fest, dass die Verwandlung so vollständig war, dass sie sich selbst kaum wiedererkannte, als sie ihre Gestalt in einem großen Spiegel hinter sich sah. Es war jetzt fast dunkel, aber Cheops hatte die notwendigen Utensilien zum Anzünden eines Lichts zurückgelassen, und Clara machte ihre Toilette ohne die geringsten Schwierigkeiten.

Besorgniserregend waren jedoch die Augenblicke, die vergingen, nachdem ihre Aufgabe erledigt war, bis zur Ankunft von Cheops; und als er kam, sah sie, dass er wie sie gekleidet war. Er ergriff ihren Arm und führte sie wortlos zum Ufer des Flusses. Clara schauderte, als sie sich allein in der Macht dieses mysteriösen Wesens wiederfand und sah, wie der Fluss tief und dunkel unter ihren Füßen dahinrollte. Cheops spürte, wie sie schauderte, und weinte mit einem seiner schrecklichen Lacher, die furchtbar in der Stille der Nacht klangen: „Was! Fürchtest du dich überhaupt vor mir ? Gibt es *keinen* Mut in dieser degenerierten Rasse? Keiner? Wovor fürchtest du dich? Wenn." Du fürchtest dich davor, meiner Macht zu vertrauen, oder denkst, du seist der Aufgabe, die du übernommen hast, nicht gewachsen, ziehe dich zurück: Es ist noch Zeit, und ich wünsche keine unwilligen Agenten!" fuhr er fort und sah sie mit Gefühl an; „Du kennst mich nicht, aber um Himmels willen würde ich dir nichts tun!"

"Ich werde mit dir gehen", sagte Clara entschlossen. "Ich schrecke nicht zurück. Was auch immer auf mich zukommt, ich werde nicht zurückweichen. Auch wenn mir unerhörte Qualen bevorstehen, werde ich sie ertragen."

„Bei den heiligen Göttern meiner Vorfahren", rief Cheops, „sie ist ein tapferes Mädchen! Ja, Clara, ich werde dir vertrauen; und selbst wenn wir auf furchterregende Schrecken stoßen sollten, wie jene, die die Eingeweihten in den furchtbaren Isischen Mysterien bedrohen, werde ich nicht an deinem Mut zweifeln. Ein entschlossener Geist, Clara, kann sogar das Schicksal bezwingen."

Während er sprach, warf er die Kleider, die sie zu diesem Zweck mitgebracht hatte, achtlos auf das Ufer des Flusses. Dann packte er sie wieder am Arm und zog sie mit solcher Geschwindigkeit vorwärts, dass sie in unglaublich kurzer Zeit Rosabellas Palast erreichten. Das Haus sah aus wie eine Zauberwelt. Hell erleuchtet strömte Licht aus jedem Fenster. Durch die Säulenhalle der großen Halle sah man Gruppen elegant gekleideter Menschen fröhlich hin und her gehen, einige tanzten, andere lauschten harmonischer Musik.

Obwohl Clara verängstigt und erschöpft war, fühlte sie sich immer noch unwiderstehlich gezwungen weiterzugehen und betrat, immer noch von ihrer seltsamen Begleiterin geleitet, unbemerkt den Außenhof des Palastes.

„Prinz Ferdinand von Deutschland befehligt heute Nacht die Wache", flüsterte Cheops mit leiser, unnatürlicher Stimme. „Es ist gut, er wird mit uns gehen."

„Aber wird er das?", fragte Clara zitternd.

„Wird er?", erwiderte Cheops mit seinem ihm eigenen spöttischen Grinsen. „Zweifelst du an meiner Macht, Mädchen?"

Clara und Cheops hatten nun einen Ort erreicht, von dem aus sie unbemerkt den gesamten prächtigen Raum vor ihnen überblicken konnten. Sie hatten tatsächlich die Halle betreten und sich in eine Art Nische gestellt, die von vorspringenden Säulen beschattet wurde, von wo aus sie jeden Teil des Saals sehen konnten. Clara war erstaunt, sich so leicht in der Gegenwart der Königin zu befinden, denn sie wusste nicht, wie sie in ihre gegenwärtige Lage gelangt waren; und sie hätte Cheops fragen wollen, aber er legte den Finger auf die Lippen und flüsterte: „Hippokrates war der einzige Sohn von Isis und Osiris!" Sie begriff, dass er meinte, dass Weisheit und Wissen Schweigen hervorbringen, und sie wagte nicht, eine Silbe zu sagen.

Rosabella saß prächtig gekleidet auf einem prächtigen Podium. Ihre schwarzen Augen strahlten durch das dunkle Rot ihrer Wangen noch mehr. Ihr rabenschwarzes Haar war mit Diamanten geschmückt und eine prächtige Tiara aus denselben Edelsteinen funkelte auf ihrer Stirn. Ein Gewand aus purpurrotem Samt mit Hermelinbesatz fiel in anmutigen Falten über ihre schöne Figur. Ihr schwanengleicher Hals und ihre schneeweißen Arme, die vielleicht mehr zu sehen waren, als es ihre Zartheit eigentlich rechtfertigte, waren ebenfalls mit kostbaren Juwelen beladen. Um sie herum standen die Damen ihres Hofes und unter den anderen Elvira, schlicht gekleidet in ein Gewand aus dunkelgrauer Seide. In ihren goldenen Locken glänzte kein Schmuck und ihr von Natur aus heller Teint schien zu einem kränklichen und unnatürlichen Weiß verblasst zu sein.

Claras Empörung war angesichts dieses Anblicks kaum zu unterdrücken, doch Cheops legte seine Hand auf ihren Arm und sie standen plötzlich vor der Königin.

"Ah! Wer sind diese?", rief Rosabella erschrocken. Cheops bemerkte ihre Überraschung nicht, sondern stimmte seine Laute und begann zu singen.

"Liebste Königin! Oh, würdige dich,
das demütigste Gebet deiner Bittsteller zu erhören; blicke sanft auf das Lächeln eines Fremden, der deine glückliche Insel aufgesucht hat, um seine Augen an diesem Gesicht zu weiden, wo sich Majestät mit Anmut verbindet."

„Was soll dieser Mummenschanz?", fragte Rosabella. „Wie sind diese Minnesänger hierhergekommen?"

„Es ist zweifellos eine List des Königs", erwiderten einige ihrer Damen, „um Eure Majestät zu unterhalten."

Rosabella lächelte; Edmunds Aufmerksamkeiten ihr gegenüber waren jetzt so selten, dass sie sich darüber freute, dass man überhaupt annehmen konnte, er wolle ihr eine Freude machen. Sie wandte sich höflicher an den Minnesänger und fragte ihn, was ihn nach England gebracht habe. Er sang seine Antwort:

"Oft habe ich in meinem Heimatland
mit kühner Hand auf meine Laute geschlagen, doch mit den Freiheiten Griechenlands muss die Harmonie ihres Minnesängers enden. Seit Iwan mit dem Stirnrunzeln eines Soldaten die Kaiserkrone ergriff und trug, müssen jene Herzen, die despotische Macht verschmähen, ihre heimatlichen Gefilde verlassen und in weit entfernten Ländern die niederen Künste der Handlesen ausprobieren. Gib dann deine Hand, schöne Dame! Gib, und lass den wandernden Minnesänger leben:
So soll er das abwechslungsreiche Schicksal verkünden
, das diese schöne Gestalt erwarten mag. Für andere Klänge ist seine Stimme stumm; sein Herz ist gebrochen, seine Laute ist entnervt!"

„Was sagen Sie, meine Damen", sagte Rosabella und lächelte erneut, „sollen wir unser Schicksal erfahren?"

Die Damen waren erfreut über alles, was eine Unterbrechung der allgemeinen Düsternis versprach, die über Rosabellas Hof schwebte, und stimmten gerne zu; und zu Claras unendlicher Überraschung richtete die Mumie an jeden ein paar verrückte Verse. Als Elvira an die Reihe kam, bemerkte Clara, dass ihre Farbe sich verstärkte und dass sie übermäßig zitterte, doch die Verse der Mumie waren für sie ebenso bedeutungslos wie für die anderen. Während diese Szene vorüberzog, näherten sich der König und Pater Morris. Ersterer stand schweigend und zerstreut da und schien sich der Gruppe vor ihm völlig unbewusst zu sein; während Pater Morris sie aufmerksam anstarrte, mit einem satirischen Grinsen im Gesicht, als ob er diese Torheit völlig verachtete.

„Wie kann man solch einen Mummenschanz ertragen?" sagte er nach einer kurzen Pause zu Rosabella.

„Zur Abwechslung ist alles möglich", sagte sie seufzend. Das dunkle Auge des Vaters blickte auf den König und dann auf Rosabella, die mit düsterem Stirnrunzeln weiterging. Die Königin errötete, winkte dem Minnesänger hastig mit der Hand zu, als Zeichen, dass er gehen könne, dann wandte sie sich ab und die enttäuschten Damen waren widerstrebend gezwungen, ihrem Gefolge zu folgen. Nach ein paar Minuten jedoch kam ein Page mit einer Kette und einem Beutel voll Gold zurück, die er den Minnesängern gab und sich zurückzog. Clara war im Begriff, ihren Anteil an dieser Gabe abzulehnen, aber ein Blick der Mumie machte ihr ihren Fehler bewusst und sie nahm ihn an, ohne eine Silbe zu sagen. Ihr Zögern blieb jedoch nicht unbemerkt und als sie den Palast verließen, stellte sie zu ihrem unendlichen Entsetzen fest, dass ihnen zwei Diener der Königin gefolgt waren. Clara zitterte sehr und klammerte sich zum Schutz fest an den Arm der Mumie; aber dieses geheimnisvolle Wesen marschierte noch immer mit der gleichen Gleichgültigkeit weiter wie zuvor. Clara wollte ihm unbedingt einen Hinweis auf die Gefahr geben, die ihn erwartete, aber sie konnte nicht sprechen; die Worte schienen ihr in der Kehle zu schwellen und sie fast zu ersticken, während sie sich von einem unwiderstehlichen Einfluss mitgerissen fühlte, der zu stark war, als dass sie auch nur zugeben konnte, dass sie dagegen ankämpfen konnte. Unaussprechliche Qualen jedoch ergriff sie, als sie sich weiter zum Fluss getrieben fühlte; und als sie am Ufer angekommen waren und sah, wie Cheops mit fast übernatürlicher Kraft auf die zerbrechliche Brücke stampfte, die sich über das Wasser erstreckte, und sah, wie das dünne Brett unter seinem Gewicht nachgab, konnte sie es nicht mehr ertragen und stürzte, vor Entsetzen schreiend, vorwärts, um ihn zu retten. Ein starker Arm zog sie jedoch zurück; sie fühlte, wie sie herumgewirbelt wurde, und für den Moment schienen ihre Sinne sie zu verlassen. Im nächsten Augenblick merkte sie, dass sie unter ein paar Büsche gezerrt worden war, und sah, wie ihre Verfolger zu der Stelle hinunterrannten, wo die kaputte Brücke gewesen war.

„Sie sind weg, bei Jupiter!" sagte einer; „Ich hörte sie ins Wasser fallen. Es war ein gewaltiger Krach."

„Ich habe sie gehört", erwiderte der andere; „Sie fielen schwer wie Blei; und wie sie schrien!"

„Der Junge schrie", sagte der erste; „aber der Alte stöhnte."

„Was spielt es für eine Rolle", fuhr der Zweite fort, „ob sie geschrien oder gestöhnt haben? Sie sind ein wenig vor ihrer Zeit zum Teufel gegangen, und so müssen wir nur so zurückkehren, wie wir gekommen sind. Unter uns genommen war es Unsinn, das hinzunehmen." die Mühe, sie zu beobachten, war offensichtlich nur das, was sie zu sein schienen; und selbst Pater Morris, so misstrauisch er auch ist, gab uns keine Befehle.

„Dein stumpfer Kopf kann nicht sehen", sagte der Erste. „Die Nachlässigkeit des Vaters war der eigentliche Beweggrund meiner Wachsamkeit. Die Dinge sind mit ihm nicht mehr so, wie sie waren – er will die Königin mit einer eisernen Rute regieren, und Rosabella wird keine Kontrolle ertragen. Jetzt wurde es mir klar, als ich das sah Das Zögern der Jugend, dass nicht alles in Ordnung sei, und ich dachte, wenn ich herausfinden könnte, was ihm entgangen war –"

„Ich verstehe", sagte der andere; „Sein lebloser Stamm hätte vielleicht die Ehre gehabt, als Trittstein für den Aufstieg zu dienen . "

„Das war möglich", erwiderte der andere lachend. Und sie zogen sich zurück, wobei ihre Stimmen allmählich verklangen, bis sie in der Ferne nicht mehr zu hören waren. Clara bemerkte nun, dass die Mumie neben ihr stand. Er sprach nicht, sondern legte zum Zeichen des Schweigens den Finger auf die Lippen, und einige Minuten lang blieben sie wie angewurzelt stehen – bis das letzte schwache Echo der Schritte der Diener verklang, er Clara erneut am Arm packte und sie eilig in eine düstere Höhle führte.

Sie blieben am Eingang stehen. Und obwohl das arme Mädchen noch immer zu verängstigt war, um zu sprechen, war sie doch etwas erleichtert, als sie erfuhr, dass die Mumie sie offenbar vor der Gefahr gerettet und nicht, wie sie befürchtet hatte, hineingestürzt hatte. Sie starrte jedoch immer noch voller Ehrfurcht auf seine seltsame, überirdische Gestalt, wie er dastand, die Augen ernst auf einen Stern gerichtet, und anscheinend damit beschäftigt war, Gebete an ihn zu murmeln.

„Klara!" sagte er endlich, seine tiefe, volle Stimme hallte feierlich durch die gewölbte Höhle; „Klara!" wiederholte er noch einmal, während das Blut seiner verängstigten Begleiterin bei dem schrecklichen Geräusch in ihren Adern zu gefrieren schien. Sie jedoch näherte sich langsam und zitternd – er ergriff ihren Arm – sie versuchte zurückzuschrecken, schien aber wie von Zauberhand fixiert zu sein; – „Höre mich", fuhr die Mumie mit leiser, hohler Stimme fort, die sich zu erheben schien das Grab: „Elvira hat mein Signal verstanden und wird bald hier sein; aber Sie müssen den Rest erledigen. Prinz Ferdinand hält heute Nacht Wache. Gehen Sie durch diese Höhle; der Ausgang wird Sie zu seiner Station bringen. Werfen Sie sich auf seine Füße und appellieren an sein Mitgefühl, in welcher Sprache auch immer die Gefühle des Augenblicks ihn wecken, er wird Ihnen gerne zuhören, denn er hat Ihren Besuch bei ihm im Gefängnis nicht vergessen und wird schwören, sich ihm zu widmen Nehmen Sie seine Angebote an und bitten Sie ihn, Sie und die Königin nach Irland zu bringen – wo Roderick Sie sofort empfangen und beschützen wird, und da er der Begleiter Ihrer Flucht ist, wird er den

Eindruck erwecken, dass Sie nach Deutschland gegangen sind wird somit die geringste Gefahr einer Verfolgung verhindern."

In diesem Moment erschien eine zierliche Gestalt, in einen großen Mantel gehüllt, am Eingang der Höhle. „Elvira!", rief Cheops, und die Fremde sprang vor. „Dann habe ich recht", rief sie, während ihr ganzer Körper vor Aufregung zitterte.

„Dies ist deine Führerin", sagte Cheops mit seiner tiefen Grabesstimme. „Folge ihr, und du wirst es gut machen. Leb wohl! Aber wir werden uns wiedersehen." Dann beugte er sich über sie und presste seine Lippen auf ihre und Claras Stirn.

Beide schauderten bei der Berührung dieser kalten Marmorlippen, und ein eisiger Schauer lief ihnen durch die Adern, als die furchtbare Überzeugung, dass ihr Gefährte kein irdisches Wesen war, in ihrer Brust zuckte. Selbst die stärksten Geister fürchten übernatürliche Schrecken, und unsere schönen Flüchtlinge wandten sich unwillkürlich ab. Als sie wieder hinsahen, war die Mumie verschwunden, und die Dunkelheit schien so tief, dass sie sich vorsichtig ihren Weg bahnen mussten. Da sie sich gleichermaßen fürchteten, zu bleiben oder weiterzugehen, gingen sie mit zitternden Schritten langsam einen schmalen Gang entlang; ihre Gedanken waren erfüllt von jenem vagen Gefühl der Gefahr, das normalerweise mit dem Mangel an Licht einhergeht, wenn die Vorstellungskraft Schrecken ausmalt, die nicht wirklich existieren, und die Fantasie ihre Hilfe anbietet, um die Schrecken zu vergrößern, die existieren.

Allmählich jedoch gewöhnten sich die Königin und ihr Begleiter an die Dunkelheit; und als sich ihre Pupillen weiteten, konnten sie die Gegenstände um sie herum erkennen. Unzählige phantastische Gestalten schienen nun jedoch vor ihnen vorbeizuhuschen, und grimmige Riesen blickten furchtbar aus jeder Ecke des düsteren Gewölbes, das sie durchquerten. Das trübe und undeutliche Licht warf einen nebligen Schleier um die vorspringenden Ecken der Felsen, der ihnen eine furchterregende und unnatürliche Erhabenheit verlieh; während die schönen Freundinnen, von Angst überwältigt, schüchtern umherblickten und einige Augenblicke stehen blieben, ohne es zu wagen, in die dunkleren Abgründe der Höhlen vorzudringen, und sich doch gleichermaßen davor fürchteten, dort zu bleiben, wo sie waren, oder zurückzukehren.

„Wir müssen weiter", sagte Elvira schließlich und ihre Stimme hallte durch die Höhle, bis sie bei dem Geräusch zusammenzuckte.

„O Gott!" rief Clara. „Horch! Tausend spöttische Dämonen scheinen von jedem Felsen aus zu wiederholen – Weiter! –"

"Mach weiter!" wieder erklangen tausend verschiedene Töne durch die Höhle.

„Lasst uns weitermachen“, flüsterte Elvira schaudernd; „Das ist ein schrecklicher Ort!“

Und sie eilten weiter, so schnell ihre zitternden Glieder sie tragen konnten, einen dunklen und düsteren Gang entlang, der in die von der Mumie gezeigte Richtung führte. Doch nach wenigen Minuten erschien in der Ferne ein helles, wenn auch schimmerndes Licht, wie ein Stern, der durch die Dunkelheit schimmerte und wie ein Leuchtfeuer der Hoffnung schien, das sie zum Glück führen würde. Auch ein leichter Luftzug wehte ihnen jetzt frisch ins Gesicht, und ihre Stimmung hob sich, als sie mit beschleunigten Schritten in die Richtung eilten, aus der sie zu kommen schien.

Das Licht schien nun rasch größer zu werden, und der Wind wehte frischer, während die Königin und ihre Begleiterin deutlich das schwere Stampfen der Pferde hörten, das auf dem hohlen Boden fürchterlich vibrierte und mit jedem Augenblick lauter und lauter wurde, je näher sie kamen.

„Ah! Was ist das?“ rief Elvira zitternd und klammerte sich fester an ihren Begleiter.

„Es ist das Biwak des Prinzen Ferdinand“, antwortete Clara; „Die Mumie sagte mir, wir sollten ihn hier finden und er würde uns helfen.“

„Ah, diese ängstliche Mama“, murmelte Elvira leise; „Wenn er uns täuschen sollte und dies nur ein Plan wäre, uns an unsere Feinde zu verraten?“

„Fürchte dich nicht“, sagte Clara; „Was auch kommt, wir müssen das Schlimmste wagen.“

Sie hatten nun den Ausgang der Höhle erreicht und eine Öffnung gefunden, die groß genug war, um eine einzelne Person hineinzulassen. Sie näherten sich vorsichtig der Öffnung und blieben vor dem Abstieg einige Augenblicke stehen, um die Szenerie unter ihnen zu betrachten. Ein Trupp Soldaten war in verschiedenen Ruhestellungen unter einem kleinen Wäldchen verstreut, während ihre Pferde in geringer Entfernung grasten. Nur der Prinz schien wach zu sein, und er lag abseits von seinen Gefährten ausgestreckt auf einer Grasbank, über ihm ragte ein dicker Baum auf, sein Kopf ruhte auf seiner Hand und seine Augen waren auf den Boden gerichtet. Der Mond schien hell und spielte auf der polierten Rüstung des Prinzen wie ein Sommerblitz, der auf einem See tanzt. Sein Helm war beiseite geworfen, und sein Gesicht sah blass und traurig aus, während seine häufigen Seufzer die Unruhe seines Geistes verrieten.

„Lasst uns weitermachen“, sagte Clara, „und versuchen, sein Mitgefühl zu erwecken.“

Elvira gehorchte, und mit leichten, schüchternen Schritten, fast ohne zu atmen, um den Schlaf ihrer Feinde nicht zu stören, näherten sie sich dem Prinzen. Alles war still, bis auf das schwere Atmen der schlafenden Soldaten und das gleichmäßige Scharren der Pferde; ihre stattlichen Gestalten hoben sich deutlich vom dunkelgrauen Himmel dahinter ab, und ihre langen Mähnen und Schweife fegten über den Boden. Der Prinz zeichnete jetzt lustlos mit der Scheide seines Schwertes Gestalten im Gras nach; er zuckte zusammen, als sie sich näherten, und fragte hastig nach dem Grund ihres Eindringens.

„Gnade!", rief Elvira und sank vor ihm auf die Knie. „Gnade!" Mehr konnte sie nicht sagen, aber nach Luft schnappend streckte sie flehend die Arme aus, während alles um sie herum vor ihren Augen zu verschwimmen schien und die Gestalten des Prinzen, der Bäume, der Pferde und der schlafenden Soldaten alle auf gigantische Größe ausgedehnt erschienen. Sie vergaß völlig den rührenden Appell, den sie an die Gefühle des Prinzen richten wollte, und in der Intensität ihrer Angst schien jede Fähigkeit außer Kraft gesetzt.

„Um Himmels Willen, guter Jüngling", rief der Prinz zu Clara gewandt, „erkläre mir den Sinn dieser Szene! Warum kniet diese schöne Frau vor mir nieder und warum fleht sie mich um Gnade an?"

„Weil sie keine andere Hoffnung hat als darin und im Himmel", sagte Clara feierlich. „Es ist die Königin."

„Elvira!", rief der Prinz. Dann hob er sie eifrig auf und fuhr fort: „Eure Majestät können über meine Dienste verfügen; sagt mir nur, wie ich Euch behilflich sein kann."

Ein paar Worte von Clara erklärten die Dringlichkeit ihrer Lage; und der Prinz versprach, sie in einer Stunde mit Pferden zu treffen, und überredete sie, in die Höhle zurückzukehren, bis er zu ihnen stoßen würde. Schwer vergingen die Minuten dieser langweiligen Stunde, die nie ein Ende zu haben schien, bis die Nerven von Elvira und Clara so stark strapaziert waren, dass der Tod wie ein Segen erschienen wäre. Schließlich kam der Prinz und brachte nur seinen treuen Hans mit.

Sein Anblick genügte, um die fast ohnmächtige Stimmung der Königin aufzuwecken, und ohne ein einziges Wort zu sprechen, eilten sie und Clara ihren Führern zum Wald hinterher, wo die Pferde auf sie warteten.

Sie stiegen immer noch in völliger Stille auf und eilten über die kompliziertesten Pfade, die sie finden konnten; denn als der Morgen anbrach, fürchteten sie die unvermeidliche Zerstörung. Bevor es jedoch ganz hell wurde, hatten sie einen dichten Wald erreicht, in dessen Mitte sie eine halb zerstörte Hütte fanden; und hier versuchten die ehemalige Königin von England und ihr Gefolge, ein paar Stunden Ruhe zu finden. Aber leider! Der

Schlaf floh aus Elviras Augen; Sie konnte nicht vergessen, dass sie eine Flüchtling in ihrem eigenen Königreich war und voller Schrecken vor genau den Menschen floh, die sie noch vor ein paar Monaten beinahe wie eine Göttin verehrt hätten; und nicht einmal die Erschöpfung ihres Körpers konnte die Eile ihres Geistes überwinden, während sie jedes Mal, wenn sie die Augen schloss und spürte, wie sich ein sanfter Schlummer über ihre gestörten Sinne schlich, voller Entsetzen wieder auffuhr, weil sie glaubte, ihre Verfolger hätten sie überholt.

Bestürzung herrschte im Palast, als die Flucht Elviras und der Abfall des Prinzen Ferdinand bekannt wurden. „Sie ist nach Deutschland gegangen!", war der allgemeine Ruf, und Truppen wurden sofort in alle Seehäfen entsandt, während eine ganze Flotte von Ballons angewiesen wurde, die Luft in alle Richtungen abzusuchen und jedes Luftfahrzeug festzunehmen, auf das sie trafen, dessen Passagiere keine vollkommen zufriedenstellende Aussage über sich selbst machen konnten. Diese Aufträge wurden aufs Wort ausgeführt, während die Wachen nun mit besonderer Sorgfalt versuchten, die Nachlässigkeit zu entschuldigen, mit der sie die Königin hatte entkommen lassen; und zahlreich waren die wandernden Liebhaber, flüchtigen Schreiber und untreuen Ehefrauen, die anstelle von Elvira und dem deutschen Prinzen vor den Rat gebracht wurden, von denen jedoch nichts zu hören war, da ihre Maßnahmen zu gut getroffen waren, um sie der Entdeckung auszusetzen.

Inzwischen waren Hut und Mantel von Clara am Flussufer gefunden worden, und der Herzog und Sir Ambrose waren untröstlich und schickten überallhin Abgesandte, um nach ihr zu suchen. Unter anderem wurden Pater Murphy und Abelard zum Sommerpalast der Königin geschickt, um zu fragen, ob man dort von ihr gehört habe. Rosabella und ihr Hofstaat waren jedoch unmittelbar nach der Entdeckung von Elviras Flucht nach London aufgebrochen, und die trostlosen Sucher, die jeden, den sie trafen, vergeblich befragt hatten, wanderten ruhelos und verlassen durch die Gärten, bis sie schließlich die geheimnisvolle Höhle fanden. Der Anblick des Ortes war äußerst trostlos: ein paar verkrüppelte Sträucher wuchsen an den Ufern eines dunklen, trüben Baches, und Pater Murphy schauderte und bekreuzigte sich, als er sich umsah.

„Och, Mord! Und das ist ein furchtbarer Ort, Mr. Abelard", sagte er. „Und ich denke, je schneller wir hier rauskommen, desto besser."

„Ah, was ist das?" rief der Butler, sprang eifrig vor und schnappte sich etwas in den Büschen, das weiß aussah.

„Es ist Claras Taschentuch, armer Schatz!" sagte der Mönch; „Sehen Sie, hier ist ihr Name, den ihre eigenen hübschen Finger darauf geschrieben haben."

Und als er sich umdrehte, um es zu untersuchen, rutschte sein Fuß aus und er rollte ins Wasser und zappelte umher wie ein riesiger Schweinswal.

„Oh je! Oh je!" rief Abaelard, „er wird sicherlich ertrinken. Das Eintauchen in eine wässrige Flüssigkeit ist fast immer schädlich für das Tierleben, und ich sehe kaum eine Chance, dass er entkommt."

„Ach! Und willst du mich ertrinken lassen, während du redest?" fragte der empörte Priester. „Wirst du mich ersticken lassen, bevor du so gutmütig bist, mich herauszuziehen?"

„Nein, nein, ganz bestimmt nicht!" kehrte Abaelard zurück; „Meine Qual ist unaussprechlich angesichts deiner Not. Ich bezweifle nur, dass ich dich ohne Hebel oder Flaschenzug hochheben kann. Die Anwendung der mechanischen Kräfte –"

„Kann zum Teufel gehen", rief Pater Murphy, als er ohne Hilfe herauskroch; „Und du hättest mich also ertrinken lassen, während du von den mechanischen Kräften sprachst?"

„Entschuldigen Sie, Vater", entgegnete Abaelard; „Freundschaft ist eine starke Zuneigung des menschlichen Geistes; sie belebt, sie wärmt."

„Tut es", sagte der Priester und schüttelte sich wie ein Wasserspaniel; „Dann wäre ich jetzt sehr froh, ein wenig davon zu haben, denn ich zittere vor Kälte; ganz zu schweigen davon, dass ich so hungrig bin, dass ich meine Finger essen könnte."

„Ich bin überrascht, dass du davon sprichst, hungrig zu sein, Vater", sagte Abaelard; „Sie sind sicherlich zu dick, um ein Verlangen nach Nahrung zu verspüren. Fett ist, wie Sie wissen, eine Art Zwischenmedium, durch das die aus der Nahrung extrahierten Nährstoffe gelangen müssen, bevor sie assimiliert werden, um den Verlust des Individuums auszugleichen. Es entsteht so." eine Art Magazin, um seine Bedürfnisse zu befriedigen; und ein dicker Mann kann viel länger auf Nahrung verzichten als ein anderer, weil während dieser Abstinenz das angesammelte Fett schnell wieder absorbiert wird.

Pater Murphy sprach nicht, aber sein Blick genügte, und das Klappern seiner Zähne im Kopf lieferte einen ausführlichen Kommentar zum Text.

„Sie scheinen auch kalt zu sein", sagte der pedantische Butler; „Aber das muss ein Fehler sein, denn tierisches Öl gilt allgemein als schlechter Wärmeleiter."

„Der Teufel soll deine Kalorien holen", rief Pater Murphy, der in seinem Zorn wieder sein heiliges Amt vergaß. „Ich vermute, du willst mir als Nächstes einreden, dass ich keine Gefühle mehr habe."

„Das ist keineswegs unmöglich", erwiderte Abaelard mit der provokantesten Ernsthaftigkeit; „denn Fett, das die Enden der Nerven umgibt, verhindert immer übermäßige Sensibilität. Gleichzeitig, bitte, lasst mich nicht missverstanden werden: Ich sage nicht, dass dicke Menschen ganz ohne Essen auskommen können, denn die Unteilbarkeit und Individualität des lebenden Körpers kann nur durch eine unaufhörliche Veränderung der Teilchen aufrechterhalten werden, aus denen er besteht; auch wenn nur ein Teil davon ..."

„Halt, halt, um Himmels Willen!", stöhnte Pater Murphy.

„– Ein Teil der tierischen Nahrung wird zu Chyle reduziert", fuhr Abaelard fort; „Und wie Sie zweifellos wissen, wird ein anderer Teil zu Knochen; tatsächlich sind die Knochen lediglich Sekretionsorgane, die mit Kalkphosphat verkrustet sind. Die Lymphgefäße entfernen dieses Salz –"

"Oh!" stöhnte Pater Murphy, „das ist alles sehr schön, aber es macht mich kein bisschen weniger hungrig. Oh, dass ich in diesem Moment ein gebratenes Rumpsteak hatte, rauchend heiß und in Soße schwimmend, mit einem Stück frischer Butter!"

"Horchen!" rief Abaelard, „die Vibration der Luft, die auf das Trommelfell meiner Ohren trifft, lässt die Annäherung eines greifbaren Gegenstandes ahnen."

„Ach, leider!" rief der Priester, „gewiss sind es die zurückgekehrten Geister, die die arme Clara mitgerissen haben. Armes liebes Mädchen! Das war sicherlich ihr Taschentuch."

„Ich verzweifle daran, sie zu finden", sagte der Butler.

„Verzweiflung ist Sünde, mein Sohn", antwortete der Mönch; „Das Unglück wird uns geschickt, um es auf die Probe zu stellen, und wir sollten es mit Resignation und ohne ein einziges Murren ertragen."

„Aber ich dachte, du würdest dich jetzt schon darüber beschweren, dass du hungrig bist, Vater?" sagte Abaelard mit äußerster Einfachheit.

"Wahr, wahr!" antwortete der Priester, ein wenig beunruhigt über diese Bemerkung; "aber aber-"

„Es ist eine Sache zu predigen und eine andere zu praktizieren", fuhr der Butler lächelnd fort; „Ist es nicht so, Vater? Allerdings habe ich sicherlich ein Geräusch gehört; und wenn uns hier jemand findet, werden wir ruiniert sein."

„Ach, das ist doch egal", sagte Pater Murphy; „Denn das sind wir schon, weißt du."

„Wen haben wir hier?" riefen einige Soldaten, die nun in die Höhle hinabstiegen; und die, wie bereits erwähnt, ihre Pflicht, alle Fremden zu untersuchen, besonders sorgfältig erfüllten.

„Und bin ich es, den du das fragst?" forderte Pater Murphy – „denn wenn es so ist, hat es überhaupt keinen Nutzen; denn wenn ich es Ihnen sagen würde, wäre es hundert zu eins, wenn Sie der Sache jemals auf den Grund kämen."

"Ist es möglich?" rief einer der Soldaten; „Sicherlich täuschen mich meine Ohren, oder das ist die Stimme von Pater Murphy!"

„Sicher, das ist es!" sagte der ehrwürdige Vater; „Und wer sollte es sein, wenn nicht mein eigenes? Glaubst du, ich würde das einer anderen Person benutzen?"

„Nein, nein!" antwortete der Soldat lachend; „Aber ich war erstaunt, den Besitzer der Stimme so nahe bei mir zu finden. Allerdings ist es, wenn ich jetzt darüber nachdenke, überhaupt nicht überraschend, da der Herzog von Cornwall im Palast in der Nähe ist und Sie natürlich dabei sind ihn."

„Und wie kann ich bei ihm sein", fragte der wörtliche Pater Murphy, „wenn ich hier bin? Wenn ein Ire so etwas gesagt hätte, hätten sie es einen Bullen genannt."

„Na gut, mein guter Freund", sagte der Soldat, „wir werden nicht um Worte streiten. Ich nehme an, Sie sind mit dem Herzog heruntergekommen?"

„Und wenn doch, haben Sie sich in Ihrem ganzen Leben noch nie so sehr geirrt!"

„Ich kann dich überhaupt nicht verstehen."

„Ich weiß nicht, wie Sie das tun sollen, denn ich habe noch nicht einmal begonnen, mich zu erklären. Und ich würde auch nicht fertig werden, wenn ich den ganzen Tag daran arbeiten müsste. Da der Herzog hier ist, wollen wir einfach zu ihm gehen, wenn es Ihnen recht ist."

Der Herzog, der bereits über den Verlust Claras unglücklich war, hatte kaum von der Flucht seiner Tochter gehört, als er beschloss, den Ort zu besuchen, an dem sie gewesen war, hauptsächlich aus dem ruhelosen Verlangen nach Veränderung, das die Unglücklichen im Allgemeinen heimsucht; und jetzt war er ebenso überrascht wie der Soldat, Pater Murphy dort zu sehen. Er war dem Priester jedoch dankbar für seine eifrige Suche nach Clara; aber da das Abenteuer mit dem Taschentuch ganz auf der Überzeugung des Vaters von seiner Identität beruhte – das Taschentuch selbst war bei dem unglücklichen Sturz des heiligen Vaters ins Wasser verloren gegangen –, hielt der Herzog das ganze Abenteuer für ziemlich apokryph. Er fühlte sich jedoch dadurch getröstet, obwohl er kaum wusste, warum, und kehrte in viel besserer Stimmung zu seinem Freund Sir Ambrose zurück, als er ihn verlassen hatte.

In der Zwischenzeit wagte Elviras Gruppe nicht, die Hütte zu verlassen, in der sie den ganzen Tag eingesperrt gewesen war; ihre Pferde und sie selbst waren in der Hütte zusammengepfercht, um eine Entdeckung zu verhindern. Schließlich begannen die Schatten des Abends hereinzubrechen, und sie machten sich wieder mit schnellem Tempo auf den Weg. Die Qualen, die sie den ganzen Tag aus Angst vor Entdeckung erlitten hatten – der enge Raum, in dem sie eingesperrt waren, zusammen mit dem Mangel an Nahrung – hatten die Königin so sehr erschöpft, dass sie am Morgen nicht mehr ohne Erfrischung weitergehen konnte, und gegen Tagesanbruch waren sie gezwungen, sich einer Hütte zu nähern, um um Hilfe zu bitten.

Der Hausbewohner und sein Sohn waren bei der Arbeit, aber die Frau des Hauses willigte ein, den Flüchtlingen die gewünschte Unterkunft zu gewähren. Der Prinz war hocherfreut über diese Erlaubnis und flog zur Königin zurück, um sie vom Pferd zu heben. Doch ach! Elvira war nicht in der Verfassung, sich auch nur über die willkommenste Nachricht zu freuen. Blass und leichenblass wie eine Leiche hing ihr Kopf auf der Schulter des Prinzen, als er sie ins Haus trug, und ihre verängstigten Freunde dachten, sie sei gestorben. Ein wenig warme Milch erweckte sie jedoch wieder zum Leben und sie öffnete die Augen.

„Ich bin bereit – vollkommen bereit – weiterzumachen", sagte sie, rang nach Worten und sank erneut in Ohnmacht zurück.

„Es ist unmöglich, dass sie in diesem Zustand weitermachen kann", sagte der Prinz flüsternd zu Clara. „Was wird aus uns werden?"

„Wir müssen hier ruhig bleiben, bis es ihr besser geht", sagte Clara.

„Aber wenn wir verfolgt und gefangen genommen würden?"

„Wir können nicht besser sterben als für eine solche Sache", sagte das heldenhafte Mädchen.

„Es ist seltsam", sagte der Prinz und sah sie ernst an, „dass es der Königin gelungen ist, bei einem so einfachen Jungen eine so enthusiastische Hingabe zu wecken."

Clara errötete und richtete ihren Blick auf die Erde, während der Prinz ihre errötenden Wangen noch ernster betrachtete, bis sie sich beschämt von ihm abwandte. Er nahm ihre Hand; „Ich kann mich nicht irren", sagte er, „es ist Fräulein Montagu!"

Claras Aufregung verriet sie. „Ich muss zur Königin", sagte sie und löste sich von ihm; und der Prinz, der die Peinlichkeit ihrer Lage erkannte, verzichtete darauf, sie weiter zu drängen: er fühlte sich jedoch vollkommen glücklich. Clara war zu arglos, um das Interesse zu verbergen, das er in ihrer Brust erregt hatte, und es lag nicht in der Natur des Mannes, der Hingabe eines so jungen und lieblichen Geschöpfes gleichgültig gegenüberzustehen. Nur seine Augen drückten sein Glück aus; und Clara, die sein Feingefühl spürte, als er sich weiterer Bemerkungen über ihre Verkleidung enthielt, stellte fest, dass ihre Liebe zu ihm durch seine Nachsicht verzehnfacht wurde.

Ein paar Stunden Ruhe erholten Elvira so sehr, dass sie ihre Reise sofort fortsetzen wollte, und nur mit größter Mühe konnte der Prinz sie überreden, bis zum Einbruch der Dunkelheit zu warten. „Sie müssen Ihre Kräfte rekrutieren", sagte er, „sonst werden Sie nie in der Lage sein, Ihre Sache vor Roderick zu vertreten. Er ist ein zu strenger Held, als dass er so gewonnen werden könnte wie ich."

„Oh, es ist unmöglich zu beschreiben, wie sehr ich mich davor fürchte, ihn zu treffen", rief Elvira; „Ich zittere bei seinem Namen. Ein so wildes und strenges Wesen wie er wird sich vielleicht nicht einmal herablassen, das Gebet einer Frau zu erhören, und er wird mich von sich weisen."

"Unmöglich!" rief der Prinz; „Obwohl ich gestehe, ich wünschte, wir könnten ohne ihn auskommen."

Während die Schulleiter damit beschäftigt waren, bemühte sich die Frau des Häuslers, von Hans zu erfahren, wer und was sie waren. „Diese arme Dame schien furchtbar müde zu sein", sagte sie. „Als sie kam, sah sie aus wie eine herabhängende Narzisse; als der Herr sie von ihrem Pferd hob – oh! Es war ziemlich bewegend, sie zu sehen!"

„Ja!" sagte Hans.

„Allerdings sollte ihre Krankheit zu einer kleinen Verzögerung führen", fuhr der Häusler fort; „Ich bin der Meinung, dass Sie unvernünftig sein müssen, zu meckern, wenn Sie bedenken, welch wunderbare Gelegenheit es Ihnen bietet, Ihre Geruchsnerven zu erfrischen, indem Sie ein wenig von dieser duftenden Atmosphäre genießen."

„Meine welche Nerven?" fragte Hans.

„Ihre Geruchsnerven", erwiderte der gelehrte Landbewohner mit einem Blick größtmöglicher Verachtung, „das sind die Nerven, die die Membran des Nasenorgans auskleiden. Jedes Kind weiß, dass die Nasenhöhlen dazu da sind, Sinneseindrücke aufzunehmen, da ihre Tiefe und Ausdehnung der Hypophysenmembran eine größere Oberfläche verleiht und diese weichen Nebenhöhlen oder Hohlräume in der Lage sind, eine größere Menge mit Geruchsstoffen angereicherter Luft aufzunehmen."

Der arme Hans war entsetzt über diese Erklärung, die in etwa der von Dr. Johnson ähnelte, der ein Netzwerk als eine komplizierte Aneinanderreihung rechtwinkliger Winkel bezeichnet hatte. Er traute sich nicht zu sprechen, aus Angst, sich einen neuen Wortschwall zuzuziehen, der ebenso verblüffend wäre wie der letzte, und blieb daher still. Er starrte seine Gefährten mit ungefähr derselben Art von Gefühl an, mit dem ein gerade gefangener Wilder im Wald aufgeklärte Europäer anstarren würde.

„Kannst du mir noch etwas warme Milch geben?" fragte Clara, die nun herabkam, um Erfrischungen für die Königin zu holen.

„Glauben Sie, dass so viel von der lauen Milchflüssigkeit gut für die Dame ist?" fragte die Häuslerin, während sie etwas Milch in einen Topf gab.

„Sie kann nichts anderes ertragen", entgegnete Clara. „Wie herrlich singt dieses Mädchen!" fuhr sie fort und lauschte voller Entzücken einer Melkerin, die beim Melken ihrer Kuh eine italienische Bravour sang.

„Ja", antwortete der Häusler; „Angelica singt gut. Die Seiten ihres Kehlkopfes sind in einem sehr angespannten Zustand, und ihre Luftröhre ist ziemlich knorpelig. Aber hier kommt mein guter Mann", fuhr sie fort; „Er hat den ganzen Tag hart auf der Straße gearbeitet und ich bin mir sicher, dass er eine Erfrischung braucht."

"Ich fühle mich wirklich sehr müde, Missis", sagte der Häusler, als er hereinkam, "und ich möchte etwas essen. Was haben Sie? Sehen Sie doch mal nach, denn es ist schrecklich harte Arbeit, Steine zu brechen. Die meisten, die wir heute hatten, waren primitiver Kalkstein, aber ich habe ein paar schöne Exemplare von Quarz gefunden. Die Kristalle waren ziemlich rhombenförmig, und ich habe mindestens eine halbe Stunde damit verbracht, sie zu bewundern."

„Bergkristalle werden oft unter Quarz gefunden", sagte seine Frau. „Ich glaube also nicht, dass du deine Zeit damit verschwenden musstest, sie zu bewundern, da du ja die Steine nach Maß zerbrichst und deine Frau und Kinder Hunger leiden, weil sie kein Brot haben."

„Machen Sie sich darüber keine Sorgen, meine gute Frau", sagte Clara. „Wir haben Geld, und unsere Dankbarkeit wird es Ihnen nicht erlauben, etwas zu vermissen, was wir Ihnen geben können."

„Danke, danke", rief die Frau; „Es ist eine Freude, einem großzügigen Herrn wie Euer Ehren zu dienen."

„Was für eine bezaubernde Stimme du hast!" sagte Clara, wandte sich ab, um dem Lob der Frau zu entgehen, und wandte sich an die Milchmagd; Nachdem sie ihre Aufgabe beendet hatte, stieg sie nun mit einem Eimer

Milch auf dem Kopf über den Zauntritt, der das Feld vom Garten der Hütte trennte, und ging anmutig in gemessenen Schritten auf sie zu.

„Ich freue mich sehr, Ihnen gefallen zu haben, Sir", antwortete das Mädchen, ließ ihren Fuß in die vierte Position fallen, machte einen eleganten Knicks und glitt dann anmutig weiter.

„Bleib, bleib!" rief Clara; „Willst du uns nicht noch ein Lied singen, bevor du gehst?"

„Sie müssen mich entschuldigen, Sir", sagte das Mädchen und machte erneut einen anmutigen Knicks. „Es tut mir außerordentlich leid, einen Herrn Ihres Aussehens abweisen zu müssen. Aber Singen erfordert eine abwechselnde Vergrößerung und Verengung der Stimmritze, ein Anheben und Senken des Kehlkopfes und ein Strecken und Verkürzen des Halses. Das ist mit einem Eimer Milch auf dem Kopf nur sehr schwer durchzuführen."

„Dann stell den Eimer hin", sagte Clara.

„Das kann ich wirklich nicht, Sir, denn ich habe keine Minute zu verlieren. Ich habe gerade ein paar Herren, die ich kenne, auf dem Hügel getroffen, und da ich sie jeden Moment hier erwarte, muss ich mir einen Augenblick Zeit nehmen, um meine Toilette fertigzumachen."

„Meine Herren aus Ihrem Bekanntenkreis!" rief die Mutter. „Welche Herren mögen Sie hier getroffen haben, Kind, die Sie kennen?"

„Mein Cousin John, der vor einiger Zeit zum Soldaten gegangen ist, und eine Gruppe seiner Gefährten."

„Und was führt sie in diese Gegend? Nichts Gutes, fürchte ich; denn John war schon immer ein wilder, nichtsnutziger Junge."

„Es ist nichts Böses, das versichere ich dir, Mutter", sagte Angelica schüchtern; „Aber du stellst dir immer das Schlimmste vor. John ist jetzt ein Mann von Bedeutung geworden und steht an der Spitze einer Gruppe von Soldaten, die nach einigen Staatsgefangenen suchen. Er wird zum Hauptmann ernannt, wenn er sie findet: und ich." Ich hoffe von ganzem Herzen, dass er es tun wird.

"Wo sind sie jetzt?" fragte die Mutter.

„Im Wald", antwortete das Mädchen; „Und mein Bruder ist gegangen, um ihnen bei der Suche zu helfen, da er einen Teil der Belohnung erhält, wenn sie die Flüchtlinge finden, während er bei ihnen ist."

„Und du würdest auch gehen, wenn du klug wärst", sagte die Frau zu ihrem Mann, der sich nun bequem vor dem Feuer niedergelassen hatte und offenbar keine Lust hatte, gestört zu werden. Inspiriert durch die Proteste seiner Frau erhob er sich jedoch, streckte seine schweren Glieder und wälzte sich, anstatt davonzugehen. Auch Angelica hatte sich zurückgezogen und Clara blieb mit der Frau allein zurück. Es wurde bereits erwähnt, dass Geistesgegenwart eines der charakteristischen Merkmale Claras war; und als sie die Gefahr erkannte, die von der Königin ausging, war ihr klar, dass sie keinen Moment verlieren würde. Die Beobachtungen der Frau gegenüber ihrem Mann und in der Tat ihr ganzes Benehmen zeigten, dass Geiz ihre Hauptleidenschaft war, und auf diesen Hinweis hin sprach Clara. Sie bot ihr reichlich Gold an; Sie ging auf die Gier der Soldaten ein, die ihr, wenn sie auf ihre Annäherung wartete, vielleicht ihren Anteil an der versprochenen Belohnung entziehen oder ihr zumindest eine Kleinigkeit geben würden, die sich nicht lohnte; und schließlich zog sie das glitzernde Metall hervor und breitete es vor ihren Augen aus. Gold erweicht das härteste Herz, und die Frau des Häuslers konnte nicht länger widerstehen, versprach aber, ihre Flucht zu dulden.

Clara befahl Hans sofort, die Pferde vorzubereiten. Nachdem sie dem Prinzen und Elvira von den Vorkommnissen berichtet hatte, machte sich die ganze Gruppe wieder auf die ereignisreiche Reise.

KAPITEL XXXI.

In der Zwischenzeit hatte Roderick in Spanien einen vollständigen Sieg errungen. Er hatte Madrid erreicht und Don Pedro zum König gemacht. Nun befand er sich auf dem Rückweg nach Sevilla, wo er Monsieur de Mallet und seine bezaubernde Tochter zurückgelassen hatte. Edric begleitete ihn natürlich, aber der Rest der Armee war nach Cadiz marschiert, um sich einzuschiffen. Der griechische Page begleitete lediglich seinen Herrn.

„Nun, Edric!", sagte der König lachend, als sie sich Sevilla näherten, „schlägt Dein Herz nicht vor Freude bei dem Gedanken, Spanien zu verlassen?"

„Wie kannst du mich so quälen, Roderick?"

„Dich quälen! Ich dachte, du würdest in Verzückung geraten. Doch ich muss zugeben, dass es, wenn das der Fall ist, die melancholischste Verzückung ist, die ich je in meinem Leben erlebt habe."

„Dieser Scherz ist nicht großzügig. Er ist Ihrer unwürdig. Ich gebe zu, dass ich Mademoiselle de Mallet liebe – aber ich verzweifle."

"Und warum?"

„Ach, wie kann ich sie bitten, das Schicksal eines Verbannten zu teilen?"

"Bin ich nicht dein Freund?"

„Ich weiß es, aber ich kann es nicht dulden, auch von Ihnen abhängig zu sein."

„Ich möchte nicht, dass du abhängig bist. Aber was kann ich tun, um dir zu dienen? Soll ich deinem mürrischen alten Vater den Krieg erklären?"

„Oh, sprich nicht so leichtfertig von ihm! Sag über mich, was du willst, aber verschone meinen Vater!"

„Ich respektiere Ihre Gefühle. Und da ich nichts Gutes über ihn sagen kann, werde ich so diskret sein und schweigen."

Edric verspürte keine Lust, auf diese Bemerkung zu antworten, und sie reisten in vollkommenem Schweigen weiter, bis sie Sevilla erreichten. Hier stellten sie fest, dass sich alles verändert hatte: Die Stadt war teilweise wiederaufgebaut worden, und die lieblichen Orangen- und Myrtenhaine in der Umgebung, die in der üppigen Üppigkeit eines südlichen Frühlings leuchteten, ließen nichts von dem Bild der Verwüstung und Trostlosigkeit erahnen, das sie zuvor geboten hatten. Sie erkundigten sich nach dem Haus von Monsieur de Mallet, und als sie den inneren Platz oder Hof betraten, fanden sie ihn unter der Piazza sitzen, die sich darum erstreckte, und die

Abendbrise genießend, während seine schöne Tochter damit beschäftigt war, ihm etwas vorzulesen.

In der Mitte des Hofes plätscherte ein Springbrunnen, dessen glitzernde Gischt in silbrigen Regenschauern herabfiel; während unzählige Orangenbäume und blühende Sträucher, die ringsherum aufgestellt waren, die Luft mit ihrem köstlichen Duft erfüllten; und eine leichte Markise, die über das Dach des Hofes gespannt war, milderte das Licht zu einem sanften, wenn auch leuchtenden Farbton, der der ganzen Szene einen Hauch üppiger Trägheit verlieh.

Die Freude, die Herr de Mallet und seine Tochter empfanden, als sie ihre Befreier wiedersahen, war enthusiastisch; und obwohl der Vater dies am deutlichsten zum Ausdruck brachte, drückten die brennenden Wangen und funkelnden Augen von Pauline ihre stille Entzückung ebenso verständlich aus.

„Wir haben Sie schon lange erwartet", sagte Herr de Mallet; „Denn ich kann nicht beschreiben, wie sehr wir uns darauf freuen, dieses Land zu verlassen. Pauline hat den Himmel mit Gebeten für Ihre Sicherheit ermüdet, und da ich jeden Tag spüre, wie meine Kräfte nachließen, habe auch ich für Ihre Rückkehr gebetet, denn ich habe ein Geheimnis, dem ich mich anvertrauen kann." Du, der schwer auf meinem Geist lastet.

„Um sich uns anzuvertrauen?" rief Edric.

„Ja, für Sie", sagte Herr de Mallet. „Es ist wahr, ich kenne Sie noch nicht lange; aber manche Umstände führen dazu, dass sich die Menschen in einem Monat besser kennen lernen als der gewöhnliche Alltag in Jahren. Daher die Freundlichkeit, mit der Sie mich behandelt haben, und die wichtigen Ereignisse, die ich erlebt habe Ich habe Sie verlobt gesehen, habe mich dazu gebracht, Sie als alte und erprobte Freunde zu betrachten, und habe mich dazu gebracht, Ihnen ein Geheimnis anzuvertrauen, das ich bisher mit äußerster Treue gehütet habe.

„Was meinst du?" fragte Edric erstaunt; während Pauline ihren Vater mit einem Ausdruck höchster Besorgnis ansah.

„Pauline ist nicht mein Kind!" sagte der alte Mann eindrucksvoll. Pauline stieß einen schmerzerfüllten Schrei aus, der die Seelen ihrer Zuhörer erbeben ließ, warf sich ihm zu Füßen und sah ihm mit einem Ausdruck bitterster Qual ins Gesicht, als ob sie ihn anflehte, sie nicht im Stich zu lassen. Monsieur de Mallets Aufregung war ihrer eigenen ebenbürtig, und während er sie liebevoll betrachtete, fuhr er fort:

„Ja, elendes Wesen, das ich bin! Ich bin nicht ihr Vater. Leider habe ich oft gesehen, wie sie um meinetwillen Hunger und Durst ausgehalten hat; wenn ich gesehen habe, wie ihr zarter Körper vor Müdigkeit erschöpft war oder vor Kälte zitterte, während sie immer noch engelhaft war Lieblichkeit schien sie ihre eigenen Leiden zu vergessen und nur daran zu denken, die meinen zu lindern – ach, wie brannte ich dann, ihr zu sagen, dass ich ihre Freundlichkeit nicht verdiente und dass ich ein Fremder aus ihrem Blut war!"

„Oh Vater! mein liebster Vater!" rief Pauline, ihre Augen strömten vor Tränen; „Was verdienst du nicht von mir? Was könnte ich tun, das meine Liebe und Dankbarkeit halbwegs zum Ausdruck bringen könnte? „ Pauline konnte nicht weitermachen, ihr Schluchzen behinderte ihre Aussage.

„Mein liebes Kind!" sagte Herr de Mallet, schloss sie in seine Arme und vermischte seine Tränen mit ihren; während Roderick und Edric beide zu stark berührt waren, um ihren Kummer zu unterbrechen, und schweigend dastanden und sie anstarrten, obwohl beide sehnlichst eine Erklärung dieser scheinbaren Meisterschaft wünschten. Nach einer kurzen Pause fuhr M. de Mallet fort: „Ich sehe das Erstaunen, das ich bei Ihnen hervorgerufen habe, und mein Herz blutet vor dem Schmerz, den ich Pauline zufügen musste, aber ich könnte nicht in Frieden sterben, ohne die Wahrheit preiszugeben."

„Oh, rede nicht vom Sterben!" rief Pauline und klammerte sich immer noch mit innigster Zuneigung an ihn.

„Und wer sind die Eltern von Mademoiselle de Mallet?" forderte Roderick.

"Ach, ich weiß es nicht", erwiderte der Schweizer. "Vor etwa zwanzig Jahren reiste ich mit meiner Frau durch England. Sie litt an einer unheilbaren Krankheit und man hatte ihr geraten, die Fähigkeiten englischer Ärzte zu erproben, da sie als die fähigsten der Welt galten. Eines Nachts, als meine arme Frau vor Müdigkeit völlig erschöpft war, hielten wir in einem kleinen Gasthof in einem Dorf nahe der Küste. Die Nacht war stürmisch, und ein grelles Licht in der Küche verleitete uns dazu, dort zu warten, während das Wohnzimmer für uns vorbereitet wurde. Eine Frau saß neben dem Feuer, und ein hübsches kleines Mädchen, etwa zwei Jahre alt, spielte zu ihren Füßen. Meine arme Frau war immer leidenschaftlich kinderlieb gewesen, obwohl der Himmel uns nie mit Kindern gesegnet hatte. Und angezogen von der exquisiten Schönheit des kleinen Engels, nahm sie ihn in die Arme und begann ihn zu streicheln.

„Mögen Euer Ehren Kinder?', fragte die Frau mit einem offensichtlichen Anflug von Vulgarität.

„Ich bin vergöttert von ihnen", antwortete meine Frau. „Oh Louis", fuhr sie fort und wandte sich auf Französisch an mich, „wenn ich einen solchen Engel hätte, der deinen Platz einnimmt, würde ich mich, glaube ich, mit dem Tod abfinden."

„Wenn Euer Gnaden das Kind gefällt, können Sie es haben", sagte die Frau.

„Ich erschrak, aber da ich mich daran erinnerte, dass die unteren Klassen in England aufgrund ihrer Überbildung alle Sprachwissenschaftler waren, erschien mir die Tatsache, dass die Frau verstand, was wir sagten, nicht außergewöhnlich. ‚Sie ist mein Kind', fuhr die Frau fort. ‚Ich wohne ganz in der Nähe – und habe hier nur Schutz vor dem Sturm gesucht. Die Wirtin kennt mich sehr gut. Mein Mann ist seit einigen Monaten tot. Da es für mich und das Kind harte Arbeit ist, zu ernähren, gestehe ich, dass ich sie gern in Hände geben werde, wo man sicher für sie sorgen kann.'

„Die Geschichte der Frau schien plausibel; und meine Frau und ich konnten leicht dazu bewegt werden, den Handel abzuschließen, der uns den Besitz von Pauline verschaffte! Am nächsten Morgen besuchten wir das Cottage dieser Frau und fanden ihre Geschichte wahr, außer dass sie nur dort gelebt hatte Dies schien jedoch unerheblich zu sein, da sie tatsächlich keinen bestimmten Zeitraum für ihren Aufenthalt festgelegt hatte und einen Grund dafür angegeben hatte, dass sie ihren früheren Wohnsitz bald danach verlassen hatte. Wir verließen England und nahmen Pauline mit: Ihre Schönheit nahm mit den Jahren zu, und als meine arme Frau starb, was sie einige Monate nach unserer Rückkehr in die Schweiz tat, war Pauline der einzige Trost meines Lebens. Ein Freund von mir, der England besuchte, besuchte auf meinen Wunsch die angebliche Mutter von Pauline. Er fand das Cottage verlassen vor, und die Wirtin des Gasthauses sagte ihm, dass die Frau das Haus einige Stunden nachdem wir es selbst getan hatten, verlassen hatte.

„Dieser Umstand, zusammen mit der offensichtlich gekünstelten Vulgarität der Frau und der Eleganz und Zartheit von Pauline, hat mich immer vermuten lassen, dass ich einer Täuschung zum Opfer gefallen bin und dass das Kind Eltern gestohlen worden war, die in einem höheren sozialen Status standen, als ich sie vorgefunden hatte. Ob meine Vermutungen richtig sind, weiß ich nicht; aber als ich die Schönheit und Anmut meines Kindes betrachtete, schmerzte es mich in der Brust, sie auf meinen eigenen bescheidenen Stand zu beschränken, und ich habe beschlossen, sie, wann immer die Umstände es erlauben, nach England zu bringen und zu versuchen, wenn möglich, das Geheimnis zu erhellen, das über ihrem Schicksal schwebt."

„Dann begleiten Sie mich nach Irland", sagte Roderick, „und wenn Sie dort geblieben sind, bis Sie müde sind, werde ich Ihnen, falls Sie Ihre Forschungen noch weiterführen möchten, Empfehlungsschreiben für den englischen Hof mitgeben, und ich hoffe aufrichtig, dass wir unsere schöne Freundin zumindest als Prinzessin von Geblüt vorfinden werden."

Inzwischen hatte die Erzählung des Herrn de Mallet in den Herzen von Edric und Pauline die größte Aufregung hervorgerufen. „Nicht seine Tochter!"

dachte ersterer; „Wem kann sie dann gehören?" und seine Fantasie raste zwischen einer Vielzahl von Träumen und Fantasien umher, von denen einer extravaganter war als der andere: Denn es war unmöglich, die elegante und gebildete Pauline für die Tochter eines einfachen Bauern zu halten; und die bewegende Hoffnung, dass sie mit der Zustimmung seines Vaters und der Zustimmung aller seiner Freunde doch noch seine sein könnte, tanzte vor ihm; Während Pauline unsicher war, was sie denken sollte, und unfähig, ihre eigenen Empfindungen zu analysieren, spürte sie, selbst inmitten der Trostlosigkeit, in die das Geständnis des Herrn de Mallet sie versetzt hatte, immer noch ein schwaches Gefühl der Freude in ihrem Herzen, als sie darüber nachdachte Jetzt war ihr Land das ihres Geliebten, und dass es möglich war – sie wagte es nicht, weiter zu gehen, denn ihre Sinne schienen nicht in der Lage zu sein, die berauschenden Gedanken an das, was folgen würde, zu ertragen.

Es war vereinbart worden, dass unsere Freunde ein paar Tage in Sevilla bleiben sollten, um der Armee in Cadiz Zeit zu geben, sich von den Strapazen des Marsches vor ihrer Einschiffung zu erholen. Doch am Morgen nach ihrer Ankunft traf ein Kurier mit Depeschen aus England ein, was Roderick ungeduldig machte, Spanien sofort zu verlassen. Er war gerade beim Frühstück, als ihm diese Briefe, die ihm aus Cadiz nachgeschickt worden waren, in die Hände gegeben wurden. Er verfärbte sich , sprang von seinem Sitz auf und bat Edric, ihm in den Garten zu folgen.

„Guter Gott, was ist los?", fragte Monsieur de Mallet.

„Nichts, nichts!", antwortete Roderick. „Aber ich muss sofort nach Irland zurückkehren."

Und er winkte mit der Hand, als wolle er weitere Fragen abwehren, und verließ den Raum; Edric folgte ihm schweigend. „Edric", sagte der irische Monarch, ließ sich auf eine Gartenbank fallen und vergrub sein Gesicht in seinen Händen; „Elvira wurde entthront und vielleicht ermordet, und das alles nur wegen meiner verfluchten Torheit, so lange in Spanien zu bleiben."

„Elvira!", rief Edric und sah seinen Freund mit tiefstem Erstaunen an; denn er konnte sich nicht erklären, warum er sich so sehr für ihr Schicksal interessierte.

„Ich sehe Ihr Erstaunen, Edric", fuhr der König fort, „aber ich habe jetzt keine Zeit, das Warum und Weshalb zu erklären. Es genügt zu sagen, dass ich Elvira anbete, und wenn sie stirbt, werde ich sie nicht überleben."

Als er diese Worte aussprach, ertönte ein durchdringender Schrei aus dem Dickicht, und sowohl Edric als auch Roderick sprangen unwillkürlich zu der Stelle – sie war verlassen; sie durchsuchten den Wald, doch kein Lebewesen war zu sehen.

„Es war schick“, sagte Edric.

„Es war die Mumie“, murmelte der König, „die gekommen war, um mich zu tadeln, weil ich auch nur einen Augenblick an seinen Versprechen gezweifelt hatte.“

„Die Mumie!“, rief Edric. „Guter Gott! Was meinst du?“ und er blickte voller Entsetzen auf das wilde und hagere Gesicht seines Freundes, von dem er ernsthaft glaubte, er sei verrückt geworden. Sein Blick erinnerte an die flüchtigen Sinne von Roderick und mit einem gespenstischen Lächeln antwortete er: „Ich bin nicht verrückt, obwohl ich genug habe, um verrückt zu werden. Wir müssen ohne einen Moment Verzögerung nach Irland zurückkehren und dort meine Armee verstärken. Elvira muss sofort zurückgebracht werden, denn ihr Leben ist durch jeden Moment Verzögerung in Gefahr.“

„Das hoffe ich nicht“, sagte Edric. „Denn obwohl ich Rosabella verabscheue, halte ich sie nicht für fähig, einen Mord zu begehen.“

„Wenn nicht, dann Pater Morris“, erwiderte Roderick mit leiser Stimme und einem Ausdruck intensiver Gefühle.

Edric wurde blass. „Im Namen Gottes, sag mir, wer und was du bist?“ sagte er ernst; „Und wie Sie diese genaue Kenntnis des englischen Hofes erlangt haben.“

„Ich werde der Liebling des Teufels genannt, wissen Sie“, erwiderte Roderick und lächelte trotz seiner Verzweiflung über die Verlegenheit seines Freundes, „und es wäre sehr schwer, wenn mein Gönner mir nicht ab und zu einen Hinweis auf Themen geben würde Bedeutung."

„Wie *kann* man über so ein Thema scherzen?“ fragte Edric vorwurfsvoll.

„Stimmt“, erwiderte Roderick; „Wie Sie sagen, ist das Thema kein Scherz, denn wir müssen Sevilla in ein paar Stunden verlassen und Herrn de Mallet und die hübsche Pauline zurücklassen, die uns unter der Eskorte meines griechischen Pagen folgen; oder besser gesagt, was vielleicht.“ Du würdest es vorziehen, du bleibst zurück, um dich um sie zu kümmern, und Alexis und ich werden alleine weitermachen.“

„Oh Roderick!“ rief Edric aus, „wie kannst du dir vorstellen, dass ich dich verlassen könnte?“

„Nicht einmal für Pauline?“ fragte der König lächelnd.

„Nicht einmal für Pauline“, wiederholte Edric entschieden; „Meine Liebe zu dir übertrifft sogar die hingebungsvolle Liebe einer Frau; und solange ich atme, werden mich weder Gefahr noch Vergnügen von deiner Seite reißen.“

„Mein lieber Edric!", sagte Roderick, und die Tränen glitzerten in seinen Augen. Im nächsten Augenblick jedoch wischte er sie weg und fügte fröhlich hinzu: „Aber komm, wir müssen gehen und uns verbeugen und uns wie anständige Kavaliere verabschieden. Und du kannst auf meine Verschwiegenheit vertrauen, Edric, dass ich Pauline nichts von deinem Mangel an Tapferkeit erzählen werde."

Der griechische Page sah aus wie ein Bild der Verzweiflung, als er den Befehl seines Herrn hörte, zurückzubleiben; und seine Stirn war von Emotionen erfüllt, so dunkel wie der sich vor einem Sturm zusammenziehende Himmel. Er widersetzte sich jedoch nicht dem Willen seines Herrn, kreuzte die Arme vor der Brust und neigte zum Zeichen des Gehorsams den Kopf.

Die Reise von Edric und Roderick nach Irland verlief äußerst schnell und günstig; und bei ihrer Ankunft war ihr Empfang begeistert. Die Iren sind sprichwörtlich warmherzig, und die Begeisterung, mit der sie nun ihren siegreichen Monarchen begrüßten, lässt sich kaum beschreiben. Zur Begrüßung seines Einzugs in seine Hauptstadt wurden Triumphbögen errichtet, die Wände mit Gobelins behängt und die Straßen mit Blumen übersät. Roderick lehnte diese Ehrungen nicht ab; aber allen, die ihn gut kannten, war klar, dass seine Gedanken mit anderen Dingen beschäftigt waren; und tatsächlich ergriff er seine Maßnahmen so schnell und so entschieden, dass er, als seine Armee mit Herrn de Mallet und seiner Tochter Dr. Entwerfen und dem griechischen Pagen aus Spanien eintraf, eine Streitmacht zusammengestellt hatte völlig ausreichend für die Wiederherstellung der Königin.

An dem Tag, an dem Elvira voller Angst vor der Macht ihres Rivalen floh, begann die vereinte Armee von Roderick ihren Marsch, um ihr zu Hilfe zu eilen. und es war fast ohne Widerstand durch den gesamten Tunnel unter dem Meer vorgedrungen, der die beiden Königreiche trennt. Nun wurde den Soldaten befohlen, sich für die Nacht auszuruhen, und zu diesem Zweck wurden rasch Zelte aufgebaut. Roderick konnte jedoch nicht schlafen; und er stand mit verschränkten Armen da und blickte auf die einzigartige Szene vor ihm. Die unzähligen Fackeln, die an den dunklen Seiten des Tunnels befestigt waren, warfen ihr klares Licht umher und zeigten deutlich die lange Reihe weißer Zelte, die sich so weit das Auge reichte erreichen; während das ferne Rauschen des Meeres über ihren Köpfen wie das heisere Murmeln des aufziehenden Donners klang.

Während Roderick damit beschäftigt war, bemerkte Edric, wie eine Gruppe von Leuten von der englischen Seite in die Höhle eintrat und sich eifrig nach dem König erkundigte. Sie wurden vor ihn gebracht; es waren vier an der Zahl, aber einer blieb zurück und hielt seine Pferde, die furchtbar abgestumpft und verzweifelt aussahen; während die anderen drei, ein Mann und zwei Frauen, näher kamen und sich Roderick zu Füßen warfen: „Guter Gott! Es ist Elvira!" rief er aus.

„Henry Seymour!" schrie die Königin und fiel bewusstlos zu Boden.

Inzwischen herrschte in England Anarchie. Der König war angewidert von der Welt und von sich selbst, zog sich von der Gesellschaft zurück und verbrachte seine Zeit ausschließlich auf einem kleinen Anwesen neben dem Schloss seines Vaters. Sir Ambrose und er trafen sich oft, aber sie sprachen nie miteinander, obwohl ihre Herzen sich nacheinander sehnten. Trotz all seiner guten Eigenschaften war Sir Ambrose voreingenommen und eigensinnig; er liebte seinen Sohn leidenschaftlich, aber er konnte einen Rebellen nicht ertragen, und der arme alte Mann sank schnell ins Grab, weil ihm der Trost fehlte, den er nicht annehmen wollte.

Auch Edmund war unglücklich: Die Gewohnheit des Respekts, die er seinem Vater gegenüber immer an den Tag gelegt hatte, hinderte ihn daran, sich gegen seinen Willen in seine Angelegenheiten einzumischen, obwohl er seinen leeren Königstitel gern aufgegeben und sich allen Qualen absoluter Not ausgesetzt hätte, um das Privileg zu erlangen, sich seinem Vater an den Hals zu werfen und seine Vergebung zu erhalten. Der Titel Edmund war nun tatsächlich nur noch ein leerer. Rosabella allein übte die Macht einer Herrscherin aus, und ihr hochmütiges Temperament und ihre launische Tyrannei machten sie allgemein verabscheut. Monarchen müssen standhaft sein, um respektiert zu werden; und solange sie weiterhin Respekt einflößen, können sie es manchmal wagen, Tyrannen zu sein. Aber Rosabella wurde nicht mehr respektiert; er wurde verachtet; und das Unterhaus, das sich unterdrückt fühlte und dessen Beschwerden völlig unbeachtet blieben, begann Elviras sanfte Herrschaft zu bedauern. „Sie hat uns wenigstens freundlich behandelt", sagten sie, „und wenn sie unsere Bitten ablehnte, dann mit Sanftmut. Aber jetzt werden wir verachtet und mit Füßen getreten, nicht nur von der Königin, sondern auch von ihrem Beichtvater. Das wollen wir nicht ertragen, das können wir nicht ertragen."

Traurig und klagend war auch das Leben des Herzogs von Cornwall: Tage- und stundenlang irrte er mit seinem Freund Sir Ambrose in den Gärten seines Schlosses umher und beklagte sich kummervoll über die völlige Zerstörung seiner Hoffnungen.

Auf diesen Spaziergängen sahen sie Edmund oft, wie er in einiger Entfernung wie ein einsamer Geist dahinglitt und zwischen den Bäumen verschwand, wenn er glaubte, beobachtet zu werden. „Wie hat sich Edmund verändert!", sagte der Herzog. „Ach! Wie zerfrisst Schuld das Herz! Er hat meine Tochter zerstört und erleidet jetzt die Strafe für sein Verbrechen."

„Sagen Sie das nicht", erwiderte Sir Ambrose, der es nicht ertragen konnte, seinen Sohn von jemand anderem als ihm selbst getadelt zu hören; „wenn Elvira nicht mit Prinz Ferdinand durchgebrannt wäre –"

„Mit Prinz Ferdinand durchgebrannt!" rief der Herzog, „das habe ich nicht erwartet. Was! Können Sie, Sir Ambrose, sich der allgemeinen Stimme anschließen? Wollen Sie die arme Elvira verleumden? Elvira, die Sie von ihrer Wiege an gekannt haben – die Sie als Ihre geliebt und gestreichelt haben eigenes Kind?"

„Geduld! Geduld! mein guter Freund."

„Ich habe keine Geduld, ich kann keine Geduld haben, wenn ich höre, wie meine Tochter empört wird – mein armes mutterloses Mädchen. Denken Sie daran, falls sie sich irren sollte, sie hat ihre Mutter in ihrer Kindheit verloren – sie ist immer mit mir aufgewachsen, und so." Sie war von frühester Kindheit an die Spielgefährtin Ihrer Söhne. Vielleicht hält sie sich nicht an die strengen Beschränkungen, die ihrem Geschlecht von denen auferlegt wurden, die immer von der Gesellschaft der Männer ausgeschlossen waren. Aber sie meint es gut, Sir Ambrose. Sie meint es immer gut, und ich würde für ihre Tugendhaftigkeit mit meinem Leben büßen. Außerdem war sie es immer gewohnt, einen intimen Freund des anderen Geschlechts zu haben; – Sie kennen Edmund –"

„Niemand hat ihr jemals die Schuld gegeben, als Edmund ihr Freund war."

„Und wer wagt es jetzt, ihr die Schuld zu geben? Niemandem, dem ich vertraue, solange ich einen Arm und ein Schwert habe, die bereit sind, sie zu verteidigen."

„Mein guter Freund, Sie argumentieren wie ein liebevoller Vater, der, obwohl er die Fehler seiner Nachkommen einsieht, bereit ist, sie zu verzeihen. Ihr Urteil verurteilt Elvira sogar noch mehr als meines."

„Nein, nein, wenn ich sie für unrecht hielte, würde ich ihr nicht die gleichen Vorwürfe machen wie Sie. Ihre Vorliebe für Edmund macht Sie blind, und Sie bilden sich ein, mein armes Kind hätte tausend Fehler, weil sie die Verdienste Ihres Sohnes nicht erkannte."

„Sie irren sich völlig; meine Meinung über Elvira wäre genau dieselbe, wenn Edmund nicht existieren würde. Allerdings gestehe ich offen, dass ich jedes Mal, wenn ich sein edles, von Sorgen gezeichnetes Gesicht sehe – seine blassen Wangen und eingefallenen Augen –, einen Stich in meiner tiefsten Seele verspüre. Es ist eine seltsame Verblendung, dass sie meinen edlen Jungen zurückweist und dennoch so bereitwillig mit einem jungen Mann durchbrennt, den sie kaum kannte."

„Passen Sie auf, was Sie sagen, Sir Ambrose – passen Sie auf, was Sie sagen. Ich werde nicht zulassen, dass mein Kind beleidigt wird.“

„Ich möchte sie nicht beleidigen – ich spreche nur die Wahrheit – ich halte sie nicht einmal für schuldig, obwohl das ganze Gericht von ihrer Schande erfüllt ist.“

„Schuld! Scham! Und das mir gegenüber? O Gott! O Gott! Ich habe zu lange gelebt! Zu hören, wie mein Kind so gemein verleumdet wird, und nicht in der Lage zu sein, es mir übel zu nehmen!“

„Niederträchtig! Und ist dies das Ende unserer langen Freundschaft? Niederträchtig! Und habe ich es erlebt, dass man mich niederträchtig nennt, nur weil ich einem koketten Lüstling die Schuld gegeben habe?“

„Übermütig!“, rief der Herzog, und außer sich vor Wut schlug er Sir Ambrose heftig. Der betagte Baronet konnte diese Beleidigung nicht ertragen; sein Schwert flog aus der Scheide, und in wenigen Sekunden waren diese alten Freunde in einen tödlichen Kampf verwickelt.

Es war ein schockierender Anblick, diese beiden alten Männer mit ihrem weißen Haar im Wind wehen zu sehen – ihre ehrwürdigen Gesichtszüge vom Alter faltig und ihre schwachen Körper wankend um Halt –, wie sie mit der ganzen rachsüchtigen Wut der Jugend kämpften. Wie furchtbar ist der Sturm der Leidenschaft! Wie gemein ist das menschliche Herz, wenn es sich selbst überlassen wird! Jedes sanftere Gefühl erlosch in den Brüsten der beiden Veteranen, und nur brutale Wut blieb. Eine Zeit lang war der Sieg ungewiss; doch schließlich fiel Sir Ambrose, und im nächsten Moment wäre das Schwert seines Gegners durch seine Brust gedrungen, hätte nicht ein kräftiger Arm den Schlag aufgehalten. Es war Edmund! Er hatte das Klirren der Schwerter aus der Ferne gehört, eilte zur Stelle und kam gerade rechtzeitig, um den tödlichen Schlag zu verhindern.

„Oh mein Vater!“, rief Edmund mit einem Schauder des Entsetzens, „um Gottes Willen, stirb nicht, bis du mir vergeben hast! Er hört mich nicht!“, rief er und rang in unsäglicher Qual die Hände. „Oh, um Gottes Willen, sprich! Zerstöre mich nicht.“

Sir Ambrose öffnete schwach seine trägen Augen: „Lebe wohl“, sagte er mit matter Stimme: „Gott segne Sie!“

„Oh, vergibst du mir!“, kreischte Edmund und fiel auf die Knie.

„Das tue ich“, sagte Sir Ambrose, „und – der – Herzog.“ Die Worte kamen schwach über seine Lippen, und während er sprach, gurgelte das furchtbare Röcheln des Todes in seiner Kehle, und mit einem krampfhaften Schluchzen verschied er.

Traurig blickte der Herzog nun auf seinen gefallenen Feind, doch als er ihn tot fand, war er verwirrt. Wahnsinnig riss er sich die Haare aus und warf sich auf die Leiche; doch seine Qualen waren vergebens, der Lebensfunke war erloschen. Edmund stand auch einige Sekunden da und starrte auf den Körper, ohne dass er einen klaren Gedanken hatte; doch als die ganze traurige Realität über ihn hereinbrach, konnte er seine eigenen Gedanken nicht ertragen und schoss mit Blitzgeschwindigkeit davon. Der Herzog achtete nicht auf sein Fortgehen; er hatte sich auf den Körper seines verstorbenen Freundes geworfen, und das ganze Universum schien für ihn nur diesen blutigen Leichnam zu enthalten. „Ich habe ihn getötet! Ich habe ihn getötet!", rief er, „ich habe ihn getötet!"

Seine furchtbaren Schreie lockten bald viele Leute an den Ort. „Ich habe ihn getötet!" schrie der Herzog als Antwort auf alle Fragen. „Ich habe ihn getötet!" Abaelard war einer der ersten, die sich um dieses traurige Schauspiel versammelten. „Was können wir tun?", sagte er zu Pater Murphy. „Die Lage scheint hoffnungslos."

„Ich habe ihn getötet!", schrie der Herzog erneut voller Schmerzen.

„Er ist völlig verrückt", sagte Pater Murphy, „daran besteht kein Zweifel."

„Ich habe ihn getötet!", wiederholte der Herzog mit einem noch durchdringenderen Schrei: „Ich habe ihn getötet!"

„Oh, er ist verrückt", riefen alle Zuschauer, während sie versuchten, ihn von der Stelle zu entfernen. Mit unendlicher Mühe gelang es ihnen, er klammerte sich immer noch an die Leiche und schrie „Ich habe ihn getötet!", bis seine Stimme in der Ferne verklang.

Während sich diese Szenen am englischen Hof abspielten, marschierte die Armee von Roderick ohne Widerstand durch das Königreich, denn überall empfing das Volk, der Tyrannei ihrer Rivalin überdrüssig, Elvira mit offenen Armen, und der Oberadel wetteiferte miteinander Sie öffneten ihre Häuser, um sie und ihre Suite zu bewirten, während sie vorbeiging.

Es war ein schöner Abend im März und die Nacht war klar, wenn auch kalt, als Elvira mit eiligen Schritten auf der schönen Terrasse auf und ab ging, die zum Schloss eines dieser Adligen gehörte. Die Königin war offenbar in Gedanken versunken, und als sie hin und wieder innehielt, warf sie ihr langes Haar zurück und blickte mit einem Ausdruck großer Besorgnis zum Himmel auf. „Es ist eine schöne Nacht!" murmelte sie: „Der Himmel schenke, dass der Frieden uns noch begleiten möge! Doch ich fürchte, ich weiß nicht, was mit der Gefahr droht. Oh, wenn die Streitkräfte von Rosabella Widerstand leisten sollten – und Roderick fallen sollte – und für mich –"

Sie hielt inne, denn der Gedanke schien zu schrecklich, um ihn zu ertragen. Der Mond schien hell am Himmel und die Sterne funkelten wie Diamanten am klaren blauen Himmel, während Elvira, die ihre Augen zum Himmel erhob und ihre Hände faltete, in stilles Gebet versunken schien. Ihr schönes Gesicht, das von ihrem langen schwarzen Schleier beschattet wurde, sah in dem sanften Licht, das darauf fiel, noch lieblicher aus als sonst; und wie sie so dastand, anscheinend ganz in innere Andacht versunken, schien sie fast ein himmlisches Wesen zu sein, das für einen Augenblick auf die Erde herabgestiegen war und im Begriff war, in ihren heimatlichen Himmel zurückzukehren.

Am Ende der Terrasse erschien nun eine Gestalt, in einen dunklen langen Mantel gehüllt, und näherte sich langsam der Königin. Zwei weitere Gestalten tauchten ebenfalls aus dem Schatten auf und folgten ihnen, wenn auch in beträchtlicher Entfernung. Elvira bemerkte ihre Annäherung erst, als die erste Gestalt hinter ihr stand, ihre Arme ergriff und einen Umhang über ihren Kopf warf, um ihre Schreie zu unterdrücken. und dann trieb er sie mit Hilfe der anderen eilig davon. In diesem Augenblick sprang Roderick energisch auf die Terrasse und warf mit einem Schlag seines kräftigen Armes den ersten Angreifer zu Boden. Dann zog der wütende Monarch sein Schwert und hätte ihn sofort erledigt, wenn der vermeintliche Attentäter nicht einen durchdringenden Schrei ausgestoßen und, sich um seine Knie geklammert, um Gnade flehte. Der Mond schien voll auf das Gesicht des Jungen und offenbarte Rodericks erstaunten Augen die Züge des stummen Pagen. „Alexis!" rief er.

Der Junge sprang vom Boden auf.

„Roderick!" schrie er; „Dann bin ich ruiniert!"

"Bleiben!" erwiderte den König, ergriff seinen Arm und verhinderte seine Flucht; „Wer und was bist du? Sprich, oder fürchte dich vor meiner Rache."

Das Herz des Jungen schlug fast bis zum Ersticken; Jeder Nerv pochte vor heftigster Emotion, und er zog einen Dolch aus seinem Gürtel und versuchte, ihn in Rodericks Herz zu stoßen. "Ah!" rief der König und sprang rechtzeitig zur Seite, um den Schlag zu verhindern; Bevor er es verhindern konnte, hatte der Page die Waffe in seinem eigenen Busen vergraben.

"Guter Gott!" rief Roderick aus, „was kann das bedeuten?"

Die ganze Szene war so schnell vorübergegangen, dass Elvira kaum Zeit hatte, sich zu erholen oder zu realisieren, was geschehen war. Die beiden Gehilfen waren geflohen, als sie den König bemerkten, und Elvira näherte sich mit zitternden Schritten und bleichen Wangen der Stelle, wo Roderick neben dem blutenden Pagen kniete.

Sie kniete neben ihm und versuchte, die Blutung zu stillen, die schnell aus der Wunde floss, doch vergebens, denn der Junge war sichtlich am Ende seines Lebens.

Brian, ein Diener des Königs, der seinem Herrn auf die Terrasse gefolgt war, unterstützte ihre Bemühungen; Roderick jedoch blieb starr und unbeweglich, seine Augen wie durch die Macht der Faszination auf den Pagen gefesselt, der nun langsam seine Augenlider öffnete, einen tiefen Seufzer ausstieß und seine trägen Augen auf die von Roderick richtete.

„Zoe!", rief der König.

„Ja", erwiderte der Page, nach Luft schnappend und mit Mühe sprechend. „Zoe! Ich bin wirklich dieser Schurke. Ich habe dich geliebt, Roderick; ich wäre für dich gestorben. Ich sterbe für dich; aber – aber – Elvira –"

„Was bedeutete Ihr Übergriff auf sie?"

„Was hat das zu bedeuten?", rief Zoe, und ihre Augen sprühten vor Feuer, und ihr ganzer Körper war von einer übernatürlichen Energie getragen. „Habe ich nicht gesehen, dass du sie liebst und könnte ich es ertragen, dich einem anderen zu überlassen? Nein", fuhr sie fort und sprang vom Boden auf. „Ich hätte sie getötet, und wäre sie gestorben, wäre ich zufrieden gestorben."

Die Gewalt der Tat ließ das Blut in Strömen aus ihrer Wunde strömen, und blass und schwach schlossen sich ihre Augen. Sie taumelte ein paar Schritte, fiel, kämpfte sich einmal krampfhaft durch und Zoe war nicht mehr da!

Traurig blickte Roderick auf die Gestalt, die noch vor kurzem vor Gefühlen gezittert hatte – jetzt kalt und leblos zu seinen Füßen: das Opfer der Leidenschaft lag vor ihm. Ihre Hoffnungen, ihre Ängste, ihre Wut und ihre Liebe waren vergangen, und dort blieb ihr Körper, ein gefühlloser Lehmklumpen, bis er in seine ursprünglichen Bestandteile zerlegt werden würde. Inzwischen näherten sich einige der Diener des Schlosses, die von Brian herbeigerufen worden waren; und der alte Earl von Warwick, in dessen Schloss die verhängnisvolle Szene stattgefunden hatte, stürmte auf die Terrasse und rief sein Volk wild an, die Königin zu retten.

"Ist es Lady Elvira, die Ihr mähnt?", fragte Brian. "Och, es gefalle Eurer Ehre, und sie ist in Sicherheit, jeder Zoll ihres Körpers."

„Und was war los?", fragte der Graf.

"Och, und Eure Lordschaft können das wohl fragen; aber verdammt noch mal, jeder kann es Ihnen sagen, außer einem, und das bin ich. Sehen Sie, mein Herr, seine gnädigste Majestät und ich gingen im Garten spazieren; das heißt, er ging und ich beobachtete ihn, aus Angst, ihm könnte etwas zustoßen; denn das Leben eines Menschen wie ihm darf in einem fremden Land nicht dem Zufall überlassen werden, und ich vermute, er dachte an die Königin, obwohl er nie etwas davon sagte. Und als wir uns der Terrasse näherten, war es so dunkel, dass man die Hand vor Augen nicht sehen konnte. Und dann lugte der Mond durch die Wolken, wie ein hübsches Gesicht, das durch ein Milchglasfenster schaut. Und dann kam er so hell wie ein silberner Spiegel hervor; und die Königin sah so hübsch aus, wie sie da stand und betete, dass mein Herr es nicht übers Herz brachte, sie zu unterbrechen; und was mich betrifft, ich war nicht der Mann, an so etwas auch nur zu denken. Und dann schlichen sich zwei schwarz aussehende Spappen, Pech für sie! hinter ihr hervor, und da Es waren nicht zwei, sondern drei – und keine einzige lebende Seele war in ihrer Nähe zu sehen. Aber Gott würde es nie zulassen, dass eine so anständige Dame wie sie einen Freund braucht, der sie tröstet, wenn sie in Not ist. Und mein Herr ließ sie nicht in Ruhe, nachdem ihr etwas zugestoßen war, denn er sprang auf die Terrasse, ganz wie ein Hund, der auf ein Reh losgeht, und rettete sie, was niemand außer ihm selbst so hätte tun können, um ihr Leben. Und als ich kam, lag der Mann tot da, der die Prinzessin hätte töten wollen, und es stellte sich heraus, dass er überhaupt kein Mann war, sondern eine Frau.“

Die Geschichte von Zoe ist schnell erzählt. Sie wuchs in einem warmen Klima auf und war von Natur aus enthusiastisch. Sie war ein Kind der Leidenschaft. Das Unglück, das sie in Griechenland erlebt hatte, hatte ihr alles genommen, was sie liebte, und ihre Zuneigung auf ihre eigene Brust zurückgeworfen, und diese hatte sich selbst ausgebeutet.

Um den Gefühlen, die sie bedrückten, freien Lauf zu lassen, schuf sie sich in ihrem eigenen Geist ein Bild der Vollkommenheit, das sie im Geheimen anbetete. Als sie jedoch Roderick sah, änderte sich alles; eine neue Welt schien sich ihr zu öffnen. Das Idol ihrer Fantasie stand tatsächlich vor ihr; denn Roderick verwirklichte all ihre wildesten Träume. Er wurde ihr Gott. Sein Heldentum, seine Person, seine Talente beflügelten ihre Vorstellungskraft, und die Heftigkeit ihrer Leidenschaften vervollständigte das Delirium ihrer Seele. Trotz der Intensität ihrer Gefühle vergiftete jedoch kein Gedanke gröberer Natur ihren Geist. Ihre Liebe war wie die der Engel, rein und unbefleckt: Sie betrachtete Roderick als ein Geweihtes, fast zu heilig, um es mit sterblichen Gelübden anzubeten; und sie hätte es als Sakrileg betrachtet, ihn auch nur als Ehemann zu betrachten.

Mit diesen Gefühlen hatte sie mit fast mütterlicher Liebe über ihn gewacht; und als sie ihn von der Verschwörung gegen ihn unterrichtete, beschloss sie mit der ganzen romantischen Hingabe einer verliebten Frau, ihm unbekannt und verkleidet zu folgen; allerdings ohne einen Plan, außer in seiner Nähe zu sein, oder eine andere Hoffnung, als zu seinem Glück beizutragen. Geld und die Hilfe von ein oder zwei ergebenen Dienern, die es schafften, Roderick zu folgen, hatten es ihr ermöglicht, dies zu erreichen. Sie war einen Moment lang eifersüchtig gewesen, weil er sich um Pauline sorgte, und sie war halb dazu verleitet worden, die Pläne des spanischen Generals zu unterstützen, Roderick gefangen zu nehmen; aber dieses Gefühl war verflogen, als sie die gegenseitige Leidenschaft von Edric und der schönen Schweizerin entdeckte. Jetzt war die Lage anders, und verrückt geworden durch den Gedanken an Rodericks Hingabe an Elvira hatte sie beschlossen, sie zu vernichten. Ihre treuen Griechen hätten ihr bei ihrem Plan geholfen, aber sie flohen, als sie sie entdeckte.

Roderick war unaussprechlich schockiert über das, was geschehen war, und konnte es kaum ertragen, sich auch nur für einen Moment von Elvira zu trennen. „Bitten Sie mich nicht, Sie zu verlassen", sagte er und blickte sie mit größter Zuneigung an. „Du sollst mich begleiten, sogar auf das Feld. Oh, zum Himmel, du würdest mir das Recht geben, für immer in deiner Nähe zu sein."

„Ach, leider!" antwortete Elvira; „Ich zittere wegen des Ergebnisses dieses verhängnisvollen Kampfes. Oh, dass ich nur ein bescheidener Bauer wäre!"

„Wünschte der Himmel, du wärst es!" rief Roderick voller Begeisterung; „Denn so glücklich ich auch immer in deiner Gegenwart bin, fühle ich mich nie so glücklich, wie wenn wir, wie jetzt, von der Welt abgeschieden zu sein scheinen. Dann könnte ich deinen Rang vergessen und all die künstlichen Beschränkungen, die die Größe dir auferlegt hat." ; und ohne daran zu denken, dass ich Roderick und du Elvira bin, denk nur an ein Paar einfacher Liebhaber, deren größte Sorge darin bestand, ihre Herden zu versorgen, und deren einziges Glück darin bestand, zu lieben und geliebt zu werden.

„Leider, Roderick!" antwortete Elvira; „Sprich nicht von Liebe. Nach der schrecklichen Szene, die wir gerade gesehen haben, zittere ich vor Leidenschaft. Nein, sei mein Freund, Roderick. Freundschaft ist sicherer als Liebe. Darauf können wir uns getrost verlassen; aber Leidenschaft zerstört sich selbst." wovon es sich ernährt – intensive Gefühle können nicht von Dauer sein.

„Oh Elvira! Sag es nicht", rief Roderick und richtete seinen Blick ernst auf ihr errötendes Gesicht – während sie zitternd und aufgeregt durch ihre Verwirrung die Leidenschaft verriet, die sie gerne verborgen hätte.

Wie schwach sind Worte, um die Begeisterung eines solchen Augenblicks auszudrücken! Es ist die Oase in der Wüste des Lebens – der helle Edelstein, der selbst die Schlacke, von der er umgeben ist, zum Strahlen bringt. Der Mensch wird im Elend geboren – dicke Wolken hängen über ihm und verdecken seinen Weg – Gefahren erwarten ihn auf jedem Schritt. Ein einziger Strahl allein durchbricht die Dunkelheit – hell wie die

Märchenträume der Kindheit; aber leider! ebenso flüchtig. Es ist Liebe – reine, leidenschaftliche, ungekünstelte Liebe – der einzige Blick auf den Himmel, der dem Menschen auf Erden gewährt wird. Und das empfanden nun Roderick und Elvira, als er sich ihr zu Füßen warf, ewige Beständigkeit schwor und sie davon überzeugte, anzuerkennen, dass ihre Hoffnungen auf irdisches Glück allein auf ihn gerichtet waren.

Aber warum entweihe ich eine solche Szene, indem ich versuche, sie zu beschreiben? Wer geliebt hat, braucht sich nur daran zu erinnern, was er bei einer ähnlichen Gelegenheit empfunden hat; und wer nicht geliebt hat, dem kann Gott helfen! Selbst Ciceros Beredsamkeit kann ihm nicht die geringste Vorstellung von etwas dergleichen vermitteln. Es genügt zu sagen, dass Elvira, bevor sie sich trennte, einwilligte, seine Braut zu werden, wenn ihre Bemühungen von Erfolg gekrönt sein sollten.

Der Zustand Englands spottet derzeit jeder Beschreibung. Der Tod von Sir Ambrose und der Wahnsinn des Herzogs von Cornwall waren an sich schon so schockierende Ereignisse, dass es nicht überraschend war, dass sie eine gewalttätige Wirkung auf die Gemüter der Menschen hatten. Edmund war verschwunden und Rosabella wurde, angestiftet von Pater Morris und Marianne, von Tag zu Tag gieriger und tyrannischer; während sie sogar untereinander stritten und im ganzen Königreich Elend herrschte.

Dies war der Zustand der öffentlichen Meinung, als Rosabella die Nachricht von der Invasion Rodericks zum ersten Mal zu Ohren kam.

„Marianne!" Sie rief: „Rufen Sie Pater Morris. Wir sind ruiniert", fuhr sie fort, als der ehrwürdige Vater eintrat – „völlig ruiniert. Roderick ist unbesiegbar und er unterstützt Elvira! Wo ist Cheops?"

„Ja!" antwortete Pater Morris: „Wo *ist* Cheops? Es ist dieser verfluchte Unhold, der uns ins Verderben geführt hat!

„Dennoch hast du ihm vertraut!" sagte Rosabella. „Ich habe ihn von Anfang an gehasst; aber du hast ihm vertraut. Du hast ihn für vollkommen gehalten, er hat deiner Eitelkeit geschmeichelt, und du hast schwach an alles geglaubt, was er behauptet hat."

"Schwach!" rief Pater Morris, seine Lippen zitterten vor Wut.

„Ja, schwach!" kehrte Rosabella zurück; „Denn ein Kind hätte seine Kunstgriffe durchschaut; aber du wurdest von ihnen getäuscht und bist sein Betrüger, sein Werkzeug, sein Spielzeug gewesen."

"Das zu mir!" rief Pater Morris und knirschte leidenschaftlich mit den Zähnen.

„Ja, für dich", erwiderte Rosabella kühl; „Denn warum sollte ich meine Gefühle länger verbergen? Ich werde nicht länger dein Sklave sein. Du hast mich von meinem Mann verlassen – von meinen Untertanen gehasst – und von mir selbst verabscheut. Daher werde ich deinen Ratschlägen von nun an nicht mehr folgen." Ich werde für mich selbst handeln. Adieu, wir treffen uns nicht mehr als Freunde!"

Und während sie sprach, verließ sie den Raum und ließ den Priester regungslos vor Erstaunen zurück. „Das für mich!" rief er zu Marianne, sobald er sich soweit erholt hatte, dass er sprechen konnte: „Zu mir, der ich alles für sie geopfert habe! Habe ich sie nicht auf den Thron gesetzt? Habe ich überhaupt Bedenken, meine Hände um ihretwillen mit Blut zu beflecken?" Habe ich nicht für sie Verbrechen begangen, die schwer auf meiner Seele lasteten, und hätte ich nicht auch Elvira vernichten sollen, wenn Cheops sie nicht gerettet hätte? Ist das nicht ein grausamer Traum? „ Kann es Rosabella *sein* ! "

„Still! Still!" rief Marianne; „Es ist nur die Leidenschaft eines Augenblicks. Sei gefasst. Rosabella liebt dich immer noch; aber verärgert über Edmunds Verlassenheit und die Neuigkeiten, die sie gerade gehört hat –"

„Oh, Marianne!" unterbrach der Mönch schmerzerfüllt, „Sie können leicht darüber nachdenken, denn Sie hatten nie ein Kind; aber wenn der Himmel uns mit einem gesegnet hätte, hätten Sie vielleicht Mitgefühl für meine Qual gehabt."

„Ich fühle mit dir", erwiderte Marianne; „Aber behandelt sie mich nicht mit der gleichen Verachtung? Seit der Abwesenheit von Edmund ist sie abgelenkt, und ich, der ich die Qualen kenne, die eine Frau erleidet, wenn sie von dem Mann, den sie verehrt, verlassen wird, kann mit ihr mitfühlen."

„Und wer hat sie zuerst gewonnen, Edmund? Wäre er jemals ihr Ehemann geworden, wenn ich ihn nicht überredet hätte?"

„Ich glaube nicht; ohne dich wäre sie auch keine Königin geworden."

„Nein – nein. Oh! Wie habe ich mich für dieses undankbare Mädchen abgemüht! Wie habe ich sie angebetet!"

„Du warst ein hingebungsvoller Vater."

„Habe ich das nicht, Marianne? Ich habe zumindest versucht, meine Sünde zu büßen. Ich habe Buße getan – ich habe zahllose Nächte in schmerzhaften Mahnwachen verbracht. Ich habe meinen Körper gegeißelt, bis das schwache Fleisch unter der Folter geschrumpft ist, und doch immer noch mein Der Geist bleibt unbesänftigt. Die Reue nagt immer noch an meinen Organen! Oh, Marianne!

Auf diese Weise unterhielten sich diese Gefährten der Ungerechtigkeit; Bis sie schließlich, da sie einander und sich selbst hassten, gegenseitigen Vorwürfen freien Lauf ließen und sich in unverhülltem Hass und Verachtung trennten. Das ist in der Tat die abscheuliche Natur der Sünde, dass ein Mensch zwar seine Augen vor seinen eigenen Fehlern verschließen oder sie vielmehr durch das magische Prisma der Selbstliebe sehen mag; Dennoch verabscheut er sie fast immer, wenn er sie in einem anderen widerspiegelt.

So war es auch bei Pater Morris. Marianne war in vielen Lasterszenen seine Gefährtin gewesen; Tatsächlich hatte er sie zuerst von den Pfaden der Tugend abgebracht, und wie in solchen Fällen üblich, hasste er jetzt das Geschöpf, das er geschaffen hatte.

Pater Morris war in der Tat der Bruder des Herzogs von Cornwall, auf dessen Verbrechen und Strafen bereits leicht hingewiesen wurde. Er hatte in jungen Jahren eine schöne und gebildete Frau geheiratet; Aber angestiftet durch die Machenschaften von Marianne, die er zuvor verführt und verlassen hatte, war er eifersüchtig auf sie geworden und hatte ihr in einem Anfall von Wut das Leben genommen. Dies war das Verbrechen, das er seitdem durch die Buße seines ganzen Lebens zu sühnen versucht hatte. Allerdings war sein Unterfangen vergeblich gewesen! Die Demütigung des Körpers nützt wenig, wo die Demütigung des Geistes fehlt; und Pater Morris war trotz seiner offensichtlichen Reue stolz, neidisch und intolerant.

In einem Anfall von Reue hatte er nach dem Tod seiner Frau ein klösterliches Leben angenommen und sich, um sich einer ewigen Buße zu unterwerfen, als Beichtvater von Sir Ambrose eingesetzt. Tatsächlich hätte für einen stolzen Geist keine Situation schmerzhafter sein können als diese; Doch Pater Morris war stolz darauf, dieses tägliche Elend zu unterstützen, ohne zu murren.

Es ist seltsam, aber wahr, dass hochmütige Geister manchmal fast Freude daran haben, ihre Ausdauer bis zum Äußersten zu testen; Denn in dem Gedanken, etwas ertragen zu haben, das für Sterbliche fast zu viel erscheint, liegt eine Selbstzufriedenheit in uns, die einen Menschen unter den schlimmsten Qualen oft tröstet.

Dies war bei Pater Morris der Fall, und die täglichen Qualen, die er ohne Zurückhaltung ertrug, versöhnten ihn beinahe mit sich selbst. Ehrgeiz war jedoch immer noch seine größte Leidenschaft, und da seine Mönchsgelübde ihn daran hinderten, ihm selbst nachzugeben, widmete er sich der Förderung seines Kindes. Wie er Erfolg hatte und wie er dafür belohnt wurde, wurde bereits gezeigt.

KAPITEL XXXII.

„Haben Sie die Neuigkeiten gehört?", fragte Lord Maysworth eines Morgens, als er geschäftig ins Frühstückszimmer von Lord Gustavus de Montfort strömte.

„Was ist es?", fragte der edle Lord, der mit seinen üblichen Satelliten beim Frühstück saß.

„Der König von Irland ist mit einer riesigen Armee in Oxford angekommen, um Elvira wiederherzustellen."

„Unmöglich!" rief Lord Gustavus.

„Unmöglich!", hallte es von den Satelliten.

„Es muss etwas getan werden", sagte Lord Maysworth.

„Ich denke, wie ich denke, und da ich zuversichtlich bin, dass jeder, der mich hört, denken muss oder zumindest denken sollte", sagte Lord Gustavus; „Keine Regierung kann schlechter sein als die, die wir derzeit haben."

„Die Königin hat eines ihrer Versprechen nicht erfüllt", fügte Dr. Hardman hinzu; „Und ihre Launenhaftigkeit und Grausamkeit sind unerträglich."

„Ihre Extravaganz kennt keine Grenzen", sagte Lord Maysworth.

„Und ihre Arroganz ist extrem", entgegnete Lord Gustavus.

Die Satelliten schüttelten im Chor den Kopf.

„Meiner Meinung nach", sagte Lord Maysworth, „sollten wir besser Elvira aufsuchen und versuchen, sie zu besänftigen. Sie war es gewohnt, sanft und sanft zu sein."

„Aber wird sie nicht über unsere frühere Desertion zu sehr verärgert sein, um uns zuzuhören?", fragte Dr. Hardman.

„Ich glaube nicht", sagte Lord Gustavus pompös.

Das Ergebnis dieser Konferenz kann man sich leicht vorstellen. Rosabella wurde verlassen; viele, die nicht den Mut gehabt hätten, ihre Sache aufzugeben, hätten sie nicht Präzedenzfälle für ihr Verhalten gefunden, flohen im Gefolge der rebellischen Lords. Roderick rückte schnell vor und seine Armee wurde täglich durch die unzufriedenen Engländer verstärkt.

„Ich bin verloren, Marianne!", rief die Königin, als sie feststellte, dass der Feind nur noch einen Tagesmarsch von ihrer Hauptstadt entfernt war. „Ich bin unrettbar ruiniert."

„Lass dich nicht im Stich", sagte Marianne, „dann wirst du vielleicht noch gerettet. Wenn du verzweifelst, ist das praktisch ein Eingeständnis der Schwäche deiner Sache."

„Was wird aus mir?" fuhr Rosabella fort und rang die Hände; „Keine irdische Hilfe kann mich retten."

„Aber der Mut darf", sagte die tiefe Stimme von Cheops, der unbemerkt den Raum betreten hatte.

"Ah!" schrie Rosabella; „Es ist der Teufel!"

Cheops lachte, und der unheimliche Klang klang heiser in den Ohren seiner Zuhörer.

„Sprich, Dämon! oder was auch immer du bist", rief Marianne; „Sollen wir sterben?"

„Du wirst deine Belohnung erhalten!" sagte die Mumie ruhig: „Bist du zufrieden?"

„Oh, Rosabella!" schrie Pater Morris und stürmte voller Verzweiflung in den Raum; „Rette sie! Rette mein Kind!"

"Dein Kind?" rief Rosabella; „Kann es möglich sein, dass *du mein Vater* bist ?"

„Ich bin – ich bin; – aber fliege – fliege – und ich vergebe alles; lasst uns nur fliegen!"

"Ach!" rief Marianne; „Er hat nur zu viel Grund für seine Qualen. Der Feind ist in die Stadt eingedrungen."

"Was wird aus uns?" rief der Mönch. „Unhold! Monster! Barbar!" rief er, wandte sich an Cheops und packte ihn grob am Arm; „Befreie uns! Es waren deine verfluchten Ratschläge, die uns ins Verderben führten. Rette uns!"

"Meine Ratschläge haben dich ins Verderben geführt!", erwiderte Cheops mit einem seiner bitteren Lachen. "Sag lieber: deine eigenen Leidenschaften. Habe ich dich gedrängt, Claudia zu ermorden? Nein, habe ich nicht Elvira gerettet? Habe ich dich nicht gewarnt, dass Thron und Elend untrennbar miteinander verbunden sind? Und habe ich nicht alle meine Versprechen bis aufs kleinste Detail erfüllt?"

„Ja, ja, dem Buchstaben nach", erwiderte Pater Morris, „aber nicht im Geiste."

„Bei den heiligen Falken des Osiris, die in Edfou gefangen gehalten werden! Ich habe geschworen, dass Rosabella Königin werden soll und Sie ihr Lieblingsminister."

„Sprich nicht von der Vergangenheit", rief der Priester ungeduldig. „Sag mir, wie ich handeln soll. Der Feind steht vor den Toren des Palastes."

„Haben Sie nicht gesagt, dass von dieser Kammer ein Geheimgang ausgeht?"

„Das gibt es! Das gibt es!" rief Pater Morris entzückt. „Wir werden uns dort verstecken und sie vielleicht überraschen."

Cheops lachte: „Bin ich immer noch dein Feind?", fragte er mit seiner üblichen Bitterkeit.

„Nenn es nicht, nenn es nicht!" rief Pater Morris. „Wir haben keine Sekunde zu verlieren. Beeil dich in den unterirdischen Gang. Ich höre die Pferde des Feindes im Hof des Palastes!"

„Theben war von Gängen durchlöchert und trotzdem ist es gefallen", murmelte Cheops, als er dem Mönch und Rosabella durch die Öffnung in die Geheimkammer folgte. Marianne gesellte sich zu ihnen und die Federplatte schloss sich.

Nichts könnte schmeichelhafter sein als der Empfang, den Elvira von ihrem Volk erhielt. Roderick hatte sie an die Spitze seiner Armee gestellt, und das Volk begrüßte ihr Erscheinen mit Entzücken. Es war kein Schlag erfolgt, denn die Armee von Rosabella hatte sich ihren Bannern angeschlossen; und Elvira rückte ohne Widerstand nach London vor. Sie war zu sanft und nachsichtig, um sich auch nur einem einzigen Rachegefühl hinzugeben, und freute sich darüber, dass ihr Rivale entkommen war, und wünschte, dass keine Verfolgung eingeleitet würde.

Edric war jedoch nicht so ruhig. Tausend Umstände schossen ihm durch den Kopf, um zu beweisen, dass Pater Morris die Thronbesteigung Rosabellas schon lange geplant hatte, und er war überzeugt, dass er von den Plänen, die sie ausgeheckt hatten, um ihn zum Verlassen des Königreichs zu bewegen, getäuscht worden war.

„Ich werde ihn finden", sagte er, „und seine Schande aufdecken. Er wird mir auf diese Weise nicht entkommen."

Seine Suche war jedoch vergebens, und er kehrte ruhelos und mutlos in das Zimmer zurück, in dem Rosabella soeben gewohnt hatte. Elvira befand sich nun in diesem prächtigen Zimmer, umgeben von ihren Freunden, und wartete zitternd vor Aufregung auf die erwartete Ankunft ihres Vaters.

„Oh, Himmel!" rief sie aus, als der arme alte Mann hereingeführt wurde. „Roderick! Mein geliebter Roderick! Können wir ihn nicht retten?"

„Ach", erwiderte Roderick, „ich fürchte – aber beruhige dich, mein liebstes Mädchen; es kann noch alles gut gehen."

„Wo ist Elvira? Mein Kind, meine liebe Elvira!", rief der alte Mann. „Ich habe sie nicht getötet! Nein", flüsterte er und trat näher an Roderick heran. „Ich habe *ihn getötet* , das stimmt, aber es war ihretwegen. Er hat mein Kind verleumdet, und das konnte ich nicht ertragen."

„Oh Gott! Oh Gott!" rief Elvira! „Erbarmen Sie sich seiner! Es bricht mir das Herz, ihn so zu sehen. Verlassen Sie uns, ich flehe Sie an", fuhr sie fort und wandte sich an ihre Freunde. „Ich kann es nicht ertragen, dass selbst Sie das Ausmaß seiner Krankheit sehen. Lassen Sie ihn bei mir, und vielleicht erinnert meine Anwesenheit an seine verlorene Erinnerung."

Der Widerstand verstärkte ihre Angst nur, ihre Freunde stimmten schließlich zu; und Elvira blieb mit ihrem Vater allein zurück. Die Königin kniete neben ihm, während er ausgestreckt auf einem Sofa lag, und versuchte, ihn zu trösten; aber er kannte sie nicht und zerdrückte ihr das Herz, indem er Elvira vehement anrief. „Wenn ich mein Kind sehen könnte", sagte er, „würde ich zufrieden sterben. Rufen Sie mein Kind! Wo ist Elvira? Ja, ja, ich weiß, sie ist eine Königin und kann nicht zu mir kommen! Doch ich denke, selbst eine Königin könnte das tun Schau dir ihren armen alten Vater an: Ich will nur, dass sie mich ansieht!"

Während sich diese Szene abspielte, lagen Rosabella und ihre Freunde in der Geheimkammer verborgen und beobachteten durch die bewegliche Wand alles, was geschah.

„Jetzt ist es an der Zeit", rief Pater Morris, als er sah, dass Elvira, erschöpft von ihrem Kummer, ihr Gesicht in den Händen verborgen hatte, um ihren Tränen freien Lauf zu lassen.

„Wenn du sie tötest, sicherst du dir deine eigene Vernichtung!", sagte Cheops.

„Das ist mir egal", erwiderte Pater Morris, nahm das Paneel ab und näherte sich. Elvira sah ihn nicht, und der glänzende Dolch war bereits auf ihre Brust gerichtet, als er dem Wahnsinnigen ins Auge fiel, und ihm kam die Vernunft wieder in den Sinn.

„Edgar!" rief er mit einem durchdringenden Schrei, „verschone mein Kind!"

Der Schrei weckte Elviras Freunde, die im Vorzimmer geblieben waren, und sie stürmten hinein. Im Nu war der Raum überfüllt; Pater Morris war in Gewahrsam und seine Komplizen (da er die Tür offen gelassen hatte) wurden entdeckt.

„Edgar!" rief der Herzog. „Ja, es ist Edgar! Mein Bruder! Mein einziger Bruder! Und das ist Elvira. Sie ist nicht geflohen. Ich wusste es. Sie ist in Sicherheit!"

„Und ist es möglich", rief Edric, „dass Sie Herzog Edgar sein können?"

„Ich bin dieser Elender!", sagte Pater Morris.

„Dann ist Rosabella –"

„Mein Kind! Und für sie bin ich der Elender geworden, der ich bin! Doch ihr gegenüber habe ich meine Pflicht getan. Und wenn sie verschont bleibt?"

»Ah!« rief Monsieur de Mallet, »das ist es, das ist es – ja, ich täusche mich nicht, *das* ist die Frau, die uns Pauline verkauft hat.«

„Wer, welcher—", rief Edric eifrig.

„Da", rief der Schweizer und zeigte auf Marianne.

„Marianne!", rief Edric.

„Ja", sagte sie, „Marianne! Er hat recht; ich war es, und jetzt ist der Moment meiner Rache gekommen. Verführt und verlassen von diesem Mann", sie zeigte auf Pater Morris, „schluchzten meine immer ungestümen Leidenschaften nach Rache. *Ich* stiftete ihn an, die Frau zu ermorden, für die er mich verlassen hatte – *ich* stahl sein Kind und verkaufte es an einen Fremden – und *ersetzte* es durch meinen eigenen elenden Nachwuchs, den ich mit einem Mann hatte, den er verabscheute."

„Was!", rief Pater Morris, und seine bleichen Lippen zitterten vor Angst. „Ist Rosabella nicht mein Kind?"

„Nein", sagte Marianne; „Vor zwanzig Jahren habe ich Ihr Kind an diesen Herrn verkauft", deutete er auf Herrn de Mallet. „Er war ein Ausländer, und ich glaubte, wenn man sie in seine Hände legte, würde man sie nie wieder sehen."

„Wer ist dann Rosabella?"

„ *Mein* Kind, und durch deinen Diener Jacques."

„Verfluche dich, Frau! Was! Habe ich mich dann hier und im Jenseits für die Nachkommen dieses Unglücklichen vernichtet? Ein Mann, den ich verabscheute, verabscheute, verachtete!"

„Ja", sagte Marianne mit einem teuflischen Lachen. „Du hast mich verlassen, und ich habe Rache geschworen. Er hat meinen Eid gehört und durch sein Versprechen, mir zu helfen, mein Einverständnis erhalten, seine Geliebte zu sein. Mit seiner Hilfe habe ich den Rest erledigt. Er ist schon lange tot, ich aber immer noch Ich habe meinen Plan verfolgt, und als ich gesehen habe, wie du Körper und Seele für Rosabella riskiert hast, habe ich mich gefreut, denn ich habe mich gerächt.

"Teufel!" rief der Priester; Bevor ihn jemand daran hindern konnte, stürzte er sich auf sie, stach ihr ins Herz und zog den Dolch sofort zurück, um ihn in seinem eigenen Busen zu vergraben. „Trotzdem bin ich gerächt!" rief Marianne, während sie einen tiefen Seufzer ausstieß. Pater Morris sprach nie wieder.

Meine Geschichte ist fast zu Ende, denn der Verstand muss stumpf sein, wenn er sich den Rest nicht vorstellen kann. Der Herzog kam wieder zur Vernunft und genoss all das Glück, das seine Brust noch zu bieten hatte, als er Zeuge der Verbindung seiner Tochter mit Roderick wurde, den er als Henry Seymour geliebt hatte und nun als irischen Helden verehrte. Er schenkte Pauline als seiner Nichte ein stattliches Vermögen, und sie heiratete Edric, der in Abwesenheit seines Bruders den Reichtum seines Vaters in Besitz nahm und seinen Wohnsitz in seinem früheren Haus einrichtete, wo sich Dr. Entwerfen nach all seinen Mühen wieder wohl in seinem alten Zimmer niederließ; während Clara, indem sie die Braut von Prinz Ferdinand wurde, ihre Mutter bezauberte und ihr eigenes Glück sicherte.

Die Krönung von Roderick und Elvira zum König und zur Königin des Vereinigten Königreichs Großbritannien und Irland war großartig und übertraf bei weitem die Krönung, bei der Elvira zuvor als Schauspielerin mitgewirkt hatte. Durch Erfahrung in Weisheit gelehrt, vertraute sie jedoch nicht länger unbedingt auf die Beifallsrufe, die ihren Schritten folgten; doch trotz des Gedankens, dass alle Versprechen, die sie erhielt, vielleicht vergänglich sein könnten, konnte sie dem anschwellenden Gefühl der Freude nicht widerstehen Ihre Brust, als sie, nachdem der Priester den Hochzeitssegen ausgesprochen hatte, mit Roderick, dem Auserwählten ihres Herzens, durch eine lange Reihe kniender Untertanen ging und hörte, wie jeder Mund um Segen für ihre Häupter flehte und ihre Wahl lobte.

Stolz blickte Elvira sich um, als sie den Eingang der Westminster Hall erreichte; doch bevor sie ihn betrat, erregte ein Gedränge und Trubel in der Menge ihre Aufmerksamkeit, und ein Mann, gekleidet wie ein Mönch, warf sich vor sie. Elvira schrie auf, als der Mann seine Kapuze zurückwarf, seine schweren Augen auf sie richtete und ausrief: „Kennen Sie mich nicht, Elvira?" Es war Edmund.

„Ach, leider!" rief er, „der Dämon hatte Recht; ich vertraute auf meine eigene Stärke, und ich bin gefallen, kläglich gefallen. Obwohl ich es nicht wusste, war der Ehrgeiz mein Gott – und alles andere wog leicht auf der Waagschale. Doch selbst als mein Der Ehrgeiz wurde befriedigt, ich fühlte mich elend; denn ich liebte dich, Elvira, selbst während ich gegen dich plante – und während mein eigenes Herz mir Vorwürfe machte, empfand ich jedes Unrecht, das du erlitten hast, viel schmerzlicher, als du es selbst konntest! – Aber jetzt ist alles vorbei, und ich bin zur bitteren Sühne meiner Sünden verurteilt – bitter in der Tat, denn oh, wie weit über alle anderen Leiden hinausgehen die nie versiegenden Qualen der Reue. Ein einziger Gedanke verfolgte meinen Geist – ein einziges Bild Allein schwebte vor meinen Sinnen, bis ich deine Verzeihung erlangt hatte, so flehe ich zu deinen Füßen und beuge meinen Hals, um dein Fußschemel zu sein! "

„Steh auf, ich flehe dich an, steh auf!" sagte Elvira. „Und sei versichert, ich vergebe dir – ja, ich bemitleide dich aus tiefster Seele."

„Sie bemitleidet mich!" rief Edmund; „aber ich kann sogar das ertragen: sogar Mitleid. Und bin ich wirklich so tief gesunken, dass man mich bemitleiden muss? Ja, ja, ich bin wirklich zu bemitleiden."

„Ich wollte deine Gefühle nicht verletzen", erwiderte Elvira, „glaub mir, Edmund. Sag mir, was kann ich für dich tun?"

"Nichts!", rief er wild. "Die Welt bedeutet mir jetzt nichts mehr. Hab Mitleid mit der unglücklichen Frau, die meine Frau war, und was mich betrifft, vergiss mich!"

„Niemals!", sagte Elvira, „denn niemals kann ich deine uneigennützige Liebe und deine hingebungsvolle Zuneigung vergessen. Das Herz ist jedoch launisch, und meines war, obwohl ich deine Verdienste erkannte, einem anderen bestimmt."

„Und dieser andere verdient deine Liebe wirklich; denn selbst die Eifersucht muss zugeben, dass Roderick würdig ist, dein Ehemann zu sein. Ja, ihm *kann ich* dich überlassen. Leb wohl, Elvira! Du wirst mich nie wiedersehen! Lass meinen Bruder mein Erbe antreten! Mögest du glücklich sein! Gott segne dich! Gott segne dich!"

Und er erhob sich von den Knien und verschwand, bevor sie antworten konnte.

Die Stimmung in Elvira war durch dieses Ereignis aufgewühlt, was den restlichen Feierlichkeiten des Tages einen Dämpfer verlieh. und zitternd und entnervt begab sie sich in den prächtigen Saal, wo ein üppiges Bankett für ihren Empfang vorbereitet wurde. Einige Tage nach diesem Ereignis waren Roderick und Elvira damit beschäftigt, die verschiedenen Angelegenheiten des Königreichs zu regeln; während Edric und Pauline sich mit dem alten Herzog von Cornwall, M. de Mallet und Pater Murphy in das Haus des ersteren auf dem Land zurückzogen, wo Dr. Entwerfen bereits ein bequemes Zuhause hatte.

Tausend Emotionen stiegen in Edrics Herz auf, als er sich diesem ehrwürdigen Herrenhaus näherte und erneut seine bekannten Türme zwischen den Bäumen hervorlugen sah. Seltsam sind in der Tat die Gefühle, die den Geist bedrücken, wenn der Wanderer nach langer Abwesenheit in die Wohnung seiner Vorfahren zurückkehrt. Eine bunte Mischung widersprüchlicher Empfindungen, enttäuschter Hoffnungen, unbestimmter Ängste schwebt durch seine Fantasie; und während gut erinnerte Objekte sich an die Visionen erinnern, die ihn einst entzückten, beginnt er mit dem Unterschied, den die Erfahrung ihres Trugschlusses in ihm selbst gemacht hat, und er seufzt vergeblich nach einer Rückkehr der glückseligen Unwissenheit, die er früher verachtet hatte. Auch alles scheint verändert zu sein! Da der menschliche Geist nur durch Vergleich urteilt, werden die Augen von fernen Prachtlichkeiten geblendet, und das, was den Augen der Jugend großartig erschien, erscheint dem reiferen Urteilsvermögen der Menschheit zahm, fade und fade – während die Vorstellungskraft dies getan hat Wenn er die Lieblingsträume seiner Kindheit liebevoll hegt und sie mit all den lebhaften Farben der Fantasie ausstattet, fühlt er sich enttäuscht und angewidert, obwohl er kaum weiß, warum, wenn er feststellt, dass sich die Realität so sehr von dem Bild unterscheidet, das er sich vorgestellt hat.

Solche Gefühle durchströmte Edric, als er die große Halle des Wohnsitzes seiner Vorfahren betrat und in die wohlbekannten Gesichter der Schar der Diener blickte, die sich versammelt hatten, um ihn zu empfangen. An der Spitze dieser stand Davis; seine große, dünne Gestalt winkte hin und her, und sein langes, dünnes, weißes Haar fiel ihm über die Schultern; und die gepflegteren und galanteren Gestalten von Abelard und seiner ergebenen Eloisa, der verstorbenen Mrs. Russell, die ihn vor ein paar Tagen mit dem Besitz ihrer schönen Hand gesegnet hatte und nun errötend und albern dastand, mit der ganzen gekünstelten Bescheidenheit einer sechzigjährigen Braut, um die Glückwünsche derer in ihrer Umgebung entgegenzunehmen.

"Willkommen! Willkommen, mein lieber Edric!", rief Dr. Entwerfen und eilte ihnen die Treppe hinunter entgegen, die Ärmel hochgekrempelt und die Perücke in einer sehr experimentell-philosophischen Art zurückgeworfen. "Freuen Sie sich mit mir, denn ich habe meinen Ballon wiedergefunden! Meine geliebte Kautschukflasche der Entflammbarkeit! Meinen unsterblichen Schnupftabak und vor allem meine geliebte galvanische Batterie! Ja, mein Kompendium der Wissenschaft, mein Inbegriff an Talent und mein unschätzbarster Schatz ist sicher! Allerdings nicht das, was zur Galvanisierung der Mumie verwendet wurde, sondern sein Gegenstück, sein Duplikat, sein Prototyp. Die Mumie kam nach England, und da der Ballon als mein Eigentum erkannt wurde, wurde er in meine Wohnung gebracht, wo er seitdem bis zu meiner Rückkehr in sicherer, aber unrühmlicher Dunkelheit verstaut geblieben ist."

„Och! Und das ist ein klarer Fall!", sagte Pater Murphy. „Daran besteht kein Zweifel.“

Edric überließ es dem entzückten Arzt, Herrn de Mallet die Schätze seines Labors zu zeigen, zog sich in sein Zimmer zurück, und nachdem er immer wieder die darin enthaltenen wohlbekannten Gegenstände begutachtet hatte, eilte er zu seinem Lieblingshain.

Es ist einzigartig, wie unbelebte Objekte, die man lange Zeit nicht gesehen hatte, an die Gedanken und Gefühle erinnern, denen man sich beim letzten Anblick hingab: So erinnerten das Haus, die Haine, die Spaziergänge, die Gärten und der Fluss an alles, was früher war Sehnsüchte in Edrics Geist; und er brannte wieder darauf, mit einem körperlosen Geist zu sprechen, als er den Hain betrat, in dem er früher so oft nachgedacht und wilden und unwahrscheinlichen Träumen nachgegeben hatte wie den Wahnvorstellungen des Deliriums. Der Tag war wunderschön; Es war einer dieser hell leuchtenden Morgen im April, wenn Tautropfen an jedem Dorn hängen, wenn die Sonne hell durch die klare, reine Luft scheint und die ganze Natur aus der Ruhe zu neuem Leben und neuer Kraft zu erwachen scheint.

Edric betrat den Hain und warf sich auf genau das Ufer, wo er noch vor ein paar Monaten unter so anderen Gefühlen gelegen hatte. Der Fluss, der Hain, das Ufer waren alle gleich; er wurde nur verändert. „Und doch", sagte er, „ist mein Geist nicht immer noch so unruhig wie zuvor? Wandere ich nicht immer noch in einem Labyrinth von Zweifeln? Ich weiß nicht, wohin ich mich wenden soll, und werde dennoch von einem rastlosen Wunsch gequält, meinen Weg zu finden. Was kann das schon sein?" Wurde die Mumie so seltsam wiederbelebt? Es ist seltsam, dass sie seit der Restaurierung von Elvira verschwunden zu sein scheint, und dennoch sprechen alle hier von einem lebenden, belebten Wesen. Cheops –"

Plötzlich schien ihm eine seltsame, überirdische Stimme barsch ins Ohr zu murmeln: „Geh zur Pyramide! Nur dort und dort können deine Hoffnungen erfüllt werden." Edric stand auf – niemand war in seiner Nähe, und kein Laut durchbrach die schreckliche Stille, die um ihn herum herrschte, außer dem sanften Plätschern des Flusses, der zu seinen Füßen floss. Er blickte wild nach allen Seiten und hoffte, doch aus Angst, das grässliche Wesen zu erblicken, bildete er sich ein, seine Worte hätten es heraufbeschworen. Es war vergebens; keine dunkle Gestalt stand zwischen ihm und dem klaren, hellen Sonnenschein; kein düsterer Schatten erstreckte sich über die Ebene; alle sahen fröhlich aus wie Jugend und Glück; Dennoch klang diese schreckliche Stimme in seinen Ohren und erschütterte jeden Nerv.

„Ich *werde* zur Pyramide gehen", rief er energisch; „Ich werde dieses schreckliche Grab erneut betreten – aber ich werde allein gehen."

Um diesem plötzlichen, aber unwiderstehlichen Wunsch nachzukommen, bereitete sich Edric hastig auf die Rückkehr nach Ägypten vor. und tat so, als sei er wegen einer wichtigen Angelegenheit nach London berufen worden, um die ängstliche Neugier Paulines zu befriedigen, und reiste ab. Unbeschreibliche Emotionen pochten in seiner Brust, als er im Bühnenballon Platz nahm, der ihn nach Ägypten bringen sollte; aber als er die Türme und Tempel und vor allem die Pyramiden dieses geheimnisvollen Landes unter seinen Füßen liegen sah, steigerte sich seine Aufregung fast zur Qual. Mit unendlicher Mühe erlangte er erneut die Erlaubnis, die Ziele seiner Reise zu besuchen; denn seit dem mysteriösen Verschwinden der Mumie war das Grab des Cheops vor den Augen der Sterblichen verschlossen. Durch das Eingreifen des britischen Konsuls konnten jedoch schließlich alle Einwände ausgeräumt werden, und Edric (dessen Ungeduld durch die Verzögerung zur absoluten Qual geworden war) begab sich erneut in dieses schreckliche Gefäß gefallener Größe.

Es war kaum ein Jahr vergangen, seit er diese feierlichen Gewölbe zum letzten Mal betreten hatte, und doch hatte sich sein Schicksal schlagartig geändert! Wenn er die Zahl und die Vielfalt der Ereignisse betrachtete, die ihm widerfahren waren, konnte er sich kaum vorstellen, dass sie sich in so kurzer Zeit abgespielt hatten; und statt eines Jahres schienen Jahrhunderte über seinen Kopf hinweggeflogen zu sein. Sein Gefühl für seine eigene Identität schien verwirrt – seine Sinne waren verwirrt, und er folgte seinem Führer mechanisch, fast ohne zu wissen, wohin er ging.

Schließlich hielt der Führer an. „Dies ist das Grab von Cheops", sagte er. „Ich nehme an, Sir, Sie werden es allein betreten."

Edric zuckte zusammen – die Worte seines Führers klangen in seinen Ohren wie die Totenglocke, und er schauderte, als ihm der Gedanke durch den Kopf ging, dass ihn für seine Vermessenheit vielleicht schon jetzt eine grauenhafte und entsetzliche Strafe erwartete. Verzweifelt riss er seinem Führer die Fackel aus der Hand und ging ALLEIN WEITER.

Finster schienen diese düsteren Gewölbe bei seiner Annäherung die Stirn zu runzeln, und ängstlich hallten seine Schritte wider, als er langsam in ihre tiefen Nischen eindrang. Schließlich erreichte er das Grab, aber die ehernen Tore waren verschlossen und er versuchte vergeblich, sie zu öffnen. Er stellte die Fackel auf den Boden und versuchte erneut, das tödliche Portal zu öffnen. er übte seine ganze Kraft aus, doch sie widerstand seinen Anstrengungen. In seiner Verzweiflung warf er sich nun mit fast übermenschlicher Kraft gegen die Tore. Plötzlich murmelte ein hohles Geräusch durch die Höhle, und ein Windstoß fegte mit mächtiger und widerstandsloser Wut vorbei. Die Messingtore flogen mit einem fürchterlichen Klirren auf, und die Fackel fiel und erlosch. Im nächsten Moment strahlte die Grablampe ein schwaches, schimmerndes Licht aus, das nach und nach zu einer stetigen Flamme aufhellte, während himmlische

Musik schwach an den Ohren klang und allmählich in einem Murmeln verklang, das sanft wie das der Äolischen Harfe war.

Das strahlende Licht der Lampe erstrahlte jetzt im Mittagsglanz und zeigte deutlich jeden Winkel der tödlichen Kammer. Edric sah sich schüchtern um und schauderte, als jedes wohlerinnerte Objekt seinen Blick traf; Aber wie groß war sein Entsetzen und seine Überraschung, als er beim Blick auf den Marmorsarkophag des Cheops die gigantische Gestalt der Mumie aufrecht daneben stehen sah! Es war wieder einfach in die Gewänder des Grabes gehüllt, und seine glasigen Augen, seine starren Gesichtszüge und seine statuenhafte Form ließen Edric bis ins Mark erschauern. Er betrachtete es einige Augenblicke lang schweigend, bis es seinen Arm hob und schien, als wollte es ihn ansprechen; Als er mit unbeschreiblichem Entsetzen zurückschreckte, stieß er einen leisen Schrei aus und verbarg sein Gesicht in seinen Händen.

„Warum zitterst du?", fragte die Mumie mit einer tiefen, hohlen Stimme, die Edrics Seele bis ins Innerste erbeben ließ. „Bist du nicht hierhergekommen, um mich zu suchen, und schauderst du, wenn du meine Gestalt siehst? Ich stehe jetzt vor dir. Frage, was du willst, ich darf antworten. Warum bist du still? Warum scheint dein Herz in meiner Gegenwart zu verdorren? Ach, ach! Gibt es keinen Sterblichen, der frei ist von dem entwürdigenden Einfluss der Angst? Man nennt dich kühn, mutig und edel. Du hast es gewagt, dich über deine Mitmenschen zu erheben, und du hast dir sehnlichst gewünscht, mich zu sehen. Siehe, ich bin hier, und jetzt, schwach, ängstlich und unbeständig wie du bist, meidest du meine Annäherung."

„Ich meide dich nicht", sagte Edric, nahm seine Hände weg und bemühte sich, das furchterregende Wesen vor ihm ruhig anzuschauen, obwohl ihm vor Anstrengung das Fleisch in den Knochen zu zittern schien. „Ich meide dich nicht, aber die Nerven werden schrumpfen, auch wenn der Geist fest bleibt. Ich wollte dich sehen, denn ich wünsche mir noch immer sehnlichst, die Geheimnisse des Grabes zu erfahren."

Cheops brach in eines seiner furchtbaren Lachen aus. „Schwacher, dummer Wurm! Bist du denn nicht zufrieden? Was würde dir dieses Wissen nützen? Hat dich bei deinen früheren Forschungen irgendetwas anderes als Elend begleitet? Und kann das Wissen, nach dem du jetzt strebst, irgendetwas anderes als Elend begleiten? Lerne Weisheit durch Erfahrung! Versuche nicht, in Geheimnisse einzudringen, die dem Menschen verborgen bleiben! Wenn du jedoch immer noch deine Zweifel ausräumen willst, dann sieh, dass ich bereit bin, sie auszuräumen; aber ich warne dich, Elend wird auf meine Worte warten."

„Dann suche ich nicht länger danach, sie zu hören; denn auch wenn du mich schwach schätzt, kann ich aus Erfahrung Weisheit lernen. So reiße ich dann die quälenden Zweifel, die mich so lange verfolgt haben, aus meinem Kopf und gebiete ihnen Lebe wohl für immer!"

„Es ist gut", sagte Cheops, seine Augen strahlten vor Freude. „Dann ist meine Aufgabe erfüllt. Endlich habe ich einen vernünftigen Mann gefunden. Ich ehre dich, denn du kannst dir selbst befehlen, und jetzt darfst du mir befehlen."

„Das wünsche ich mir nicht", sagte Edric.

„Bist du nicht neugierig?" fragte die Mumie mit einem gespenstischen Lächeln.

„Keine", erwiderte Edric; „es sei denn, ich würde gerne Ihre Geschichte und die Bedeutung der Skulpturen auf Ihrem Grab erfahren."

"Was sind Sie?" forderte Cheops.

„Ein junger Krieger trägt eine schöne Frau in seinen Armen, während in der Ferne ein alter Mann bitterlich klagt."

„Ich war der Krieger", sagte Cheops; „Und die schöne Frau war Arsinoë. Ich liebte sie, und um meine ungestüme Leidenschaft zu befriedigen, riss ich sie mit Gewalt aus den Armen ihres Vaters."

„Der Krieger kämpft hinterher mit dem alten Mann, der unter seinen Schlägen fällt –"

„Er hat es getan, er hat es getan", rief Cheops; „Er ist durch meine Hand gestorben; und ewiges Elend verfolgt mich wegen dieser Tat."

„Und dieser alte Mann war-"

"Mein Vater!" schrie die Mumie und krümmte sich vor Schmerz.

„Und Arsinoë-"

„Meine Schwester – meine eigene, meine geliebte Schwester!"

Auf diese Rede folgte eine feierliche Pause, denn Edric war zu schockiert, um noch einmal mit dem schrecklichen Wesen zu sprechen, das solche Verbrechen eingestanden hatte und auf dessen Gesicht sich Leidenschaften abzeichneten, die zu schrecklich waren, als dass man sie sich vorstellen konnte. Nach kurzem Schweigen rief Cheops erneut aus:

„Ja, ja; ich sehe dein Entsetzen, und es ist gerecht; aber denkst du, dass ich nicht leide? Wisst ihr, dass hier ein Unhold – ein wilder, niemals sterbender Unhold – tobt", fuhr er fort und drückte seine Hand auf seine Brust. „Es zerfrisst meine Eingeweide – es brennt mit unauslöschlichem Feuer und unaufhörlicher Qual. Eine Zeit lang wurde mir gestattet, die Erde erneut zu besuchen, und ich habe die mir anvertrauten Kräfte genutzt, um den Guten zu helfen und die Bösen zu bestrafen. Unter dem Vorwand, ihnen zu helfen, habe ich gab ihnen Ratschläge, die sie nur noch tiefer ins Verderben stürzten, während das Böse, das mein Rat über die Guten zu bringen schien, nur wie eine vorüberziehende Wolke vor der Sonne war: Es verlieh dem Erfolg, der darauf folgte, Glanz. – Sei glücklich, Edric, denn das Glück liegt in deiner Macht; sei weise, denn Weisheit kann durch Nachdenken erlangt werden, und sei barmherzig, denn wie können wir uns nicht auf deine eigene Stärke verlassen – versuche nicht, hineinzuschnüffeln? Geheimnisse, die dazu bestimmt sind, vor dem Menschen verborgen zu bleiben und die Annehmlichkeiten zu genießen, die über die Möglichkeiten des Menschen hinausgehen, und dass wir mit unserer Stellung zufrieden sind und uns für unsere Mitmenschen nützlich machen -Geschöpfe, ist der einzig wahre Weg zum Glück.

Die Mumie hörte auf zu sprechen, und seine Gesichtszüge, die während seines Gesprächs mit Edric wild und belebt gewirkt hatten, wurden starr – der unirdische Glanz, der aus seinen Augen geblitzt war, verblasste und machte einer glasigen Leblosigkeit Platz – seine Glieder wurden steif , und als das Licht der Lampe allmählich immer weniger deutlich wurde, schien sich die gespenstische Gestalt der Mumie schnell in Stein zu verwandeln. Edric hatte das Gefühl, dass der Moment, in dem es ihm möglich war, mit diesem seltsamen Wesen in Kontakt zu bleiben, schnell verging, und schrie fast auf, als er ausrief: „Eine Frage! Nur eine, bevor es zu spät ist." Die Mumie hob schwach ihre trägen Augenlider, aber Edric spürte, wie sein Blut bei dem unnatürlichen grellen Licht gefror. Mit großer Anstrengung brachte er sich jedoch zum Sprechen auf. „War es eine menschliche Macht, die dich aus dem Grab zog?"

„Nur die Kraft, die mir das Leben gab, kann es mir wiedergeben", antwortete die Mumie mit langsamer, gemessener Stimme, während sie langsam in ihr früheres Grab zurücksank. Edric schauderte und stürzte unwillkürlich vorwärts, aber die Mumie lebte und atmete nicht mehr. Kalt, blass und leblos lag sie da, als wäre ihr zweitausendjähriger Schlaf nie unterbrochen worden.

„Das Vergessen hat ihn auf seinen Leichenwagen gelegt!"

und kein Sterblicher könnte sich jemals mehr rühmen, mit DER MUMIE EIN GESPRÄCH GEFÜHRT ZU HABEN .

DAS ENDE.